JN411457

경찰학 · 주해 형법전서

엮은이 **허재영**

- 현재 단국대학교 교육대학원 교육학과 국어교육 조교수.
- 국어문법사를 전공하였으며, 국어 교육사와 제2언어로서의 한국어 교육 분야에 관심을 갖고 연구를 진행하고 있음. 건국대학교, 춘천교육대학교, 성신여자대학교, 경원대학교 등 여러 학교에서 강의를 하였으며, 서울대학교 국어교육연구소 선임연구원, 호서대학교 겸임 교수, 건국대학교 강의교수를 지냈음.
- 논저로는 『부정문의 통시적 연구』(2002, 역락), 『국어과 교육의 이해와 탐색』(2006, 박이정), 『제2언어로서의 한국어교육의 이해와 탐색』(2007, 보고사), 『국어의 변화와 국어사 탐색』(2008, 소통), 『우리말 연구와 문법 교육의 역사』(2008, 보고사), 『일제강점기 교과서 정책과 조선어과 교과서』(2009, 도서출판 경진), 『통감시대 어문교육과 교과서 침탈의 역사』(2010, 도서출판 경진), 일제강점기 어문 정책과 어문 생활 시리즈로 『일제강점기 어문 정책과 어문 생활』(2011, 도서출판 경진), 『조선 교육령과 교육 정책 변화 자료』(2011, 도서출판 경진), 『일본어 보급 및 조선어 정책 자료』(2011, 도서출판 경진), 그 밖의 국어사 및 국어과 교육 관련 논문이 다수 있음.

경찰학·주해 형법전서

1판 1쇄 인쇄 || 2013년 08월 05일
1판 1쇄 발행 || 2013년 08월 15일

엮은이 || 허 재 영
펴낸이 || 양 정 섭

펴낸곳 || 도서출판 경진
등　록 || 제2010-000004호
주　소 || 경기도 광명시 하안로 180-14 우림필유 101-212
블로그 || http://kyungjinmunhwa.tistory.com
이메일 || mykorea01@naver.com

공급처 || (주)글로벌콘텐츠출판그룹
대　표 || 홍정표
디자인 || 김미미
편집 || 최민지 노경민 배소정
기획·마케팅 || 이용기
경영지원 || 안선영
주　소 || 서울특별시 강동구 천중로 196 정일빌딩 401호
전　화 || 02-488-3280
팩　스 || 02-488-3281
홈페이지 || www.gcbook.co.kr

값 __ 41,000원
ISBN __ 978-89-5996-215-0 93300

경찰학·주해 형법전서

허재영 엮음

목차

內部警務局長
統監府叅與官
法學士 松井茂 著

內部書記官 趙聲九 譯

警察學

皇城中部許屏上隅 文華堂 發行

7 『경찰학』

警察學目次

警察學目次 終

自序

警察의事를豈易言哉아余ㅣ今에此을警察法學으로論究코져홀서或은其輕躁홈을笑ᄒᆞᄂᆞᆫ者ㅣ有ᄒᆞᆫ지라盖警察法을獨立ᄒᆞᆫ一科를삼아此를學修홈을得홀가否홀가홈은오히려未決問題에屬ᄒᆞ고余도亦此種의著書를接ᄒᆞᆫ바ㅣ姑無ᄒᆞᆫ지라爾來公務의餘暇에警察監獄學校、和佛法律學校等의講師를承ᄒᆞ야警察法을擔當홈으로써研修尋討ᄒᆞ야再三稿를改ᄒᆞ얏더니頃日歐洲渡航의途次에偶然히閑隙을得ᄒᆞ야反覆熟讀ᄒᆞᆫ後ᄉᆞᄉᆞ로其不備의甚홈을驚ᄒᆞ고乃卷을投ᄒᆞ고長嘆홈을不已ᄒᆞᆫ지라於是乎船中에筆을執ᄒᆞ야更히改訂을加ᄒᆞ야此에其一端을公眼에供홈에至ᄒᆞ니嗚呼라警察의事를豈易言哉아余ㅣ此書를著홈에其不備홈이甚홈은元來淺學ᄒᆞᆫ所致오且輕躁의笑를招홈은豫期ᄒᆞᆫ바ㅣ로대오쟉幸히世에警察을學코져ᄒᆞᄂᆞᆫ諸士에對ᄒᆞ야多少叅考에資ᄒᆞᄂᆞᆫ바ㅣ有

ᄒᆞᆷ은余의不少ᄒᆞᆫ光榮이라若夫警察法學의研究上重要ᄒᆞᆫ部分이라可稱ᄒᆞᆯ警察의命令權、處分權、强制權等에就ᄒᆞ야ᄂᆞᆫ此ᄅᆞᆯ歸朝ᄒᆞᆫ後에期코ᄌᆞᄒᆞ노라

明治三十四年六月歐洲渡航途次

松井茂 識

警察學

內部警務局長 統監府叅與官 法學士 松井茂 著

內部書記官 趙聲九 譯

第一章 警察法學

警察學과警察法學이라云ᄒᆞᄂᆞᆫ者ᄂᆞᆫ行政學과行政法學이라云ᄒᆞᄂᆞᆫ者와如ᄒᆞ니行政學은凡百五十年以來로歐洲에在ᄒᆞ야一般政治學以外에行ᄒᆞᄂᆞᆫ一般行政에關ᄒᆞᆫ事項ᄭᆞ지包含ᄒᆞ야此ᄅᆞᆯ研究ᄒᆞ더니近日에至ᄒᆞ야ᄂᆞᆫ行政學이란者ᄂᆞᆫ行政의事實及政略에關ᄒᆞᆫ學問이라稱ᄒᆞ고行政法學이란者ᄂᆞᆫ行政法理ᄅᆞᆯ講究ᄒᆞᄂᆞᆫ學問이라稱ᄒᆞᆷ에至ᄒᆞᆫ지라故로此와同一히警察學이라ᄒᆞᆷ은廣汎히警察에關ᄒᆞᆫ事實의學問을謂ᄒᆞᆷ이요警察法學이라ᄒᆞᆷ은警察에關ᄒᆞᆫ法令의原理ᄅᆞᆯ知ᄒᆞᄂᆞᆫ學問을謂ᄒᆞᆷ이니詳論ᄒᆞᆯ진대警察法學이란者ᄂᆞᆫ警察法令에關ᄒᆞᆫ各種現象에普通되ᄂᆞᆫ原素ᄅᆞᆯ知

ᄒᆞᄂᆞᆫ學問이라然則警察法學은一國法令의條文을知홈이아니오其法令의原素를分析ᄒᆞ야此를更히學理的으로排列홈을謂홈이라

大抵行政法을學理的으로研究홈에至홈은極히輓近의事라行政法學은實로他學問에서分化ᄒᆞᆫ者ㅣ니即其由來ᄒᆞᆫ理由를詳究ᄒᆞᆯ진대左의二種原因에基因ᄒᆞᆫ者ㅣ라

第一은國家法에서胚胎홈이니此所謂國家法이라홈은現今에稱ᄒᆞᄂᆞᆫ憲法即狹義의國家法及行政法을併合ᄒᆞᆫ者ㅣ오

第二ᄂᆞᆫ警察學(現今의所謂警察과其意義가相異홈)及財政學에存在홈이니換言ᄒᆞ면此二種의學問은將來의官吏되ᄂᆞᆫ者에向ᄒᆞ야內務行政及財政에對ᄒᆞ야其必要ᄒᆞᆫ智識을與ᄒᆞᄂᆞᆫ點에着目홈이니此學의著者ᄂᆞᆫ法理上보더寧히政治上으로觀察ᄒᆞᆫ者ㅣ라換言ᄒᆞ면法規를論究홈보더寧히行政事務의必要되ᄂᆞᆫ事項이重大홈으로觀察ᄒᆞᆫ바ㅣ라

行政法의研究가漸次進就됨은僅히前前世紀에在ᄒᆞ니故로行政法의一部分되ᄂᆞᆫ警察法의研究가獨立ᄒᆞᆫ一科로成立홈을不得홈도亦怪異치아니ᄒᆞ도다有名ᄒᆞᆫ스

다인氏ᄂᆞᆫ其著作ᄒᆞᆫ行政法에論ᄒᆞ야曰古來警察의制度及意義를解ᄒᆞᆷ에一種의行政이라云ᄒᆞ든觀念은既히陳腐ᄒᆞᆷ에屬ᄒᆞ고現今의警察法은內務行政中의全體에通ᄒᆞᄂᆞᆫ完全ᄒᆞᆫ一部分됨에至ᄒᆞ얏스며又假令完全치못ᄒᆞ다ᄒᆞᆯ지라도原則上容易히理解ᄒᆞᆷ을可得ᄒᆞᆯ者됨에至ᄒᆞᆫ지라然이나此에至ᄒᆞᆫ所以를詳考ᄒᆞᆯ진대前世紀初에當ᄒᆞ야社會ᄂᆞᆫ一新面目을開ᄒᆞ고公法學의發達에依ᄒᆞ야近世에所謂警察의意義가生ᄒᆞᆫ바ㅣ라換言ᄒᆞ면執行權은立法權으로브터分離ᄒᆞ고命令은法律로브터分離ᄒᆞᆫ故로警察은立法이아니오執行權의一部分됨이明瞭ᄒᆞᆷ에至ᄒᆞ얏시니於是乎行政은獨立ᄒᆞ야憲法과并立ᄒᆞᆷ으로警察의位置ᄂᆞᆫ新히成立된行政의系統에屬ᄒᆞ고此에依ᄒᆞ야定義ᄒᆞᆷ이可ᄒᆞᆫ事ㅣ判然ᄒᆞᆷ에至ᄒᆞᆫ지라云云

로베도、후온、몰氏ᄂᆞᆫ斯學의大家라西曆千八百六十六年에警察學이라稱ᄒᆞᄂᆞᆫ三編을著ᄒᆞ야廣義에在ᄒᆞᆫ警察을論究ᄒᆞ얏스나盖氏의所謂警察學이란者ᄂᆞᆫ內務行政의範圍를指示ᄒᆞᆫ者ㅣ나警察의目的이國家及臣民의保安을害ᄒᆞᄂᆞᆫ危險을除去ᄒᆞᆷ에在ᄒᆞᆫ時ᄂᆞᆫ此를保安警察이라稱ᄒᆞ고公益을增進ᄒᆞᆷ에在ᄒᆞᆫ時ᄂᆞᆫ此를增福警

察이라稱ᄒᆞᆫ지라然이나近世의法理에ᄂᆞᆫ警察이라云ᄒᆞᄂᆞᆫ意義에就ᄒᆞ야ᄂᆞᆫ恒常强制되ᄂᆞᆫ要素가伴ᄒᆞᆷ을要ᄒᆞᄂᆞᆫ바ㅣ라然이나國家ᄂᆞᆫ人民을增福的으로强制ᄒᆞᄂᆞᆫ權力이無ᄒᆞᆫ故로몰氏의說도今에ᄂᆞᆫ旣히陳腐ᄒᆞᆷ에屬ᄒᆞᆷ이라可謂ᄒᆞᆯ바ㅣ라스다인氏ᄂᆞᆫ몰氏에亞ᄒᆞ야斯學을爲ᄒᆞ야一新路를開ᄒᆞ얏시니氏의說을依ᄒᆞᆯ진대警察이라ᄒᆞᆷ은團體에셔起ᄒᆞᄂᆞᆫ個人及社會에對ᄒᆞᆫ危險을豫防ᄒᆞᄂᆞᆫ行政이오警察學이라ᄒᆞᆷ은內務行政中未發의公共危害를預防ᄒᆞᄂᆞᆫ學問이오警察法學이라ᄒᆞᆷ은其未發로브터生ᄒᆞᄂᆞᆫ警察法令을論ᄒᆞᄂᆞᆫ學問이라稱ᄒᆞᆷ에在ᄒᆞ도다如何ᄒᆞᆫ者를警察法學이라稱ᄒᆞᆯ가ᄒᆞᄂᆞᆫ問題를解決코ᄌᆞᄒᆞᆯ진대몬져何者를警察이라云ᄒᆞᆯ가ᄒᆞᄂᆞᆫ問題를決定ᄒᆞᆷ이必要ᄒᆞᆯ지라然이나警察의定義를論究ᄒᆞᆷ은本章의主旨가아닌故로玆에此를論述치아니ᄒᆞ노라然즉스다인氏의警察學及警察法學의定義ᄂᆞᆫ余의信ᄒᆞᄂᆞᆫ바와同一치아니ᄒᆞ도다

警察法의硏究ᄂᆞᆫ沿革法學上으로此를論究ᄒᆞᆷ이必要ᄒᆞ니換言ᄒᆞ면警察法의硏究ᄂᆞᆫ몬져其國의現行法令規則을分析ᄒᆞ야其沿革原因을論究ᄒᆞᆫ後에外國法에及

ᄒᆞᆷ이可ᄒᆞ고又外國法을研究ᄒᆞᆷ에도能히其法令의由來ᄒᆞᆫ바를明瞭히ᄒᆞ지아니ᄒᆞᆷ이不可ᄒᆞᆯ지니假令某國에서ᄂᆞᆫ自治의精神이能히行ᄒᆞᆯ진대警察은放任主義를執ᄒᆞᆷ이可ᄒᆞ고此와反ᄒᆞ야人民이自治의精神이缺乏ᄒᆞᆯ진대干涉主義에依치아니ᄒᆞᆷ이不可ᄒᆞᆷ과如ᄒᆞᆷ이라

警察法의研究ᄂᆞᆫ又此를比較法學上으로브터論究ᄒᆞᆷ이必要ᄒᆞᄂᆞ니何者오行政法의研究ᄂᆞᆫ輓近比較의方法에依ᄒᆞ야其進步가甚히速ᄒᆞᆷ에至ᄒᆞᆫ所以라然而比較研究의方法은其立法의精神을探究ᄒᆞᆷ이必要ᄒᆞ도다

警察法의研究ᄂᆞᆫ至難中又至難ᄒᆞᆫ바ㅣ라古來學說이紛紛ᄒᆞ나尙今一定不易ᄒᆞᆯ系統이無ᄒᆞ고又一定ᄒᆞᆫ學說도無ᄒᆞ더니벨수氏ᄂᆞᆫ斯學의先覺者로距今百有餘年前其著作ᄒᆞᆫ警察法論에警察의定義에關ᄒᆞ야二十四說을揭ᄒᆞᆫ지라此로써古來學者가斯學을研究ᄒᆞᆷ에其立論을異히ᄒᆞᄂᆞᆫ一端을見ᄒᆞᆯ지로다

余로써此를觀ᄒᆞᆯ진대警察法을研究ᄒᆞᆷ에就ᄒᆞ야極히困難ᄒᆞᆫ바ᄂᆞᆫ其重要ᄒᆞᆫ原因이左의諸點에在ᄒᆞᆷ이라

第一 警察의目的은箇人或은團體의或部分에關홈이아니오總部分에關聯홈이니然즉法理上警察의位置ᄂᆞᆫ容易히此를定ᄒᆞ기甚難ᄒᆞᆫ바ㅣ오

第二 警察은行政의一部分이라故로行政이有ᄒᆞ면此에반다시警察이有ᄒᆞᄂᆞ니然즉物의表裏를知코ᄌᆞᄒᆞᆯ진대亦他行政의範圍內에入치아니홈이不可ᄒᆞᆫ바ㅣ오

第三 日本에셔ᄂᆞᆫ行政法의材料에供ᄒᆞᆯ만ᄒᆞᆫ者ㅣ散亂ᄒᆞ야아즉學理的系統을立ᄒᆞᆫ者ㅣ無ᄒᆞ니然즉警察法을研究코ᄌᆞᄒᆞᆯ진대몬져此에關ᄒᆞᆫ材料를整理치아니홈이不可ᄒᆞᆫ바ㅣ오

第四 警察은此를沿革法理上或은比較法理上으로브터研究치아니ᄒᆞᆯ時ᄂᆞᆫ空論에陷ᄒᆞ기容易ᄒᆞᆫ지라然而此를完全히研究코ᄌᆞᄒᆞᆯ진대錯雜ᄒᆞᆫ人事의歷史中에셔此를求치아니홈이不可ᄒᆞᆫ바ㅣ오

第五 日本에셔ᄂᆞᆫ警察制度가完全치아니홈으로司法警察에關ᄒᆞ야ᄂᆞᆫ刑事訴訟法이有ᄒᆞ나行政警察에關ᄒᆞ야ᄂᆞᆫ不備ᄒᆞᆫ點이多ᄒᆞᆫ지라然즉此를歐洲의制度를

鑑ᄒᆞ고日本의現狀에照ᄒᆞ야此의原理를探究치아니홈이不可ᄒᆞᆫ바ㅣ라
上述ᄒᆞᆫ外에警察法의研究上困難ᄒᆞᆫ點을一一히枚擧ᄒᆞ기未遑ᄒᆞ노니몰氏、스다인氏等이警察로써公法中에가장不明ᄒᆞ고또困難ᄒᆞᆫ部分이라稱ᄒᆞᆫ所以ᄂᆞᆫ亦偶然치아니ᄒᆞ도다日本警察法에關ᄒᆞ야ᄂᆞᆫ此에紹介ᄒᆞᆯ만ᄒᆞᆫ著書가極少ᄒᆞ야川路大警視의警察手眼、清浦奎吾氏의奎堂餘唾、久米金彌氏의高等警察論、加地針太郎氏의日本警察制度等은警察法을學修코ᄌᆞᄒᆞᄂᆞᆫ者의一讀ᄒᆞ기適宜ᄒᆞᆫ者ㅣ라歐洲에셔도日本과如히警察에關ᄒᆞᆫ法令을蒐集ᄒᆞᆫ者ㅣ頗多ᄒᆞ나然이나警察의法理에關ᄒᆞ야ᄂᆞᆫ獨立ᄒᆞᆫ著書가甚少ᄒᆞᆫ지라로진氏의普魯西警察命令法論及同氏의普魯西警察의意義幷命令及處分範圍論을始ᄒᆞ야多少無홈은아니로대大概警察法의研究ᄂᆞᆫ國法學或은行政法學中에셔論究홈이常例오距今三十年前ᄭᆞ지ᄂᆞᆫ警察學이란名稱下에發行ᄒᆞᄂᆞᆫ著書가頗多ᄒᆞ나然이나今日所謂警察法과其內容及意義가相異홈은勿論이니라

第二章 警察의沿革

洋의東西와國의文野를勿論ᄒᆞ고國이有ᄒᆞ면此에警察이必有ᄒᆞ며旣히警察이有ᄒᆞ면又此에沿革이不無ᄒᆞᆫ지라本章第一節은歐洲警察의沿革이라稱ᄒᆞ얏시나是ᄂᆞᆫ專히獨逸帝國의警察沿革을述ᄒᆞᆷ이니是卽獨逸은歐洲中特히斯學에發達된所以라

第一節 歐洲警察의沿革

歐洲警察의沿革은現今警察制度에影響을大及ᄒᆞᆫ으로써特히此歷史를硏究ᄒᆞᆯ必要가有ᄒᆞ고又況日本도維新後의警察은彼를效倣ᄒᆞᆫ者ㅣ甚多ᄒᆞᆫ바ㅣ라然이나此를硏究ᄒᆞ기困難ᄒᆞᆷ은行政法中他에比ᄒᆞᆯ者ㅣ아니라何故오警察이란名稱은一種固有ᄒᆞᆫ歷史를有ᄒᆞᆫ所以라

今에余ᄂᆞᆫ歐洲警察의沿革을述ᄒᆞᆷ에當ᄒᆞ야便宜上此를左의三期에分ᄒᆞ니

第一期　中世

第二期　近世

第三期　最近世

第一期 中世

中世의國家ᄂᆞᆫ其目的이오즉平和가有홈만知ᄒᆞ고其他ᄂᆞᆫ知치못ᄒᆞᆫ지라然而其平和ᄅᆞᆯ維持홈에當ᄒᆞ야外國에向ᄒᆞ야ᄂᆞᆫ兵力을用ᄒᆞ고內國에對ᄒᆞ야ᄂᆞᆫ此ᄅᆞᆯ司法에委任ᄒᆞᆫ外에他途가無ᄒᆞ얏시니然즉保安警察의一種은반다시司法과密接ᄒᆞᆫ關係가有홈을可知ᄒᆞᆯ바ㅣ라

日耳曼人의國家的警察法의根源은實로차레스大王의發ᄒᆞᆫ「가비쓰라리엔」이란法令에起因ᄒᆞᆫ바ㅣ라然이나가로린겔系統이衰微홈에至ᄒᆞ야帝權이墜土地ᄒᆞ야警察도其實을擧홈을不得홈에遂至ᄒᆞ니라中世에ᄂᆞᆫ市場組合이란者ㅣ有ᄒᆞ야農業及森林의警察을掌ᄒᆞ고又同業組合이有ᄒᆞ야專히市의營業을保護ᄒᆞ며又其後市町에ᄂᆞᆫ市町制度ᄅᆞᆯ實施ᄒᆞ야立法과類似ᄒᆞᆫ組織을作ᄒᆞ얏스니此市町은國家와類似ᄒᆞᆫ位置ᄅᆞᆯ占ᄒᆞ야前述ᄒᆞᆫ警察事項도管掌홈에至홈이라

大抵中世의市府에在ᄒᆞ야ᄂᆞᆫ外敵의來襲을防禦홈으로써目的을作ᄒᆞ야市府全體의安寧을計圖홈에ᄂᆞᆫ其方策이殆히至치아니ᄒᆞᆫ바ㅣ無ᄒᆞᆫ지라今에其法制와諸規

則等을見ᄒᆞᆯ진대當時에旣히建築、火災、道路、市場、狩獵、漁獵等의警察制度의基礎가存在ᄒᆞᆷ을可知ᄒᆞᆯ지로다

又市町의官吏된者는市町에必要ᄒᆞᆫ秩序를維持ᄒᆞ고市町의營業과市町民의生計等을管理ᄒᆞᆫ지라然이나所謂「포리스」란名稱에至ᄒᆞ야는中世國家의知치못ᄒᆞᆫ바ㅣ나十二世紀以後에는多數ᄒᆞᆫ市町에셔後世所謂「포리스」란法令等의現存ᄒᆞᆷ을見ᄒᆞᆷ에至ᄒᆞᆫ지라然而此等의法令及組織은實로第十四世紀及第十五世紀에在ᄒᆞᆫ市町規則의要素가된지라因ᄒᆞ야第十五世紀에비로소國及地方에在ᄒᆞᆫ警察의立法事業을見ᄒᆞᆷ에至ᄒᆞ얏시니其所謂國律이란者는後世에稱ᄒᆞ는「포리스」法의名稱에相當ᄒᆞ고公安上의事項에關係된者ㅣ라然而有名ᄒᆞᆫ帝國警察律과如ᄒᆞᆷ도其基礎는旣히此에存在ᄒᆞᆫ者ㅣ라可謂ᄒᆞᆯ바ㅣ라

大抵帝國警察律이란者는第十五世紀末葉及第十六世紀初에現出ᄒᆞᆫ者ㅣ니當時警察은其區域이諸方에擴張ᄒᆞ고其規定ᄒᆞᆫ바ㅣ些少ᄒᆞᆫ事々지及ᄒᆞ야往往私人의生活中에侵入ᄒᆞᆫ事이有ᄒᆞᆫ지라蓋昔時의帝國法律은大概這般의規定을含包ᄒᆞ고

後千五百年에至ᄒᆞ야國會의議決을經ᄒᆞ야是等의法令을蒐集增補ᄒᆞ고又此를修正ᄒᆞ야千五百三年에至ᄒᆞ야비로소所謂警察命令法이란者를發布ᄒᆞᆫ바ㅣ라然而此法令은千五百四十八年及千五百七十七年에更히其範圍를擴張ᄒᆞ야公布ᄒᆞᆷ에至ᄒᆞ얏시나然이나是等의警察法律은此를實行ᄒᆞᆷ에當ᄒᆞ야適當ᄒᆞᆫ手段과又適當ᄒᆞᆫ營造物이闕乏ᄒᆞᆷ을因ᄒᆞ야實際上에其功績을奏치못ᄒᆞᆫ바ㅣ라

自此로國權은漸次中央政府를離ᄒᆞ야地方分權에推移ᄒᆞ고有名ᄒᆞᆫ三十年戰爭을因ᄒᆞ야獨逸國이破壞ᄒᆞᆫ後에ᄂᆞᆫ地方權이益益隆盛ᄒᆞᆷ으로諸侯ᄂᆞᆫ獨히其權力에依賴ᄒᆞ야生活關係의瓦解ᄒᆞᆷ을挽回ᄒᆞ고大히力을公安維持上에盡ᄒᆞᆷ에至ᄒᆞᆫ지라然則此等必要에切迫ᄒᆞ야國家의新方針을見ᄒᆞᆷ에至ᄒᆞ얏시니換言ᄒᆞ면公安으로써國家最上의原則이라ᄒᆞᄂᆞᆫ主義가行ᄒᆞᆷ에至ᄒᆞᆫ바ㅣ라

第二期 近世

余ᄂᆞᆫ此에第十七世紀及第十八世紀에增福的警察國家에就ᄒᆞ야一言ᄒᆞᆯ바ㅣ有ᄒᆞ니大抵中世에셔ᄂᆞᆫ現世其者에ᄂᆞᆫ重ᄒᆞᆷ을置치아니ᄒᆞ고現世ᄂᆞᆫ다만未來에入ᄒᆞᄂᆞᆫ

一手段에不過ᄒᆞ다云ᄒᆞ더니近世에在ᄒᆞ야ᄂᆞᆫ現世ᄂᆞᆫ毫末이라도此ᄅᆞᆯ汎忽히認ᄒᆞᆷ이不可ᄒᆞᆫ思想이生ᄒᆞ야國家의管掌ᄒᆞᆷ이可ᄒᆞᆫ事項은其數가益多ᄒᆞᆷ에至ᄒᆞᆫ지라然而此傾向이生ᄒᆞᆫ所以ᄂᆞᆫ實로自然法에起因ᄒᆞᆫ바ㅣ라可謂ᄒᆞᆯ지로다

후고、ᄭᅮ로쥬스氏ᄂᆞᆫ自然法學의大家라氏의說에依ᄒᆞᆯ진대國家의目的이라ᄒᆞᄂᆞᆫ바ᄂᆞᆫ公共의快樂을取得ᄒᆞᆷ에在ᄒᆞᆷ이니公共의快樂이라ᄒᆞᆷ은互相間의權利ᄅᆞᆯ公認ᄒᆞ고公安上의利便을計圖ᄒᆞᆷ에在ᄒᆞᆷ이라云ᄒᆞ니부휜돌후氏、도마쥬스氏及라이부닛氏等도皆此說을紹述ᄒᆞ고又구리스쟌、후온、우올후氏도國家行爲의基礎라ᄒᆞ야大히增福主義을唱道ᄒᆞ니라

구로쥬스氏부휜돌후氏도마쥬스氏及라이부닛氏等은生活에必要와便益等에屬ᄒᆞᆫ總方法을講究ᄒᆞ엿스나唯獨우올氏ᄂᆞᆫ다만此等主義ᄅᆞᆯ示ᄒᆞᆯᄲᅮᆫ으로써足지못ᄒᆞ다ᄒᆞ야國家의事項ᄭᆞ지도此方針에依ᄒᆞ야分類ᄒᆞ고其浩瀚ᄒᆞᆫ著書自然法論에ᄂᆞᆫ後世에所謂警察學의萌芽ᄅᆞᆯ含有ᄒᆞ얏시니蓋此에所謂警察學이라ᄒᆞᆷ은今日에稱ᄒᆞᄂᆞᆫ警察學과其範圍가相異ᄒᆞ야頗히廣漠ᄒᆞᆫ意義ᄅᆞᆯ有ᄒᆞᆫ者ㅣ라然而所謂警察國

家라稱홈은國權으로써國民의福利及安全을持保홈으로目的ᄒᆞᄂᆞᆫ政體를名ᄒᆞᆫ바ㅣ라

우올氏의學說은大히社會의耳目을惹起ᄒᆞ얏시니第十八世紀에至ᄒᆞ야增福的自然法及王侯財政學等의混同에因ᄒᆞ야此에其實行을見홈에至ᄒᆞᆫ지라然而所謂王侯財政學이란者ᄂᆞᆫ王侯에版圖及其他의特權等에就ᄒᆞ야研究홈이可ᄒᆞᆫ者ㅣ니是等王侯財政의職에從事ᄒᆞᄂᆞᆫ官吏ᄂᆞᆫ又一方으로警察의職에當홈으로써後世에稱ᄒᆞᄂᆞᆫ財政學及警察學은實로此에胚胎홈이라可謂ᄒᆞᆯ지라是와如히內務行政은王侯財政에起因ᄒᆞ고警察學은王侯財政學으로브터發達된所以로第十八世紀中의內務行政이라홈은所謂警察即「보리쓰아이」라云ᄒᆞᄂᆞᆫ名稱下에現ᄒᆞ야全히此를財吏에게委任ᄒᆞᆫ故로當時의哩言에도警察吏ᄂᆞᆫ能히播種ᄒᆞ면財吏ᄂᆞᆫ能히收穫ᄒᆞᆫ다謂ᄒᆞᆫ지라

此와如히廣義警察의意義되ᄂᆞᆫ財政的警察學의著書에就ᄒᆞ야ᄂᆞᆫ유스지氏의國家權力及增福의基礎論손넨후엘스氏의警察及財政學의原則幷후잇셀氏의獨逸警

察法理等이大히叅照에可供ᄒᆞᆯ者ㅣ라

第十八世紀의政術은是와如히新히成立ᄒᆞᆫ警察學과相須ᄒᆞ야此에中古에在ᄒᆞᆫ偏僻的法治國家의弊害를鑑ᄒᆞ고國家로ᄒᆞ야곰專히開明的利益의點에注意ᄒᆞᆷ에至ᄒᆞᆫ지라然이나一利가生ᄒᆞᄂᆞᆫ바에一害가伴生ᄒᆞᆷ은天下의通弊니終乃箇人의財產은國家財產下에屈服ᄒᆞ고市民은悉皆中央政府의犧牲에供ᄒᆞᆷ에至ᄒᆞᆫ지라蓋第十八世紀의政術及國家學에在ᄒᆞ야ᄂᆞᆫ公益의中心으로國家權力外에ᄂᆞᆫ更히其他를認치아니ᄒᆞ얏시니換言ᄒᆞ면箇人及自治團體의自立行爲에就ᄒᆞ야ᄂᆞᆫ更히一個餘地를存치아니ᄒᆞ고市民의獨立權은實로此를失ᄒᆞ얏다可謂ᄒᆞᆯ지로다

此를要컨대當時國家의權力은警察의意義를漠然廣義로解釋ᄒᆞ야苟其公共의安全을要ᄒᆞᆯ境遇에ᄂᆞᆫ摠히警察權에依ᄒᆞ야實行ᄒᆞ고全히此를主權者의任意에委任ᄒᆞ야一定ᄒᆞᆫ形式이無ᄒᆞᆫ지라然而此와如ᄒᆞᆫ主義ᄂᆞᆫ英傑의君主가輩出ᄒᆞᆯ진대頗히便利ᄒᆞᆯ바ㅣ로대不然ᄒᆞᆫ時에ᄂᆞᆫ大概主權者의任意로左右ᄒᆞᄂᆞᆫ弊害가有ᄒᆞ야文化의開明發達을妨害ᄒᆞᄂᆞᆫ事ㅣ無ᄒᆞᆷ을難保ᄒᆞᆯ바ㅣ라

第三期　最近世

上述ᄒᆞᆫ第二期에增福的警察國家가行ᄒᆞᆫ干涉主義ᄂᆞᆫ第十八世紀末에至ᄒᆞ야有名ᄒᆞᆫ칸도氏의法律哲學에依ᄒᆞ야箇人의自由에對ᄒᆞ야甚히制限을受ᄒᆞᆷ에至ᄒᆞ얏시니蓋警察의目的은오직箇人의權利自由ᄅᆞᆯ保護ᄒᆞᆷ에在ᄒᆞᆷ이라然則國家의義務라ᄒᆞᄂᆞᆫ바ᄂᆞᆫ能히各人의權利ᄅᆞᆯ保護ᄒᆞ야權利에侵害가無ᄒᆞ도록盡力ᄒᆞᆷ에在ᄒᆞᆷ이라칸도氏ᄂᆞᆫ法의秩序ᄅᆞᆯ維持ᄒᆞᆷ으로써國家唯一의目的이라ᄒᆞ야從來에行ᄒᆞ든警察의作用으로써國家의間接義務라ᄒᆞ고其中의或部分은此ᄅᆞᆯ國家義務의意義中에包含케ᄒᆞ얏시며又아담스미스氏ᄂᆞᆫ經濟上의點에在ᄒᆞ야自由主義ᄅᆞᆯ主唱ᄒᆞ고保護主義及閉鎖主義에代ᄒᆞ야不干涉의營業行爲及自由貿易을唱道ᄒᆞᆫ지라然則氏의見解에依ᄒᆞᆯ지라도國家干涉의範圍ᄂᆞᆫ此ᄅᆞᆯ狹義로解ᄒᆞᆫ者ㅣ라可謂ᄒᆞᆯ바ㅣ라此ᄅᆞᆯ要ᄒᆞ건ᄃᆡ칸도氏의學派ᄂᆞᆫ十八世紀의增福的警察國家의萬能力에對ᄒᆞ야起ᄒᆞᆫ이오因ᄒᆞ야立憲的國家의基礎ᄅᆞᆯ作ᄒᆞᆷ에至ᄒᆞ얏시니蓋立憲的國家에在ᄒᆞ야ᄂᆞᆫ原則으로ᄂᆞᆫ內務行政의範圍內에셔도可成的箇人의自由ᄅᆞᆯ尊重히ᄒᆞ고又假令自由

를制限ᄒᆞ야도責任的의機關이無ᄒᆞ면此에効果를奏ᄒᆞ기能치못ᄒᆞᆫ바ㅣ라於是乎警察도亦其意義를變ᄒᆞ야內務行政은即警察이라解釋ᄒᆞᄂᆞᆫ學說이行ᄒᆞᆷ에至ᄒᆞ더니今에又再轉ᄒᆞ야警察은內務行政의全體에通ᄒᆞᄂᆞᆫ一部라稱ᄒᆞᆷ에至ᄒᆞᆷ이니此에關ᄒᆞᆫ詳細ᄒᆞᆫ事項에就ᄒᆞ야ᄂᆞᆫ後章에說明ᄒᆞᆯ바ㅣ라

第二節　日本維新以後警察沿革

德川氏가政權을奉還ᄒᆞᆯ시當時戰亂이相踵ᄒᆞ야民心이安堵치못ᄒᆞᆷ으로其勢가一日이라도警備를踈忽히ᄒᆞᆷ이不可ᄒᆞᆫ지라於是乎一時江戶市中取締와鎭撫取締等의官을設置ᄒᆞ고後에江戶府를開ᄒᆞᆷ에當ᄒᆞ야舊江戶南北町奉行을改ᄒᆞ고更히南北市政裁判所를置ᄒᆞ야市政을管轄케ᄒᆞ얏시니此時를當ᄒᆞ야市中警戒ᄂᆞᆫ各藩의兵士가專히此에膺ᄒᆞ고其他警務ᄂᆞᆫ江戶府及市政裁判所가此를管掌ᄒᆞ고明治元年에비로소東京府를置ᄒᆞ고南北市政裁判所를同府에合倂ᄒᆞ야市政을管理케ᄒᆞᆫ지라當時市中에ᄂᆞᆫ盜賊이橫行ᄒᆞ야良民을傷害ᄒᆞᄂᆞᆫ事ㅣ甚多ᄒᆞᆫ故로府廳에府兵掛（後에取締掛라改稱ᄒᆞᆷ）를置ᄒᆞ고諸藩의兵士를選拔ᄒᆞ야此를東京府에隷屬

케ᄒᆞ고所謂府兵이란者를組織ᄒᆞ야重大ᄒᆞᆫ事件에至ᄒᆞ야ᄂᆞᆫ指揮를兵部省에請ᄒᆞ얏시니自此로府下의警察事務가漸次其緖에就ᄒᆞᆷ을得ᄒᆞ고明治二年에東京市中取締規則及東京府兵規則을設ᄒᆞ야安寧維持의方法에就ᄒᆞ야指示ᄒᆞᆫ바ㅣ有ᄒᆞ얏시며四年에東京府下를團束ᄒᆞ기爲ᄒᆞ야邏卒三千人（後에更히千人을增ᄒᆞᆷ）을置ᄒᆞ야取締大軆法則、取締規則、取締組自辨規則、給與規則等을定ᄒᆞ니蓋當時의邏卒이란者ᄂᆞᆫ舊日取締組子의摠稱이오今日所謂巡査에相當ᄒᆞᆫ者ㅣ라於是乎邏卒은兵器를携帶ᄒᆞᆷ을禁止ᄒᆞ고此에代ᄒᆞ야短棒을携케ᄒᆞ야ᄡᅥ警察은無端이畏懼ᄒᆞᆯ者ㅣ아님을示ᄒᆞ고五年에司法省에警保寮를置ᄒᆞ야邏卒로ᄒᆞ야곰同寮에屬케ᄒᆞ고又同年에府下에番人을設置ᄒᆞᄂᆞᆫ議를決ᄒᆞ니蓋番人은邏卒과其職務를同一케ᄒᆞ고民費로ᄡᅥ設置ᄒᆞᆫ者ㅣ라七年에警保寮ᄂᆞᆫ內務省에屬케ᄒᆞ고此年에東京에警視廳을創設ᄒᆞ야東京府下警察의事務를統轄케ᄒᆞᆷ이라

此時에在ᄒᆞᆫ各府縣警察의狀況을察ᄒᆞᆯ진ᄃᆡ其規則方法은大略東京에準ᄒᆞ야警保寮의指揮를從ᄒᆞ고六年에各地方에在ᄒᆞᆫ邏卒又ᄂᆞᆫ取締組、捕亡吏等으로其實番

人의職을奉ᄒᆞᄂᆞᆫ者ᄂᆞᆫ擴히此를番人이라改稱ᄒᆞ다
七年에비로소檢事職制章程及司法警察規則을制定ᄒᆞ야司法警察의事務를使廳府縣에委任ᄒᆞ고又番人으로써官吏라稱ᄒᆞ며八年에行政警察規則을定ᄒᆞ야番人을改ᄒᆞ야邏卒이라稱ᄒᆞ고又巡査라改稱ᄒᆞ야等級月俸을定ᄒᆞ고府縣에警部六等을置ᄒᆞ며九年에更히警部를置ᄒᆞ고十年에警部ᄂᆞᆫ十等으로巡査ᄂᆞᆫ四等으로作ᄒᆞ야各各等給을定ᄒᆞ니라

此를要ᄒᆞ건ᄃᆡ明治七八年頃에在ᄒᆞᆫ日本의警察은殆히中央集權의狀況을呈ᄒᆞ야府縣에大都會處에ᄂᆞᆫ警察署가有ᄒᆞ고中都會에ᄂᆞᆫ警察分署가有ᄒᆞ고小都會에ᄂᆞᆫ交番所가有ᄒᆞᆫ지라然而其市街에遠隔ᄒᆞᆫ村落에至ᄒᆞ야ᄂᆞᆫ一個月에다만一二回를警察官吏가巡邏ᄒᆞᆷ에不過ᄒᆞᆯᄲᅮᆫ이라

十年에東京警視廳을廢止ᄒᆞ고內務省中에警視局을置ᄒᆞ야大警視로써警視局長이라稱ᄒᆞ야全國의警察及監獄의事務ᄂᆞᆫ特히此를直轄케ᄒᆞ니蓋當時地方의警察은其力이頗히薄弱ᄒᆞ야東京警視廳과如히整頓ᄒᆞᆷ에未及ᄒᆞᆫ바ㅣ라然이나警視廳

도亦其職權의限定된者ㅣ有ᄒᆞ야其權力이地方에及홈을不得ᄒᆞ니於是乎此統一을圖ᄒᆞ기爲ᄒᆞ야一時大警視로警視局長이라ᄒᆞ야其力이全國에展케ᄒᆞ더니後十四年에至ᄒᆞ야更히警視廳을置ᄒᆞ야內務省中에警視官을廢ᄒᆞ고警視局을警保局이라改稱ᄒᆞᆫ지라嘗聞컨대明治十年에警視廳이廢止되고警察事務가內務省에屬ᄒᆞ든當時에川路大警視가人의게語ᄒᆞ야曰政府에셔一時의便宜를圖ᄒᆞ야警視廳을廢止ᄒᆞ얏시나事體가宜當히復設홈이可ᄒᆞᆯ지라何者오東京은政務의中心이오特히警察事務에至ᄒᆞ야ᄂᆞᆫ瞬時間이라도此를踈忽히ᄒᆞ지못ᄒᆞᆯ지니因ᄒᆞ야尋常都府와如히此를他의行政機關에一任홈을不得ᄒᆞᆯ所以라云ᄒᆞᆫ바ㅣ라

先是에內務省은行政警察假規則을使廳府縣에達ᄒᆞ야行政警察이라홈은人民의危害를豫防ᄒᆞ고社會의安寧을持保ᄒᆞ며風俗을正ᄒᆞ고健康을保ᄒᆞᄂᆞᆫ者ㅣ되ᄂᆞᆫ主旨를明示홈이니盖當時에警察權濫用의弊를아즉盡去치못ᄒᆞ야特히警察官吏中에ᄂᆞᆫ舊藩士族으로브터出ᄒᆞᆫ者ㅣ多홈으로써人民을視홈이舊藩의武士가其領內의農商民을視홈과如ᄒᆞᆫ狀態를呈ᄒᆞ고兼ᄒᆞ야警察의職責은司法警察에偏傾ᄒᆞ더

니今에行政警察의趣旨를普及ᄒᆞᆷ에當ᄒᆞ야頗히警察의面目을一新케ᄒᆞᆷ에至ᄒᆞ고又警察制度及實務를調査ᄒᆞ기爲ᄒᆞ야特히官吏를歐洲에派遣ᄒᆞ고且明治十八年에ᄂᆞᆫ警官練習所를開設ᄒᆞ야普魯西警察大尉벤氏를雇聘ᄒᆞ야全國中으로브터警部와巡査들生徒로作ᄒᆞ야養成ᄒᆞᄂᆞᆫ方法을設ᄒᆞ야二十二年ᄭᆞ지此를繼續ᄒᆞ고三十二年에更히警察監獄學校를開始ᄒᆞᆷ에至ᄒᆞᆫ바ㅣ라此時期에在ᄒᆞᆫ警察上의沿革으로ᄂᆞᆫ十四年에府縣官中에警部長을置ᄒᆞ고官等月俸을定ᄒᆞ며職制를定ᄒᆞᆷ과警部巡査의等級을廢ᄒᆞ고更히俸給을定ᄒᆞᆷ과二十三年에巡査部長을置ᄒᆞᆷ과三十三年에地方警視를置ᄒᆞᆫ等이其重ᄒᆞᆫ者ㅣ라

要ᄒᆞ건ᄃᆡ此時代에日本의警察은純然히內務行政의範圍에屬ᄒᆞ야明白히他行政과分離ᄒᆞᆷ으로ᄡᅥ現時文明諸國에行ᄒᆞᆷ과如히警察의分化ᄒᆞᆷ을見ᄒᆞᆷ에至ᄒᆞᆷ이라

第三章　警察의分化

社會의進步를隨ᄒᆞ야人類의智識은漸次增進ᄒᆞ고共同生存의範圍도亦擴張ᄒᆞᆷ에至ᄒᆞ며人類의遵守ᄒᆞᆷ이可ᄒᆞᆫ條件은益益히其數가增加ᄒᆞᆷ에至ᄒᆞᆷ은蓋數의免치못

ᄒᆞᆯ바ㅣ라換言ᄒᆞ면是와如히事物이複雜ᄒᆞᆷ에至ᄒᆞᆷ은即其物의分化ᄒᆞᄂᆞᆫ所以니原始社會에在ᄒᆞ야ᄂᆞᆫ共同生存에必要ᄒᆞᆫ條件은其數ㅣ甚少ᄒᆞᆫ대社會가進步ᄒᆞᆷ을隨ᄒᆞ야其條件도漸次增加ᄒᆞᄂᆞ니其初에當ᄒᆞ야ᄂᆞᆫ其要件이아즉分化치못ᄒᆞ야或은宗教上의教則이라ᄒᆞ고或은道德上의教示라ᄒᆞ며又或은風俗禮儀等의形式이라稱ᄒᆞ나然이나今日에至ᄒᆞ야ᄂᆞᆫ其要件의種類ᄅᆞᆯ依ᄒᆞ야或은宗教上、或은道德上又或은法律上의規則이라稱ᄒᆞᆷ에至ᄒᆞᆫ지라然而此ᄅᆞᆯ公法上沿革에照ᄒᆞ야도亦進化의歷史가不無ᄒᆞᆫ바ㅣ오就中公法中警察과如ᄒᆞᆫ者ᄂᆞᆫ特히其跡이歷然ᄒᆞ야可히徵ᄒᆞᆯ만ᄒᆞᆫ者ㅣ有ᄒᆞ니盖何國을不問ᄒᆞ고國家가아직開化치못ᄒᆞᆫ時ᄂᆞᆫ行政이란者ᄂᆞᆫ몬저國權을維持ᄒᆞ기爲ᄒᆞ야發達ᄒᆞᆫ者ㅣ니箇人의保護로써爲主ᄒᆞᄂᆞᆫ內務行政과如ᄒᆞᆫ者ᄂᆞᆫ後世에至ᄒᆞ야비로소發達ᄒᆞᆫ者ㅣ라然則警察도古代에在ᄒᆞ야ᄂᆞᆫ國家諸般의政務와混同ᄒᆞ야國權의維持로써直接의目的을作ᄒᆞ고箇人警察과如ᄒᆞᆫ者ᄂᆞᆫ近世에비로소發達ᄒᆞᆫ者ㅣ라可謂ᄒᆞᆯ바ㅣ라

警察學과國家學의混同은歐洲의歷史上此ᄅᆞᆯ證明ᄒᆞᆷ을可得ᄒᆞᆯ지니古昔希臘에在

ᄒᆞ야ᄂᆞᆫ町村制度ᄅᆞᆯ置ᄒᆞ기爲ᄒᆞ야警察法을設ᄒᆞ얏시나아즉此로써完全ᄒᆞ다謂ᄒᆞᆷ을不得ᄒᆞᆯ바ㅣ오又羅馬人은論理的頭腦가有ᄒᆞᆷ으로有名ᄒᆞᆷ에不拘ᄒᆞ고獨히此點에對ᄒᆞ야ᄂᆞᆫ希臘人에及지못ᄒᆞᆷ이甚遠ᄒᆞ다可謂ᄒᆞᆯ바ㅣ라

歐洲에在ᄒᆞ야ᄂᆞᆫ王政의隆盛ᄒᆞᆫ同時에政府란觀念이發達ᄒᆞ고國家ᄂᆞᆫ其特權을施行ᄒᆞ며漸進ᄒᆞ야人民에對ᄒᆞ야獨立의行爲ᄅᆞᆯ發達케ᄒᆞᄂᆞᆫ思想이起ᄒᆞ얏시니玆에希臘의所謂國家學이란者ㅣ再次新面目으로現出ᄒᆞᆫ지라希臘의用例에倣ᄒᆞ야此ᄅᆞᆯ「포리데아」라稱ᄒᆞᆷ에至ᄒᆞ니其意ᄂᆞᆫ盖政治術이라稱ᄒᆞᄂᆞᆫ義라是로부터獨逸語의「포리쓰아이」와英語及佛語의「포리스」云ᄒᆞᄂᆞᆫ名稱도亦生ᄒᆞᆷ에至ᄒᆞᆫ바ㅣ라

是와如히歐洲歷史에在ᄒᆞ야ᄂᆞᆫ「포리스」란名稱은實로國家學의淵源이라然而國家ᄂᆞᆫ司法及軍事外에更히國家內部의進步ᄅᆞᆯ計圖ᄒᆞᆯ義務가有ᄒᆞᄂᆞ니即國家가國民의安寧을圖ᄒᆞᆫ다ᄒᆞᆷ은아리스도델스氏의既히唱道ᄒᆞᆫ바ㅣ라國家가既히此任務가有ᄒᆞᆫ以上은其事務의何者됨을亦研究치아니ᄒᆞᆷ이不可ᄒᆞᆷ은此에附隨ᄒᆞᄂᆞᆫ問題니此亦「포리쓰」가行政學의起源된所以라

大抵歐洲에在ᄒᆞ야ᄂᆞᆫ昔時宗敎도亦國家의管掌ᄒᆞᆫ一大要務라ᄒᆞ더니中世에在ᄒᆞ야비로소此ᄅᆞᆯ國家의生活中으로브터分離ᄒᆞᆫ故로第十六世紀의法令에ᄂᆞᆫ漸次「포리스」란名稱으로諸般政事에對ᄒᆞ야此ᄅᆞᆯ用ᄒᆞ야써宗敎와對稱ᄒᆞ더니次에第十六世紀以來歐洲諸國에在ᄒᆞ야ᄂᆞᆫ互相間의交際가益益頻繁ᄒᆞᆷ에及ᄒᆞᆷ으로外交術의必要가起ᄒᆞ야特히此ᄅᆞᆯ「포리틱크」라稱ᄒᆞ고其他의國家行爲로써此ᄅᆞᆯ「포리스」라稱ᄒᆞᆷ에至ᄒᆞ더니其後社會의進步ᄅᆞᆯ伴ᄒᆞ야財政의何者됨을亦漸次覺得ᄒᆞᆷ으로써此亦「포리스」로브터離ᄒᆞᆷ에至ᄒᆞᆫ지라然이나財政은永久히內務行政을支配ᄒᆞ기爲ᄒᆞ야其「포리스」로브터分離ᄒᆞᆷ에至ᄒᆞ기ᄭᆞ지에ᄂᆞᆫ頗히長久ᄒᆞᆫ日月을要ᄒᆞᆫ지라自此로進ᄒᆞ야近世에至ᄒᆞ야司法도亦「포리스」로브터分離ᄒᆞᆷ에至ᄒᆞᆷ이니何者오司法은其掌ᄒᆞᆫ바目的이專히警察과相異ᄒᆞ야官廳에셔ᄂᆞᆫ特別ᄒᆞᆫ組織을有ᄒᆞ고且訴訟事務란者ᄂᆞᆫ一種特別ᄒᆞᆫ執務方法이有ᄒᆞᆫ所以라

日本에셔도王政時代에在ᄒᆞ야ᄂᆞᆫ警察은宗敎와相混ᄒᆞ고又ᄂᆞᆫ全히他의諸般政務中에存在ᄒᆞ얏시며次에鎌倉時代로브터德川時代에至ᄒᆞ기ᄭᆞ지仔細히此ᄅᆞᆯ觀察

ᄒᆞ면漸次警察의進步를見ᄒᆞᆷ에至ᄒᆞᆷ은無疑ᄒᆞ나要ᄒᆞ건ᄃᆡ警察은專히軍事又ᄂᆞᆫ司法과混同된形跡이有ᄒᆯ뿐아니라近時維新以後에도其形跡이存在ᄒᆞᆫ事ᄂᆞᆫ前述ᄒᆞᆷ과如히此를歐洲歷史에徵ᄒᆯ진대亦相似ᄒᆞᆫ點이甚多ᄒᆞᆫ바ㅣ라

歐洲에在ᄒᆞ야警察이內務行政의一部됨에至ᄒᆞᆷ은千八百八十年代에비로소此를見ᄒᆞᆷ을得ᄒᆞᆷ과同一히日本에셔도明治維新以後에暫時ᄂᆞᆫ純然ᄒᆞᆫ警察의分化를見ᄒᆞᆷ을得지못ᄒᆞ얏다가司法省中에置ᄒᆞᆫ警保寮를內務省에移設ᄒᆞᆷ에及ᄒᆞ야비로소警察과司法의區別이明白히된바ㅣ라可謂ᄒᆯ지라

上述ᄒᆞᆫ바를依ᄒᆞ야觀ᄒᆯ진대警察은其初에在ᄒᆞ야ᄂᆞᆫ國家의存立을爲ᄒᆞ야働作ᄒᆞᆫ後마ᄎᆞᆷᄂᆡ箇人의保護로써目的ᄒᆞᆷ에至ᄒᆞᆷ이니盖古代의制度에在ᄒᆞ야ᄂᆞᆫ國家의安寧을維持ᄒᆞ기爲ᄒᆞ야箇人의自由를制限ᄒᆞ고獨히國家의存立으로써主眼을作ᄒᆞᆫ지라是ᄂᆞᆫ警察이沿革法理上에반다시軍務司法等과如ᄒᆞ야國家의存立으로써目的ᄒᆞᄂᆞᆫ行政과互相混同ᄒᆞᆷ을免치못ᄒᆞᆫ所以라故로此時代에在ᄒᆞ야ᄂᆞᆫ아즉國家學의意義가判然치아니ᄒᆞ고因ᄒᆞ야法律命令의區別이無ᄒᆞ얏시니此와如ᄒᆞ고能히

警察及司法의關係를識別홈을可得홀가然이나爾來社會의進步를伴ᄒᆞ야箇人의能力이發達ᄒᆞ고國家의意義及法律命令等의區別이判然홈에至ᄒᆞ야비로소警察은內務行政中重要ᄒᆞᆫ一部됨에遂至ᄒᆞᆫ바ㅣ라

第四章　警察의法源

法源이라홈은法理를組織ᄒᆞᄂᆞᆫ바規則을謂홈이라然而警察法의法源은成文法에由홈을爲主ᄒᆞᄂᆞ니警察이라홈은警察官의任意行爲가아니오반다시其由來ᄒᆞᆫ바規則이無홈이不可ᄒᆞᆫ바ㅣ라然而其規則으로法律又ᄂᆞᆫ命令의外形을具備홀時ᄂᆞᆫ此를成文ᄒᆞᆫ法이라稱홈이可ᄒᆞ나普通으로行ᄒᆞᄂᆞᆫ慣例에依홀진대是卽所謂習慣法이라然이나今에日本에在ᄒᆞ야도憲法이旣히發布되고警察도亦社會의進步를伴ᄒᆞ야昔時의習慣法時代를經過ᄒᆞ야成文法의時代에進홈으로警察의法理를硏究홈에ᄂᆞᆫ單히其條文을依홈이아니라條文以外에立法의精神에就ᄒᆞ야此를探究치아니홈이不可홀지니有名ᄒᆞᆫ博士이에링氏ᄂᆞᆫ曰凡法을立홈에ᄂᆞᆫ반다시몬져推定ᄒᆞᆫ바ㅣ有ᄒᆞᆫ然後에其結果가現ᄒᆞᄂᆞᆫ者ㅣ라故로行政의法規를法源으로硏究홀

時ᄂᆞᆫ其命令、法律의出ᄒᆞᆫ바論理上의前提에依ᄒᆞ야立法의原則을現出ᄒᆞᆷ을要ᄒᆞᆯ
바ㅣ라云云
日本에在ᄒᆞ야高等保安警察에就ᄒᆞ야ᄂᆞᆫ法律로ᄂᆞᆫ治安警察法(明治三十三年三月法律第三十六号)出
版法等(明治廿六年四月法律第十四号)이有ᄒᆞ고又勅令으로ᄂᆞᆫ新聞紙條例(明治二十年十二月勅令第七五号)가有
ᄒᆞ야共히高等警察의法源을形成ᄒᆞ고又箇人保安警察에就ᄒᆞ야ᄂᆞᆫ頗히不備ᄒᆞᆫ点
이多ᄒᆞ나其重要ᄒᆞᆫ者를擧ᄒᆞᆯ진대古物商取締法(明治二十八年三月法律第十三号)質屋取締法(明治二十
八年三月法律第十四号)移民保護法(明治二十九年四月法律第七十号)銃砲火藥類取締法(明治三十二年八月法律第百六号)等이有
ᄒᆞ고又行政警察에關ᄒᆞ야ᄂᆞᆫ狩獵法(明治三十四年四月法律第三十三号)鑛業警察規則(明治二十五年三月農商務省
令第七号)森林法(明治卅年四月法律第四十六号)電氣事業取締規則(明治三十年六月遞信省令第十四號)度量衡法(明治二十四年三月
法律第三號)等이有ᄒᆞ고其他衛生警察에關ᄒᆞ야ᄂᆞᆫ傳染病豫防法(明治三十年三月法律第三十六號)種痘規
則(明治十八年十一月第三十四號布告)醫師免許規則(明治十六年十月第三十五號布告)藥品營業竝藥品取扱規則(明治二十二年
三月法律第十號)阿片法(明治三十年三月法律第二十七號)賣藥規則(明治十年十一月第七號布告明治三十三年三月法律第十四號)獸疫豫防法

(明治卄九年三月法律第六十號)墓地及埋葬取締規則(明治十七年十月太政官第二十五號布達)飲食物其他物品取締에關ᄒᆞᆫ法律(明治卅三年二月法律第十五號)未成年者喫烟禁止法(明治三十三年三月法律第三十三號)汚物掃除法(明治三十三年三月法律第卅一號)下水道法(明治三十三年三月法律第三十二號)精神病者監護法(明治三十三年三月法律第三十八號)이有ᄒᆞ고其他各府縣의警察命令은各其地方狀況에依ᄒᆞ야此ᄅᆞᆯ發布ᄒᆞ야其規定ᄒᆞᆫ바ㅣ區區ᄒᆞᆫ지라盖日本의警察命令은其範圍가廣汎ᄒᆞ야歐洲에서實際上法律로써規定ᄒᆞᆯ만ᄒᆞᆫ者도日本에서ᄂᆞᆫ警察命令으로써此ᄅᆞᆯ規定ᄒᆞᆷ이常例니假令獨逸에서ᄂᆞᆫ雇人口入規則과市場及製造所에關ᄒᆞᆫ規定과如ᄒᆞᆫ者ᄅᆞᆯ皆法律로써此ᄅᆞᆯ定ᄒᆞ나日本에서ᄂᆞᆫ摠히警察命令으로써此ᄅᆞᆯ規定ᄒᆞᆷ이是라盖日本에서ᄂᆞᆫ獨逸과如히警察에關ᄒᆞᆫ權限法이無ᄒᆞ더니明治三十三年六月行政執行法의發布ᄅᆞᆯ見ᄒᆞᆷ에至ᄒᆞ야비로소法律로써警察에關ᄒᆞᆫ權限의區域을明定ᄒᆞᆷ에至ᄒᆞᆫ지라從來日本에ᄂᆞᆫ明治八年三月太政官達第二十九號行政警察規則이有ᄒᆞ나該規定이漠然ᄒᆞ야아직學理上保安警察에屬ᄒᆞᆫ事項을網羅ᄒᆞ얏다謂ᄒᆞᆷ이不可ᄒᆞ고且該規則은專制時代에警察

이充分히職權을振ᄒᆞ야臣民의權利에侵入ᄒᆞ고恣意로罰則을科홈을得ᄒᆞ든時代에ᄂᆞᆫ效果가或有ᄒᆞ려니와旣히立憲的國家로警察命令의基礎及警察의權限은憲法及行政執行法으로써明定ᄒᆞ며行政立法의機關이井然ᄒᆞ고臣民의權利가儼然ᄒᆞ야濫히侵犯홈이不可ᄒᆞᆫ今日에在ᄒᆞ야ᄂᆞᆫ該規則은假令形式上存在ᄒᆞ다ᄒᆞᆯ지라도事實上으로ᄂᆞᆫ警察이何者됨을示ᄒᆞᄂᆞᆫ同時에法令의規定이無ᄒᆞᆫ境遇에相當히處分홈을得ᄒᆞᆯ지라或은曰明治八年太政布達의性質이此를執行ᄒᆞᄂᆞᆫ全權도當該機關에命令ᄒᆞᆫ者ㅣ라故로此法令에違背치아니ᄒᆞᆫ者에限ᄒᆞ야臨機必要의處分은變ᄒᆞ야法令執行에係ᄒᆞᆫ處分된다云ᄒᆞ나然이나余로써此를見ᄒᆞ면該達은다만公共의安寧을持保ᄒᆞ고人民의危害를豫防홈은警察의趣旨됨을規定홈에不過ᄒᆞ고此를執行코ᄌᆞᄒᆞᆯ진대別로執行에關ᄒᆞᆫ法令을要ᄒᆞᆯ만ᄒᆞᆫ者로信ᄒᆞᄂᆞᆫ바ㅣ라此를要ᄒᆞ건대行政警察規則이란者ᄂᆞᆫ今日時代에在ᄒᆞ야ᄂᆞᆫ法의效力이有ᄒᆞᄂᆞ니普國의普通法典第二編第十七章第十條에ᄂᆞᆫ

公共의靜謐、安寧及秩序를維持ᄒᆞ고公衆及箇人의危險을除去ᄒᆞ기爲ᄒᆞ야必

要ᄒᆞᆫ措置ᄅᆞᆯᄒᆞᆷ은是卽警察의職務라規定ᄒᆞᆫ바ㅣ라

是와如히普國普通法典에明白히警察의目的을指示ᄒᆞ얏시나該法發布時에此ᄅᆞᆯ實施ᄒᆞᄂᆞᆫ手段에就ᄒᆞ야ᄂᆞᆫ適切ᄒᆞᆫ規定이姑無ᄒᆞ고又其職權의限界及意義에就ᄒᆞ야도疑点이多ᄒᆞ야議論이頗有ᄒᆞ더니其後千八百五十年一月三十一日에發布ᄒᆞᆫ憲法에基因ᄒᆞ야同年三月十一日發布ᄒᆞᆫ警察行政法律은警察命令의目的物、形式及罰金、拘留의限度ᄅᆞᆯ定ᄒᆞᆷ에至ᄒᆞᆫ지라先是에千八百八年市條例에在ᄒᆞ야ᄂᆞᆫ市役所ᄂᆞᆫ市會란機關으로써國家의委任에依ᄒᆞ야間接으로國家의官吏된資格으로警察權을行하더니千八百三十一年의改正市條例ᄂᆞᆫ此制度ᄅᆞᆯ少變ᄒᆞ고後千八百五十三年及千八百五十六年에至ᄒᆞ야市會가警察事務에干與ᄒᆞᆷ을停止ᄒᆞ얏시니是ᄂᆞᆫ畢竟敏活을主ᄒᆞᄂᆞᆫ警察事務ᄂᆞᆫ容易히議決ᄒᆞᆷ을不得ᄒᆞᄂᆞᆫ市會의處務와相容치못ᄒᆞᆷ으로써警察事務ᄂᆞᆫ此ᄅᆞᆯ市長의手에委任ᄒᆞᆷ에遂至ᄒᆞᆫ지라故로此境遇에ᄂᆞᆫ市長은國家의警察官吏된機關으로ᄒᆞ야其職責을盡ᄒᆞᄂᆞᆫ者ㅣ라其後千八百七十二年十二月十三日發布ᄒᆞᆫ郡制ᄂᆞᆫ各地方에規模가不一ᄒᆞ든政治의統一을圖ᄒᆞᆷ

으로써趣旨를삼고此의必要手段으로一新히郡區를分ᄒᆞ야國家의運轉으로自由케ᄒᆞ얏더니其後千八百七十五年六月二十九日의州制는國家行政의精神及自治의發達을期ᄒᆞ야此를全國에普及케ᄒᆞᆷ에至ᄒᆞᆫ지라然而尙且此目的을達키爲ᄒᆞ야千八百七十五年七月三日의行政裁判法（及千八百八十年八月二日의追加）千八百七十六年七月卄六日의行政廳權限法千八百八十年七月卄六日의地方行政規則等의發布가有ᄒᆞ고又內務大臣후온、푸쓰도가멜氏의立法上의事業은맛당히吾人의記憶ᄒᆞᆷ이可ᄒᆞᆫ者ㅣ니即有名ᄒᆞᆫ千八百八十三年七月卅日의普國地方行政法及同年八月一日의職務權限法에關ᄒᆞᆫ立法이是라蓋此兩法律은刑罰의脅迫、處罰執行等을成文法上에規定ᄒᆞ야警察의專制를防禦ᄒᆞᆷ으로趣旨를삼으며又다만警察執行官에만止ᄒᆞᆯ뿐아니라凡警察의職務를補助ᄒᆞ는任에在ᄒᆞᆫ國家、町村、軍隊等이其威力을振ᄒᆞᆷ을可得ᄒᆞᆯ境遇及其他天災의境遇에는男女를勿論ᄒᆞ고苟其自己가危害를被치아니ᄒᆞᆯ以上은警察의需要에應ᄒᆞ야應援ᄒᆞᆷ이可ᄒᆞᆫ等의規定을設ᄒᆞᆷ이라英吉利警察制度의法源은他國과相異ᄒᆞᆫ바ㅣ頗有ᄒᆞᆫ지라英國主義의主張ᄒᆞ는바를依

ᄒᆞᆯ진대國家의權力은到底히此를法律의明文으로써指示ᄒᆞᆷ을不得ᄒᆞᆯ지라然而國家는獨히天然力에對ᄒᆞᆯ뿐아니라亦人類의暴力에對ᄒᆞ야도保護ᄒᆞᆷ이可ᄒᆞᆫ義務가有ᄒᆞ다云ᄒᆞᆷ에在ᄒᆞᆷ이라故로英國에셔는保安警察上에關ᄒᆞ야는最히法律的規定을必要로ᄒᆞᆷ에不拘ᄒᆞ고獨히警察官吏에對ᄒᆞ야는一般的委任을與ᄒᆞ고頗히廣漠ᄒᆞᆫ職權을付與ᄒᆞᆷ이라可謂ᄒᆞᆯ바ㅣ라

第五章　警察의性質

夫警察이國家行政의一部됨은容疑ᄒᆞᆯ바ㅣ無ᄒᆞᆫ지라然則警察은行政의目的에抵觸ᄒᆞᆷ이不可ᄒᆞᆷ은勿論이오맛당히行政範圍內에셔行動ᄒᆞᆷ이可ᄒᆞᆫ者ㅣ라然이나行政의目的은容易히此를一定ᄒᆞᆷ을不得ᄒᆞᆯ지니盖人民은風土를隨ᄒᆞ야其性質과人情이相殊ᄒᆞ니既히其性質과人情이相殊ᄒᆞᆯ진대行政의目的도亦自相異치아니ᄒᆞᆷ이不可ᄒᆞᆫ바ㅣ라

스다인氏는警察의性質을論ᄒᆞ야曰大抵警察制度의根本은危險의意義에存在ᄒᆞ니然則此意義에依ᄒᆞ야警察의何者됨을解ᄒᆞᆯ진대容易히其性質、系統及權利

等을理解홈을得홀지니夫人類의生活은永久不絶ᄒᆞ는未發의危險으로써圍繞되야團體의力을藉치아니ᄒᆞ면此를防止ᄒᆞ기不能ᄒᆞᄂᆞ니몬져危險의性質을論ᄒᆞᆫ後에警察의各項問題를研究홀지니是卽警察의內容이되는者ㅣ라所謂危險이란者는既存ᄒᆞᆫ狀態가아니오又既成ᄒᆞᆫ事實을謂홈이아니니寧히箇人의行爲中에存在ᄒᆞᆫ有害의狀態를生ᄒᆞ는虞가有ᄒᆞ다謂홈에存在ᄒᆞᆫ지라是와如히危險을起홀虞가有ᄒᆞᆫ者를指ᄒᆞ야吾人은此를力이라稱ᄒᆞᄂᆞ니故로警察의目的物은卽危險을生홀虞가有ᄒᆞᆫ力이라然則警察의問題는此危險을生홀力이有ᄒᆞᆫ時又는其力을生홀虞가有ᄒᆞᆫ境遇에此를除去홈에在ᄒᆞᆫ바ㅣ라然이나各種의力은皆無限홈으로人類의生活及發達에對ᄒᆞ야는其生存에必要ᄒᆞᆫ外界의害가無홈을要ᄒᆞᄂᆞ니是卽警察이他行政中에存치아니ᄒᆞᆫ特性이有ᄒᆞ야人類生活에現ᄒᆞ는諸般의力을目的ᄒᆞ는所以라換言ᄒᆞ면警察의目的은箇人又는團體의或部分에關홈이아니오諸般의生活을含包ᄒᆞᆫ者ㅣ니是卽法理上警察의有ᄒᆞᆫ位置를容易히定하기難ᄒᆞ고又其歷史上의發達을明白키ᄒᆞ기困難ᄒᆞᆫ所以라各種의力은皆一定치아니홈과同一히各種의

危險도亦一定치아니ᄒᆞᄂᆞ니故로此ᄅᆞᆯ有形上無形上으로識別ᄒᆞ기不能ᄒᆞᆫ바ㅣ라然則所謂危險이란者ᄂᆞᆫ將來의事實로存在ᄒᆞᆷ이可ᄒᆞᆫ者ㅣ오現在ᄂᆞᆫ此ᄅᆞᆯ定ᄒᆞᆷ을不得ᄒᆞᆯ바ㅣ라云ᄒᆞᆫ지라是스다인氏가巧妙ᄒᆞᆫ論法에依ᄒᆞ야警察의性質을述ᄒᆞᆷ에危險을爲主ᄒᆞ야立論ᄒᆞᆫ者ㅣ라然이나所謂危險이란者ᄂᆞᆫ其意義가頗히廣汎ᄒᆞᆷ으로單히危險豫防으로써警察의性質이라論ᄒᆞᆷ은余의首肯ᄒᆞ기不能ᄒᆞᆫ바ㅣ라然而此事에就ᄒᆞ야ᄂᆞᆫ警察의定義ᄅᆞᆯ論ᄒᆞᆯ時에說明코ᄌᆞᄒᆞ노라

大抵警察의職掌됨이危害ᄅᆞᆯ除去ᄒᆞ고公共의安寧을維持ᄒᆞᆷ에在ᄒᆞᆫ지라然而凡國家의行政中邪推ᄅᆞᆯ受ᄒᆞᄂᆞᆫ事ㅣ警察보더甚ᄒᆞᆫ者ㅣ無ᄒᆞᄂᆞ니或은警察의權能에屬지아니ᄒᆞᆫ事項으로써責을警察에歸ᄒᆞ고或은警察로써無耳無眼의機關이라ᄒᆞ고困厄에陷ᄒᆞ면警察에救護ᄅᆞᆯ即請ᄒᆞ대一次處分을遭ᄒᆞ면讒謗이殆히至치아니ᄒᆞᄂᆞᆫ바ㅣ無ᄒᆞ니嗚呼라一方에셔ᄂᆞᆫ警察에對ᄒᆞ야無限의力을望ᄒᆞ고他方에셔ᄂᆞᆫ此ᄅᆞᆯ罵倒ᄒᆞ야敢히顧慮치아니ᄒᆞ니是果然如何ᄒᆞᆫ理由가有ᄒᆞ야然ᄒᆞᆷ인가畢竟警察은其性質上箇人의自由ᄅᆞᆯ制限ᄒᆞᄂᆞᆫ故로時의古今을不問ᄒᆞ고東西如何ᄒᆞᆫ國에在

ᄒᆞᄃᆞᆫ지人民의嫌忌ᄒᆞᄂᆞᆫ所以가아닌가特히警察이他行政과異ᄒᆞᆫ點은其行ᄒᆞᄂᆞᆫ바ㅣ往往認定에基因ᄒᆞ고說明을與치아니홈에在ᄒᆞ니盖明文의說明은人民이心服ᄒᆞᄂᆞᆫ바ㅣ로ᄃᆡ認定은人民의嫌忌ᄒᆞᄂᆞᆫ바ㅣ라故로警察은前述홈과如히其性質上諸般의生活을含包ᄒᆞᆫ者ㅣ로ᄃᆡ此生活에對ᄒᆞ야ᄂᆞᆫ客觀的의境界를有치아니ᄒᆞᆫ故로警察의有ᄒᆞᆫ權力은箇人의自由에對ᄒᆞ야此를明定홈을不得ᄒᆞᆯ지라故로往往箇人의自由ᄂᆞᆫ無故히壓制를受ᄒᆞ고又動輒危險의虞가無ᄒᆞᆫ境遇에도警察權이此에侵入ᄒᆞ야必要업시此를濫用ᄒᆞᄂᆞᆫ事이有ᄒᆞ니是即警察이到處에冷遇를受ᄒᆞ고又不正히視ᄒᆞᄂᆞᆫ所以라因ᄒᆞ야諸般官吏中에ᄂᆞᆫ警察官吏와如히各種의惡評을被ᄒᆞᄂᆞᆫ者ㅣ無홈이라

警察이他政務와異ᄒᆞᆫ點은即其劬ᄒᆞ고休치아니홈에在ᄒᆞ니然則警察은恒常必要에應ᄒᆞ야命令을發ᄒᆞ고又處分ᄒᆞᄂᆞᆫ事ㅣ無홈이不可ᄒᆞᆫ바ㅣ라警察은決코安寢을不得ᄒᆞ며又休息홈을不得ᄒᆞᄂᆞ니警察로써休息케ᄒᆞᆯ진ᄃᆡ是即共同生活에安寧을維持ᄒᆞᄂᆞᆫ所以가아니니然則豫先詳細히警察行爲의方向을定ᄒᆞ고細密ᄒᆞᆫ注意로

써其種類를定ᄒᆞ야命令코ᄌᆞᄒᆞᆷ은卽木을緣ᄒᆞ야魚를求ᄒᆞᆷ과無異ᄒᆞ니盖警察의權能은國家의中心으로브터各種方向에進ᄒᆞᆷ이可ᄒᆞᆫ者ㅣ라然而生活의現象이相異ᄒᆞᆷ과如히警察의現象도亦相異치아니ᄒᆞᆷ이不可ᄒᆞᄂᆞ니要컨대警察은正當ᄒᆞᆫ時機에ᄂᆞᆫ箇人의自由에侵入ᄒᆞᆷ을要ᄒᆞᄂᆞᆫ者ㅣ라故로警察의働ᄒᆞᆷ은旣히吾人의生活과如히此를算定ᄒᆞᆷ을不得ᄒᆞᄂᆞᆫ以上은其性質上此를幾分間任意에委치아니ᄒᆞᆷ이不可ᄒᆞᆫ바ㅣ라換言ᄒᆞ면警察은法令範圍內에서時變을際ᄒᆞ고目的을應ᄒᆞ야自由에適切ᄒᆞᆫ方法을選擇ᄒᆞᆯ餘地를有ᄒᆞᆷ이可ᄒᆞᆫ者ㅣ니此点에就ᄒᆞ야ᄂᆞᆫ警察權의基礎를說明ᄒᆞᆷ에當ᄒᆞ야此를詳述ᄒᆞᆯ바ㅣ라然이나所謂任意의權力이란者ᄂᆞᆫ其應用의如何ᄒᆞᆷ을依ᄒᆞ야往往國家及箇人에對ᄒᆞ야危害를加ᄒᆞᆯ虞가無ᄒᆞ기不能ᄒᆞᆯ지니何者오前述ᄒᆞᆷ과如히警察은往往히不法의壓制를施ᄒᆞᆷ이有ᄒᆞᆫ所以라然則國家ᄂᆞᆫ實로此抑壓을防禦ᄒᆞᆷ에力을致치아니ᄒᆞᆷ이不可ᄒᆞᄂᆞ니是以로近世에在ᄒᆞ야ᄂᆞᆫ此를保護ᄒᆞ기爲ᄒᆞ야國家ᄂᆞᆫ三箇의救濟方法을發見ᄒᆞᆷ에至ᄒᆞᆫ지라卽上級官廳에向ᄒᆞ야訴願을許ᄒᆞᆫ事ㅣ其一이오行政訴訟을提起ᄒᆞᆷ을得ᄒᆞᄂᆞᆫ事ㅣ其二요法律에依ᄒᆞ야

警察權을制限ᄒᆞᄂᆞᆫ事가其三이라

第六章 警察의定義

警察의意義ᄂᆞᆫ古來로브터區區ᄒᆞ야一定치아니ᄒᆞ고時代에依ᄒᆞ야其意義가相異ᄒᆞᆷ은歐洲沿革에徵ᄒᆞ야明白ᄒᆞᆫ바ㅣ라盖歐洲에셔ᄂᆞᆫ「포리쓰아이」란意義에一種沿革이存在ᄒᆞᆷ은前述ᄒᆞᆷ과如ᄒᆞ거니와大抵中世의末에在ᄒᆞ야ᄂᆞᆫ國家가干涉主義에依ᄒᆞ야諸般事項에干與치아니ᄒᆞᆫ바ㅣ無ᄒᆞ니當時의警察學은實際上國家學의範圍를盡得치못ᄒᆞᆷ에不拘ᄒᆞ고警察學은國家學과同一ᄒᆞ다稱ᄒᆞ야漸次大히錯雜ᄒᆞᆷ에至ᄒᆞ고或은警察은公法과同一ᄒᆞ다稱ᄒᆞ고或은警察로써王侯財政學과混同ᄒᆞ고或은財政學、經濟學을除ᄒᆞᆫ外에ᄂᆞᆫ諸般行政으로써警察이라稱ᄒᆞᆷ에至ᄒᆞ니是와如히行政學과警察學의區域이一致ᄒᆞᆷ에至ᄒᆞᆫ所以ᄂᆞᆫ當時國家行政의方針에在ᄒᆞ야此를明白히ᄒᆞᆷ을得ᄒᆞᆯ지니即「포리쓰아이」란名稱의始起ᄒᆞᆫ時代를考察ᄒᆞᆯ진대社會ᄂᆞᆫ漸次封建制度의時代를脫ᄒᆞ고開明의域에進ᄒᆞᆷ으로秩序及規律의二者ᄂᆞᆫ近世의國家及社會에셔ᄂᆞᆫ實로必要不可缺ᄒᆞᆯ者ㅣ라故로吾人은保安警

察中에셔비로소內務行政의起源을見홈에至홈이라

벨삭氏는距今百年前其所著警察法論에廣義로警察의定義에關ᄒᆞ야二十四說을揭ᄒᆞᆫ者ㅣ라今에一一히此를批評코ᄌᆞᄒᆞᆯ진대徒勞에屬홈으로써余는便宜上左에此等學說의正解를得ᄒᆞ야要點을略述ᄒᆞ노라

第一種의學說은警察의意義及目的을研究치아니ᄒᆞ고다만警察의範圍를探究홈에在ᄒᆞ니即此說은消極的으로研究ᄒᆞ야警察에屬지아니ᄒᆞᆫ者를指示ᄒᆞᄂᆞᆫ方法을取홈이라假令람부레히도氏及도라이스氏는行政中司法宗敎、財政에屬지아니ᄒᆞᆫ部分으로써警察이라稱ᄒᆞ고又몰켄스펠氏는警察이란者는司法以外에人民의利益을增進케ᄒᆞᄂᆞᆫ者ㅣ라稱홈이라

第二種의學說은定義를擧치아니ᄒᆞ고警察의內容에屬ᄒᆞᆫ組織의數를示ᄒᆞ야此를說明ᄒᆞᆯ섚이라

렛시히氏曰警察이란者는善美、秩序、風儀의點에注意홈이可ᄒᆞᆫ國家秩序의制度라云ᄒᆞ고尙且此種에屬ᄒᆞᆫ學說을唱道ᄒᆞᆫ者는롯뎃구氏짐멜만氏예셀氏等

이라然이나是와如히漢然히警察의範圍를定홈에至ᄒᆞ야ᄂᆞᆫ警察은아즉學問上의價値를有홈에至치아니홈을可知홀바ㅣ라

第三種의學說은定義에在ᄒᆞ야理論上의誤謬됨이有ᄒᆞ니盖定義를解홈에或은廣義에失ᄒᆞ고或은狹義에失ᄒᆞᆫ弊가有ᄒᆞᆫ지라此를廣義로解ᄒᆞᄂᆞᆫ者ᄂᆞᆫ警察로써權利의保全도含有ᄒᆞᆫ者ㅣ라云ᄒᆞ니假令모젤氏와쏜넨후엘스氏와如홈이是라然이나權利를保全홈은警察의目的이아니요司法의目的이니라又쉘스뎃겔氏가警察의意義中에ᄂᆞᆫ總히財政도含有ᄒᆞᆫ者ㅣ라云홈은頗히廣義에失ᄒᆞᆫ議를免치못홀바ㅣ오此에反ᄒᆞ야만나氏ᄂᆞᆫ警察이란者ᄂᆞᆫ公安에만關홀ᄲᅮᆫ이요箇人의利益에ᄂᆞᆫ不關홈이라云홈은警察을解홈에狹意에失ᄒᆞᆫ者ㅣ라可謂홀바ㅣ라

第四種의學說은國家의目的을誤解홈에出ᄒᆞᆫ者ㅣ니此種에屬ᄒᆞᆫ者ᄂᆞᆫ其學說이區區ᄒᆞ나其中에最히普通으로行ᄒᆞᄂᆞᆫ者ᄂᆞᆫ人類全體의完成으로써國家의目的이라云홈에在홈이라然이나國家의目的이란者ᄂᆞᆫ到底히一致홈을不得홈은此에辯論을不待ᄒᆞ고可知홀바ㅣ라

以上余ᄂᆞᆫ前代에在ᄒᆞᆫ警察에關ᄒᆞᆫ學說을論究ᄒᆞᆷ으로써以下에進ᄒᆞ야現今에在ᄒᆞᆫ警察의定義ᄅᆞᆯ批評ᄒᆞ고最終에鄙見을陳述코ᄌᆞᄒᆞ노라

現今에行ᄒᆞᄂᆞᆫ警察의定義에關ᄒᆞ야余ᄂᆞᆫ此ᄅᆞᆯ便宜上左의四種으로分ᄒᆞ노니即內務行政說、目的說、手段說、自由制限說이是라

第一 內務行政說

此說은前代에比ᄒᆞ야一步ᄅᆞᆯ進ᄒᆞᆫ學說이니몰氏에由ᄒᆞ야主唱ᄒᆞ고스달氏、지엣쌀氏及쓰하리에氏等도此ᄅᆞᆯ唱道ᄒᆞᆫ바ㅣ라

몰氏ᄂᆞᆫ其著警察學第一卷에警察의定義ᄅᆞᆯ擧ᄒᆞ야曰

警察이란者ᄂᆞᆫ國權을應用ᄒᆞ야人民의種種適切ᄒᆞᆫ生活力의發達에對ᄒᆞᆫ外部의障害ᄅᆞᆯ除去ᄒᆞᆷ으로目的ᄒᆞᄂᆞᆫ國家의設備及行動을總稱ᄒᆞᆷ이라然而其所謂障害란者ᄂᆞᆫ權利ᄅᆞᆯ毁損ᄒᆞᆷ이아니요且箇人又ᄂᆞᆫ團體가能히除去ᄒᆞᆷ을不得ᄒᆞᆯ者되지아니ᄒᆞᆷ이不可ᄒᆞᆫ바ㅣ라云云

然則몰氏의說을從ᄒᆞᆯ진대警察이란者ᄂᆞᆫ箇人又ᄂᆞᆫ團體가行ᄒᆞ기不能ᄒᆞᆫ境遇에在

호야一方으로는消極的으로人力에在훈各種發達上의妨害를防禦호고又一方에在호야는此와如히公安을積極的으로增進케호기爲호야營造物의設備도必要호다호는者ㅣ라要컨딕氏의見解에依훈즉揔히國家的行爲中直接公安에關係호는者는即警察이라호고人民發達上의能力을分호야身體上에對호야는戶籍衛生救助等ᄭ지含包호고精神上能力에對호야는教育風俗宗教技術等을含包호며尙且豫備司法이란名稱下에權利의保護司法處分等의事를論호야此로써警察의範圍라稱호야警察과內務行政은全혀一致훈者ㅣ라云홈이라

스달氏는警察과他行政의相異훈點을論호야曰警察은國家行政中最히範圍가廣汎홈으로人類生存의目的及利益되는者는皆警察에屬호니盖警察은積極的의行爲로대此에反호야司法의目的은單히權利의維持又는回復에在호야오즉損害가有훈境遇에救濟홈에在호고財政은制限的으로警察과如히其範圍는無限호기不能호며又軍務는單히權力을有호야常時에在호야는此를用호기不能훈바ㅣ라然이나獨히警察에는特種의政治的行爲가此에存在훈者ㅣ라云云

內務行政說은今에旣히陳腐에屬ᄒᆞ얏시니蓋警察이란意義中에ᄂᆞᆫ반다시强制要素를伴ᄒᆞᄂᆞ니所謂增福警察이란者ᄂᆞᆫ今에此를警察과分ᄒᆞᆷ에至ᄒᆞᆫ지라故로現時에在ᄒᆞᆫ內務行政의行爲ᄂᆞᆫ營造物과如히積極的事務及警察과如ᄒᆞᆫ消極的事務의兩者로成立된者ㅣ라謂ᄒᆞᆯ지라然이나此의區別은며룬쥬리氏가此를始唱ᄒᆞᆫ바ㅣ라

第二目的說

此說은內務行政의全體에通ᄒᆞᄂᆞᆫ者ㅣ라警察은其目的에依ᄒᆞ야他內務行政과區別ᄒᆞᄂᆞᆫ者ㅣ니其說에曰警察이란者ᄂᆞᆫ公共의安寧秩序를保護ᄒᆞᆷ에在ᄒᆞ다云ᄒᆞᆫ지라此說은소덴氏가此를始唱ᄒᆞ고其他의學者도秩序를維持ᄒᆞᆷ으로써警察의目的이라云ᄒᆞ야他內務行政과區別ᄒᆞᆷ에至ᄒᆞᆷ이라然이나此說은頗히漠然ᄒᆞᆷ을未免ᄒᆞᆯ지니何者오公共의安寧이란者ᄂᆞᆫ或은此를廣義로解ᄒᆞ고又ᄂᆞᆫ此를狹義로解ᄒᆞᆷ을可得ᄒᆞᄂᆞᆫ所以라又單히公共의安寧으로目的ᄒᆞᄂᆞᆫ行爲로써此를警察이라稱ᄒᆞᆷ은當然ᄒᆞ다云ᄒᆞ기不能ᄒᆞᆫ바ㅣ라假令道路에電燈을點ᄒᆞᆷ으로써警察이라稱ᄒᆞ기不

能ᄒᆞᄂᆞ니何者오此境遇에在ᄒᆞ야ᄂᆞᆫ其目的이公共의安寧에在ᄒᆞ나警察에必要ᄒᆞᆫ强制라謂ᄒᆞᄂᆞᆫ要素를闕ᄒᆞᆫ所以라是以로此를觀ᄒᆞ건ᄃᆡ單히公共의安寧으로써目的ᄒᆞᆷ과如ᄒᆞᆷ은頗히廣義에失ᄒᆞᆫ者ㅣ라云치아니ᄒᆞᆷ을不得ᄒᆞᆯ지라次에스다인氏等의唱道ᄒᆞᆫ바危險을防ᄒᆞᆷ으로써目的이라稱ᄒᆞᄂᆞᆫ學說은頗히研究ᄒᆞᆯ만ᄒᆞᆫ價値가有ᄒᆞᆷ으로써左에此를詳論코ᄌᆞᄒᆞ노라

大抵危險豫防說은소덴氏의說ᄒᆞᆫ바로부터脫化ᄒᆞ야來ᄒᆞᆷ이니即目的과手段을併有ᄒᆞᆫ者ㅣ라스다인氏ᄂᆞᆫ此種의學說을曾히唱道ᄒᆞᆫ지라氏의說에依ᄒᆞᆯ진대內務行政中國家가其權力을應用ᄒᆞ야危險을防禦ᄒᆞᄂᆞᆫ行爲ᄂᆞᆫ即警察의行爲라謂ᄒᆞᆷ이라氏ᄂᆞᆫ此意義를詳論ᄒᆞ야曰警察은內務行政의全體에通ᄒᆞᄂᆞᆫ一部라特히警察이란者ᄂᆞᆫ天然力及人類가箇人及集合體에向ᄒᆞ야惹起ᄒᆞᄂᆞᆫ危險을防ᄒᆞᄂᆞᆫ者ㅣ라故로凡警察의本義ᄂᆞᆫ實로危險의意義에存在ᄒᆞ니라然而天然力의危險에對ᄒᆞ야ᄂᆞᆫ此를防禦ᄒᆞᆷ에必要ᄒᆞᆫ營造物을設ᄒᆞᆷ은可ᄒᆞᄃᆡ此와反ᄒᆞ야人類의力에存在ᄒᆞᆫ危險에對ᄒᆞ야ᄂᆞᆫ危險을可起ᄒᆞᆯ箇人의意志를危險의所爲를可禁ᄒᆞ고國家의意志에依ᄒᆞ

야其實際上危險되ᄂᆞᆫ所爲에對ᄒᆞ야國家ᄂᆞᆫ直接强制力으로써此에對向홈이可ᄒᆞᆫ者ㅣ라云云

要ᄒᆞ건대氏의說에依ᄒᆞᆫ즉警察로써內務行政도아니오又內務行政의一部도아니오內務行政全體에通ᄒᆞᄂᆞᆫ一部라云홈에在홈이라스다인氏에先ᄒᆞ야害惡又ᄂᆞᆫ危險을除去홈으로써警察의意義라唱ᄒᆞᆫ學者ᄂᆞᆫ其數가尠少치아니ᄒᆞᆫ지라假令뻴삭氏와우에뻴氏와라우氏等이是라스다인氏ᄂᆞᆫ是와如히單히危險의種類에依ᄒᆞ야警察을分類ᄒᆞ얏시나余ᄂᆞᆫ頗히廣義에失홈으로思量ᄒᆞ노라余의見解에依ᄒᆞ야도單히天然力의危險에對抗홈은此를警察이라未稱ᄒᆞᆯ지라何者오此境遇에在ᄒᆞ야ᄂᆞᆫ箇人에對ᄒᆞᄂᆞᆫ强制力이란者가此에伴치아니ᄒᆞᆫ所以라然則若國家가水難에對ᄒᆞ야堤防을築ᄒᆞᄂᆞᆫ等事ᄂᆞᆫ警察의範圍에屬치아니ᄒᆞᆫ者ㅣ니蓋國家가警察로써働作홈은國家가天然의危險에對ᄒᆞ야箇人에向ᄒᆞ야强制의權力을用ᄒᆞᄂᆞᆫ時에始生ᄒᆞᄂᆞᆫ者ㅣ라故로所謂警察法이란者ᄂᆞᆫ國家가箇人에對ᄒᆞ야行홈이可ᄒᆞᆫ制規를謂홈이니何者오所謂法域이라홈은箇人에對ᄒᆞ야만存在ᄒᆞᆫ者오天然力에對ᄒᆞ야ᄂᆞᆫ

此ᄅᆞᆯ作用ᄒᆞᆷ이不能ᄒᆞᆫ所以라此와如히警察ᄋᆞᆫ人力에依ᄒᆞ야生ᄒᆞᄂᆞᆫ바危險ᄋᆞᆯ防止ᄒᆞᆷ으로目的ᄒᆞᆷᄋᆞᆫ사이델氏의싸이에룬國法論에도此ᄅᆞᆯ說明ᄒᆞᆫ바ㅣ라

ᄉᆞ다인氏ᄂᆞᆫ是와如히警察의目的ᄋᆞᆫ危險ᄋᆞᆯ防止ᄒᆞᆷ에在ᄒᆞ다云ᄒᆞ얏스나又一方으로ᄂᆞᆫ警察其者ᄂᆞᆫ强制力이라稱ᄒᆞᆫ지라又强制의點으로論ᄒᆞᆯ진ᄃᆡ氏의派와定義ᄅᆞᆯ相異히ᄒᆞ야警察이란者ᄂᆞᆫ公의危害ᄅᆞᆯ防止ᄒᆞᄂᆞᆫ行爲라解釋ᄒᆞᄂᆞᆫ者ㅣ有ᄒᆞ니게을삭마이엘氏와如ᄒᆞᆫ者ㅣ是라此說도亦學者及實際家間에行ᄒᆞᄂᆞᆫ强制의命令力이라謂ᄒᆞᆷ에重ᄒᆞᆷᄋᆞᆯ置치아니ᄒᆞ고危害ᄅᆞᆯ防禦ᄒᆞᆫ다云ᄒᆞᆷᄋᆞᆯ爲主ᄒᆞ야定義ᄅᆞᆯ揭ᄒᆞᆫ바ㅣ라故로氏의說에依ᄒᆞᆫ즉假令人의自由ᄅᆞᆯ直接으로制限ᄒᆞᄂᆞᆫ行爲라도危害ᄅᆞᆯ防止ᄒᆞᄂᆞᆫ目的에在치아니ᄒᆞ면警察이라謂치못ᄒᆞᆯ지니即種痘와如ᄒᆞᆷ과消防과如ᄒᆞᆷᄋᆞᆫ皆警察이라謂ᄒᆞᆷ이라

第三手段說

此說ᄋᆞᆫ警察이란者ᄂᆞᆫ內務行政과同一ᄒᆞᆫ者도아니오又內務行政의特別ᄒᆞᆫ一部ᄅᆞᆯ指ᄒᆞᆷ도아니오手段에依ᄒᆞᆫ者ㅣ라謂ᄒᆞᆷ이니學者中此說ᄋᆞᆯ採ᄒᆞᆫ者ㅣ最多ᄒᆞᆫ지라即

렌네氏와라반도氏레닌삭氏로ㅣ진氏삭로데엔도氏等이是라此說은쌰룬지유리氏에由ᄒᆞ야始唱ᄒᆞᆫ者ㅣ니氏의說에依ᄒᆞᆫ즉警察이란者ᄂᆞᆫ全혀一種의國家的保護의權力으로必要에應ᄒᆞ야公의秩序及安全을維持ᄒᆞᆷ을謂ᄒᆞᆷ이니換言ᄒᆞ면國家가此目的에對ᄒᆞ야必要可缺치못ᄒᆞᆯ者로規定ᄒᆞ야命令及禁令을發ᄒᆞᆷ이卽警察의問題오且本義라稱ᄒᆞᆷ이라氏가又曰警察이란者ᄂᆞᆫ或意義로ᄂᆞᆫ卽此ᄅᆞᆯ權力이라稱ᄒᆞᆷ을可得ᄒᆞᆯ지니然즉氏의說에依ᄒᆞᆯ진대總히行政行爲中國家의命令又ᄂᆞᆫ强制로權力의生ᄒᆞᄂᆞᆫ處에警察이存在ᄒᆞ다稱ᄒᆞᆷ이라換言ᄒᆞ면警察은國家强制權의應用이無ᄒᆞᆫ處에ᄂᆞᆫ存在치아니ᄒᆞᆫ者ㅣ라故로警察이란者ᄂᆞᆫ全히行政中에侵入ᄒᆞᆷ을要ᄒᆞᄂᆞᆫ바ㅣ라然이나警察은全히行政其者가아니니故로警察은行政行爲의目的에從ᄒᆞᆷ을要치아니ᄒᆞ고目的을達ᄒᆞ기爲ᄒᆞ야國家權力을用ᄒᆞᆯ만ᄒᆞᆫ手段에關係가有ᄒᆞᆫ者ㅣ라

玆에注意ᄒᆞᆷ이可ᄒᆞᆫ事ㅣ有ᄒᆞ니卽手段에重ᄒᆞᆷ을置ᄒᆞᆫ說이라然이나全혀目的을顧見치아니ᄒᆞᆷ은아니니故로라반도氏와로진氏와如ᄒᆞᆫ者도警察이란者ᄂᆞᆫ公共의幸

福을爲ᄒᆞ야自由를制限ᄒᆞ고此를強制ᄒᆞᄂᆞᆫ行政行爲라稱홈이라

余ᄂᆞᆫ此를觀ᄒᆞ건대라판도氏와로진氏等의說은姑舍ᄒᆞ고手段說도頗히廣意에失홈을免치못홀지라何者오強制가有ᄒᆞ대危險의豫防이無ᄒᆞᆫ時에ᄂᆞᆫ警察이라稱홈을不得홀지라假令租稅의滯納者를強制홈과如홈은強制되ᄂᆞᆫ要素가有ᄒᆞ대其直接의目的은危險을防禦홈에在치아니ᄒᆞᆫ故로아직此로써警察이라稱홈을不得홈과如홈이라

第四自由制限說

此種의屬ᄒᆞᆫ學說은警察이라者ᄂᆞᆫ命令權作用의一種類를指稱ᄒᆞᆫ者ㅣ오其目的을指ᄒᆞᆫ者ᄂᆞᆫ아니라옷도마이엘氏ᄂᆞᆫ其著佛蘭西行政法論에曰警察의本意ᄂᆞᆫ國家가箇人에向ᄒᆞ야其官廳的權力을用ᄒᆞ야써公의秩序를維持홈에在홈이라故로公의秩序ᄂᆞᆫ安寧及健康等을指稱ᄒᆞ고國家의行爲로純粹ᄒᆞᆫ權力을目的지아니ᄒᆞᄂᆞᆫ者ᄂᆞᆫ警察이아니라故로假令道路에點燈홈은公의秩序에關ᄒᆞ고又藥劑을施홈은公의健康을裨益케ᄒᆞᄂᆞᆫ者ㅣ로대此境遇에ᄂᆞᆫ權力의應用을伴치아니ᄒᆞᆫ故로警察이

라稱홈놀不得홀바ㅣ라

穗積博士도自由制限說를唱ᄒᆞ야警察의定義를擧ᄒᆞ야曰警察이란者ᄂᆞᆫ權力의適用으로直接人의自由를制限ᄒᆞ고其純粹ᄒᆞᆫ制限은法律의希望ᄒᆞᄂᆞᆫ秩序를惹起홈을謂홈이라

然則博士의說을從홀진대治安은獨히警察에由ᄒᆞ야만保護홀뿐아니니卽警察이란者ᄂᆞᆫ直接으로人의自由를制限홈을目的으로ᄒᆞ야써他目的을達ᄒᆞᄂᆞᆫ强行手段과區別ᄒᆞᆫ지라假令車夫에게點燈을命홈은直接으로自由를制限홈으로目的ᄒᆞᄂᆞᆫ故로此를警察이라稱홈을可得홀지로대敎育을强行ᄒᆞ기爲ᄒᆞ야兒童으로就學을命홈은其目的이敎育에在ᄒᆞ고强迫命令은其手段이無ᄒᆞ면所謂警察이라稱치아니홈과如홈이라

一木博士ᄂᆞᆫ警察의定義를擧ᄒᆞ야曰

警察이란者ᄂᆞᆫ國家命令權의直接作用에依ᄒᆞ야公共의安寧利益을爲ᄒᆞ야人의自由를制限ᄒᆞ고必要ᄒᆞᆫ境遇에ᄂᆞᆫ此를强制ᄒᆞᄂᆞᆫ國家의行爲라云홈이라

其意ᄂᆞᆫ蓋警察外에國法의區域에도人의自由를制限ᄒᆞᆷ이極多ᄒᆞ대其目的은法을執行ᄒᆞᆷ에在ᄒᆞ고公共의利益如何를問ᄒᆞᆷ에在치아니ᄒᆞᆫ故로司法의區域에도警察의作用이有ᄒᆞ다謂ᄒᆞᆷ에在ᄒᆞ니라

其他라관도氏도公共의幸福을爲ᄒᆞ야人의自由를制限ᄒᆞ고又ᄂᆞᆫ强制ᄒᆞᄂᆞᆫ者를警察이라稱ᄒᆞ나然이나此說을依ᄒᆞᆯ진대租稅의徵收도間接으로公共의幸福을爲ᄒᆞ야命令强制ᄒᆞᄂᆞᆫ者ㅣ라稱ᄒᆞᆷ에至ᄒᆞᆯ지라故로此를完全ᄒᆞᆫ學說이라稱ᄒᆞ기不得ᄒᆞᆯ지라又싸이델氏ᄂᆞᆫ人의行爲로起ᄒᆞᆫ바秩序의危害를完全케ᄒᆞ기爲ᄒᆞ야人의自由를制限ᄒᆞᆷ으로써警察의行爲라稱ᄒᆞᆷ이라

以上余ᄂᆞᆫ現今行ᄒᆞᄂᆞᆫ바警察에關ᄒᆞᆫ重要ᄒᆞᆫ定義에就ᄒᆞ야此를論述ᄒᆞᆷ으로써以下에進ᄒᆞ야余의信ᄒᆞᆫ바의定義를擧ᄒᆞ노니即左와如ᄒᆞᆷ이라

警察은國家가內務行政의範圍內에서箇人及團體의力의可及치못ᄒᆞᄂᆞᆫ時에在ᄒᆞ야强制에依ᄒᆞ야人爲又ᄂᆞᆫ天然의危險을防禦ᄒᆞ야써公共의安寧及臣民의幸福을維持ᄒᆞᆷ으로目的ᄒᆞᄂᆞᆫ行政行爲라ᄒᆞ노라

左에此定義를分說홀진대

第一警察은內務行政의範圍內에限흔者ㅣ라警察은內務行政의全體에通ᄒᆞᄂᆞᆫ一部오特別흔一部가아닌所以ᄂᆞᆫ前述흠과如ᄒᆞ거니와又警察은內務行政範圍內에屬흔者ㅣ라故로外務行政、軍務行政과如흔者ᄂᆞᆫ國家와國家間의關係를定흔者에對ᄒᆞ야警察權의作用이無ᄒᆞ니蓋是等의行政中에警察이存在흔事ㅣ或有홀지라도是ᄂᆞᆫ外務行政、軍務行政其者의性質로存在흠이아니라警察事務가此에附隨ᄒᆞ야生홀ᄲᅮᆫ이니然則是等警察事務로ᄡᅥ外務行政軍務行政이라稱흠을不得홀바ㅣ라此를要컨ᄃᆡ此境遇에ᄂᆞᆫ法理上警察은外務行政의一部로是等의處置를흠이아니오內務行政의範圍內에屬흠이可흔者ㅣ니라

第二警察은箇人及團體의力의可及치못ᄒᆞᄂᆞᆫ境遇에存在흠이可흔바ㅣ라人類ᄂᆞᆫ國家되ᄂᆞᆫ團體에在ᄒᆞ야ᄂᆞᆫ獨立自由의人格을有흔者ㅣ라故로國民으로最히尊重흠이可흔바ᄂᆞᆫ其自立心에富ᄒᆞ고又ᄂᆞᆫ自助흠에在흠은多辯을不要홀바ㅣ

라然則國家가箇人의力의不及홀時又는箇人으로此에當ᄒᆞ면非常ᄒᆞᆫ力을要홀境遇又는組合又는自治團體에在ᄒᆞ야到底히遂行홈을不得홀境遇에始乃此에干涉홈이可ᄒᆞᆫ者ㅣ라故로假令一個人이火災를防禦ᄒᆞ기爲ᄒᆞ야堅牢ᄒᆞᆫ家屋을築造홈과如홈은警察의本務가아니라然이나此를箇人에放任홀時에ᄂᆞᆫ火災의虞가有홀가ᄒᆞ야警察은此에비로소干涉ᄒᆞᄂᆞᆫ바ㅣ라

第三警察에ᄂᆞᆫ強制가無홈이不可ᄒᆞᆫ바ㅣ라

行政이란者ᄂᆞᆫ國權이人의自由에對ᄒᆞ야働作ᄒᆞᄂᆞᆫ者ㅣ라換言ᄒᆞ면權力行爲라然而警察은行政行爲라故로警察은摠히權力의關係됨이니蓋警察은當然히公法的의性質를有ᄒᆞ야國家와臣民間의關係를規定ᄒᆞᆫ者ㅣ라然則警察은如何ᄒᆞᆫ境遇든지平等의關係即權利義務의關係에存ᄒᆞᆫ者ㅣ아니니故로國家가營業免許를與홈과如홈은臣民이此에依ᄒᆞ야當然히權利를得홈이可ᄒᆞᆫ者ㅣ라謂홈이아니오寧히行政官에게營業의許否權을與ᄒᆞᄂᆞᆫ者로解釋홈이可ᄒᆞᆫ者ㅣ니詳言홀진대國家가人民에게對ᄒᆞ야或事를行ᄒᆞ거나又ᄂᆞᆫ行치못ᄒᆞ게命令ᄒᆞ야써強制로홈이니此를國

家와箇人間의權利義務와如히解ᄒᆞᆷ은不可ᄒᆞᆫ바ㅣ라國家가箇人에對ᄒᆞ야或事를行ᄒᆞ거나又ᄂᆞᆫ行치못ᄒᆞ게請求ᄒᆞ야만일箇人이其義務를盡치아니ᄒᆞᄂᆞᆫ時ᄂᆞᆫ國權의力으로써强制ᄒᆞᆷ으로看做ᄒᆞᆷ은誤解라

警察의目的은危險을豫防ᄒᆞ고安寧幸福을維持ᄒᆞᆷ에在ᄒᆞᄃᆡ强制가此에伴치아니ᄒᆞᆫ時ᄂᆞᆫ此를警察이라稱ᄒᆞ기不得ᄒᆞᆯ지니假令公共의安寧을爲ᄒᆞ야藥劑를分配ᄒᆞᆷ은其目的이危險을豫防ᄒᆞᆷ에在ᄒᆞ나强制의要素를缺乏ᄒᆞᆫ故로此로써警察이라稱ᄒᆞ기不能ᄒᆞᆫ바ㅣ요又軍務行政에도徵兵、徵發等은人民의自由를制限ᄒᆞ고强制를用ᄒᆞᆷ이尠少치아니ᄒᆞ나其目的은安寧을維持ᄒᆞᆷ에在치아니ᄒᆞᆫ故로此로써警察이라稱ᄒᆞ기不能ᄒᆞᆫ바ㅣ라

第四警察은公共의安寧을維持ᄒᆞᆷ으로目的ᄒᆞᆷ이라

所謂警察이란者ᄂᆞᆫ國家가自已、又ᄂᆞᆫ其臣民을保護ᄒᆞᄂᆞᆫ强制力을有ᄒᆞᆫ者ㅣ니保護라ᄒᆞᆷ은安寧을維持ᄒᆞᆷ에不外ᄒᆞᆫ바ㅣ라日本現行法에도明治八年太政官達行政警察規則第一條에安寧을保全ᄒᆞᄂᆞᆫ語가有ᄒᆞ나然이나或은警察이란者ᄂᆞᆫ其目的

이安寧에存在與否로써主眼을삼지아니ᄒᆞᆫ다稱ᄒᆞᄂᆞᆫ學者가有ᄒᆞ대日本現行法上에在ᄒᆞ야ᄂᆞᆫ其當을不得ᄒᆞᆫ者ㅣ라可謂ᄒᆞᆯ지라故로余의信ᄒᆞᄂᆞᆫ바에依ᄒᆞᆯ진대車夫에게點燈ᄒᆞᆷ을命ᄒᆞᆷ은公共의安寧을保持ᄒᆞ고又ᄂᆞᆫ危害를除去ᄒᆞᆷ으로目的ᄒᆞᄂᆞᆫ者ㅣ라故로自由制限은其手段이라此에注意ᄒᆞᆷ이可ᄒᆞᆫ者ㅣ有ᄒᆞ니何者를安寧이라稱ᄒᆞᆯ가云ᄒᆞᄂᆞᆫ問題가是라穗積博士ᄂᆞᆫ此에對ᄒᆞ야論ᄒᆞ야曰安寧을分析ᄒᆞ야此要素를述ᄒᆞᆷ은頗히難事라廣汎히安寧秩序라稱ᄒᆞᆯ時에ᄂᆞᆫ社會의法則에不外ᄒᆞᆫ者ㅣ니蓋社會ᄂᆞᆫ其生存을完全히ᄒᆞ기爲ᄒᆞ야一定ᄒᆞᆫ法則에依ᄒᆞ야團結ᄒᆞᆫ者ㅣ오其法則의行ᄒᆞᄂᆞᆫ바ㅣ卽社會生存의要件이라故로社會法則의秩序ᄂᆞᆫ卽權力의關係가此의基礎되ᄂᆞᆫ者ㅣ라然則所謂安寧이란者ᄂᆞᆫ國家가自認ᄒᆞ야此를定ᄒᆞᆫ外에ᄂᆞᆫ此를明白히定ᄒᆞ기至難ᄒᆞ다稱ᄒᆞᆯ바ㅣ라

第五警察은臣民의幸福을維持ᄒᆞᆷ으로써目的치아니ᄒᆞᆷ이不可ᄒᆞᆫ바ㅣ라

警察權의目的은單히安寧秩序를維持ᄒᆞᆷ에至ᄒᆞᆯᄲᅮᆫ아니라又積極的으로臣民의幸福을增進ᄒᆞᆷ에對ᄒᆞ야消極的으로此를障害ᄒᆞᄂᆞᆫ者ㅣ有ᄒᆞᆫ時ᄂᆞᆫ國家ᄂᆞᆫ當然히此를

除去치아니홈이不可ᄒᆞᆫ者ㅣ니余는警察의定義中에幸福을維持홈으로써目的의一種이라稱ᄒᆞ는所以라故로所謂幸福을維持ᄒᆞ다홈은安寧을維持홈과其主義가相異ᄒᆞ야行政警察에就ᄒᆞ야此를稱ᄒᆞᆫ者ㅣ니即森林警察、鑛山警察과如ᄒᆞᆫ者ㅣ是라或은安寧을維持홈이라홈은社會의生存秩序에關ᄒᆞ는故로特히幸福維持라謂ᄒᆞᆯ必要가無ᄒᆞ다論ᄒᆞ는者ㅣ有ᄒᆞ나安寧과幸福이란者는其意義가相異ᄒᆞ니此事에就ᄒᆞ야는警察의分類를論홈에當ᄒᆞ야此를述코ᄌᆞᄒᆞ노라

第六警察은人爲又는天然의危險을除去홈으로써目的치아니홈이不可ᄒᆞᆫ바ㅣ라故로假令租稅의滯納者를强制로執行홈과又는徵兵을免코ᄌᆞᄒᆞ는者에對ᄒᆞ야强制로此를應케홈과如홈은何者든지危險防禦에關係가無ᄒᆞᆫ故로此로써警察이라稱홈을不得ᄒᆞᆯ지나此와反ᄒᆞ야竊盜를豫防ᄒᆞ기爲ᄒᆞ야街路에點火케홈은即警察이라稱홈을可得ᄒᆞᆯ지오又此에人爲의危險及天然의危險이라稱ᄒᆞ는所以는前論홈과如히警察은又自然의危險에對ᄒᆞ야關係가有ᄒᆞᆫ者ㅣ라蓋自由의制限이란者는但箇人에對ᄒᆞ야行ᄒᆞ기可得ᄒᆞᆯ者오天然力에因ᄒᆞ야惹起ᄒᆞᆯ危險을防止ᄒᆞ는行

爲ᄂᆞᆫ箇人의自由를防禦ᄒᆞᄂᆞᆫ目的으로制限ᄒᆞᆯ境遇에在ᄒᆞ야만存在ᄒᆞᆫ者ㅣ라不然즉假令危險을防禦ᄒᆞᄂᆞᆫ事ㅣ有ᄒᆞ야도是ᄂᆞᆫ오즉助長事務에屬ᄒᆞᆫ者될ᄲᅮᆫ이라穩積博士ᄂᆞᆫ警察을人爲의危害에對ᄒᆞ야만人의行爲를制限ᄒᆞᄂᆞᆫ者ㅣ라云ᄒᆞᆫ지라故로博士의說에依ᄒᆞᆯ진대家屋의構造를警察力으로堅牢케ᄒᆞᄂᆞᆫ行政行爲ᄂᆞᆫ此를警察이라稱ᄒᆞᆷ을不得ᄒᆞᆯ지니其意ᄂᆞᆫ蓋天然의災害其者에加ᄒᆞᄂᆞᆫ働作되ᄂᆞᆫ所以라맛구스、사이델氏와옷도마이엘等도警察의本領은人爲의力에由ᄒᆞ야公共의秩序를害ᄒᆞᄂᆞᆫ바危害에對ᄒᆞᄂᆞᆫ行政行爲라稱ᄒᆞᆷ이라然즉此等의說은余의主張ᄒᆞᆫ바와相容치못ᄒᆞᆯ바ㅣ라

余의定義中에警察은公共의安寧을維持ᄒᆞ야써危險을防禦ᄒᆞᆷ을目的ᄒᆞᆷ이라謂치아니ᄒᆞ고危險을防禦ᄒᆞ야써安寧幸福을維持ᄒᆞ기로目的ᄒᆞᆷ이라稱ᄒᆞᄂᆞᆫ所以ᄂᆞᆫ安寧維持와危險豫防은何者든지警察의目的으로ᄂᆞᆫ同一ᄒᆞᆫ대兩者의關係ᄂᆞᆫ危險을防禦ᄒᆞᆷ에依ᄒᆞ야此에비로소公共의安寧을維持ᄒᆞ고臣民의幸福을增進ᄒᆞᆷ에至ᄒᆞᄂᆞᆫ者ㅣ라

第七警察은行政行爲라

大抵行政은大權及法律下에셔國家의目的을達ᄒᆞᄂᆞᆫ國權의行動이라廣汎히國家社會의安寧秩序를保持ᄒᆞᄂᆞᆫ行爲ᄂᆞᆫ警察이아니니警察에關ᄒᆞᆫ事項을法律로規定ᄒᆞᆷ과如히此를警察權이라稱ᄒᆞ고又ᄂᆞᆫ此를警察法律이라稱ᄒᆞᆷ은法律의規定ᄒᆞᆫ事物의性質이安寧秩序를保持ᄒᆞᆷ으로目的ᄒᆞᆷ에在ᄒᆞᆷ이니行政의働作으로ᄒᆞᄂᆞᆫ者ᄂᆞᆫ皆警察이아니오此警察法律을執行ᄒᆞᆷ이即警察이니換言ᄒᆞ면法律下에在ᄒᆞᆫ警察的立法이아닌政府의働作을總稱ᄒᆞ야此를行政行爲라云ᄒᆞᆷ이라

第七章　警察의分類

學者ㅣ或警察分類의必要가無ᄒᆞᆫ所以를辯論ᄒᆞ야曰警察은專히形式上의區別로警察事項이如何ᄒᆞᆫ目的으로써行ᄒᆞᆯ가ᄒᆞᄂᆞᆫ點에對ᄒᆞ야ᄂᆞᆫ警察의法理를說明ᄒᆞᆷ이重要ᄒᆞᆫ區別의標準될바ㅣ라然이나余의採用ᄒᆞᄂᆞᆫ定義에依ᄒᆞᆯ진대危險及安寧幸福의種類即警察事項이如何ᄒᆞᆫ目的으로써行ᄒᆞᆯ가ᄒᆞᆷ에就ᄒᆞ야ᄂᆞᆫ警察은事物에因ᄒᆞ야原則이相異치아니ᄒᆞᆷ이不可ᄒᆞᆫ者ㅣ니然則是等種類의研究ᄂᆞᆫ警察로最히必

要흔問題에屬ᄒᆞ고警察法各論에在ᄒᆞ야特種의警察事項에就ᄒᆞ야論究흠이可흠은即此點에存在흔者ㅣ라故로警察의分類ᄂᆞᆫ決코忽諸에付흠이不可흔者ㅣ라古來로警察의分類를論흔者의學說이區區ᄒᆞ야一定치못ᄒᆞ엿스나今에其重要흔者를左에揭ᄒᆞ야此를評論ᄒᆞ고最終에余의採用흔分類를論述코져ᄒᆞ노라

第一保安警察及增福警察

此區別은古來學說中에存在흘뿐아니라又法文中에도存在흔者ㅣ라此規定에就ᄒᆞ야ᄂᆞᆫ普國普通法典第二編第十七章第十條에保安警察을說ᄒᆞ야曰

公共의靜謐、安寧及秩序를維持ᄒᆞ고公衆及箇人의危險을除去ᄒᆞ기爲ᄒᆞ야必要흔措置를行흠이是即警察의職務ㅣ라

又同法典第一編第十三章第十條에ᄂᆞᆫ增福警察을說ᄒᆞ야曰

人民의能力을發達케ᄒᆞ고此를安全히進步케ᄒᆞ기爲ᄒᆞ야方法及手段을施코져ᄒᆞ야制度를設흠은國家主權者의行흠이可흔바ㅣ라

又千八百十七年十月二十二月二十六日地方警察官廳에下흔命令及千八百十七年十月二

十三日布達第七章中에增福警察의事를諭示혼지라此區別은昔時學說에起因혼
바ㅣ오余의立論中에는全히存在치아니혼者ㅣ라所謂增福警察이란者는營造物
其他增福의手段을與ᄒᆞ는者오全히警察이란意義中에屬홀特質이有혼者ㅣ아니
라盖警察에는반다시强制의要素를要홀지니故로國家는增福ᄒᆞ기爲ᄒᆞ야臣民을
强制ᄒᆞ는權力이無혼者ㅣ라故로於是乎增福警察에可代홀助長事務라云ᄒᆞ는名
稱으로써强制의應用이無케홈에至혼바ㅣ라大抵增福警察의名稱이有혼時代를
想考ᄒᆞ건대國家는安寧을爲ᄒᆞ야箇人을强制홈은勿論이어니와又增福을爲ᄒᆞ야
도此를强制홈을可得홈으로認ᄒᆞ얏시니何者오此時代에在ᄒᆞ야는諸般行政은皆
强制力으로存혼者ㅣ된所以라

第二强制警察及補助警察

公共의安寧을維持ᄒᆞ기爲ᄒᆞ야强制力에依ᄒᆞ야人民으로ᄒᆞ야곰一定혼法規를遵
守케홈을强制警察이라謂ᄒᆞ고臣民의事業을補助홈과如혼行政事務를稱ᄒᆞ야補
助警察이라ᄒᆞ나니假令救貧事業과如혼者ㅣ是라然이나此區別도亦誤謬홈을免

치못홀지니何者오所謂補助警察이란者는助長事務의性質에屬홀者요警察에本體는아닌所以라

第三司法警察及行政警察

既成혼犯罪를發見ᄒᆞ고証據를蒐集ᄒᆞ며又는犯罪人을逮捕홈은公의秩序를維持홈에最히必要혼바ㅣ라假令盜賊이有ᄒᆞ야도此를逮捕치못ᄒᆞ는時는更히盜罪를構成ᄒᆞ야犯罪者를增加ᄒᆞ는危險이有홈과如홈이是니是等警察行爲를總稱ᄒᆞ야司法警察이라稱ᄒᆞ는바ㅣ라然이나法律結果에因ᄒᆞ야罪科를處罰홈은司法事務에屬ᄒᆞ니然則司法警察은오족此에對ᄒᆞ야司法行爲를可成的迅速히行케ᄒᆞ기爲ᄒᆞ야準備處分을行ᄒᆞ고既成혼罪科에對ᄒᆞ야刑事裁判의働作을補助ᄒᆞ는義務가有홀뿐이오行政警察이란者는危險을未發에豫防ᄒᆞ고公衆의安寧을保護ᄒᆞ는者를謂홈이라

大抵司法警察及行政警察의區別은最初佛蘭西에서起혼者ㅣ니同國共和第四年十一月三日（千七百九十五年十月二十五日）의刑法第十八條에依혼즉警察을

分ᄒᆞ야行政警察及司法警察二者로ᄒᆞ고又第十九條第二十條에行政警察及司法警察의何者됨을規定ᄒᆞ고又其後千八百八年十一月에發布ᄒᆞᆫ佛蘭西刑事訴訟法第八條에ᄂᆞᆫ重罪輕罪及違警罪ᄅᆞᆯ探索ᄒᆞ야其證據ᄅᆞᆯ蒐集ᄒᆞ고犯人을管轄ᄒᆞᄂᆞᆫ刑事裁判所에拿交ᄒᆞᆷ으로써司法警察의定義라稱ᄒᆞᆷ이라

日本에셔ᄂᆞᆫ此區別을效倣ᄒᆞ야明治八年太政官達第二十九號行政警察規則에左와如히規定ᄒᆞᆷ이라

第一條　行政警察의趣意ᄂᆞᆫ人民의凶害ᄅᆞᆯ豫防ᄒᆞ고安寧을保全ᄒᆞᆷ에在ᄒᆞᆷ이라

第四條　行政警察豫防의力이不及ᄒᆞ야法律에違背ᄒᆞᆫ者이有ᄒᆞᄂᆞᆫ時에ᄂᆞᆫ其犯人을探索逮捕ᄒᆞᆷ은司法警察의職務라云ᄒᆞᆷ이라

然則此에所謂行政警察이란者ᄂᆞᆫ前述ᄒᆞᆷ과如히司法警察을除ᄒᆞᆫ總警察을指稱ᄒᆞᄂᆞᆫ者라今에其第一條ᄅᆞᆯ見ᄒᆞ건대保安警察의事項을指稱ᄒᆞᆷ과如ᄒᆞ나規則第三條에ᄂᆞᆫ行政警察의職務ᄅᆞᆯ規定ᄒᆞ고其第二項에ᄂᆞᆫ健康을看護ᄒᆞᆷ을示ᄒᆞ얏스니是ᄂᆞᆫ即衛生警察의事項을明白히指示ᄒᆞᆫ者ㅣ라故로行政警察名稱下에所謂衛生警察

셔지含有ᄒᆞᆫ者와如ᄒᆞᆷ이라

又日本刑事訴訟法第四十八條ᄂᆞᆫ佛蘭西刑事訴訟法第九條以下ᄅᆞᆯ倣ᄒᆞ야司法警察官의何者됨을示ᄒᆞᆷ이라

此區別은警察의法理ᄅᆞᆯ論ᄒᆞᆷ에當ᄒᆞ야ᄂᆞᆫ實로價値가無ᄒᆞᆫ者ㅣ라可謂ᄒᆞᆯ지니何者오司法警察은其實司法의補助됨에不過ᄒᆞᆫ者오警察의性質에屬ᄒᆞᆫ者ㅣ아닌所以라故로司法警察의研究ᄂᆞᆫ司法官의職權에關係됨이多大ᄒᆞᆷ으로刑事訴訟法과合併ᄒᆞ야此ᄅᆞᆯ論究ᄒᆞᆷ이必要ᄒᆞᆫ바ㅣ라

第四高等警察及下等警察

高等警察의語意ᄂᆞᆫ此ᄅᆞᆯ各種意義로用ᄒᆞᄂᆞ然이나此ᄅᆞᆯ下等警察과對稱ᄒᆞᄂᆞᆫ境遇에ᄂᆞᆫ或은官廳의地位에依ᄒᆞ야此ᄅᆞᆯ區分ᄒᆞᄂᆞᆫ事ㅣ有ᄒᆞ니即高等警察이라ᄒᆞᆷ은國家最上의中央權을有ᄒᆞᆫ者即主權者에屬ᄒᆞᆫ警察의權能이라然而其他應用에就ᄒᆞ야ᄂᆞᆫ此ᄅᆞᆯ下等警察이라稱ᄒᆞᄂᆞ니千八百二十二年에發布ᄒᆞᆫ우율뎀벨ᄒᆞ國行政法律을見ᄒᆞᆫ건대國王直隸의警察은此ᄅᆞᆯ高等警察이라稱ᄒᆞ고其他侯伯의行ᄒᆞᄂᆞᆫ警

察은此ᄅᆞᆯ下等警察이라稱ᄒᆞᆷ이라或은曰高等警察에屬ᄒᆞᆫ事項은議會의協賛을經ᄒᆞᆫ警察法律의發布及下級警察官廳의監督이是라 來因同盟律第二十六章에도此意義로高等警察을說明ᄒᆞᆫ바ㅣ니라

或은高等警察이란意義ᄂᆞᆫ此ᄅᆞᆯ最高中央官府로브터發ᄒᆞᄂᆞᆫ秘密警察의意義에用ᄒᆞᆯ者ㅣ니蓋此에依ᄒᆞ야公의秩序에屬ᄒᆞᆯ政治思想及政治上의企謀ᄅᆞᆯ探ᄒᆞᆷ에至ᄒᆞᆷ이라然而是ᄂᆞᆫ特히佛蘭西의外交政治以外의政治上意義에在ᄒᆞ야行ᄒᆞᆫ바ㅣ라日本에在ᄒᆞ야所謂高等警察이라稱ᄒᆞᆷ은政事警察을謂ᄒᆞᆷ이니其目的ᄒᆞᄂᆞᆫ바ᄂᆞᆫ國家의安寧秩序ᄅᆞᆯ維持ᄒᆞᆷ에在ᄒᆞ고又所謂下等警察이란名稱은日本에셔ᄂᆞᆫ此ᄅᆞᆯ用치아니ᄒᆞ대强히此에依ᄒᆞ야分類ᄒᆞᆯ진대普通警察이라稱ᄒᆞᆷ도亦得ᄒᆞᆯ지니其義務ᄂᆞᆫ箇人의安寧을保護ᄒᆞᆷ에在ᄒᆞᆷ이라蓋一個人의生命財産에損害ᄅᆞᆯ生ᄒᆞᄂᆞᆫ危險을豫防ᄒᆞᆷ은各人이自行ᄒᆞᆯ바ㅣ라然이나其危險은一個人의力으로써防禦ᄒᆞᆷ을不得ᄒᆞᆯ지니如此ᄒᆞᆫ境遇에在ᄒᆞ야비로소此ᄅᆞᆯ公共의危險으로看做ᄒᆞ야國家의權力을應用ᄒᆞ야此ᄅᆞᆯ防禦치아니ᄒᆞᆷ이不可ᄒᆞᆯ지라故로假令一箇人의行爲가人民의生命

財産을害ᄒᆞᄂᆞᆫ危險이有ᄒᆞᆫ境遇에ᄂᆞᆫ此ᄅᆞᆯ防禦치아니홈이不可홈과如홈이니要컨대高等警察의性質은政治上의秩序를紊亂ᄒᆞᆯ虞가有ᄒᆞᆫ境遇에ᄂᆞᆫ人民의行爲를制限ᄒᆞᄂᆞᆫ者ㅣ라故로其行爲ᄂᆞᆫ元來詐欺、殺傷과如히罪惡의性質을有ᄒᆞᆫ者ㅣ아니라故로出版、結社、集會와如ᄒᆞᆫ等은何者든지臣民自由의行爲로憲法의保障ᄒᆞᄂᆞᆫ바ㅣ로대高等警察은其治安을害ᄒᆞᄂᆞᆫ境遇에만此ᄅᆞᆯ干涉홈이可ᄒᆞᆫ바ㅣ라

余ᄂᆞᆫ警察로써行政行爲라云ᄒᆞ고警察法律을制定홈과如홈은警察이아니라稱ᄒᆞᆫ지라故로此意義에依컨대君主大權의直接作用에依ᄒᆞ야公安을維持ᄒᆞ기爲ᄒᆞ야豫戒令을宣布홈과又ᄂᆞᆫ保安條例를發布홈과如홈은警察이아니오警察權의問題에可屬ᄒᆞᆯ바ㅣ라

第五 一般警察及地方警察

一般警察과地方警察의區別은頗히廣行ᄒᆞᄂᆞᆫ者ㅣ라故로此를區別홈에國家全體의利益又ᄂᆞᆫ團體의利益에由ᄒᆞ야此를分ᄒᆞᄂᆞᆫ者ㅣ有ᄒᆞ니即一般警察은團體의全體又ᄂᆞᆫ全國民又ᄂᆞᆫ全道의秩序及公安을總括ᄒᆞᆫ바로대地方警察에至ᄒᆞ야ᄂᆞᆫ但公

法上의團體된郡市町村에適當훈利益에危險이有훈時에此를防禦훈다云홈에在훈바ㅣ라然이나此區別은아즉判然ᄒᆞ다謂홈을不得홀지니或學者는此를區別홈에官廳의區畫을從홈이可ᄒᆞ다ᄒᆞ야卽中央行政官의職權에屬홀者는此를一般警察이라稱ᄒᆞ고地方團體自治의範圍에屬홀者는此를地方警察이라稱홈이可ᄒᆞ다論훈지라假令普魯西憲法에曰

區는獨立으로地方警察을含有ᄒᆞ야團體事件ᄭᆞ지行政홈을得홈이라云云훈지라

尙且同國에依ᄒᆞ야는二者를合併ᄒᆞ야管轄ᄒᆞ는事ㅣ有ᄒᆞ니假令한노뻴州에셔는知事는地方警察權을併有ᄒᆞ고又伯林府에셔는警視總監은地方警察을併有홈과如홈이라

此를要컨대右意義에依홀時는一般警察이란者는國家警察의意義오地方警察이란者는自治體의警察이라云ᄒᆞ는意라然則此에要ᄒᆞ는費用도前者에在ᄒᆞ야는此를國庫로브터支辨ᄒᆞ고後者에在ᄒᆞ야는此를其團體에셔負擔치아니홈이不可훈

바ㅣ라

日本에셔ᄂᆞᆫ英國과如히此를區別치아니ᄒᆞ고비록地方警察의文字가有호대是ᄂᆞᆫ다만一地方에限ᄒᆞᆫ警察이라云ᄒᆞᆷ에不外ᄒᆞᆫ바ㅣ라假令警視廳에셔行ᄒᆞᄂᆞᆫ警察은東京府一地方에對ᄒᆞ야效力이有ᄒᆞᆯ뿐이니此를誤解ᄒᆞ야東京市自治團體의有ᄒᆞᆫ警察이라ᄒᆞᆷ은不可ᄒᆞᆫ바ㅣ라蓋日本에셔ᄂᆞᆫ警察이란者ᄂᆞᆫ恒常直接으로國家權力의應用이되야原則으로ᄂᆞᆫ團體警察의主義를採치아니ᄒᆞᆫ바ㅣ라故로現今과如히警察費의幾分을地方稅로브터徵收ᄒᆞᆷ은不當ᄒᆞ고寧히性質上此를國庫로브터支辨ᄒᆞᆷ이可ᄒᆞᆫ바ㅣ라

第六保安警察及行政警察

보룬하구氏ᄂᆞᆫ警察의分類를論ᄒᆞ야曰警察의目的은治安을維持ᄒᆞᆷ에在ᄒᆞᆷ이라故로保安警察을爲ᄒᆞ야國家ᄂᆞᆫ特別히官廳을設ᄒᆞ고特히警察命令을發케ᄒᆞᄂᆞ니蓋保安警察의目的은一二의危險에對ᄒᆞ야格別ᄒᆞᆫ方法에依ᄒᆞ야團體를保護ᄒᆞᆷ에在ᄒᆞᆷ이아니요全體의公私秩序가紊亂치안토록此를維持ᄒᆞ야써國家又ᄂᆞᆫ箇人의安

寧을期圖ᄒᆞᆷ에在ᄒᆞᆷ이라云ᄒᆞᆫ지라然而所謂行政警察이라稱ᄒᆞᄂᆞᆫ者ᄂᆞᆫ司法警察에對ᄒᆞᆷ과如히廣義의意味가아니오保安警察에對ᄒᆞ야此ᄅᆞᆯ稱ᄒᆞᄂᆞᆫ者ㅣ라故로保安警察과如히獨立ᄒᆞᆫ固有의機關을有ᄒᆞᆷ이아니오又其基礎로固有의警察規則을有ᄒᆞᆫ者ㅣ아니라다만特別의行政에從屬ᄒᆞᆫ事項이되ᄂᆞ니然卽此特種의行政이有ᄒᆞᆯ진대亦此에伴ᄒᆞᄂᆞᆫ바行政警察이有ᄒᆞ다云ᄒᆞᆷ을得ᄒᆞᆯ지니假令鑛山警察은鑛山行政을論ᄒᆞᆷ에當ᄒᆞ야併論ᄒᆞᆯ者요山林警察은山林行政을論ᄒᆞᆷ에當ᄒᆞ야論究ᄒᆞᆷ이可ᄒᆞᆫ바ㅣ라

솔지에氏도其著獨逸國法論에曰

大抵人力에由ᄒᆞ야公安을害ᄒᆞᆯ危險의性質은二種이有ᄒᆞ니其一은綜合力에存在ᄒᆞᆫ者로一般治安의狀況에危險을及ᄒᆞᄂᆞᆫ者ㅣ是라此種의危險은其性質이頗히不定ᄒᆞᆫ者로團體中摠生活關係ᄅᆞᆯ含包ᄒᆞᆫ者ㅣ라然而其他ᄂᆞᆫ或一定ᄒᆞᆫ特種의行政事項을害ᄒᆞᆯ人類行爲에對ᄒᆞᄂᆞᆫ危險이是니於是乎保安警察及行政警察의區別이生ᄒᆞᆷ이라然而保安警察은獨立ᄒᆞᆫ境界ᄅᆞᆯ有ᄒᆞᆫ者ㅣ니何者오保安警察은獨立ᄒᆞᆫ作用

으로自己特有의機關을有ᄒᆞ고自己의權力으로써進行ᄒᆞᆷ이可ᄒᆞᆫ所以라此에反ᄒᆞ야行政警察은各部의行政區域內에固着ᄒᆞᆫ一部分을成ᄒᆞᆫ者ㅣ니蓋其本性은一般政治를害ᄒᆞᆷ이아니오다만特種行政에目的을達ᄒᆞ기爲ᄒᆞ야命令又ᄂᆞᆫ禁令을發ᄒᆞ고此에對ᄒᆞ야團束을行ᄒᆞᄂᆞᆫ바ㅣ라然則行政警察은其性質上各種의行政과共히學理的으로規定ᄒᆞᆷ이可ᄒᆞᆫ者ㅣ라何者오警察中此의各部分에屬ᄒᆞᆫ事項은此에適當ᄒᆞᆫ行政事項의主義에依ᄒᆞ야定ᄒᆞᆯ者ㅣ되ᄂᆞᆫ所以니假令森林警察은森林法의格別ᄒᆞᆫ問題에由ᄒᆞ야定ᄒᆞᆷ과如ᄒᆞᆷ이라

是와如히行政警察과保安警察의相異ᄒᆞᆫ點은特別ᄒᆞᆫ行政을行ᄒᆞ기爲ᄒᆞᄂᆞᆫ警察에在ᄒᆞᆷ이라假令狩獵警察을爲ᄒᆞ야巡査가其職權을行ᄒᆞᆷ은便宜上保安警察官이此를行ᄒᆞᆯ뿐이라故로狩獵警察에對ᄒᆞᆫ責任은內務大臣에屬지아니ᄒᆞ고農商務大臣에屬ᄒᆞᆫ者ㅣ니此를要ᄒᆞ건대日本에셔ᄂᆞᆫ原則으로內務大臣이有ᄒᆞᆫ警察權은保安警察이오遞信農商大臣等이有ᄒᆞᆫ警察權은特別의警察機關의有無를不問ᄒᆞ고此를行政警察이라稱ᄒᆞᆷ을可得ᄒᆞᆯ바ㅣ라

余ᄂᆞᆫ以上에保安警察及行政警察의區別을論究ᄒᆞᆷ으로써以下에進ᄒᆞ야保安警察의分類ᄅᆞᆯ論究코ᄌᆞᄒᆞ노라然이나此區別은保安警察의細別이니旣히保安警察及行政警察의區別을認ᄒᆞᆫ後의可屬ᄒᆞᆯ問題라ᄒᆞ노라

余ᄂᆞᆫ保安警察을分ᄒᆞ야高等保安警察及箇人保安警察의二種으로分ᄒᆞ노니高等保安警察이란者ᄂᆞᆫ國家의安寧을目的으로ᄒᆞ고箇人保安警察이란者ᄂᆞᆫ箇人의安全을目的으로ᄒᆞᄂᆞᆫ者ㅣ라蓋箇人의安全을目的ᄒᆞᆷ이라ᄒᆞᆷ은箇人의危險에干涉ᄒᆞᆷ을謂ᄒᆞᆷ이니然이나如何ᄒᆞᆫ境遇에箇人은危險이有ᄒᆞᆫ가此ᄅᆞᆯ一定ᄒᆞᆷ을不得ᄒᆞᆯ지라故로警察은其危險의虞가有ᄒᆞᆫ境遇에비로소此에干涉ᄒᆞᆷ이可ᄒᆞ니是等危險의行爲ᄂᆞᆫ其性質上罪惡이아니오寧히人에屬ᄒᆞᆫ自由의行爲됨으로써警察上으로禁令을發ᄒᆞᆷ에因ᄒᆞ야此에비로소違警되ᄂᆞᆫ者ㅣ라通常學說에ᄂᆞᆫ箇人保安警察에屬ᄒᆞᆯ者ᄂᆞᆫ風俗、居住、營業、交通等의警察이라云ᄒᆞᄂᆞ니假令營業警察에在ᄒᆞ야銃砲、火藥商의數에制限을設ᄒᆞᆷ은營業의自由ᄅᆞᆯ束縛ᄒᆞᆷ이오又道路警察에在ᄒᆞ야交通을制限ᄒᆞᆷ은人民의自由에干涉ᄒᆞᆷ과如ᄒᆞᆫ者ㅣ라

스다인氏ᄂᆞᆫ保安警察을分ᄒᆞ야高等警察及箇人警察의二種으로ᄒᆞ고其區別을論ᄒᆞ야曰高等警察이란者ᄂᆞᆫ人의集合에因ᄒᆞ야公共의安寧을害ᄒᆞᄂᆞᆫ時에起ᄒᆞᄂᆞᆫ者ᄅᆞᆯ謂ᄒᆞᆷ이오箇人警察이란者ᄂᆞᆫ一箇人의資格에危險을生ᄒᆞᆯ虞가有ᄒᆞᆫ境遇ᄅᆞᆯ謂ᄒᆞᆷ이라ᄒᆞ고슐지에氏도此說을採ᄒᆞᆫ지라然이나此說은아직正當ᄒᆞ다謂ᄒᆞᆷ을不得ᄒᆞᆯ지니何者오人의多少ᄂᆞᆫ毫末도此에問ᄒᆞᆯ바ㅣ아니라即一人의所爲라도國家의安寧秩序에關係될時에ᄂᆞᆫ是即高等警察이라稱ᄒᆞᆯ지니然則國家의危險을防禦ᄒᆞᆯ境遇에ᄂᆞᆫ此ᄅᆞᆯ高等保安警察이라謂ᄒᆞᆯ지오一個人의危險을防禦ᄒᆞᆫ境遇에ᄂᆞᆫ此ᄅᆞᆯ個人保安警察이라稱ᄒᆞᆯ뿐이라然이나嚴格히論ᄒᆞᆯ진대法理上兩者의區別이頗히判然치아니ᄒᆞᆫ바ㅣ有ᄒᆞᆷ은即公法私法의區別이嚴格히公益私益으로써區別ᄒᆞᆷ을不得ᄒᆞᆷ과如히個人의安全이라謂ᄒᆞ야도公의秩序에關ᄒᆞᆫ事ㅣ되고公의秩序라謂ᄒᆞ야도箇人의安全에關ᄒᆞᆫ事ㅣ되ᄂᆞ니故로此區別은事實에因ᄒᆞ야判斷ᄒᆞᆯ外에ᄂᆞᆫ他道가無ᄒᆞ고寧히便宜에出ᄒᆞᆫ區別이라稱ᄒᆞᆷ이可ᄒᆞᆫ바ㅣ라

새룬하구氏ᄂᆞᆫ箇人保安警察의意義ᄅᆞᆯ解ᄒᆞ야曰箇人保安警察이란者ᄂᆞᆫ刑法上處

罰ᄒᆞᆯ만ᄒᆞᆫ行爲에對ᄒᆞ야此를除去ᄒᆞ야써公安을維持ᄒᆞᆷ에在ᄒᆞᆷ이니故로警察은旣成ᄒᆞᆫ罪科를探求ᄒᆞᆷ과此를未發에防止ᄒᆞᆷ에因ᄒᆞ야其作用을分ᄒᆞ야二者로作ᄒᆞᆷ이니即除去警察及豫防警察이是라云ᄒᆞᆫ지라

第一條除去個人保安警察은又此를刑事警察이라稱ᄒᆞ야處刑ᄒᆞᆯ만ᄒᆞᆫ行爲를追究ᄒᆞᆷ에在ᄒᆞᆫ바ㅣ오

第二豫防個人保安警察이란者ᄂᆞᆫ罪科를防止ᄒᆞ기爲ᄒᆞ야處罰ᄒᆞᆯ만ᄒᆞᆫ行爲를行ᄒᆞᄂᆞᆫ虞가有ᄒᆞᆫ人을監禁ᄒᆞᆷ에在ᄒᆞᆷ이라然而是와如ᄒᆞᆫ虞ᄂᆞᆫ或은其人의全혀生活關係에及ᄒᆞᄂᆞᆫ事[illegible]有ᄒᆞ고或은罪科가重ᄒᆞᆷ을因ᄒᆞ야旣罰ᄒᆞᆯ人에對ᄒᆞ야存ᄒᆞᆫ事도有ᄒᆞ니保安警察制度ᄂᆞᆫ是等境遇에在ᄒᆞ야其規定ᄒᆞᆷ과相異히ᄒᆞᆷ이可ᄒᆞᆫ바ㅣ라即前者의境遇에在ᄒᆞ야ᄂᆞᆫ是等의人物을改良코ᄌᆞᄒᆞᆷ에在ᄒᆞ고後者의境遇엔在ᄒᆞ야ᄂᆞᆫ再次罪科를犯ᄒᆞᄂᆞᆫ事ㅣ無케ᄒᆞ기爲ᄒᆞ야警察監視로行ᄒᆞᆷ에在ᄒᆞᆷ이니然즉豫防警察이란者ᄂᆞᆫ或은改良警察이라稱ᄒᆞ고或은警察監視라稱ᄒᆞᄂᆞᆫ바ㅣ라

上述ᄒᆞᆫ바ᄂᆞᆫ余의採用ᄒᆞᄂᆞᆫ分類와相容치못ᄒᆞᆯ바ㅣ로대通常의學說과漸漸其趣旨

가相異홈으로써特히此에一言을附加ᄒᆞ는所以라

此에注意홀者는日本에셔는行政警察이란名稱을各種意義로用ᄒᆞᄂᆞ니假令司法警察에對ᄒᆞ야廣汎히總稱ᄒᆞᆫ明治八年三月太政官達行政警察規則과如ᄒᆞᆫ者ㅣ有ᄒᆞ고又明治二十六年十月의發布ᄒᆞᆫ地方官官制第十八條에各府縣警察部에在ᄒᆞ야는高等警察、行政警察及衛生의事務를掌홈을規定홈과如홈이法文上으로觀홀時에는行政警察은司法警察及高等警察과對峙홈과如ᄒᆞᆫ지라然而余는此에學理上으로保安警察及行政警察의分類에依ᄒᆞ야行政警察이라稱ᄒᆞ는者와其意義가相異ᄒᆞᆫ바ㅣ라

第八章　警察權의基礎

本章에所謂警察權이라홈은廣汎히警察權發動의基礎에就ᄒᆞ야此를謂홈이니前章에警察과警察權等의區別을論홈과如히此를嚴格ᄒᆞᆫ意義로解홈이不可홀지니換言ᄒᆞ면警察權의基礎ㅣ라홈은廣汎히警察官이警察을行ᄒᆞ는基礎는何에基因홈인가云홈에就ᄒᆞ야此를論究코ᄌᆞ홈에在ᄒᆞᆫ바ㅣ라

警察官이安寧秩序를維持ᄒᆞ며或은臣民幸福의發達을妨害치아니ᄒᆞ도록此를保持ᄒᆞ기爲ᄒᆞ야他의行政官과相異ᄒᆞ고且莫大ᄒᆞᆫ權力即强制權을有ᄒᆞᆫ所以는其基礎를法律로求ᄒᆞ는與否는國法上此를研究ᄒᆞᆯ必要가有ᄒᆞ고歐洲에在ᄒᆞ야는臣民의自由制限은法律에依ᄒᆞᆷ이可ᄒᆞᆫ規定이有ᄒᆞ니假令파이에룬憲法과如ᄒᆞ고又假令此의規定이無ᄒᆞᆯ지라도實際上法律에此를規定ᄒᆞᆷ이通例라日本憲法에在ᄒᆞ야는其第九條에規定ᄒᆞᆷ과如히警察의基礎는別로法律의基礎를要치아니ᄒᆞ고又憲法第二章에法律로써規定ᄒᆞᆷ을必要ᄒᆞᆷ으로認ᄒᆞ는外에換言ᄒᆞ면憲法第二章以外에在ᄒᆞ야는假令臣民의自由를制限ᄒᆞ는者ㅣ라도반다시法律에依ᄒᆞᆷ이可ᄒᆞᆫ規定이無ᄒᆞᆫ바ㅣ라然而歐洲에在ᄒᆞ야는警察의基礎를論ᄒᆞ는者ㅣ曰法治國에在ᄒᆞ야는法律로써人의自由를制限ᄒᆞᆷ이憲法의精神됨으로써警察은法律의範圍內에在치아니ᄒᆞ면自由를制限ᄒᆞᆷ을不得ᄒᆞᆯ지니換言ᄒᆞ면警察權은法律의規定又는法律의委任에因ᄒᆞ는命令의規定을執行ᄒᆞᆷ에止ᄒᆞᆷ이可ᄒᆞ다云ᄒᆞᆫ지라然이나歐洲의實際上으로觀ᄒᆞᆯ진대法制上반다시此說과一致치못ᄒᆞᆷ이有ᄒᆞ니何者오警察官은法

令의範圍外에在ᄒᆞ야往往警察權을行홈이有ᄒᆞᆫ所以라此辨解에就ᄒᆞ야或은此를法律의委任에因ᄒᆞ야有效ᄒᆞ다論ᄒᆞ나然이나實際上委任에關ᄒᆞᆫ法律上의明文이無ᄒᆞ며又或學者ᄂᆞᆫ曰假令法律에明文은無ᄒᆞ야도法律命令에委任ᄒᆞᆫ者로看做홈이可ᄒᆞ니換言ᄒᆞ면法律이暗默에委任ᄒᆞᆫ者ㅣ라云홈이라

此와如히單히法律을根據ᄒᆞ야立論홈은即警察權의性質에基礎를置치아니ᄒᆞᄂᆞᆫ議論이니警察權도其性質根本에遡ᄒᆞ야此를研究홀時ᄂᆞᆫ其基礎를知ᄒᆞ기極히容易ᄒᆞᆫ者니換言ᄒᆞ면警察은行政行爲下에在ᄒᆞ야臣民의自由를制限ᄒᆞᄂᆞᆫ特質이有ᄒᆞᆫ所以ᄂᆞᆫ何處에存在ᄒᆞᆫ與否의問題를研究홈이可ᄒᆞᆫ바ㅣ라然而此問題를明白히홀진대日本憲法에在ᄒᆞ야警察命令의範圍가頗히廣漠ᄒᆞᆫ所以도亦知ᄒᆞ기不難홀지니此를說明홈에當ᄒᆞ야ᄂᆞᆫ余ᄂᆞᆫ몬져此에余의採用ᄒᆞᆫ國家의意義를明白키홀必要가有ᄒᆞᆫ지라然而余ᄂᆞᆫ國家의意義를說홈에團體說에依치아니ᄒᆞ고又民約說도依치아니ᄒᆞ며有機體說도採用치아니ᄒᆞ고法人說도則치아니ᄒᆞ고寧히統治主體說을主張코ᄌᆞ홈이니蓋國家ᄂᆞᆫ權力의主體로國家가無ᄒᆞ면主權이無ᄒᆞ고國家로

平等關係가될진대臣民이相爭홈을因ᄒᆞ야安寧을維持홀途가無ᄒᆞᆫ故로國家ᄂᆞᆫ不平等關係即權力關係가되ᄂᆞ니換言ᄒᆞ면國家ᄂᆞᆫ統治의主體라故로主權者가臣民을統轄홈에依ᄒᆞ야써臣民互相間의秩序를維持홈을得홀지니然則臣民은國家에對ᄒᆞ야不平等關係가存在홈으로臣民互相間에權利義務를主張홈과如히平等關係에在치아니ᄒᆞᆫ지라故로臣民은國家에對ᄒᆞ야單히服從義務를有홈은論을不俟홀바ㅣ라

前者에警察의沿革을叙述홈에當ᄒᆞ야論究홈과如히日本과歐洲에셔도昔時에在ᄒᆞ야ᄂᆞᆫ警察權의應用은今日에比ᄒᆞ면干涉의度가頗甚ᄒᆞ나然이나此로써昔時에在ᄒᆞ야ᄂᆞᆫ單히臣民의權利를顧見치아니ᄒᆞ고壓制的國家로偏信홈이不可ᄒᆞᄂᆞ니何者오國家ᄂᆞᆫ法理學의證明홈과如히人類의自然的條件에依ᄒᆞ거나又ᄂᆞᆫ此에胚胎된自然的義務에基因ᄒᆞ야生存ᄒᆞᆫ者ㅣ라換言ᄒᆞ면當時의國家ᄂᆞᆫ頗히越權의處置가無ᄒᆞᆫ바ㅣ아니로되又一方에在ᄒᆞ야ᄂᆞᆫ生存上의必要로브터干涉主義에依ᄒᆞ야警察을實行홈으로臣民은此에對ᄒᆞ야服從의義務를有ᄒᆞᆫ者ㅣ라日本憲法第二

章에在ᄒᆞ야ᄂᆞᆫ臣民의權利義務라題ᄒᆞ고其第二十條第二十一條에ᄂᆞᆫ臣民의兵役義務와納稅義務等을揭ᄒᆞ얏시니此ᄂᆞᆫ國法上明文으로써臣民의義務를規定ᄒᆞᆯ必要가有ᄒᆞᆷ에因ᄒᆞᆷ이라故로此等의義務ᄂᆞᆫ其名稱을指示ᄒᆞᆷ과如히一般의權利上意義를有치아니ᄒᆞᆫ者ㅣ니其何故로臣民은是等의義務가有ᄒᆞᆫ가ᄒᆞᆷ에就ᄒᆞ야ᄂᆞᆫ何人이든지容疑ᄒᆞᆯ바ㅣ無ᄒᆞᆯ지니何者오此ᄂᆞᆫ臣民의當然히實行ᄒᆞᆯ自然的義務가되ᄂᆞᆫ所以라盖日本憲法에右二種의義務를擧ᄒᆞᆷ은此以外에ᄂᆞᆫ義務가無ᄒᆞ다謂ᄒᆞᆷ이아니오오직此를列擧ᄒᆞᆫ者로써解釋치아니ᄒᆞᆷ이不可ᄒᆞᆫ바ㅣ니何者오臣民에게對ᄒᆞ야此以外에도一般히公共의安寧을害치아니ᄒᆞᆯ重大ᄒᆞᆫ義務가存在ᄒᆞᆫ所以라此ᄂᆞᆫ即自然的又ᄂᆞᆫ先天的義務로認ᄒᆞᆷ이可ᄒᆞᆫ者ㅣ라此를詳言ᄒᆞᆯ진대臣民된者ᄂᆞᆫ恒常公共의安寧을害치아니ᄒᆞ도록注意ᄒᆞᆷ은勿論이오又其生活中으로브터危害를除去ᄒᆞᆷ과又ᄂᆞᆫ防禦ᄒᆞᆷ에注意치아니ᄒᆞᆷ이不可ᄒᆞᆷ은明白ᄒᆞᆫ理勢라此境遇에在ᄒᆞ야ᄂᆞᆫ道德上基礎에依ᄒᆞᆷ은勿論이오又一方에在ᄒᆞ야ᄂᆞᆫ法律上의義務가基礎될者ㅣ라故로余의所謂警察權의基礎ᄂᆞᆫ前述ᄒᆞᆫ臣民一般服從義務의根據에基因ᄒᆞᆫ者ㅣ니

此를要ᄒᆞ건대余는警察立法上及警察行爲上에在ᄒᆞ야其基礎는警察的義務中에存在ᄒᆞᆷ으로思惟ᄒᆞ는故로習慣上警察權力의重大ᄒᆞᆷ을不拘ᄒᆞ고世人이毫末도此에對ᄒᆞ야惡感이無ᄒᆞᆫ所以는畢竟公共의安寧을害치아니ᄒᆞᆯ義務가此에存在ᄒᆞᆷ으로信ᄒᆞ는바ㅣ라

大抵警察權의効力은前에警察의性質을述ᄒᆞᆯ時에論ᄒᆞᆷ과如히假令所謂法治國家라도其權力應用의條件及目的에就ᄒᆞ야몬져此를嚴密히規定ᄒᆞ기不能ᄒᆞᆯ지라故로警察權의應用은立憲國家에在ᄒᆞ야도其範圍는頗히廣漠ᄒᆞᆷ으로警察官은或限度內에셔自由裁量의餘地를有ᄒᆞᆫ者ㅣ니換言ᄒᆞ면前述ᄒᆞᆫ自然法的警察上의義務를定ᄒᆞᆷ은是即上述ᄒᆞᆫ權力에對ᄒᆞ야法律上의分量及目的을與ᄒᆞᆫ所以라此理由에因ᄒᆞ야警察的義務를精密히定ᄒᆞᆯ各種의法令이라도其基因ᄒᆞᆫ바를繹ᄒᆞᆯ진대或은「警察團束上必要로因ᄒᆞᆷ이라」稱ᄒᆞᆷ과如ᄒᆞ고或은「公益上原因에由ᄒᆞᆷ이라」稱ᄒᆞᆷ과如ᄒᆞ며或은「公共의安寧秩序에基因ᄒᆞᆷ이라」稱ᄒᆞᆷ과如ᄒᆞ고又或은「警察官吏에게必要로認ᄒᆞ는時라」稱ᄒᆞᆷ과如ᄒᆞᆷ이皆槪括的으로單히警察團束上의

觀察點으로브터此를規定홈이오更히他言을不要홈과如홈이라

大抵是와如히警察權基礎에基因훈法律上의思想을强히ᄒᆞ야嚴格훈形式에依ᄒᆞ야表彰코ᄌᆞ홈은到底히不能의行爲됨을免치못홀ᄲᅮᆫ아니라此ᄂᆞᆫ畢竟法治國이徒然히嚴格훈形式에依ᄒᆞ야自由를保護코ᄌᆞ홈은誤解에出훈者ㅣ오警察의根本的性質의何者됨을探究치아니홈에基因훈者ㅣ라詳言홀진대臣民이當然히警察權에服從홀自然的義務가存在홈은警察權基礎에明白훈解釋을與홀者ㅣ니前章定義에在ᄒᆞ야論훈强制와如홈도一般臣民의安寧을妨害홈이不可훈自然的義務를行ᄒᆞ기爲ᄒᆞ야此를用훈者ㅣ라可謂홀바ㅣ라

第九章　警察權의範圍

警察權은前章에述홈과如히臣民의一般服從義務即公共의安全에對ᄒᆞᄂᆞᆫ妨害를除去홀義務에對ᄒᆞ야國家ᄂᆞᆫ此를履行케ᄒᆞᄂᆞᆫ者ㅣ니畢竟警察權의效力은法治國의形式에在ᄒᆞ야ᄂᆞᆫ種種詳密히規定홀者라然이나所謂自然法的의基礎가此에對ᄒᆞᄂᆞᆫ分量及方針을示ᄒᆞᄂᆞ니即其所謂基礎되ᄂᆞᆫ者ㅣ가法規의活動홀範圍를示훈

者ㅣ오其義務의性質로브터立法上警察權의法律的範圍를定홀者ㅣ라然而臣民
이國家에對ᄒᆞ야스ᄉᆞ로障害를避홀義務가有홈은何故오又警察은何故로其危害
를除去홀責任이有ᄒᆞᆫ가余ᄂᆞᆫ此에對ᄒᆞ야單純히公共의安寧秩序又ᄂᆞᆫ公共의善良
ᄒᆞᆫ秩序를維持홈에在ᄒᆞ다云ᄒᆞᄂᆞᆫ說로써此를概括코ᄌᆞ홈이라
大抵國家ᄂᆞᆫ人類社會를爲ᄒᆞ야其共同生活을保護ᄒᆞᄂᆞᆫ責任이有ᄒᆞ나然이나臣民
의生存홀生活團體가頗히廣漠ᄒᆞᆫ者ㅣ오團體의力은即國家의力을作成ᄒᆞ고團體
其者ᄂᆞᆫ實로國家와密接ᄒᆞᆫ關係가有홈은論을不竢홀바ㅣ라然而此와如히人類社
會ᄂᆞᆫ即共同團體됨으로써箇人互相間公益에關ᄒᆞ야相侵홀時ᄂᆞᆫ共同生活과相容
치못홀事가有홈이라然이나箇人이社會的一員의位置에在치아니홀時ᄂᆞᆫ比較的
公共上의意義를有홈이甚少ᄒᆞᆫ바ㅣ라
箇人의社會的生存은人類社會全體에對ᄒᆞ야同時에其效果를及홀者ㅣ니箇人이
스사로行ᄒᆞᄂᆞᆫ有害ᄒᆞᆫ事項은間或社會에對ᄒᆞ야損害를與ᄒᆞᄂᆞᆫ者ㅣ로대此에反ᄒᆞ
야箇人이社會의範圍外에在ᄒᆞ야行ᄒᆞᄂᆞᆫ等事ᄂᆞᆫ社會的危害가아니라是以로私의

生活上意義는社會에關係가無혼以上은警察의干涉홀者ㅣ아니라然而何者가箇人的生活될가云ᄒ는問題는慣習에依ᄒ고事實에徵ᄒ야此를決홈이可혼바ㅣ라盖一般私의生活上範圍는其大部分은私의習慣範圍와一致혼者ㅣ니假令家屋內에셔生ᄒ는事項은大概公安上事項에對ᄒ야效果가及ᄒ지아니홈이라故로嚴格혼區別은同一혼事를行혼다ᄒ야도大體에在ᄒ야는處所에依ᄒ야此를判斷홈이可혼바ㅣ라假令生命에對ᄒ야危險의虞가有혼家屋內의天井과如홈은住宅內의事에屬ᄒ고警察의關係될者ㅣ아니로대道路에向ᄒ야物品을裝置ᄒ는境遇에는警察은當然히干涉홈이可혼지라然이나家屋의內部라도公衆通行上에關係되는以上에는警察의干涉을受홀지니假令商品陳列場의階段의點火를命홈은公衆의安全을圖홈에在호대箇人의住宅內는公衆의通行에關係가無혼故로警察은此에干涉홀必要가無혼바ㅣ니라

箇人이私的生活에損害를與홀諸般事實은總히此를公共의善良혼秩序를害홀者로認홈이不可혼者ㅣ니換言ᄒ면箇人에對ᄒ야一定혼自由의範圍가此에存在혼

者ㅣ라蓋人類共同生活에在ᄒᆞ야ᄂᆞᆫ各箇人은多少社會의公衆에對ᄒᆞ야損害를與ᄒᆞᆯ事이有ᄒᆞᆷ은數의免치못ᄒᆞᆯ바ㅣ라然而此境遇에在ᄒᆞ야箇人의自由를制限치아니ᄒᆞᄂᆞᆫ所以ᄂᆞᆫ是와如ᄒᆞᆫ障害를除去ᄒᆞᆷ은箇人의社會的義務가아닌所以라何者오箇人의自主權을尊重히ᄒᆞᆷ이可ᄒᆞᆫ事와社會의公益을維持ᄒᆞᆷ이可ᄒᆞᆫ事ᄂᆞᆫ兩者ㅣ相須ᄒᆞ야비로소臣民은安堵ᄒᆞᆷ을得ᄒᆞᄂᆞᆫ바ㅣ라

警察權은私權의保護로民法上不法行爲에對ᄒᆞ야干涉ᄒᆞᆷ을得치못ᄒᆞᆷ으로써原則이라ᄒᆞᄂᆞ니然즉偶然히此等點에干涉ᄒᆞᆷ이有ᄒᆞ다ᄒᆞ야도是ᄂᆞᆫ皮相의見解로브터此를混同ᄒᆞᆫ者ㅣ오警察은其實善良ᄒᆞᆫ秩序를維持ᄒᆞᆷ으로써爲主ᄒᆞᄂᆞᆫ行動에不過ᄒᆞᆫ者ㅣ라然則假令私法上의關係가有ᄒᆞᆫ者를警察이此에干涉ᄒᆞ야도是ᄂᆞᆫ畢竟危險豫防의點及安寧維持의必要上으로此를保護ᄒᆞᄂᆞᆫ者요損失과如히民法上에屬ᄒᆞᄂᆞᆫ事件을保護ᄒᆞᄂᆞᆫ精神과其趣가相異ᄒᆞᆫ者ㅣ니千八百八十一年三月二十六日普魯西上級行政裁判所의判決例ᄂᆞᆫ警察官廳이雇主에게命ᄒᆞ야其解雇ᄒᆞᆫ奴婢의遺留品을返却케ᄒᆞᄂᆞᆫ事에對ᄒᆞ야否認의決定을行ᄒᆞ얏시니是卽警察은다만危害

에對ᄒᆞ야保護홈이可ᄒᆞᆫ者ㅣ오損失에對ᄒᆞ야ᄂᆞᆫ關係홈이可ᄒᆞᆫ者ㅣ아닌所以라
此를要컨대警察權의基因ᄒᆞᆯ法文은或은明治八年行政警察規則과如ᄒᆞ고或은普
國普通法第十章第十七條와如ᄒᆞ며又或은佛國千八百八十九年十二月二十二日
法律에公의財産保護及公의紀律及秩序를維持홈은即行政上의注意ᄒᆞᆯ事項이라
稱홈과如히一般概括的規定에依ᄒᆞ야既히足ᄒᆞ다謂홈이아니오強制其他處罰等
에就ᄒᆞ야ᄂᆞᆫ元來特別히法律上의基礎를要홈은勿論이오尙且各種의警察行爲에
就ᄒᆞ야ᄂᆞᆫ반다시法令의基礎를要ᄒᆞᆯ者ㅣ니蓋警察上事項을規定ᄒᆞᄂᆞᆫ各種의法令
假令營業의許否條件과如홈은반다시一一히此를明定홈을不要ᄒᆞ고單히安寧秩
序에妨害가有홈으로認홈과如히明文이有ᄒᆞ면足ᄒᆞ며又假令是等의明文이無ᄒᆞᆯ
지라도既히太政官達行政警察規則과如히概括的의法文이有ᄒᆞ면此에依ᄒᆞ야行
政執行法을適用ᄒᆞ고格別ᄒᆞᆫ法律上의規定이無ᄒᆞᆯ지라도單獨으로警察處分을行
홈을得ᄒᆞᆯ지라故로臣民은前章에論홈과如히當然히此와如ᄒᆞᆫ權力에服從홈이可
ᄒᆞᄂᆞ니是其警察權의基礎가他行政等과相異ᄒᆞᆫ點이라何者오他行政의境遇에在

ᄒᆞ야ᄂᆞᆫ恒常此에關ᄒᆞᆫ特別ᄒᆞᆫ法令을要ᄒᆞᄂᆞᆫ所以라

第十章 警察權의制限

日本에셔ᄂᆞᆫ明治三十二年에至ᄒᆞ기ᄭᆞ지ᄂᆞᆫ憲法이아직制定되지못ᄒᆞᆷ으로因ᄒᆞ야警察權의可及ᄒᆞᆯ範圍ᄂᆞᆫ實로茫漠ᄒᆞᆷ을免치못ᄒᆞ더니現今에ᄂᆞᆫ憲法이旣히實施ᄒᆞ고警察도頗히其面目을改ᄒᆞᆷ에至ᄒᆞᆫ지라然而所謂立憲國家의原則이라ᄒᆞᆷ은何者오此를約言ᄒᆞᆯ진대即左와如ᄒᆞᆷ이라

第一 專制國家에在ᄒᆞ야ᄂᆞᆫ君主의專斷에依ᄒᆞ야公安의何者됨을裁斷호대立憲國家에在ᄒᆞ야ᄂᆞᆫ議院制度란者ㅣ有ᄒᆞ야警察에屬ᄒᆞᆯ事項에就ᄒᆞ야도帝國憲法第二章事項에關ᄒᆞ야ᄂᆞᆫ法律로써此를規定ᄒᆞᆷ에至ᄒᆞᆫ바ㅣ라

第二 法律上의原則은憲法에在ᄒᆞ야明定ᄒᆞ야臣民各自의自由權은侵ᄒᆞᆷ이不可ᄒᆞᆷ으로濫히國家權力의侵入을禁ᄒᆞᄂᆞ니於是乎臣民의自由權利란者ᄂᆞᆫ實로國家權力特히警察權의限界를示ᄒᆞᆷ에至ᄒᆞᆫ바ㅣ라

第三 國家가아죽立憲制度를成치아니ᄒᆞᆷ에當ᄒᆞ야ᄂᆞᆫ國家ᄂᆞᆫ動輒臣民全體의生

活上에干涉ᄒᆞ야所謂公安上에在ᄒᆞᆫ總行爲를歸一케호대立憲國家에在ᄒᆞ야ᄂᆞᆫ箇人의力이可及치못ᄒᆞᆯ時에在ᄒᆞ야國家ᄂᆞᆫ自己의力에依ᄒᆞ야此에干涉ᄒᆞᄂᆞᆫ者ㅣ라

何國의憲法이든지警察에關ᄒᆞ야特히此를明文으로揭치아니ᄒᆞᆷ은何故오蓋警察은司法과如히獨立으로存在ᄒᆞᆫ者ㅣ아니오警察은內務行政全體에通ᄒᆞᄂᆞᆫ一部라特히前述ᄒᆞᆷ과如히行政警察과如ᄒᆞᆷ은國家ᄂᆞᆫ自己意思에依ᄒᆞ야獨立ᄒᆞ야其働作을ᄒᆞ기能치못ᄒᆞᆫ者ㅣ라故로警察의採用ᄒᆞᄂᆞᆫ原則은既히內務行政中에存在ᄒᆞᆫ者ㅣ라可謂ᄒᆞᆯ지니是即日本憲法에도其第九條에特히警察이란名稱을用치아니ᄒᆞᆫ所以라故로警察을法律로써規定ᄒᆞᆯ境遇에ᄂᆞᆫ他行政權과同一히是即法律上의警察權이니憲法第二章과如ᄒᆞᆫ者ㅣ是오又警察을命令으로써規定ᄒᆞᆯ境遇에ᄂᆞᆫ警察은即行政의命令權에屬ᄒᆞᆯ지니然則警察命令은既히執行命令又ᄂᆞᆫ獨立命令中에存在ᄒᆞᆫ者ㅣ라此를要ᄒᆞ건대命令은憲法中行政에關ᄒᆞ야命令權으로써ᄒᆞᄂᆞᆫ中에既히此를含有ᄒᆞᆫ者ㅣ라稱ᄒᆞᆯ바ㅣ라

日本憲法은其第二章에臣民의權利를規定ᄒᆞ얏시니大抵警察과臣民의權利라ᄒᆞᆷ은直接關係를有ᄒᆞᆫ者ㅣ라故로此에所謂臣民의權利가何者됨을論究ᄒᆞᆷ은决코無益의事가아니니歐洲學者ㅣ或은臣民의權利를解ᄒᆞ야天賦自由權에基因ᄒᆞᆫ者ㅣ라稱ᄒᆞ나日本國體로ᄂᆞᆫ適當ᄒᆞᆫ見解라稱ᄒᆞ기不可ᄒᆞᆫ者ㅣ라蓋論者와如히此를天賦의權利라解ᄒᆞᆯ진대臣民의權利ᄂᆞᆫ旣히憲法發布前브터存在ᄒᆞᆫ者ㅣ라謂치아니ᄒᆞᆷ이不可ᄒᆞᆫ바ㅣ라故로若憲法上疑義가有ᄒᆞᆫ時ᄂᆞᆫ天皇의大權으로써ᄒᆞ야도오히려此에加ᄒᆞ기能치못ᄒᆞᆯ지니何者오論者의說을依ᄒᆞᆯ진대天賦의權利ᄂᆞᆫ天皇의大權보다超越ᄒᆞᆫ者ㅣ되ᄂᆞᆫ所以라是와如히論理로써推及ᄒᆞᆯ진대警察權은맛ᄎᆞᆷ닉其權力을行ᄒᆞ기能치못ᄒᆞᆷ에至ᄒᆞᆯ지라故로天賦權利說은君主立憲國에在ᄒᆞ야ᄂᆞᆫ到底히行ᄒᆞᆷ이不可ᄒᆞᆫ者ㅣ라可謂ᄒᆞᆯ지니蓋日本國體에在ᄒᆞ야ᄂᆞᆫ所謂臣民의權利라ᄒᆞᆷ은天皇의大權에依ᄒᆞ야授與ᄒᆞᆫ者ㅣ라故로憲法第三十一條에ᄂᆞᆫ天皇의大權에依ᄒᆞ야是等의權利를妨害ᄒᆞᆷ을得ᄒᆞᆷ도規定ᄒᆞᆫ바ㅣ라

是와如히臣民의權利ᄂᆞᆫ憲法에依ᄒᆞ야成立된者ㅣ니故로此를憲法에揭ᄒᆞᆫ所以ᄂᆞᆫ

行政權의制限을示ᄒᆞᆷ이라換言ᄒᆞ면天賦의權利됨에在치아니ᄒᆞ고臣民福利의發達을計圖ᄒᆞᆫ다可謂ᄒᆞᆯ行政의目的으로써此에規定ᄒᆞᆷ이니盖所有의自由와移轉의自由等은皆臣民福利의發達을圖ᄒᆞᄂᆞᆫ者ㅣ되ᄂᆞᆫ所以라要컨대日本憲法第二章에在ᄒᆞ야臣民의權利를揭ᄒᆞᆷ은權利에關係ᄒᆞᄂᆞᆫ立法行政의方向을示ᄒᆞᄂᆞᆫ趣旨에不外ᄒᆞᄂᆞ니普魯西憲法第五條에人身의自由ᄂᆞᆫ保障된다ᄒᆞ얏시니其意ᄂᆞᆫ盖臣民은憲法에依ᄒᆞ야法律로써權利를保障ᄒᆞᆫ다云ᄒᆞᆷ에在ᄒᆞᆷ이라

臣民의權利ᄂᆞᆫ또此를積極的과消極的의二種類로分ᄒᆞᆷ을可得ᄒᆞᄂᆞ니所謂積極的權利라ᄒᆞᆷ은臣民이國家로브터幸福을受ᄒᆞᄂᆞᆫ權利라假令司法에依ᄒᆞ야國家가其權利를保護ᄒᆞᆷ과如ᄒᆞ며或은內務行政上臣民이營造物을利用ᄒᆞ야此로브터利益을得ᄒᆞᆷ과如ᄒᆞᆷ이是요次에所謂消極的權利라ᄒᆞᆷ은國家로브터禁止ᄒᆞ지아니ᄒᆞᆫ權利라云ᄒᆞᄂᆞᆫ意義니假令臣民이國家의領土內에居住ᄒᆞᆷ을得ᄒᆞᄂᆞᆫ權利라ᄒᆞᆷ은其居住을禁止치아니ᄒᆞᆫ權利와同ᄒᆞᆫ意義됨과如ᄒᆞᆷ이라

所謂自由權又ᄂᆞᆫ根本的權利라ᄒᆞᆷ은身體의自由、財産의安全、移轉의自由等과如

야其實際上危險되ᄂᆞᆫ所爲에對ᄒᆞ야國家ᄂᆞᆫ直接强制力으로써此에對向ᄒᆞᆷ이可ᄒᆞᆫ者ㅣ라云云

要ᄒᆞᆫ건대氏의說에依ᄒᆞᆫ즉警察로써內務行政도아니오又內務行政의一部도아니오內務行政全體에通ᄒᆞᄂᆞᆫ一部라云ᄒᆞᆷ에在ᄒᆞᆷ이라스다인氏에先ᄒᆞ야害惡又ᄂᆞᆫ危險을除去ᄒᆞᆷ으로써警察의意義라唱ᄒᆞᆫ學者ᄂᆞᆫ其數가尠少치아니ᄒᆞᆫ지라假令벨삭氏와우에벨氏와라우氏等이是라스다인氏ᄂᆞᆫ是와如히單히危險의種類에依ᄒᆞ야警察을分類ᄒᆞ얏시나余ᄂᆞᆫ頗히廣義에失ᄒᆞᆷ으로思量ᄒᆞ노라余의見解에依ᄒᆞ야도單히天然力의危險에對抗ᄒᆞᆷ은此를警察이라未稱ᄒᆞᆯ지라何者오此境遇에在ᄒᆞ야ᄂᆞᆫ箇人에對ᄒᆞᄂᆞᆫ强制力이란者가此에伴치아니ᄒᆞᆫ所以라然則若國家가水難에對ᄒᆞ야堤防을築ᄒᆞᄂᆞᆫ等事ᄂᆞᆫ警察의範圍에屬치아니ᄒᆞᆫ者ㅣ니盖國家가警察로써働作ᄒᆞᆷ은國家가天然의危險에對ᄒᆞ야箇人에向ᄒᆞ야强制의權力을用ᄒᆞᄂᆞᆫ時에始生ᄒᆞᄂᆞᆫ者ㅣ라故로所謂警察法이란者ᄂᆞᆫ國家가箇人에對ᄒᆞ야行ᄒᆞᆷ이可ᄒᆞᆫ制規를謂ᄒᆞᆷ이니何者오所謂法域이라ᄒᆞᆷ은箇人에對ᄒᆞ야만存在ᄒᆞᆫ者오天然力에對ᄒᆞ야ᄂᆞᆫ

日本臣民은其所有權을侵ᄒᆞᄂᆞᆫ事ㅣ無홈
公益을爲ᄒᆞ야必要ᄒᆞᆫ處分은法律의定ᄒᆞᆫ바에依홈
此條文의解釋에就ᄒᆞ야ᄂᆞᆫ學說이區區ᄒᆞ니左에其重要ᄒᆞᆫ學說을揭ᄒᆞ고此의批評
을試코ᄌᆞᄒᆞ노라
第一說憲法第二十七條ᄂᆞᆫ第九條에依ᄒᆞ야制限된者ㅣ니換言ᄒᆞ면所有權을制限
홈은第九條以外目的의境遇에限홈이라謂홈에在ᄒᆞᆫ지라然이나第九條ᄂᆞᆫ何故로
第二十七條ᄅᆞᆯ制限홈을得ᄒᆞᆯ가ᄒᆞᄂᆞᆫ點에就ᄒᆞ야ᄂᆞᆫ此ᄅᆞᆯ明答ᄒᆞ기難ᄒᆞᆯ지니論者의
說과如ᄒᆞ다ᄒᆞᆯ진대第二十七條ᄂᆞᆫ第九條ᄅᆞᆯ制限ᄒᆞᆫ다云ᄒᆞ야도同一ᄒᆞᆫ論理로브터
出ᄒᆞ야此에對ᄒᆞ야辯解ᄒᆞᆯ바ㅣ無ᄒᆞᆯ지라
第二說權利라홈은自由와相異ᄒᆞ니自由가法律에依ᄒᆞ야保障되ᄂᆞᆫ바者ᄂᆞᆫ此ᄅᆞᆯ權
利라稱ᄒᆞᄂᆞ니故로法律이保障치아니ᄒᆞᄂᆞᆫ自由ᄂᆞᆫ權利라稱홈을不得ᄒᆞᆯ바ㅣ라然
而所有權도ᄯᅩᄒᆞᆫ一權利로대憲法發布以前의狀況을觀察ᄒᆞ면國家의治安을保全
ᄒᆞ며公共의危害ᄅᆞᆯ豫防ᄒᆞ기爲ᄒᆞ야必要ᄒᆞᆫ以上에ᄂᆞᆫ다만臣民所有權의行使ᄅᆞᆯ制

限ᄒᆞᆯ뿐아니라往往此를沒收ᄒᆞᆷ도有ᄒᆞ얏시니略言ᄒᆞ면警察權에對ᄒᆞ야ᄂᆞᆫ所有權이란者가毫末도存在치못ᄒᆞᆷ이라然而憲法發布된事實은別로히所有權이란文字의用例를變更치아니ᄒᆞ얏시니是와如히沿革上所有權이란文字ᄂᆞᆫ憲法에在ᄒᆞ야用ᄒᆞᆫ지라故로所有權은警察權에對ᄒᆞ야ᄂᆞᆫ成立치못ᄒᆞᄂᆞᆫ者ㅣ라云치아니ᄒᆞᆷ이不可ᄒᆞ다云ᄒᆞᆫ지라然이나此亦牽强附會의學說됨을未免ᄒᆞᆯ지니何者오一次憲法이라云ᄒᆞᄂᆞᆫ法典에在ᄒᆞ야明白히所有權을侵害ᄒᆞᆷ이不可ᄒᆞ다稱ᄒᆞᆫ以上은其警察에對ᄒᆞᄂᆞᆫ與否ᄂᆞᆫ此에問ᄒᆞᆯ바ㅣ아니라

第三說所有權은法規의範圍內에存在ᄒᆞᆫ者ㅣ라故로法規에依ᄒᆞ야其限界를定ᄒᆞᆫ바ㅣ有ᄒᆞ야도法規를因ᄒᆞ야侵害되ᄂᆞᆫ事ㅣ無ᄒᆞ니니法規ᄂᆞᆫ獨히法律의定ᄒᆞᆫ바ㅣ아니오命令도ᄯᅩᄒᆞᆫ法規가됨으로警察命令等으로써一般히所有權을限定ᄒᆞᆷ은毫末도憲法에抵觸되ᄂᆞᆫ바ㅣ無ᄒᆞ고又此와如히法規에依ᄒᆞ야所有權을制限ᄒᆞᄂᆞᆫ境遇外에處分에依ᄒᆞ야所有權을制限ᄒᆞᆷ도有ᄒᆞ니公用徵收의境遇와如ᄒᆞᆷ이即是라蓋憲法第二十七條ᄂᆞᆫ其第二의境遇를指示ᄒᆞᆫ者ㅣ오警察權에對ᄒᆞ야ᄂᆞᆫ何等의制

限을受ᄒᆞᄂᆞᆫ事ㅣ無ᄒᆞ니即公用徵收의境遇에ᄂᆞᆫ國家ᄂᆞᆫ此에依ᄒᆞ야비록利益을得ᄒᆞ나警察의境遇에ᄂᆞᆫ不然ᄒᆞ니此ᄂᆞᆫ公益의境遇를指ᄒᆞ야公用徵收의境遇로看做ᄒᆞᄂᆞᆫ所以라云ᄒᆞᆫ지라此說은一理가不無ᄒᆞᆫ대所謂公益이라ᄒᆞᆷ은是와如히狹義의意義될가頗히疑問이無ᄒᆞ기不能ᄒᆞᆫ바ㅣ라

第四說所有權은法律로써ᄒᆞᆷ이아니면侵犯ᄒᆞᆷ을得지못ᄒᆞᄂᆞᆫ故로憲法第九條에基因ᄒᆞᆫ警察命令權도當然ᄒᆞᆫ權利로ᄂᆞᆫ人의所有權을制限ᄒᆞᆷ을得지못ᄒᆞᄂᆞ니換言ᄒᆞ면所有權은各種權利中에가장鞏固ᄒᆞᆫ者ㅣ됨으로法律로써ᄒᆞ야도오히려制限ᄒᆞᆷ을得지못ᄒᆞ고오직公益을爲ᄒᆞ야必要ᄒᆞᆫ處分만法律로써規定ᄒᆞᄂᆞᆫ餘地를有ᄒᆞᆫ者ㅣ라云云

余ᄂᆞᆫ以上의所有權에關ᄒᆞᆫ一般의學說을論究ᄒᆞᆫ故로左에余의所見을述코ᄌᆞᄒᆞ노라

所有權이法規에依ᄒᆞ야制限됨이所有權을侵犯ᄒᆞᄂᆞᆫ問題라ᄒᆞᆷ은別問題라大抵權利ᄂᆞᆫ法規에依ᄒᆞ야비로소存在ᄒᆞᆫ者ㅣ오法規를離ᄒᆞ야權利가存在ᄒᆞᆷ이無ᄒᆞᆫ지라

然則余의所見에依홀진대所有權의制限은반다시民法第二百六條와如히法律上의基礎를要치아니ᄒᆞ고此에關ᄒᆞᆫ規定이無ᄒᆞ야도警察은當然히命令으로써所有權을制限홈을得ᄒᆞᆫ대此와反ᄒᆞ야第四說과如홈은法律에依ᄒᆞ야비로소警察命令으로所有權을制限ᄒᆞᄂᆞᆫ事를委任ᄒᆞᆫ者ㅣ오憲法第二十七條에依ᄒᆞ야警察法律로써此에關ᄒᆞᆫ基礎를定홀必要가有ᄒᆞ다云ᄒᆞᆫ지라故로此說을依홀時ᄂᆞᆫ民法第二百六條와如홈도右理由에基因ᄒᆞ야規定ᄒᆞᆫ者ㅣ라說明치아니홈이不可ᄒᆞ나是亦適當ᄒᆞᆫ解釋이아님은既히第三說에在ᄒᆞ야論述홈과如홈이라

大抵公益上必要ᄒᆞᆫ處分이라홈은法規에依ᄒᆞ야所有權을制限ᄒᆞᄂᆞᆫ境遇와ᄂᆞᆫ其趣가相異ᄒᆞ니即此境遇에在ᄒᆞ야ᄂᆞᆫ所謂憲法第二十七條에稱ᄒᆞᄂᆞᆫ法律上의基礎를要홈이可ᄒᆞᆯ지니蓋所謂公益이라云홈은第三說의稱홈과如히狹義가아니오單히公用徵收와如히金錢上의利益에關ᄒᆞᄂᆞᆫ境遇ᄲᅮᆫ아니라또廣汎히公安上의意義를有홈은既히警察權의範圍을論홀時에說明홈과如ᄒᆞ니論者ㅣ或은所有權으로써私人互相間에存在ᄒᆞᆫ權利라ᄒᆞ며法規에依ᄒᆞ야警察處分을行홈을規定ᄒᆞᆫ時ᄂᆞᆫ國

家에對ᄒᆞᄂᆞᆫ權利가아니라主張ᄒᆞᄂᆞᆫ者ㅣ有ᄒᆞ나國家ᄂᆞᆫ旣히法律에依ᄒᆞ야處分權의保護를認ᄒᆞᆫ以上은國家ᄂᆞᆫ又臣民에對ᄒᆞ야此를遵守케하지아니홈이不可ᄒᆞᆫ故로만일法規의存在홈을不拘ᄒᆞ고國家ᄂᆞᆫ此를不要ᄒᆞᆫ다ᄒᆞᆯ진대公法은全혀存在치아니ᄒᆞ야도可ᄒᆞᆯ지니此를要ᄒᆞ건대警察上의必要로브터所有權을侵犯홈은公益上의必要를因ᄒᆞ야此를侵犯홈이오憲法第二十七條에依ᄒᆞ야法律上의基礎를要홈이可ᄒᆞᆫ者ㅣ니即行政執行法과如ᄒᆞᆫ者ㅣ是라

所有權侵害境遇에在ᄒᆞᆫ賠償問題ᄂᆞᆫ頗히議論이不一ᄒᆞᆫ바ㅣ로대法律에明文이無ᄒᆞᆫ以上에ᄂᆞᆫ國家ᄂᆞᆫ此를賠償치아니홈으로써原則이라ᄒᆞᄂᆞ니何者오所謂私權이라홈은國家가有ᄒᆞᆫ後에비로소存在ᄒᆞᆫ者ㅣ되ᄂᆞᆫ所以라然이나國家ᄂᆞᆫ또私權을保護홈이有ᄒᆞ니於是乎公用徵收의境遇에ᄂᆞᆫ報償으로賠償홈을原則이라호대警察의境遇ᄂᆞᆫ此와其性質이相異홈으로써特히明文이無ᄒᆞᆫ以上에ᄂᆞᆫ此를賠償치아니홈으로써原則이라홈이라此理由에基因ᄒᆞ야行政執行法施行令은其第三條에規定ᄒᆞ야曰危害豫防을爲ᄒᆞ거나又ᄂᆞᆫ衛生上必要홈으로認ᄒᆞᄂᆞᆫ物品은主務大臣이

定ᄒᆞᄂᆞᆫ바에依ᄒᆞ야必要ᄒᆞᆫ分量을試驗의用에供ᄒᆞᆷ을得ᄒᆞᆫ다云ᄒᆞᆫ바ㅣ라

警察과所有權等의關係에就ᄒᆞ야ᄂᆞᆫ行政執行法의規定을論究ᄒᆞᆯ必要가有ᄒᆞᆷ으로써左에此를略述ᄒᆞ노라

大抵行政執行法及行政執行法施行令으로써規定ᄒᆞᆫ事項은再次此를地方警察命令으로써規定ᄒᆞᆯ必要가無ᄒᆞᆷ은此에論을不竢ᄒᆞᆯ바ㅣ로대往往廳府縣令中에在ᄒᆞ야重複의規定을見ᄒᆞᆷ도有ᄒᆞ고甚ᄒᆞ면地方規則으로써該法令에矛盾ᄒᆞᄂᆞᆫ規定을設ᄒᆞᆷ도有ᄒᆞ니是ᄂᆞᆫ特히警察과所有權의關係에在ᄒᆞ야最多ᄒᆞ니是ᄂᆞᆫ極히注意를要ᄒᆞᆯ바ㅣ라

行政執行法第四條에曰當該行政官廳은天災事變을際ᄒᆞ거나又ᄂᆞᆫ勅令의規定이有ᄒᆞᆫ境遇에在ᄒᆞ야危害豫防或은衛生을爲ᄒᆞ야必要ᄒᆞᆷ으로認ᄒᆞᆯ時ᄂᆞᆫ土地物件을使用處分ᄒᆞ거나又ᄂᆞᆫ其使用을制限ᄒᆞᆷ을得ᄒᆞᆫ다ᄒᆞ얏시니此規定은前에論ᄒᆞᆷ과如히憲法第二十三條에基因ᄒᆞᆫ規定이라然즉該法發布前에在ᄒᆞ야警察이此等處分을行ᄒᆞᆷ은論理上此를憲法違犯의處置라謂ᄒᆞᆷ이可ᄒᆞᆯ지니今同條에基因ᄒᆞᆫ施行令

을閱ᄒᆞ건대法令規定에違背됨을因ᄒᆞ야危害를生ᄒᆞ거나又ᄂᆞᆫ健康을害ᄒᆞᄂᆞᆫ虞가有ᄒᆞᆫ時에在ᄒᆞ야비로소警察은所有權을侵ᄒᆞᆷ을得ᄒᆞᄂᆞ니故로何等法令의規定이無ᄒᆞ고ᄂᆞᆫ實際上危險의虞가有ᄒᆞᆯ지라도警察은此에干涉ᄒᆞᆷ을得지못ᄒᆞᄂᆞ니此ᄂᆞᆫ憲法上解釋을因ᄒᆞ야然ᄒᆞᆫ바ㅣ아니라行政執行法第四條에「勅令의規定이有ᄒᆞᆫ境遇에在ᄒᆞ야危害豫防或은衛生을爲ᄒᆞ야必要로認ᄒᆞᄂᆞᆫ時」라規定ᄒᆞᆫ結果에不外ᄒᆞᆫ바ㅣ니故로勅令을改正ᄒᆞᆯ진대警察과所有權等의關係ᄂᆞᆫ實際上此를伸張滅縮ᄒᆞᆷ을得ᄒᆞᆷ은勿論이오尙且其他勅令으로써必要ᄒᆞᆫ規定을定ᄒᆞᆷ과如ᄒᆞᆷ은元來適法ᄒᆞᆫ處置라稱ᄒᆞᆯ바ㅣ라或은警察法令으로써行政執行法施行令第二條以外의物件에對ᄒᆞ야ᄂᆞᆫ無制限으로所有權을侵ᄒᆞᆷ을得ᄒᆞᆫ다解釋ᄒᆞᄂᆞᆫ論者ㅣ有ᄒᆞ나是ᄂᆞᆫ法令範圍內에서警察權이活動ᄒᆞᄂᆞᆫ者ㅣ라ᄒᆞᄂᆞᆫ原則에抵觸되ᄂᆞᆫ解釋이니故로余ᄂᆞᆫ此에同意ᄒᆞ기不能ᄒᆞᆫ바ㅣ라此를要컨대行政執行法은法令의規定ᄒᆞᆫ條件外에尙且此에因ᄒᆞ야危害를生ᄒᆞ거나又ᄂᆞᆫ健康을害ᄒᆞᄂᆞᆫ虞가有ᄒᆞᆷ을必要條件이라ᄒᆞᄂᆞᆫ바ㅣ라

第二節 警察과宗教의關係

日本憲法第二十八條에曰日本臣民은安寧秩序를妨害치아니ᄒᆞ고又臣民된義務에違背치아니ᄒᆞᆫ者에限ᄒᆞ야信教의自由를有ᄒᆞᆫ다ᄒᆞ얏시니然즉日本臣民이信教의自由를有ᄒᆞᆷ은原則이라盖信教의事ᄂᆞᆫ精神上作用에屬ᄒᆞᆷ이오外部의行爲를基礎로ᄒᆞᄂᆞᆫ法令의關ᄒᆞᆫ바ㅣ아님은論을不竢ᄒᆞᆯ바ㅣ니換言ᄒᆞ면信教라ᄒᆞᆷ은各人의自由意思에存在ᄒᆞᆷ이오其性質上他人의干涉을受ᄒᆞᆯ者ㅣ아니라即信仰의信仰되ᄂᆞᆫ所以ᄂᆞᆫ實로此에存在ᄒᆞᆷ이라然이나今에만일外部에現露ᄒᆞᆫ行爲로써安寧秩序를害ᄒᆞᄂᆞᆫ行爲가有ᄒᆞᆫ時ᄂᆞᆫ警察은社會의安寧秩序를保維ᄒᆞ기爲ᄒᆞ야此에干涉지아니ᄒᆞᆷ이不可ᄒᆞᄂᆞ니假令僧徒가團體를組成ᄒᆞ야其勢力으로써社會를喧擾케ᄒᆞᆷ과如ᄒᆞᆷ이라새룬지유리氏도國家의干涉ᄒᆞᄂᆞᆫ範圍ᄂᆞᆫ外界에在ᄒᆞ고又國家의法規ᄂᆞᆫ形貌上에存在ᄒᆞᆫ故로箇人의宗教上生活이法律上範圍에入ᄒᆞᆷ은비로소外界에接ᄒᆞᆫ時라論ᄒᆞ얏스니此를要컨대憲法에在ᄒᆞ야ᄂᆞᆫ信仰의自由를認ᄒᆞ얏시나此에依ᄒᆞ야布教의自由를認ᄒᆞᆷ이라謂ᄒᆞᆷ을得지못ᄒᆞᆯ바ㅣ라

日本에在ᄒᆞ야ᄂᆞᆫ古來로大概信敎自由의主義를採ᄒᆞ얏스나外敎의信仰에至ᄒᆞ야ᄂᆞᆫ嚴히此를禁ᄒᆞᆫ時代가有ᄒᆞ니即豊臣氏의時代ᄂᆞᆫ姑舍ᄒᆞ고德川氏의世에至ᄒᆞ야ᄂᆞᆫ此로因ᄒᆞ야有名ᄒᆞᆫ島原의爭亂을起ᄒᆞᆷ에至ᄒᆞ고是로브터漸漸外敎ᄂᆞᆫ嚴禁ᄒᆞᆷ에至ᄒᆞ야耶蘇의畵像을鐵版에鋼ᄒᆞ고每年人民을會集ᄒᆞ야此를踏케ᄒᆞᆷ으로(此를繪踏이라稱ᄒᆞᆷ) 써其信否를驗ᄒᆞ고踏지아니ᄒᆞᄂᆞᆫ者ᄂᆞᆫ死에處ᄒᆞ얏시며維新以後도此禁制ᄂᆞᆫ오히려存在ᄒᆞ더니明治六年二月에至ᄒᆞ야비로소信敎의自由를認ᄒᆞᆷ에至ᄒᆞ니라

大抵信敎의自由에對ᄒᆞᆫ制限은宗敎를離ᄒᆞᆫ一般臣民의義務와安寧秩序에違反치아니ᄒᆞᄂᆞᆫ事ㅣ是라然而內部의信仰이臣民의義務及安寧秩序에關係가無ᄒᆞᆷ은論을不竢ᄒᆞᆯ바니換言ᄒᆞ면內部의信仰이外部에現露ᄒᆞᆷ에及ᄒᆞ야비로소安寧秩序를妨害ᄒᆞ고又ᄂᆞᆫ臣民의義務에違背ᄒᆞᄂᆞᆫ結果가生ᄒᆞᆷ이라憲法及刑法은信仰의自由를認ᄒᆞᆯᄲᅮᆫ아니라布敎者의身軆又ᄂᆞᆫ禮拜等에對ᄒᆞ야一定ᄒᆞᆫ保護를與ᄒᆞ얏시니即神祠、佛堂、墓所其他禮拜所에對ᄒᆞᆫ公然의不敬所爲及說敎又ᄂᆞᆫ禮拜妨害의所爲

及神祠、佛堂、墓碑其他路上의神佛를汚損ᄒᆞᄂᆞᆫ者와如ᄒᆞᆷ은此를罰ᄒᆞᆷ이是라宗教로써歐洲의中古에在ᄒᆞᆷ과如히絕對的能力이有ᄒᆞᆫ者라ᄒᆞᆷ은大誤解에出ᄒᆞᆫ者ㅣ라蓋宗教도國家統治權下에屬ᄒᆞᆷ은此에多言을要치아니ᄒᆞᆯ바ㅣ니宗教로써政治와幷立ᄒᆞᆫ者ㅣ라認ᄒᆞᆷ과如ᄒᆞᆷ은昔時의謬見이라謂ᄒᆞᆯ지라然則國家ᄂᆞᆫ宗教가其國家에害가有ᄒᆞᆷ으로認ᄒᆞᄂᆞᆫ境遇에ᄂᆞᆫ或은此를禁止ᄒᆞ고或은此를解散ᄒᆞᆷ은必然의結果라謂호ᄃᆡ日本에在ᄒᆞ야ᄂᆞᆫ宗教에關ᄒᆞ야完備ᄒᆞᆫ法規가아직無ᄒᆞ니是ᄂᆞᆫ學者가當然히研究ᄒᆞᆷ이可ᄒᆞᆯ바ㅣ라만일佛教各派及神道教會의性質과如히國家ᄂᆞᆫ明白히宗教團體로此를認知호대其一種의團體라謂ᄒᆞᄂᆞᆫ外法理上의見解에至ᄒᆞ야ᄂᆞᆫ漠然히可攷ᄒᆞᆯ바ㅣ無ᄒᆞᆫ바ㅣ라普魯西에在ᄒᆞ야ᄂᆞᆫ寺院、教育等과如ᄒᆞᆫ宗教團體를規定ᄒᆞᆫ事ㅣ頗多ᄒᆞ나是等의團體ᄂᆞᆫ國家의認可를經ᄒᆞ야組成ᄒᆞᆷ이可ᄒᆞᆫ者ㅣ니其中一種의團體ᄂᆞᆫ公의法人을形成ᄒᆞ야自意로裁判管轄權을有ᄒᆞ고其役員은官吏와如히權能을有ᄒᆞ니是ᄂᆞᆫ公法上의人格을有ᄒᆞᆷ으로因ᄒᆞᆷ이라日本의宗教團體ᄂᆞᆫ此로써普國의制와同一히視ᄒᆞᄂᆞᆫ與否ᄂᆞᆫ頗히研究를要ᄒᆞᆯ問題로다

日本에在ᄒᆞ야도宗教法案이帝國議會에提出되엿스나終末에ᄂᆞᆫ其協賛을得지못ᄒᆞᆫ지라然而該規定을見ᄒᆞᆫ건대宗教警察에關ᄒᆞ야ᄂᆞᆫ同法案第九條에明文이有ᄒᆞ니其規定에依ᄒᆞᆯ時ᄂᆞᆫ宗教의宣布、宗教上儀式의執行과其他宗教上의事項에關ᄒᆞ야安寧秩序를妨害ᄒᆞ고風俗을紊亂케ᄒᆞ며又ᄂᆞᆫ臣民된義務에違背ᄒᆞᄂᆞᆫ行爲가有ᄒᆞᆷ으로認ᄒᆞᄂᆞᆫ時ᄂᆞᆫ主務官廳은其變更又ᄂᆞᆫ繳消를命ᄒᆞ고又ᄂᆞᆫ此를禁止ᄒᆞᄂᆞᆫ權能이有ᄒᆞ며其他宗教의宣布、又ᄂᆞᆫ儀式의執行에詐僞又ᄂᆞᆫ誘惑의手段을用ᄒᆞᄂᆞᆫ者又ᄂᆞᆫ主務官廳이安寧秩序에害됨으로認ᄒᆞᆫ者에對ᄒᆞ야教師됨을停止ᄒᆞ고又ᄂᆞᆫ禁止ᄒᆞᆷ을不拘ᄒᆞ고停止、禁止를違背ᄒᆞ야教師의職務를行ᄒᆞᄂᆞᆫ者에關ᄒᆞᆫ處罰의規定이有ᄒᆞ니是即第九條의規定은既히憲法에明文이有ᄒᆞ나風俗을紊亂ᄒᆞᄂᆞᆫ文字에至ᄒᆞ야ᄂᆞᆫ憲法에ᄂᆞᆫ無ᄒᆞᆫ所以라該法案의精神도教義에干涉ᄒᆞᄂᆞᆫ趣旨가아니니故로教義其者의當否ᄂᆞᆫ此에問ᄒᆞᆯ비아니라即其行爲가安寧을妨害ᄒᆞ고臣民된義務에違背ᄒᆞᆫ者에對ᄒᆞ야國家ᄂᆞᆫ비로소此에干涉ᄒᆞᆯ뿐이라

國家가宗教警察로注意ᄒᆞᆯ點은頗多ᄒᆞ나次에다만其重要ᄒᆞᆫ者를揭ᄒᆞᆯ뿐이라

第一 祭典、伎樂、法會、開帳等의儀式으로風俗을紊亂ᄒᆞᄂᆞᆫ境遇、假令男女가相婚ᄒᆞ야敎會所에集合ᄒᆞ야風俗을害ᄒᆞᆷ과如ᄒᆞᆫ境遇가是라

第二 祈禱、呪禁等에依託ᄒᆞ야醫藥療養을妨害ᄒᆞᄂᆞᆫ境遇

第三 敎會所及說敎所에在ᄒᆞ야濫히神社、祠宇、寺院、佛堂에摸擬ᄒᆞᄂᆞᆫ裝飾을作爲ᄒᆞ야衆庶의參拜를招誘ᄒᆞᄂᆞᆫ境遇

第四 靈符、靈水、尊號、尊影等의授與로써勸財에涉ᄒᆞᄂᆞᆫ行爲가有ᄒᆞᆫ境遇

第五 誣說妄誕을傳播ᄒᆞ야人心을蠱惑ᄒᆞᆷ에至ᄒᆞᄂᆞᆫ境遇、假令說敎에在ᄒᆞ야妄히神感、又ᄂᆞᆫ夢枕이라稱ᄒᆞ야自身을神聖에擬ᄒᆞᆷ과如ᄒᆞᆷ이是라

是等의事項은所謂宗敎의外形에屬ᄒᆞᆫ者ㅣ니國家ᄂᆞᆫ恒常其監督을嚴히ᄒᆞ야警察權의動作으로完全케ᄒᆞᆯ者ㅣ오又國家ᄂᆞᆫ恒常說敎、祭典、伎樂、法會、開帳、祈禱、呪禁等을行ᄒᆞᄂᆞᆫ境遇에在ᄒᆞ야ᄂᆞᆫ果然臣民된義務에違背ᄒᆞᆫ事의有無與否를監察ᄒᆞᆯ지니蓋所謂臣民의義務란者ᄂᆞᆫ憲法第二章에明記ᄒᆞᆫ者에限치아니ᄒᆞ고或은皇祖皇宗의神靈에對ᄒᆞ야敬禮를表ᄒᆞ고或은天皇에對ᄒᆞ야忠誠을盡ᄒᆞᄂᆞᆫ義

務ᄭᆞ지含包ᄒᆞᆫ者ㅣ라云ᄒᆞᆷ이라

第三節 警察과居住及移轉의關係

憲法第二十二條에曰日本臣民은法律範圍內에在ᄒᆞ야居住及移轉의自由를有ᄒᆞᆷ이라ᄒᆞᆫ지라或은其意義를說明ᄒᆞ야曰大抵日本臣民된者ᄂᆞᆫ帝國領土內에在ᄒᆞ야何如ᄒᆞᆫ地를不問ᄒᆞ고定住、借住、寄留及營業의自由를有ᄒᆞᆷ이라ᄒᆞ니其意ᄂᆞᆫ蓋營業의自由란者ᄂᆞᆫ當然移轉의自由中에含包ᄒᆞᆫ者ㅣ라謂ᄒᆞᆷ에在ᄒᆞᆷ이나然이나余의所見에依ᄒᆞ건ᄃᆡ移轉과營業이란者ᄂᆞᆫ其性質이全히相異ᄒᆞᆫ者로此를同一히視ᄒᆞᆷ을不得ᄒᆞᆯ지니然則日本에在ᄒᆞ야營業의自由에就ᄒᆞ야ᄂᆞᆫ憲法上何等의保障이有ᄒᆞᆷ을見치못ᄒᆞᆫ바ㅣ라

此에所謂法律의範圍內라ᄒᆞᆷ은其自由를制限ᄒᆞᆷ은반다시法律或法律에基因ᄒᆞᆫ命令에依ᄒᆞᆷ이可ᄒᆞ고決코獨立命令에依ᄒᆞᆷ을不得ᄒᆞᄂᆞᆫ意義니然則法律에定ᄒᆞᆫ境遇外라謂ᄒᆞᆷ과ᄂᆞᆫ其意義가相異ᄒᆞᆫ바ㅣ라

居住의自由라ᄒᆞᆷ은何人이든지其現在의居住를妨害ᄒᆞᄂᆞᆫ事ㅣ無ᄒᆞᆫ自由를謂ᄒᆞᆷ이

오移轉의自由라ᄒᆞᆷ은臣民運動의自由를保障ᄒᆞᄂᆞᆫ者ㅣ니共히臣民의發達上가장必要ᄒᆞᆫ者ㅣ라

何國이든지昔時에ᄂᆞᆫ廣汎히此自由權을認치아니ᄒᆞ얏스니假令獨逸과如ᄒᆞᆷ도往時에在ᄒᆞ야ᄂᆞᆫ移住稅를要ᄒᆞᆫ時代가有ᄒᆞᆷ과如ᄒᆞᆫ지라然而世運의進步를伴ᄒᆞ야各國憲法에도居住、移轉의自由를認ᄒᆞᆷ에至ᄒᆞ얏스나國家ᄂᆞᆫ其安寧秩序를紊亂케ᄒᆞᆷ으로認ᄒᆞᄂᆞᆫ境遇에在ᄒᆞ야ᄂᆞᆫ法律에依ᄒᆞ야此를制限ᄒᆞᆷ을得ᄒᆞᄂᆞ니現에獨逸과如ᄒᆞᆷ은法律에依ᄒᆞ야貧民의居住、移轉을制限ᄒᆞ고其他日本에在ᄒᆞ야도法律로써監視의期間을不過ᄒᆞᆫ者ᄂᆞᆫ自由로移轉ᄒᆞᄂᆞᆫ事ㅣ能치못ᄒᆞ게ᄒᆞᆷ과如ᄒᆞᆷ은警察上의必要로브터出ᄒᆞᆷ에不外ᄒᆞᆫ바ㅣ라

論者或은曰居住及移轉의自由라ᄒᆞᆷ은其自由制限의由理가居住又ᄂᆞᆫ移轉其自身에存ᄒᆞᆫ境遇를謂ᄒᆞᆷ이라故로家屋의危險을爲ᄒᆞ야住居를制限ᄒᆞ고傳染病을豫防ᄒᆞ기爲ᄒᆞ야他에移轉을命ᄒᆞᄂᆞᆫ境遇와如ᄒᆞᆷ은法律에依ᄒᆞᆷ을要치아니ᄒᆞᆯ바ㅣ라ᄒᆞ고又曰一定ᄒᆞᆫ營業을爲ᄒᆞᆷ에ᄂᆞᆫ一定ᄒᆞᆫ區域內에居住ᄒᆞᆷ을命ᄒᆞᆷ과如ᄒᆞᆷ은營業의自

由를制限홈이오居住의自由를制限홈이아니라換言ᄒᆞ면營業의自由를制限ᄒᆞᄂᆞᆫ
結果로往往히間接으로居住의自由를制限홈에至홈이라云ᄒᆞᆫ지라然이나余의所
見으로ᄂᆞᆫ此說은誤解홈을未免ᄒᆞᆯ지니居住、移轉의理由가傳染病豫防을爲ᄒᆞ거
나又ᄂᆞᆫ建築上의危險을爲ᄒᆞ거나其理由의如何ᄂᆞᆫ問ᄒᆞᆯ必要가無ᄒᆞ고日本臣民은
憲法에依ᄒᆞ야居住、移轉의自由를有홈으로認홈이卽可ᄒᆞᆫ者ㅣ니此와同一ᄒᆞᆫ論
法에依ᄒᆞ야營業의制限과居住의自由等關係도說明홈을可得ᄒᆞᆯ지라然而居住、
移轉의自由라홈은臣民이臣民된資格으로有ᄒᆞᆫ自由에關ᄒᆞᆫ者ㅣ오其國家에對ᄒᆞ
야特別ᄒᆞᆫ關係를有홈과如ᄒᆞᆫ境遇를謂홈이아니라故로假令官吏가其職務를爲ᄒᆞ
야住居地를制限됨과如홈은此에含包ᄒᆞᆯ바ㅣ아니라

大抵娼妓의居住制限과憲法의關係ᄂᆞᆫ警察上頗히研究ᄒᆞᆯ問題가됨으로써余ᄂᆞᆫ左
에此에關ᄒᆞᆫ所見을略述코ᄌᆞᄒᆞ노라

風俗警察上必要가有ᄒᆞᆫ時ᄂᆞᆫ營業者의居住를制限ᄒᆞᄂᆞᆫ事ㅣ有홈은實際의團束上
最히必要ᄒᆞᆯ뿐아니라日本警察의實際上에在ᄒᆞ야도旣히娼妓의居住를制限ᄒᆞ야

此를團束ᄒᆞ나然이나娼妓도旣히日本臣民의一部分이된以上에ᄂᆞᆫ憲法第二十二條에依ᄒᆞ야居住의自由를得홈은元來論을不竢홀바ㅣ라論者ㅣ或은憲法은營業의自由를保障치아니홈이라故로營業上으로브터居住를制限홈은憲法에違犯ᄒᆞᆫ바ㅣ아니니蓋臣民은自由로居住홈을可得ᄒᆞᆫ대娼妓ᄂᆞᆫ賣淫이라謂ᄒᆞᄂᆞᆫ一種의醜業을行ᄒᆞᄂᆞᆫ故로此制限에從케홈에不過ᄒᆞᆫ者오居住를制限홈은아니라云ᄒᆞᆫ지라此說은一理가無ᄒᆞᆫ바ㅣ아니로대余로써此를見ᄒᆞ건대其營業의與否ᄂᆞᆫ不問ᄒᆞ고苟히居住의自由를制限ᄒᆞᄂᆞᆫ點이有홈은其理由의何者됨을勿論ᄒᆞ고法律에依치아니홈이不可ᄒᆞᆫ바ㅣ라或은曰娼妓에對ᄒᆞ야도居住ᄂᆞᆫ此를制限치아니ᄒᆞ고但其醜業을홈에當ᄒᆞ야ᄂᆞᆫ醜業場으로處所의制限을受홀者ㅣ라云ᄒᆞᆫ지라然이나實際의狀況을察ᄒᆞ건대遊廓內의娼妓ᄂᆞᆫ醜業에就ᄒᆞ야만制限홀ᄲᅮᆫ아니라居住를制限ᄒᆞᄂᆞᆫ者ㅣ라故로余의見解에依ᄒᆞ건대法律上娼妓ᄂᆞᆫ二十四時間內假令五時間은醜業ᄒᆞᄂᆞᆫ時間으로假定홀진대他十九時間은遊廓地外에住居홈을得홀지니此를要ᄒᆞ건대余도亦警察實際上團束ᄒᆞᄂᆞᆫ點에在ᄒᆞ야ᄂᆞᆫ元來娼妓의居住制限을必要

로認ᄒᆞᄃᆡ憲法의規定上으로브터此에關ᄒᆞᆫ法律上의基礎를要ᄒᆞᆯ必要를主張ᄒᆞᄂᆞᆫ者ㅣ라故로余ᄂᆞᆫ既히立法論으로獨히娼妓ᄲᅮᆫ아니라其他風俗上의團束을要ᄒᆞᄂᆞᆫ營業을ᄒᆞᄂᆞᆫ者의居住制限ᄭᆞ지도命令으로써規定ᄒᆞ기得ᄒᆞᄂᆞᆫ權能을法律에依ᄒᆞ야與ᄒᆞᆷ을望ᄒᆞᄂᆞᆫ바ㅣ라是以로此에關ᄒᆞᆫ成文法된行政執行法은其第三條第二項에在ᄒᆞ야風俗上의團束을要ᄒᆞᄂᆞᆫ業을ᄒᆞᄂᆞᆫ者의居住와其他制限은命令으로써此를規定ᄒᆞ고尙且內務省의娼妓團束規則과如ᄒᆞᆷ도明文로써娼妓가地域外의居住를禁ᄒᆞ야明白히醜業의制限과區別ᄒᆞᆷ이라

此에注意ᄒᆞᆯ者ㅣ有ᄒᆞ니外國人은從前自由로日本領土內에移轉又ᄂᆞᆫ居住ᄒᆞᆷ을得ᄒᆞᄂᆞ니條約에依ᄒᆞ건대外國人은日本臣民과同一히此權利를得ᄒᆞᆷ이라假令日英條約第一條에曰兩締盟國一方의臣民은他一方의版圖內何處에到ᄒᆞ야旅行ᄒᆞ든지又ᄂᆞᆫ住居ᄒᆞᆯ지라도全히隨意로ᄒᆞᆯ지오其身體及財産에對ᄒᆞ야ᄂᆞᆫ完全ᄒᆞᆫ保護를享受ᄒᆞᆷ이可ᄒᆞ다ᄒᆞ고尙且外國人放逐에關ᄒᆞ야ᄂᆞᆫ新條約實施ᄒᆞᄂᆞᆫ今日에在ᄒᆞ야此退去에關ᄒᆞᆫ立法을ᄒᆞᆯ必要가有ᄒᆞ나然而其如何ᄒᆞᆫ境遇에在ᄒᆞ야外國人에退去

를命홈이可홀가홈은警察上團束에屬홀者ㅣ니乞丐를行ᄒᆞ거나或은行코ᄌᆞᄒᆞᄂᆞᆫ者又ᄂᆞᆫ一定ᄒᆞᆫ生業을有치아니ᄒᆞ고浮浪徘徊ᄒᆞᄂᆞᆫ者又ᄂᆞᆫ賭博에耽ᄒᆞ거ᄂᆞ其他放蕩懶惰의徒又ᄂᆞᆫ密賣淫을ᄒᆞ거ᄂᆞ又ᄂᆞᆫ其媒合容止를ᄒᆞᄂᆞᆫ者等에就ᄒᆞ야ᄂᆞᆫ團束上頗히注意홀點이라

尙且居住、移轉의制限은警察의團束上最히貧民과關係가有ᄒᆞᆫ者ㅣ라故로此에一言코ᄌᆞᄒᆞ노라日本에在ᄒᆞ야ᄂᆞᆫ貧民의團束에關ᄒᆞ야其規定이頗히不完全ᄒᆞᆫ지라乞人、浮浪의徒라도苟其日本臣民된以上은憲法第二十二條에依ᄒᆞ야居住及移轉의自由를有홈은勿論이오警察官은是等의徒에對ᄒᆞ야法律上規定이無ᄒᆞ면放逐홈을得홀지라刑法第四百二十五條第十二項에ᄂᆞᆫ定ᄒᆞᆫ居住도無ᄒᆞ고平常營生의産業이無ᄒᆞ야諸方에徘徊ᄒᆞᄂᆞᆫ者에對ᄒᆞ야此에制裁를加홈이라然而廣汎히諸方에徘徊홈이라謂홀時ᄂᆞᆫ乞人ᄭᆞ지含包홈은勿論이라

日本憲法에在ᄒᆞ야ᄂᆞᆫ僅히前述홈과如ᄒᆞᆫ規定이有ᄒᆞ나其基礎된貧民救助의方法이아즉成立치못ᄒᆞᆫ今日에在ᄒᆞ야ᄂᆞᆫ警察은他에術을施홀途가無ᄒᆞᆫ지라故로一時

日本에在ᄒᆞ야盛行ᄒᆞᄂᆞᆫ乞人放逐과如홈도今에ᄂᆞᆫ昔日과不如ᄒᆞᆫ바ㅣ라嘗聞컨대中國의甲縣에在ᄒᆞ야ᄂᆞᆫ一夜無數ᄒᆞᆫ乞人을船에搭載ᄒᆞ야此를南海의乙縣에送ᄒᆞ미乙縣에在ᄒᆞ야ᄂᆞᆫ又此를甲縣에送還ᄒᆞ야是와如ᄒᆞᆫ事ㅣ數回에及ᄒᆞ얏다云ᄒᆞᆫ지라此를要ᄒᆞ건ᄃᆡ日本에在ᄒᆞ야ᄂᆞᆫ數年前에乞人放逐의盛行홈은事實이라然則貧民救助及貧民警察에關ᄒᆞᆫ法律의發布ᄂᆞᆫ實로刻下의一大急務라謂ᄒᆞᆯ지로다立法論으로ᄂᆞᆫ貧民은宜當히種類에依ᄒᆞ야此의團束을相異케아니홈이不可ᄒᆞᆫ바ㅣ니假令懶惰홈을取ᄒᆞ야貧民이된者에對ᄒᆞ야ᄂᆞᆫ特히此에團束을嚴密히ᄒᆞ야强制로勞役을課케ᄒᆞᄂᆞᆫ必要가有ᄒᆞ나然이나其所謂强制勞役의方法은最히研究ᄒᆞᆯ問題라ᄒᆞ노라

第四節　警察과集會結社及出版等의關係

憲法第二十九條에曰日本臣民은法律範圍內에在ᄒᆞ야言論、著作、印行、集會及結社의自由를有ᄒᆞᆫ다ᄒᆞ얏시니大抵言論과著作은皆臣民의發達上非常ᄒᆞᆫ勢力을與ᄒᆞᄂᆞᆫ者ㅣ아니라云ᄒᆞ기不能ᄒᆞᆫ대是等은又治安을害ᄒᆞᆯ虞가有ᄒᆞᆫ故로此를法

律에依ᄒᆞ야團束ᄒᆞᆷ은公共의安寧을維持ᄒᆞᆷ에在ᄒᆞ야最히必要ᄒᆞᆫ者ㅣ라謂ᄒᆞᆯ지니日本에在ᄒᆞ야ᄂᆞᆫ此에關ᄒᆞ야治安警察法、新聞紙條例及出版法等이有ᄒᆞᆷ이라余ᄂᆞᆫ左에集會及結社出版에就ᄒᆞ야此를槪論코ᄌᆞᄒᆞ노라

第一 集會及結社에關ᄒᆞᆫ警察

集會及結社에關ᄒᆞᆫ警察은高等保安警察中重要ᄒᆞᆫ部分에屬ᄒᆞᆯ者ㅣ니其目的ᄒᆞᄂᆞᆫ바ᄂᆞᆫ人의集合이公共의安寧秩序를妨害케ᄒᆞᆷ을除去ᄒᆞᆷ에在ᄒᆞᆷ이라然而旣히禁法에犯觸ᄒᆞᄂᆞᆫ時ᄂᆞᆫ此를追究ᄒᆞᆷ은司法警察의任務라

集會又ᄂᆞᆫ結社를ᄒᆞᆷ에ᄂᆞᆫ特히官廳의許可를要치아니ᄒᆞᆷ으로原則이라ᄒᆞᄂᆞ니或은警察의目的을爲ᄒᆞ야申告ᄒᆞᄂᆞᆫ事ㅣ有ᄒᆞ나集會又ᄂᆞᆫ結社의自由를制限ᄒᆞᆷ이아니니換言ᄒᆞ면集會又ᄂᆞᆫ結社ᄒᆞᄂᆞᆫ權能에關ᄒᆞᆫ制限이아닌바ㅣ라

現行法의解釋으로ᄂᆞᆫ政談集會와結社의區別이有ᄒᆞ니政談集會라ᄒᆞᆷ은政治上의目的을爲ᄒᆞ야或事項을協議又ᄂᆞᆫ論議코ᄌᆞᄒᆞ야數多ᄒᆞᆫ人을一時的으로集合ᄒᆞᄂᆞᆫ者ㅣ라故로觀物塲又ᄂᆞᆫ劇塲을觀覽ᄒᆞ기爲ᄒᆞ야集會ᄒᆞᆷ은法律所謂政談集會가아

니오又結社라ᄒᆞᆷ은互相合意에依ᄒᆞ야政治上의目的을爲ᄒᆞ야數多의人이永續的으로結合ᄒᆞᄂᆞᆫ者ᄅᆞᆯ謂ᄒᆞᆷ이니然則集會와結社라ᄒᆞᆷ은其目的이一時됨과永久되ᄂᆞᆫ點에在ᄒᆞ야相異ᄒᆞᆷ이라然而結社의境遇에ᄂᆞᆫ事實上集合與否ᄂᆞᆫ此ᄅᆞᆯ問ᄒᆞᆯ必要가無ᄒᆞᆫ바ㅣ라

治安警察에在ᄒᆞ야ᄂᆞᆫ政談集會에限ᄒᆞᆯᄲᅮᆫ아니라又通常集會、假令學術演說會等과如ᄒᆞᆷ도此ᄅᆞᆯ團束ᄒᆞᄂᆞᆫ方法이無ᄒᆞᆫ바ㅣ아니니即警察官은其狀況이安寧秩序ᄅᆞᆯ妨害ᄒᆞᆷ으로認ᄒᆞᄂᆞᆫ時ᄂᆞᆫ其集會에臨檢ᄒᆞᄂᆞᆫ權能이有ᄒᆞᆯᄲᅮᆫ아니라安寧秩序에妨害가有ᄒᆞᆫ時ᄂᆞᆫ其人의講談論議ᄅᆞᆯ停止ᄒᆞᆷ을得ᄒᆞ고又集會의狀況이安寧秩序에妨害가有ᄒᆞᆷ으로認ᄒᆞᄂᆞᆫ時ᄂᆞᆫ解散을命ᄒᆞᆷ을得ᄒᆞᆷ이라

此에注意ᄒᆞᆯ事ㅣ有ᄒᆞ니集會에ᄂᆞᆫ公衆이會同ᄒᆞᆷ을要ᄒᆞᆷ으로써親族이家屋內에會同ᄒᆞᄂᆞᆫ等과如ᄒᆞᆷ은此ᄅᆞᆯ集會라稱ᄒᆞᆷ을不得ᄒᆞᆯ바ㅣ라

集會ᄂᆞᆫ此ᄅᆞᆯ左와如히分類ᄒᆞᆷ을得ᄒᆞᆯ지니

第一 通常集會及政治集會

通常集會ᄂᆞᆫ政治集會以外에就ᄒᆞ야廣汎히此ᄅᆞᆯ謂ᄒᆞᆷ이니一般으로學術演說會、同縣人의懇親會等은警察上此에干涉ᄒᆞᆯ必要가無ᄒᆞᆫ以上에ᄂᆞᆫ警察은此에干涉지아니ᄒᆞᆷ이原則이니라

集會ᄂᆞᆫ其種類의如何ᄒᆞᆷ을不問ᄒᆞ고此ᄅᆞᆯ制限코ᄌᆞᄒᆞᆯ진대憲法第二十九條에依ᄒᆞ야此의基礎ᄅᆞᆯ法律에求치아니ᄒᆞᆷ이不可ᄒᆞᆫ바ㅣ니然則憲法上으로謂ᄒᆞᆯ진대集會ᄂᆞᆫ其政治上의目的을爲ᄒᆞ야或事項의協議與否ᄂᆞᆫ不拘ᄒᆞ고廣汎히集會라謂ᄒᆞᄂᆞᆫ點에至ᄒᆞ야ᄂᆞᆫ何者든지同一ᄒᆞᆫ者ㅣ라然이나法律에在ᄒᆞ야此에干涉ᄒᆞᆯ必要가無ᄒᆞᆫ時ᄂᆞᆫ此에干涉지아니ᄒᆞᆯ者로解釋치아니ᄒᆞᆷ이不可ᄒᆞᆫ바니日本에서ᄂᆞᆫ嘗히集會政社法에在ᄒᆞ야政談集會라ᄒᆞᆷ은單히政治라謂ᄒᆞᄂᆞᆫ範圍에限ᄒᆞᆷ으로써政治以外에公事ᄅᆞᆯ爲ᄒᆞ야集會ᄒᆞᄂᆞᆫ境遇ᄂᆞᆫ此에包含치아니ᄒᆞᆷ으로써往往實際上에在ᄒᆞ야拘碍가多ᄒᆞ나今에治安警察法第三條에在ᄒᆞ야公事에關ᄒᆞᆫ集會란名稱을設ᄒᆞᆷ으로써頗히其範圍ᄅᆞᆯ擴張ᄒᆞᆷ에至ᄒᆞ고普國集會條例에在ᄒᆞ야도其第一條에公事ᄅᆞᆯ論議ᄒᆞᄂᆞᆫ集會ᄅᆞᆯᄒᆞᄂᆞᆫ者ᄂᆞᆫ云云의文字가有ᄒᆞᆷ이라

治安警察法에在ᄒᆞ야集會라稱홈은或共同의目的으로써多數의會合ᄒᆞᄂᆞᆫ者ㅣ니偶然히起ᄒᆞᆫ群集과區別홈을要홀바ㅣ라假令公然會合等으로多數의人類가集合홈은憲法에所謂集會가아님으로法律上의基礎를要홀者ㅣ아니니當然히一般通常의保安警察로命令의規定에依ᄒᆞ야此에解散等을命홈을得홀지니然則傳染病流行에關ᄒᆞ야祭典을制止홈과如홈은반다시憲法上法律의規定을要홀限에在치아니ᄒᆞᆫ故로傳染病豫防法第十九條에在ᄒᆞ야地方長官이傳染病豫防上必要로認ᄒᆞᄂᆞᆫ時ᄂᆞᆫ祭禮、供養、興行ᄒᆞ기爲ᄒᆞ야人民의群集홈을制限ᄒᆞ고又ᄂᆞᆫ禁止홈을得ᄒᆞᄂᆞᆫ規定은是憲法第二十九條에準據ᄒᆞᆫ立法이라謂치아니ᄒᆞᄂᆞᆫ바ㅣ라

第二　家屋內의集會及屋外의集會

是ᄂᆞᆫ오즉處所에依ᄒᆞ야區別홈에不過ᄒᆞᆫ者ㅣ니特히此를說明홀必要가無ᄒᆞ고但家屋外의集會로祭葬、講社、學生生徒의體育運動其他慣例의許ᄒᆞᄂᆞᆫ바에係ᄒᆞᆫ者ᄂᆞᆫ官廳에申告ᄒᆞ야許可를受홈을要치아니ᄒᆞᄂᆞᆫ事ㅣ現行法의規定이니其政治上되ᄂᆞᆫ與否ᄂᆞᆫ問홀바ㅣ아니라然而所謂慣例되고否홈은警察官의認定에依ᄒᆞᄂᆞᆫ

外에他道가無ᄒᆞᆫ바ㅣ니蓋家屋外에群集ᄒᆞᆷ은衆目에觸ᄒᆞᆷ으로써現行法은特히此에注意ᄒᆞᆷ은前에警察權의範圍를論ᄒᆞᆷ에當ᄒᆞ야述ᄒᆞᆷ과如히警察의干涉ᄒᆞᆯ範圍에適合ᄒᆞᆫ者ㅣ라可謂ᄒᆞᆯ지라然而屋外集會라ᄒᆞᆷ은其義意가頗히廣汎ᄒᆞ니然則路傍의讀賣와如ᄒᆞᆷ과宗教演說과如ᄒᆞᆷ도總히治安警察法을適用ᄒᆞᆷ이可ᄒᆞᆯ지로다

以上에余는集會의種類를論ᄒᆞᆷ으로써自此로結社에就ᄒᆞ야一言코ᄌᆞᄒᆞ노라結社라ᄒᆞᆷ은組織體로聯合의事實이有ᄒᆞᆫ時를謂ᄒᆞᆷ이니秘密의結社라ᄒᆞᆷ은其結社의目的及結社의事實를隱蔽ᄒᆞ야此를表示치아니ᄒᆞ는者를謂ᄒᆞᆷ이라保安警察例第一條에在ᄒᆞ야는秘密의結社及集會는此를禁ᄒᆞᆷ이라云ᄒᆞ얏다가同條例가廢止ᄒᆞᆫ後此에關ᄒᆞᆫ規定이闕乏ᄒᆞ얏더니今에更히治安警察法第十四條에在ᄒᆞ야秘密의結社는此를禁ᄒᆞᆷ이라規定ᄒᆞᆷ에至ᄒᆞᆫ바ㅣ라

政社는結社의一部分이라結社의目的이商事其他營利에存在ᄒᆞᆫ時는元來商法規定에依ᄒᆞᆯ者ㅣ오結社는契約自由의原則에從ᄒᆞᆯ者ㅣ니結社가法人으로權能을有ᄒᆞᆷ은民法規定에從ᄒᆞᆯ者ㅣ오其他各種의組合團體等은各其法規의定ᄒᆞᆫ바에依ᄒᆞᆷ

은論을不竢홀바ㅣ라

第二 出版警察

新聞紙、書籍、雜誌等의出版物은集會와如히大勢力을人民의思想上에及ᄒᆞᄂᆞᆫ者로대時或公共의安寧을妨害ᄒᆞᄂᆞᆫ点이尠少치아니ᄒᆞᆫ者ㅣ라故로國家ᄂᆞᆫ特히出版警察에意를用ᄒᆞᄂᆞᆫ所以니然則自已가私事로文書圖畵를寫홈과如홈은此에所謂出版이아니라

出版의自由라홈은政府의許可를要치아니ᄒᆞ고機械及其他何等方法으로써홈을問치아니ᄒᆞ고文書圖畵를印刷ᄒᆞ야此를發賣頒布홈을謂홈이라然而出版은何國을勿論ᄒᆞ고其自由의境域에至ᄒᆞ기ᄭᆞ지ᄂᆞᆫ반다시次의三期를經過홈이常例라

第一期 檢閱法의時期

此時期에在ᄒᆞ야ᄂᆞᆫ豫히官廳의檢閱을經ᄒᆞ야其許可에依ᄒᆞ야出版ᄒᆞᄂᆞᆫ者ㅣ라故로許可를得지아니ᄒᆞ고出版ᄒᆞᄂᆞᆫ時ᄂᆞᆫ違法의行爲를惹起ᄒᆞᄂᆞᆫ者ㅣ라

日本에서出版警察에關ᄒᆞ야最히嚴重히홈은天明、天保等의時代라此를歷史上

에徵ᄒᆞᆯ진대天明時代에ᄂᆞᆫ風紀가大히壞頹ᄒᆞᆷ으로써松平定信이此ᄅᆞᆯ矯正코ᄌᆞᄒᆞ야洒落本을禁ᄒᆞ고天保年間에至ᄒᆞ야ᄂᆞᆫ水野越前守도最히意ᄅᆞᆯ出版警察에加ᄒᆞ야儒書、佛書、醫書等에對ᄒᆞ야ᄂᆞᆫ此ᄅᆞᆯ新版ᄒᆞᆷ을許ᄒᆞ얏스나書籍의異敎、妄說에關ᄒᆞᆫ者ᄂᆞᆫ勿論ᄒᆞ고오히려風俗色情에關ᄒᆞᆫ者도摠히此ᄅᆞᆯ禁ᄒᆞ고錦繪及團扇에ᄂᆞᆫ俳優、遊女、藝妓等을印刷ᄒᆞᆷ이不可ᄒᆞᆷ은勿論이오繪草紙ᄂᆞᆫ勸善懲惡을旨ᄒᆞᄂᆞᆫ境遇에限ᄒᆞ야此ᄅᆞᆯ許ᄒᆞ고又人情本은其賣買貸借ᄒᆞᆷ도禁ᄒᆞ고其版權은此ᄅᆞᆯ沒收ᄒᆞ얏든바ㅣ라

第二期 豫防法의時期

此時期에在ᄒᆞ야ᄂᆞᆫ圖書ᄅᆞᆯ出版ᄒᆞᆷ에官廳의許可ᄅᆞᆯ不要ᄒᆞ고但其出版物이危險을生ᄒᆞᆯ慮가有ᄒᆞᆷ에當ᄒᆞ야비로소警察官廳은發行을停止ᄒᆞ고又ᄂᆞᆫ禁止ᄒᆞᄂᆞᆫ者ㅣ니假令安寧秩序ᄅᆞᆯ妨害ᄒᆞ고又ᄂᆞᆫ風俗을壞亂ᄒᆞᄂᆞᆫ者로認ᄒᆞᄂᆞᆫ文書圖畵ᄅᆞᆯ出版ᄒᆞᄂᆞᆫ時에ᄂᆞᆫ內務大臣이其發賣頒布ᄒᆞᆷ을禁ᄒᆞ고其刻版及印本을押收ᄒᆞᆷ을得ᄒᆞᆷ과如ᄒᆞᆷ이卽是라

第三期　自由出版의時期

所謂出版의自由라홈은右二期를經過호後에비로소到達ᄒᆞᄂᆞᆫ者ㅣ니出版의事業으로써他經濟的事業과如히自由로事業홈에在ᄒᆞ니英國、佛國、獨國과如홈도摠히第一期第二期의時代를經過치아니호者ㅣ無호지라然而佛國과如호自由國에在ᄒᆞ야도此制를採홈에至홈이近近千八百八十一年의事로日本에在ᄒᆞ야도明治初年以來로既히以上의三期를經過ᄒᆞ야今日에至호事ᄂᆞᆫ此를沿革에照ᄒᆞ야明白호바ㅣ라

現行法에在ᄒᆞ야出版法과新聞紙條例를區別홈은實際上必要로起호者ㅣ오新聞紙에關ᄒᆞ야ᄂᆞᆫ特別히法理上의根據가有홈은아니라

新聞紙ᄂᆞᆫ治安을妨害ᄒᆞ고又ᄂᆞᆫ風俗을壞亂홀虞가有호時ᄂᆞᆫ行政權으로써其發行을禁止及停止홈을得홀지나現行法에在ᄒᆞ야ᄂᆞᆫ但其出版호新聞紙其物을發賣頒布홈을禁ᄒᆞ고此를押收홀뿐에止홈이니大抵新聞紙의發行은營業行爲라然이나他營業에關ᄒᆞ야ᄂᆞᆫ警察은禁停止의處分權을有홈에不拘ᄒᆞ고獨히新聞紙에關ᄒᆞ

야是와如히法律上規定을見ᄒᆞᆷ은所謂前者에述ᄒᆞᆫ第三期에遭遇ᄒᆞᆷ에依ᄒᆞᆷ이로대日本의現狀은此로써果然適當ᄒᆞᆫ立法이라稱ᄒᆞᆯ與否ᄂᆞᆫ頗히疑問이無ᄒᆞ기不能ᄒᆞᆫ바ㅣ라

著作權法의研究ᄂᆞᆫ民法의範圍에屬ᄒᆞ대警察의執務上密接ᄒᆞᆫ關係를有ᄒᆞᆷ으로左에便宜上其槪略을論述코ᄌᆞᄒᆞ노라著作權法은全章五十二條로成ᄒᆞᆫ者ㅣ니第一章에在ᄒᆞ야ᄂᆞᆫ著作者의權利、第二章에在ᄒᆞ야ᄂᆞᆫ僞作、第三章에在ᄒᆞ야ᄂᆞᆫ罰則、第四章에在ᄒᆞ야ᄂᆞᆫ附則으로細密ᄒᆞᆫ規定을設ᄒᆞᆫ지라盖千八百八十六年九月九日의締結ᄒᆞᆫ著作權保護에關ᄒᆞᆫ列國同盟條約에基因ᄒᆞ야日本에在ᄒᆞ야도該同盟에加入ᄒᆞᆫ結果로該法은其時ᄭᅡ지外國著作者에ᄂᆞᆫ其著作權을認치아니ᄒᆞ더니自此로此를認ᄒᆞᆷ에至ᄒᆞᆷ이라

著作權法이라ᄒᆞᆷ은舊法에所謂版權法이라然이나版權이란名稱下에ᄂᆞᆫ彫刻模型寫眞等을含包ᄒᆞ기不能ᄒᆞᆷ으로ᄡᅥ版權의稱號를改ᄒᆞ야此에著作權이라稱ᄒᆞᆫ者ㅣ니盖現行法에在ᄒᆞ야文書圖畵外에彫刻、模型等美術의範圍에屬ᄒᆞᆫ著作物ᄭᅡ지

도保護ᄒᆞᄂᆞᆫ所以ᄂᆞᆫ同盟條約加盟의結果오其理由로ᄒᆞᄂᆞᆫ바ᄂᆞᆫ文書圖畵ᄅᆞᆯ保護ᄒᆞᆷ과同一ᄒᆞᆫ理由에基因ᄒᆞ야精神上의勞力을保護ᄒᆞᆷ에不外ᄒᆞᆫ바ㅣ라

是와如히著作權의主旨로ᄒᆞᄂᆞᆫ바ᄂᆞᆫ學者及美術家의精神的勞力에依ᄒᆞ야得ᄒᆞᆫ製作物을保護ᄒᆞᆷ에在ᄒᆞ고著作權이라ᄒᆞᆷ은是等의製作物을複製ᄒᆞᄂᆞᆫ權利라然而所謂複製라ᄒᆞᆷ은其方法의何者됨을不問ᄒᆞ고著作物을模製ᄒᆞᆷ을謂ᄒᆞᆷ이니舊版權法에稱ᄒᆞᆫ翻刻보더ᄂᆞᆫ其意義가廣汎ᄒᆞ야出版物의發行은當然히複製其者中에包含ᄒᆞᆫ者ㅣ라何者오發行에ᄂᆞᆫ반다시複製ᄅᆞᆯ要ᄒᆞᆯ者ㅣ오又翻譯은舊法에在ᄒᆞ야ᄂᆞᆫ翻刻中에含包치아니ᄒᆞᆫ者ㅣ나嚴格히論ᄒᆞᆯ時에ᄂᆞᆫ是亦複製의一部分이라故로現行法은此에對ᄒᆞ야保護의途ᄅᆞᆯ開ᄒᆞ얏시며唯其保護의期間等을異히ᄒᆞᆷ이有ᄒᆞᆫ故로便宜上特히此에關ᄒᆞᆫ規定을設ᄒᆞᆫ바ㅣ라

興行權은利益을爲ᄒᆞ야公衆의前에演ᄒᆞᄂᆞᆫ權利라故로脚本의版權을有ᄒᆞᆫ者에對ᄒᆞ야ᄂᆞᆫ著作權法에在ᄒᆞ야興行權ᄭᆞ지도併有ᄒᆞᆫ者ㅣ니是와如히興行이라ᄒᆞᆷ은公衆의前됨을要ᄒᆞᆷ으로ᄡᅥ自宅內에在ᄒᆞ야演藝ᄒᆞᆷ과如ᄒᆞᆷ은所謂興行이라稱ᄒᆞᆷ을不

得ᄒᆞᆯ바ㅣ라

著作權法에稱ᄒᆞᄂᆞᆫ興行權과演藝許可權이라ᄒᆞᆷ은此ᄅᆞᆯ混同치아니ᄒᆞᆷ을要ᄒᆞᆯ지니著作權法에依ᄒᆞ야興行權을得ᄒᆞᆷ은即直接으로權利義務의關係ᄅᆞᆯ定ᄒᆞᆫ者ㅣ라換言ᄒᆞ면或特定ᄒᆞᆫ人에게特權을與ᄒᆞᄂᆞᆫ者ㅣ오演藝許可權도或特定ᄒᆞᆫ人에게特別ᄒᆞᆫ能力을與ᄒᆞᄂᆞᆫ點에至ᄒᆞ야ᄂᆞᆫ同樣이로ᄃᆡ演藝許可의境遇ᄂᆞᆫ行政法上免許의性質에屬ᄒᆞ고私法上에稱ᄒᆞᄂᆞᆫ特權을付與ᄒᆞᆷ과其精神을異히ᄒᆞᆷ이니蓋免許라ᄒᆞᆷ은或特定의働作을行ᄒᆞᆷ을特定ᄒᆞᆫ人民에게許與ᄒᆞᆷ을謂ᄒᆞᆷ이니然則免許라ᄒᆞᆷ은或事ᄅᆞᆯ行ᄒᆞ기可得ᄒᆞᆯ能力을公認ᄒᆞᆷ에不過ᄒᆞ고免許ᄅᆞᆯ受ᄒᆞᆫ一箇人은唯其免許된所爲에就ᄒᆞ야ᄂᆞᆫ其行爲ᄅᆞᆯ行ᄒᆞᆯ能力을得ᄒᆞᆷ에不外ᄒᆞᆫ故로免許ᄅᆞᆯ毁損ᄒᆞᄂᆞᆫ者에對ᄒᆞ야ᄂᆞᆫ一箇人은決코此에損害ᄅᆞᆯ加ᄒᆞ기不能ᄒᆞᆫ바ㅣ라要ᄒᆞ건대免許라ᄒᆞᆷ은私法上의權利ᄅᆞᆯ與ᄒᆞᆷ이아니오但公法上特別ᄒᆞᆫ能力을許可ᄒᆞᆫ者ㅣ라故로此ᄅᆞᆯ他人에게讓渡ᄒᆞᆷ을不得ᄒᆞᆯ바ㅣ오此와反ᄒᆞ야特權付與의境遇에在ᄒᆞ야ᄂᆞᆫ或特定ᄒᆞᆫ人에게權利ᄅᆞᆯ與ᄒᆞᆫ者ㅣ니他人을排除ᄒᆞ고或行爲ᄅᆞᆯ行ᄒᆞᆯ能力을付與ᄒᆞᄂᆞᆫ者ㅣ라卽他人이

其權利를侵犯홀時는特許를受혼者는通常訴訟에依ᄒᆞ야此의救濟를求홀바ㅣ오且其權利는私法上의權利됨으로써隨意로此를讓渡홈을得홀지라故로著作權法에依ᄒᆞ야保護ᄒᆞ는興行權과如홈은他人이此를侵犯홀時에는通常裁判所에訴訟을提起ᄒᆞ야此의救濟를求홈을可得홀ㅣ라

第五節　警察과家宅侵入의關係

憲法第二十五條에曰日本臣民은法律에定혼境遇를除혼外에는其許諾이無ᄒᆞ고住所에侵入ᄒᆞ거나又는搜索홈을得지못혼다ᄒᆞ얏시니大抵家宅權이라홈은財産에關혼自由權과類似혼바ㅣ有ᄒᆞ나其實은所有權侵害와相異ᄒᆞ니即家內의平和를維持홈을意味홈이오國家가臣民의家宅安全과自由를認홈에基因혼바ㅣ니故로英吉利에在ᄒᆞ야도「我의家宅은即我의城壁이라」云云혼俚語가有ᄒᆞ니故로警察은凡法律에定혼境遇가아니면臣民의家宅에侵入ᄒᆞ거나又는搜索홈을不得홀바ㅣ라日本現行法에在ᄒᆞ야도家宅搜索에就ᄒᆞ야는日出前과日沒後는此를不得ᄒᆞ고但公開혼處所에就ᄒᆞ야는其公開時間에限ᄒᆞ야何時든지搜索홈을得홀지

니所謂公開ᄒᆞᆫ處所라云ᄒᆞᆷ은旅店、料理屋等夜間이라도何人을不問ᄒᆞ고任意로出入ᄒᆞᄂᆞᆫ境遇를謂ᄒᆞᆷ이라蓋以上의規定은公益上의必要로出ᄒᆞᆫ者ㅣ니何者오是等의境遇에在ᄒᆞ야搜索의時機가其宜를得지못ᄒᆞᆷ을因ᄒᆞ야犯罪人이令狀의執行을免ᄒᆞᆷ과如ᄒᆞᆫ事ㅣ有ᄒᆞᆷ에當ᄒᆞ야ᄂᆞᆫ其公益上에及ᄒᆞᄂᆞᆫ影響이尠少치아니ᄒᆞᆫ所以라然이나安寧秩序의必要로當該行政官廳은日出前과日沒後에生命財産에對ᄒᆞ야危害가切迫ᄒᆞᆷ으로認ᄒᆞᆫ時又ᄂᆞᆫ博奕、密賣淫의現行犯이有ᄒᆞᆷ으로認ᄒᆞᄂᆞᆫ時ᄂᆞᆫ現居住者의意思에反ᄒᆞ야邸宅에入ᄒᆞᆷ을可得호대旅店、割烹店等夜間衆人의出入ᄒᆞᄂᆞᆫ境遇에在ᄒᆞ야ᄂᆞᆫ其公開時間에限ᄒᆞ야此에侵入ᄒᆞᆷ을得ᄒᆞᆯ지니然則從來로往往地方警察規則中에在ᄒᆞ야何時든지又ᄂᆞᆫ隨時、又ᄂᆞᆫ臨時又ᄂᆞᆫ必要로認ᄒᆞᄂᆞᆫ時ᄂᆞᆫ侵入ᄒᆞᆷ을得ᄒᆞᆷ이라規定ᄒᆞᆷ과如ᄒᆞᆷ은其當ᄒᆞᆷ을得ᄒᆞᆷ이라稱ᄒᆞ기不得ᄒᆞᆯ지나行政執行法의規定은保安警察의必要上으로出ᄒᆞᆫ者ㅣ라故로司法警察과ᄂᆞᆫ何等關係를有치아니ᄒᆞᆫ故로假令賭博의現行이有ᄒᆞᆷ으로認ᄒᆞᄂᆞᆫ時ᄂᆞᆫ此行爲를動輒히ᄒᆞ지아니케ᄒᆞᆯ必要로此를團束ᄒᆞᆷ에不外ᄒᆞᄂᆞ니此를要ᄒᆞ건ᄃᆡ原則으로ᄂᆞᆫ警察의力

을直接으로人民의行爲에及홈을得홈은公開혼處所에在홈이니然則同一혼事件으로도住所內에行ᄒᆞ는時는公共의安寧이란名稱下에此를侵ᄒᆞ기不能ᄒᆞ느니蓋住所라홈은家內의生活을爲ᄒᆞ는目的으로充ᄒᆞ는處所의全體라此와反ᄒᆞ야職業을行ᄒᆞ는處所는住所라稱홈을不得홀지니故로製造場과如홈도此에所謂住所가아니라

是와如히住居權은憲法의保障ᄒᆞ는바ㅣ라故로此에違背혼者ㅣ有혼時는刑法에依ᄒᆞ야罰치아니홈이不可홀지니刑法은晝間에無故히人의住居혼邸宅又는人의看守ᄒᆞ는建造物에入ᄒᆞ는者에對ᄒᆞ야此에制裁를加ᄒᆞ는바ㅣ라獨逸刑法에依홀時는官吏로漫히一箇人의家宅을搜索ᄒᆞ는者는此를處罰홈이可혼明文이有ᄒᆞ니然而刑法草案에在ᄒᆞ야는邸宅建造物以外에船舶이란二字를加入혼지라何者오船舶은倉庫又는住居ᄒᆞ는性質을有혼所以라尙且現行法에在ᄒᆞ야는來訪者가有혼時는正當혼理由가有ᄒᆞ야도要求를受ᄒᆞ고退去치아니ᄒᆞ는境遇의規定을闕乏혼故로此에關혼規定을加ᄒᆞ얏고又旅舍의客室은邸宅의文字中에包含ᄒᆞ는與否

ᄂᆞᆫ頗히議論이有ᄒᆞᆫ바ㅣ로ᄃᆡ客室은邸宅內에存在ᄒᆞᆫ者ㅣ라도其性質上獨立ᄒᆞᆫ一區畫됨으로써室內에入ᄒᆞᆷ은邸宅侵入으로看做ᄒᆞᆷ을得ᄒᆞᆯ지오又門口ᄂᆞᆫ通常開放ᄒᆞᆷ으로써看守人이此를拒絶치아니ᄒᆞᄂᆞᆫ以上은衆庶의出入을默諾ᄒᆞᆫ者ㅣ라可稱ᄒᆞᆯ지로ᄃᆡ玄關에至ᄒᆞ야ᄂᆞᆫ承諾을得ᄒᆞ고出入ᄒᆞᆷ이常例니於是乎警察上으로戶口調査의性質을研究ᄒᆞᆯ必要가有ᄒᆞᆷ이라

戶口調査ᄂᆞᆫ從來警察의內規로만規定ᄒᆞᆫ者ㅣ오別로法律命令에基因ᄒᆞᆫ者ㅣ無ᄒᆞ니其狀態가警察의當然ᄒᆞᆫ職權됨과恰似ᄒᆞᆫ外觀이有ᄒᆞ고世人도亦甚히此를怪異히信치아니ᄒᆞᆷ과如ᄒᆞᆫ지라按ᄒᆞ건대警察上戶口調査의制度를設ᄒᆞᆷ은警視廳에在ᄒᆞ야明治七年에비로소東京府의寄留人을調査ᄒᆞᆷ으로起因ᄒᆞ고尙且內規로써此에關ᄒᆞᆫ訓令을設ᄒᆞᆷ은明治九年에始ᄒᆞᆫ지라爾來各府縣에在ᄒᆞ야셔도此에倣ᄒᆞ야戶口의異動을調査ᄒᆞᄂᆞᆫ慣習을馴致ᄒᆞᆫ바ㅣ라然이나明治三十二年七月內務省令第三十二號ᄂᆞᆫ其第九條에在ᄒᆞ야旅店主其他營業에依ᄒᆞ야其廳府縣令에定ᄒᆞᆫ事項其他本人家族寄寓者等에關ᄒᆞ야警察官吏의尋問을受ᄒᆞᆫ者ᄂᆞᆫ此에答ᄒᆞᆷ이可ᄒᆞᆷ

이라規定ᄒᆞ얏스니從來戶口調査의方法은全히便宜로團束홈에屬ᄒᆞ고尋問에對ᄒᆞᆫ答辨에對ᄒᆞ야ᄂᆞᆫ此ᄅᆞᆯ强行ᄒᆞᆯ途가無ᄒᆞ나該法에在ᄒᆞ야ᄂᆞᆫ宿泊通知書等其他件에限ᄒᆞ야明文으로써此ᄅᆞᆯ規定홈에至ᄒᆞᆫ바ㅣ라

是와如히警察官吏가警察上의必要로定期又ᄂᆞᆫ臨時로家宅에臨檢ᄒᆞ야戶口의調査ᄅᆞᆯ홈은憲法上果然抵觸되ᄂᆞᆫ事ㅣ無ᄒᆞᆯ가是ᄂᆞᆫ頗히硏究ᄒᆞᆯ問題라憲法第二十五條에所謂法律의規定도無ᄒᆞ고許諾도업시住所에入홈을不得홈이라홈은戶口調査의境遇에在ᄒᆞ야ᄂᆞᆫ此ᄅᆞᆯ適用치아니ᄒᆞᆫ다홈이到底히其當홈을不得ᄒᆞᆫ解釋이라又是等은暗默上承諾이有ᄒᆞ다ᄒᆞ나若家人이拒絶ᄒᆞᄂᆞᆫ時ᄂᆞᆫ警察은如何히其職責을盡홈을得ᄒᆞᆯ가是ᄂᆞᆫ到底히不能홈에至ᄒᆞᆯ지라現今實際上戶口調査의方法은形式에止홈으로써其効力의微弱홈이豫想外에出ᄒᆞᄂᆞᆫ感이不無ᄒᆞ고又況警察의偵察은警察官吏가正服을着ᄒᆞ고戶口ᄅᆞᆯ調査홈과如히外形에由ᄒᆞ야實況을審査ᄒᆞᆯ者ㅣ아니라故로今日에在ᄒᆞ야戶口調査의方法을改홈은寧히時勢에適合ᄒᆞᆫ者로思惟ᄒᆞ노라然이나被監視人과如히警察로當然히注意ᄅᆞᆯ要ᄒᆞᆯ者에對ᄒᆞ야ᄂᆞᆫ法律

의規定에依ᄒᆞ야警察官이必要로思料ᄒᆞᄂᆞᆫ境遇에在ᄒᆞ야ᄂᆞᆫ何時든지其家宅에就ᄒᆞ야搜索及物件을執留ᄒᆞᆷ을得ᄒᆞᄂᆞᆫ規定을設ᄒᆞᆷ은最히必要ᄒᆞᆫ者ㅣ라刑法草案第二十二條와如히監視效果中에犯罪의地及被害者所在地의警察官廳은被監視人에對ᄒᆞ야其管轄地의全部又ᄂᆞᆫ一部에住居又ᄂᆞᆫ在留ᄒᆞᆷ을禁ᄒᆞᆷ을得ᄒᆞᆷ이라定ᄒᆞᆷ과如ᄒᆞᆷ은畢竟保安條例와同一ᄒᆞᆫ精神으로犯罪地又ᄂᆞᆫ被害者所在地에被監視人의居住ᄒᆞᆷ을禁ᄒᆞᄂᆞᆫ權限을警察官廳에付與ᄒᆞᄂᆞᆫ者ㅣ라ᄒᆞᆯ진대別로戶口調査의方法을設치아니ᄒᆞ야도警察官은是와如히刑法의規定이有ᄒᆞᆷ으로相當ᄒᆞᆫ閫束의實行을得ᄒᆞᆯ지라然이나是와如히現行의戶口調査方法을廢止ᄒᆞᆫ時ᄂᆞᆫ警察은必要上此에代ᄒᆞᆯ命令을發布ᄒᆞ야更히何人이든지或町村에滯留코ᄌᆞᄒᆞᄂᆞᆫ者ᄂᆞᆫ警察官廳에其身分에就ᄒᆞ야必要ᄒᆞᆫ屆出을行케ᄒᆞᆯ지오更히轉住ᄒᆞ야來ᄒᆞᄂᆞᆫ者及住宅又ᄂᆞᆫ止宿을與ᄒᆞᄂᆞᆫ者도屆出을行ᄒᆞᄂᆞᆫ義務를負擔ᄒᆞᆯ지오犯ᄒᆞᄂᆞᆫ者에對ᄒᆞ야ᄂᆞᆫ相當ᄒᆞᆫ制裁를附ᄒᆞᆯ지라然이나今에若假令是와如히法規를設ᄒᆞᆯ지라도警察에屆出치아니ᄒᆞᆫ者ᄂᆞᆫ此로因ᄒᆞ야居住權을失ᄒᆞᆷ이아니오警察罰의適用은獨히警察의必要로生

ᄒᆞᄂᆞᆫ一種의行政處分에不過ᄒᆞᆫ者ㅣ라

論者或은寄留屆其他住居에關ᄒᆞ야現行法의境遇에在ᄒᆞ야町村長에게屆出ᄒᆞᆯ義務가有ᄒᆞᆫ故로更히警察官廳에屆出ᄒᆞᆷ을不得ᄒᆞᆫ다謂ᄒᆞᄂᆞᆫ者ㅣ有ᄒᆞ나然이나警察이警察의權能을因ᄒᆞ야其必要에應ᄒᆞ야警察法規로써此를屆出케ᄒᆞᆷ은町村에在ᄒᆞ야此를行ᄒᆞᆷ과全히其趣旨가相異ᄒᆞᆫ者ㅣ라故로毫末도抵觸ᄒᆞᆷ이無ᄒᆞᆫ바ㅣ라況獨墺等例에依ᄒᆞᆯ진대全히警察上의主管으로ᄒᆞᆷ이可ᄒᆞ다云ᄒᆞᆫ지라

此를要ᄒᆞ건대戶口調査에ᄂᆞᆫ其他租稅徵收等行政上의行動을爲ᄒᆞ야家宅에侵入ᄒᆞᄂᆞᆫ時와均一히法律上의基礎를要ᄒᆞᆯ者ㅣ니今日과如히法律의基礎가無ᄒᆞᆫ境遇에在ᄒᆞ야ᄂᆞᆫ人民은警察官이强制로門內에入ᄒᆞᆷ을拒絶ᄒᆞᆷ을可得ᄒᆞᆯ바ㅣ라

第十一章　警察과內務行政의關係

學理上으로內務行政의意義를解釋ᄒᆞᆯ진대一般臣民의幸福을保護ᄒᆞ기爲ᄒᆞᄂᆞᆫ行爲라日本憲法第九條에所謂公共의安寧秩序를保持ᄒᆞ고及臣民의幸福을增進케ᄒᆞᆫ다云ᄒᆞᆷ은此義에不外ᄒᆞᆫ者ㅣ니然則此에所謂內務行政이라ᄒᆞᆷ은官制上에在ᄒᆞᆫ

意義와相異ᄒᆞ야農商務遞信、文部等의行政ᄭᆞ지도廣汎히含有ᄒᆞᆫ者로認ᄒᆞᆯ者ㅣ라

警察은內務行政中最히必要ᄒᆞᆫ部分이라然則此內務行政의意義에就ᄒᆞ야論述ᄒᆞᆷ은無益ᄒᆞᆫ事ㅣ아니니古昔國家에在ᄒᆞ야ᄂᆞᆫ但安寧을保持ᄒᆞᆷ으로써最大ᄒᆞᆫ職掌이라云ᄒᆞ고此에伴ᄒᆞ야前述ᄒᆞᆷ과如히警察이란文字로써行政意義라云ᄒᆞᆷ에至ᄒᆞ얏시나現今의國家ᄂᆞᆫ意ᄅᆞᆯ臣民의發達에用ᄒᆞ야警察에對ᄒᆞᆫ外에積極的方針을認ᄒᆞᆷ에至ᄒᆞ니所謂助長事務가卽是라

大抵孤立單獨은天理에反ᄒᆞ고共同生活이人生에闕乏ᄒᆞ기不可ᄒᆞᆷ은此에多言을不要ᄒᆞᆯ바ㅣ라然而國家란團體ᄂᆞᆫ其共同生活을營爲ᄒᆞᆷ에在ᄒᆞ야最히有力ᄒᆞᆫ者ㅣ니箇人의發達上에在ᄒᆞ야도亦此에反ᄒᆞᆯ者ㅣ無ᄒᆞᆫ바ㅣ라然이나箇人은國家의必要ᄅᆞᆯ感ᄒᆞ고又國家ᄂᆞᆫ箇人의利益으로써自己의利益을作ᄒᆞᄂᆞᆫ觀念을有ᄒᆞᆷ에至ᄒᆞᆷ은歷史上에頗히發達ᄒᆞᆫ時代에在ᄒᆞ야비로소發生ᄒᆞᆫ思想이라蓋箇人은國家에從屬ᄒᆞᆯ一分子로其發達進步上國家에及ᄒᆞᄂᆞᆫ影響이鮮少치아니ᄒᆞᆫ故로箇人으로其

資産이富ᄒᆞ고敎育이發達ᄒᆞ야品行이方正ᄒᆞᆯ진대國家된團體도亦此를伴ᄒᆞ야實質의勢力을增加ᄒᆞ고社會의進步를奏ᄒᆞᆯ者ㅣ라換言ᄒᆞ면國家가一箇人을保護ᄒᆞᆷ은即國家全體를保護ᄒᆞᄂᆞᆫ所以오箇人의安全은即公衆의安寧이되ᄂᆞᆫ所以라是와如히國家ᄂᆞᆫ箇人을爲ᄒᆞ야盡ᄒᆞᄂᆞᆫ行爲ᄂᆞᆫ新히活動力을生ᄒᆞᆯ生産上의基礎가됨이니彼我가相待ᄒᆞ야文運이此에駸駸進步ᄒᆞ야殆히底止ᄒᆞᆯ바를知치못ᄒᆞᆯ바ㅣ라然이나又一方에在ᄒᆞ야人은自立自働의本質을有ᄒᆞᆷ을忘ᄒᆞᆷ이不可ᄒᆞᆫ바ㅣ니蓋人은人된眞正ᄒᆞᆫ價値ᄂᆞᆫ但自立的行動에在ᄒᆞᆫ故로若國家가箇人의働作을自己의働作에由ᄒᆞ야補助ᄒᆞ야箇人으로或은富者或은智者或은德者에向케ᄒᆞ고ᄌᆞᄒᆞᆯ진대畢竟國家ᄂᆞᆫ스ᄉᆞ로不能ᄒᆞ고且危險ᄒᆞᆫ責任을負擔ᄒᆞᆫ者ㅣ라謂치아니ᄒᆞᆷ을不得ᄒᆞᆯ지라然則國家ᄂᆞᆫ寧히箇人外部의安全又ᄂᆞᆫ內部의發生을妨치아니ᄒᆞ기로努力ᄒᆞᆷ이可ᄒᆞ니於是乎國家ᄂᆞᆫ箇人의生活을進步케ᄒᆞ기爲ᄒᆞ야時或積極的의規定을發ᄒᆞᄂᆞᆫ必要가生ᄒᆞᆷ이라(助長事務)然而其如何ᄒᆞᆫ境遇에在ᄒᆞ야國家ᄂᆞᆫ保護를與ᄒᆞᆯ가云ᄒᆞᆯ진대오ᄌᆞᆨ箇人의力으로不及ᄒᆞᆯ時又ᄂᆞᆫ箇人으로非常ᄒᆞᆫ障害가有ᄒᆞᆫ時에在

ᄒᆞᆯ뿐이니是即前述ᄒᆞᆫ箇人自立의原則으로브터推及ᄒᆞ야來ᄒᆞᆫ結果라然而其國家가保護ᄅᆞᆯ與ᄒᆞᆯ程度를正當히定ᄒᆞᆷ은即內務行政에在ᄒᆞ야最히困難ᄒᆞᆫ問題라

是와如히各箇人이發達ᄒᆞᆫ時ᄂᆞᆫ國家도亦發達ᄒᆞᆯ者ㅣ라ᄒᆞᆷ이可ᄒᆞᆫ故로此ᄅᆞᆯ直히箇人主義ᄅᆞᆯ主張ᄒᆞᆫ者ㅣ라誤解ᄒᆞᆷ은不可ᄒᆞᄂᆞ니盖國家ᄂᆞᆫ二箇의目的을有ᄒᆞᆫ者ㅣ라即國家自體의鞏固ᄅᆞᆯ維持ᄒᆞᆷ과及國家의力으로써箇人의力이不及ᄒᆞᄂᆞᆫ境遇에在ᄒᆞ야臣民의安寧을維持ᄒᆞ고幸福을增進케ᄒᆞᆷ이是라然而所謂內務行政은即後者에屬ᄒᆞᄂᆞᆫ者ㅣ니其目的은箇人을主眼으로ᄒᆞ고其國家에及ᄒᆞᄂᆞᆫ바ᄂᆞᆫ間接으로在ᄒᆞᆯ뿐이라然則前者와後者ᄂᆞᆫ其目的이絕對的相異ᄒᆞ다謂ᄒᆞᆷ이아니라但直接과間接의差異만有ᄒᆞᆯ뿐이오共히國家行政의作用됨에至ᄒᆞ야ᄂᆞᆫ即兩者가同一ᄒᆞᆫ者ㅣ라此에反ᄒᆞ야單히箇人의發達을期圖ᄒᆞᆷ으로써國家의目的이라論ᄒᆞᄂᆞᆫ學說은箇人主義ᄅᆞᆯ採ᄒᆞᄂᆞᆫ論者가恒常主張ᄒᆞᄂᆞᆫ바ㅣ니即箇人으로써其目的이라ᄒᆞᆷ에在ᄒᆞᆷ이라로에스레류氏와如ᄒᆞᆷ은此系統에依ᄒᆞ야「社會行政學」을著ᄒᆞ고人權、物權、營業權等의分類法을採ᄒᆞᆫ바ㅣ라

로에스레류氏는其著「獨逸行政法論」第一章에在ᄒᆞ야內務行政의意義를解ᄒᆞᆷ에社交的行政의義로써ᄒᆞᆫ지라蓋氏의見解에依ᄒᆞᆯ진대社交的行政法이라ᄒᆞᆷ은社會間에在ᄒᆞᆫ人類開化의關係及文明의發達을目的ᄒᆞᄂᆞᆫ行爲上의法規라謂ᄒᆞᆷ에在ᄒᆞᆷ이라然이나此意義ᄂᆞᆫ二樣의原因으로브터誤謬됨을不免ᄒᆞᆯ者ㅣ니即其一은行政이라ᄒᆞᆷ은國家의行爲로社會的行爲ᄂᆞᆫ見ᄒᆞᆷ을不得ᄒᆞᆯ者ㅣ오又其一은所謂社會的이라ᄒᆞᆷ은其意義가頗히廣汎ᄒᆞᆷ에失ᄒᆞᆯ虞가有ᄒᆞ니何者오是와如히此를廣義로解ᄒᆞᆯ時ᄂᆞᆫ內務行政이라ᄒᆞᆷ은寺院法은勿論이오司法上의大部分ᄭᆞ지此에屬치아니ᄒᆞᆷ이不可ᄒᆞᆫ바ㅣ라스다인氏도其著「行政法論」에在ᄒᆞ야社交的行政이란語를用ᄒᆞ얏스나로에스레류氏와如히此를社會間에發達된社交的의行爲라謂치아니ᄒᆞ고國家的行爲라謂ᄒᆞᆫ故로其意義가相異ᄒᆞᆫ비니要컨대內務行政이라ᄒᆞᆷ은臣民의利益을增進ᄒᆞ고安寧을維持ᄒᆞᆷ으로目的ᄒᆞᄂᆞᆫ國家의行政行爲라解ᄒᆞᆷ이大過가無ᄒᆞᆯ진져

內務行政으로써警察과同一ᄒᆞᆫ範圍라認ᄒᆞᄂᆞᆫ學說은今에旣히陳腐에屬ᄒᆞ고次에

警察은內務行政의一部라行政의目的으로써此를分홀者라云ᄒᆞᄂᆞᆫ學說은비로소소텐氏에由ᄒᆞ야唱ᄒᆞᆫ者ㅣ니其說에依홀時ᄂᆞᆫ警察이라홈은共同의利益을增進ᄒᆞ고危害를防禦홈에在ᄒᆞᆫ故로教育經濟等의行政에向ᄒᆞ야ᄂᆞᆫ警察은但其者를補助ᄒᆞ야働作홀ᄲᅮᆫ이라謂홈에在ᄒᆞᆫ지라然이나此說도亦內務行政等의關係를論홈에在ᄒᆞ야闕乏ᄒᆞᆫ바ㅣ有ᄒᆞ고次에ᄉᆡ륜지유리氏와如홈은警察은內務行政의一部分이아니오一手段이니即國家가强制權을用ᄒᆞᄂᆞᆫ境遇에在ᄒᆞ야警察이라謂ᄒᆞᆫ지라此說에就ᄒᆞ야ᄂᆞᆫ前에詳述홈으로써此를畧ᄒᆞ고終末에스다인氏ᄂᆞᆫ警察이라홈은內務行政中의特別ᄒᆞᆫ一部가아니오全體에通ᄒᆞᄂᆞᆫ一部라稱ᄒᆞ니此說은警察과內務行政等關係에就ᄒᆞ야最히其當然ᄒᆞᆫ者로信ᄒᆞ야余의定義도此說에基因ᄒᆞᆫ者ㅣ라

警察은其機關의組織으로謂홀時ᄂᆞᆫ官制上內務行政에屬ᄒᆞᆫ者와如ᄒᆞ니即日本明治二十六年十月의發布ᄒᆞᆫ內務省官制第一條에依ᄒᆞᆫ건대內務大臣은警察에關ᄒᆞᆫ事務를管理ᄒᆞ고警視總監、北海道廳長官及府縣知事를監督홈이라然而府縣의

警察事務ᄂᆞᆫ府縣知事의監督下에屬ᄒᆞ나此外形은아직警察의實質上의系統을示ᄒᆞ기足치못ᄒᆞᆷ으로此를知ᄒᆞᆷ은오즉其事務의如何ᄒᆞᆷ을見ᄒᆞᆷ에在ᄒᆞᆯ뿐이라前에警察의分類를論ᄒᆞᆷ에當ᄒᆞ야述ᄒᆞᆷ과如히高等、保安警察이라ᄒᆞᆷ은國家의安寧을目的ᄒᆞᄂᆞᆫ者로其性質上內務의系統에屬ᄒᆞᆯ者ㅣ라警視廳官制第七條를按ᄒᆞ건대警視總監은高等警察事務에就ᄒᆞ야內閣總理大臣及內務大臣의指揮監督을受ᄒᆞᆯ者ㅣ라ᄒᆞᆫ지라然而所謂各省主務에關ᄒᆞᆫ警察事務에就ᄒᆞ야ᄂᆞᆫ各省大臣의指揮監督을受ᄒᆞᆷ이라ᄒᆞᆷ은行政警察에就ᄒᆞ야此를主眼이라謂ᄒᆞᆷ이오內務大臣의掌ᄒᆞᆫ바ᄂᆞᆫ保安警察을指ᄒᆞ야此를主眼이라指ᄒᆞᄂᆞᆫ所以라

是와如히警察의職務ᄂᆞᆫ內務行政範圍內에在ᄒᆞᆷ으로써警察의機關도亦內務行政의一機關됨이原則이라然이나或學者曰警察은內務行政의一部가아니오國家行政全體에通ᄒᆞᄂᆞᆫ一部라云ᄒᆞ니其意가盖警視總監으로單히內務行政의機關됨에不過ᄒᆞᆫ者ㅣ라云ᄒᆞᆯ진대內閣総理大臣及各省大臣의指揮監督을受ᄒᆞᆯ理由가無ᄒᆞ고又東京以外의府縣에在ᄒᆞ야도單히內務大臣의指揮監督을受ᄒᆞᆷ에止치아니ᄒᆞ

고政府全體의命令을受홈은現行地方官制第六條에依ᄒᆞ야明白ᄒᆞ다謂홈에在ᄒᆞᆫ바ㅣ라然이나余의論究ᄒᆞᆫ結果에依ᄒᆞᆯ진대警視総監은假令各省大臣의指揮를受ᄒᆞᄂᆞᆫ事ㅣ有ᄒᆞ야도警察은內務行政範圍에屬홈이라謂ᄒᆞᄂᆞᆫ點에至ᄒᆞ야ᄂᆞᆫ何等의抵觸이無ᄒᆞᆫ바ㅣ니盖或學者의說은機關外形에依ᄒᆞ야論斷ᄒᆞᆫ者ㅣ니學說上警察은內務行政의一部라謂홈은是와如ᄒᆞᆫ見解가아니라

第十二章 警察과司法의關係

司法과警察은國家의安全과維持로써間接의目的을삼으나其機關의直接働作及直接의目的은私權의安固와社會의秩序幸福을完全케홈에在홈이라

司法과警察은國民의權利를保護홈으로目的ᄒᆞᄂᆞᆫ點에在ᄒᆞ야ᄂᆞᆫ相同ᄒᆞ나然이나更히司法과警察을區別ᄒᆞᄂᆞᆫ所以ᄂᆞᆫ國民의權利를保護ᄒᆞᄂᆞᆫ形式에在ᄒᆞ야相異홈에至ᄒᆞ니即司法은法則을適用홈에依ᄒᆞ야私權을保護ᄒᆞ고刑罰을裁斷홈으로써安寧을保護ᄒᆞᄂᆞᆫ者ㅣ로대此와反ᄒᆞ야警察은法令範圍內에在ᄒᆞ야公의秩序와利益을維持ᄒᆞᄂᆞᆫ者ㅣ오又司法에在ᄒᆞ야ᄂᆞᆫ法則에違ᄒᆞᆫ行爲를訴訟方法에依ᄒᆞ야審

査ᄒᆞ나然이나警察에在ᄒᆞ야ᄂᆞᆫ不然ᄒᆞ니此ᄅᆞᆯ要컨대司法에在ᄒᆞ야ᄂᆞᆫ法其者가最終目的이오警察과如히法을利用ᄒᆞ야他의目的을達ᄒᆞᆷ이아니니換言ᄒᆞ면法을適用ᄒᆞᆷ이卽司法이라此ᄅᆞᆯ要ᄒᆞ건대司法과警察의區別은其目的의差異에在치아니ᄒᆞ고目的을行ᄒᆞᆷ에就ᄒᆞ야原則上相異ᄒᆞᆫ바ㅣ有ᄒᆞᆷ에因ᄒᆞᆷ이라

上述ᄒᆞᆫ外에司法과警察의區別을論ᄒᆞᆯ진대左와如ᄒᆞ니

第一　司法은恒常旣히成立된權利의障害에關ᄒᆞᆫ者오警察과如히將來에發生ᄒᆞᄂᆞᆫ危險에ᄂᆞᆫ不關ᄒᆞᆫ바ㅣ라

第二　司法은確定된行爲ᄅᆞᆯ豫想ᄒᆞᄂᆞᆫ者오警察은推測的에出ᄒᆞᆫ者ㅣ라

第三　司法은確定된法規에依ᄒᆞ야決ᄒᆞᆷ이可ᄒᆞ고대警察은法規範圍內에在ᄒᆞ야便宜로適當ᄒᆞ다謂ᄒᆞᆷ으로써行ᄒᆞᆷ을得ᄒᆞᄂᆞᆫ바ㅣ라

此ᄅᆞᆯ要ᄒᆞ건대警察은法序의壞亂ᄒᆞᆯ虞가有ᄒᆞᆫ境遇에在ᄒᆞ야旣히存在ᄒᆞᆫ者ㅣ니警察의處分은公安上目的에適ᄒᆞᆫ者ㅣ라謂ᄒᆞᄂᆞᆫ事實에基因ᄒᆞᆷ으로써一般秩序에對ᄒᆞᆫ危險을基礎로ᄒᆞᄂᆞᆫ保安警察은其性質上刑法이라ᄒᆞᆷ은頗異ᄒᆞᆫ바ㅣ有ᄒᆞ다可謂

ᄒᆞᆯ지라
警察과司法의區別이此와如ᄒᆞ나學者或은司法警察로써箇人保安警察이라稱ᄒᆞ고或은執行警察이라稱ᄒᆞ나其謬見됨을免치못ᄒᆞᆷ은此에論究ᄒᆞᆯ必要가無ᄒᆞᄂᆞ니各國의法制上及日本法制에在ᄒᆞ야도此ᄅᆞᆯ認ᄒᆞᆷ은蓋法理上觀念에基因ᄒᆞᆫ者ㅣ아니오全히便宜上規定에出ᄒᆞᆫ者로記憶치아니ᄒᆞᆷ이不可ᄒᆞᆫ바ㅣ라

第十三章　警察과軍隊의關係

軍務行政은國家의生存으로써直接의目的을삼ᄂᆞᆫ者ㅣ니然而警察도亦國家에機關이라然이나其目的이主ᄒᆞ야安寧을維持ᄒᆞ고危險을除去ᄒᆞᆷ에在ᄒᆞᆷ은前述ᄒᆞᆷ과如ᄒᆞ니然則國家의滅亡을企圖ᄒᆞᄂᆞᆫ者에對ᄒᆞ야兵力을用ᄒᆞᆷ은軍務行政의當然ᄒᆞᆫ職掌이로대一時의政策을變更ᄒᆞ고又ᄂᆞᆫ一部의官權에抵抗케ᄒᆞᄂᆞᆫ者ㅣ有ᄒᆞᆫ時에當ᄒᆞ야此에對向ᄒᆞᆷ은即警察權의作用이니蓋均一히國家에關ᄒᆞᆫ事로대其目的이國家의生存에在치아니ᄒᆞ고國家의安寧에在ᄒᆞ니此境遇에在ᄒᆞ야ᄂᆞᆫ警察이軍隊의力을藉ᄒᆞᄂᆞᆫ事ㅣ有ᄒᆞ야도法律上軍隊ᄂᆞᆫ오쟉警察의補助機關으로働作ᄒᆞᆯ뿐인

故로軍隊가兵力을用ᄒᆞᄂᆞᆫ境遇ᄂᆞᆫ行政官廳의委任이有ᄒᆞᆫ境遇에限ᄒᆞᆯ者ㅣ라然則安寧秩序ᄅᆞᆯ維持ᄒᆞᆷ에當ᄒᆞ야ᄂᆞᆫ憲兵、警察官等의力으로到底히防禦ᄒᆞᆷ을不得ᄒᆞᆯ時ᄂᆞᆫ軍隊의力을藉치아니ᄒᆞᆷ이不可ᄒᆞᆷ은自然의數라假令一村이擧皆行政에命令을服從치아니ᄒᆞᄂᆞᆫ傾向이有ᄒᆞᆫ時ᄂᆞᆫ此에兵力을應用ᄒᆞ야鎭靜ᄒᆞᆷ을圖ᄒᆞᆯ지니盖國家行政權의作用은其權力을應用ᄒᆞᆷ에在ᄒᆞ야其極端의點에至ᄒᆞ기ᄭᆞ지達치아니ᄒᆞᆷ이不可ᄒᆞᆫ지라換言ᄒᆞ면警察은其最終의强迫手段에在ᄒᆞ야軍隊의力을藉ᄒᆞᆯ必要가有ᄒᆞᆫ바ㅣ라

日本에在ᄒᆞ야도此法理에基因ᄒᆞ야次의境遇에在ᄒᆞ야ᄂᆞᆫ軍隊가警察의補助機關됨을認ᄒᆞᆫ바ㅣ라

第一 非常急變의境遇、假令震災ᄅᆞᆯ爲ᄒᆞ야警察官의力이不及ᄒᆞᄂᆞᆫ時又ᄂᆞᆫ暴徒蜂起의境遇等이是라現行法에在ᄒᆞ야도知事ᄂᆞᆫ非常急變의境遇에臨ᄒᆞ야兵力을要ᄒᆞᆯ時ᄂᆞᆫ師團長又ᄂᆞᆫ旅團長에移牒ᄒᆞ야出兵을請ᄒᆞᆷ을得ᄒᆞᆯ지오尙且師團司令部條例에在ᄒᆞ야도次와如ᄒᆞᆫ規定이有ᄒᆞ니

地方長官이地方의靜謐을維持ᄒᆞ기爲ᄒᆞ야兵力을請求ᄒᆞᄂᆞᆫ時에事急ᄒᆞ면師團長은此에應홈을得홈地方長官의請求ᄅᆞᆯ待ᄒᆞᆯ暇隙이無ᄒᆞᆫ時ᄂᆞᆫ兵力으로써便宜處置홈을得홈이라ᄒᆞ고

又旅團司令部條例에도次와如ᄒᆞᆫ規定이有ᄒᆞ니騷擾變亂의事가有홈에際ᄒᆞ야地方長官으로兵力을請求ᄒᆞᄂᆞᆫ時에事急ᄒᆞ야指揮ᄅᆞᆯ請ᄒᆞᆯ暇隙이無ᄒᆞᆫ時ᄂᆞᆫ곳此에應ᄒᆞᆫ後師團長에게報告홈이可ᄒᆞ다規定ᄒᆞᆫ바ㅣ라

故로是等의境遇에在ᄒᆞ야軍隊의司令官으로行政廳의要求가有홈을不拘ᄒᆞ고無故히此ᄅᆞᆯ不肯ᄒᆞᆫ時ᄂᆞᆫ刑法第百七十七條에依ᄒᆞ야罰치아니홈이不可ᄒᆞ니蓋是와如ᄒᆞᆫ境遇에在ᄒᆞ야軍隊의力에依치아니ᄒᆞᆯ時ᄂᆞᆫ人民의生命財産은遂히保護치아니홈에至ᄒᆞᆯ바ㅣ라

第二警護ᄒᆞ기爲ᄒᆞ야兵備ᄅᆞᆯ要ᄒᆞᆯ境遇、假令外國使節이來朝홈에際ᄒᆞ야凶變의虞가有ᄒᆞᆯ가ᄒᆞ야豫히其變을防備홈과如ᄒᆞᆫ者ㅣ是라地方官制第九條에警護ᄒᆞ기爲ᄒᆞ야兵備ᄅᆞᆯ要홈이라云云ᄒᆞᆫ規定이有홈이라

第三戒嚴令施行의境遇、此에在ᄒᆞ야ᄂᆞᆫ合圍地境內에警察事務ᄂᆞᆫ其地司令官에게管掌權을委任ᄒᆞ고臨戰地境內에在ᄒᆞ야ᄂᆞᆫ警察行政中軍務에關係가有ᄒᆞᆫ事件을限ᄒᆞ야其地司令官에게管掌權을委任ᄒᆞᄂᆞᆫ者ㅣ라

警察學（完）

隆熙三年二月二十日 印刷
隆熙三年三月二十日 發行

不許複製

定價金五十錢

著作者 法學士 松井茂
繙譯者 內部書記官 趙聲九
發行者 中部許屛上隅第一家 朴承鑷
印刷者 中部鍾路鉢里洞第九統十戶 朴熙寬
發行所 中部許屛上隅 文華堂
印刷所 中部鍾路鉢里洞第九統十戶 大同廣智社

發賣元 皇城中部許屛上隅第一家 文華堂

頁	行	誤	正
九	七	土	刪去
二八	六	有	官
三〇	一	一	刪去
四二	一三	ᄒᆞ고	ᄒᆞᆯ
六九	四	條	刪去
一〇三	九	「放逐ᄒᆞᆷ을」下에	「不」字가脫落
一一四	一一	「演」下에	「藝」字가脫落
一一七	一二	動輒	重疊
一三〇	一三	이라ᄒᆞᆷ은	라ᄂᆞᆫ

○第貳號本文正誤

頁數	欄	行數	誤	正
四	下	十一	괄이라	말이라
八	下	十一	(관야)	(관아)
十一	上	四	감옥소	감옥소
十一	上	五	警視(ケイシ)	警務使(ケイムシ)
十二	下	十一	시래이관	시례이관
二十六	上	二	말얏녀니	말ᄒᆞ얏더니

李覺鍾 著

註解刑法全書

京城 光東書局 發行

153 『주해 형법전서』

155 『주해 형법전서』

序

刑法은國家權力의條件이오個人生命財産의保障이라人이誰가生命이無ᄒᆞ며誰가財産이無ᄒᆞ리오마ᄂᆞᆫ國家ㅣ權力으로써保障홈이아니면宇宙茫茫ᄒᆞᆫ오작修羅場일ᄲᅮᆫ이라然이ᄂᆞ吾人은刑法의支配下에셔死活ᄒᆞ며刑法의監護下에셔衣食ᄒᆞ며刑法의制限下에셔喜怒홈으로我ㅣ我의生命을有ᄒᆞ며我의財産을有ᄒᆞ야社會의福利ᄅᆞᆯ安享ᄒᆞᄂᆞ니刑法이吾人의生存에若是히必要홈은盖眞理의使然ᄒᆞᆫ者ㅣ로다

故로刑法은國家ㅣ明文으로此ᄅᆞᆯ規定ᄒᆞ고人民이此ᄅᆞᆯ知悉ᄒᆞ야써綱紀安寧을維持홈이盖古今의通義라然而我朝鮮에셔ᄂᆞᆫ從來로法은法官의獨知ᄒᆞᄂᆞᆫ者오人民은此ᄅᆞᆯ與知홀바ㅣ아니라誤信ᄒᆞ야因ᄒᆞ야如何ᄒᆞᆫ行爲가如何ᄒᆞᆫ犯罪에觸ᄒᆞᄂᆞᆫ與否와如何ᄒᆞᆫ行爲ᄂᆞᆫ國家ㅣ何故로此ᄅᆞᆯ罰ᄒᆞᄂᆞᆫ所以ᄅᆞᆯ不知ᄒᆞ며動作에標準을失ᄒᆞ고思想에邪正을迷ᄒᆞ야生存에最大要件의存在ᄅᆞᆯ沒却ᄒᆞᆫ故로小則官憲의手ᄅᆞᆯ煩勞히ᄒᆞ고大則罪禍에陷ᄒᆞ야無悔ᄒᆞ며危害ᄅᆞᆯ被ᄒᆞ야無救ᄒᆞᄂᆞ니其因襲之弊ᄂᆞᆫ實로可憫可怜ᄒᆞᆫ者多ᄒᆞ든바ㅣ라今에朝鮮刑事令實施의結果로刑事에關ᄒᆞᆫ日本의諸般法律이一時에適用됨에彼支離蔑裂ᄒᆞᆫ舊時의刑律狀態ᄂᆞᆫ一麾掃蕩되야玆에綱維가盡擧ᄒᆞ고規模가變改ᄒᆞᆫ지라於是乎朝鮮人士ᄂᆞᆫ大히此狀勢에刺激되야法令周知의要가隨處迸

起홈을見ᄒᆞ니此ㅣ또ᄒᆞᆫ理勢의自至ᄒᆞᆫ바ㅣ로다然이나人의行爲와物의狀態ᄂᆞᆫ千差萬別이니刑法은有限ᄒᆞᆫ條項으로써無限ᄒᆞᆫ狀態를網羅ᄒᆞᆫ故로文句의難解와意義의疑惑이有홈은實로不得已ᄒᆞᆫ者ㅣ라余ㅣ이에所鑑이有ᄒᆞ야現行刑事實體法의大綱에涉ᄒᆞ야逐條로難句疑義에對ᄒᆞᆫ解釋을付ᄒᆞ되諸家의學說及判決例等를參互ᄒᆞ고間間에己意를窃附ᄒᆞ야써是書를成ᄒᆞ니此誠目下의必要에應ᄒᆞ야讀法諸士로ᄒᆞ야곰刑法을容易了解ᄒᆞᄂᆞᆫ便을得케코ᄌᆞ홈이라

或曰刑法은國家ㅣ罪惡을懲罰ᄒᆞᄂᆞᆫ條件이니我ㅣᄉᆞᄉᆞ로言忠信行篤敬而已라엇지刑法了解를必要로ᄒᆞ리오ᄒᆞᄂᆞ니果然ᄒᆞ도다世人이皆言行을自重히ᄒᆞᆯ진ᄃᆡ國家도亦苦히刑法을存ᄒᆞᆯ必要가無ᄒᆞ리니今에國家ㅣ此를明定ᄒᆞ며人民이此를了解ᄒᆞ라홈도畢竟一民도刑法을不知ᄒᆞᄂᆞᆫ者ㅣ無ᄒᆞ며一人도刑法에誤觸ᄒᆞᄂᆞᆫ事ㅣ無코ᄌᆞ홈을目的홈이라然而刑은無刑을期ᄒᆞ나또ᄒᆞᆫ刑이無키不可홈은旣히世間의實情이라奈何오且余ㅣ是書를作爲홈도반ᄃᆞ시讀者로ᄒᆞ야곰刑法의奧意를通曉홈을望ᄒᆞᄂᆞᆫ者아니라爲先我朝鮮人도亦有條理ᄒᆞᆫ刑法에依ᄒᆞ야生命財産을安全히保障된國民됨을知悉케홈으로써足ᄒᆞ다ᄒᆞ노라

大正二年孟春

在紫霞洞玉蓮菴　著　者　識　홈

例言

一 本書ᄂᆞᆫ朝鮮刑事令及此에因ᄒᆞ야朝鮮에現行되ᄂᆞᆫ刑事上諸實體法을網羅ᄒᆞ야註釋ᄒᆞᆫ者ㅣ라故로刑事訴訟法等節次法은本書의範圍外로ᄒᆞᆷ이라

一 各章의初頭에該章에關ᄒᆞᆫ國家立法理由의簡單ᄒᆞᆫ說明을付ᄒᆞ야該章에對ᄒᆞᆫ法理의概念을得케ᄒᆞᆷ이라

一 各條文에就ᄒᆞ야ᄂᆞᆫ細項에至ᄒᆞ기ᄭᆞ지必其文字의意義와法律의精神을疏解ᄒᆞ야一條一項마다悉皆具體的理解ᄅᆞᆯ得케ᄒᆞᆷ이라

一 各章註說의終局에ᄂᆞᆫ又ᄂᆞᆫ各條項註說의末段에必相當ᄒᆞᆫ事例ᄅᆞᆯ擧ᄒᆞ며理論上問題等을揭ᄒᆞ야實際適用의方法處分等을了解케ᄒᆞᆷ과同時에益益히條文의意義ᄅᆞᆯ明確케ᄒᆞᆷ이라

一 各條項中에셔解釋上他條項又ᄂᆞᆫ他法令에涉ᄒᆞᆷ이有ᄒᆞᆫ者ᄂᆞᆫ參照의欄을設ᄒᆞ야必其參照ᄒᆞᆯ法條의要領及所在等을附記ᄒᆞ야理會、考索을周到케ᄒᆞᆷ이라

一 警察犯處罰規則等은原則으로此ᄅᆞᆯ刑事實體法의範圍에不入ᄒᆞᆷ이普通이로ᄃᆡ本書에셔ᄂᆞᆫ便宜로此ᄅᆞᆯ篇末에收ᄒᆞ야簡易ᄒᆞᆫ解釋을加ᄒᆞᆷ이라

註解刑法全書 目次

附　錄

(終)

註解刑法全書

●朝鮮刑事令 明治四十五年三月 制令第十一號

本令은朝鮮에在ᄒᆞᆫ刑事에關ᄒᆞᆫ一般法規니明治四十五年三月에制令第十一號로써頒布되야仝年四月一日로브터施行되ᄂᆞᆫ者라抑舊來朝鮮의刑事法規ᄂᆞᆫ區區히統一ᄒᆞᆷ이無ᄒᆞ야朝鮮人에만對ᄒᆞ야適用ᄒᆞᄂᆞᆫ舊韓國法規가有ᄒᆞ고內地人及外國人에對ᄒᆞ야適用ᄒᆞᄂᆞᆫ內地法規가有ᄒᆞ며又朝鮮人及內地人、外國人에對ᄒᆞ야適用ᄒᆞᄂᆞᆫ併合以後의新法規等이有ᄒᆞ야極히紛紜錯雜ᄒᆞ며且舊韓의刑法大仝은大體로明律을模倣ᄒᆞᆫ者인故로其主義及用語等이仝然히內地法規와其趣意를異히ᄒᆞ며內容이旣히陳腐ᄒᆞ야法規의適用에就ᄒᆞ야도實際不便이不少ᄒᆞᆷ으로써斷然히此를整理ᄒᆞ기爲ᄒᆞ야玆에本令의頒布를見ᄒᆞ니即刑事의實體法規에就ᄒᆞ야ᄂᆞᆫ仝部內地法規를引用ᄒᆞ게야되苟히朝鮮內에在ᄒᆞᆫ刑事々件은其朝鮮人되며內地人됨과將又外國人됨을不免ᄒᆞ고一般히此適用을受케ᄒᆞᄂᆞ니蓋刑事에關ᄒᆞ야ᄂᆞᆫ民事와如히朝鮮慣習의如何를論ᄒᆞᆯ必要가無ᄒᆞᆯᄲᅮᆫ아니라從來其刑罰ᄒᆞᄂᆞᆫ事項이殆히共通되ᄂᆞᆫ者ㅣ多ᄒᆞ며內地刑法은彼過重過嚴에失ᄒᆞᆫ刑法大仝보다其刑이稍輕ᄒᆞᆷ으로써朝鮮人에對ᄒᆞ야ᄂᆞᆫ目下狀態에適合ᄒᆞ기爲ᄒᆞ야些少ᄒᆞᆫ例外를設ᄒᆞᆫ外에ᄂᆞᆫ總히內地法規에依據케ᄒᆞ나何等不便이無ᄒᆞᆷ으로認ᄒᆞᆫ所以며、唯其刑事訴訟節次에就ᄒᆞ야ᄂᆞᆫ朝鮮實情에照ᄒᆞ야多少差異ᄒᆞᆫ條規를設定ᄒᆞ엿스니此刑事令은以上과如히內地刑事法規를引用ᄒᆞᄂᆞᆫ事項과及其節次上差異ᄒᆞᆫ事項等에就ᄒᆞ야規定ᄒᆞᆫ者ㅣ니라

第一條 刑事에關ᄒᆞᄂᆞᆫ事項은本令其他의法令에特別ᄒᆞᆫ規定이有ᄒᆞᆫ境遇를除ᄒᆞᆫ外에ᄂᆞᆫ左의法律에依ᄒᆞᆷ

一 刑法

二　刑法施行法
三　爆發物取締罰則
四　明治二十二年法律第三十四號(決鬪罪에關훈件)
五　通貨及證劵模造取締法
六　明治三十八年法律第六十六號(外國에서流通ᄒᆞᄂᆞᆫ貨幣、紙幣、銀行劵、証劵僞造、變造及模造에關훈件)
七　印紙犯罪處罰法
八　明治二十三年法律第百一號(有罪破産에關훈件)
九　海底電信線保護萬國聯合條約罰則
十　刑事訴訟法
十一　普通治罪法、陸軍治罪法、海軍治罪法、交涉件處分法
十二　外國裁判所의囑託에因ᄒᆞᄂᆞᆫ共助法

本條ᄂᆞᆫ內地法律引用에就ᄒᆞ야規定ᄒᆞ엿스니本令에서나又ᄂᆞᆫ他의法令에서特別히刑에關ᄒᆞ야規定홈이有훈者를除훈以外에ᄂᆞᆫ刑事ᄂᆞᆫ一般히前記十二種의法律을適用ᄒᆞ나니라

第二條　前條의法律中大審院의職務ᄂᆞᆫ高等法院、大審院長의職務ᄂᆞᆫ高等法院長、檢事總長의職務ᄂᆞᆫ高等法院檢事長、檢事長의職務ᄂᆞᆫ覆審法院檢事長、地方裁判所檢事及區裁判所檢事의職務ᄂᆞᆫ地方法院檢事가此를行홈

本條ᄂᆞᆫ內地와朝鮮이司法制度가不同훈自然의結果ㅣ니即內地法規中에서大審院云々이有훈者ᄂᆞᆫ朝鮮

에서는大審院에相當호高等法院으로써此에充當호며其下도亦倣此充當케호는者ㅣ니라

第三條 刑法第七十五條及七十六條並刑事訴訟法第二十八條第三項及第百三十條第一項의規定은此를王族에게準用홈

本條는朝鮮內王族에對호刑法上待遇를規定호者ㅣ라朝鮮王族은皇族과同히特殊호待遇를受호나니刑法에도此特別規定을設홈은當然호事ㅣ라故로王族에對호犯罪、王族에對호裁判權及王族을証人으로訊問호는境遇에對호야刑法及刑事訴訟法中皇族에對호規定을準用호게되나니本條에王族이라홈은即李王殿下、李太王殿下、李王世子殿下及其妃를指홈이니라

第四條 朝鮮總督府警務總長은司法警察官으로호야犯罪를搜査홈에對호야地方法院檢事와同一호職權을有홈

第五條 左에記載호官吏는檢事의補佐로호야其指揮를受호야司法警察官으로호야犯罪를搜査홈이可홈

一 朝鮮総督府警務部長

二 朝鮮總督府警視、警部

三 憲兵將校、准士官、下士

前項의司法警察官은檢事의職務上發호命令에從홈

右二個條는內地의例에倣호야警察官吏로호여곰檢事又는司法警察官의職務를行케호는規定이니此ㅣ刑事上檢察을行호기에必要호所以라然이나刑事訴訟法에서는右外에地方長官及島司、郡長、林務官市町村長等의規定이有호나朝鮮은實際事情이相異호者ㅣ有홈으로本條로써其範圍를限定호니라

第六條 裁判所는被告人이其裁判所의管轄區域內에在치아니ᄒᆞᆫ時는決定으로써事件을被告人의所在地를管轄ᄒᆞ는同等ᄒᆞᆫ裁判所에移送ᄒᆞᆷ을得ᄒᆞᆷ

本條는訴訟手續에就ᄒᆞ야刑事訴訟法보다簡便ᄒᆞᆫ方法을設ᄒᆞᆫ者ㅣ니刑事訴訟法에는犯罪地나又는被告人所在地의裁判所로써管轄裁判所로ᄒᆞ고數個의裁判所의管轄되는境遇에는其中에서最初에豫審이나又는公判에着手ᄒᆞᆫ裁判所로써其管轄로ᄒᆞ며一次事件을受理ᄒᆞᆫ以上은此를他에移送ᄒᆞᆷ을得지못ᄒᆞ나니被告人이其地에在치아니ᄒᆞ는境遇에는審理上의不便ᄒᆞᆷ이不少ᄒᆞᆷ으로써本令에는被告人이其裁判所의管轄區域內에在치아니ᄒᆞ는時는裁判所決定으로써事件을被告人의所在地를管轄ᄒᆞ는同等의裁判所에移送ᄒᆞᆷ을得ᄒᆞ게規定ᄒᆞᆫ者라

第七條 官吏、公吏의作ᄒᆞᆫ書類로써形式에瑕疵잇는것은當該官吏、公吏가此를補正ᄒᆞᆷ을得ᄒᆞᆷ

前項의補正을ᄒᆞᆫ때는其年月日、場所及補正의事項을附記ᄒᆞ야署名捺印ᄒᆞᆷ이可ᄒᆞᆷ

第八條 書類의送達에對ᄒᆞ야는本令에規定잇는것外에는朝鮮民事令을準用ᄒᆞᆷ

第九條 訴訟關係人으로브터期日에出頭ᄒᆞᆯ受書(納侤)를差出케ᄒᆞ거나又는口頭로써次回의出頭를命ᄒᆞᆫ때는召喚狀又는呼出狀을送達ᄒᆞᆫ것과同一ᄒᆞᆫ效力을生ᄒᆞᆷ但口頭로써出頭를命ᄒᆞᆫ境遇에서는其旨를調書又는公判始末書에記載ᄒᆞᆷ이可ᄒᆞᆷ

右三個條는訴訟手續上書類의作成、送達에關ᄒᆞᆫ方便을規定ᄒᆞᆫ者ㅣ니條文에依ᄒᆞ야意味가明瞭ᄒᆞ니라

第十條 刑事訴訟法에依ᄒᆞ야市町村長의立會를要ᄒᆞ는境遇에서는二人以上의相

當ᄒᆞᆫ立會人이有홈으로써足홈

刑事訴訟法에셔ᄂᆞᆫ書類送達其他境遇에市町村長의立會를要ᄒᆞᄂᆞᆫ事ㅣ有ᄒᆞ나朝鮮에셔ᄂᆞᆫ郡面洞의組織及地域의廣濶과村落의疎隔等內地와其事情이不同ᄒᆞᆫ者ㅣ有ᄒᆞᆫ故로特히本條로써此等境遇에ᄂᆞᆫ單히二人以上의相當ᄒᆞᆫ立會人이有홈으로써足ᄒᆞ다規定ᄒᆞ니라

第十一條　檢事又ᄂᆞᆫ司法警察官은刑事訴訟法第百四十六條又ᄂᆞᆫ第百四十七條의境遇에셔犯所에臨檢ᄒᆞᄂᆞᆫ必要업슴으로認ᄒᆞᆯ때ᄂᆞᆫ臨檢을ᄒᆞ지안코豫審判事에屬ᄒᆞᄂᆞᆫ處分을홈을得홈

刑事訴訟에셔ᄂᆞᆫ檢事及司法警察官은輕罪又ᄂᆞᆫ現行犯에事件이急速을要ᄒᆞᄂᆞᆫ時ᄂᆞᆫ豫審判事를不待ᄒᆞ고犯所에臨檢ᄒᆞᆫ後에豫審判事에屬ᄒᆞᄂᆞᆫ處分을爲홈을得ᄒᆞᄂᆞᆫ規定이有ᄒᆞ나其犯罪實地를旣히了知ᄒᆞᆫ時ᄂᆞᆫ臨檢치아니ᄒᆞ고도此處分을爲ᄒᆞᆯ必要가有홈으로本條의規定을設ᄒᆞ엿스니此ᄂᆞᆫ輕罪又ᄂᆞᆫ現行犯의急速을要ᄒᆞᄂᆞᆫ境遇에ᄂᆞᆫ處理의手續을一層敏速케ᄒᆞᄂᆞᆫ便益을爲홈이라

第十二條　檢事ᄂᆞᆫ現行犯이아닌事件이라도搜査의結果急速ᄒᆞᆫ處分을要ᄒᆞᆯ것으로思料ᄒᆞᄂᆞᆫ때ᄂᆞᆫ公訴提起前에限ᄒᆞ야令狀을發ᄒᆞ야檢證、搜索、物件差押을ᄒᆞ고被告人、證人을訊問ᄒᆞ거나又ᄂᆞᆫ鑑定을命홈을得홈但罰金、科料或은費用賠償의言渡를ᄒᆞ거나又ᄂᆞᆫ宣誓를ᄒᆞ게홈을不得홈

前項의規定에依ᄒᆞ야檢事의게許ᄒᆞᆫ職務ᄂᆞᆫ司法警察官도亦假로此를行홈을得홈但拘留狀을發홈을不得홈

第十三條　司法警察官이前條第二項의規定에依ᄒᆞ야被告人을訊問ᄒᆞᆫ後禁錮以上

의刑에該홀者로思料ᄒᆞᄂᆞᆫᄯᅢᄂᆞᆫ十四日을超치아니ᄒᆞᄂᆞᆫ期間此를留置홈을得홈
司法警察官은前項의留置期間內에證憑書類及意見書와共히被告人을管轄裁判所의檢事에게送致홈이可홈
前二項의規定은司法警察官이刑事訴訟法第百四十七條第一項의職務를行ᄒᆞᄂᆞᆫ境遇에此를準用홈

第十四條　前二條의境遇에對ᄒᆞ야ᄂᆞᆫ第一條의法律中豫審에關ᄒᆞᄂᆞᆫ規定을準用홈

第十五條　檢事가被告人을勾留ᄒᆞᆫ境遇에셔二十日內에起訴의手續을ᄒᆞ지아니ᄒᆞᄂᆞᆫᄯᅢᄂᆞᆫ此를釋放홈이可홈

刑事訴訟法第百四十六條第二項의規定은此를適用치아니홈

右四條ᄂᆞᆫ非現行犯에對ᄒᆞᆫ檢事、司法警察官의職權擴張에關ᄒᆞᆫ規定이니刑事訴訟法에셔ᄂᆞᆫ檢事、司法警察官은現行犯의境遇가아니면檢證、搜索、物件差押其他의强制處分을홈을得지못ᄒᆞ되朝鮮의現狀에在ᄒᆞ야ᄂᆞᆫ司法機關의設備가아즉完全치못홈으로非現行犯되ᄂᆞᆫ緣故로써檢事、司法警察官으로ᄒᆞ여곰絶對的으로强制處分을홈을不得케ᄒᆞᄂᆞᆫ時ᄂᆞᆫ犯人의倖免이多ᄒᆞ여此로因ᄒᆞ야治安을保持ᄒᆞ기不能ᄒᆞᆯ虞가有홈으로本令에ᄂᆞᆫ職權濫用의弊를防止홈에足ᄒᆞᆫ適當ᄒᆞᆫ制限을設ᄒᆞ야檢事、司法警察官으로ᄒᆞ야곰非現行犯에對ᄒᆞ야도强制處分을홈을得케ᄒᆞᄂᆞᆫ規定을設홈이라

第十六條　檢事가犯罪의搜査를終ᄒᆞ야有罪로思料ᄒᆞᄂᆞᆫᄯᅢᄂᆞᆫ公判을求홈이可홈但拘留又ᄂᆞᆫ科料에該ᄒᆞᄂᆞᆫ事件을除ᄒᆞᄂᆞᆫ外事件이繁雜ᄒᆞᆫᄯᅢᄂᆞᆫ豫審을求홈을得홈

本條ᄂᆞᆫ檢事의起訴에關ᄒᆞᆫ手續을規定ᄒᆞᆫ者니刑事訴訟法에셔ᄂᆞᆫ起訴ᄂᆞᆫ犯罪의種類와審級에因ᄒᆞ야手續

을細別ᄒᆞᆫ者ㅣ有ᄒᆞ나朝鮮에셔는特히檢事의職權을擴張ᄒᆞ야手續의簡捷을圖ᄒᆞᆯ必要를認ᄒᆞᆷ으로本條의規定을設ᄒᆞ야檢事의便宜處置에任ᄒᆞ니라

第十七條 裁判所又는豫審判事는必要로認ᄒᆞ는ᄯᅢ는司法警察官으로ᄒᆞ여곰檢證搜索、物件差押을ᄒᆞ게ᄒᆞ거나又는鑑定을命케ᄒᆞᆷ을得ᄒᆞᆷ此境遇에셔는第十二條第一項但書의規定을準用ᄒᆞᆷ

第十八條 裁判所는其所在地外의地方法院의判事에게檢證、搜索、物件差押을ᄒᆞ거나又는鑑定을命ᄒᆞᆷ을囑託ᄒᆞᆷ을得ᄒᆞᆷ

豫審判事는其裁判所所在地外의地方法院의判事에게鑑定을命ᄒᆞᆯ事를囑托ᄒᆞᆷ을得ᄒᆞᆷ

第十九條 受命判事又는受託判事는檢證의境遇에셔必要로認ᄒᆞᆯᄯᅢ는豫審判事에게屬ᄒᆞ는處分을ᄒᆞᆷ을得ᄒᆞᆷ

右三個條는檢證、搜索、差押、鑑定等處分에關ᄒᆞᆫ裁判所及豫審判事의職權을擴張ᄒᆞ야司法事務의簡捷을圖ᄒᆞ기爲ᄒᆞ는規定이니刑事訴訟法에셔는豫審判事는臨檢、搜索、物件差押을區裁判所判事에게囑託ᄒᆞ며證人訊問을區裁判所判事나又는豫審判事에게囑託ᄒᆞᆷ을得ᄒᆞ는規定이有ᄒᆞ되鑑定을命ᄒᆞᆷ을囑託ᄒᆞᆷ을得ᄒᆞ는規定이無ᄒᆞ며又裁判所에對ᄒᆞ야는證人訊問을區裁判所判事나又는豫審判事에囑託ᄒᆞᆷ을得ᄒᆞ는規定이有ᄒᆞᆯ뿐이오其他의處分을囑託ᄒᆞᆷ을得ᄒᆞ는規定이無ᄒᆞᆷ으로本令에는特히前數條를設ᄒᆞ야裁判所나又는豫審判事는司法警察官으로ᄒᆞ야곰檢證、搜査、物件差押을ᄒᆞ게ᄒᆞ며又는鑑定을命ᄒᆞ게ᄒᆞ고又裁判所나又는豫審判事로브터他의裁判所의判事에게此等의處分을囑託ᄒᆞᆷ을得ᄒᆞ게ᄒᆞᆷ이라

第二十條 裁判所ᄂᆞᆫ急速을要홈으로認홀ᄯᅢᄂᆞᆫ公判開廷前이라도檢事에게通知ᄒᆞ야搜索、物件差押을ᄒᆞ거나又ᄂᆞᆫ證人을訊問ᄒᆞ거나或은鑑定을命홈을得홈此境遇에셔ᄂᆞᆫ訴訟關係人의立會를不要홈

裁判所ᄂᆞᆫ其部員一名에게命ᄒᆞ야前項의處分을ᄒᆞ게홈을得홈

本條도亦急速을要ᄒᆞᄂᆞᆫ境遇에臨機處置로手續을簡捷케ᄒᆞ기爲ᄒᆞ야規定ᄒᆞᆫ者ㅣ니刑事訴訟法에셔ᄂᆞᆫ區裁判所의公判手續으로써豫審을經치아니ᄒᆞᆫ被告事件이急速을要ᄒᆞᄂᆞᆫ時ᄂᆞᆫ公判에着手前檢證處分을홈을得ᄒᆞ기로定ᄒᆞ얏스나搜索、物件差押에關ᄒᆞᆫ規定이無홈으로本令에ᄂᆞᆫ裁判所가急速을要홈으로認ᄒᆞᄂᆞᆫ時ᄂᆞᆫ公判開廷前이라도檢事에게通知ᄒᆞ야搜索、物件差押을ᄒᆞ거나又ᄂᆞᆫ證人을訊問ᄒᆞ며或은鑑定을命홈을得케ᄒᆞ야刑事訴訟法의規定과相待ᄒᆞ야實際에不便이無케홈을圖홈이라

第二十一條 刑事訴訟法第九十二條의規定은第十二條及前二條의境遇에此를準用홈

刑事訴訟法에셔ᄂᆞᆫ豫審判事의臨檢、搜索、差押、訊問等에關ᄒᆞ야調書及立會等詳細ᄒᆞᆫ手續을要ᄒᆞᄂᆞᆫ規定이有ᄒᆞ니本令에셔ᄂᆞᆫ第十二條、第十九條、第二十條와如히檢事、司法警察官受命受託判事도豫審判事의處分을代爲ᄒᆞᄂᆞᆫ故로써同法第九十二條ᄂᆞᆫ此等代爲의境遇에도適用홀事를規定ᄒᆞ니라

第二十二條 刑事訴訟法第百三十條第二項의規定은朝鮮總督에게此를準用홈

本條ᄂᆞᆫ刑事訴訟上朝鮮總督의待遇를規定ᄒᆞᆫ者ㅣ니刑事訴訟法에ᄂᆞᆫ大臣을證人으로ᄒᆞ야訊問ᄒᆞᄂᆞᆫ境遇에對ᄒᆞ야特別ᄒᆞᆫ規定이有홈으로서本條ᄂᆞᆫ其規定을朝鮮總督에準用ᄒᆞ게規定홈이라

第二十三條 通譯官又ᄂᆞᆫ通譯生을通事로ᄒᆞᄂᆞᆫ境遇에셔ᄂᆞᆫ宣誓를ᄒᆞ게홈을不要홈

刑事訴訟法에셔는普通의通事는彼鑑定人과如히通辯을爲홈에臨ᄒᆞ야其正確無違를保ᄒᆞ기爲ᄒᆞ야宣誓를要ᄒᆞ는規定이有ᄒᆞ나朝鮮에셔는通譯官、通譯生等裁判所의所屬官吏가有ᄒᆞᆫ故로此等職務行爲로써ᄒᆞ는者에對ᄒᆞ야別로宣誓를不要홈은當然ᄒᆞᆫ事ㅣ니라

第二十四條　刑事訴訟法第百七十九條의二第二項의規定에依ᄒᆞ야辯護人을選任홈이可ᄒᆞᆯ境遇에셔는辯護士가아닌者로써此에充홈을得홈

刑事訴訟法에셔는裁判所가檢事의申請에因ᄒᆞ거나又는職權으로써辯護人을附ᄒᆞ는境遇에는裁判長의職權으로써其裁判所의所屬辯護士로브터選任ᄒᆞ게되엿스나本令에는朝鮮의事情에鑑ᄒᆞ야辯護士가아닌者彼訴訟代理人과如ᄒᆞᆫ者로도此에充홈을許홈이라

第二十五條　刑事訴訟法第二百三十七條、第二百四十一條第二百六十四條及第二百七十六條의規定은此를適用치아니홈

刑事訴訟法에셔는辯護人의選任을要ᄒᆞ는境遇가不少ᄒᆞ며且起訴手續의區別에從ᄒᆞ야事件의回送을重複ᄒᆞ는境遇가有ᄒᆞ나本令에는第二十六條와如히起訴의手續을簡便히ᄒᆞ며且實情에照ᄒᆞ야不得已ᄒᆞᆫ境書가아니면辯護人을選任ᄒᆞ기難홈으로써本條로써此에關ᄒᆞᆫ刑事訴訟法의條規는準用치아니ᄒᆞᆯ事를規定ᄒᆞ니라

第二十六條　一年以下의懲役禁錮又는三百圓以上의罰金을言渡ᄒᆞᆫ第一審의判決에對ᄒᆞ야는證據에關ᄒᆞᆫ理由를省畧홈을得홈

前項의境遇에셔控訴의申立이잇슨ᄯᅢ는判決裁判所는理由書를作成ᄒᆞ야此를控訴裁判所에送付홈이可홈

刑事訴訟法에서ᄂᆞᆫ刑의宣告를ᄒᆞᄂᆞᆫ判決에ᄂᆞᆫ總히罪가될만ᄒᆞᆫ事實을明示ᄒᆞᄂᆞᆫ外에證據에依ᄒᆞ야其事實을認定ᄒᆞᆫ理由를明示ᄒᆞ게되얏스나本令에ᄂᆞᆫ事務取扱의便宜를圖ᄒᆞ기爲ᄒᆞ야輕微ᄒᆞᆫ刑을宣告ᄒᆞᄂᆞᆫ第一審의判決에限ᄒᆞ야證據에關ᄒᆞᆫ理由를省畧ᄒᆞᆷ을得ᄒᆞ되其判決에對ᄒᆞ야控訴의申請이有ᄒᆞᆫ時ᄂᆞᆫ判決裁判所ᄂᆞᆫ理由를作成ᄒᆞ야此를控訴裁判所에送付ᄒᆞ게ᄒᆞᆷ이라

第二十七條　刑事訴訟法第二百四十五條의規定은故障의申立及再審의訴에此를準用ᄒᆞᆷ

刑事訴訟法에서ᄂᆞᆫ拘留를受ᄒᆞᆫ被告人이上訴를爲ᄒᆞᆷ에限ᄒᆞ야其申立書를監獄署長에게差出ᄒᆞ야裁判所에送致케ᄒᆞᆷ을許ᄒᆞᄂᆞᆫ規定이로되朝鮮에서ᄂᆞᆫ實情에照ᄒᆞ야故障申立及再審의訴에도亦此를許ᄒᆞ야拘留者로ᄒᆞ야곰充分히其權利를保障ᄒᆞᆷ을得케ᄒᆞᆯ必要가有ᄒᆞᆷ으로써特히本條를設ᄒᆞ니라

第二十八條　辯護人은上訴를ᄒᆞᆷ을不得ᄒᆞᆷ

刑事訴訟法에서ᄂᆞᆫ辯護人은被告人을代ᄒᆞ야上訴를ᄒᆞᆷ을許ᄒᆞ되本令에서ᄂᆞᆫ被告人이스ᄉᆞ로上訴를ᄒᆞᆷ을得ᄒᆞᆷ으로因ᄒᆞ야辯護人의名義로써上訴를ᄒᆞᆷ을不許ᄒᆞ얏스나此로因ᄒᆞ야被告人의利益을損ᄒᆞᆯ憂慮가無ᄒᆞᆫ故로本令에ᄂᆞᆫ辯護人의上訴를不許ᄒᆞ게됨이라

第二十九條　故障의申立又ᄂᆞᆫ上訴를ᄒᆞᆷ을可得ᄒᆞᆯ者ᄂᆞᆫ其權利를抛棄ᄒᆞᆷ을得ᄒᆞᆷ

第三十條　故障의申立을ᄒᆞᆫ者ᄂᆞᆫ其事件에對ᄒᆞ야判決잇기ᄭᆞ지何時라도此를取下ᄒᆞᆷ을得ᄒᆞᆷ此境遇에서ᄂᆞᆫ前에ᄒᆞᆫ闕席判決은確定의効力을生ᄒᆞᆷ

檢事ᄂᆞᆫ上訴를取下ᄒᆞᆷ을得ᄒᆞᆷ

右二個條ᄂᆞᆫ故障及上訴權抛棄에關ᄒᆞᆫ規定이니刑事訴訟法에서ᄂᆞᆫ檢事를除ᄒᆞᆫ外에上訴를ᄒᆞᆫ者ᄂᆞᆫ其判決

이有ᄒᆞ기ᄭᆞ지其上訴를取下ᄒᆞᆷ을得ᄒᆞ기로定ᄒᆞ얏스나故障及上訴提起權의抛棄에關ᄒᆞᆫ規定이無ᄒᆞᆫ故로故障이나又ᄂᆞᆫ上訴를ᄒᆞᆯ意가無ᄒᆞᆫ境遇라도其期間이經過ᄒᆞ기ᄭᆞ지ᄂᆞᆫ判決이確定치못ᄒᆞ니此로因ᄒᆞ야被告人에게도不便ᄒᆞᆷ이有ᄒᆞᆷ으로本令에ᄂᆞᆫ故障이나上訴를ᄒᆞᄂᆞᆫ權利를抛棄ᄒᆞᆷ을得ᄒᆞᆷ으로定ᄒᆞ고又故障의取下、其效果及檢事의上訴取下에關ᄒᆞᆫ規定을設ᄒᆞᆷ이라

第三十一條 上告를ᄒᆞᆷ에ᄂᆞᆫ其申立書를原裁判所에差出ᄒᆞ고且其申立을ᄒᆞᆫ日로부터五日內에趣意書를差出ᄒᆞᆷ이可ᄒᆞᆷ

原裁判所가申立書及趣意書를受取ᄒᆞᆫᄯᆡᄂᆞᆫ速히相手方에게上告의申立이잇슨事를通知ᄒᆞ고且同時에趣意書의謄本을送達ᄒᆞᆷ이可ᄒᆞᆷ

第三十二條 刑事訴訟法第二百八十一條第一項의答辯書ᄂᆞᆫ此를原裁判所에差出ᄒᆞᆷ이可ᄒᆞᆷ

原裁判所가答辯書를受取ᄒᆞᆫᄯᆡᄂᆞᆫ速히其謄本을上告申立人에게送達ᄒᆞᆷ이可ᄒᆞᆷ

第三十三條 上告申立人이期間內에趣意書를差出치아니ᄒᆞᄂᆞᆫᄯᆡᄂᆞᆫ其上告의申立에對ᄒᆞ야ᄂᆞᆫ刑事訴訟法第二百七十四條의規定을準用ᄒᆞᆷ

第三十四條 上告申立人은趣意書를差出ᄒᆞᆷ이可ᄒᆞᆯ期間을經過ᄒᆞᆫ後十四日內에追加趣意書를上告裁判所에差出ᄒᆞᆷ을得ᄒᆞᆷ

刑事訴訟法第二百八十條及第二百八十一條의規定은前項의境遇에此를準用ᄒᆞᆷ

第三十五條 上告의相手方은上告申立期間의經過後追加趣意書를差出ᄒᆞᆷ을可得

홀期間의滿了前에限ᄒᆞ야附帶上告를홈을得홈

附帶上告는其趣意書를原裁判所에差出홈에依ᄒᆞ야此를홈

附帶上告에對ᄒᆞ야는前條의規定을適用치아니홈

第三十六條 趣意書、追加趣意書又는答辯書에는相手方의數에應ᄒᆞ는謄本을添附홈이可홈

第三十七條 上告裁判所는追加趣意書를差出홈을可得홀期間滿了後의日時로써公判期日을定ᄒᆞ야遲ᄒᆞ야도開廷으로브터三日前에此를訴訟關係人에게通知홈이可홈

右七個條는上告의手續에關ᄒᆞ야司法事務의簡捷을圖ᄒᆞ기爲ᄒᆞ야刑事訴訟法에對ᄒᆞ야變更又는補充을加ᄒᆞᆫ者니條文에依ᄒᆞ야意味가明瞭ᄒᆞ니라

第三十八條 差押物件의還付를홈이可홀境遇에서所有者의所在不明홈을爲ᄒᆞ거나又는其他의事由에依ᄒᆞ야還付를ᄒᆞ기不能ᄒᆞᆫᄯᅢ는檢事는公示에依ᄒᆞ야還付의請求를홈이可홀旨를催告홈이可홈公示의日로브터六月內에其請求업는ᄯᅢ는物件은國庫에歸屬홈

前項의境遇에서保管에不便ᄒᆞᆫ物件은此를公賣ᄒᆞ야其代金을保管홈을得홈

本條는差押物件의處分方法에關ᄒᆞ야刑事訴訟法의規定에對ᄒᆞ야變更을加홈에不過ᄒᆞ니條文에依ᄒᆞ야意味가亦明ᄒᆞ니라

第三十九條　朝鮮民事令第三條、第四條、第六條、第十六條乃至第十八條及第三十二條의規定은刑事에此를準用홈但第三條、第四條、第六條、第十六條及第十八條中第一條라홈은本令第一條에該當홈

刑事는訴訟手續及裁判形式等民事와互相共通되난者ㅣ多홈으로써本條로써準用規定을設ᄒᆞ니라

附　則

第四十條　本令은明治四十五年四月一日로브터此를施行홈

第四十一條　左의法令은此를廢止홈

一　刑法大全

二　鐵道事項犯罪人處斷例

三　刑事裁判費用規則

刑法大全第四百七十三條、第四百七十七條、第四百七十八條、第四百九十八條第一號、第五百十六條、第五百三十六條及第五百九十三條의罪並其未遂犯에關ᄒᆞᄂᆞᆫ規定은當分間은本令施行前과同一ᄒᆞᆫ效力을有홈但減等에對ᄒᆞ야ᄂᆞᆫ刑法第六十八條의例에依홈

刑法大全第二條의規定은前項의規定의適用에對ᄒᆞ야仍ᄒᆞ其效力을有홈

本條ᄂᆞᆫ本令施行에因ᄒᆞ야從來의法令中廢止될者를明示ᄒᆞᆫ者ㅣ라抑本令에ᄂᆞᆫ朝鮮人과內地人을區別치아니ᄒᆞ고同一ᄒᆞᆫ法規로써此를處分홈으로主義를作ᄒᆞ야二者間의差異가無케홈을期ᄒᆞ나內地와朝鮮과

는아죽多少其事情이相異ᄒᆞᆫ바有ᄒᆞ야就中朝鮮에在ᄒᆞᆫ殺人罪、强盜罪는其犯狀이極히兇惡홈이不少ᄒᆞ며此에對ᄒᆞᆫ新舊兩法도其刑의輕重이亦懸殊ᄒᆞ니刑法의規定에依ᄒᆞ야此를處罰ᄒᆞ야는治安의保持를完全히ᄒᆞ기不能ᄒᆞᆫ慮가有홈으로써不得已ᄒᆞ야右二個의犯罪에限ᄒᆞ야朝鮮人에對ᄒᆞ야는現今間刑法大全의效力을有ᄒᆞ게홈이라(下見刑法大全註說)以下數條는舊刑法大全有效條項及刑法條項의差異에就ᄒᆞᆫ整理事項과及本令施行前에關ᄒᆞᆫ事件의本令施行의際에當ᄒᆞᆫ處置方法等을規定ᄒᆞᆫ者ㅣ니別로解說을不要ᄒᆞᆯ지라

第四十二條　本令施行後仍히效力을有ᄒᆞ는舊韓國法規의刑은左의例에從ᄒᆞ야本令의刑名으로變更홈但刑의期間又는金額은此限에不在홈

舊韓國法規의刑	本令의刑
死刑	死刑
終身役刑	無期懲役
終身流刑	無期禁錮
十五年以下의役刑	有期懲役
十五年以下의流刑又는禁獄	有期禁錮
罰金	罰金
拘留	拘留
科料	科料
沒入	沒收

笞刑 二十日以下의拘留又는科料

第四十三條 本令施行前舊韓國法規의刑에被處亨者는前條의例에照亨야此를本令의被處亨者로看做홈

前項의境過에서는笞刑에被處亨者에게對亨야는笞五로써拘留一日로換算홈

第四十四條 舊韓國法規에依亨야許亨假放은此를假出獄으로看做홈

第四十五條 本令施行前에罪를犯亨야아즉確定判決을經치아니亨는者에게對亨야는本令에依亨야此를處斷홈

第四十六條 本令施行前旣히亨上告는從前의手續에依亨야此를完結홈

第四十七條 朝鮮民事令第七十九條及第八十二條의規定은刑事에此를準用홈

刑法 〔明治四十年四月法律第四十五號 明治四十一年勅令第百六十三號로써同年十月一日브터施行〕〔明治四十五年三月朝鮮刑事令第一條에依亨야朝鮮에施行됨〕

第一編 總則

刑法은全體를二編에分亨야第一에總則、第二에罪로亨니本編總則은即刑法全體에通亨는事項에就亨야適用亨規定이라其適用亨는範圍가甚廣亨야苟히他에特別亨規定이無亨以上은本刑法全體와其他各法令의罰則規定에貫通亨야適用亨는基本法則이니라

第一章 法例

此章은總則中에서도特히刑事一般에涉亨는通則이니即本刑法을適用亨는方法을規定亨者ㅣ니라

第一條 本法은何人을不問亨고帝國內에서罪를犯亨者에게此를適用홈

帝國外에在흔帝國船舶內에서罪를犯흔者에就ᄒ야도亦同흠

本條ᄂ此刑法을施行흘地域을規定흔者ㅣ라

第一項 苟히日本帝國의領地內에서罪를犯흔時ᄂ其人의內國人됨과外國人됨을不分ᄒ며又尊卑貴賤男女老少等如何흔人이든지不拘ᄒ고皆此刑法을適用ᄒ야處斷ᄒᄂ니라、玆에帝國領地라흠은國內ᄂ無論이어니와帝國領土의陸岸으로부터砲彈이達흘만흔近海面(約三里)도亦領地에屬ᄒ며又帝國軍艦은何地에在ᄒ던지恒常帝國法律의適用을受ᄒᄂ니故로此도亦帝國領地의一部分됨과無異ᄒ니라、然이나비록此等處所에서犯罪ᄒ엿슬지라도國家의元首卽內外國의君主、大統領과帝國議會開會中에在흔議員과外國의領事、公使等及軍人은此法의適用을不受ᄒᄂ니라

第二項 帝國領地以外에서라도帝國船舶內에서罪를犯흔者에ᄂ亦此刑法을適用ᄒᄂ니例如日本郵船會社의船舶을乘ᄒ고歐洲에渡航ᄒᄂ者ㅣ航海中에其船舶內에서人을殺傷ᄒ거ᄂ竊盜를爲흔時ᄂ日本刑法에依ᄒ야處斷흘지니라、玆에帝國船舶이라稱흠은日本帝國에船籍을有흔者를云흠이니船舶法第一條에依ᄒ건ᄃ

1、日本官廳又ᄂ公署의所有에屬흔船舶
2、日本臣民의所有에屬흔船舶
3、日本에本店을有흔商事會社로合名會社에在ᄒ야ᄂ社員의全員、合資及株式會社에在ᄒ야ᄂ無限責任社員全員이日本臣民되ᄂ者의所有에屬흔船舶
4、日本에主된事務所를有흔法人으로其代表者의全員이日本臣民되ᄂ者의所有에屬흔船舶

是等은皆日本帝國의船舶이라稱흘者ㅣ니라

第二條 本法은何人을不問ᄒ고帝國外에서左에記載흔罪를犯흔者에게此를適用

홈

一、第七十三條乃至第七十六條의罪
二、第七十七條乃至第七十九條의罪
三、第八十一條乃至第八十九條의罪
四、第百四十八條의罪及其未遂罪
五、第百五十四條、第百五十五條、第百五十七條及第百五十八條의罪
六、第百六十二條乃至第百六十三條의罪
七、第百六十四條乃至第百六十六條의罪及第百六十四條第二項第百六十五條第二項、第百六十六條第二項의未遂罪

如何훈人이든지日本帝國領地外에셔라도前記各罪를犯훈者눈亦此刑法을依후야處斷후느니本條第一號乃至第七號의詳細훈說明은以下各其條下에셔述후려니와此等犯罪눈重히帝國皇室에對훈罪、公務所、公務員及御璽國璽에關훈罪、貨幣、有價証券의僞造變造等에關훈罪로其關係가頗히重大후야帝國의秩序에延及후눈者임으로비록海外에셔犯후엿슬지라도其內外國人됨을不問후고必此刑法에依후야處斷후눈所以니라

第三條　本法은帝國外에셔左에記載훈罪를犯훈帝國臣民에게此를適用홈
一、第百八條、第百九條第一項의罪와第百八條、第百九條第一項의例에依후야處斷훌罪及是等罪의未遂罪

二、第百十九條의罪
三、第百五十九條乃至第百六十一條의罪
四、第百六十七條의罪及同條第二項의未遂罪
五、第百七十六條乃至第百七十九條第百八十一條及第百八十四條의罪
六、第百九十九條第二百條의罪及其未遂罪
七、第二百四條及第二百五條의罪
八、第二百十四條乃至第二百十六條의罪
九、第二百十八條의罪及同條의罪를犯ᄒᆞ야因ᄒᆞ야人을死傷에致ᄒᆞᆫ罪
十、第二百二十條及第二百二十一條의罪
十一、第二百二十四條及第二百二十八條의罪
十二、第二百三十條의罪
十三、第二百三十五條、第二百三十六條、第二百三十八條乃至第二百四十一條及第二百四十三條의罪
十四、第二百四十六條乃至第二百五十條의罪
十五、第二百五十三條의罪
十六、第二百五十六條第二項의罪

帝國外에셔帝國臣民에對ᄒᆞ야前項의罪를犯ᄒᆞᆫ外國人에就ᄒᆞ야도亦同홈

本條ᄂᆞᆫ帝國領地以外에셔라도帝國臣民이犯ᄒᆞᆫ某罪及外國人이帝國臣民에對ᄒᆞ야某罪를犯ᄒᆞᆫ境遇에도亦共히此刑法에依ᄒᆞ야處斷ᄒᆞᄂᆞᆫ規定이라

第一項 自國臣民이라도一次外國에出在ᄒᆞ야ᄂᆞᆫ其所在外國의法에服從홈이現今各國互相間의通例로ᄃᆡ特히本條에列擧ᄒᆞᆫ犯罪卽生命、身體、自由、財產又ᄂᆞᆫ信用에關ᄒᆞᆫ罪ᄂᆞᆫ直接自國의秩序에關係홈으로써自國臣民이비록外國에셔犯ᄒᆞ엿슬지라도亦此刑法에依ᄒᆞ야處斷ᄒᆞᄂᆞ니其各罪의詳細ᄂᆞᆫ以下當該條下에셔說홀지라

第二項 前項에列擧ᄒᆞᆫ罪ᄂᆞᆫ비록外國人이라도外國에셔帝國臣民에對ᄒᆞ야犯ᄒᆞᆫ境遇에ᄂᆞᆫ此刑法을適用ᄒᆞ야써帝國의秩序를保護ᄒᆞᄂᆞ니例如露國에셔露國人이나又ᄂᆞᆫ英國人이日本人을殺害ᄒᆞᆫ時ᄂᆞᆫ其犯人은此日本刑法에依ᄒᆞ야處罰ᄒᆞᄂᆞ니라

第四條 本法은帝國外에셔左에記載ᄒᆞᆫ罪를犯ᄒᆞᆫ帝國의公務員에게此를適用홈

一、第百一條의罪及其未遂罪

二、第百五十六條의罪

三、第百九十三條、第百九十五條第二項、第百九十七條의罪及第百九十五條第二項의罪를犯ᄒᆞ야因ᄒᆞ야人을死傷에致ᄒᆞᆫ罪

本條ᄂᆞᆫ日本帝國의公務員卽大使、公使、領事、貿易事務官及其所屬官員等總히帝國政府에任用되야外國에셔職務에從事ᄒᆞᄂᆞᆫ者等이外國에在ᄒᆞ야其職務上에關ᄒᆞᆫ罪를犯ᄒᆞᆫ境遇에亦此刑法을適用ᄒᆞᄂᆞᆫ規定이니右列記ᄒᆞᆫ各號의罪ᄂᆞᆫ各其條下에셔詳論홀지라

第五條 外國에셔確定裁判을受ᄒᆞᆫ者ㅣ라도同一行爲에就ᄒᆞ야更히處罰ᄒᆞᆷ을不妨ᄒᆞᆷ但犯人이旣히外國에셔言渡된刑의全部又ᄂᆞᆫ一部의執行을受ᄒᆞᆫ時ᄂᆞᆫ刑의執行을輕減又ᄂᆞᆫ免除ᄒᆞᆷ을得ᄒᆞᆷ

帝國臣民이外國에셔本刑法適用을受ᄒᆞᆯ罪를犯ᄒᆞ야其外國이先히此를處斷ᄒᆞ야確定裁判을經ᄒᆞ엿슬지라도本國에셔更히此를本刑法에依ᄒᆞ야處罰ᄒᆞᆷ이無妨ᄒᆞᆫ事를規定ᄒᆞᆷ이라然이나犯人이外國에셔言渡된刑을旣히全部執行을終了ᄒᆞ엿거나又ᄂᆞᆫ一部執行을受ᄒᆞᆫ者된時ᄂᆞᆫ本國에셔處斷ᄒᆞᆯ時에裁判所ᄂᆞᆫ其刑의執行을多少輕減ᄒᆞ거나又ᄂᆞᆫ全히免除ᄒᆞᄂᆞᆫ事를得ᄒᆞᆯ지니라

第六條 犯罪後에法律에因ᄒᆞ야刑의變更이有ᄒᆞᆫ時ᄂᆞᆫ其輕ᄒᆞᆫ者를適用ᄒᆞᆷ

犯罪後判決이確定되지아니ᄒᆞᆫ間에法律이改正된結果로刑에變更이有ᄒᆞᆯ時ᄂᆞᆫ其新舊法律中刑의輕ᄒᆞᆫ者를適用ᄒᆞᄂᆞᆫ規定이니故로假令昨年에雅片吸用罪를犯ᄒᆞ야今年十月에判決이確定된者ㅣ犯罪當時의刑은役五年이오其後二月에役三年으로改正되얏다가七月에役四年으로更히改正되얏스면其刑의輕ᄒᆞᆫ者를適用ᄒᆞᄂᆞᆫ故로卽三年의役에處ᄒᆞᆯ지니라

第七條 本法에셔公務員이라稱ᄒᆞᆷ은官吏、公吏、法令에依ᄒᆞ야公務에從事ᄒᆞᄂᆞᆫ議員、委員、其他職員을謂ᄒᆞᆷ

公務所라稱ᄒᆞᆷ은公務員의職務를行ᄒᆞᄂᆞᆫ處所를謂ᄒᆞᆷ

本條ᄂᆞᆫ此刑法中에用ᄒᆞᆫ公務員及公務所의定義를規定ᄒᆞᆫ者ㅣ니公務員이라ᄒᆞᆷ은官吏로爲始ᄒᆞ야公選에依ᄒᆞ야公務에從事ᄒᆞᄂᆞᆫ者卽巡査、公立學校、圖書館等諸機關의職員、市町村長、及其所屬吏員과法律命令에依ᄒᆞ야公務에從事ᄒᆞᄂᆞᆫ議員例如帝國議會、府縣會、郡會、市町村會、等의議員、及地方水

利土功組合委員等과 朝鮮의面洞長、道府郡參事等과 如ᄒᆞᆫ者ㅣ요公務所라 홈은右等의職務를行ᄒᆞᄂᆞᆫ處所卽內閣、各省、官公署、役場等을云홈이니라

第八條 本法總則은他法令에셔刑을定ᄒᆞᆫ者에亦此를適用홈但其法令에特別規定이有ᄒᆞᆫ時ᄂᆞᆫ此限에不在홈

本法의總則卽第一編의各個條ᄂᆞᆫ此刑法全體에適ᄒᆞᄂᆞᆫ基本法規됨과同時에此法以外에他法令에셔刑을定ᄒᆞᆫ者에도亦此를適用ᄒᆞ야一切刑事諸法令의通則되ᄂᆞᆫ性質을有ᄒᆞ니라然이나其法律又ᄂᆞᆫ命令에셔特히本法總則을適用치아니홀事를規定ᄒᆞᆫ者ㅣ有ᄒᆞᆫ時ᄂᆞᆫ此總則에不依홀지오不然ᄒᆞ면當然히此總則의個條에依ᄒᆞᄂᆞ니此條에他法令이라홈은卽本刑法以外에刑의規定이有ᄒᆞᆫ法律命令等을云홈이니例如酒造稅法、保安法、警察犯處罰規則과 如ᄒᆞᆫ者ㅣ며又酒造稅法과如ᄒᆞᆫ者ᄂᆞᆫ其刑에就ᄒᆞ야特히本刑法總則을適用치아니홈을規定ᄒᆞᆫ故로其違反者ᄂᆞᆫ此總則을不依홀지니라

第二章 刑

此章은本法에規定ᄒᆞᆫ바刑이라홈은如斯ᄒᆞᆫ者ㅣ라ᄒᆞ야此를網羅規定ᄒᆞ엿스니本章에規定ᄒᆞᆫ者ᄂᆞᆫ如何ᄒᆞᆫ法令에셔規定ᄒᆞᆫ刑이든지此外에出ᄒᆞᄂᆞᆫ者ㅣ無ᄒᆞ니라然이나朝鮮에셔ᄂᆞᆫ朝鮮人에限ᄒᆞ야朝鮮笞刑令(明治四十五年三月朝鮮總督府令第三十二號)에依ᄒᆞ야三月以下의懲役又ᄂᆞᆫ拘留에處홀者와或은百圓以下의罰金又ᄂᆞᆫ科料에處홀者ㅣ定住와資力이無ᄒᆞᆫ時ᄂᆞᆫ其情狀에依ᄒᆞ야笞刑에處홈을得ᄒᆞᄂᆞᆫ事ㅣ有ᄒᆞ니라

抑刑은國家가犯罪人에게加ᄒᆞᄂᆞᆫ苦痛이니其目的ᄒᆞᄂᆞᆫ바ᄂᆞᆫ國家의安寧秩序를維持ᄒᆞ기爲홈이라故로刑은此目的을達ᄒᆞ면足ᄒᆞᄂᆞ니彼往昔苛政時代와如히徒히峻嚴慘酷ᄒᆞ며無意味로殘忍을極ᄒᆞ고一人의罪에刑이其家族에ᄭᆞ지及ᄒᆞ야或은三族을滅ᄒᆞ고或은死體를剮割ᄒᆞᄂᆞᆫ等은國家의執刑正義가아니라是以로現今此刑法上에規定된刑은次의要件을具備ᄒᆞᆫ者를採用ᄒᆞ엿스니(1)犯罪者로苦痛을感케홀性質을有

ᄒᆞ며(2)犯罪者와又ᄂᆞᆫ他人으로懲戒케ᄒᆞ기足ᄒᆞᆫ性質을有ᄒᆞ며(3)正理公道에背戾치아니ᄒᆞ며(4)惟一身에만止ᄒᆞ고決코他人에게及치아니ᄒᆞ며(5)各自히皆平等이오人格、境遇等을因ᄒᆞ야厚薄이無ᄒᆞ며(6)罪惡의輕重大小를從ᄒᆞ야輕重의差別이有ᄒᆞ며(7)分割ᄒᆞᆷ을得ᄒᆞᆯ性質을有ᄒᆞ며(8)執行을中止ᄒᆞᆷ을得ᄒᆞᆯ性質을有ᄒᆞ니其各種類及方法等은以下逐條詳註ᄒᆞᆯ지라

第九條　死刑、懲役、禁錮、罰金、拘留及科料를主刑으로ᄒᆞ고沒收를附加刑으로ᄒᆞᆷ

此條ᄂᆞᆫ刑의種類를定ᄒᆞᆫ者ㅣ니主刑이라ᄒᆞᆷ은某罪에對ᄒᆞ야加ᄒᆞᄂᆞᆫ바主된刑을云ᄒᆞᆷ이오附加刑이라ᄒᆞᆷ은主刑을加ᄒᆞᄂᆞᆫ以外에同一人에게更히此를重疊으로加ᄒᆞᄂᆞᆫ者ㅣ니即死刑以下六種은主刑이오沒收ᄂᆞᆫ附加刑이니故로懲役에處된者에게沒收를附加ᄒᆞᆷ은有ᄒᆞ나罰金이나禁錮를附加ᄒᆞᆷ은無ᄒᆞ니라

第十條　主刑의輕重은前條에記載ᄒᆞᆫ順序에依ᄒᆞᆷ但無期禁錮와有期懲役과ᄂᆞᆫ禁錮로써重ᄒᆞ다ᄒᆞ고有期禁錮의長期가懲役의二倍를超ᄒᆞᆯ時ᄂᆞᆫ禁錮로써重ᄒᆞ다ᄒᆞᆷ

同期의刑은長期의長ᄒᆞᆫ者又ᄂᆞᆫ多額의多ᄒᆞᆫ者로써重ᄒᆞ다ᄒᆞ고長期又ᄂᆞᆫ多額의同ᄒᆞᆫ者ᄂᆞᆫ其短期의長ᄒᆞᆫ者又ᄂᆞᆫ寡額의多ᄒᆞᆫ者로써重ᄒᆞ다ᄒᆞᆷ

二個以上의死刑又ᄂᆞᆫ長期或은多額及短期或은寡額의同ᄒᆞᆫ同種의刑은犯情에因ᄒᆞ야其輕重을定ᄒᆞᆷ

本條ᄂᆞᆫ主刑의輕重을定ᄒᆞᄂᆞᆫ標準을規定ᄒᆞ엿스니

[第一項]主刑輕重의順序ᄂᆞᆫ即第九條에依ᄒᆞ야死刑을第一로ᄒᆞ고其次ᄂᆞᆫ懲役으로又其次ᄂᆞᆫ禁錮、罰金拘留로ᄒᆞ고最輕ᄒᆞᆫ者ᄂᆞᆫ科料로ᄒᆞᆷ이라然이나無期禁錮와有期懲役의境遇에在ᄒᆞ야ᄂᆞᆫ禁錮로써重ᄒᆞ다ᄒᆞ

니是는無期가有期보다重혼當然혼結果오又有期禁錮의長期가有期役刑의二倍를超홀時는禁錮를重ᄒ다ᄒ느니例如有期禁錮의長期가六年인境遇에有期役刑의長期가十二年을超過홀時는第九條의順序에不拘ᄒ고禁錮로써重ᄒ다홈

第二項 同種의刑에在ᄒ야는長期의長혼者又는罰金科料等多額의多혼者로써重ᄒ다ᄒ고長期又는多額의相同혼者에在ᄒ야는其短期又는寡額의長多혼者로써重ᄒ다ᄒ니例如一年以上三年以下의禁錮와一年以上五年以下의禁錮는後者로써重ᄒ다ᄒ고百圓以上五百圓以下의罰金과五十圓以上五百圓以下의罰金은前者로써重ᄒ다ᄒ는等이니라

第三項 以上數種外에死刑及長短期多寡額이相同혼境遇에는其犯罪의情狀에依ᄒ야輕重을定홈이라

第十一條 死刑은監獄內에서絞首ᄒ야此를執行홈

死刑의言渡를受혼者는其執行에至ᄒ기ᄭ지此를監獄에拘留홈

本條는死刑에就ᄒ야其執行ᄒ는處所、方法及執行에至ᄒ는間의手續을規定홈이라

第一項 死刑의執行은監獄內에서ᄒ되其方法은首를絞ᄒ야홀事로定ᄒ니此는若死刑을衆人의公開혼眼前에서頻繁히執行홀時는良民으로ᄒ야곰此等凶事에眼目이染熟ᄒ며心情이馴泥ᄒ야竟乃此可恐可畏혼死刑도視若尋常ᄒ야惡事를忌憚치아니ᄒ고反히殘酷혼行爲와獰惡혼念을易生케홀慮가有ᄒ며且死刑은人의極刑이라若多衆의前에서執行ᄒ는間에는如何혼不測혼事이起홀지難保홈으로取締上安全치못홀虞가有혼故로監獄內一定혼處所에서執行케홈이오、又其方法도古昔에는能之、戮尸、磔刑、炮烙、斬刑、烹刑、車裂等手段을用ᄒ엿스나此等은徒히殘酷을極ᄒ야無用의苦痛을加ᄒ엿슬ᄲᅮᆫ이라死刑의本旨는犯人의生命을奪홈에在혼즉絞首는比較的執行ᄒ기簡單ᄒ고苦痛이少ᄒ며犯人으로一瞬間에絕息케홈에適혼故로本法에는此方法에依홀事로定ᄒ니라

第二項 死刑의宣告를受ᄒᆞ야其裁判이確定되엿슬지라도卽時刑을執行ᄒᆞᄂᆞᆫ者ㅣ아니라夫死者ᄂᆞᆫ不可復續이니若其情狀이實로憫諒ᄒᆞᆯ者ㅣ될時ᄂᆞᆫ司法大臣은特赦의恩典을奏請ᄒᆞ야萬一의冤魂이無케ᄒᆞᆷ을得ᄒᆞᆯ지라故로刑事訴訟法規定에從ᄒᆞ야死刑의執行은先必司法大臣의命令을待ᄒᆞᆷ을要ᄒᆞ며且犯人이懷胎ᄒᆞᆫ婦人되ᄂᆞᆫ時ᄂᆞᆫ此를處刑ᄒᆞᆷ은無辜ᄒᆞᆫ胎兒ᄭᆞ지致死케ᄒᆞᆷ인故로其分娩ᄒᆞᆫ後를俟ᄒᆞᆯ지며醫師産婆等으로此를診察ᄒᆞᄂᆞ懷胎與否가不明ᄒᆞᆫ時도亦確知ᄒᆞ기ᄭᆞ지俟ᄒᆞ야司法大臣의命令을待ᄒᆞ야始로執行ᄒᆞᄂᆞ니此等間隔의多少時日에ᄂᆞᆫ受刑ᄒᆞᆯ者를其執行에至ᄒᆞ기ᄭᆞ지監獄에拘置ᄒᆞᆷ이라定ᄒᆞᆫ바ㅣ라

第十二條　懲役은無期及有期로ᄒᆞ고有期懲役은一月以上十五年以下로ᄒᆞᆷ
懲役은監獄에拘置ᄒᆞ야定役에服케ᄒᆞᆷ

第一項 懲役의期間을規定ᄒᆞ엿스니懲役에處ᄒᆞᆫ者ᄂᆞᆫ犯罪의種類에依ᄒᆞ야終身토록其役에服ᄒᆞᆯ者와某年限間만服ᄒᆞᆯ者의二種이有ᄒᆞ니前者ᄂᆞᆫ免役의期限이無ᄒᆞᆷ으로死에至ᄒᆞ도록懲役에服ᄒᆞᆯ지오後者ᄂᆞᆫ一月以上十五年以下의範圍內에셔裁判官이宣告ᄒᆞᆫ期限ᄭᆞ지만服役ᄒᆞᄂᆞᆫ者ㅣ라然이나此等有期又ᄂᆞᆫ無期의懲役에服ᄒᆞᄂᆞᆫ者ㅣ라도獄則을遵守ᄒᆞ야改悛의情狀이現著ᄒᆞᆫ時ᄂᆞᆫ行政處分으로써假出獄을許可되ᄂᆞᆫ事ㅣ有ᄒᆞᆯ지오又或은大赦特赦의恩典에因ᄒᆞ야出獄을得ᄒᆞᄂᆞᆫ事ㅣ不無ᄒᆞ니라

第二項 懲役에處ᄒᆞᆫ者ᄂᆞᆫ總히定役에服ᄒᆞᆯ事를規定ᄒᆞ엿스니凡犯人은大槪無知無識의徒로破廉耻의甚ᄒᆞᆫ者인즉可及的改過遷善ᄒᆞᆯ道로引導치아니키不可ᄒᆞ며其方法으로ᄒᆞ야ᄂᆞᆫ犯人을屈辱、勤勞케ᄒᆞ야一定ᄒᆞᆫ業務에就케ᄒᆞ고作業의工賃中一部分을給與ᄒᆞ야出獄後에其習得ᄒᆞᆫ業務와所受金錢으로써獨立生計를營ᄒᆞᆷ을得케ᄒᆞ야써再次罪를犯ᄒᆞᄂᆞᆫ惡事를豫防ᄒᆞᄂᆞ니라

第十三條　禁錮ᄂᆞᆫ無期及有期로ᄒᆞ고有期禁錮ᄂᆞᆫ一月以上十五年以下로ᄒᆞᆷ
禁錮ᄂᆞᆫ監獄에拘置ᄒᆞᆷ

第一項 禁錮의刑期를規定ᄒᆞᆫ者ㅣ니 前條의懲役과如히 有期及無期의 二種으로ᄒᆞ고有期禁錮ᄂᆞᆫ亦一月以上十五年以下의範圍內에서科ᄒᆞᄂᆞᆫ者로ᄒᆞ니라

第二項 禁錮囚에對ᄒᆞᆫ處置를規定ᄒᆞ얏스니 一定ᄒᆞᆫ禁錮場에拘置ᄒᆞᆯᄲᅮᆫ이오 彼懲役과如히一定ᄒᆞᆫ勞役에服ᄒᆞᄂᆞᆫ事이無ᄒᆞ나니此ㅣ禁錮ᄂᆞᆫ破廉耻의惡罪者에게科ᄒᆞᄂᆞᆫ者ㅣ아니오只其行動의自由를奪ᄒᆞᆷ으로目的ᄒᆞᄂᆞᆫ所以라

第十四條 有期의懲役又ᄂᆞᆫ禁錮를加ᄒᆞᄂᆞᆫ境遇에셔ᄂᆞᆫ二十年에至ᄒᆞᆯ事를得ᄒᆞᆷ此를減輕ᄒᆞᄂᆞᆫ境遇에셔ᄂᆞᆫ一月以下에降ᄒᆞᆯ事를得ᄒᆞᆷ

本條ᄂᆞᆫ有期懲役又ᄂᆞᆫ有期禁錮에處ᄒᆞᆫ者ㅣ加重又ᄂᆞᆫ減輕ᄒᆞᄂᆞᆫ境遇의刑期를規定ᄒᆞᆫ者ㅣ라前第十二條及十三條에依ᄒᆞ면有期役刑과有期禁錮ᄂᆞᆫ一月以上十五年以下라規定ᄒᆞ얏스나此ᄂᆞᆫ限界의原則을示ᄒᆞᆷ이오各人犯罪의情狀에因ᄒᆞ야ᄂᆞᆫ懲役又ᄂᆞᆫ禁錮에該當ᄒᆞ나特히此를加重케ᄒᆞᆯ必要가有ᄒᆞᆯ지니此境遇에ᄂᆞᆫ前二條의限界에不拘ᄒᆞ고此를加重ᄒᆞ야二十年ᄭᆞ지至ᄒᆞᆷ을得ᄒᆞ며又輕微ᄒᆞ야特히減輕ᄒᆞᆯ必要도有ᄒᆞᆯ지나此境遇에ᄂᆞᆫ一月以下에降ᄒᆞᆷ을得ᄒᆞ야ᄡᅥ罪와刑이不相當ᄒᆞᄂᆞᆫ弊를免케ᄒᆞ나니라

第十五條 罰金은二十圓以上으로ᄒᆞᆷ但此를減輕ᄒᆞᄂᆞᆫ境遇에셔ᄂᆞᆫ二十圓以下에降ᄒᆞᆯ事를得ᄒᆞᆷ

本條ᄂᆞᆫ罰金의最低額을定ᄒᆞᆫ者ㅣ니卽犯罪의情狀에依ᄒᆞ야二十圓以上으로ᄡᅥ相當히其額을定케ᄒᆞᆷ이라然이나特別ᄒᆞᆫ境遇에此를減輕ᄒᆞᆯ必要가有ᄒᆞᆯ時ᄂᆞᆫ其最低額된二十圓의以下에降ᄒᆞᆷ을得케ᄒᆞᆷ이니此ㅣ또ᄒᆞᆫ前條와如히罪刑不相當의憾이無케ᄒᆞ기爲ᄒᆞᆷ이라 然而特히二十圓으로ᄡᅥ最低額을定ᄒᆞᆷ은以下第十七條의科料ᄂᆞᆫ十錢以上二十未滿으로ᄒᆞ엿슴으로若罰金을二十圓으로ᄡᅥ低額을삼지아이ᄒᆞ면料料에對ᄒᆞ야彼此混同ᄒᆞ며又ᄂᆞᆫ其權衡을失ᄒᆞᆯ虞가有ᄒᆞᆫ所以라然이나犯罪ᄂᆞᆫ各樣이라有時로科料에相當치아니

ᄒᆞ고罰金에該當ᄒᆞᆫ者ㅣ罪狀이輕微ᄒᆞ야二十圓으로ᄂᆞᆫ過重의嫌이有ᄒᆞᆫ者ㅣ不無ᄒᆞᆯ지니此ㅣ本條의但書로써二十圓以下에降ᄒᆞᆷ을得케ᄒᆞᆫ所以라

第十六條 拘留ᄂᆞᆫ一日以上三十日未滿으로ᄒᆞ고拘留場에拘置ᄒᆞᆷ

本條ᄂᆞᆫ拘留의期間及方法을定ᄒᆞᆫ者ㅣ니卽短ᄒᆞ야도一日以上이며長ᄒᆞ야도三十日以內로ᄒᆞ야拘留場에拘留ᄒᆞ야置ᄒᆞᄂᆞᆫ者ㅣ니此ㅣ懲役禁錮와相異ᄒᆞᆫ者ᄂᆞᆫ定役에不服ᄒᆞ고刑期가短ᄒᆞᆷ에在ᄒᆞ니라

第十七條 科料ᄂᆞᆫ十錢以下二十圓未滿으로ᄒᆞᆷ

本條ᄂᆞᆫ科料의範圍를規定ᄒᆞᆫ者ㅣ니卽十錢以上二十圓以下의範圍內에서其罪狀에依ᄒᆞ야相當히科ᄒᆞᄂᆞᆫ者ㅣ니罪狀이稍重ᄒᆞ야二十圓以上을要ᄒᆞᆯ者ㅣ되ᄂᆞᆫ時ᄂᆞᆫ旣히科料의範圍에屬ᄒᆞᆫ者ㅣ아니라罰金에該當ᄒᆞᆷ이니라

第十八條 罰金을完納ᄒᆞ기不能ᄒᆞᆫ者ᄂᆞᆫ一日以上一年以下의期間此를勞役場에留置ᄒᆞᆷ

科料를完納ᄒᆞ기不能ᄒᆞᆫ者ᄂᆞᆫ一日以上三十日以下期間此를勞役場에留置ᄒᆞᆷ

科料를倂科ᄒᆞᆫ境遇라도留置의期間은六十日을超ᄒᆞᆯ事를不得ᄒᆞᆷ罰金又ᄂᆞᆫ科料의言渡를行ᄒᆞᆯ時ᄂᆞᆫ其言渡와共히罰金又ᄂᆞᆫ科料를完納ᄒᆞ기不能ᄒᆞᆫ境遇에 在ᄒᆞᆫ留置의期間을定ᄒᆞ야此를言渡ᄒᆞᆷ이可ᄒᆞᆷ

罰金에對ᄒᆞ야ᄂᆞᆫ裁判確定後三十日內科料에對ᄒᆞ야ᄂᆞᆫ 裁判確定後十日內本人의承諾이有ᄒᆞᆷ이아니면留置의執行을行ᄒᆞᆯ事를不得ᄒᆞᆷ

罰金又ᄂᆞᆫ科料의言渡를受ᄒᆞᆫ者其幾分을納ᄒᆞᄂᆞᆫ時ᄂᆞᆫ罰金又ᄂᆞᆫ科料의 金額과留置

日數의割合에從ᄒᆞ야其金額에相當ᄒᆞᄂᆞᆫ日數를扣除ᄒᆞ고此를留置홈
留置期間에罰金又ᄂᆞᆫ科料를納ᄒᆞᄂᆞᆫ時ᄂᆞᆫ前項의割合으로써殘日數에充홈
留置一日의割合에不滿ᄒᆞᄂᆞᆫ金額은此를納홀事를不得홈

本條ᄂᆞᆫ罰金又ᄂᆞᆫ科料의換刑에對ᄒᆞᆫ期間方法等을規定ᄒᆞᆫ者ㅣ니罰金又ᄂᆞᆫ科料ᄂᆞᆫ其性質上金錢의納付를要ᄒᆞᄂᆞᆫ者ㅣ오金錢은元來各人이其有無가無常ᄒᆞᆫ者ㅣ라强히此를納付케ᄒᆞ기不能ᄒᆞᆫ事ㅣ有홀지니故로此境遇에ᄂᆞᆫ他의方法으로써換ᄒᆞ야補充케ᄒᆞᄂᆞ니此를換刑處分이라ᄒᆞᄂᆞ니라次에各項을詳說ᄒᆞ건ᄃᆡ如左ᄒᆞ니라

第一項 罰金의宣告를受ᄒᆞ야其裁判이確定ᄒᆞ엿스나此를完納ᄒᆞ기不能ᄒᆞᆫ者ᄂᆞᆫ一日以上一年以下의範圍內에셔其宣告된罰金額에相當ᄒᆞᆫ期間을勞役場에留置홈이라、此勞役場에留置ᄒᆞᄂᆞᆫ事ᄂᆞᆫ禁錮又ᄂᆞᆫ懲役과不同ᄒᆞᆫ者ㅣ오다못勞役場에拘置ᄒᆞ야其自由만制限ᄒᆞ고又情狀에依ᄒᆞ야ᄂᆞᆫ勞役에從事케ᄒᆞ야其所得으로써罰金의幾部分에充當케홈을得홀지라、然而玆에完納키不能이라홈은其內容의如何를不問ᄒᆞ고事實上此를完納치못ᄒᆞᆫ者卽無資力又ᄂᆞᆫ得金의道理가無ᄒᆞᆫ者를云홈이로ᄃᆡ假令數百圓의罰金에處ᄒᆞᆫ者ㅣ相當ᄒᆞᆫ資力이有ᄒᆞᄂᆞ此를出홈을吝ᄒᆞ야巧히其財産을隱匿ᄒᆞ고換刑의處分을望ᄒᆞᄂᆞᆫ者ㅣ有홀진ᄃᆡ其所爲가雖可憎ᄒᆞᄂᆞ事實上此를完納ᄒᆞ기不能홈에至ᄒᆞ얏스며且換刑處分은元來犯人을利케ᄒᆞ기爲ᄒᆞᄂᆞᆫ者ㅣ아닌즉金錢을惜ᄒᆞ야苦痛을自取ᄒᆞᄂᆞᆫ者ᄂᆞᆫ何等保護홀必要가無ᄒᆞᆫ지라故로此境遇에도亦本項에依ᄒᆞ야換刑處分을受홀지니라

第二項 科料를完納ᄒᆞ기不能ᄒᆞᆫ境遇에ᄂᆞᆫ前項과同一ᄒᆞᆫ意味로써一日以上一月以下의期間을勞役場에留置ᄒᆞᄂᆞᆫ者ㅣ니라

第三項 一個以上의科料를併科ᄒᆞᆫ境遇에ᄂᆞᆫ從ᄒᆞ야其金額도亦多홀지로ᄃᆡ換刑留置ᄒᆞᄂᆞᆫ期間은六十日

을超過홈을不得케혼者이니例如三個의科料를併科ᄒᆞ야其金額이六十圓에達혼者ㅣ此를完納ᄒᆞ기不能혼時에換刑處分으로ᄒᆞᄂᆞᆫ境遇에ᄂᆞᆫ科料ᄂᆞᆫ二十圓이多額이오拘留ᄂᆞᆫ三十日이長期임으로此를換刑ᄒᆞ면科料二十圓에處혼部分을拘留二十日로써計算홀진ᄃᆡ六十圓의科料ᄂᆞᆫ實로九十日의拘留에相當홀지라然이나拘留가九十日의長期에涉홈은科料의本旨에照ᄒᆞ야過重에失ᄒᆞᄂᆞᆫ故로此境遇에ᄂᆞᆫ長ᄒᆞ야도六十日을超過치아니ᄒᆞ게定혼所以니라

第四項 罰金又ᄂᆞᆫ科料를宣告홀時에ᄂᆞᆫ其金額을一定홈과併히此를完納키不能ᄒᆞ면留置幾日에處홈을共히宣告홈이可혼事를規定혼者ㅣ라此日數及金額의換算標準은一定혼明文이無홈으로裁判官은前數項의規定에從ᄒᆞ야金額의多少期間의長短等을適宜叅酌ᄒᆞ야一定혼金額의罰金又ᄂᆞᆫ科料를宣告ᄒᆞᄂᆞᆫ同時에若此를完納키不能홀境遇에ᄂᆞᆫ一定혼期間의留置에處홀事를宣告홈이可혼者ㅣ니라

第五項 罰金科料의宣告를受혼者ㅣ裁判確定後完納홀猶豫期間을定ᄒᆞ엿스니卽罰金을宣告된者ᄂᆞᆫ裁判確定혼後一個月以內로科料를宣告된者ᄂᆞᆫ十日以內로此를完納ᄒᆞ면可ᄒᆞ니故로此期間內에ᄂᆞᆫ本人이換刑處分을受홈을承諾홈이아니면留置를執行키不得홀지니라、凡人의身体에만及ᄒᆞᄂᆞᆫ者ᄂᆞᆫ裁判確定後卽時此를執行홈을得홀지로ᄃᆡ財產에及ᄒᆞᄂᆞᆫ者ᄂᆞᆫ不然ᄒᆞ니金錢은相當혼資力이有혼者ㅣ라도猝地에此를辦出키不能혼境遇가或有ᄒᆞᄂᆞ니若此를裁判確定後卽時完納케ᄒᆞ면雖相當히辦出홀道가有혼者ㅣ라도此를暇及지못ᄒᆞ야完納키不能ᄒᆞ고換刑留置를受ᄒᆞᄂᆞᆫ者ㅣ多홀지니如斯홈은財產刑을設定혼本旨에反홀지오又罰金은其金額이多ᄒᆞ고科料ᄂᆞᆫ少額인故로此完納期間을一月과十日로區別ᄒᆞ야設定혼所以라然이나犯人이旣히赤貧ᄒᆞ야自初로此를辦出홀道가無홈이判明혼者ᄂᆞᆫ此期間을不竢ᄒᆞ고本人의承諾을得ᄒᆞ야拘留를執行홈을得ᄒᆞ게ᄒᆞ니라

第六項 罰金又ᄂᆞᆫ科料의宣告를受혼者ㅣ其幾部分을納ᄒᆞ고多少未納이有혼境遇에도亦留置로써換刑홈을得ᄒᆞ되其計算方法은旣納혼金額에相當혼日數를控除ᄒᆞ고殘部에相當ᄒᆞᆫ日數를留置홀지니라

第七項 一次換刑處分을受ᄒᆞ야留置ᄒᆞᄂᆞᆫ期間內에金額을辦納ᄒᆞᆯ時ᄂᆞᆫ前項의規定과同一ᄒᆞᆫ比例로써其辦納金額에相當ᄒᆞᆫ日數를控除ᄒᆞ고此를留置ᄒᆞ거나又ᄂᆞᆫ放免될지니例如五十圓의罰金에處ᄒᆞ야完納치못ᄒᆞᆷ으로假令二十五日의留置를受ᄒᆞᄂᆞᆫ者ㅣ五日을經ᄒᆞᆫ後四拾圓을辦納ᄒᆞᆯ時ᄂᆞᆫ即時放免될지오三十圓을加納ᄒᆞᆯ時ᄂᆞᆫ其此에相當ᄒᆞᆫ日數十五日을控除ᄒᆞ고殘部五日間을留置될지니라、玆에一疑問이有ᄒᆞ니本人이罰金又ᄂᆞᆫ科料를納ᄒᆞᆯ資力이無ᄒᆞ나親族、知友가本人의承諾을受ᄒᆞ야代納ᄒᆞᆷ을得ᄒᆞᆯ가否ᄒᆞᆯ가ᄒᆞᆷ이是라凡身體에關ᄒᆞᆫ刑은雖父子兄弟의間이라도此를代ᄒᆞᆷ을不得ᄒᆞᆯ지로ᄃᆡ罰金科料等은其性質이融通物된金錢을目的ᄒᆞᄂᆞᆫ故로縱令他人의代納을禁ᄒᆞᆯ지라도本人은他人으로브터借入ᄒᆞ야納付ᄒᆞᆷ을得ᄒᆞᆯ지니强히其代納을不許ᄒᆞᆯ必要가無ᄒᆞᆯ지라故로此境遇에ᄂᆞᆫ本人이既히承諾ᄒᆞ면本人以外의他人이라도此를代納ᄒᆞᆷ을得ᄒᆞᆯ지라

第八項 留置의一日에未滿ᄒᆞᆫ比例의金額은此를納入ᄒᆞᆷ을不許ᄒᆞᄂᆞ니此ᄂᆞᆫ第十六條와如히留置ᄂᆞᆫ一日以上을要ᄒᆞ며其一日未滿의留置ᄂᆞᆫ事實上正確執行ᄒᆞ기困難ᄒᆞᆫ所以라今에一例를擧ᄒᆞ건ᄃᆡ二十圓의罰金에宣告되야完納키不能ᄒᆞᆷ으로十日의留置에處ᄒᆞ야九日을經ᄒᆞᆫ後金二圓을納ᄒᆞ면前項의例에依ᄒᆞ야此를放免ᄒᆞᆯ지로ᄃᆡ一圓五十錢을納ᄒᆞᆷ은一日에對ᄒᆞᆫ比例金額二圓에未滿ᄒᆞᄂᆞᆫ故로其納入을不許ᄒᆞᆯ지니라

參照 朝鮮人에關ᄒᆞ야ᄂᆞᆫ朝鮮笞刑令에依ᄒᆞ야罰金又ᄂᆞᆫ科料에處ᄒᆞᆫ者ㅣ完納키不能ᄒᆞᆯ時ᄂᆞᆫ情狀에依ᄒᆞ야笞刑으로써換刑ᄒᆞᄂᆞᆫ事ㅣ有ᄒᆞ니別로朝鮮笞刑令의規定을參照ᄒᆞ라

第十九條 左에記載ᄒᆞᆫ物은此를沒收ᄒᆞᆯ事를得ᄒᆞᆷ

一、犯罪行爲를組成ᄒᆞᆫ物

二、犯罪行爲에供ᄒᆞ거나又ᄂᆞᆫ供코자ᄒᆞᆫ物

三、犯罪行爲로브터生ᄒᆞ거나又ᄂᆞᆫ此에因ᄒᆞ야得ᄒᆞᆫ物沒收ᄂᆞᆫ其物이犯人以外에屬지아니ᄒᆞᄂᆞᆫ時에限ᄒᆞᆷ

本條ᄂᆞᆫ法律上沒收ᄒᆞᆯ物件을規定ᄒᆞᆫ者ㅣ라

第一項 左에揭ᄒᆞᆫ者ᄂᆞᆫ此를沒收ᄒᆞᄂᆞ니

一、犯罪行爲를組成ᄒᆞᆫ物이라ᄒᆞᆷ은其物이直接犯罪行爲를作ᄒᆞᆫ者ㅣ니例如漁業을禁止ᄒᆞᆫ漁塲에網을入ᄒᆞᆫ事를禁ᄒᆞᆫ境遇에此를入ᄒᆞᆫ者ᄂᆞᆫ其網이是ㅣ니라

二、犯罪의用에供ᄒᆞᆫ物이라ᄒᆞᆷ은例如人을殺傷ᄒᆞᆷ에供ᄒᆞᆫ刀劒、窃盜가鎖鑰竊開의用에供ᄒᆞᆫ開金等이며又犯罪의用에供ᄒᆞ라ᄒᆞᆫ物이라ᄒᆞᆷ은例如前例의境遇에人을殺傷ᄒᆞ기爲ᄒᆞ야準備ᄒᆞᆫ刀劒、鎖鑰을開ᄒᆞ기爲ᄒᆞ야準備ᄒᆞᆫ開金等이是ㅣ니此等은既遂、未遂及準備에屬ᄒᆞᆫ者를悉皆沒收ᄒᆞᆷ이라凡犯罪의用에供ᄒᆞ라ᄒᆞᆫ物件을沒收ᄒᆞᆷ은一은再次其物을用ᄒᆞ야犯罪에供ᄒᆞᆷ이無ᄒᆞ도록危險을豫防ᄒᆞᆷ이오一은所有權을剝奪ᄒᆞ야犯人으로苦痛을感케ᄒᆞ기爲ᄒᆞᆷ이니라

三、犯罪行爲로브터生ᄒᆞᆫ物이라ᄒᆞᆷ은例如窃盜가盜取ᄒᆞᆫ物品을他에賣却又ᄂᆞᆫ質入ᄒᆞ야得ᄒᆞᆫ金錢等이며又犯罪行爲에因ᄒᆞ야得ᄒᆞᆫ物이라ᄒᆞᆷ은直接으로取得ᄒᆞᆫ者例如窃盜가窃取ᄒᆞᆫ金品等을云ᄒᆞᆷ이니如斯히犯罪行爲에因ᄒᆞ야生ᄒᆞᆫ物을沒收치아니ᄒᆞᆫ時ᄂᆞᆫ窃盜ᄂᆞᆫ其盜品을他物과交換ᄒᆞ며又ᄂᆞᆫ賣却、質入ᄒᆞ야其形態를變ᄒᆞ야써沒收를免ᄒᆞᆯ姦計를圖ᄒᆞᆯ지니沒收ᄂᆞᆫ元來犯人의不正ᄒᆞᆫ利得되ᄂᆞᆫ事를防ᄒᆞ기目的ᄒᆞᄂᆞᆫ者인으로犯罪行爲로브터生ᄒᆞᆫ物과犯罪行爲로브터得ᄒᆞᆫ物은悉皆此를沒收ᄒᆞᆷ이라規定ᄒᆞᆫ所以니라

第二項 前項數種의物은此를沒收ᄒᆞᆷ을得ᄒᆞᆯ지로ᄃᆡ其物은特히犯人以外者에屬치아니ᄒᆞᆫ者에限ᄒᆞᄂᆞ니即被害者나第三者에屬ᄒᆞᆫ境遇를除ᄒᆞ고犯人에屬ᄒᆞᆫ境遇에ᄂᆞᆫ共犯者의所有라도亦此를沒收ᄒᆞᆷ이라若被害者의所有되ᄂᆞᆫ時ᄂᆞᆫ此를被害者의게返還ᄒᆞᆷ을要ᄒᆞ고第三者에屬ᄒᆞᆫ時ᄂᆞᆫ犯人行爲를因ᄒᆞ야何等無關係ᄒᆞᆫ他人의所有權을剝奪키不可ᄒᆞᆫ故로此等은共히沒收키不得ᄒᆞᆯ지로ᄃᆡ此等을除ᄒᆞᆫ以外에ᄂᆞᆫ直接犯人의

所有에屬ᄒᆞᆫ者ㅣ나又ᄂᆞᆫ所有主가無ᄒᆞᆫ者ᄂᆞᆫ前項에依ᄒᆞ야沒收ᄒᆞᆷ을得ᄒᆞᆯ지니라玆에一注意를要ᄒᆞᆯ者ㅣ有ᄒᆞ니第一項各號의物件으로法律上所有를禁ᄒᆞᆫ者(例如軍器)ㅣ될時ᄂᆞᆫ沒收를宣告ᄒᆞᆷ을不得ᄒᆞᆯ지니라抑法令이所有를禁ᄒᆞᆫ者ᄂᆞᆫ犯人이비록此를供用ᄒᆞ얏스나犯人이所有키不可ᄒᆞᆫ者ㅣ니從ᄒᆞ야法律上犯人의게所有權이無ᄒᆞᆫ者ㅣ라故로縱令此를沒收ᄒᆞ나犯人은苦痛을感ᄒᆞᄂᆞᆫ事ㅣ無ᄒᆞᆯ지오事實上犯人이此를持有ᄒᆞᆫ者ㅣ라도其持有ᄂᆞᆫ旣히此等私有를禁ᄒᆞᆫ法令에違反ᄒᆞᆫ者ㅣ라該法令의處置를從ᄒᆞ야犯人의게歸屬지못ᄒᆞᆯ지오因ᄒᆞ야此等은特히沒收의宣告를不要ᄒᆞᆯ지니라

第二十條　拘留又ᄂᆞᆫ科料에만該當ᄒᆞᄂᆞᆫ罪에對ᄒᆞ야ᄂᆞᆫ特別ᄒᆞᆫ規定이有ᄒᆞᆷ이아니면沒收를科ᄒᆞᆯ事를不得ᄒᆞᆷ但前條第一項第一號에記載ᄒᆞᆫ物의沒收ᄂᆞᆫ此限에在치아니ᄒᆞᆷ

本條ᄂᆞᆫ輕微ᄒᆞᆫ犯罪에科ᄒᆞᄂᆞᆫ沒收例를規定ᄒᆞᆫ者ㅣ니第九條에依ᄒᆞ면沒收ᄂᆞᆫ他의主刑에對ᄒᆞᆫ附加刑이로되拘留又ᄂᆞᆫ科料에만該當ᄒᆞᆫ罪에對ᄒᆞ야ᄂᆞᆫ其各本條에沒收ᄒᆞᆷ이라規定ᄒᆞᆫ者ㅣ아니면此를附加ᄒᆞᆷ을不得ᄒᆞᄂᆞ니是等犯罪ᄂᆞᆫ極히輕微ᄒᆞᆫ者인즉別로沒收例를適用ᄒᆞᆯ必要가無ᄒᆞᆫ故로特別히其當該條文中에此를沒收ᄒᆞᆯ事를規定ᄒᆞᆫ者아니면不可ᄒᆞ되若其物이直接으로犯罪行爲를構成ᄒᆞᆫ者면必此를沒收ᄒᆞᄂᆞ니라

第二十一條　未決拘留의日數ᄂᆞᆫ其全部又ᄂᆞᆫ一部를本刑에算入ᄒᆞᆯ事를得ᄒᆞᆷ

本條ᄂᆞᆫ未決拘留中에在ᄒᆞᆫ日數의全部又ᄂᆞᆫ一部ᄂᆞᆫ裁判이確定ᄒᆞ야及其服刑에此를本刑日數에算入ᄒᆞᆷ을得ᄒᆞᆯ事를規定ᄒᆞᆫ者이니未決拘留中은아즉裁判이確定되지못ᄒᆞᆫ者니審理ᄒᆞᆫ後ᄂᆞᆫ或無罪放免되ᄂᆞᆫ事ㅣ有ᄒᆞᆯ지로되若有罪로判決이確定ᄒᆞ면其未決拘留中에在ᄒᆞ던日數ᄂᆞᆫ本刑日數에計入ᄒᆞᆷ을得케ᄒᆞᄂᆞ니例如未決拘留三十日을經ᄒᆞ고裁判이確定되야二月의懲役에處ᄒᆞᆫ者ᄂᆞᆫ其三十日을二個月中에計算ᄒᆞ면其殘餘日數三十日間만服役ᄒᆞ면其主刑期를終了ᄒᆞᄂᆞᆫ者이니라

未決拘留中에在훈日數를本刑日數中에算入홈은甚히穩當치아니홈과如ᄒᆞᄂᆞ未決拘留의長훈者ᄂᆞᆫ或數個年月에涉ᄒᆞ야及其裁判이確定에本刑日數가僅히三四個月에止ᄒᆞᄂᆞᆫ等은未決拘留의日數가反히本刑日數보다長ᄒᆞ야情狀이實로可憫훈者ㅣ有ᄒᆞᄂᆞ니此等境遇에ᄂᆞᆫ裁判官은其犯罪의性質等에依ᄒᆞ야其全部又ᄂᆞᆫ一部를本刑의日數에筭入홈을得케홈은犯罪와苦痛의程度를相應케ᄒᆞ기에必要훈所以니라

第三章　期間計筭

本章은刑의期間計筭에就ᄒᆞ야規定훈者니若此規定이無ᄒᆞ면刑期ᄂᆞᆫ何日로써起筭ᄒᆞ며何日로써終了홀바를定ᄒᆞ기難홀지라以下逐條解說ᄒᆞ노라

第二十二條　期間을定홈에月又ᄂᆞᆫ年으로써훈時ᄂᆞᆫ曆에從ᄒᆞ야此를計筭홈

本條ᄂᆞᆫ期間을定홈에月又ᄂᆞᆫ年으로써훈者即何個月又ᄂᆞᆫ何個年이라훈者ᄂᆞᆫ皆曆에從홀事를規定ᄒᆞ엿스니故로同是一月이라云ᄒᆞᄂᆞ二十八日되ᄂᆞᆫ事ㅣ有ᄒᆞ며又二十九日三十日或은三十一日되ᄂᆞᆫ事ㅣ有ᄒᆞ고又一年이라稱ᄒᆞᄂᆞ三百六十五日되ᄂᆞᆫ事ㅣ有ᄒᆞ고三百六十六日되ᄂᆞᆫ事ㅣᄒᆞ니同一훈刑에處훈者ㅣ라도往往히日數의增減이有홀지니正理上으로論홀時ᄂᆞᆫ多少不公平을不免홀지라然이ᄂᆞ若曆에不從ᄒᆞ고一一히日數를計筭홀진ᄃᆡ煩累가極홀지라故로本法에셔ᄂᆞᆫ簡便法을採用ᄒᆞ야各其受刑ᄒᆞᄂᆞᆫ其月又ᄂᆞᆫ其年의曆數로從홀事를定ᄒᆞ니此ㅣ實로受刑者로브터觀홀時ᄂᆞᆫ僅少훈差異오法律上으로觀홀時ᄂᆞᆫ簡便훈所以니라

第二十三條　刑期ᄂᆞᆫ裁判確定의日로브터起筭홈
拘禁되지아니훈日數ᄂᆞᆫ裁判確定後라도刑期에筭入치아니홈

實本條ᄂᆞᆫ刑期의起筭点에就ᄒᆞ야規定훈者ㅣ라

第一項 刑期의起筭은裁判이確定ᄒᆞᄂᆞᆫ日로써始点을作ᄒᆞᄂᆞ니故로裁判이確定되지아니훈間은비록事

上拘留를受홀지라도刑期ᄂᆞᆫ此를計算치아니ᄒᆞ며裁判이既히確定ᄒᆞᆫ以上은비록上訴中에在홀지라도刑期ᄂᆞᆫ此日로브터起算ᄒᆞᄂᆞᆫ故로當日브터刑의執行홈을受홀지니라(但第二十一條參看)

[第二項]雖裁判確定後라도實際拘禁되지아니ᄒᆞᆫ事ㅣ有홀진ᄃᆡ刑期ᄂᆞᆫ비록裁判確定日로브터起算ᄒᆞ나其拘禁을不受ᄒᆞᆫ日數ᄂᆞᆫ刑期日數中에算入치아니ᄒᆞᄂᆞ니例如刑期限內에逃走ᄒᆞ야未久에逮捕된時ᄂᆞᆫ其逃走中에在ᄒᆞᆫ日數를除ᄒᆞ고前後受刑ᄒᆞᆫ日數만計算ᄒᆞᄂᆞ니換言ᄒᆞ면元年九月一日로브터十一月末日ᄭᆞ지懲役을服홀者ㅣ逃走ᄒᆞ야十日을經ᄒᆞᆫ後再捕된時ᄂᆞᆫ其十日間은刑을受치아니홈으로刑期日數에算入치아니ᄒᆞᄂᆞᆫ故로十一月末日을經ᄒᆞᆫ後十日에至ᄒᆞ야始로放免될者ㅣ니라、然則逃走ᄒᆞᆫ當日及逮捕ᄒᆞᆫ日은此를刑期에算入홀가否홀가本法에ᄂᆞᆫ其明文이無ᄒᆞ나刑期에算入홀者로信ᄒᆞ노니此ㅣ少時라도無故히刑을受홈이無홈은本法의精神이며刑期計算上時間을計算치아니홈은또ᄒᆞᆫ本法의原則이니逃走ᄒᆞᄂᆞᆫ日及再捕되ᄂᆞᆫ日은小時間이라도刑을受홈이無疑ᄒᆞᆫ즉受刑時間은비록一日未滿이라도逃走ᄒᆞᄂᆞᆫ其日ᄭᆞ지ᄂᆞᆫ拘禁을受ᄒᆞᆫ者며更捕되ᄂᆞᆫ其日브터ᄂᆞᆫ亦更히拘禁을受ᄒᆞᄂᆞᆫ者인즉此兩日을刑期中에算入치아니ᄒᆞ면事實上拘禁된日數를算入지아니ᄒᆞᄂᆞᆫ結果를生ᄒᆞ야少須臾라도無故히刑을受ᄒᆞᄂᆞᆫ事ㅣ有홀所以라

第二十四條　受刑의初日은時間을論치아니ᄒᆞ고全一日로ᄒᆞ야此를計算홈 時效期間의初日도亦同홈

放免은刑期終了의翌日에此를行홈

本條ᄂᆞᆫ受刑ᄒᆞᄂᆞᆫ初日及時效의初日과刑期終了後放免日에就ᄒᆞ야規定ᄒᆞᆫ者ㅣ니右時效에就ᄒᆞ야ᄂᆞᆫ以下第六章에서別로히詳說홀바ㅣ有홀시라

[第一項]受刑의初日은假令全一日卽二十四時間에未滿홀지라도此를全一日로計算ᄒᆞᄂᆞᆫ者ㅣ라受刑의初日이라홈은事實上刑을執行ᄒᆞᄂᆞᆫ初日인가又ᄂᆞᆫ刑期를起算ᄒᆞᄂᆞᆫ初日인가此ᄂᆞᆫ字義上으로써解釋ᄒᆞ면

刑을執行ᄒᆞᄂᆞᆫ初日을指ᄒᆞᆷ이라ᄒᆞᆯ지나裁判이確定ᄒᆞᆫ後가아니면刑期를起筭ᄒᆞᆷ이無ᄒᆞ며刑期를起筭ᄒᆞ야始로刑의執行을受ᄒᆞᄂᆞᆫ者인즉本項의受刑初日은即裁判確定ᄒᆞᄂᆞᆫ日을指ᄒᆞᆷ이아니라又本項後段의時効期間의初日도亦時間의長短을不拘ᄒᆞ고此를全一日로計算ᄒᆞᄂᆞ니라

第二項 刑期滿了에至ᄒᆞᆫ者ᄂᆞᆫ其滿期日ᄭᅡ지刑에服ᄒᆞ고翌日에此를放免ᄒᆞᄂᆞ니若此를嚴格히解釋ᄒᆞ야滿期日의最終에放免ᄒᆞᆯ진ᄃᆡ深夜零時에此를執行치아니키不可ᄒᆞᆯ지니如斯ᄒᆞᆷ은獄舍의取締上不便이多ᄒᆞᆯᄲᅮᆫ아니라本人도亦深夜에歸家ᄒᆞ거나又ᄂᆞᆫ獄門을出ᄒᆞ야도創卒에如何히ᄒᆞ기不能ᄒᆞᄂᆞᆫ不便不利를難免ᄒᆞᆯ지니故로本項과如히其翌日에此를放免ᄒᆞᆯ事로定ᄒᆞᄂᆞ니라

第四章 執行의猶豫

本章은刑의執行猶豫에關ᄒᆞᆫ規定이니某年限間刑의執行을猶豫ᄒᆞ며且情狀에依ᄒᆞ야其刑을免除ᄒᆞᆷ을得케ᄒᆞᄂᆞᆫ者ㅣ라抑刑法의目的은犯罪를防遏ᄒᆞᆷ에至ᄒᆞ니犯罪必罰은此必其防遏의目的을達ᄒᆞᄂᆞᆫ所以의道가아니라或反히害毒을流ᄒᆞᄂᆞᆫ事ㅣ不無ᄒᆞ니盖犯罪의種類ᄂᆞᆫ甚多ᄒᆞ며犯人도亦千差萬別이라悉皆極惡不道의人으로ᄡᅥ目키不可ᄒᆞᆫ者ㅣ不無ᄒᆞ니或은社會의逆境에驅陷되며或은一時의感情에牽制되야不幸히犯罪ᄒᆞᄂᆞᆫ事ㅣ多ᄒᆞᄂᆞ니是等은一次法律上罪人이되엿스나良民으로再變ᄒᆞᆷ을可得ᄒᆞᆯ지어ᄂᆞᆯ法律은尙히其條規에만依據ᄒᆞ야此를罰ᄒᆞ고秋毫도假借ᄒᆞᄂᆞᆫ바ㅣ無ᄒᆞ야極惡不道의罪人과共히此를獄舍에投ᄒᆞ야不顧ᄒᆞ면雖良民이라도是等惡人을由ᄒᆞ야種種의姦策에染熟되야終乃改過遷善의實이無ᄒᆞᆯᄲᅮᆫ아니라忽然其性의不良을馴致ᄒᆞ야反히刑의目的을達키不能ᄒᆞᆷ에至ᄒᆞᆷ은實例가不少ᄒᆞ며特히短期의自由刑에至ᄒᆞ야ᄂᆞᆫ到底히懲戒의目的을達키不能ᄒᆞᄂᆞ니此等은비록頻數히獄舍에出入ᄒᆞ나不治의惡漢됨을不免ᄒᆞᆷ은實로短期刑의通弊라故로此를救ᄒᆞ기爲ᄒᆞ야ᄂᆞᆫ短期刑에處ᄒᆞᆫ者를獄舍에投入치아니ᄒᆞ고懲戒의目的을達ᄒᆞᆯ方法을講究치아니치못ᄒᆞᆯ지라然而此ᄂᆞᆫ刑의執行을猶豫ᄒᆞᆷ이必要ᄒᆞᄂᆞ니如斯히ᄒᆞᆯ진ᄃᆡ一은犯人을處罰ᄒᆞᆷ과共히一은其刑의執行을猶豫ᄒᆞ야犯人으로ᄒᆞ야곰姦惡에感染치아니ᄒᆞ고遷善을得ᄒᆞᆯ지니刑

法의本旨된犯罪防遏의目的을達ᄒᆞ기亦不難ᄒᆞᆯ지니此ㅣ本章을設ᄒᆞᆫ所以니라

第二十五條 左記에載ᄒᆞᆫ者ㅣ二年以下의懲役又ᄂᆞᆫ禁錮의言渡를受ᄒᆞᆫ時ᄂᆞᆫ情狀에因ᄒᆞ야裁判確定의日브터一年以上五年以下의期間內其執行을猶豫ᄒᆞᆯ事를得홈

一、前에禁錮以上의刑에處된事無ᄒᆞᆫ者

二、前에禁錮以上의刑에處된事有ᄒᆞ나其執行을終ᄒᆞ거나又ᄂᆞᆫ其執行의免除를得ᄒᆞᆫ日로브터七年以內에禁錮以上의刑에處된事無ᄒᆞᆫ者

本條ᄂᆞᆫ二年以下의懲役又ᄂᆞᆫ禁錮에處ᄒᆞᆫ宣告를受ᄒᆞᆫ者ㅣ左記各號의一에該當ᄒᆞᆯ時ᄂᆞᆫ犯罪의情狀에依ᄒᆞ야刑의執行을猶豫ᄒᆞ야一時放免ᄒᆞ며且或은裁判確定日로브터一年以上五年以下의範圍內로ᄒᆞ야執行을猶豫ᄒᆞᆫ後次條에相當ᄒᆞᆫ犯罪가無ᄒᆞᆯ時ᄂᆞᆫ第二十七條의規定에從ᄒᆞ야全혀其刑을免ᄒᆞ나니라

一、前에禁錮以上의刑에處홈이無ᄒᆞᆫ者ㅣ아니면不可ᄒᆞ니禁錮以上의刑이라홈은第九條의規定에依ᄒᆞ야懲役及禁錮를云홈이니罰金拘留及科料等은禁錮以上의刑이아니라

二、前에禁錮以上의刑에處ᄒᆞ얏슬지라도其執行을終ᄒᆞᆫ後七年間이나又ᄂᆞᆫ其執行의免除를得ᄒᆞᆫ後七年以內에更히禁錮以上의刑에處ᄒᆞ엿던事ㅣ無ᄒᆞ면亦前號와同히猶豫의恩典을得ᄒᆞᆯ지니要컨ᄃᆡ七年以上의長期間其素行을愼ᄒᆞᆫ者ᄂᆞᆫ自初로犯罪ᄒᆞᆫ事ㅣ無ᄒᆞᆫ者와同一히看做ᄒᆞᆯ價値가有ᄒᆞᆫ所以라

本條에ᄂᆞᆫ特히刑에處ᄒᆞ엿던事ㅣ無ᄒᆞᆫ者됨을要ᄒᆞᄂᆞᆫ故로비록禁錮以上의刑의宣告를受ᄒᆞ엿스나大赦又ᄂᆞᆫ特赦에因ᄒᆞ야處刑을不受ᄒᆞᆫ者ᄂᆞᆫ本條各號에障碍가無ᄒᆞᆯ지니라

第二十六條 左에記載ᄒᆞᆫ境遇에서ᄂᆞᆫ刑의執行猶豫의言渡를取消홈이可홈

一、猶豫의期間內에更히罪를犯ᄒᆞ야禁錮以上의刑에處된時

二、猶豫의言渡前에他의罪에對ᄒᆞ야禁錮以上의刑에處된時

三、前條第二號에記載ᄒᆞᆫ者를除ᄒᆞᆫ外에猶豫의言渡前他의罪에對ᄒᆞ야禁錮以上의刑에處되야發覺ᄒᆞᆫ時

本條ᄂᆞᆫ刑의執行猶豫의言渡取消에對ᄒᆞᆫ規定이니第二十五條에依ᄒᆞ야其年限間刑의執行猶豫의言渡를受ᄒᆞᆫ者가左에記載ᄒᆞᆫ各號의一에該當ᄒᆞᆯ時ᄂᆞᆫ其犯人에對ᄒᆞ야ᄂᆞᆫ刑의執行을猶豫ᄒᆞᆯ必要가無ᄒᆞᆫ者인즉裁判所ᄂᆞᆫ其猶豫의言渡를取消ᄒᆞ야即時其最初所定의刑에服케ᄒᆞᆯ지라

一、猶豫期間內에更히罪를犯ᄒᆞ야裁判이確定된結果禁錮以上의刑에處ᄒᆞᆫ境遇

二、執行猶豫의言渡를受ᄒᆞ기前에犯ᄒᆞᆫ他罪가及其猶豫言渡後에裁判이確定되야更히禁錮以上의刑에處ᄒᆞᆫ境遇

三、猶豫言渡前에他罪를犯ᄒᆞ야禁錮以上의刑에處ᄒᆞᆫ事이有ᄒᆞᆷ을追後發覺ᄒᆞᆫ境遇、但追後로此를發覺ᄒᆞ얏스나其前에處刑되야既히七年을經ᄒᆞ얏스면第二十五條第二號에依ᄒᆞ야猶豫의原因이되ᄂᆞᆫ故로如斯ᄒᆞᆫ者ᄂᆞᆫ猶豫의言渡를取消되ᄂᆞᆫ事ㅣ無ᄒᆞᆯ지니라

第二十七條　刑의執行猶預의言渡를取消되ᄂᆞᆫ事ㅣ無ᄒᆞ고猶豫의期間을經過ᄒᆞᆫ時ᄂᆞᆫ刑의言渡ᄂᆞᆫ其効力을失ᄒᆞᆷ

本條ᄂᆞᆫ刑의執行猶豫의効力에就ᄒᆞ야規定ᄒᆞ얏스니即第二十五條에依ᄒᆞ야猶豫의言渡를受ᄒᆞᆫ者ㅣ第二十六條의取消를受ᄒᆞᆫ事ㅣ無ᄒᆞ고其猶豫期間을無事히經過ᄒᆞᆫ時ᄂᆞᆫ最初의宣告된刑은全혀其効力을失ᄒᆞᄂᆞ니本條ᄂᆞᆫ此猶豫制度의最要主眼되ᄂᆞᆫ바ㅣ라此에依ᄒᆞ야一次罪人되얏던者ㅣ其後一定ᄒᆞᆫ期間內에素行을愼ᄒᆞ야改過遷善의實을表ᄒᆞᆷ에ᄂᆞᆫ法律은此를認定ᄒᆞ야써其罪를消滅ᄒᆞᆫ者로ᄒᆞᄂᆞ니從ᄒᆞ야本人도亦犯人되ᄂᆞᆫ汚名을免ᄒᆞ고靑天白日之人으로世에處ᄒᆞᆷ을得ᄒᆞᆯ지니라

第五章 假出獄

假出獄이라홈은在獄罪人의改遷을奬勵ᄒᆞ기爲ᄒᆞ야假히出獄을許ᄒᆞᄂᆞᆫ事를云홈이니此ㅣ囚人이能히獄則을遵守ᄒᆞ야眞心改悟의狀이有홀時ᄂᆞᆫ假히出獄케ᄒᆞ야懲戒의効을奏ᄒᆞᆫ與否를試홈에在ᄒᆞ니故로此制度를設홀時ᄂᆞᆫ囚徒된者ᄂᆞᆫ自由放免을熱望ᄒᆞ야爭相化善코자ᄒᆞ야小心勤愼ᄒᆞ야獄則에不觸ᄒᆞᄂᆞᆫ便利가有ᄒᆞ며且他日에能히良民으로改變ᄒᆞᄂᆞᆫ利益이有ᄒᆞ니假出獄은本人의悔改ᄒᆞᆫ公証을與ᄒᆞᄂᆞᆫ者인즉世人도此를擯斥ᄒᆞᄂᆞᆫ事ㅣ無ᄒᆞ고容易히職業에就홀지오恒産이旣有ᄒᆞ면恒心이漸生홀지며且刑期滿限에至ᄒᆞ기ᄭᆞ지ᄂᆞᆫ假出獄取締規則에依ᄒᆞ야恒常警察官吏의監督을加ᄒᆞ야萬一의不良行爲가有홀진ᄃᆡ直히拘致ᄒᆞ야定刑에服ᄒᆞᄂᆞᆫ者인즉本人도亦罪惡의可犯치못홀바를自覺ᄒᆞ야遂乃不知不識間에眞實ᄒᆞᆫ良民으로變化홈을得홈에至홀지니此制度의効益됨은實로偉大ᄒᆞ니라

假出獄이執行猶豫와相異ᄒᆞᆫ要点은執行猶豫ᄂᆞᆫ二年以下의短期刑者에對ᄒᆞ야處分홈이어니와假出獄은犯罪가稍重ᄒᆞ야執行猶豫로써處分치못홀者에對ᄒᆞ야服刑後一定ᄒᆞᆫ年限을經過ᄒᆞᆫ後에司法裁判으로써不爲ᄒᆞ고行政處分으로써其情狀을叅酌ᄒᆞ야出獄을假許ᄒᆞᄂᆞᆫ者이니라

第二十八條 懲役又ᄂᆞᆫ禁錮에處된者ㅣ改悛의狀이有홀時ᄂᆞᆫ有期刑에對ᄒᆞ야ᄂᆞᆫ其刑期三分의一無期刑에對ᄒᆞ야ᄂᆞᆫ十年을經過ᄒᆞᆫ後行政官廳의處分으로써假히出獄을許홈을得홈

本條ᄂᆞᆫ懲役又ᄂᆞᆫ禁錮에處ᄒᆞᆫ者에對ᄒᆞ야假出獄을許ᄒᆞᄂᆞᆫ條件을規定ᄒᆞ얏ᄉᆞ니凡死刑은其最終의生命을奪홈을目的ᄒᆞᄂᆞᆫ故로中途에出世ᄒᆞᆫ後의改善을爲ᄒᆞ야假出獄을許홀必要가無ᄒᆞ며又罰金以下의輕罪者에在ᄒᆞ야ᄂᆞᆫ獄舍에出入ᄒᆞᄂᆞᆫ者ㅣ아님으로亦假出獄의必要가不起홀지라故로假出獄을許홀者ᄂᆞᆫ懲役又ᄂᆞᆫ禁錮에處ᄒᆞᆫ者ㅣ眞心改悛의情狀이表出ᄒᆞᆫ時에有期懲役又ᄂᆞᆫ有期禁錮ᄂᆞᆫ其刑期의三分一을經過ᄒᆞᆫ後

無期刑은十年을經過ᄒᆞᆫ後에行政官廳의處分卽監獄官吏의行政處分으로써此를許ᄒᆞᄂᆞ니有期刑의刑期三分一을經過홈을要ᄒᆞᄂᆞᆫ所以ᄂᆞᆫ人의心事ᄂᆞᆫ容易히此를知得치못ᄒᆞᆯ지니果然眞實히改過遷善의擧에出ᄒᆞᄂᆞᆫ者인가又ᄂᆞᆫ陽히悔悟의狀態를假裝ᄒᆞ야一時를瞞過코자ᄒᆞᄂᆞᆫ者ㅣ아닌가홈을判別홈은一朝一夕에可能ᄒᆞᆯ바ㅣ아니라監獄官吏ᄂᆞᆫ居常에其動作을視察ᄒᆞ며又ᄂᆞᆫ作業의難易等級을昇進ᄒᆞᄂᆞᆫ程度等을測ᄒᆞ야果然眞心으로改悛ᄒᆞᄂᆞᆫ者됨을判定홈에ᄂᆞᆫ殊히相當ᄒᆞᆫ歲月을要ᄒᆞᄂᆞᆫ所以며又無期刑에處된者ᄂᆞᆫ其罪가愈重ᄒᆞᆫ者인즉其點檢期間도亦長年月을要ᄒᆞᄂᆞᆫ故로特히十年을經홈을條件으로ᄒᆞ니라

第二十九條　左에載記ᄒᆞᆫ境遇에ᄂᆞᆫ假出獄의處分을取消ᄒᆞᆯ事를得홈

一　假出獄中更히罪를犯ᄒᆞ야罰金以上의刑에處된時

二　假出獄前에犯ᄒᆞᆫ他의罪에對ᄒᆞ야罰金以上의刑에處刑된時

三　假出獄前他의罪에對ᄒᆞ야罰金以上의刑에處된者로써其刑의執行을受ᄒᆞᆯ時

四　假出獄取締規則에違背ᄒᆞᆫ時

假出獄의處分을取消ᄒᆞᆫ時ᄂᆞᆫ出獄中의日數ᄂᆞᆫ刑期에算入치아니홈

本條ᄂᆞᆫ假出獄을取消ᄒᆞᆯ境遇를規定ᄒᆞᆫ者니

[第一項]假出獄을許ᄒᆞᆫ者ㅣ左記各號의一에該當ᄒᆞᆫ時ᄂᆞᆫ最初假出獄를許ᄒᆞᆫ本旨에違反ᄒᆞᆯ뿐아니라仍ᄒᆞ야懲戒를更要ᄒᆞᄂᆞᆫ故로假出獄을取消ᄒᆞ야直히所定의刑에服케ᄒᆞᆯ지니라

一　假出獄을許ᄒᆞᆫ期間中에更히罪를犯ᄒᆞ야罰金禁錮懲役等에處ᄒᆞᆫ者ᄂᆞᆫ當然히其假出獄을取消ᄒᆞᆯ지라然이나拘留又ᄂᆞᆫ科料의刑에處ᄒᆞᆫ者ᄂᆞᆫ其罪ㅣ輕微홈으로假出獄을取消되ᄂᆞᆫ事ㅣ無ᄒᆞ니라

二　假出獄前에犯ᄒᆞᆫ他罪를因ᄒᆞ야罰金以上의刑에處ᄒᆞᆫ時도亦前號와如히假出獄을取消ᄒᆞᆯ지니라

三 假出獄前에他犯罪를因ᄒᆞ야罰金以上의刑에處ᄒᆞ얏던者ㅣ假出獄後에至ᄒᆞ야其刑의執行을爲ᄒᆞᆫ境遇에ᄂᆞᆫ亦前號와同히其假出獄을取消ᄒᆞᄂᆞ니라

四 假出獄取締規則에定ᄒᆞᆫ事項에違背ᄒᆞᆫ時ᄂᆞᆫ亦假出獄을取消ᄒᆞᄂᆞ니此ᄂᆞᆫ假出獄者의取締上必要ᄒᆞᆫ所以라

第二項 假出獄을取消ᄒᆞᆫ時ᄂᆞᆫ其出獄中에在ᄒᆞᆫ日數ᄂᆞᆫ此를刑期에筭入지아니ᄒᆞᄂᆞ니若此를刑期에筭入ᄒᆞᆯ진ᄃᆡ事實上獄을出ᄒᆞ야拘禁되지아니ᄒᆞᆫ日數를受刑ᄒᆞᆫ日數와同一히ᄒᆞᄂᆞᆫ怪觀을成ᄒᆞᆯ지라故로假令懲役三年에處ᄒᆞ야大正二年一月十日로브터仝四年二月九日ᄭᆞ지受刑ᄒᆞᆯ者ㅣ仝三年三月一日에假出獄을許可되얏다가仝年十月一日에第二十九條에依ᄒᆞ야取消될時ᄂᆞᆫ再次刑을受ᄒᆞ되其出獄된日數ᄂᆞᆫ刑期에筭入치아니ᄒᆞᄂᆞᆫ故로仝四年二月九日에滿期終了ᄒᆞᆯ者ㅣ九月九日에至ᄒᆞ야始로本刑을終了될지니라

第三十條 拘留에處된者ᄂᆞᆫ情狀에因ᄒᆞ야何時에라도行政官廳의處分으로ᄡᅥ假히出場을許ᄒᆞᆯ事를得홈

罰金又ᄂᆞᆫ科料를完納ᄒᆞ기不能홈에因ᄒᆞ야留置된者도亦同홈

本條ᄂᆞᆫ拘留에處ᄒᆞᆫ者又ᄂᆞᆫ罰金科料에換刑으로留置된者에對ᄒᆞ야假出場을許ᄒᆞᄂᆞᆫ事를規定ᄒᆞ엿스니前述ᄒᆞᆫ假出獄은懲役又ᄂᆞᆫ禁錮에處ᄒᆞᆫ者ㅣ改悛의狀이有ᄒᆞ고一定ᄒᆞᆫ期間을經過ᄒᆞᆫ後에始로此를許ᄒᆞᄂᆞᆫ者이로ᄃᆡ本條에規定ᄒᆞᆫ者ᄂᆞᆫ犯罪가比較的輕微ᄒᆞᆫ者임으로其情狀에因ᄒᆞ야ᄂᆞᆫ一定ᄒᆞᆫ期限如何를不問ᄒᆞ고何時던지行政處分으로ᄡᅥ此를許홈을得ᄒᆞ며又出場後에ᄂᆞᆫᄯᅩᄒᆞᆫ其處分을取消ᄒᆞᄂᆞᆫ事이無ᄒᆞ니라

第六章 時效

時效라홈은刑의言渡를受ᄒᆞᆫ者ㅣ本章에規定ᄒᆞᆫ某一定ᄒᆞᆫ期間에其刑의執行을逃免ᄒᆞ야此를經過ᄒᆞᆯ時ᄂᆞᆫ全혀其刑의執行을免除ᄒᆞᄂᆞᆫ者ㅣ라今에刑法上時效를設ᄒᆞᆫ理由를窃想ᄒᆞ건ᄃᆡ凡刑의目的은社會의安寧

秩序를紊亂ᄒᆞᆫ者를罰ᄒᆞ야써公安을維持ᄒᆞ고犯人에게苦痛을與ᄒᆞ야其再犯을防遏ᄒᆞ며改善에引導ᄒᆞᄂᆞᆫ必要에在ᄒᆞ나今에許多의年月을經ᄒᆞᆫ時ᄂᆞᆫ社會ᄂᆞᆫ其罪狀은忘却ᄒᆞ며安寧秩序ᄂᆞᆫ刑의言渡에因ᄒᆞ야正理上旣히恢復되야處罰의必要가全혀消滅ᄒᆞ고且犯人도官의搜索을逃免ᄒᆞᄂᆞᆫ間에ᄂᆞᆫ晝夜로其形跡을隱縮ᄒᆞ며心神을懲勞ᄒᆞ야一瞬間이라도安枕甘食을不得ᄒᆞ야殆히刑罰을受ᄒᆞᆷ과無異ᄒᆞᆫ苦痛을備嘗ᄒᆞ며又此期間에ᄂᆞᆫ畏懼謹愼ᄒᆞ야再次罪惡을不行ᄒᆞᄂᆞᆫ事ㅣ또ᄒᆞᆫ人情의必然이ᄆᆡ故로法律은更히此를罰ᄒᆞᆯ必要가無ᄒᆞ다認定ᄒᆞᄂᆞᆫ所以에出ᄒᆞᆫ者ㅣ라ᄒᆞᆯ지로다

第三十一條　刑의言渡를受ᄒᆞᆫ者ᄂᆞᆫ時效에因ᄒᆞ야其執行의免除를得ᄒᆞᆷ

本條ᄂᆞᆫ刑의言渡를受ᄒᆞᆫ者ㅣ次條에規定ᄒᆞᆫ期間의時效에因ᄒᆞ야其執行을免除ᄒᆞᆯ事를規定ᄒᆞ얏스니此ᄂᆞᆫ元來刑의執行만免除될ᄲᅮᆫ이오全혀罪를免ᄒᆞ야無罪ᄒᆞᆫ者로됨이아니니라又本法에ᄂᆞᆫ刑의言渡를受ᄒᆞᆫ者에對ᄒᆞᆫ時效를定ᄒᆞᆷ이오罪를犯ᄒᆞ고自初로其公訴를起提되지아니ᄒᆞ야刑의言渡를受ᄒᆞᆷ이無ᄒᆞᆫ者에對ᄒᆞ야ᄂᆞᆫ別로히刑事訴訟法에規定ᄒᆞᆫ바公訴提起의時效를因ᄒᆞ야全혀被訴를免ᄒᆞᄂᆞᆫ事ㅣ有ᄒᆞ니라（刑事訴訟法第十八條參照）

第三十二條　時效ᄂᆞᆫ刑의言渡確定ᄒᆞᆫ後左의期間內其執行을受치아니ᄒᆞᆷ에因ᄒᆞ야完成ᄒᆞᆷ

一　死刑은三十年
二　無期懲役又ᄂᆞᆫ禁錮ᄂᆞᆫ二十年
三　有期의懲役又ᄂᆞᆫ禁錮의十年以上은十五年、三年以上은十年、三年未滿은五年

四 罰金은三年

五 拘留、科料及沒收는一年

本條는刑의大小種類에因ᄒᆞ야時效期間의差等을設ᄒᆞ얏스니卽時效는刑의言渡가確定ᄒᆞᆫ後右에列記ᄒᆞᆫ期間內에其執行을受치아니ᄒᆞ면玆에完成ᄒᆞ야執行을免除될지며又其時效를計算ᄒᆞ는方法은裁判이確定ᄒᆞᄂᆞᆫ日브터始ᄒᆞ야進行ᄒᆞ되第二十四條의規定에從ᄒᆞ야時效期間의初日은時間으로論치아니ᄒᆞ고全一日로此를計算ᄒᆞᄂᆞ니라

第三十三條 時效는法令에依ᄒᆞ야執行을猶豫ᄒᆞ거나又는此를停止ᄒᆞᆫ期間內는進行치아니홈

本條는法律又는命令에依ᄒᆞ야執行을猶豫ᄒᆞ거나又는此를停止ᄒᆞᆫ境遇는其期間은時效期間內에筭入치아니ᄒᆞᄂᆞᆫ規定이니時效는不法으로刑의執行을逃免ᄒᆞᆫ者에就ᄒᆞ야設ᄒᆞᆫ者인즉法令에依ᄒᆞ야適當히其刑의執行을免ᄒᆞᆫ日數는時效期間에筭入치아니ᄒᆞ야時效가此에進行치아니홈은當然ᄒᆞᆫ事ㅣ라

第三十四條 時效는刑의執行에對ᄒᆞ야犯人을逮捕홈에因ᄒᆞ야此를中斷홈

罰金、科料及沒收의時效는執行行爲를行홈에因ᄒᆞ야此를中斷홈

本條는時效의中斷에就ᄒᆞ야規定ᄒᆞᆫ者ㅣ니盖時效期間은必繼續進行홈을要ᄒᆞᄂᆞ니一次中斷될時는其旣히經過ᄒᆞᆫ期間은無效에歸ᄒᆞ고中斷ᄒᆞᆫ日로브터起筭ᄒᆞ야更히所定ᄒᆞᆫ年限을進行홈을要ᄒᆞᄂᆞ니라

[第一項]刑의言渡를受ᄒᆞ고其執行을免ᄒᆞᆫ者ㅣ刑을執行ᄒᆞ기爲ᄒᆞ야逮捕될時는其時效는此를因ᄒᆞ야中斷되야直時其所定ᄒᆞᆫ刑에服홀지오次의時效는此時로써更히執行을逃免ᄒᆞᆫ後所定ᄒᆞᆫ期間을經過홈이아니면成立됨이無ᄒᆞ니라

第二項 罰金科料及沒收의刑은彼生命自由에對ᄒᆞᆫ刑과不同ᄒᆞ야執行ᄒᆞ기爲ᄒᆞ야犯人을逮捕ᄒᆞᄂᆞᆫ事ㅣ無ᄒᆞ고從ᄒᆞ야逮捕에因ᄒᆞ야時效를中斷키不能ᄒᆞᆫ故로此等財産을徵收ᄒᆞᆯ刑의時效ᄂᆞᆫ執行行爲卽金錢의徵納을爲ᄒᆞᆷ에因ᄒᆞ야此를中斷ᄒᆞᄂᆞ니라

第七章 犯罪의不成立及刑의減免

本章은犯罪를成立지아니ᄒᆞᄂᆞᆫ境遇及刑을減輕又ᄂᆞᆫ免除ᄒᆞᄂᆞᆫ境遇에就ᄒᆞ야規定ᄒᆞ얏스니、凡某行爲를犯罪로ᄒᆞ야罰ᄒᆞᆷ에ᄂᆞᆫ第一에行爲의責任이有ᄒᆞᆷ을要ᄒᆞᄂᆞ니彼癲狂者幼兒等의所爲와無意識으로行ᄒᆞᆫ所爲ᄂᆞᆫ刑法上責任이無ᄒᆞᆷ으로此를罰키不可ᄒᆞ며第二에罪過가有ᄒᆞᆷ을要ᄒᆞᄂᆞ니彼官公의職權을行ᄒᆞ기爲ᄒᆞ야行ᄒᆞᆫ權利行爲와急迫不得已에出ᄒᆞᆫ正當防衛의行爲ᄂᆞᆫ亦此를罪로論치아니ᄒᆞ며且各種行爲ᄂᆞᆫ境遇와情狀에依ᄒᆞ야ᄂᆞᆫ或全히罰을免除ᄒᆞᆯ者도有ᄒᆞ고又或幾分減輕ᄒᆞᆯ者ㅣ有ᄒᆞᄂᆞ니、如何ᄒᆞᆫ行爲가犯罪를成立ᄒᆞᄂᆞᆫ者인가又如何ᄒᆞᆫ者ㅣ或免或減ᄒᆞᆯ者인가ᄒᆞᆷ은此ㅣ本章各條에規定ᄒᆞᆫ바ㅣ라

第三十五條　法令又ᄂᆞᆫ正當ᄒᆞᆫ義務에因ᄒᆞ야行ᄒᆞᆫ行爲ᄂᆞᆫ此를罰치아니ᄒᆞᆷ

本條ᄂᆞᆫ學理上所謂權利行爲를罰치아니ᄒᆞᄂᆞᆫ規定이니法令에因ᄒᆞ야爲ᄒᆞᆫ行爲ᄂᆞᆫ例如國稅徵收法에依ᄒᆞ야人의財産을徵收ᄒᆞ며畜犬取締規則에依ᄒᆞ야項牌가無ᄒᆞᆫ犬을搏殺ᄒᆞᄂᆞᆫ類며業務에因ᄒᆞ야爲ᄒᆞᆫ行爲ᄂᆞᆫ例如官公吏가其職權內에서某事를行ᄒᆞ며又ᄂᆞᆫ長官의指揮命令에從ᄒᆞ야職務를執行ᄒᆞᄂᆞᆫ類라然而此等은原因이正當ᄒᆞᆷ을要ᄒᆞᄂᆞ니假令判事가故意로何等犯罪痕跡이無ᄒᆞᆫ良民에對ᄒᆞ야令狀을發ᄒᆞ야警察官吏로此를逮捕케ᄒᆞᆫ時ᄂᆞᆫ其行爲ᄂᆞᆫ判事에在ᄒᆞ야ᄂᆞᆫ正當ᄒᆞᆫ者ㅣ아니라ᄒᆞᆯ지로ᄃᆡ警察官吏ᄂᆞᆫ判事의令狀으로써正當ᄒᆞᆫ者로信ᄒᆞ고其指揮에從ᄒᆞ야此를執行ᄒᆞᆫ者인즉其行爲ᄂᆞᆫ原來正當ᄒᆞᆫ者ㅣ라故로法律은判事에對ᄒᆞ야ᄂᆞᆫ罪로論罰ᄒᆞᆯ지로ᄃᆡ警察官吏ᄂᆞᆫ此를罰치아니ᄒᆞᆯ지니라

第三十六條　急迫不正ᄒᆞᆫ侵害에對ᄒᆞ야自己又ᄂᆞᆫ他人의權利를防衛ᄒᆞ기爲ᄒᆞ야不

得已홈에出호行爲는此를罰치아니홈

防衛의程度를超호行爲는情狀에因호야其刑을減輕又는免除홈事를得홈

本條는學理上所謂正當防衛에出호行爲를罰치아니호며又는減免호는規定이라

第一項 自己又는他人의生命、身體、財産等에對호야急迫不正호侵害를受호야可避홀暇隙이無홈으로其權利를防衛호기爲호야不得已히行호行爲는如何호行爲던지此를罰치아니호느니今에一例를擧호전딕深夜에强盜가揮劍侵入호야斬殺홀다威脅호며財物을索出호는境遇에此를防衛호기爲호야其强盜를殺傷홈과如홈은此를罰치아니호는者ㅣ라然이나防衛의必要가旣히過去호境遇卽盜賊이逃去호後를追躡호야此를殺傷홈과如홈은本條第二項에規定홀바所謂其防衛의程度를超過호者임으로此를罰호딕其刑을減輕호거나又는情狀에依호야刑을免除호는者ㅣ니라

抑此正當防衛는事情이目前에急迫호야奚暇에國家機關에訴호야正當호順序로써此를回復홈을不得홀境遇에各人은不得已호야自己의腕力으로써其權利를防衛호는者ㅣ니特히朝鮮과如히司法、警察等設備가普及되지못홈에在호야는此等關係의頻數홈을可見홀지라然이나各人은正當防衛라호야濫히腕力行爲를恣홀者ㅣ아니라凡刑法上正當防衛가成立됨에는左와如히四個의條件을具備홈을要호느니라

(一)侵害가不法호者됨을要호느니 비록急迫不可避홀者ㅣ라도其侵害가正當호事될時는此에對호야는防衛權을行使키不能호느니今에一例를擧호건딕笞刑에處호야杖板에登홀者ㅣ其執行者에對호야防衛權을行키不能홈이是라

(二)侵害가重大호고且回復키不得홀者됨을要호느니 故로事의輕微호者와他日에正當호順序로써回復홈을得홀者에對호야는防衛을行키不得홀지라例如凶器로써殺傷을加호라호거나捕縛호라호거나又는家屋에放火호라威脅호는等은其侵害가重大호야一次此를受호면到底히其損害를回復키不能호者인故

로此境遇에ᄂᆞᆫ自己ᄂᆞᆫ勿論이어니와縱令他人이此를被ᄒᆞ야自己에何等痛痒를不感ᄒᆞᄂᆞᆫ境遇라도亦此를爲ᄒᆞ야防衛를實行ᄒᆞᆷ을得ᄒᆞᆯ지로되反是ᄒᆞ야些少ᄒᆞᆫ器物金錢을取去ᄒᆞᄂᆞᆫ境遇에ᄂᆞᆫ비록其權利의侵害를受ᄒᆞ나事ㅣ輕微ᄒᆞ고且他日에法司에訴ᄒᆞ야可히回復ᄒᆞᆷ을得ᄒᆞᆯ者인즉其權利를防衛ᄒᆞ기爲ᄒᆞᄂᆞᆫ不得已라云키難ᄒᆞᆫ故로此等境遇에ᄂᆞᆫ防衛權을行치못ᄒᆞᆯ지니라

(三)侵害가現在ᄒᆞ야避ᄒᆞᆯ手段이無ᄒᆞᆫ境遇에限ᄒᆞᄂᆞ니　卽急迫ᄒᆞᆫ侵害가目前에現在ᄒᆞ야法定順序에從ᄒᆞ야訴코져ᄒᆞᆯ진ᄃᆡ其間에旣히不可回復의危害를不免ᄒᆞᆯ故로腕力으로此를反擊ᄒᆞ야加害者를殺傷ᄒᆞᆷ이아니면他에可避ᄒᆞᆯ方道가無ᄒᆞᆫ境遇됨을要ᄒᆞᄂᆞ니侵害가過去ᄒᆞᆫ時ᄂᆞᆫ肆忿復讐의行爲에不過ᄒᆞ고正當防衛가아니며又未來에屬ᄒᆞᆫ時ᄂᆞᆫ公에訴ᄒᆞ야保護를求ᄒᆞᆯ餘地가有ᄒᆞ거ᄂᆞᆯ此를不爲ᄒᆞ고侵害의來를坐待ᄒᆞ야反擊을加ᄒᆞᆷ은造意行爲요不得已에出ᄒᆞᆫ正當防衛가아니니라

(四)侵害를自招ᄒᆞᆫ者아님을要ᄒᆞᄂᆞ니　故로自己의不正行爲에因ᄒᆞ야自招ᄒᆞᆫ者된時ᄂᆞᆫ如何히急迫不正ᄒᆞᆫ侵害를受ᄒᆞ나防衛를行키不得ᄒᆞᆯ지니例如强盜가主人의正當防衛에對ᄒᆞ야ᄂᆞᆫ비록如何히急迫過激ᄒᆞᆯ지라도强盜ᄂᆞᆫ防衛權이無ᄒᆞ니라

第二項 正當防衛의必要ᄒᆞᆫ程度를超脫ᄒᆞᆫ行爲假令敵이逃走ᄒᆞ거ᄂᆞᆯ此를追擊殺傷ᄒᆞ거나又ᄂᆞᆫ敵의凶器를奪ᄒᆞ며或은此를制縛ᄒᆞ야其急迫ᄒᆞᆫ侵害를旣免ᄒᆞᆫ後에更히敵을打擊ᄒᆞ야重傷케ᄒᆞ거나致死케ᄒᆞᄂᆞᆫ行爲等은此를罰ᄒᆞ되其實際에ᄂᆞᆫ此亦人情上不得已에出ᄒᆞᆫ境遇가多ᄒᆞᆷ으로情狀에照ᄒᆞ야或刑을減輕ᄒᆞ거ᄂᆞ免除ᄒᆞᆷ을得케ᄒᆞᄂᆞ니라

參照 正當防衛에關ᄒᆞᆫ學理上議論의數種을參考ᄒᆞ기爲ᄒᆞ야右에說示ᄒᆞᆯ지라

(1)何故로正當防衛權을公認ᄒᆞᆫ고　盖往昔草昧時代에在ᄒᆞ야ᄂᆞᆫ各人은惟一腕力으로써其權利를保護ᄒᆞ엿스ᄂᆞ今日에至ᄒᆞ야ᄂᆞᆫ裁判、警察等一切威權은國家의公權에一任ᄒᆞ야國家가人民의權利保護의任에當ᄒᆞ고個人은敢히脫力을肆ᄒᆞᄂᆞᆫ事ㅣ無ᄒᆞᄂᆞ니此ㅣ現代各國의通法이라然이ᄂᆞ權利保護의任은徹頭徹

尾히此를悉擧ᄒᆞ야國家의公權作用에一任ᄒᆞᆯ진ᄃᆡ公權의威力이法理上에如何히强大ᄒᆞ다ᄒᆞ야도事의實際에當ᄒᆞ야此를代表適用ᄒᆞᄂᆞᆫ者ᄂᆞᆫ有限ᄒᆞᆫ有形人이오吾人의身體、財產에對ᄒᆞᄂᆞᆫ無限의危害ᄂᆞᆫ到底히此를依ᄒᆞ야悉皆防止ᄒᆞᆷ이不能ᄒᆞᄂᆞ니防止ᄒᆞᆷ이不能ᄒᆞᆫ危害가後日에回復ᄒᆞᆯ方道가有ᄒᆞᆫ損害를加코자ᄒᆞᆫ者ᄂᆞᆫ尙可ᄒᆞ나身體、生命과如ᄒᆞᆫ바一次此를缺ᄒᆞ면更히人力으로써復舊ᄒᆞᆯ方法이無ᄒᆞᆫ權利를損失될巨害가目前에迫到ᄒᆞᆫ時라도此를退却ᄒᆞ기에決코固有ᄒᆞᆫ腕力은行ᄒᆞ기不能ᄒᆞᆯ진ᄃᆡ國家公權은此点에當ᄒᆞ야反히吾人의權利를保護치아니ᄒᆞᄂᆞᆫ者ㅣ라謂ᄒᆞᆯ지라是以로國家ᄂᆞᆫ巨害가目前에迫到ᄒᆞ야公權을賴恃ᄏᆡ未遑ᄒᆞᆫ境遇에一私人의腕力으로써防衛ᄒᆞᆯ事를公認ᄒᆞ야써權利保護의任을完全히ᄒᆞᄂᆞ니此ㅣ本條의規定이有ᄒᆞᆫ所以라然ᄒᆞ나如何ᄒᆞᆫ種類의侵害에對ᄒᆞ야行ᄒᆞᆫ行爲가果然本條의範圍內됨을知ᄒᆞᆷ이最히必要ᄒᆞᄂᆞ本條에ᄂᆞᆫ單히自己又ᄂᆞᆫ他人의權利를防衛ᄒᆞ기爲ᄒᆞᆷ이라規定ᄒᆞ고危害의種類를明示ᄒᆞᆫ者ㅣ無ᄒᆞᆫ故로實際上種種의疑問이有ᄒᆞ니此解釋上研究를要ᄒᆞᄂᆞᆫ所以라

(2) 生命上危害에對ᄒᆞ야正當防衛를認ᄒᆞᄂᆞᆫ가　凡人類의最重ᄒᆞᆫ者ᄂᆞᆫ生命이라一次此를缺ᄒᆞ면再得키不能ᄒᆞᄂᆞ니凶漢이急迫不正ᄒᆞᆫ行爲로써我를殺傷코ᄌᆞᄒᆞᆯ時ᄂᆞᆫ我ㅣ彼를殺傷ᄒᆞᆷ이아니면彼ㅣ我를殺傷ᄒᆞᆷ이危機一髮의間에在ᄒᆞᆫ지라故로人의生命에對ᄒᆞᆫ侵害ᄂᆞᆫ가장顯著ᄒᆞᆷ으로써此에對ᄒᆞ야正當防衛를行ᄒᆞᆷ을認ᄒᆞᆷ은無疑ᄒᆞ니라

(3) 身體上危害에對ᄒᆞ야도正當防衛를認ᄒᆞᄂᆞᆫ가　身體에만止ᄒᆞᄂᆞᆫ侵害ᄂᆞᆫ生命에關ᄒᆞᆫ者와比較ᄒᆞ면重大치아니ᄒᆞᄂᆞ實際에ᄂᆞᆫ其區別이判然치아니ᄒᆞ니縱令暴行者가人의身體에만傷害를加ᄒᆞᆷ에止ᄒᆞ고必致死케ᄒᆞᆯ意思가無ᄒᆞ다ᄒᆞᆯ지라도暴行이稍重ᄒᆞᆫ境遇ᄂᆞᆫ被害者ᄂᆞᆫ其生命을保護ᄒᆞᆯ必要가有ᄒᆞᆷ으로信ᄒᆞᄂᆞᆫ事ㅣ必然ᄒᆞ니彼가我의脚을棒打ᄒᆞ면彼가我를擊殺ᄒᆞ라ᄒᆞᆫ다憂思ᄒᆞᆷ은無恠ᄒᆞᆫ지라此境遇에ᄂᆞᆫ其生命을爲ᄒᆞ야ᄂᆞᆫ亦身體를保護치아니키不可ᄒᆞ야腕力으로써此를防衛ᄒᆞᆷ은正當ᄒᆞᆫ事ㅣ라

(4) 財產上危害에對ᄒᆞ야도正當防衛를認ᄒᆞᄂᆞᆫ가　或曰假令全財產을擧ᄒᆞ야盜賊에所奪되ᄂᆞ此를訴ᄒᆞᆯ方

法이不無ᄒᆞ며如何히貴重ᄒᆞᆫ財寶라도此를盜取ᄒᆞᆫ故로써人을殺傷ᄒᆞ기ᄭᆞ지反擊홈은正理가아니라故로財産에對ᄒᆞ야ᄂᆞᆫ正當防衛權이無ᄒᆞ다ᄒᆞ며又或曰他日에法律의保護에依ᄒᆞ야其損害를回復ᄒᆞᆯ道가有ᄒᆞᆫ者ᄂᆞᆫ正當防衛를不成ᄒᆞᆯ지로ᄃᆡ不然ᄒᆞᆫ者ᄂᆞᆫ財産도亦生命身體와如히同一히保護ᄒᆞᆯ必要가有ᄒᆞᄂᆞ니今에他人의所有地를侵害ᄒᆞ며又ᄂᆞᆫ境界를變更ᄒᆞ려ᄒᆞ거나或은物品을盜取ᄒᆞ려ᄒᆞᄂᆞᆫ者ㅣ有ᄒᆞ야其盜賊이所有主의相識ᄒᆞᄂᆞᆫ富者인境遇에ᄂᆞᆫ其損害ᄂᆞᆫ法律의保護를待ᄒᆞ야徐히回復홈을得ᄒᆞᆯ者인故로急히腕力에訴ᄒᆞ야其盜賊의生命身體를害ᄒᆞ기ᄭᆞ지此를防衛홈은反히不正ᄒᆞᆫ者ㅣ라ᄒᆞᆯ지로ᄃᆡ反是ᄒᆞ야其損害ᄂᆞᆫ到底히回復키不能ᄒᆞ거나又ᄂᆞᆫ回復ᄒᆞ기非常히困難ᄒᆞ거나或은本人에取ᄒᆞ야生命갓치緊要ᄒᆞᆫ書類를破毁ᄒᆞ려ᄒᆞ거나又ᄂᆞᆫ住家收獲物等에向ᄒᆞ야放火ᄒᆞ려홈과如ᄒᆞᆫ境遇에ᄂᆞᆫ비록生命身體에危害ᄂᆞᆫ不及ᄒᆞᄂᆞ此等은極力으로保護ᄒᆞᆯ必要가有ᄒᆞᆫ權利됨이無違ᄒᆞᄂᆞ니故로萬不得已ᄒᆞ야ᄂᆞᆫ加害者를殺傷ᄒᆞᆯ지라도此를防衛홈이無妨ᄒᆞ다ᄒᆞ니라然이나本條의明文은此等의區別이無홈으로生命身體又ᄂᆞᆫ財産됨을不問ᄒᆞ고此에對ᄒᆞᆫ侵害가急迫且不正ᄒᆞ고其權利를防衛ᄒᆞ기에公權에訴ᄒᆞᆯ暇隙이無ᄒᆞᆫ不得已ᄒᆞᆫ行爲ᄂᆞᆫ總히此를罰치아니ᄒᆞ며且其權利ᄂᆞᆫ自己에屬ᄒᆞᆫ者와他人에屬ᄒᆞᆫ者를不問ᄒᆞᄂᆞ니彼他日에可히回復ᄒᆞᆯ途가有ᄒᆞᆫ境遇에ᄂᆞᆫ危迫不得已ᄒᆞ다謂키難ᄒᆞ니故로遽히腕力防衛를爲키不可ᄒᆞᄂᆞ不然ᄒᆞᆫ境遇에ᄂᆞᆫ前述ᄒᆞᆫ後者의說과如히財産上危害에도亦此를行使홈을可得ᄒᆞᆯ지니라

(5)自由、貞操上危害에對ᄒᆞ야도亦正當防衛를認ᄒᆞᄂᆞᆫ가　凡自由、貞操에對ᄒᆞᆫ侵害ᄂᆞᆫ廣意로解釋ᄒᆞ면身体에對ᄒᆞᆫ侵害中에包含될者ㅣ라然이나敵이身體의一部를毁傷ᄒᆞ랴홈이아니오暴行脅迫으로人을强制ᄒᆞ야拘禁或誘拐ᄒᆞ랴ᄒᆞ거나强姦又ᄂᆞᆫ猥褻의行爲를加ᄒᆞ랴ᄒᆞᄂᆞᆫ時도亦腕力을用ᄒᆞ야加害者를殺傷ᄒᆞᆯ지라도權利를保全ᄒᆞᄂᆞᆫ正當行爲라謂치아니키不可ᄒᆞ니라然而假令本夫가其妻의姦通되랴홈을適見ᄒᆞ고敵의犯罪를遂行치못케ᄒᆞ기爲ᄒᆞ야此를殺害ᄒᆞ엿슬진ᄃᆡ如何ᄒᆞᆯ고敵의所爲가强姦될時ᄂᆞᆫ危迫ᄒᆞᆫ暴行脅迫은他人을爲ᄒᆞ야도此를防衛홈을得ᄒᆞᄂᆞ니故로此境遇에ᄂᆞᆫ本夫의行爲ᄂᆞᆫ正當防衛를行ᄒᆞᆯ지로ᄃᆡ反

是ᄒᆞ야敵의所爲가和姦될時ᄂᆞᆫ何等의暴行脅迫이無ᄒᆞ고兩方이和意로서行ᄒᆞᄂᆞᆫ者인즉急迫ᄒᆞᆫ侵害라謂ᄏᆡ不得ᄒᆞᆯ지며從ᄒᆞ야本夫ᄂᆞᆫ如何히憤激ᄒᆞᆯ지라도正當ᄒᆞᆫ順序로써訴ᄒᆞᆷ이可ᄒᆞ고遽히腕力을行使ᄏᆡ不可ᄒᆞᆫ지라故로此境遇에本夫로브터觀ᄒᆞᆯ時ᄂᆞᆫ多少其名譽에汚辱이及ᄒᆞ나正當防衛ᄂᆞᆫ行使ᄏᆡ不能ᄒᆞ니라

(6)名譽上侵害에對ᄒᆞ야도正當防衛ᄅᆞᆯ認ᄒᆞᄂᆞᆫ가　凡名譽에關ᄒᆞᆫ侵害ᄂᆞᆫ彼生命身體等에對ᄒᆞᆷ과如히目前에急迫ᄒᆞᄂᆞᆫ事ㅣ少ᄒᆞ야其侵害가過去ᄒᆞᆫ後에結果ᄅᆞᆯ不見ᄒᆞ면果然名譽ᄅᆞᆯ毁損ᄒᆞᆫ與否ᄅᆞᆯ確知ᄏᆡ難ᄒᆞ며又或公衆의眼前에惡事ᄅᆞᆯ揑造ᄒᆞ야名譽ᄅᆞᆯ毁ᄒᆞᄂᆞᆫ者ㅣ有ᄒᆞᆯ지라도此에對ᄒᆞ야腕力으로雌雄을決ᄒᆞᆷ보다寧히司法에訴ᄒᆞ야公正ᄒᆞᆫ判決로써彼ᄅᆞᆯ處罰ᄒᆞᆷ이公衆의聞見을爲ᄒᆞ야도正大光明ᄒᆞ야名譽ᄅᆞᆯ回復ᄒᆞ기可得ᄒᆞᆯ지라故로名譽에對ᄒᆞ야ᄂᆞᆫ急迫不得已에出ᄒᆞᆫ境遇가無ᄒᆞᆯ지며從ᄒᆞ야正當防衛ᄅᆞᆯ認치아니ᄒᆞᄂᆞ니라

(7)逃走ᄒᆞ면可避ᄒᆞᆯ侵害에도正當防衛ᄅᆞᆯ認ᄒᆞᆯ가　生命身體에侵害ᄅᆞᆯ加ᄒᆞᄂᆞᆫ者ㅣ有ᄒᆞᆫ際에逃走ᄒᆞᆷ을可得ᄒᆞᄃᆡ逃走치아니ᄒᆞ고敵을反擊ᄒᆞᆫ者ᄂᆞᆫ正當防衛에出ᄒᆞᆫ行爲라云ᄒᆞᆷ을得ᄒᆞᆯ가若此ᄅᆞᆯ正當防衛라ᄒᆞᆯ진ᄃᆡ本條第一項에依ᄒᆞ야反擊ᄒᆞᆫ行爲가無罪될지오不然ᄒᆞᆯ진ᄃᆡ第二項에依ᄒᆞ야減免이有ᄒᆞᆯᄲᅮᆫ이라然이나此ᄂᆞᆫ純然ᄒᆞᆫ事實問題에屬ᄒᆞᄂᆞ니逃走ᄒᆞᆷ을可得ᄒᆞᆯ狀況如何及不得已ᄒᆞᆫ程度如何ᄅᆞᆯ實査ᄒᆞᆷ이아니면決定ᄏᆡ難ᄒᆞ니라然而玆에注意ᄒᆞᆯ一点은다못暴行의始初에逃避ᄅᆞᆯ可得ᄒᆞᆯ情况이有ᄒᆞ엿던一事로만理由로ᄒᆞ야其防衛ᄅᆞᆯ要ᄒᆞᆯ者ㅣ아니라速斷치못ᄒᆞᆯ지니實際被害者의事情으로ᄂᆞᆫ若一次逃退ᄒᆞ야敵에게弱勢ᄅᆞᆯ示ᄒᆞ면身을反危ᄒᆞᆯ形便이有ᄒᆞᆷ을可測치못ᄒᆞᆯ所以니라

(8)官吏의侵害에對ᄒᆞ야도正當防衛ᄅᆞᆯ認ᄒᆞᆯ가　盖一私人이官吏에對ᄒᆞ야腕力을肆ᄒᆞᆷ은普通으로ᄂᆞᆫ官吏의職務ᄅᆞᆯ妨害ᄒᆞᄂᆞᆫ罪가成立ᄒᆞᄂᆞᆫ者ㅣ라然이나職務 妨害罪ᄅᆞᆯ成 立ᄒᆞᆷ에ᄂᆞᆫ(一)官吏된資格이有ᄒᆞᆫ者ㅣ(二)職務上으로(三)法律規則을執行ᄒᆞ거나又ᄂᆞᆫ行政、司法官廳의命令을執行ᄒᆞᆷ을當ᄒᆞ야(四)暴行脅迫으로抗拒ᄒᆞᆫ事ᄅᆞᆯ要ᄒᆞᄂᆞ니若此四個條件中其一을缺ᄒᆞ야明確히不正ᄒᆞᆫ境遇에ᄂᆞᆫ侵害ᄅᆞᆯ加ᄒᆞᄂᆞᆫ者ㅣ비록官吏라도苟히自招ᄒᆞᆫ者ㅣ아니면其暴行脅迫을防ᄒᆞ기爲ᄒᆞ야不得已腕力을用ᄒᆞ나罪되ᄂᆞᆫ事ㅣ無ᄒᆞᆯ지

나라

第三十七條　自己又ᄂᆞᆫ他人의生命、身體、自由或은財産에對ᄒᆞᄂᆞᆫ現在의危難을避ᄒᆞ기爲ᄒᆞ야不得已ᄒᆞᆷ에出ᄒᆞᆫ出爲ᄂᆞᆫ其行爲로브터生ᄒᆞᆫ害가其避코져ᄒᆞᆫ害의程度를超치아니ᄒᆞᆫ境遇에限ᄒᆞ야此를罰치아니ᄒᆞᆷ但其程度를超ᄒᆞᆫ行爲ᄂᆞᆫ情狀에因ᄒᆞ야其刑을減輕又ᄂᆞᆫ免除ᄒᆞᆯ事를得ᄒᆞᆷ

前項의規定은業務上特別ᄒᆞᆫ義務有ᄒᆞᆫ者에ᄂᆞᆫ此를適用치아니ᄒᆞᆷ

[第一項]自己又ᄂᆞᆫ他人의生命、身體、自由或은財産에對ᄒᆞ야現在의危難을遭ᄒᆞᆫ時에他에加施ᄒᆞᆯ餘地가無ᄒᆞᆷ으로此를避ᄒᆞ기爲ᄒᆞ야不得已行ᄒᆞᆫ境遇에ᄂᆞᆫ其行爲로브터生ᄒᆞᆫ害와避ᄒᆞ라ᄒᆞᄂᆞᆫ危難의害를比較ᄒᆞ야後者의害가大ᄒᆞ거나又ᄂᆞᆫ相同ᄒᆞᆯ時ᄂᆞᆫ其行爲ᄂᆞᆫ此를罰치아니ᄒᆞᄂᆞ니然而其避ᄒᆞ려ᄒᆞᄂᆞᆫ危難의害가防衛ᄒᆞ기爲ᄒᆞ야行ᄒᆞᆫ行爲로브터生ᄒᆞᆫ害보다少ᄒᆞᆯ時ᄂᆞᆫ僅少ᄒᆞᆫ害를免ᄒᆞ기爲ᄒᆞ야大害를作成ᄒᆞᆫ者이니即其必要의程度를超ᄒᆞᆫ行爲인故로此를處罰ᄒᆞ되情狀에依ᄒᆞ야其刑을減輕ᄒᆞ거나又ᄂᆞᆫ免除ᄒᆞᆯ事를規定ᄒᆞᆫ지라今에一例를擧ᄒᆞ건ᄃᆡ甲乙二人이海中에溺ᄒᆞ야僅히一人을救ᄒᆞᆯ一枚板을互相爭奪ᄒᆞ다가甲이强力으로써其板을奪取ᄒᆞ엿슴으로甲은其生命을保ᄒᆞ고乙은溺死ᄒᆞᆫ境遇에ᄂᆞᆫ甲의所爲ᄂᆞᆫ乙을致死케ᄒᆞᆫ바明暸ᄒᆞ되甲은自己現在의危難을避ᄒᆞ기爲ᄒᆞ야不得已行ᄒᆞᆫ者ㅣ니甲의此行爲로브터生ᄒᆞᆫ바乙을溺死케ᄒᆞᆫ害ᄂᆞᆫ若乙을致死케아니ᄒᆞ면甲의生命을失ᄒᆞᆯ害와程度가相同ᄒᆞᆫ故로甲의乙을殺ᄒᆞᆫ行爲ᄂᆞᆫ此를罰치아니ᄒᆞᆯ지니其他ᄂᆞᆫ前條의說明에類推ᄒᆞ야可히解得ᄒᆞᆯ지니라

[第二項]前項의規定은職務上으로他人을救護ᄒᆞᆯ義務가有ᄒᆞᆫ者에ᄂᆞᆫ適用치아니ᄒᆞᄂᆞ니前例의境遇에船員、艦長、水夫、警察官等은自己의私益을保ᄒᆞ기爲ᄒᆞ야他人을可害ᄒᆞᆯ者ㅣ아니라職務上他人의救護

에盡力치아니키不可ᄒᆞᆫ義務가有ᄒᆞᆫ者임으로써縱令如上의行爲가有ᄒᆞᆯ지라도本條第一項의恩典을受치못ᄒᆞᆯ지니라

今에本條와前條의規上差異를見ᄒᆞ건ᄃᆡ前條ᄂᆞᆫ人의侵害行爲에對ᄒᆞᆫ正當防衛를規定ᄒᆞᆫ者ㅣ로ᄃᆡ本條ᄂᆞᆫ人以外의天災事變等危難에對ᄒᆞᆫ境遇오又前條ᄂᆞᆫ不正ᄒᆞᆫ侵害行爲에만對ᄒᆞᆷ이로ᄃᆡ本條ᄂᆞᆫ不正ᄒᆞᆷ이아닌境遇도包含ᄒᆞᆷ이니前例의境遇에乙은甲에對ᄒᆞ야侵害를加ᄒᆞᄂᆞᆫ者ㅣ아니며又乙은何等의不正ᄒᆞᆫ行爲를爲ᄒᆞᆫ者ㅣ아니라故로甲이此를溺死케ᄒᆞᆷ은普通으로ᄂᆞᆫ坐罪를不免ᄒᆞᆯ지로ᄃᆡ本條第一項의規定에依ᄒᆞ야無罪될지오다못其實況이一方에在ᄒᆞ야ᄂᆞᆫ何等大害를生ᄒᆞᆯ者ㅣ아니어늘此를避ᄒᆞ기爲ᄒᆞ야他一方에重大ᄒᆞᆫ害를及ᄒᆞᆯ事를忍爲ᄒᆞᆫ境遇에ᄂᆞᆫ處罰을不免ᄒᆞᆯ지니要컨ᄃᆡ前條ᄂᆞᆫ正當防衛의權利에因ᄒᆞ야無罪됨이로ᄃᆡ本條ᄂᆞᆫ危急ᄒᆞᆫ避難行爲에因ᄒᆞ야無罪되ᄂᆞᆫ者ㅣ니라

第三十八條　罪를犯ᄒᆞᆯ意가無ᄒᆞᆫ行爲ᄂᆞᆫ此를罰치아니ᄒᆞᆷ但法律에特別規定이有ᄒᆞᆫ境遇ᄂᆞᆫ此限에不在ᄒᆞᆷ

罪本重ᄒᆞᆯ지라도犯ᄒᆞᆯ時不知ᄒᆞᆫ者ᄂᆞᆫ其重ᄒᆞᆷ에從ᄒᆞ야處斷ᄒᆞᆯ事를不得ᄒᆞᆷ

法律을不知ᄒᆞᆷ으로써罪를犯ᄒᆞᆯ意가無ᄒᆞ다ᄒᆞᆯ事를不得ᄒᆞᆷ但情狀에因ᄒᆞ야其刑을減輕ᄒᆞᆷ

本條ᄂᆞᆫ犯意의有無로罰不罰을定ᄒᆞᄂᆞᆫ規定이니

[第一項]特別히法律에規定ᄒᆞᆫ境遇를除ᄒᆞᆫ外에ᄂᆞᆫ犯意가無ᄒᆞᆫ行爲ᄂᆞᆫ此를罰치아니ᄒᆞ나니苟히其罪를犯ᄒᆞᆯ意思가無ᄒᆞ고行ᄒᆞᆫ行爲ᄂᆞᆫ本人이責任을不有ᄒᆞᆫ故로犯罪事實이有ᄒᆞ나此를罰키不得ᄒᆞᆯ지니例如山谷에서人의在ᄒᆞᆷ을不知ᄒᆞ고獵銃을發ᄒᆞ야偶히樵夫를殺ᄒᆞᆷ과人家의牛馬를自己의牛馬로誤見ᄒᆞ고自家에牽取ᄒᆞᆫ行爲等은비록人을殺ᄒᆞ며物을取ᄒᆞᆫ事實이明確ᄒᆞ나自初로犯意가無ᄒᆞ니此를殺人罪又ᄂᆞᆫ窃盜罪

神의發育이充分치못ᄒᆞ야意思能力이無ᄒᆞᆯ뿐아니라此에對ᄒᆞ야ᄂᆞᆫ懲治ᄅᆞᆯ加ᄒᆞᆯ方法이充分치아니ᄒᆞ야此等幼年犯罪者ᄅᆞᆯ罰ᄒᆞ나何等의利益이無ᄒᆞ고反히惡感化ᄅᆞᆯ受ᄒᆞᆯ弊害가多ᄒᆞᆫ즉此等은寧히學校의敎育과家政의監督에任ᄒᆞ야感化ᄅᆞᆯ遂케ᄒᆞᆯ以外에ᄂᆞᆫ他道가無ᄒᆞᆫ故로十四歲未滿ᄒᆞᆫ者ᄂᆞᆫ如何ᄒᆞᆫ行爲던지刑法上의責任을不負ᄒᆞ야此ᄅᆞᆯ罰치아니ᄒᆞᄂᆞ니라

參照

(1)玆에本條에十四歲라ᄒᆞᆷ은出生日로브터起算ᄒᆞ야滿十四歲됨을謂ᄒᆞᆷ이오朝鮮舊俗과如히生年을計ᄒᆞᄂᆞᆫ者ㅣ아니라（明治三十二年法律第三十三號年齡計算에關ᄒᆞᆫ件參照）

(2)租稅法令事犯에就ᄒᆞ야ᄂᆞᆫ本條ᄅᆞᆯ適用치아니ᄒᆞᆷ（第三十八條의參照와參看）

第四十二條　罪ᄅᆞᆯ犯ᄒᆞ고아즉官에發覺되기前自首ᄒᆞᆫ者ᄂᆞᆫ其刑을減輕ᄒᆞᆯ事ᄅᆞᆯ得ᄒᆞᆷ
告訴ᄅᆞᆯ待ᄒᆞ야論ᄒᆞᆯ罪에對ᄒᆞ야告訴權을有ᄒᆞᆫ者에首服ᄒᆞᆫ者도亦同ᄒᆞᆷ

本條ᄂᆞᆫ自首減輕에關ᄒᆞᆫ規定이니

第一項　罪ᄅᆞᆯ犯ᄒᆞ고아즉官에發覺되기前에自首ᄒᆞᆫ者ᄂᆞᆫ其刑을減輕ᄒᆞᆷ을得ᄒᆞᄂᆞ니犯人이스사로其罪ᄅᆞᆯ官에出訴ᄒᆞᆯ時ᄂᆞᆫ犯人은其行爲의惡事됨을悔悟ᄒᆞᆫ者라謂ᄒᆞᆯ지오其官에셔ᄂᆞᆫ犯人의搜索、逮捕等煩勞가無ᄒᆞ며又犯人을不得ᄒᆞᆫ故로無辜ᄅᆞᆯ誤陷케ᄒᆞᄂᆞᆫ弊가無ᄒᆞ고犯罪逃刑의不公平을防ᄒᆞᆷ을得ᄒᆞᆯ지니故로刑法에ᄂᆞᆫ此等을奬勵ᄒᆞ기爲ᄒᆞ야特히其刑을減輕ᄒᆞᆷ을得케ᄒᆞᆷ이라然이나刑法上自首가成立됨에ᄂᆞᆫ左의條件을具備ᄒᆞᆷ을要ᄒᆞᄂᆞ니

(1)事未發覺된前에自首ᄒᆞᆷ을要ᄒᆞᄂᆞ니　旣히發覺된後ᄂᆞᆫ비록自首ᄒᆞᆯ지라도刑을減輕ᄒᆞᄂᆞᆫ事ㅣ無ᄒᆞᄂᆞ니라然而此에未發覺이라ᄒᆞᆷ은官에셔全然히其事實을不知ᄒᆞᆫ時와犯罪事實이有ᄒᆞᆷ을知ᄒᆞ나犯人의誰某됨을不知ᄒᆞᄂᆞᆫ間ᄭᅡ지云ᄒᆞᆷ이니라

(2)犯者가스스로出訴홈을要ᄒᆞᄂᆞ니 出訴의方法은自身이官에自進ᄒᆞ야書面又ᄂᆞᆫ口頭로써ᄒᆞ거나或은一定ᄒᆞᆫ處所에在ᄒᆞ야書面으로써告訴홈도無妨ᄒᆞ나반다시官으로ᄒᆞ여곰容易히自己를引致ᄒᆞ야刑을實行홈을得ᄒᆞᆯ만ᄒᆞᆫ地位에置홈을要ᄒᆞᄂᆞ니彼外國絶域에在ᄒᆞ야他人으로代告케ᄒᆞ거나又ᄂᆞᆫ姓名住所를隱匿ᄒᆞᆫ書面으로通知ᄒᆞᆫ境遇ᄂᆞᆫ自首ᄒᆞᆫ者ㅣ아니니라

(3)事實을申出홈을要ᄒᆞᄂᆞ니 비록官門에就ᄒᆞ야我가犯罪者라叩訴ᄒᆞ나果然其犯罪가有ᄒᆞ야事實을申立치아니ᄒᆞ면또ᄒᆞᆫ罪를自首ᄒᆞᄂᆞᆫ者ㅣ아니라然이나其自訴ᄒᆞᄂᆞᆫ事實은判決確定後의事實과多少不同ᄒᆞᆫ者ㅣ有ᄒᆞᆯ지라도無妨ᄒᆞ니例如人家에侵入ᄒᆞ야二種의物을窃取ᄒᆞᆫ者ㅣ一種物을窃取ᄒᆞ얏다申出ᄒᆞ얏슬지라도自首의成立에ᄂᆞᆫ妨害가無ᄒᆞ니라

(4)官에對ᄒᆞ야自首홈을要ᄒᆞᄂᆞ니 官이라홈은裁判所、檢事局、警察官署及警察事務를取扱ᄒᆞᄂᆞᆫ憲兵隊所等을謂홈이라故로此等官이아닌處所에서私히其事實을自談ᄒᆞ나自首가成立홈이無ᄒᆞ니라

[第二項]犯罪의種類中告訴를待ᄒᆞ야論ᄒᆞᆯ者에就ᄒᆞ야ᄂᆞᆫ犯人이官에自首치아니ᄒᆞ고未發覺前에其告訴權을有ᄒᆞᆫ者에게犯罪事實을告ᄒᆞᆫ時도亦官에自首ᄒᆞᆫ者와同히其刑을減輕홈을得ᄒᆞᄂᆞ니告訴權을有ᄒᆞᆫ者ᄂᆞᆫ大概被害者니例如姦通罪에本夫와如홈이是라姦通罪ᄂᆞᆫ本夫의告訴를待ᄒᆞ야其罪를論ᄒᆞᆯ者인즉官에서비록事實을了解ᄒᆞᆯ지라도本夫即被害者의告訴가無ᄒᆞᆫ限은此를論罪키不可ᄒᆞᆫ所謂親告罪(第二十二章各條叅看)라故로姦夫姦婦가아즉發覺되기前에本夫에對ᄒᆞ야其犯罪事實을自服ᄒᆞᆫ時ᄂᆞᆫ若未告訴前에本夫가此를宥恕ᄒᆞ면法律은强히此를干涉키不可ᄒᆞ나既히告訴ᄒᆞᆯ지라도自首에因ᄒᆞ야刑을減免ᄒᆞᆯ지라

第八章 未遂罪

本章은未遂罪에關ᄒᆞ야規定ᄒᆞ엿스니未遂罪라홈은犯罪의아즉遂成되지아니ᄒᆞᆫ者을云홈이라然則犯罪ᄂᆞᆫ如何ᄒᆞᆫ程度에進ᄒᆞᆫ時에既遂되며如何ᄒᆞᆫ程度에止ᄒᆞᆫ時에未遂되ᄂᆞᆫ지此를推察ᄒᆞ건ᄃᆡ凡一罪를既遂에

至ᄒᆞ기까지에ᄂᆞᆫ六階級을經ᄒᆞᆷ을要ᄒᆞᄂᆞ니(第一)罪를犯ᄒᆯ意思를發ᄒᆞᄂᆞᆫ發意、(第二)其發意를必行ᄒᆯ事의決定、(第三)決心에一步를進ᄒᆞ야用ᄒᆯ方法手段의定案、(第四)旣히方法手段을案出ᄒᆞᆫ後內部의意思를實行ᄒᆞ기爲ᄒᆞ야外部의行動에現出ᄒᆞᄂᆞᆫ方法手段에豫備、(第五)豫備ᄒᆞᆫ바를實地의犯罪行爲에着手、(第六)犯罪行爲의決行을終了ᄒᆞᄂᆞᆫ實行이是라着手實行의段階에入ᄒᆞᄂᆞᆫ間에犯人이或意外의障碍에因ᄒᆞ야目的을不達ᄒᆞ고止ᄒᆞ며又或自己의意思에因ᄒᆞ야犯罪를中止ᄒᆞᄂᆞᆫ境遇가有ᄒᆯ지니此等을因ᄒᆞ야犯罪의目的을遂成치못ᄒᆞᆫ者를未遂罪ㅣ라稱ᄒᆞᄂᆞ니라是以로未遂罪를成ᄒᆞᆷ에ᄂᆞᆫ左의條件을具備ᄒᆞᆷ을要ᄒᆞᄂᆞ니

(1)犯罪의行爲에着手又ᄂᆞᆫ實行ᄒᆞᆫ事
(2)犯人이其實行을中止ᄒᆞ라면任意로此를中止ᄒᆞᆷ을得ᄒᆯ狀態에在ᄒᆞᆫ事
(3)完全히其犯罪의目的을達ᄒᆯ結果를未生ᄒᆞᆫ事

元來未遂罪도其境遇가甚多ᄒᆞ야動輒豫備에止ᄒᆞᆷ과如ᄒᆞᆫ者도未遂罪도誤認ᄒᆞᄂᆞᆫ境遇가不無ᄒᆞ니例如甲者가乙者를銃殺ᄒᆞ랴ᄒᆞ야乙者를途上에要致ᄒᆞ야其來를待ᄒᆞ다가適時警察官吏의巡邏를見ᄒᆞ고仍卽逋走ᄒᆞ엿슬진ᄃᆡ此境遇에ᄂᆞᆫ未遂罪라ᄒᆞ기不可ᄒᆞ니何者오甲은豫備에止ᄒᆞ고着手에未至ᄒᆞᆫ所以며又前例에甲者가乙者를見ᄒᆞ고銃을狙向ᄒᆞ야發射ᄒᆞ랴ᄒᆞ다가忽然自己意思를飜改ᄒᆞ거ᄂᆞ又ᄂᆞᆫ他의障碍를因ᄒᆞ야此를發射치못ᄒᆞ엿슬진ᄃᆡ此境遇에ᄂᆞᆫ未遂罪를成ᄒᆞᄂᆞ니何者오아즉結果를不生ᄒᆞᄂᆞ旣히一次着手ᄒᆞᆫ事ㅣ無疑ᄒᆞᆫ所以라

故로未遂罪ᄂᆞᆫ着手未遂罪、實行未遂罪(卽缺効犯)와中止犯의三者를包含ᄒᆞ엿ᄂᆞ이左에此를歷述ᄒᆯ지라

着手未遂罪ᄂᆞᆫ前述ᄒᆞᆷ과如히豫備로브터一段階를進ᄒᆞᆫ者인즉其行爲가旣히外部에現出ᄒᆞ야實行에至ᄒᆞ기까지ᄂᆞᆫ僅少ᄒᆞᆫ差가有ᄒᆯ뿐이오間不容髮의際에此를中止ᄒᆞ거ᄂᆞ又ᄂᆞᆫ意外에障碍를因ᄒᆞ야其目的을遂成ᄒᆞᆷ을不得ᄒᆞᄂᆞᆫ者ㅣ니若此를中止치아니ᄒᆞ거나又ᄂᆞᆫ意外의障碍가無ᄒᆞ엿스면此를遂行ᄒᆞᆷ을得ᄒᆯ바

를難測ᄒᆞᆫ지라故로法律은原則으로ᄂᆞᆫ罰ᄒᆞᄂᆞ니此ㅣ社會公安의維持上免除ᄒᆞᆫ所以라

實行未遂罪即缺効犯은犯罪될行爲를決行ᄒᆞ야終ᄒᆞ엿시나或自己意思에因ᄒᆞ야此를中止ᄒᆞ며又ᄂᆞᆫ其結果를生ᄒᆞᆯ事를防ᄒᆞ고或은他의障碍에因ᄒᆞ야其効果를不生ᄒᆞᆫ者ㅣ라此境遇ᄂᆞᆫ法理上着手未遂犯과區別ᄒᆞ기爲ᄒᆞ야特히缺効犯이라稱ᄒᆞᄂᆞ니本法에셔ᄂᆞᆫ此等區別을不設ᄒᆞ니라今에一例를擧ᄒᆞ건ᄃᆡ人을毒殺ᄒᆞᆯ目的으로人을殺ᄒᆞ기에足ᄒᆞᆫ毒藥을服用케ᄒᆞ엿스나其人이即時驚悟ᄒᆞ야解毒劑를服用ᄒᆞᆷ으로遂乃死의結果를不生ᄒᆞᆫ境遇等이니毒藥을服用케ᄒᆞᆷ은實行을既히終了ᄒᆞ엿스나被害者가解毒劑를服用ᄒᆞᆫ意外의障碍를因ᄒᆞ야結果를不生ᄒᆞᆫ所以라

中止犯이라ᄒᆞᆷ은着手未遂又實行未遂를不分ᄒᆞ고犯人이意外의障碍를因ᄒᆞᆷ이아니오自己의意思에因ᄒᆞ야着手ᄒᆞᆫ後此를中止ᄒᆞ거나實行ᄒᆞᆫ後其結果를生ᄒᆞᆯ事를防ᄒᆞ야犯罪의目的을遂成치아니ᄒᆞᆫ者를云ᄒᆞᆷ이니從ᄒᆞ야中止犯도亦着手中止犯과實行中止犯二者로分ᄒᆞᆷ을得ᄒᆞᆯ지니實行中止犯이라ᄒᆞᆷ은前例의境遇에一次毒藥을飮用케ᄒᆞᆫ後犯人이스ᄉᆞ로飜然悔悟ᄒᆞ야即時解毒劑를飮케ᄒᆞ야死의結果를防止ᄒᆞᆷ과如ᄒᆞᆫ者오着手中止犯이라ᄒᆞᆷ은窃盜를行ᄒᆞ기爲ᄒᆞ야開金을準備ᄒᆞ야人家에窃入ᄒᆞ야金庫를開ᄒᆞ다가即時悔悟ᄒᆞ야此를反閉ᄒᆞ고止ᄒᆞᆷ과如ᄒᆞᆫ等이라

第四十三條　犯罪의實行에着手ᄒᆞ고此를未遂ᄒᆞᆫ者ᄂᆞᆫ其刑를減輕ᄒᆞᆯ事를得ᄒᆞᆷ但自已의意思에因ᄒᆞ야此를止ᄒᆞᆫ時ᄂᆞᆫ其刑을減輕又ᄂᆞᆫ免除ᄒᆞᆷ

本條ᄂᆞᆫ未遂罪의性質及에適用ᄒᆞᆯ刑을規定ᄒᆞ엿스니即犯罪의實行에着手ᄒᆞ야此를未遂ᄒᆞᆫ者ᄂᆞᆫ此를罰ᄒᆞ되其刑을輕減ᄒᆞᆷ을得케ᄒᆞ고犯人이其意思에依ᄒᆞ야中止ᄒᆞᆫ時ᄂᆞᆫ愈益其刑減輕ᄒᆞ거나又ᄂᆞᆫ免除ᄒᆞᆷ을得케ᄒᆞᄂᆞ니此ㅣ未遂罪ᄂᆞᆫ其結果된危害의程度ᄂᆞᆫ既遂罪에比ᄒᆞ야多少輕微ᄒᆞᆫ者ㅣ有ᄒᆞ나既히着手以上의行爲에及ᄒᆞᆫ者인즉法律은人의心内事를罰키不能ᄒᆞ나外部의行爲에現出ᄒᆞᆫ者ᄂᆞᆫ此를容恕키不可ᄒᆞᆫ지라故

로다못其刑을輕減홈을得케홈이라然而犯人이一次實行에着手훈後라도自意로悔悟호야中止훈時는社會에及호는害毒이少호며且其情狀이諒憫宥恕홀바ㅣ有훈故로一般히其刑을減免호며又는情狀에因호야刑을全免홈을得케호니라

然이나未遂罪는其刑을減輕又는免除홀지라도未遂의前에其行爲는既히他法條에犯觸되야他의犯罪를搆成호는境遇가有호니前例와境遇에金庫를開호다가中止홈은窃盜의未遂罪로호야刑을免除호나最初窃盜를行호기爲호야人家에侵入홈은別로히住宅侵入罪를搆成호야當該刑罰을受홈에至홀지니라

第四十四條　未遂罪를罰호는境遇에는各本條에셔此를定홈

本條는未遂罪를罰홈은本法各本條에此를罰홀規定이有훈者에限호야此를罰홀事를規定호얏스니例如第七十七條에前項의未遂罪는此를罰홈이라홈과如훈境遇에는此를罰호되不然훈境遇에는未遂罪를罰호는事ㅣ無호니故로未遂罪를罰호는者는第二編各本條中에반다시明示훈者ㅣ有호니라

第九章　併合罪

併合罪라홈은一人이犯훈數種의罪를併合호야一時에處斷홈을云홈이니凡犯罪는一種에對호야一刑을科홈이原則이로되數種의罪가一時에俱發호거나又는互相前後發生훈時는此를處理홈은常히同一時期에在훈故로其處斷의節次를併合호야此를爲홈은執行上便利훈所以라

第四十五條　確定裁判을經치아니훈數罪를併合罪라홈若某罪에對호야確定裁判이有훈時는止훈其罪와其裁判確定前에犯훈罪를併合罪라홈

本條는併合罪의定義를規定훈者ㅣ니卽併合罪라稱호는者는確定裁判을經치아니훈數罪를併合호야此에對호야一刑을科호는者를云홈이니例如一人이强盜를爲호며窃盜를行호고又人을殺害훈境遇와如홈이라此를併合罪로호야處斷홈에는數者ㅣ共히아즉確定裁判을未經훈者됨을要호느니既히一罪에就호

야裁判이確定된時는處斷을旣了혼故로此를併合키不能혼所以라然이나某罪에就ᄒᆞ야確定裁判이有혼時라도其罪와其裁判確定前에犯혼他罪（未確定裁判者）와는此를併合罪로홈을得ᄒᆞᄂᆞ니라

第四十六條 併合罪中其一罪에對ᄒᆞ야死刑에處홀만혼時는他의刑을科치아니홈但沒收는此限에在치아니홈

其一罪에對ᄒᆞ야無期의懲役又는禁錮에處홀만혼時는亦他의刑을科치아니홈但罰金、科料及沒收는此限에不在홈

本條는併合罪의處分方法을規定혼者ㅣ니

第一項 併合罪는原則으로는其併合된各罪에該當혼刑은同時에悉皆併科홈이로디若其併合罪中一罪가死刑에該當혼者될時는其死刑一個만科ᄒᆞ고他罪에對혼刑을併科치아니ᄒᆞᄂᆞ니故로死刑에處홀罪를犯ᄒᆞ고又其外에有期禁錮又는有期懲役에處홀犯罪가有홀時는事實上此數種의刑을併科키不能혼지라故로死刑을科ᄒᆞ는外에는更히他刑을科치아니ᄒᆞ되但沒收는何時던지此를併科ᄒᆞᄂᆞ니例如人을殺害ᄒᆞ고又强盜、强姦을爲혼者ㅣ有ᄒᆞ야審理혼結果殺人罪가有혼故로死刑에處홀者될時는其他强盜、强姦에對혼刑은此를科치아니ᄒᆞ되若殺人罪에用혼凶器와强盜罪에用ᄒᆞ며又는强盜ᄒᆞ야得혼財物等은此를沒收ᄒᆞᄂᆞ니라

第二項 併合罪中에其一罪가無期懲役又는無期禁錮에處홀者될時는是亦前項과同히無期의一刑을科ᄒᆞ는外에他刑을併科홈이無홈이라然이나本項에는但書로써罰金、科料及沒收는此를併科홈을得혼者로定ᄒᆞ엿스니盖是等은皆犯人의財産으로브터徵收ᄒᆞ는者오身上에關혼者ㅣ아닌故로비록無期刑에處혼者에對ᄒᆞ야도併科홈을可得홀지며又何等의弊害가無혼所以라

第四十七條 併合罪中二個以上의有期懲役又는禁錮에處홀만혼罪有홀時는其最

히重ᄒᆞᆫ罪에對ᄒᆞ야定ᄒᆞᆫ刑의長期에其半數를加ᄒᆞᆫ것으로써長期라ᄒᆞᆷ但併合罪에對ᄒᆞ야定ᄒᆞᆫ刑의長期를合算ᄒᆞᆫ것에超ᄒᆞᆯ事를不得ᄒᆞᆷ

本條는併合罪中二個以上의有期懲役又는有期禁錮ᄅᆞᆯ科ᄒᆞᆯ境遇에適用ᄒᆞ는規定이니各罪는此ᄅᆞᆯ併合ᄒᆞ야其刑을併科ᄒᆞᆯ者로ᄃᆡ懲役又는禁錮의長ᄒᆞᆫ者에至ᄒᆞ야는此ᄅᆞᆯ合算ᄒᆞ면數十年에涉ᄒᆞ야有期懲役의本旨에反ᄒᆞ는故로本條로써制限ᄒᆞ엿스니卽併合罪中其最重ᄒᆞᆫ者에對ᄒᆞᆫ刑의長期에其半數의刑期ᄅᆞᆯ合算ᄒᆞᆫ者로써併合罪에對ᄒᆞᆫ刑의長期로ᄒᆞᆷ을原則으로ᄒᆞ는併合罪中其一罪된最重罪에對ᄒᆞᆫ刑과他罪에對ᄒᆞᆫ刑을合算ᄒᆞᆷ에當ᄒᆞ야重刑에其半數ᄅᆞᆯ加ᄒᆞᆫ者보다長ᄒᆞᆯ時는但書에依ᄒᆞ야併合罪에刑期는其各罪의長期ᄅᆞᆯ加ᄒᆞᆫ者보다長ᄒᆞᆷ을不許ᄒᆞᄂᆞ니例如懲役一年以下에處ᄒᆞᆯ罪와五年以下에處ᄒᆞᆯ罪와五個月以下에處ᄒᆞᆯ罪ᄅᆞᆯ併合罪로ᄒᆞ야處斷ᄒᆞᆷ에는其最重ᄒᆞᆫ罪에定ᄒᆞᆫ刑의長期卽五年에半數ᄅᆞᆯ加ᄒᆞ야七年半으로써長期로ᄒᆞ야其範圍以內에서此ᄅᆞᆯ處斷ᄒᆞᆷ이라然이나今에各罪에就ᄒᆞ야定ᄒᆞᆫ刑의長期ᄅᆞᆯ合算ᄒᆞ전ᄃᆡ六年五個月이니此境遇에는七年半은此等合算ᄒᆞᆫ者ᄅᆞᆯ超過ᄒᆞ는故로本條但書에依ᄒᆞ야七年半으로써ᄒᆞᆷ을不得ᄒᆞ고六年五個月로써長期로ᄒᆞ야此範圍內에서刑을科ᄒᆞᄂᆞ니라

第四十八條 罰金과他의刑과는此를併科ᄒᆞᆷ但第四十六條第一項의境遇에는此限에不在ᄒᆞᆷ二個以上의罰金은各罪에對ᄒᆞ야定ᄒᆞᆫ罰金의合算額以下에서處斷ᄒᆞᆷ

[第一項]罰金과他刑에當ᄒᆞᆫ犯罪에就ᄒᆞ야는罰金은一切此ᄅᆞᆯ併科ᄒᆞᆯ者로ᄒᆞ되但併合罪中一罪가死刑에當ᄒᆞ는者될時는此에罰金을併科치아니ᄒᆞᄂᆞ니夫死刑은人의極刑이라其以上에罰金을併科ᄒᆞᄂᆞ何等의效가無ᄒᆞ며且此ᄅᆞᆯ完納키不能ᄒᆞᆯ時는他刑으로換算ᄒᆞᄂᆞ實際此ᄅᆞᆯ執行키不能ᄒᆞᆫ所以라

[第二項]併合罪中二個以上의罰金에當ᄒᆞᆫ者는其各罪에定ᄒᆞᆫ金額을合算ᄒᆞᆫ範圍內에서此ᄅᆞᆯ併科ᄒᆞᄂᆞ니假令罰金五百圓以下에處ᄒᆞᆯ罪와三百圓以下에處ᄒᆞᆯ罪ᄅᆞᆯ併合罪로ᄒᆞᆷ에는其刑의合算ᄒᆞᆫ者卽八百圓으로

써多額으로ᄒᆞ야此를處斷ᄒᆞᆯ지니라

第四十九條 併合罪中重ᄒᆞᆫ罪에沒收無ᄒᆞᆯ지라도他의罪에沒收有ᄒᆞᆯ時ᄂᆞᆫ此를附加ᄒᆞᆯ事를得ᄒᆞᆷ

二個以上의沒收ᄂᆞᆫ此를併科ᄒᆞᆷ

本條ᄂᆞᆫ併合罪에關ᄒᆞᆫ附加刑을併科ᄒᆞᆯ事를規定ᄒᆞ얏스니

[第一項]併合罪中其最重ᄒᆞᆫ刑의沒收에附加刑이無ᄒᆞ고輕ᄒᆞᆫ刑에沒收의附加刑이有ᄒᆞᆯ時ᄂᆞᆫ縱令其本刑은重刑에因ᄒᆞ야此를科치아니ᄒᆞᄂᆞᆫ境遇(第四十六條參照)라도其沒收ᄂᆞᆫ此를併科ᄒᆞᆷ을得ᄒᆞᄂᆞ니라

[第二項]併合罪中二個以上의沒收의附加刑이有ᄒᆞᆫ時ᄂᆞᆫ如何ᄒᆞᆫ境遇던지此를免除ᄒᆞᄂᆞᆫ事ㅣ無ᄒᆞ고常히併科ᄒᆞᄂᆞ니라

第五十條 併合罪中既히裁判을經ᄒᆞᆫ罪와아즉裁判을經치아니ᄒᆞᆫ罪와有ᄒᆞᆯ時ᄂᆞᆫ更히裁判을經치아니ᄒᆞᆫ罪에對ᄒᆞ야處斷ᄒᆞᆷ

本條ᄂᆞᆫ併合罪中裁判을經ᄒᆞᆫ罪와不然ᄒᆞᆫ罪가有ᄒᆞᆫ境遇에其處斷方法을規定ᄒᆞ엿스니即併合罪中一罪에就ᄒᆞ야ᄂᆞᆫ裁判을既經ᄒᆞ엿스나他罪에就ᄒᆞ야裁判을未經ᄒᆞᆫ者ㅣ有ᄒᆞᆯ時ᄂᆞᆫ更히其裁判을未經ᄒᆞᆫ罪에就ᄒᆞ야此를處斷ᄒᆞᄂᆞ니從ᄒᆞ야此境遇에ᄂᆞᆫ二個의裁判이有ᄒᆞ며二個의科刑이有ᄒᆞᆯ지라故로其執行方法을次條에規定ᄒᆞ니라

第五十一條 併合罪에對ᄒᆞ야二個以上의裁判이有ᄒᆞᆫ時ᄂᆞᆫ其刑을併ᄒᆞ야此를執行ᄒᆞᆯ만ᄒᆞᆫ時ᄂᆞᆫ沒收를除ᄒᆞᆫ外에刑을執行치아니ᄒᆞ고無期의懲役又ᄂᆞᆫ禁錮를執行ᄒᆞᆯ만ᄒᆞᆫ時ᄂᆞᆫ罰金、科料及沒收를除ᄒᆞᆫ外他의刑을執行치아니ᄒᆞᆷ有期懲役又禁錮의執

行은其最히重ᄒᆞᆫ罪에對ᄒᆞ야定ᄒᆞᆫ刑의長期의其半數를加ᄒᆞᆫ것에超ᄒᆞᆯ事를不得ᄒᆞᆷ

本條ᄂᆞᆫ併合罪에就ᄒᆞ야二個의裁判이有ᄒᆞᆫ境遇에其刑의執行에就ᄒᆞ야規定ᄒᆞᆫ者ㅣ니總히併合罪ᄂᆞᆫ數罪를併合裁判ᄒᆞᆫ者에就ᄒᆞ야其刑을併科ᄒᆞᆷ을原則으로ᄒᆞᄂᆞ然이나第四十六條에定ᄒᆞᆫ바와如히併合中一罪가死刑에當ᄒᆞᆯ境遇에ᄂᆞᆫ沒收를除ᄒᆞᆫ外에ᄂᆞᆫ他刑을併科치아니ᄒᆞ고又無期刑에當ᄒᆞᆫ者ㅣ될時ᄂᆞᆫ罰金、科料以外에ᄂᆞᆫ他刑을併科치아니ᄒᆞ며又有期刑을併科ᄒᆞᄂᆞᆫ境遇에도亦第四十七條의規定과同히ᄒᆞᄂᆞ니本條ᄂᆞᆫ刑의執行官의準據ᄒᆞᆯ標準에不過ᄒᆞ니라

第五十二條　併合에對ᄒᆞ야處斷된者某罪에對ᄒᆞ야大赦를受ᄒᆞᆫ境遇에셔ᄂᆞᆫ特히大赦를受치아니ᄒᆞᆫ罪에對ᄒᆞ야刑을定ᄒᆞᆷ

本條ᄂᆞᆫ併合罪에就ᄒᆞ야處斷된者ㅣ가併合罪中某一罪에就ᄒᆞ야大赦를受ᄒᆞᆫ境遇의處斷方法을規定ᄒᆞᆫ者ㅣ니抑大赦ᄂᆞᆫ其効力이其罪에就ᄒᆞ야ᄂᆞᆫ確定裁判의効力을全然消滅케ᄒᆞᄂᆞᆫ者인즉一罪의消滅과共히其裁判도消滅ᄒᆞᄂᆞᆫ故로他罪에만就ᄒᆞ야其刑의全部를執行ᄒᆞ기不可ᄒᆞ며一罪의大赦를爲ᄒᆞ야裁判의全部를消滅케ᄒᆞ야他罪의刑ᄭᆞ지執行치아니ᄒᆞᆷ도亦妥當치아니ᄒᆞᆫ즉其部分은獨立으로一刑을科ᄒᆞᆯ必要가有ᄒᆞᆫ지라是以로此境遇에ᄂᆞᆫ大赦를不受ᄒᆞᆫ罪에만就ᄒᆞ야更히其刑을定ᄒᆞ야此를執行ᄒᆞᄂᆞ니라

第五十三條　拘留又ᄂᆞᆫ科料와他의刑과ᄂᆞᆫ此를併科ᄒᆞᆷ但第四十六條의境遇ᄂᆞᆫ此限에在치아니ᄒᆞᆷ

二個以上의拘留又ᄂᆞᆫ科料ᄂᆞᆫ此를併科ᄒᆞᆷ

[第一項]拘留又ᄂᆞᆫ科料와他刑과ᄂᆞᆫ總히此를併科ᄒᆞᆯ者로ᄒᆞ니라然이나死刑에處ᄒᆞᆯ者로其言渡를受ᄒᆞᆫ者와無期役刑又ᄂᆞᆫ無期禁錮에處ᄒᆞᆫ者에就ᄒᆞ야ᄂᆞᆫ此를併科치아니ᄒᆞᄂᆞ니라

第二項 併合罪中二個以上拘留又ᄂᆞᆫ科料에處ᄒᆞᆯ者ㅣ有ᄒᆞᆯ時ᄂᆞᆫ二重으로此ᄅᆞᆯ併科ᄒᆞᄂᆞ니라

第五十四條 一個의行爲로써數個의罪名에觸ᄒᆞ고又ᄂᆞᆫ犯罪의手段或은結果된行爲로써他의罪名에觸된時ᄂᆞᆫ其最히重ᄒᆞᆫ刑으로써處斷ᄒᆞᆷ

第四十九條第二項의規定은前項의境遇에此ᄅᆞᆯ適用ᄒᆞᆷ

第一項 一個의行爲로數個의罪名에觸ᄒᆞᄂᆞᆫ者ㅣ라ᄒᆞᆷ은例如十三歲以上의婦女에對ᄒᆞ야暴行으로써行猥褻爲ᄅᆞᆯ爲ᄒᆞ며同時에過ᄒᆞ야其手足을折傷ᄒᆞᆷ과如ᄒᆞᆷ이니此境遇에ᄂᆞᆫ本法第百七十六條(猥褻罪)와第二百九條(過失傷害罪)에觸ᄒᆞ야二個의犯罪와如ᄒᆞᆫ狀態에在ᄒᆞ며又犯罪의手段된行爲가他罪名에觸ᄒᆞᄂᆞᆫ者ㅣ라ᄒᆞᆷ은竊盜의目的으로써放火ᄅᆞᆯ爲ᄒᆞᆷ과如ᄒᆞᆷ이니此境遇에放火ᄂᆞᆫ竊盜의手段에不過ᄒᆞᆷ이오又犯罪의結果된行爲가他罪名에觸ᄒᆞᄂᆞᆫ者ㅣ라ᄒᆞᆷ은竊盜者가其竊取ᄒᆞᆫ贓物을保存ᄒᆞᆷ과如ᄒᆞᆷ이니此境遇에ᄂᆞᆫ贓物保存은本法第二百五十七條에觸ᄒᆞ나元來竊盜行爲의結果에不過ᄒᆞ니右等은自初로二罪ᄅᆞᆯ犯ᄒᆞᆯ意思로써行ᄒᆞᆫ者ㅣ아니라故로此ᄂᆞᆫ併合罪로써刑을併科치아니ᄒᆞ고其中最重ᄒᆞᆫ刑의一種으로만此ᄅᆞᆯ處斷ᄒᆞᄂᆞ니라

第二項 前項의境遇와如ᄒᆞᆫ行爲ᄂᆞᆫ刑을併科치아니ᄒᆞᄂᆞ但其沒收ᄂᆞᆫ二個以上이라도此ᄅᆞᆯ併科ᄒᆞᆷ을要ᄒᆞᄂᆞᆫ故로特히第四十九條第二項의規定은本條에適用ᄒᆞ기로明示ᄒᆞ니라

第五十五條 連續ᄒᆞᆫ數個의行爲로써同一ᄒᆞᆫ罪名에觸될時ᄂᆞᆫ一罪로ᄒᆞ야此ᄅᆞᆯ處斷ᄒᆞᆷ

本條ᄂᆞᆫ學理上所謂連續犯에關ᄒᆞᆫ規定이니卽連續ᄒᆞᆫ數個犯罪行爲가前後皆同一ᄒᆞᆫ罪名에觸ᄒᆞᄂᆞᆫ者될時ᄂᆞᆫ此ᄅᆞᆯ數罪로ᄒᆞ야併科치아니ᄒᆞ고반다시一罪로ᄒᆞ야此ᄅᆞᆯ處斷ᄒᆞᄂᆞ니此犯罪ᄂᆞᆫ行爲의目的이惟一이오他에涉ᄒᆞᄂᆞᆫ事ㅣ無ᄒᆞ며幾回로此ᄅᆞᆯ犯ᄒᆞ얏스나其行爲ᄂᆞᆫ同一ᄒᆞᆫ所以라今에一例ᄅᆞᆯ擧ᄒᆞ건ᄃᆡ今日에貨幣ᄅᆞᆯ僞造ᄒᆞ고明日에又爲ᄒᆞ며又明日에又爲ᄒᆞᆷ과如ᄒᆞᆷ이니其行爲ᄂᆞᆫ數次에及ᄒᆞ야數種의犯罪ᄅᆞᆯ成ᄒᆞᆷ과如ᄒᆞ나其犯意ᄂᆞᆫ貨幣僞造의一種으로브터連續ᄒᆞ야其結果가貨幣僞造라ᄒᆞᄂᆞᆫ一罪名에不過ᄒᆞᆫ故로此ᄅᆞᆯ數

罪로ᄒᆞ야刑을併科치아니ᄒᆞ고一罪로ᄒᆞ야此를處斷ᄒᆞᄂᆞ니然이나連續ᄒᆞᆫ數個의行爲라도若數個의刑名에觸ᄒᆞᆫ時ᄂᆞᆫ此를一罪로處斷키不得ᄒᆞᆯ지니라

第十章　累犯

累犯이라ᄒᆞᆷ은一罪를犯ᄒᆞ야其處斷을經ᄒᆞᆫ後에更히一罪를犯ᄒᆞᆷ과如ᄒᆞᆫ者ㅣ是라凡人이一次刑에觸ᄒᆞ고도오히려懲戒치아니ᄒᆞ고再度犯罪를爲ᄒᆞᆷ은其性이凶暴獰惡ᄒᆞ야改過遷善의實이無ᄒᆞᆷ을表白ᄒᆞ고且社會의安寧秩序를害ᄒᆞᆷ이一層尤甚ᄒᆞ야初犯의境遇에適用ᄒᆞᆫ普通의刑은全然히其効果가無ᄒᆞᆷ에歸ᄒᆞᆫ지라故로此等累犯者에게ᄂᆞᆫ特히刑을加重ᄒᆞᆯ必要가有ᄒᆞ니此ㅣ本章의規定ᄒᆞᆫ所以라

第五十六條　懲役에處되얏던者其執行을終ᄒᆞ거나又ᄂᆞᆫ免除有ᄒᆞᆫ日로브터五年內에更히罪를犯ᄒᆞ야有期懲役에處ᄒᆞᆯ만ᄒᆞᆫ時ᄂᆞᆫ此를再犯이라ᄒᆞᆷ

懲役에當ᄒᆞᄂᆞᆫ罪와同質의罪에因ᄒᆞ야死刑에處된者其執行의免除有ᄒᆞᆫ日로브터又ᄂᆞᆫ減刑에因ᄒᆞ야懲役에減輕되야其執行을經ᄒᆞ거나或은執行의免除有ᄒᆞᆫ日로브터前項의期間內에更히罪를犯ᄒᆞ야有期懲役에處ᄒᆞᆯ만ᄒᆞᆫ時亦同ᄒᆞᆷ

併合罪에對ᄒᆞ야處斷된者其併合罪中懲役에處ᄒᆞᆯ만ᄒᆞᆫ罪有ᄒᆞᆫ時ᄂᆞᆫ其罪最重ᄒᆞᆫ것이아닐지라도再犯例의適用에對ᄒᆞ야ᄂᆞᆫ懲役에處된者로看做ᄒᆞᆷ

第一項 初犯의罪에依ᄒᆞ야懲役에處ᄒᆞ엿던者ㅣ其刑의執行을終ᄒᆞ거나又ᄂᆞᆫ其刑의執行을情狀에因ᄒᆞ야免除된後에五年以內에更히罪를犯ᄒᆞ야有期懲役의刑에該當ᄒᆞᆫ者될時ᄂᆞᆫ此를再犯이라ᄒᆞ야次條에依ᄒᆞ야刑을加重ᄒᆞᄂᆞ니故로事實上罪를再犯ᄒᆞ얏스나既히五年後에屬ᄒᆞ거나又ᄂᆞᆫ有期懲役보다輕ᄒᆞᆫ禁錮罰金、科料等에該當ᄒᆞᆫ者될時ᄂᆞᆫ再犯으로써論치아니ᄒᆞ며又有期懲役보다重ᄒᆞᆫ死刑又ᄂᆞᆫ無期刑에該當

혼者될時ᄂᆞᆫ更히此를加重홀餘地가無혼故로또혼再犯으로써論치아니ᄒᆞᄂᆞ니라然이나但其犯罪의種類ᄂᆞᆫ前後犯이반다시同一혼者됨을不要ᄒᆞᄂᆞ니故로窃盜犯者ㅣ窃盜罪를再犯ᄒᆞ거ᄂᆞ又ᄂᆞᆫ他罪를再犯홀지라도五年以內에屬ᄒᆞ야其罪가本法에照ᄒᆞ야有期懲役에該當홀時ᄂᆞᆫ此를再犯으로써論ᄒᆞ며且五年의計筭方法은初犯의刑의執行을終혼日即懲役으로브터放免된日又ᄂᆞᆫ情狀에因ᄒᆞ야刑의執行免除를受혼者ᄂᆞᆫ其日로브터起筭ᄒᆞ야滿五個年됨을要ᄒᆞᄂᆞ니라

第二項 前項은最初懲役에處혼者의再犯을規定ᄒᆞ얏거니와初犯의境遇에死刑에處ᄒᆞ야其執行을免除되거ᄂᆞ又ᄂᆞᆫ減輕에因ᄒᆞ야懲役에處혼者ㅣ라도最初其犯罪가懲役에該當홀罪와同一혼性質이有혼者ㅣ될時ᄂᆞᆫ亦前項과同히再犯例를用ᄒᆞᄂᆞ니라

第三項 併合罪ᄂᆞᆫ數個의犯罪를一括ᄒᆞ야此에一種의刑을科ᄒᆞᄂᆞᆫ故로假令數個의犯罪中에懲役에該當혼者ㅣ有ᄒᆞᄂᆞ刑을併科혼結果懲役以外의刑에處ᄒᆞᄂᆞᆫ者ㅣ有홀지라然이나此境遇에再犯에就ᄒᆞ야ᄂᆞᆫ비록懲役以外의刑에處혼者ㅣ라도此를懲役에處혼者로看做ᄒᆞ야本條第一項의再犯例를用ᄒᆞᄂᆞ니라

第五十七條　再犯의刑은其罪에對ᄒᆞ야定혼懲役의長期의二倍以下로홈

本條ᄂᆞᆫ再犯加重의方法을規定ᄒᆞ엿ᄉᆞ니即再犯혼者에就ᄒᆞ야ᄂᆞᆫ刑法上其罪에對ᄒᆞ야定혼刑期를二倍로ᄒᆞ고其範圍內에셔此를處斷ᄒᆞᄂᆞ니今에一例를擧ᄒᆞ건ᄃᆡ阿片烟賣買罪에因ᄒᆞ야七年懲役에處혼者ㅣ終役後五年以內에公文書僞造罪를犯ᄒᆞ야十年以下의懲役에該當홀時ᄂᆞᆫ再犯되ᄂᆞᆫ所以로써十年의二倍即二十年以下의懲役으로써論斷홈에至홀지니라

第五十八條　裁判確定後再犯者된事를發見혼時ᄂᆞᆫ前條의規定에從ᄒᆞ야加重홀만혼刑을定홈

懲役의執行을終혼後又ᄂᆞᆫ其執行의免除有혼後發見된者에對ᄒᆞ야ᄂᆞᆫ前項의規定

을適用치아니홈

第一項某一罪를犯혼者ㅣ再犯者됨을不知호엿다가其裁判이確定혼後에始로其再犯됨이發覺혼時는비록裁判이經過혼後라도尙且再犯으로써論호되前條에依호야加重홀바의刑即其罪에對혼刑의長期의二倍以下로써刑을加重호야論斷홀지니此는犯人이前犯을隱蔽호야加重을幸免코쟈호는弊를防호기爲홈이라

第二項前項은裁判確定後發覺된再犯에就호야規定홈이어니와裁判確定後其刑의執行을終호기ㅅ지發覺되지아이커나又는未發覺前에其刑의執行을免除된以上은其後에비록再犯됨을發覺호나更히加重刑을科치못홀지니故로此境遇에는前項의規定을適用치아니혼다規定호니라

第五十九條　三犯以上의者라도仍히再犯의例에同홈

本條는三回以上의犯人에對혼刑의適用方法을規定혼者ㅣ니理論上으로三回以上의犯罪者는再犯者보다罪狀이더욱可憎호다호나既히再犯加重의定條가有혼주其以上에刑을更加홀진딕過酷에失홀虞가有혼故로三犯以上이라도亦再犯의例로同論호고其年期起筭은現에犯罪혼其前回의刑의執行終了日又免除日로브터標準호느니라

第十一章　共犯

共犯이라홈은二人以上이共同協力호야犯罪를實行혼者를云홈이니故로共犯에는從犯의區別이有호며從犯에도敎唆者와實行者의區別이有호니正犯이라홈은直接으로犯罪를搆成혼者ㅣ니即犯罪의意思를決호야直接으로犯罪行爲를實行혼者는此를實行者라호고自己가비록下手치아니호나人으로호야곰其犯罪를實行호도록敎導誘起혼者는此를敎唆者라호느니此等은犯罪行爲에對호야其實體를搆成혼故로此를正犯으로論호며從犯이라홈은他人의犯罪行爲에加功홈을云홈이니即犯罪를成功호도록其實行을

幇功ᄒᆞᆫ者ㅣ是라

第六十條 二人以上이共同ᄒᆞ야犯罪를實行ᄒᆞᆫ者ᄂᆞᆫ皆正犯으로ᄒᆞᆷ

本條ᄂᆞᆫ正犯의如何ᄒᆞᆫ事를規定ᄒᆞ엿스니卽數人共犯의境遇에二人以上이共同ᄒᆞ야皆犯罪를實行ᄒᆞᆫ者ᄂᆞᆫ各其正犯으로ᄒᆞ야各自로其刑을科ᄒᆞᆯ지니意思及行爲의合致共通ᄒᆞᆷ을云ᄒᆞᆷ이니故로若二人以上者ㅣ各自獨立ᄒᆞ야一은罪를犯ᄒᆞᆯ意思를有ᄒᆞ되一은其意思가無ᄒᆞ고偶然相會ᄒᆞ엿거나又ᄂᆞᆫ犯意가共有ᄒᆞ나一은此를實行ᄒᆞ고一은其行爲에不及ᄒᆞ엿슬진ᄃᆡ共通이아니라然이나旣히犯意가共有ᄒᆞ야實行에幷發ᄒᆞᆫ以上은犯罪에對ᄒᆞᆫ功力의多少로ᄂᆞᆫ此를區別ᄒᆞᆷ이無ᄒᆞᄂᆞ니例如二人이共同ᄒᆞ야竊盜를爲ᄒᆞᆯ서其中一人은拙弱ᄒᆞ야物의竊取上功이他보다少ᄒᆞ나또ᄒᆞᆫ兩者ㅣ共히竊盜됨이無異ᄒᆞᆫ故로同是正犯됨을不免ᄒᆞᆯ지니라

第六十一條 人을敎唆ᄒᆞ야犯罪를實行케ᄒᆞᆫ者ᄂᆞᆫ正犯에準ᄒᆞᆷ
敎唆者를敎唆ᄒᆞᆫ者亦同ᄒᆞᆷ

本條ᄂᆞᆫ敎唆者에關ᄒᆞᆫ規定이니敎唆者ᄂᆞᆫ元來犯罪를實行ᄒᆞᆫ者ㅣ아니로ᄃᆡ人으로ᄒᆞ야곰此를實行케ᄒᆞᆫ者인즉敎唆가若無ᄒᆞᆯ진ᄃᆡ犯罪의實行이亦無ᄒᆞᆯ진즉敎唆者의所爲ᄂᆞᆫ其罪가實行者와無異ᄒᆞᆫ지라故로本條에ᄂᆞᆫ此를正犯과同히論斷ᄒᆞᆯ事를規定ᄒᆞ니라然이나敎唆者라ᄒᆞᆷ은其範圍를明確키ᄒᆞ지아니ᄒᆞ면往往히誤解를起ᄒᆞᆷ이多ᄒᆞᆯ지니今에此를詳述ᄒᆞ건ᄃᆡ敎唆者로써論ᄒᆞᆷ에ᄂᆞᆫ左의條件을具備ᄒᆞᆷ을要ᄒᆞᄂᆞ니

(1) 敎唆者가人으로ᄒᆞ야곰罪를犯케ᄒᆞᆯ企圖를有ᄒᆞᆷ을要ᄒᆞᄂᆞ니　自己가此企圖的意思가有ᄒᆞ고泛泛ᄒᆞᆫ言語로써無意味로說出ᄒᆞᆫ者ᄂᆞᆫ敎唆가아니니라例如甲이乙에對ᄒᆞ야曰現今社會에惡人이跋扈ᄒᆞ니君이少年銳氣로一劍으로써能히掃蕩ᄒᆞ면快擧가아닌가ᄒᆞᆯ진ᄃᆡ此ᄂᆞᆫ一場時俗에對ᄒᆞᆫ慷慨談이오犯意가無ᄒᆞᆷ으로敎唆가아니로ᄃᆡ某處某人家籠中에金銀이有ᄒᆞ니某時를乘ᄒᆞ야如何ᄒᆞᆫ開金으로써此를開ᄒᆞ고竊來ᄒᆞ면

主人이必不覺知홀萬全의良策이니君은速往ᄒᆞ라ᄒᆞ야乙을發縱指示홀진딕敎唆됨이無疑ᄒᆞ니라

(2)犯罪實行에足ᄒᆞᆫ方法을指示홈을要ᄒᆞᄂᆞ니 故로某犯罪를行ᄒᆞ라告ᄒᆞ나實行方法을指示치아니ᄒᆞ거ᄂᆞ又ᄂᆞᆫ事實上犯罪를成키不能홀方法을指示ᄒᆞᆫ者ᄂᆞᆫ敎唆가아니라然이ᄂᆞ但其敎唆者의敎唆手段의如何ᄂᆞᆫ不問ᄒᆞᄂᆞ니或은此를脅迫ᄒᆞ며或은利誘ᄒᆞᄂᆞᆫ等如何ᄒᆞᆫ手段을用ᄒᆞ던지又ᄂᆞᆫ不用ᄒᆞ던지敎唆됨에ᄂᆞᆫ無妨ᄒᆞ니라

(3)被敎唆者로ᄒᆞ여곰犯罪를實行홀意를決케홈을要ᄒᆞᄂᆞ니 故로人을敎唆ᄒᆞᄂᆞ其人이此를信聽치아니ᄒᆞ고犯意를決定치아니ᄒᆞ거나旣히犯意를決定ᄒᆞᆫ者에對ᄒᆞ야仝一의犯意로써指示ᄒᆞᄂᆞᆫ等은其敎唆에因ᄒᆞ야被敎唆者가犯意를決ᄒᆞ얏다謂키不能ᄒᆞᆫ故로쏘ᄒᆞᆫ敎唆를不成홀지니라

(4)被敎唆者가敎唆에因ᄒᆞ야犯罪를實行ᄒᆞᆫ事를要ᄒᆞᄂᆞ니 故로敎唆에因ᄒᆞ야犯意를決ᄒᆞ얏스나被敎唆者ㅣ此를實行치아니ᄒᆞ거나又ᄂᆞᆫ實行을了ᄒᆞ엿스나敎唆에出ᄒᆞᆫ者ㅣ아니오別種의他罪를犯ᄒᆞ엿슬진딕쏘ᄒᆞᆫ敎唆者를罰치못홀지니라

凡以上四個條件을具備홈이아니면本條의敎唆者로論키不可ᄒᆞ니라然이ᄂᆞ一次右條件을具備ᄒᆞᆫ以上은敎唆者ᄂᆞᆫ被敎唆者의實行所爲가未遂犯에終홀지라도亦其罰責을不免홀지며又被敎唆者가法律上無責任(第七章參照)될지라도其行爲가罰金以上의刑에該當홀時ᄂᆞᆫ亦責任을不免홀지니라

(第二項) 人을敎唆ᄒᆞ야犯罪를實行케ᄒᆞᆫ者ᄂᆞᆫ前項에依ᄒᆞ야此를罰홀지나直接으로實行者를敎唆홈이아니오敎唆者의敎唆者ㅣ有홀진딕如何히홀가是亦前項의理由와同히敎唆者를敎唆ᄒᆞᆫ者도正犯에準ᄒᆞ야處斷홀지니라

第六十二條　正犯을幇助ᄒᆞᆫ者ᄂᆞᆫ從犯으로홈從犯을敎唆ᄒᆞᆫ者ᄂᆞᆫ從犯에準홈

(第一項) 從犯이라홈은스스로獨立ᄒᆞ야一個犯罪를爲홈이아니라自己의手段方法으로ᄂᆞᆫ正犯者ㅣ必有ᄒᆞ며正犯者ㅣ大赦又ᄂᆞᆫ免刑될時ᄂᆞᆫ從犯도亦同히免罪될지니라犯犯의幇助行爲가其正犯의事後에在ᄒᆞᆫ

者例如罪人隱匿又는證據湮滅等과如ᄒᆞᆫ者는비록他人의犯罪를幇助ᄒᆞᆫ者로되是는其幇助行爲로써特別히獨立ᄒᆞᆫ犯罪를成ᄒᆞᄂᆞ니(本法에別로히其規定이有홈)故로從犯이아니라 然이나犯罪의終成에加功ᄒᆞᆫ者例如盜者가其盜物이甚多ᄒᆞ야運搬키難홈으로行路의人夫에게其情을通ᄒᆞ야此를運搬케ᄒᆞᆫ境遇에其人夫는直接으로犯罪行爲를助成ᄒᆞᆫ者아니로되其幇助者됨은無疑ᄒᆞᆫ즉 또ᄒᆞᆫ從犯됨을不免ᄒᆞᆯ지니라

第二項 從犯을敎唆ᄒᆞᆫ者는亦從犯에準ᄒᆞ야此를同罰ᄒᆞᄂᆞ니今에前項의例를引說ᄒᆞᆫ건ᄃᆡ贓物運搬을受託ᄒᆞᆫ人夫가更히在傍人夫에게此를引勸ᄒᆞ야其運搬을爲케ᄒᆞᆫ者와如ᄒᆞᆫ境遇가是니라

第六十三條 從犯의刑은正犯의刑에照ᄒᆞ야減輕홈

本條는從犯에適用ᄒᆞᆯ刑을規定ᄒᆞ얏스니即從犯은正犯과異ᄒᆞ야其犯罪의成立을幇助ᄒᆞᆯᄲᅮᆫ이오情狀이正犯보다輕ᄒᆞᆫ故로正犯의刑보다減輕ᄒᆞᆯ지니라然이나朝鮮人의犯者로舊刑法大全을適用ᄒᆞᄂᆞᆫ境遇即殺人强盜의刑에는首從을不問ᄒᆞᄂᆞᆫ故로從犯이라도亦正犯과同ᄒᆞᆫ刑에處ᄒᆞᆯ지니라

第六十四條 拘留又는科料ᄲᅮᆫ에處ᄒᆞᆯ만ᄒᆞᆫ罪敎唆者及從犯은特別ᄒᆞᆫ 規定이有홈이아니면此를罰치아니홈

本條는拘留及科料에處ᄒᆞᆯ者에敎唆者及從犯에關ᄒᆞᆫ規定이니此等은皆輕微ᄒᆞᆫ者ᄲᅮᆫ인즉其害毒의所及이決코不大ᄒᆞ니故로是等의敎唆者及從犯은此를罰치아니ᄒᆞᄂᆞ니라然이나特別히法律上此等者라도罰ᄒᆞᆯ事를規定홈이有ᄒᆞᆫ境遇에는該規定에從ᄒᆞ야處罰될바는勿論이라

第六十五條 犯人의身分에因ᄒᆞ야構成ᄒᆞᆯ만ᄒᆞᆫ犯罪行爲에加功ᄒᆞᆫ時는其身分無ᄒᆞᆫ者이라도仍히共犯으로홈身分에因ᄒᆞ야特히刑의輕重有ᄒᆞᆯ時는其身分無ᄒᆞᆫ者에는通常의刑을科홈

第一項 身分이無ᄒᆞᆫ者가身分이有ᄒᆞᆫ者와共히身分에依ᄒᆞ야構成ᄒᆞᆫ罪를犯ᄒᆞᆫ時는亦此를共犯으로論ᄒᆞ

ᄂᆞ니例如官吏受賂罪와如홈은官吏된身分이無ᄒᆞᆫ者ᄂᆞᆫ賂를受ᄒᆞᄂᆞᆫ犯罪를不成ᄒᆞ되其官吏아닌者가官吏와共犯ᄒᆞ야此를助成ᄒᆞᆯ時ᄂᆞᆫ其非官吏者도亦官吏受賂罪의共犯으로論斷ᄒᆞᆯ지니라

第二項 身分에因ᄒᆞ야法律上刑의輕重이有ᄒᆞᆫ時ᄂᆞᆫ共犯者中其身分이無ᄒᆞᆫ者에ᄂᆞᆫ通常의刑을科ᄒᆞᄂᆞ니例如甲乙二人이罪를共犯ᄒᆞ야甲은公務員이오乙은公務員이아닌境遇에公務員된所以로甲은刑을加重ᄒᆞ나乙에ᄂᆞᆫ通常의刑을加홈과如ᄒᆞᆫ等이니라

第十二章 酌量減輕

酌量減輕이라홈은犯罪行爲에就ᄒᆞ야裁判官이事實上諒憫ᄒᆞᆯ者로認ᄒᆞᆫ時에本刑을減輕홈을云홈이니故로法律上減輕卽自首減輕과ᄂᆞᆫ其趣가不同ᄒᆞ니自首減輕은法律上正條가有홈으로써裁判官은其自首의原因及罪狀如何를不問ᄒᆞ고單히刑法에所定ᄒᆞᆫ條件을具備ᄒᆞ야自首의事實이有ᄒᆞ면此를減輕ᄒᆞᆯ지로되酌量減輕은不然ᄒᆞ야裁判官의所見으로써犯罪의情狀如何를酌量ᄒᆞ야行홈이니蓋法律의條文은如何히詳密ᄒᆞ다ᄒᆞᄂᆞ千差萬別의犯狀을悉皆網羅키不能ᄒᆞᆫ故로事實上情狀이可憐者에就ᄒᆞ야ᄂᆞᆫ裁判官의酌量에任ᄒᆞ야萬一의寃枉이無케ᄒᆞᄂᆞ니라

第六十六條 犯罪의情狀憫諒ᄒᆞᆯ만ᄒᆞᆫ者ᄂᆞᆫ酌量ᄒᆞ야其刑을減輕ᄒᆞᆯ事를得홈

本條ᄂᆞᆫ酌量減輕의原則을規定ᄒᆞᆫ者ㅣ니抑本法에依ᄒᆞᆯ진ᄃᆡ自由刑에ᄂᆞᆫ長期短期의別이有ᄒᆞ며財産刑에ᄂᆞᆫ多額寡額의差가有ᄒᆞ야刑의適用上裁判官으로ᄒᆞ야吾任意로犯罪의實際에相當ᄒᆞᆫ刑을操縱ᄒᆞᆯ範圍를許ᄒᆞ엿ᄉᆞ나犯罪의種類와實情에因ᄒᆞ야ᄂᆞᆫ此로써猶且不足ᄒᆞᆫ故로特히諒憫ᄒᆞᆯ者ㅣ有ᄒᆞᆯ時ᄂᆞᆫ此를酌量ᄒᆞ야其刑을減輕홈을得케ᄒᆞ니今에赤貧一家族이有ᄒᆞ야父母가病床에呻吟ᄒᆞᄂᆞᆫ糊口도末由ᄒᆞᆫ故로其子된者ㅣ坐視를不忍ᄒᆞ야惡事의不可行을知ᄒᆞ면서含淚忍耻ᄒᆞ고隣人의財物을竊取ᄒᆞ야其父母의藥餌를供ᄒᆞ얏다가事ㅣ發覺되야法庭에逮捕ᄒᆞᆫ境遇에ᄂᆞᆫ其心事가聞者로ᄒᆞ야吾同情의淚를不堪케ᄒᆞ나天下의法

은一私人을爲ᄒᆞ야枉키不可ᄒᆞᆫ故로裁判官은此를處罰치아니키不可ᄒᆞ나犯罪의情狀은大히諒憫ᄒᆞᆯ者ㅣ有ᄒᆞᆫ故로此를酌量ᄒᆞ야其刑을減輕ᄒᆞᄂᆞᆫ等이是니라然이나酌量減輕은元來法律上必行ᄒᆞᄂᆞᆫ者ㅣ아니오裁判官의認定으로써行ᄒᆞᆷ을得ᄒᆞᆯ뿐인故로相當ᄒᆞᆫ情狀이有ᄒᆞᆫ者ㅣ其減輕을不得ᄒᆞᆫ所以로써上告ᄒᆞᆷ을不得ᄒᆞᆯ지니라

第六十七條　法律에依ᄒᆞ야刑을加重又ᄂᆞᆫ減輕ᄒᆞᄂᆞᆫ境遇라도仍히酌量減輕을行ᄒᆞᆯ事를得ᄒᆞᆷ

本條ᄂᆞᆫ法律上刑을加重又ᄂᆞᆫ減輕ᄒᆞᆯ者라도其以上에尙且酌量減輕을與ᄒᆞᆯ餘地가有ᄒᆞᆫ事를規定ᄒᆞ얏스니例如再犯의境遇에ᄂᆞᆫ法律上其刑을加重ᄒᆞᆯ者ㅣ로되犯情이諒憫ᄒᆞᆯ者有ᄒᆞᆯ時ᄂᆞᆫ酌量ᄒᆞ야其刑을減輕ᄒᆞᆷ을得ᄒᆞᆯ지오又自首減輕과如ᄒᆞᆷ은法律上으로此를減輕ᄒᆞ고且犯情의諒憫ᄒᆞᆯ者ㅣ有ᄒᆞᆯ時ᄂᆞᆫ亦酌量ᄒᆞ야更히減輕ᄒᆞᆷ을得ᄒᆞᆯ지니라

第十二章　加減例

本章은刑의適用에就ᄒᆞ야此를加重ᄒᆞ거나又ᄂᆞᆫ減輕ᄒᆞᄂᆞᆫ法例及其順序等을規定ᄒᆞᆫ者니抑刑法의主眼ᄒᆞᄂᆞᆫ바ᄂᆞᆫ罪와刑의權衡을量ᄒᆞ야其適用ᄒᆞᆯ刑의種類及範圍를規定ᄒᆞ얏슬뿐아니라罪情과刑罰의權衡을保ᄒᆞ기爲ᄒᆞ야再犯과如ᄒᆞᆫ者ᄂᆞᆫ此를加重ᄒᆞ며自首와如ᄒᆞᆫ者ᄂᆞᆫ此를減輕ᄒᆞ야써罪刑不權衡이無케ᄒᆞ얏스나尙且未充分ᄒᆞᆫ者ㅣ不無ᄒᆞᆫ故로前章과如히酌量減輕의方法을設ᄒᆞ야萬一의遺憾이無ᄒᆞᆷ을期ᄒᆞ얏ᄂᆞ니如斯히法律에加重減輕의規定을設ᄒᆞ얏스나如何ᄒᆞᆫ方法에依ᄒᆞ야此를行ᄒᆞ며又如何ᄒᆞᆫ順序에依ᄒᆞ야此를爲ᄒᆞᆯ바를不定ᄒᆞᆷ이不可ᄒᆞ니此ㅣ本章의規定이有ᄒᆞᆫ所以라

第六十八條　法律에依ᄒᆞ야刑을減輕ᄒᆞᆯ만ᄒᆞᆫ一個又ᄂᆞᆫ數個의原由有ᄒᆞᆯ時ᄂᆞᆫ左의例에依ᄒᆞᆷ

一、死刑을減홀만훈時는無期又는十年以上의懲役或은禁錮로홈

二、無期의懲役又는禁錮를減輕홀만훈時는七年以上의有期懲役又는禁錮로홈

三、有期의懲役又는禁錮를減輕홀만훈時는其刑期의二分之一을減홈

四、罰金을減輕홀만훈時는其金額의二分之一을減홈

五、拘留를減輕홀만훈時는其長期의二分之一을減홈

六、科料를減輕홀만훈時는其多額의二分之一을減홈

本條는刑을減輕홀程度를規定훈者니卽法律上刑을減輕홀理由의一個나又는數個가有홀時는前揭六號의例에依ᄒᆞ야順次로此를減輕ᄒᆞᄂᆞ니例如死刑에處홀者ㅣ一理由에因ᄒᆞ야減輕되야無期役刑에當ᄒᆞ고又一理由에因ᄒᆞ야更減되야七年以上의懲役에處ᄒᆞ며罰金千圓에處홀者ㅣ自首減輕으로五百圓에減輕되고罪情諒憫에因ᄒᆞ야更히二百五十圓에減輕되는等이是니라然이나本條에는減輕例만規定ᄒᆞ고加重例를不設홈은再犯及併合罪의條下에서旣히此를規定훈所以라

第六十九條 法律에依ᄒᆞ야刑을減輕홀만훈境遇에셔各本條에二個以上의刑名이有홀時는先히適用홀만훈刑을定ᄒᆞ야其刑을減輕홈

本條는法律上減刑의境遇에同罪에對ᄒᆞ야二個以上의刑을科홀時의減輕方法을規定ᄒᆞ얏스니卽一個의行爲가二個以上의刑에觸홀時(第五十三條參照)는最初에爲先適用홀一刑을定ᄒᆞ고其刑에셔前條의規定에從ᄒᆞ야減輕을行홀지니刑을先定치아니ᄒᆞ면基本刑의如何에因ᄒᆞ야減輕의程度가不同훈所以라

第七十條 懲役、禁錮又는拘留를減輕홈에因ᄒᆞ야一日에未滿ᄒᆞ는時間을剩홀時는此를除棄홈

罰金又ᄂᆞᆫ科料를減輕ᄒᆞᆷ에因ᄒᆞ야一錢에未滿ᄒᆞᆫ金額을剩ᄒᆞᆯ時亦同ᄒᆞᆷ

本條ᄂᆞᆫ減輕에因ᄒᆞ야一日未滿又ᄂᆞᆫ一錢未滿의剩餘를生ᄒᆞᆯ時ᄂᆞᆫ此를除棄ᄒᆞ야刑에筭入치아니ᄒᆞᆯ事를規定ᄒᆞ얏스니故로十五日을一減ᄒᆞ야七日半이되며五圓을累減ᄒᆞ야二圓二十二錢五厘에當ᄒᆞᆯ時ᄂᆞᆫ다못七日又ᄂᆞᆫ二圓二十二錢에處ᄒᆞᆯ뿐이니라

第七十一條　酌量減輕을行ᄒᆞᆯ만ᄒᆞᆫ時亦第六十八條及前條의例에依ᄒᆞᆷ

本條ᄂᆞᆫ本律上의減輕以外에第十二章에依ᄒᆞ야酌量減輕을爲ᄒᆞᄂᆞᆫ境遇에도亦第六十八條及第七十條의例에依ᄒᆞ야計筭ᄒᆞᆯ事를規定ᄒᆞ니라

第七十二條　同時에刑을加重減輕ᄒᆞᆯ만ᄒᆞᆫ時ᄂᆞᆫ左의順序에依ᄒᆞᆷ

一、再犯加重
二、法律上의減輕
三、倂合罪의加重
四、酌量減輕

本條ᄂᆞᆫ同時에一犯人에對ᄒᆞ야數種의刑을加重減輕ᄒᆞᄂᆞᆫ境遇의順序를規定ᄒᆞᆫ者ㅣ니其順序로ᄒᆞ야第一位에再犯加重을置ᄒᆞᆷ은若犯罪中에再犯이有ᄒᆞᆯ時ᄂᆞᆫ其刑期ᄂᆞᆫ法律의所定에從ᄒᆞ야二倍ᄭᆞ지增加ᄒᆞᄂᆞᆫ故로再犯에因ᄒᆞ야加重ᄒᆞᆫ刑은其罪에對ᄒᆞᆫ刑의本位되ᄂᆞᆫ所以며次에法律上減輕을置ᄒᆞᆷ은各條境遇에法律上반다시減輕치아니키不可ᄒᆞᆫ者를先減치아니키不可ᄒᆞᆫ所以며第三에倂合加重을置ᄒᆞᆷ은前二個의加減例에因ᄒᆞ야各罪에就ᄒᆞ야一次刑을定ᄒᆞᆫ以後에倂合罪의規定에當ᄒᆞᆯ時ᄂᆞᆫ其倂科刑을定ᄒᆞᆯ必要가有ᄒᆞᆫ所以며最終에酌量減輕을置ᄒᆞᆷ은法律上加重減輕으로써刑을定ᄒᆞᆫ以上에裁判官이尙且犯情을酌量ᄒᆞ야減

輕ᄒᆞᆷ必要가有ᄒᆞᆷ으로認ᄒᆞᆯ時ᄂᆞᆫ此를減輕ᄒᆞᆷ을得케ᄒᆞᄂᆞ니故로수에一例를擧ᄒᆞ건ᄃᆡ五年의懲役에處ᄒᆞᆯ者ㅣ再犯으로十年에加重되고自首ᄒᆞᆫ所以로又減輕ᄒᆞ야五年에當ᄒᆞ며同時에他罪가有ᄒᆞᆷ으로倂合罪로七年에加重되야酌量減輕으로써三年半에處ᄒᆞᆷ과如ᄒᆞᆫ等이니라

第二編　罪

本編은各種의犯罪되ᄂᆞᆫ事를擧ᄒᆞ야其犯罪에適用ᄒᆞᆯ刑을定ᄒᆞᆫ者ㅣ니故로如何ᄒᆞᆫ境遇라도本編各條에該當ᄒᆞ고此를罰치아니ᄒᆞᄂᆞᆫ者ㅣ無ᄒᆞ며又如何ᄒᆞᆫ行爲라도本編中에規定ᄒᆞᆫ事項에該當ᄒᆞᆷ이아니면此를罪라ᄒᆞ야刑을科치못ᄒᆞ고且本編各條에定ᄒᆞᆫ以外의刑을加ᄒᆞᄂᆞᆫ事ㅣ無ᄒᆞᄂᆞ니此ㅣ刑法이性質上强行法된所以라然이나但朝鮮人의犯罪者에關ᄒᆞ야ᄂᆞᆫ現今間刑法大全第二條에依ᄒᆞ야刑法上正條가無ᄒᆞᆫ境遇라도他條文을引律比附ᄒᆞ야此를處斷ᄒᆞ되死刑에ᄂᆞᆫ반다시正條가有ᄒᆞᆫ者ㅣ아니면比附ᄒᆞᆷ을得지못ᄒᆞᄂᆞ니라

第一章　皇室에對ᄒᆞᆫ罪

本章은皇室에對ᄒᆞᆫ危害罪不敬罪、及神宮、皇陵에對ᄒᆞᆫ不敬罪를規定ᄒᆞᆫ者ㅣ니犯人의內國人됨과外國人됨을不問ᄒᆞ고總히此를罰ᄒᆞᄂᆞ니라

第七十三條　天皇、太皇太后、皇太后、皇后、皇太子又ᄂᆞᆫ皇太孫에對ᄒᆞ야危害를加ᄒᆞ거나又ᄂᆞᆫ加코져ᄒᆞᆫ者ᄂᆞᆫ死刑에處ᄒᆞᆷ

本條ᄂᆞᆫ皇室에對ᄒᆞ야危害를加ᄒᆞ려ᄒᆞ거나又ᄂᆞᆫ加ᄒᆞᆫ者ᄂᆞᆫ共히死刑에處ᄒᆞᆯ事를規定ᄒᆞ얏ᄂᆞ니凡此等의罪를犯ᄒᆞᆫ者ᄂᆞᆫ極惡無道의最甚ᄒᆞᆫ者ㅣ니世間에此以上에更重ᄒᆞᆫ者ㅣ無ᄒᆞᆯ지라故로其旣遂未遂를不問ᄒᆞ고共히極刑으로써處斷ᄒᆞᄂᆞ니라然이나本條ᄂᆞᆫ刑法의體裁上萬一의境遇라도此等所謂가有키不可ᄒᆞᆫ事를明示ᄒᆞᆫ者ㅣ로ᄃᆡ帝國臣民으로ᄂᆞᆫ此等境遇가有ᄒᆞᆯ바를到底히想及치못ᄒᆞᆯ지니라

第七十四條 天皇、太皇太后、皇太后、皇后、皇太子又는皇太孫에對ᄒᆞ야不敬ᄒᆞᆫ行爲가有ᄒᆞᆫ者는三月以上五年以下의懲役에處홈

神宮又는皇陵에對ᄒᆞ야不敬ᄒᆞᆫ行爲가有ᄒᆞᆫ者도亦同홈

[第一項]本項은皇室에對ᄒᆞᆫ不敬行爲를加ᄒᆞᆫ者는三月以上五年以下의懲役에處ᄒᆞᆯ事를規定ᄒᆞᆫ者ㅣ니不敬行爲라홈은其範圍가甚廣ᄒᆞ야其例를擧홈도亦涉不敬ᄒᆞᆫ故로此를省畧ᄒᆞ거니와凡內外臣民은皇室에對ᄒᆞ야絶對無限히衷心으로써極敬極禮를奉盡치아니키不可ᄒᆞ거늘此에少毫라도敬禮를缺ᄒᆞᆫ者는所爲가可憎ᄒᆞᆫ지라故로本條에依ᄒᆞ야處罰될지니是以로常人에對ᄒᆞ야는不敬이되지아니ᄒᆞ는境遇라도皇室의御身體에對ᄒᆞ야는不敬行爲되는境遇가多ᄒᆞᆯ지니라

[第二項]神宮又는皇陵에對ᄒᆞ야爲ᄒᆞᆫ不敬罪도亦前項과同論ᄒᆞᄂᆞ니神宮이라홈은皇太神宮을謂홈이오皇陵이라홈은天皇以下一般皇族의御陵墓를謂홈이니敢히此를汚穢ᄒᆞ거나毁損ᄒᆞᆫ者는尙矣어니와言語動作으로도苟히不敬行爲가有ᄒᆞᆫ者는總히本條第一項에依ᄒᆞ야處罰될지니라

第七十五條 皇族에對ᄒᆞ야危害를加ᄒᆞᆫ者는死刑에處ᄒᆞ고危害를加코ᄌᆞᄒᆞᄂᆞᆫ者는無期懲役에處홈

本條는前條以外의皇族에對ᄒᆞ야危害를加ᄒᆞᆫ者는死刑에處ᄒᆞ고其未遂ᄒᆞᆫ者即危害를加ᄒᆞ려ᄒᆞᆫ者는無期懲役에處ᄒᆞᆯ事를規定ᄒᆞ니라然而本條의皇族이라홈은朝鮮內의王族도此에包含ᄒᆞ니次條의規定도亦同ᄒᆞ니라

[參照]朝鮮刑事令第三條

第七十六條 皇族에對ᄒᆞ야不敬ᄒᆞᆫ行爲가有ᄒᆞᆫ者는二月以上四年以下의懲役에處

ᄒᆞᆷ

本條ᄂᆞᆫ皇族에對ᄒᆞᆫ不敬罪를規定ᄒᆞ얏ᄂᆞ니即皇族에對ᄒᆞ야不敬行爲가有ᄒᆞᆫ者ᄂᆞᆫ二月以上四年以下의懲役에處ᄒᆞᆯ지니라

參照 朝鮮刑事令第三條

第二章 內亂에關ᄒᆞᆫ罪

本章은所謂國事犯의一種된內國亂에關ᄒᆞᆫ罪를規定ᄒᆞᆫ者ㅣ니內亂이라ᄒᆞᆷ은內國의安全을騷亂케ᄒᆞᄂᆞᆫ行爲를云ᄒᆞᆷ이라凡犯罪ᄂᆞᆫ何者던지國家의秩序紊亂에不關ᄒᆞᆫ者ㅣ無ᄒᆞ나就中直接으로邦國의安危存亾에關ᄒᆞ야社會組織에紊亂을加ᄒᆞᆫ者ᄂᆞᆫ其趣가有異ᄒᆞᆫ故로特히本章을置ᄒᆞᆫ所以라

第七十七條 政府를顚覆ᄒᆞ고又ᄂᆞᆫ邦土를僭窃ᄒᆞ거나其他朝憲을紊亂ᄒᆞᆯ事를目的으로ᄒᆞ야暴動을行ᄒᆞᆫ者ᄂᆞᆫ內亂의罪로ᄒᆞ고左의區別에從ᄒᆞ야處斷ᄒᆞᆷ

一、首魁ᄂᆞᆫ死刑又ᄂᆞᆫ無期禁錮에處ᄒᆞᆷ

二、謀議에參與ᄒᆞ거나又ᄂᆞᆫ群衆의指揮를行ᄒᆞᆫ者ᄂᆞᆫ無期又ᄂᆞᆫ三年以上의禁錮에處ᄒᆞ고其他諸般의職務에從事ᄒᆞᆫ者ᄂᆞᆫ一年以上十年以下의禁錮에處ᄒᆞᆷ

三、附和隨行ᄒᆞ거나其他單히暴動에干與ᄒᆞᆫ者ᄂᆞᆫ三年以下의禁錮에處ᄒᆞᆷ

前項의未遂罪ᄂᆞᆫ此를罰ᄒᆞᆷ但前項第三號에記載ᄒᆞᆫ者ᄂᆞᆫ此限에不在ᄒᆞᆷ

本條ᄂᆞᆫ內亂罪의性質及此에適用ᄒᆞᆯ刑의等級을規定ᄒᆞᆫ者ㅣ라

第一項 凡內亂罪에ᄂᆞᆫ、(1)政府를顚覆ᄒᆞᆷ으로써其目的으로ᄒᆞᄂᆞᆫ者、(2)邦土를僭窃ᄒᆞᆷ으로써 其目的으로ᄒᆞᄂᆞᆫ者、(3)朝憲을紊亂ᄒᆞᆷ으로써其目的으로ᄒᆞᄂᆞᆫ者의三種區別有ᄒᆞ니(1)은皇統의廢止、變更又ᄂᆞᆫ政

體의變更을云홈이오(2)는帝國領土의一部分을侵掠ᄒᆞ야一小國을別로建設ᄒᆞ라홈을云홈이오(3)은帝國의重要ᄒᆞᆫ典章을紊亂ᄒᆞ라홈을云홈이라故로以上三者中其一로써目的ᄒᆞ야暴動을爲ᄒᆞᆫ者는本條의所謂內亂罪라然而暴動이라홈은戰爭만意味ᄒᆞᄂᆞᆫ者ㅣ아니라暴力에訴ᄒᆞ야騷擾를爲홈을云홈이니라

盖內亂을起ᄒᆞᆫ者는同一刑에處ᄒᆞᄂᆞᆫ事ㅣ無ᄒᆞ고其輕重을區別ᄒᆞ야刑에輕重의別이有ᄒᆞ니國事犯은盖其人員이甚多ᄒᆞ고且各自分担ᄒᆞᄂᆞᆫ役務가異ᄒᆞ며其罪에加ᄒᆞᆫ程度가不同ᄒᆞᆫ故로罪刑의權衡을保ᄒᆞ기爲ᄒᆞ야其刑에差異를設홈이如左ᄒᆞ니

一、首魁는死刑又는無期禁錮에處ᄒᆞᄂᆞ니首魁는事實上犯罪의主腦者로罪狀이最重ᄒᆞᆫ所以라

二、陰謀에叅與ᄒᆞ며又는群衆을指揮ᄒᆞᆫ者는無期又는三年以上의禁錮에處ᄒᆞ며其他諸般職務에從事ᄒᆞᆫ者는一年以上十年以下의禁錮에處ᄒᆞᄂᆞ니謀議에叅與ᄒᆞᆫ者ㅣ라홈은內亂을起ᄒᆞᆷ에當ᄒᆞ야其計劃을爲ᄒᆞ며諸般謀事等密議에叅ᄒᆞ야自己의意見을陳述ᄒᆞ야首魁의次位에立ᄒᆞᄂᆞᆫ者ㅣ오群衆의指揮를爲ᄒᆞᆫ者라ᄒᆞᆷ은元來首魁가아니로ᄃᆡ一群一隊를指揮ᄒᆞᆫ者를云홈이니是等人은其罪惡이不輕ᄒᆞᄂᆞᆫ要컨ᄃᆡ首魁에隷屬ᄒᆞ야此를補佐홈에不過ᄒᆞᆫ者인故로首魁보다其刑을稍輕케ᄒᆞ며其他諸般職務에從事ᄒᆞᆫ者는謀議에叅與ᄒᆞ며又는群衆을指揮ᄒᆞᆫ者보다도其罪가又輕ᄒᆞᆫ故로其刑을亦輕케ᄒᆞ니라

三、附和隨行ᄒᆞ며其他單히暴動에干與ᄒᆞᆫ者는三年以下의懲役에處ᄒᆞᄂᆞ니附和隨行이라홈은自己가何等의意味가有홈이아니오風聲鶴唳로其內亂暴動에隨行홈과如ᄒᆞᆫ者며其他暴動에만干與ᄒᆞᆫ者는前二號에該當ᄒᆞᆫ者보다其罪가尤輕ᄒᆞᆫ故로此等輕罪에處ᄒᆞᆯ섇이니라

[第二項]本項은前項의罪로假令未遂ᄒᆞᆫ境遇라도此를罰ᄒᆞᆯ事를規定ᄒᆞ얏스니是其事件이重大홈으로비록未遂에止ᄒᆞᆫ者ㅣ라도充分히此를懲罰ᄒᆞᆯ必要가有ᄒᆞᆫ所以라然이나附和附隨ᄒᆞ며其他單히暴動에만干與ᄒᆞᆫ者는其犯情이亦輕ᄒᆞᆫ故로其未遂罪는此를罰치아니ᄒᆞᄂᆞ니라

第七十八條 內亂의豫備又ᄂᆞᆫ陰謀를行ᄒᆞᆫ者ᄂᆞᆫ一年以上十年以下의禁錮에處ᄒᆞᆷ

內亂의豫備라ᄒᆞᆷ은內亂을起ᄒᆞᆯ目的으로써兵器錢穀等을準備ᄒᆞ며又ᄂᆞᆫ其準備를爲ᄒᆞ야兵器錢穀其他擧事에必要ᄒᆞᆫ物을掠奪ᄒᆞ기를企圖ᄒᆞ거나又ᄂᆞᆫ要路大官을暗殺ᄒᆞ기爲ᄒᆞ야刺客砲手等을約束ᄒᆞᄂᆞᆫ等其手段方法의如何ᄒᆞᆷ을不拘ᄒᆞ고內亂을起ᄒᆞ기前에諸般準備를爲ᄒᆞᄂᆞᆫ事를云ᄒᆞᆷ이오陰謀라ᄒᆞᆷ은犯罪의實行에就ᄒᆞ야數人이團結ᄒᆞ야陰히計策을圖謀ᄒᆞᄂᆞᆫ事를云ᄒᆞᆷ이니凡犯罪의豫備又ᄂᆞᆫ陰謀에止ᄒᆞ고實行의着手에不及ᄒᆞᆫ者ᄂᆞᆫ原則으로ᄂᆞᆫ此를罰치아니ᄒᆞ되內亂罪에關ᄒᆞ야ᄂᆞᆫ旣히擧事ᄒᆞ야犯人의目的을達ᄒᆞᆫ以後보다其未着手前에此를懲罰ᄒᆞᆷ이必要ᄒᆞᆫ故로前條第二項未遂罪를罰ᄒᆞᄂᆞᆫ規定以外에特히本條를設ᄒᆞ야其未遂에도不至ᄒᆞ고豫備陰謀에止ᄒᆞᆫ者도亦罰케ᄒᆞ니라

第七十九條 兵器、金穀을資給하거나又ᄂᆞᆫ其他의行爲로써前二條의罪를幇助ᄒᆞᆫ者ᄂᆞᆫ七年以下의禁錮에處ᄒᆞᆷ

兵器金穀을資給ᄒᆞᆫ다ᄒᆞᆷ은內亂罪를企圖ᄒᆞᄂᆞᆫ者에게必要ᄒᆞᆫ銃砲、彈藥、金錢、糧食等을供給ᄒᆞᄂᆞᆫ者를云ᄒᆞᆷ이오其他의行爲라ᄒᆞᆷ은如上의物件을資給치아니ᄒᆞᄂᆞᆫ人으로ᄒᆞ여곰此等을供給ᄒᆞᆯ事를周旋ᄒᆞ거나或은暴動에供ᄒᆞᆫ土地建物을資給ᄒᆞ며其他此等行爲를容易히成就ᄒᆞ도록設力ᄒᆞ야諸般必要ᄒᆞᆫ幇助를爲ᄒᆞᆫ者를謂ᄒᆞᆷ이니卽第七十七條及第七十八條의正犯에對ᄒᆞᆫ從犯이라故로此를罰ᄒᆞ되其刑을稍輕케ᄒᆞ니라

第八十條 前二條의罪를犯ᄒᆞᆯ지라도아즉暴動에未至ᄒᆞ기前에自首ᄒᆞᆫ者ᄂᆞᆫ其刑을免除ᄒᆞᆷ

本條ᄂᆞᆫ內亂의豫備陰謀를爲ᄒᆞ거ᄂᆞ兵器金穀等을資給ᄒᆞ며或은其他의行爲를爲ᄒᆞᆫ者ㅣ暴動을擧ᄒᆞ기前에其罪를自首ᄒᆞᆫ時ᄂᆞᆫ全혀其刑을免除ᄒᆞᆯ事를規定ᄒᆞ얏스니普通犯罪의自首ᄂᆞᆫ單히刑을減輕ᄒᆞᆯᄲᅮᆫ이로되內亂은事態가重大ᄒᆞ야擧則患害가莫測ᄒᆞᆫ故로此를未然에防止ᄒᆞ기爲ᄒᆞ야自首의效果를大케ᄒᆞᆯ必要가

有ᄒᆞ니此ㅣ其刑을全免ᄒᆞᄂᆞᆫ所以라然이나自首ᄂᆞᆫ반다시暴動의着手에前爲홈을要ᄒᆞᄂᆞ니普通犯罪에ᄂᆞᆫ實行을終了ᄒᆞᆫ後라도官의發覺되기前에ᄂᆞᆫ自首를成立ᄒᆞ되內亂罪에ᄂᆞᆫ아즉着手에不及ᄒᆞᆫ者도亦犯罪를成立ᄒᆞᄂᆞᆫ所以라

第三章　外患에關ᄒᆞᆫ罪

本章은外國과通謀ᄒᆞ야帝國에對ᄒᆞ야戰端을開케ᄒᆞ며又ᄂᆞᆫ帝國을抗敵ᄒᆞᄂᆞᆫ等自外로帝國에患害되ᄂᆞᆫ事를貽ᄒᆞᄂᆞᆫ者를罰ᄒᆞᄂᆞᆫ規定이니其犯人의內國人됨과外國人됨을不問ᄒᆞᄂᆞ니라

第八十一條　外國에通謀ᄒᆞ야帝國에對ᄒᆞ야戰端을開케ᄒᆞ거나又ᄂᆞᆫ敵國에與ᄒᆞ야帝國에抗敵ᄒᆞᆫ者ᄂᆞᆫ死刑에處홈

本條ᄂᆞᆫ外患에關ᄒᆞᆫ二個의罪를規定ᄒᆞ얏스니一은帝國에對ᄒᆞ야戰端을開케홀目的으로外國에通謀ᄒᆞ야遂乃戰端을開케ᄒᆞᆫ者니例如帝國의軍事機密을外國에內通ᄒᆞ야如斯々々히此를攻掠ᄒᆞ야劃謀ᄒᆞ야外國의効益을圖ᄒᆞ야此로由ᄒᆞ야外國이開戰ᄒᆞ기에至ᄒᆞᆫ者等이오二ᄂᆞᆫ敵國에與ᄒᆞ야帝國을抵抗ᄒᆞᄂᆞᆫ者ㅣ니例如帝國과外國이開戰홀時ᄂᆞᆫ外國은帝國의敵이어ᄂᆞᆯ暗히敵軍에從事又ᄂᆞᆫ附隨ᄒᆞ야反히帝國을抗敵ᄒᆞᆫ者等이是라盖此等犯罪ᄂᆞᆫ帝國의存立上重大ᄒᆞᆫ者인故로此를死刑에處ᄒᆞᄂᆞ니라

第八十二條　要塞、陣營、軍隊、艦船其他軍用에供ᄒᆞᄂᆞᆫ處所又ᄂᆞᆫ建造物을敵國에交付ᄒᆞᆫ者ᄂᆞᆫ死刑에處홈

兵器、彈藥其他軍用에供ᄒᆞᄂᆞᆫ物을敵國에交付ᄒᆞᆫ者ᄂᆞᆫ死刑又ᄂᆞᆫ無期懲役에處홈

[第一項]帝國에屬ᄒᆞᆫ要塞、陣營、軍隊、艦船其他軍用에供ᄒᆞᄂᆞᆫ處所建物等을敵國에交付ᄒᆞᆫ者ᄂᆞᆫ死刑에處ᄒᆞᄂᆞ니要塞地라홈은軍法上特히設定ᄒᆞᆫ土地의區域을云홈이오艦船이라홈은軍艦其他附屬船舶海軍

軍用에供ᄒᆞᄂᆞᆫ諸船舶을云ᄒᆞᆷ이니敵國이라ᄒᆞᆷ은既히帝國과開戰ᄒᆞᆫ對敵의國을云ᄒᆞᆷ이라

第二項 帝國의兵器、彈藥其他軍用에供ᄒᆞᄂᆞᆫ物을敵國에交付ᄒᆞᆫ者도亦處刑ᄒᆞᄂᆞ니라

第八十三條　敵國을利ᄒᆞ기爲ᄒᆞ야要塞、陣營、艦船、兵器、彈藥、汽車、電車鐵道、電線其他軍用에供ᄒᆞᄂᆞᆫ塲所又ᄂᆞᆫ物을損壞ᄒᆞ거나或은使用ᄒᆞᆯ事不能에至케ᄒᆞᆫ者ᄂᆞᆫ死刑又ᄂᆞᆫ無期懲役에處ᄒᆞᆷ

開戰中敵國의利益을爲ᄒᆞ야帝國에屬ᄒᆞᆫ要塞、陣營、艦船、兵器、彈藥、汽車、電車、鐵道、電線其他軍用에供ᄒᆞᄂᆞᆫ處所物品等을毁損ᄒᆞ야帝國으로ᄒᆞ여곰此를使用키不能ᄒᆞᆷ에至케ᄒᆞᆫ者ᄂᆞᆫ비록敵國에對ᄒᆞ야此等物品을交付ᄒᆞ야積極的으로敵國을利히ᄒᆞᆫ者ㅣ아니로ᄃᆡ其所爲ᄂᆞᆫ帝國을害케ᄒᆞ야敵國을助ᄒᆞᆫ者인故로此를罰ᄒᆞᄃᆡ其情狀의如何에因ᄒᆞ야死刑又ᄂᆞᆫ無期懲役에處ᄒᆞᄂᆞ니라

第八十四條　帝國의軍用에供치아니ᄒᆞᄂᆞᆫ兵器、彈藥其他直接에戰鬪의用에供ᄒᆞᆯ만ᄒᆞᆫ物을敵國에交付ᄒᆞᆫ者ᄂᆞᆫ無期又ᄂᆞᆫ三年以上의懲役에處ᄒᆞᆷ

帝國의軍用에供ᄒᆞᄂᆞᆫ者ᄂᆞᆫ아니로ᄃᆡ敵國을爲ᄒᆞ야他로브터兵器、彈藥其他直接으로戰爭의用에供ᄒᆞᆯ物을敵國에게交付ᄒᆞᆫ者ᄂᆞᆫ無期又ᄂᆞᆫ三年以上의懲役에處ᄒᆞᄂᆞ니此ᄂᆞᆫ直接으로此等帝國의軍物을損ᄒᆞ야積極的으로帝國을害ᄒᆞᄂᆞᆫ者ㅣ아니로ᄃᆡ敵國을利ᄒᆞ야써帝國을害되게ᄒᆞᄂᆞᆫ結果를生ᄒᆞᄂᆞᆫ所以라

第八十五條　敵國을爲ᄒᆞ야間諜을行ᄒᆞ거나又ᄂᆞᆫ敵國의間諜을幇助ᄒᆞᆫ者ᄂᆞᆫ死刑又ᄂᆞᆫ無期或은五年以上의懲役에處ᄒᆞᆷ

軍事上의機密을敵國에漏泄ᄒᆞᆫ者亦同ᄒᆞᆷ

第一項 間諜이라ᄒᆞᆷ은戰爭의內情을秘密히探偵ᄒᆞᄂᆞᆫ者를謂ᄒᆞᆷ이니即敵國의利益을謀ᄒᆞ기爲ᄒᆞ야間諜

에從事ᄒᆞ며又ᄂᆞᆫ敵의間諜에便宜를與ᄒᆞ야此를助力ᄒᆞᆫ者ᄂᆞᆫ死刑又ᄂᆞᆫ無期懲役에處ᄒᆞ되其犯情이輕ᄒᆞᆫ者ᄂᆞᆫ五年以上의懲役에處ᄒᆞᄂᆞ니라

第二項軍事上機密이라홈은 攻守進退及兵의 配置其他軍略籌策等의秘密에屬ᄒᆞᆫ者를 云홈이니敵國을爲ᄒᆞ야此等秘密을漏泄ᄒᆞᆫ者ᄂᆞᆫ亦前項과同히處罰ᄒᆞᄂᆞ니라

第八十六條 前五條에記載ᄒᆞᆫ以外의方法으로써敵國에軍事上의利益을與ᄒᆞ거나又ᄂᆞᆫ帝國의軍事上의利益을害ᄒᆞᆫ者ᄂᆞᆫ二年以上의有期懲役에處홈

本條ᄂᆞᆫ第八十一條乃至第八十五條에規定ᄒᆞᆫ以外의方法에依ᄒᆞ야敵國의利益을謀ᄒᆞ며又ᄂᆞᆫ帝國의軍事上危害를與ᄒᆞᆫ者를規定홈이니例如戰時에陸海軍의委託을受ᄒᆞ야物品을供給ᄒᆞ며又ᄂᆞᆫ工作에從事ᄒᆞᄂᆞᆫ者ㅣ敵國의賄賂를受ᄒᆞ고命令에違反ᄒᆞ야軍備의缺乏을生케ᄒᆞᆫ者와如홈이니前五條에記載ᄒᆞᆫ各種境遇에ᄂᆞᆫ皆處罰의程度를規定ᄒᆞ얏스나本章의罪ᄂᆞᆫ事態가極히危重ᄒᆞᆫ故로前數條境遇以外에도萬一의疎漏가有키不可ᄒᆞᆫ故로特히本條를設ᄒᆞ야凡方法의如何홈을不問ᄒᆞ고敵國을利ᄒᆞ며帝國을害ᄒᆞᆫ者ᄂᆞᆫ總히此를罰ᄒᆞᆯ事를規定ᄒᆞ니라

第八十七條 前六條의未遂罪ᄂᆞᆫ此를罰홈

外患罪ᄂᆞᆫ其所係가實로容易치아니ᄒᆞᆫ故로비록未遂罪라도此를罰ᄒᆞᄂᆞ니라

第八十八條 第八十一條乃至第八十六條에記載ᄒᆞᆫ罪의豫備又ᄂᆞᆫ陰謀를行ᄒᆞᆫ者ᄂᆞᆫ一年以上十年以下의懲役에處홈

本條ᄂᆞᆫ外患罪의未遂ᄲᅮᆫ아니라豫備又ᄂᆞᆫ陰謀에至ᄒᆞᆫ者도亦此를罰ᄒᆞᆯ事를規定ᄒᆞ얏스니蓋外患罪ᄂᆞᆫ彼一個人의生命財産을損ᄒᆞᄂᆞᆫ普通犯罪의類가아니라直接으로國家의存立에危害를及ᄒᆞᄂᆞᆫ內亂罪보다害毒이尤甚ᄒᆞᆫ所以라

第八十九條　本章의規定은戰時同盟國에對ᄒᆞᄂᆞᆫ行爲에亦此를適用홈

戰時同盟國이라홈은戰時에當ᄒᆞ야ᄂᆞᆫ互相協力ᄒᆞ야共히敵國에當ᄒᆞᆯ事를締約ᄒᆞᆫ國을云홈이니如斯히聯合ᄒᆞ야外敵에當ᄒᆞᆯ者임으로利害關係가一身同體와無異ᄒᆞᆫ즉其同盟國에害를與홈은帝國을害홈과便同ᄒᆞᆫ故로本章의規定은其行爲가直接으로帝國에對ᄒᆞᆫ者ㅣ아니오帝國의戰時同盟國에對ᄒᆞᆫ境遇라도亦此를罰責ᄒᆞᄂᆞ니라然이나此等同盟國이라도一朝利害를相反ᄒᆞ야互相敵手될時ᄂᆞᆫ即時同盟이破壞되ᄂᆞᆫ故로此를敵國으로홈은勿論이라

第四章　國交에關ᄒᆞᆫ罪

本章은國交에關ᄒᆞᆫ罪即國의交際를害ᄒᆞᄂᆞᆫ者를罰ᄒᆞᆯ事를規定ᄒᆞᆫ者ㅣ니라

第九十條　帝國에滯在ᄒᆞᄂᆞᆫ外國의君主又ᄂᆞᆫ大統領에對ᄒᆞ야暴行又ᄂᆞᆫ脅迫을加ᄒᆞᆫ者ᄂᆞᆫ一年以上十年以下의懲役에處홈

帝國에滯在ᄒᆞᄂᆞᆫ外國의君主又ᄂᆞᆫ大統領에對ᄒᆞ야侮辱을加ᄒᆞᆫ者ᄂᆞᆫ三年以下의懲役에處홈但外國政府의請求를待ᄒᆞ야其罪를論홈

第一項 帝國에滯在ᄒᆞᆫ바外國君主又ᄂᆞᆫ大統領에對ᄒᆞ야暴行又ᄂᆞᆫ脅迫을加ᄒᆞᆫ者ᄂᆞᆫ其所爲가國與國이互相尊重히ᄒᆞᄂᆞᆫ主權者에對ᄒᆞ야禮敬의待遇를損홈이特甚ᄒᆞᆫ故로此를普通의暴行罪로써論치아니ᄒᆞ고特히本條를設ᄒᆞ야一年以上十年以下의懲役에處케ᄒᆞᄂᆞ니라玆에滯在라홈은日數의長短을不拘ᄒᆞ고國外로브터來ᄒᆞ야暫時라도帝國領土에逗留ᄒᆞᄂᆞᆫ間을云홈이니此等犯者ᄂᆞᆫ帝國의外國主權에對ᄒᆞᆫ體面上當然히此를處罰ᄒᆞᄂᆞᆫ者니라

第二項 帝國에滯在ᄒᆞᄂᆞᆫ外國君主又ᄂᆞᆫ大統領에對ᄒᆞ야侮辱을加ᄒᆞᆫ者도亦前項과同히三年以下의懲役에處ᄒᆞᄂᆞ니라然이나侮辱도元來此를懲罰ᄒᆞ기爲ᄒᆞ야再次檢擧ᄒᆞᆯ時ᄂᆞᆫ反히此等貴賓의面目을損ᄒᆞᆯ虞가

有ᄒᆞ야通常의誹譏罪와如히罪의性質上親告를要ᄒᆞᄂᆞᆫ故로其國政府의請求가無ᄒᆞ면此를論罪치아니ᄒᆞᄂᆞ니라

第九十一條 帝國에派遣된外國의使節에對ᄒᆞ야暴行又ᄂᆞᆫ脅迫을加ᄒᆞᆫ者ᄂᆞᆫ三年以下의懲役에處홈

帝國에派遣된外國의使節에對ᄒᆞ야侮辱을加ᄒᆞᆫ者ᄂᆞᆫ二年以下의懲役에處홈但被害者의請求를待ᄒᆞ야其罪를論홈

本條ᄂᆞᆫ帝國에派遣된外國使節에對ᄒᆞ야前條와同ᄒᆞᆫ犯罪를爲ᄒᆞᆯ時ᄂᆞᆫ大畧前條에準ᄒᆞ야此를處罰ᄒᆞᄂᆞ니使節이라홈은一國을代表ᄒᆞ야帝國에來ᄒᆞᄂᆞᆫ使臣이니大使、公使等帝國에駐箚ᄒᆞᄂᆞᆫ者와臨時로來朝ᄒᆞᄂᆞᆫ全權大使等을云홈이니라

第九十二條 外國에對ᄒᆞ야侮辱을加ᄒᆞᆯ目的으로써其國의國旗其他國章을損壞、除去又ᄂᆞᆫ汚穢ᄒᆞᆫ者ᄂᆞᆫ二年以下의懲役又ᄂᆞᆫ二百圜以下의罰金에處홈但外國政府의請求를待ᄒᆞ야其罪를論홈

本條ᄂᆞᆫ外國에對ᄒᆞᆫ侮辱罪를規定ᄒᆞᆫ者ㅣ니國旗又ᄂᆞᆫ國의表章을損毁ᄒᆞ거나其建設ᄒᆞᆫ者를除却ᄒᆞ거나或은汚穢ᄒᆞᆫ者ᄂᆞᆫ其國의威嚴保持上必要ᄒᆞᆫ尊嚴을破壞ᄒᆞᆫ者이니故로其目的이其國을侮辱ᄒᆞ려홈에出ᄒᆞᆫ者에限ᄒᆞ야此를罰ᄒᆞ되其侮辱을受ᄒᆞᆫ外國政府의請求가無ᄒᆞ면此를論罪치아니ᄒᆞᄂᆞ니라然이나此等行爲가外國을侮辱ᄒᆞ라ᄒᆞᄂᆞᆫ目的이아니오偶然히無意味로行ᄒᆞᆫ者ㅣ될時ᄂᆞᆫ또ᄒᆞᆫ罰치아니ᄒᆞᄂᆞ니라

第九十三條 外國에對ᄒᆞ야私로戰鬪를行ᄒᆞᆯ目的으로써其豫備又ᄂᆞᆫ陰謀를行ᄒᆞᆫ者ᄂᆞᆫ三月以上五年以下의禁錮에處홈但自首ᄒᆞᆫ者ᄂᆞᆫ其刑을免除홈

本條ᄂᆞᆫ外國에對ᄒᆞ야私鬪行爲를罰ᄒᆞᄂᆞᆫ規定이니凡外國에對ᄒᆞ야戰鬪를開ᄒᆞ며干戈를動홈은君主의大權에屬ᄒᆞᆫ者ㅣ니人民이私로是等의準備又ᄂᆞᆫ陰謀를爲홈은大權을蔑視홀뿐아니라無端히外國에搆怨ᄒᆞ야本國의安寧을害ᄒᆞᄂᆞᆫ虞가有ᄒᆞᆫ故로縱令豫備陰謀에止ᄒᆞᆫ者ㅣ라도此를罰ᄒᆞ되若前非를悔悟ᄒᆞ야自首ᄒᆞᆫ者ᄂᆞᆫ第八十條內亂罪의境遇와同一ᄒᆞᆫ理由로써其刑을全免ᄒᆞᄂᆞ니라

第九十四條　外國交戰의際局外中立에關ᄒᆞᄂᆞᆫ命令에違背ᄒᆞᆫ者ᄂᆞᆫ三年以下의禁錮又ᄂᆞᆫ千圓以下의罰金에處홈

局外中立이라홈은隣國의開戰에本國은此에左袒치아니ᄒᆞ고垂手傍觀ᄒᆞ야全혀其戰局의外에中立홈을云홈이니라其戰國과戰守同盟이無ᄒᆞ면開戰中은반다시局外中立의命令을發ᄒᆞᄂᆞ니若此命令에違反ᄒᆞᆫ時ᄂᆞᆫ其結果가或은戰禍中에投入ᄒᆞ야累를國家에及홀虞가有ᄒᆞᆫ故로本條로써此를罰ᄒᆞᄂᆞ니라然而局外中立의命令에違反ᄒᆞᄂᆞᆫ行爲라홈은如何ᄒᆞᆫ者인가此ᄂᆞᆫ臨時로命令으로써其禁止事項을頒布ᄒᆞᄂᆞᆫ故로豫히一定치아니ᄒᆞᄂᆞ 例如戰國中一國에對ᄒᆞ야軍用物品等을供給又ᄂᆞᆫ輸出ᄒᆞᄂᆞᆫ等은本條의犯罪를成ᄒᆞᄂᆞᆫ行爲라홀지니라

第五章　公務執行을妨害ᄒᆞᄂᆞᆫ罪

本章은國家의公務執行을完全히ᄒᆞ기爲ᄒᆞ야官吏、公吏其他法律로써組織된議會議員等의公務執行을妨害ᄒᆞᆫ者를罰홀事를規定ᄒᆞ니라

第九十五條　公務員의職務를執行홈에當ᄒᆞ야此에對ᄒᆞ야暴行又ᄂᆞᆫ脅迫을加ᄒᆞᆫ者ᄂᆞᆫ三年以下의懲役又ᄂᆞᆫ禁錮에處홈

公務員으로써某處分을行케ᄒᆞ거나或은不行케ᄒᆞ기爲ᄒᆞ야暴行又ᄂᆞᆫ脅迫을加ᄒᆞᆫ者亦同홈

第一項 公務員이라 ᄒᆞᆷ은 第七條에 規定ᄒᆞᆫ바 公의 事務를 執行ᄒᆞᄂᆞᆫ 人員이니 例如 收稅官吏가 諸稅徵收事務를 收扱ᄒᆞ며 警察官吏가 犯人을 逮捕ᄒᆞᄂᆞᆫ 等이 是라 公務員이 職務를 執行ᄒᆞᆷ은 法律이 定ᄒᆞᆫ 權利를 實行ᄒᆞᄂᆞᆫ 者ㅣ니 人民은 반다시 此에 服從치 아니치 못ᄒᆞᆯ 義務가 有ᄒᆞᆫ 者ㅣ어ᄂᆞᆯ 妄히 暴行脅迫으로써 此를 抗拒ᄒᆞᆫ 者ᄂᆞᆫ 國家의 權能을 妨害ᄒᆞᆷ인 故로 本條에 依ᄒᆞ야 論罪ᄒᆞᄂᆞ니라 然이나 本條의 罪를 成ᄒᆞᆷ에ᄂᆞᆫ 公吏ᄂᆞᆫ 其職務權限內에셔 其職務를 執行ᄒᆞᄂᆞᆫ 當時됨을 要ᄒᆞᄂᆞ니 故로 비록 公務員이라도 其職務權限以外에 不法不正ᄒᆞᆫ 行動을 爲ᄒᆞ거ᄂᆞ 又ᄂᆞᆫ 公務를 執行ᄒᆞ기 前이ᄂᆞ 其行爲를 終了ᄒᆞᆫ 後ᄂᆞᆫ 縱令 此에 對ᄒᆞ야 暴行脅迫을 加ᄒᆞ엿스되 普通의 傷害脅迫의 各本條에 依ᄒᆞ야 處斷될지언뎡 本條의 犯罪ᄂᆞᆫ 構成ᄒᆞᄂᆞᆫ 事ㅣ 無ᄒᆞ니라 然이나 公務員이 公務員된 表章이 無ᄒᆞᆷ으로 犯人이 其公務員됨을 不知ᄒᆞ고 行ᄒᆞᆫ 時ᄂᆞᆫ 事實問題로써 多少酌量減輕의 原因을 成ᄒᆞᆯ지니라

第二項 公務員에 公務의 處分을 爲ᄒᆞ고 不爲ᄒᆞᆷ은 其人의 意思에 在ᄒᆞᆷ이어ᄂᆞᆯ 公務員으로ᄒᆞ여곰 其行ᄒᆞ려 ᄒᆞᆷ을 行치 못ᄒᆞ게 ᄒᆞ며 行치 아니ᄒᆞ려 ᄒᆞᆷ을 行케 ᄒᆞᆷ은 公安을 害ᄒᆞᆷ이 不少ᄒᆞ니 例如 收稅官吏가 釀酒場에 臨檢ᄒᆞᄂᆞᆫ 境遇에 酒稅를 脫ᄒᆞᆯ 姦計로써 檢查員으로ᄒᆞ여곰 强히 檢查濟라 ᄒᆞᄂᆞᆫ 處分을 爲케 ᄒᆞ되 不然ᄒᆞ면 貴官을 殺害ᄒᆞ리라 脅迫ᄒᆞᄂᆞᆫ 等이 是오 且 公務員으로ᄒᆞ여곰 其職을 辭免케 ᄒᆞ기 爲ᄒᆞ야 此等 暴行脅迫을 加ᄒᆞᆫ 者도 共히 前項과 同히 處罰될지니라

第九十六條 公務員의 施ᄒᆞᆫ 封印又ᄂᆞᆫ 差押의 標示를 損壞ᄒᆞ거ᄂᆞ 又ᄂᆞᆫ 其他의 方法으로써 封印又ᄂᆞᆫ 標示를 無效되게 ᄒᆞᆫ 者ᄂᆞᆫ 二年以下의 懲役又ᄂᆞᆫ 三百圓以下의 罰金에 處ᄒᆞᆷ

公務員의 施ᄒᆞᆫ 封印이라 ᄒᆞᆷ은 公務員이 法律에 依ᄒᆞ야 某物件에 對ᄒᆞ야 行ᄒᆞᆫ 封印이니 例如 酒造稅法違反에 因ᄒᆞ야 稅務官吏가 其容器又ᄂᆞᆫ 製造場倉庫等에 施ᄒᆞᆫ 封印等이오 又 差押의 標示라 ᄒᆞᆷ은 裁判의 結果에 依ᄒᆞ

야執行官吏가差押ᄒᆞᆫ財産에對ᄒᆞ야爲ᄒᆞᆫ公示卽此를揭示ᄒᆞ기爲ᄒᆞ야印章을差押ᄒᆞᆫ等이니是ᄂᆞᆫ官署에서特別事由가有ᄒᆞᆷ으로設ᄒᆞᆫ者ㅣ니人民은擅히此를破棄키不可ᄒᆞ거ᄂᆞᆯ若此를毁損ᄒᆞ거나又ᄂᆞᆫ效果가無케ᄒᆞᆫ時ᄂᆞᆫ其物件은盜奪錯雜又ᄂᆞᆫ紛失됨에至ᄒᆞ야此를爲ᄒᆞ야其罪証을湮滅ᄒᆞ며又ᄂᆞᆫ權利를侵害ᄒᆞᄂᆞᆫ結果를生ᄒᆞ야遂乃國家公權을無効에歸케ᄒᆞᄂᆞᆫ虞가有ᄒᆞᆫ故로本條로써此를罰ᄒᆞᄂᆞ니라

第六章　逃走罪

本章은被拘禁者가逃走ᄒᆞᆫ境遇의罪를規定ᄒᆞᆫ者ㅣ라

第九十七條　旣決、未決의囚人逃走ᄒᆞᆫ時ᄂᆞᆫ一年以下의懲役에處ᄒᆞᆷ

旣決囚人이라ᄒᆞᆷ은旣히裁判이確定ᄒᆞ야監獄에投ᄒᆞᆫ者를云ᄒᆞᆷ이오未決囚人이라ᄒᆞᆷ은刑事被告人으로其裁判이아즉確定치아니ᄒᆞ야拘禁에在ᄒᆞᆫ者를云ᄒᆞᆷ이니此等囚人이暗히逃走ᄒᆞᆫ者ᄂᆞᆫ國家司法權能의行使를防害ᄒᆞᆫ者인故로本條의罰을不免ᄒᆞᆯ지니라然이나未決囚人으로逃走ᄒᆞᆫ者ㅣ再捕되야其裁判이確定ᄒᆞᆫ結果無罪된時라도其逃走ᄒᆞᆫ所以로써本條의罰은免치못ᄒᆞᆯ지니라

第九十八條　旣決、未決의囚人又ᄂᆞᆫ拘引狀의執行을受ᄒᆞᆫ者拘禁場又ᄂᆞᆫ械具를損壞ᄒᆞ고或은暴行脅迫을行ᄒᆞ거나又ᄂᆞᆫ二人以上通謀ᄒᆞ야逃走ᄒᆞᆫ時ᄂᆞᆫ三月以上五年以下의懲役에處ᄒᆞᆷ

囚人又ᄂᆞᆫ將次就囚ᄒᆞᄂᆞᆫ者ㅣ拘禁場又ᄂᆞᆫ械具를損毁ᄒᆞ며或監獄官吏에對ᄒᆞ야暴行脅迫으로其囚를免ᄒᆞ려ᄒᆞ며又ᄂᆞᆫ二人以上이通謀ᄒᆞ야逃走ᄒᆞᆫ者ᄂᆞᆫ國家의刑罰權에對抗ᄒᆞᆷ이甚ᄒᆞᆫ故로本條로써此를罰ᄒᆞᄂᆞ니라然而數人이逃走코ᄌᆞᄒᆞ야看守를殺傷ᄒᆞᆫ境遇에ᄂᆞᆫ本條에依ᄒᆞ야逃走罪를成ᄒᆞᄂᆞᆫ以外에又殺傷에對ᄒᆞᆫ各本條에照ᄒᆞ야併合罪로ᄒᆞ야此를處斷ᄒᆞᆯ지니라

第九十九條　法令에因ᄒᆞ야拘禁된者를奪取ᄒᆞᆫ者ᄂᆞᆫ三月以上五年以下의懲役에處

홈

法令에依ᄒᆞ야拘禁된者ᄂᆞᆫ其看守가頗히嚴重ᄒᆞ야逃脫을防ᄒᆞ나니然而如何ᄒᆞᆫ方法으로던지此를奪取ᄒᆞ야拘禁을脫出케ᄒᆞᆫ者ᄂᆞᆫ必竟犯人을枉護ᄒᆞ야公安을害ᄒᆞᄂᆞᆫ者인故로本條의罰을不免ᄒᆞᆯ지니라然而此에奪取라홈은其犯人이拘禁場獄舍內에在ᄒᆞᆫ時와不然홈을不問ᄒᆞ고如何ᄒᆞᆫ方法으로던지看守로브터此를奪ᄒᆞ야取去ᄒᆞᄂᆞᆫ事를云홈이니라

本條及次條에法令에因홈이라홈은刑法、警察犯處罰規則其他罰則이有ᄒᆞᆫ法律又ᄂᆞᆫ命令에依據ᄒᆞ야拘禁된者를云홈이라

第百條 法令에因ᄒᆞ야拘禁된者를逃走케ᄒᆞᆯ目的으로써器具를給與ᄒᆞ거나其逃走를容易케ᄒᆞᆯ만ᄒᆞᆫ行爲를行ᄒᆞᆫ者ᄂᆞᆫ三年以下의懲役에處홈

前項의目的으로써暴行又ᄂᆞᆫ脅迫을行ᄒᆞᆫ者ᄂᆞᆫ三月以上五年以下의懲役에處홈

[第一項]法令에因ᄒᆞ야拘禁된者를逃走케ᄒᆞ기爲ᄒᆞ야獄舍의破壞에供ᄒᆞᆯ目的으로刀鉅又ᄂᆞᆫ拘禁을脫홈에用ᄒᆞᆯ機具를供給ᄒᆞ거나其他如何ᄒᆞᆫ方法으로던지逃走를容易ᄒᆞ도록ᄒᆞᆫ者ᄂᆞᆫ本條에依ᄒᆞ야處罰될지니要컨ᄃᆡ此ᄂᆞᆫ囚人의逃走를幇助ᄒᆞᆫ者ㅣ라本法總則에正犯을幇助ᄒᆞᆫ者ᄂᆞᆫ從犯으로ᄒᆞ야正犯의刑에照ᄒᆞ야刑을減輕ᄒᆞᄂᆞᆫ規定이有ᄒᆞ나囚人으로ᄒᆞ여곰此를逃走케助力ᄒᆞᆫ者ᄂᆞᆫ其罪狀이囚人보다尤甚ᄒᆞᆫ故로此를正犯從犯으로써論치아니ᄒᆞ고特히本條로써重罰을加ᄒᆞᆯ事를規定ᄒᆞ니라

[第二項]前項과同一ᄒᆞᆫ目的으로써囚人을爲ᄒᆞ야其看守者又ᄂᆞᆫ逃走를妨害ᄒᆞᄂᆞᆫ人에對ᄒᆞ야暴行脅迫을加ᄒᆞᆫ者ᄂᆞᆫ其罪狀이尤重ᄒᆞᆫ故로其罰을亦重케ᄒᆞ니라

[參照]本條의犯罪ᄂᆞᆫ此等行爲를爲ᄒᆞᆫ者를罰ᄒᆞᄂᆞᆫ規定인故로苟히其目的이囚人을逃走케ᄒᆞ라홈에出

ᄒᆞᆫ者이면囚人의逃走與否와重罪囚輕罪囚되ᄂᆞᆫ與否를不拘ᄒᆞ고必本條의罪를搆成ᄒᆞᆯ지니라

第百一條　法令에因ᄒᆞ야拘禁된者를看守又ᄂᆞᆫ護送ᄒᆞᄂᆞᆫ者ㅣ被拘禁者를逃走케ᄒᆞᆫ時ᄂᆞᆫ一年以上十年以下의懲役에處ᄒᆞᆷ

凡法令에因ᄒᆞ야拘禁된者를看守又ᄂᆞᆫ護送ᄒᆞᄂᆞᆫ者ᄂᆞᆫ其職務上充分ᄒᆞᆫ注意로써此에從事치아니키不可ᄒᆞ거ᄂᆞᆯ拘禁者로ᄒᆞ여곰逃走케ᄒᆞᆫ者ᄂᆞᆫ職務上怠慢의責을不免ᄒᆞᆯ뿐아니라其罪狀이普通人에比ᄒᆞ야尤重ᄒᆞᆫ故로前條의外에特히本條로써重罰을加ᄒᆞᆯ事를規定ᄒᆞ니라然이나看守又ᄂᆞᆫ護送ᄒᆞᄂᆞᆫ者ㅣ職務上相當ᄒᆞᆫ注意를用ᄒᆞ엿스나被拘禁者ㅣ스ᄉᆞ로逃入ᄒᆞᆫ境遇에ᄂᆞᆫ職務上過怠의處分을受ᄒᆞᆯ지언뎡本條의罪를搆成ᄒᆞᄂᆞᆫ事ㅣ無ᄒᆞᆯ지니라

第百二條　本章의未遂罪ᄂᆞᆫ此를罰ᄒᆞᆷ

本條ᄂᆞᆫ第六章卽逃走罪ᄂᆞᆫ未遂犯이라도此를罰ᄒᆞᆯ事를規定ᄒᆞ니凡逃走罪ᄂᆞᆫ公安을害ᄒᆞ며公權을抗ᄒᆞᆷ이甚大ᄒᆞᆫ故로縱令實行에着手ᄒᆞ야其逃走를未遂ᄒᆞᆫ者ㅣ라도此를罰ᄒᆞᆯ事를規定ᄒᆞᆫ所以라然이나囚人의父子親族이其情에逼ᄒᆞ야本章의罪를犯ᄒᆞᆫ境遇에ᄂᆞᆫ情狀의酌量(第六十六條參照)에因ᄒᆞ야刑을減輕될事ᄂᆞᆫ勿論이니라

第七章　犯人藏匿及証據湮滅의罪

本章은犯罪人의藏匿及證據를湮滅케ᄒᆞᆫ犯罪에就ᄒᆞ야適用ᄒᆞᆯ刑을規定ᄒᆞ얏스니犯人藏匿이라ᄒᆞᆷ은犯人을匿케ᄒᆞᆯ處所를與ᄒᆞ며又ᄂᆞᆫ他人으로ᄒᆞ여곰與케ᄒᆞ며其他藏匿에必要ᄒᆞᆫ助力을加ᄒᆞᆫ意를云ᄒᆞᆷ이오證據湮滅이라ᄒᆞᆷ은裁判에關ᄒᆞᆫ證據가有ᄒᆞᆫ者를無케ᄒᆞ며又ᄂᆞᆫ僞造變造ᄒᆞᄂᆞᆫ等總히犯人을爲ᄒᆞ야枉護ᄒᆞᄂᆞᆫ行爲를云ᄒᆞᆷ이니라

第百三條 罰金以上의刑에當ᄒᆞᄂᆞᆫ罪를犯ᄒᆞᆫ者又ᄂᆞᆫ拘禁中逃走ᄒᆞᆫ者를藏匿ᄒᆞ거나又ᄂᆞᆫ隱避케ᄒᆞᆫ者ᄂᆞᆫ二年以下의懲役又ᄂᆞᆫ二百圓以下의罰金에處홈

罰金以上의刑에該當ᄒᆞᄂᆞᆫ犯人을發見又ᄂᆞᆫ逮捕되지아니ᄒᆞ도록此를藏匿隱避ᄒᆞᆫ者와拘禁中으로브터逃走ᄒᆞᆫ者를藏匿隱避ᄒᆞᆫ者ᄂᆞᆫ共히本條에依ᄒᆞ야處罰될지니藏匿이라홈은他에發見되지아니ᄒᆞᆯ處所를供給ᄒᆞ야收容홈을云홈이오隱避라홈은罪人의所在를欺罔ᄒᆞ며又ᄂᆞᆫ謀避케ᄒᆞᄂᆞᆫ等行爲로써逮捕를防ᄒᆞᄂᆞᆫ行爲를云홈이니本條의境遇ᄂᆞᆫ往往히共犯과混同되ᄂᆞᆫ事ㅣ有ᄒᆞᄂᆞ正犯에對ᄒᆞᆫ幇助者ᄂᆞᆫ其犯罪行爲의行使中에加功ᄒᆞᄂᆞᆫ者를云홈이로ᄃᆡ本條ᄂᆞᆫ其犯罪의旣히經過ᄒᆞᆫ後犯人을爲ᄒᆞ야庇護ᄒᆞᄂᆞᆫ行爲를罰ᄒᆞᄂᆞᆫ者인故로其刑의範圍가ᄯᅩᄒᆞᆫ不同ᄒᆞ니故로반다시此를區別홈을要ᄒᆞᄂᆞ니라

拘留、科料에該當ᄒᆞᆫ罪를犯ᄒᆞᆫ者를藏匿隱避ᄒᆞᆫ境遇에ᄂᆞᆫ如何히ᄒᆞᆯ가本條에照ᄒᆞᆫ건ᄃᆡ罰金以上의刑에該當ᄒᆞᆫ事를要ᄒᆞᄂᆞ니拘留科料ᄂᆞᆫ罰金以下라此를罰ᄒᆞᄂᆞᆫ正條가無ᄒᆞᆫ故로拘留科料等에該當ᄒᆞᆫ輕罪者를藏匿隱避ᄒᆞᄂᆞᆫ者ᄂᆞᆫ罪되ᄂᆞᆫ事ㅣ無ᄒᆞ니라然이ᄂᆞ一次拘留에處ᄒᆞ야拘禁中으로브터逃走ᄒᆞᆫ者ᄂᆞᆫ其罪名의如何를不問ᄒᆞ고此를藏匿又ᄂᆞᆫ隱避ᄒᆞ면亦本條의罪를不免ᄒᆞᆯ지니라

第百四條 他人의刑事被告事件에關ᄒᆞᄂᆞᆫ證憑을湮滅ᄒᆞ거ᄂᆞ僞造、變造ᄒᆞ고或은僞造變造의證憑을使用ᄒᆞᆫ者ᄂᆞᆫ二年以下의懲役又ᄂᆞᆫ二百圓以下의罰金에處홈

凡刑事에關ᄒᆞᆫ被告事件의證據物은民事訴訟에在홈과不同ᄒᆞᆫ故로此를收集홈이極히困難ᄒᆞ니人民은公安을爲ᄒᆞ야此等證據를保支ᄒᆞ야官에知悉케ᄒᆞᆯ便을圖홈이可ᄒᆞ거ᄂᆞᆯ然而故意로此를湮滅ᄒᆞ며又ᄂᆞᆫ僞造變造ᄒᆞ거ᄂᆞ或은僞造變造ᄒᆞᆫ證據物을使用ᄒᆞᆫ者ᄂᆞᆫ罪人을曲庇ᄒᆞ고公權의正當行使를防ᄒᆞᄂᆞᆫ者임으로本條로써此를罰ᄒᆞᄂᆞ니라

然而本條의境遇는總히他人의刑事事件에關흔者됨을要ᄒ고自己가被告되는事件에關흔者는此를罰치아니ᄒᄂ니凡犯人의自己는刑罰을免ᄒ기爲ᄒ야諸般手段을講흠은人情의難免흔所以라

第百五條　本章의罪는犯人又는逃走者의親族으로犯人又는逃走者의利益을爲ᄒ야犯흔時는此를罰치아니홈

凡親族은死生에同히休戚ᄒ는情誼로써互相極力庇護코ᄌ홈은人情의當然흔바ㅣ라故로本章의罪는犯人又는逃走者의親族으로써犯人又는逃走者를救護ᄒ기爲ᄒ야 犯흔境遇에는 總히此를罰치아니ᄒᄂ니라

參照 本條中親族이라홈은如何흔關係를有흔者를云홈인가民法第七百二十五條에依ᄒ면、(1)六親等內의血族、(2)配偶者、(3)三親等內의姻族은此를親族으로홈을規定ᄒ니라然而朝鮮人에就ᄒ야는右民法의適用을不受ᄒ고慣習에依ᄒᄂ니（上見朝鮮刑事令第十條參看）今에一般히公認되는바朝鮮慣習上親族의範圍를見ᄒ건ᄃ大畧如左ᄒ니라

(1)本宗親屬에는五世祖를同히ᄒ는者即十寸以內의血族及其配偶者
(2)外親戚屬에는六寸以內及其尊屬의配偶者
(3)妻親戚屬에는五寸以內及其三寸以內者의配偶者
(4)準血族에는二寸以內
(5)配偶者(妻)及準配偶者(妾)에는無寸

更히此를舊典、禮說及判決例等에照ᄒ야各親戚屬의俗稱及系統을示ᄒ건ᄃ次圖와如ᄒ니라

(1) 本宗族屬

四從兄弟及婦
三從叔父母 | 三從兄弟及婦 | 三從姪及婦
三從祖父母 | 再從叔父母 | 再從兄弟及婦 | 再從姪及婦 | 三從孫及婦
再從曾祖父母 | 再從祖父母 | 從叔父母 | 從兄弟及婦 | 從姪及婦 | 再從孫及婦 | 再從曾孫及婦
從高祖父母 | 從曾祖父母 | 從祖父母 | 伯叔父母 | 兄弟及嫂 | 姪及婦 | 從孫及婦 | 從曾孫及婦 | 從玄孫及婦
五代祖父母 | 高祖父母 | 曾祖父母 | 祖父母 | 父母 | 己、妻 | 子女及婦 | 孫、女及婦 | 曾孫、女及婦 | 高孫、女及婦 | 鼻孫、女及婦
高大姑母、 | 曾大姑母 | 大姑母 | 姑母 | 姊妹 | 姪女 | 從孫女 | 從曾孫女 | 從玄孫女
再從曾大姑母 | 再從大姑母、 | 從姑母 | 從姊妹 | 從姪女 | 再從孫女 | 三從曾孫女
三從大姑母 | 再從姑母 | 再從姊妹 | 再從姪女 | 三從孫女
三從姑母 | 三從姊妹 | 三從姪女
四從姊妹

(注意) 上圖中 [　] 內에 揭ᄒᆞᆫ者ᄂᆞᆫ有服親이요 [　] 內에 揭ᄒᆞᆫ者ᄂᆞᆫ同姓無服親卽袒免親이라

(2) 外親戚屬

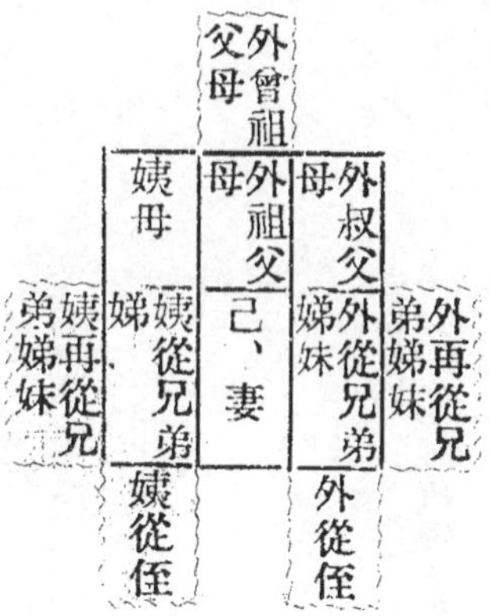
外曾祖父母
外祖父母
外叔父母
外從兄弟姉妹
外再從兄弟姉妹
外從姪
姨母
己、妻
姨從兄弟姉妹
姨再從兄弟姉妹
姨從姪

(3) 妻親戚屬

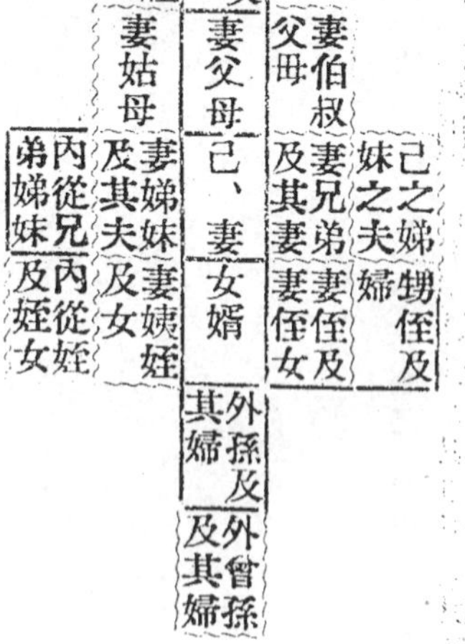
己之姉妹之夫
甥姪及婦
妻伯叔父母
妻兄弟及其妻
妻姪及妻姪女
妻祖父母
妻父母
己、妻
女婿
外孫及其婦
外曾孫及其婦
妻外祖父母
妻姑母
妻姉妹及其夫
妻姨姪及女
內從兄弟姉妹
內從姪及姪女

(注意 右二圖中 [　] 內에揭ᄒᆞᆫ者는異姓有服親이요 [　] 內에揭ᄒᆞᆫ者는異姓無服親이라

(4) 準血族 (注意) 次圖에揭ᄒᆞᆫ者는總히有服親이라

養父母	繼父母	同母異父兄弟姉妹	嫡母	庶母	出母	嫁母	慈母	乳母

上記庶母라홈은父之妾의有子者요慈母라홈은庶子의所生母가死ᄒᆞ고父가撫育을命ᄒᆞᆫ他妾을謂홈

第八章　騷擾罪

凡內亂又는外患에關ᄒᆞᆫ者를除ᄒᆞᆫ以外에如何ᄒᆞᆫ目的으로ᄒᆞ던지多數人을集合ᄒᆞ야暴行又는脅迫을爲ᄒᆞᆫ者는騷擾罪라ᄒᆞ야此를罰ᄒᆞᄂᆞ니本章은騷擾罪의性質及此에適用ᄒᆞᆯ刑을規定ᄒᆞ니라

第百六條　多衆集合ᄒᆞ야暴行又는脅迫을行ᄒᆞᆫ者는騷擾罪로ᄒᆞ야左의區別에從ᄒᆞ

야處斷홈

一、首魁는一年以上十年以下의懲役又는禁錮에處홈

二、他人을指揮ᄒᆞ거나又는他人에率先ᄒᆞ야勢를助ᄒᆞᆫ者는六月以上七年以下의懲役又는禁錮에處홈

三、附知隨行ᄒᆞᆫ者는五十圓以下의罰金에處홈

本條는目的의如何를不拘ᄒᆞ고多衆이集合ᄒᆞ야暴行脅迫을爲ᄒᆞᆫ者는騷擾罪라ᄒᆞ야前記三種의差別에從ᄒᆞ야此를罰ᄒᆞᆯ事를規定ᄒᆞ니라、本條의罪를搆成홈에는次의三個條件을具備홈을要ᄒᆞᄂᆞ니⑴其目的은國事犯에不關ᄒᆞᆫ者됨을要ᄒᆞᄂᆞ니國事犯에關ᄒᆞ야는第二章及第三章에別로히規定이有ᄒᆞᆫ所以오⑵二人以上이多數集合ᄒᆞᆫ事⑶暴行又는脅迫을實行ᄒᆞᆫ事ㅣ是라然이나此에最困難ᄒᆞᆫ바는國事犯非國事犯의區別이나今에一例를擧ᄒᆞ건ᄃᆡ租稅의減輕을請願ᄒᆞ기爲ᄒᆞᄂᆞᆫ目的으로多數人民이集合ᄒᆞ야地方官公吏를强迫ᄒᆞᆫ境遇와如홈은其目的이敢히政府를顚覆ᄒᆞ거나朝憲을紊亂코져ᄒᆞᄂᆞᆫ者ㅣ아님으로本條騷擾罪로써論斷ᄒᆞᆯ지라然이나若此境遇에政府가其亂民의請願을容納치아니홈으로亂民은必其請願의目的을達ᄒᆞ랴ᄒᆞ야益益暴行을逞ᄒᆞ야進ᄒᆞ야政府에抵抗ᄒᆞ야當初의志望을充足히ᄒᆞ기爲ᄒᆞ야는雖政府를顚覆ᄒᆞ기ᄭᆞ지라도不顧ᄒᆞᆯ決心으로暴行脅迫을肆行ᄒᆞᆫ時는終乃國事犯됨에至ᄒᆞᆯ지라故로要컨ᄃᆡ此判別은唯其事實如何에因ᄒᆞ야決定될지라、此多數騷亂의境遇는國事犯의境遇와如히其罪에加功ᄒᆞᄂᆞᆫ輕重大小의別이有ᄒᆞᆫ者인故로其刑을條文과如히差等이有케홈은當然ᄒᆞᆫ事니라

第百七條　暴行又는脅迫을行ᄒᆞ기爲ᄒᆞ야多衆集合ᄒᆞ야當該公務員으로브터解散의命을受ᄒᆞᆫ事ㅣ三回以上에及ᄒᆞ나仍히解散치아니ᄒᆞᆫ時는首魁는三年以下의懲

役又는禁錮에處ᄒᆞ고其他의者는五十圓以下의罰金에處홈

本條는暴行又는脅迫을行ᄒᆞ기爲ᄒᆞ야多衆集合ᄒᆞ야當該公務員의解散命令을受ᄒᆞ고도尙且解散치아니ᄒᆞᄂᆞᆫ境遇의罪를規定ᄒᆞᆫ者ㅣ라、現에暴行又는脅迫을行치아니ᄒᆞᆯ지라도此를行ᄒᆞᆯ目的으로써多衆集合ᄒᆞᆫ者ㅣ當該公務員卽其事에關係된官公吏等으로브터治安에妨害가有ᄒᆞ다ᄒᆞ야三回以上解散ᄒᆞᆷ이可ᄒᆞᆫ命令을受ᄒᆞ고도尙且解散치아니ᄒᆞᆯ時는首魁는其犯情이重ᄒᆞᆫ者임으로써三年以下의懲役又는禁錮에處ᄒᆞ고其他는情狀에依ᄒᆞ야五拾圓以下의罰金에處ᄒᆞᆯ事로ᄒᆞᆷ이라、蓋本條의罪는姑히其事를實行치아니ᄒᆞᆫ者인즉公務員의說諭에依ᄒᆞ야直히解散ᄒᆞᆯ時는其危害는未然前에消滅ᄒᆞᆯ者ㅣ라故로前條에比ᄒᆞ야其情狀이輕ᄒᆞᆷ으로其刑도亦輕히ᄒᆞᆯ必要가有ᄒᆞᆷ은勿論이라

本條의罪를構成ᄒᆞᆷ에公務員의說諭로써一條件으로ᄒᆞᆫ所以는蓋如斯히多衆集合ᄒᆞᆫ다ᄒᆞᄂᆞ是等者는多히無智蒙昧의民으로或은何等顧慮ᄒᆞᆯ바無ᄒᆞᆷ에出ᄒᆞ거ᄂᆞ又假令多少의思慮가有ᄒᆞ다ᄒᆞᆯ지라도事ㅣ軍國重大에涉ᄒᆞᄂᆞᆫ者ㅣ아니오其志望은最히單純ᄒᆞ야一時의感情에激發됨에不過ᄒᆞᆫ者인즉此를說諭ᄒᆞ야解散케ᄒᆞᆯ時는忽然良民에復歸ᄒᆞ고他에何等의害를與ᄒᆞᆫ者ㅣ아니며且法律의希望ᄒᆞᄂᆞᆫ바는此로써良民에復歸케ᄒᆞ면足ᄒᆞᆷ이라故로三回以上說諭ᄒᆞ야猶且此에服從치아니ᄒᆞᄂᆞᆫ境遇에始乃此를罰ᄒᆞᆯ事로ᄒᆞ니라

第九章 放火及失火罪

本條는放火及失火에關ᄒᆞᆫ罪를規定ᄒᆞᆫ者ㅣ라、火放라ᄒᆞᆷ은故意로써家屋物件을燒燬ᄒᆞᆷ이요失火라ᄒᆞᆷ은不注意에因ᄒᆞ야火를發ᄒᆞ야家屋其他의物件을燒케ᄒᆞᆫ者를云ᄒᆞᆷ이니此二者는燒燬ᄒᆞᆫ點에在ᄒᆞ야는相異ᄒᆞᆫ事ㅣ無ᄒᆞᆯ지라도一은犯意가有ᄒᆞ야此를行ᄒᆞᆷ과一은犯意가無ᄒᆞᆫ者의區別에依ᄒᆞ야如斯히名稱을異히ᄒᆞᆫ바ㅣ라

第百八條 火를放ᄒᆞ야現에人의住居에供用ᄒᆞ거ᄂᆞ又는人의現在ᄒᆞᄂᆞᆫ建造物、汽

車、電車、艦船或은鑛坑을燒燬혼者는死刑又는無期或은五年以上의懲役에處홈

本條는現에人의住居에供ᄒᆞ며又는人이現居혼建造物、汽車、電車、艦船或은鑛坑에放火ᄒᆞ야燒棄혼者의罪를規定홈이라、凡放火의罪는其目的으로부터觀察홀時는唯建造物其他의物을燒棄홀뿐인즉單히財産上의害를生케홈에不過홈과如ᄒᆞ나現에人의住居에使用ᄒᆞ거나又는人의現居ᄒᆞ는建造物、汽車電車、艦船又는鑛坑을燒棄ᄒᆞ는事는此를因ᄒᆞ야人을死傷케홀虞가有홀뿐不啻라或은數十의人命을傷害ᄒᆞ거나又는死에致홀事ㅣ無ᄒᆞ다云치못홀지라故로其罪의最甚혼者는此를死刑에處홀者로홈이라

本條에所謂現에人의住居에使用ᄒᆞ는建造物이라홈은現今에人이住居ᄒᆞ기爲ᄒᆞ야住接使用ᄒᆞ는바家屋等이라、故로火를放혼時偶然히其住居者ㅣ他에出ᄒᆞ야其建物內에居치아니홀지라도現에人의住居에使用ᄒᆞ는建物이라云홀事를得홀지라然이나現에人이住居ᄒᆞ거나又는人의住居에使用ᄒᆞ는建造物되지아니홀時는假令其物의性質上人의住居에供홈이可혼建造物일지라도直히本條로써罰치못홀지니彼空家와如혼者ㅣ卽是라

凡神社、佛閣、集會所、演劇場及工場과如홈은或은晝間現에人의居홈이有ᄒᆞ고或은夜間만人의居住ᄒᆞ는事ㅣ有ᄒᆞ거나或은某一定혼時間에人이現在ᄒᆞ는事ㅣ有홀지라도通常으로는人의住居에使用ᄒᆞ는建造物이아니라故로人이現에居在ᄒᆞ는者될時는本條에依ᄒᆞ야此를罰홀지로ᄃᆡ此에反ᄒᆞ야人의現在치아니홀時는次條에依ᄒᆞ야此를罰홀지오本條로는論斷치못홀지니라

本條의建造物이라홈은他人의所有에係혼者될時는尙矣어니와假令自己의所有일지라도亦此를罰홀지니自己所有의建物이라도此를人의게貸與ᄒᆞ야現에住居에使用ᄒᆞ든지又는人의現在ᄒᆞ는者에放火혼時는單히建造物借用人의財産에損害를生케홀뿐不啻라其身體生命에危害를釀케홀虞가有혼者오且縱令自己의所居라도人家稠密혼今日에直接隣里公衆에不測혼危害를及홀지라故로本條는其建造物所有의如何를不分ᄒᆞ고總히此를罰홀事를規定ᄒᆞ니라然而若放火된建物이他人의所有된時는本條의罰을受ᄒᆞ

ᄂᆞᆫ外에更히民事上其建物의損害賠償의責을不免ᄒᆞᆯ지니라

凡罪ᄂᆞᆫ故意로써此를犯ᄒᆞᆫ事를要ᄒᆞᆷ은勿論이라故로人이有ᄒᆞ야若他人의庫間(物置)小屋을燒ᄒᆞᆯ目的으로써此에火를放ᄒᆞ엿스나遂히人의住居ᄒᆞᄂᆞᆫ建物을連燒ᄒᆞᆷ에至ᄒᆞ엿슬진ᄃᆡ此境遇에在ᄒᆞ야ᄂᆞᆫ犯人의意思ᄂᆞᆫ人의住家를燒코ᄌᆞᄒᆞᆷ에在ᄒᆞᆫ者ㅣ아님으로써此点으로ᄂᆞᆫ犯意를欠ᄒᆞᆫ者라ᄒᆞ야次條의責任을負ᄒᆞᆷ에止ᄒᆞᆯ지니라

第百九條　火를放ᄒᆞ야現에人의住居에使用치아니ᄒᆞ거나又ᄂᆞᆫ人의現在치아니ᄒᆞᄂᆞᆫ建造物、艦船或은鑛坑를燒燬ᄒᆞᆫ者ᄂᆞᆫ二年以上의有期懲役에處ᄒᆞᆷ

前項의物이自己의所有에係ᄒᆞᆫ時ᄂᆞᆫ六月以上七年以下의懲役에處ᄒᆞᆷ但公共의危險을生치아니ᄒᆞᆫ時ᄂᆞᆫ此를罰치아니ᄒᆞᆷ

[第一項]人의住居에使用ᄒᆞᄂᆞᆫ事ㅣ無ᄒᆞ거나又ᄂᆞᆫ人의現在치안ᄂᆞᆫ建造物、艦船又ᄂᆞᆫ鑛坑에放火ᄒᆞᆫ境遇의事ᄂᆞᆫ此를前條의犯罪에較ᄒᆞᆯ時ᄂᆞᆫ其情이稍輕ᄒᆞᆫ者ㅣ니是或은ㅣ間接으로人의身體、生命에危害를加ᄒᆞᆯ事ㅣ不無ᄒᆞ다ᄒᆞᆯ지라도其危險은最小ᄒᆞ고此에因ᄒᆞ야生ᄒᆞᄂᆞᆫ直接損害ᄂᆞᆫ唯財産上에止ᄒᆞᆯᄲᅮᆫ이라故로前條보다其刑을稍輕히ᄒᆞ니라

[第二項]本項은火를放ᄒᆞ야現에人의住居에使用치아니ᄒᆞ거나又ᄂᆞᆫ人의現在치안ᄂᆞᆫ建造物、艦船又ᄂᆞᆫ鑛坑을燒棄ᄒᆞᆯ지라도其物件이放火者自己의所有에係ᄒᆞᆫ者될時ᄂᆞᆫ他에危害를加ᄒᆞᆷ이尤少ᄒᆞᆷ으로其刑을尤輕ᄒᆞ며且其事ㅣ全히公共에危害를不及ᄒᆞᆯ時ᄂᆞᆫ自己의物을自棄ᄒᆞᆷ이他에加害가無ᄒᆞᆯ지라故로全히罰치아니ᄒᆞᆯ事를規定ᄒᆞ니라

自己의所有에係ᄒᆞᆫ建造物을燒棄ᄒᆞᆷ과如ᄒᆞᆫ事ᄂᆞᆫ多히精神喪失者의行爲니苟히常識이有ᄒᆞᆫ者ᄂᆞᆫ忍爲치못ᄒᆞᆯ바인즉本項에該當ᄒᆞᆯ犯罪人은事實上有치아니ᄒᆞᆯ지오全히空文에不過ᄒᆞᆷ과如ᄒᆞ나此를更思ᄒᆞᆯ時ᄂᆞᆫ決

크不然ᄒᆞᆫ事ㅣ有ᄒᆞ나或은不正히保險料를得ᄒᆞ기爲ᄒᆞ야自己의建造物에放火ᄒᆞᄂᆞᆫ者ㅣ不無ᄒᆞᆯ지오（第百十五條叅看）且其放火ᄂᆞᆫ他에延燒ᄒᆞ야他人의建造物을燒棄ᄒᆞᆯ危險이有ᄒᆞᆫ지라故로此規定을置홈이라然이나人은或境遇에自己의不用建造物을處置ᄒᆞ기爲ᄒᆞ야ᄂᆞᆫ毁取홈보다寧히燒棄홈이便利ᄒᆞ다ᄒᆞ야十分注意로써危險을豫防ᄒᆞ고燒去ᄒᆞᆫ境遇와如히公共의危險을生치아니ᄒᆞᆫ者될時ᄂᆞᆫ此를罰홈은反히不當ᄒᆞᆫ事ㅣ라故로此를罰치아니ᄒᆞᆯ事를規定ᄒᆞ니라

第百十條 火를放ᄒᆞ야前二條에記載ᄒᆞᆫ以外의物을燒燬ᄒᆞ야因ᄒᆞ야公共의危險을生케ᄒᆞᆫ者ᄂᆞᆫ一年以上十年以下의懲役에處홈

前項의物이自己의所有에係ᄒᆞᆫ時ᄂᆞᆫ一年以下의懲役又ᄂᆞᆫ百圓以下의罰金에處홈

第一項 第百八條第百九條에規定ᄒᆞᆫ建造物은人의生存上必要不可缺ᄒᆞᆯ者니此를燒棄ᄒᆞᆫ者를處罰홈은當然ᄒᆞᆫ事라然而其以外의物에至ᄒᆞ야ᄂᆞᆫ假令器具、紙物、衣服等을燒ᄒᆞᆯ지라도前記各種과如히危害의甚ᄒᆞᆫ者아니라故로一年以上十年以內의懲役에處홈이라規定ᄒᆞ니라此에解釋上注意를要ᄒᆞᆯ者ᄂᆞᆫ前條와如히單히燒棄ᄒᆞᆯ뿐으로ᄂᆞᆫ本條에依ᄒᆞ야罰ᄒᆞᄂᆞᆫ事ㅣ無ᄒᆞ고其燒棄行爲에因ᄒᆞ야公共의危險을生케ᄒᆞᆫ然後에始로本條에該當ᄒᆞᄂᆞᆫ事ㅣ是라故로假令此를燒棄ᄒᆞᆯ지라도公共에對ᄒᆞ야何等의危險을生케아니ᄒᆞᆫ者될時ᄂᆞᆫ本條로써罰치못ᄒᆞᆯ지니라

第二項 前項에規定ᄒᆞᆫ物이自己의所有에係ᄒᆞᆫ者될時ᄂᆞᆫ其事ㅣ尤輕ᄒᆞᆫ故로其犯情에依ᄒᆞ야一年以下懲役又ᄂᆞᆫ百圓以下의罰金에處ᄒᆞᆯ事로홈이라盖燒棄ᄂᆞᆫ往往히物의處置上必要ᄒᆞᆫ事ㅣ多ᄒᆞᆫ者ㅣ니其犯情의稍히憫諒홈이可ᄒᆞᆫ者될時ᄂᆞᆫ假令公共의危險을生ᄒᆞ엿다ᄒᆞᆯ지라도前項보다稍輕ᄒᆞᆫ刑으로써此를罰ᄒᆞᆯ지요若全히危害를不及ᄒᆞᆯ時ᄂᆞᆫ何等의犯罪라云치못ᄒᆞᆯ지니라

第百十一條　第百九條第二項又는前條第二項의罪를犯ᄒᆞ야因ᄒᆞ야第百八條又는第百九條第一項에記載ᄒᆞᆫ物에延燒ᄒᆞᆫ時는三月以上十年以下의懲役에處홈
前條第二項의罪를犯ᄒᆞ고因ᄒᆞ야前條第一項記載ᄒᆞᆫ物에延燒ᄒᆞᆫ時는三年以下의懲役에處홈

第一項 火를放ᄒᆞ야自己의所有에係ᄒᆞᆫ바現에人의住居에使用치안커나又는人의現在치아니ᄒᆞ는建物艦船、鑛坑或은此外의物件을燒棄ᄒᆞᆫ境遇에는第百九條第二項及第十條第二項의罪에該當ᄒᆞᆯ지라然而此境遇에此等物에放火ᄒᆞᆫ結果火勢延蔓ᄒᆞ야現에人의住所에供用ᄒᆞ거나又는人이現在ᄒᆞᆫ建造物、汽車電車、艦船、鑛坑等에延燒ᄒᆞ거나又는現에人의住居에使用치안커나人의現在치아니ᄒᆞ는建造物、艦船或은鑛坑等에延燒ᄒᆞᆫ時는本項의犯罪를成ᄒᆞᄂᆞ니縱令其物이自己의所有오且人이住居치아니ᄒᆞ는者ㅣ라도因ᄒᆞ야人의住居ᄒᆞ는物에나他人의物에ᄭᆞ지延燒ᄒᆞᆯ時는其危害가不測ᄒᆞᆫ者ㅣ多ᄒᆞᆫ故로其罪狀에因ᄒᆞ야三月以上十年以下의懲役에處ᄒᆞᄂᆞ니라

第二項 第百十條第二項에規定ᄒᆞᆫ罪를犯ᄒᆞ야第百十條第一項에及ᄒᆞᆫ時即最初自己의所有에係ᄒᆞᆫ建物汽車、電車、艦船、鑛坑等以外의物件을放火ᄒᆞ엿스나因ᄒᆞ야他人의所有에係ᄒᆞᆫ建造物、汽車、電車、艦船、鑛坑以外의物을延燒ᄒᆞ야公共에危險을生케ᄒᆞᆫ時는本條第二項에依ᄒᆞ야處斷될지니라

第百十二條　第百八條及第百九條第一項의未遂罪는此를罰홈

本條는放火未遂罪를處罰ᄒᆞᆯ規定이라即第百八條及第百九條에規定ᄒᆞᆫ犯罪로써未遂에止ᄒᆞᆫ者되는境遇라도其危害의所及이不測ᄒᆞᆫ事를敢爲ᄒᆞᆫ故로亦此를罰ᄒᆞᆯ事로홈이라

第百十三條　第百八條又는第百九條第一項의罪를犯ᄒᆞᆯ目的으로써其豫備를行ᄒᆞᆫ者는二年以下의懲役에處홈但情狀에因ᄒᆞ야其刑을免除ᄒᆞᆯ事를得홈

本條ᄂᆞᆫ第百八條又ᄂᆞᆫ第百九條第一項에規定ᄒᆞᆫ犯罪의準備에止ᄒᆞᆫ者라도此를罰ᄒᆞᆷ이可ᄒᆞᆫ事을規定ᄒᆞᆷ이라、然이나其準備ᄒᆞ엿던情狀의如何에依ᄒᆞ야ᄂᆞᆫ其刑을免除ᄒᆞᆯ事를得ᄒᆞᆯ지니라

本條에所謂豫備라ᄒᆞᆷ은如何ᄒᆞᆷ을云ᄒᆞᆷ인가其文字의示ᄒᆞᆷ과如히豫히此用意를行ᄒᆞᄂᆞᆫ者를指ᄒᆞᆷ이니其一例를擧ᄒᆞ건ᄃᆡ放火에用ᄒᆞᆯ必要諸具即空俵、石油、燐寸等과如ᄒᆞᆫ者를準備ᄒᆞᆷ과如ᄒᆞᆫ事ㅣ是라、故로是等의物을携帶ᄒᆞ고放火의用意를行ᄒᆞᆫ者ᄂᆞᆫ本條에依ᄒᆞ야罰ᄒᆞᆷ이可ᄒᆞ니라

第百十四條　火災의際에鎭火用의物을隱匿又ᄂᆞᆫ損壞ᄒᆞ거나或은其他의方法으로써鎭火를妨害ᄒᆞᆫ者ᄂᆞᆫ一年以上十年以下의懲役에處ᄒᆞᆷ

本條ᄂᆞᆫ火災의際에鎭火를妨害ᄒᆞᆫ罪를規定ᄒᆞᆷ이라、即火災의境遇에鎭火의用에供ᄒᆞᆯ必要物件을隱匿ᄒᆞ거나又ᄂᆞᆫ此를損壞ᄒᆞ며或은其他의方法으로써鎭火ᄒᆞᆯ事를妨害ᄒᆞᆫ者ᄂᆞᆫ放火를幇助ᄒᆞᆷ과其罪가相均ᄒᆞᆫ者ㅣ라故로本條에依ᄒᆞ야一年以上十年以下의懲役에處ᄒᆞᆯ지니、是其危險ᄒᆞᆫ損害로ᄒᆞ여곰增大케ᄒᆞ야此로因ᄒᆞ야個人과公衆에危害를及ᄒᆞᆷ이多ᄒᆞ니其犯情이實로可憎ᄒᆞᆫ所以라

第百十五條　第百九條第一項及第百十條第一項에記載ᄒᆞᆫ物이自己의所有에係ᄒᆞᆯ지라도差押을受ᄒᆞ고物權을負担ᄒᆞ거나又ᄂᆞᆫ賃貸ᄒᆞ고或은保險에付ᄒᆞᆫ것을燒燬ᄒᆞᆫ時ᄂᆞᆫ人의物을燒燬ᄒᆞᆫ者의例와同ᄒᆞᆷ

本條ᄂᆞᆫ第百九條第一項及第百十條第一項의犯罪로써其物은自己의所有에係ᄒᆞᆯ지라도差押을受커나又ᄂᆞᆫ物權을設定ᄒᆞ고或은賃貸ᄒᆞ거나保險에付ᄒᆞᆫ者에係ᄒᆞᆫ境遇에在ᄒᆞ야ᄂᆞᆫ總히他人의物을燒燬ᄒᆞᆷ과同論ᄒᆞᄂᆞᆫ規定이라、差押을受ᄒᆞᆫ者라ᄒᆞᆷ은其所有의建造物에對ᄒᆞ야裁判所가差押命令을發ᄒᆞ야其建造物을異動ᄒᆞᆯ事를不能케ᄒᆞᆫ境遇ㅣ니假令其所有權者가有ᄒᆞᆯ지라도自己가擅히此를處分키不得ᄒᆞᆯ者를云ᄒᆞᆷ이요物權을設定ᄒᆞᆫ다ᄒᆞᆷ은民法上物權에次의數種이有ᄒᆞ니

(一)、主된物權(所有權、占有權、永小作權、地上權)

(二)、從된物權(地役權、留置權、質權、先取特權、抵當權)이是라故로비록自己所有에屬훈者라도以上數種의物權이其上에加設된境遇例如自己所有의家屋을他人에게質入ᄒᆞ야써金錢을借用훈時눈其家屋에對ᄒᆞ야債權者의質權이設定되눈事ㅣ是라

保險에付홈이라홈은家屋의所有者가其家屋에相當훈保險料를保險會社에支拂ᄒᆞ고若其保險契約年限內에其家屋이火災에罹ᄒᆞ야燒盡될時눈最初契約훈保險金額을保險會社로브러家屋所有者에支拂홀契約을締結훈者를云홈이라、此等境遇에눈비록自己의所有에屬ᄒᆞ나一方으로他에利害關係를有훈者임으로써放火의境遇에눈此를他人의所有에屬훈者와同一히看做ᄒᆞ눈所以라

第百十六條 火를失ᄒᆞ야第百八條에記載훈物又눈他人의所有에係ᄒᆞ눈第百九條에記載훈物을燒燬훈者눈三百圓以下의罰金에處홈

火를失ᄒᆞ야自已의所有에係ᄒᆞ눈第百九條에記載훈物又눈第百十條에 記載훈物을燒燬ᄒᆞ야因ᄒᆞ야公共의危險을生케훈者亦同홈

本條눈失火의罪를規定훈者ㅣ라

第一項 失火ᄒᆞ야第百八條에 記載훈物又눈他人의所有에 係훈第百九條에記載훈物을燒棄훈者눈三百圓以下의罰金에處ᄒᆞ나니抑失火의罪눈放火의罪와相異ᄒᆞ야無意犯이라故로犯意가有홈이아닐지라도不注意에因ᄒᆞ야火를失ᄒᆞ야他人의建造物等을燒훈境遇에눈他人의財產을損ᄒᆞ눈事ㅣ大ᄒᆞ고社會의安寧을害ᄒᆞ눈事ㅣ亦非常홈으로써此를罰홈이可훈者로홈이라然이나自己의所有에係훈輕微훈物을燒훈境遇에눈此를罰치아니ᄒᆞ되唯第百八條에記載훈物及他人의所有에係훈第百九條의物件을燒훈境遇에限ᄒᆞ야論罪홈이라

第二項 火를失ᄒᆞ야自己의所有로써現에人의住居에使用치안커ᄂᆞ又ᄂᆞᆫ人의現在치아니ᄒᆞᆫ建造物、艦船或은鑛坑或은此等以外의物을燒棄ᄒᆞᆷ으로因ᄒᆞ야公共의危險을生케ᄒᆞᆫ者ᄂᆞᆫ是亦前項과相同히三百圓以下의罰金에處ᄒᆞᆷ이라然ᄒᆞ나此境遇에서ᄂᆞᆫ必公共의危險을生ᄒᆞᆫ事를要件으로ᄒᆞᄂᆞᆫ故로若單히其所有物件만燒却되고他에危害를及ᄒᆞᆷ이無ᄒᆞᆯ時ᄂᆞᆫ全히無罪될지오且危險은事實程度에因ᄒᆞ야刑의輕重이有ᄒᆞᆯ바ᄂᆞᆫ勿論이니라

第百十七條 火藥、汽罐其他激發ᄒᆞᆯ物을破裂케ᄒᆞ야第百八條에記載ᄒᆞᆫ物又ᄂᆞᆫ他人의所有에係ᄒᆞᆫ第百九條에記載ᄒᆞᆫ物을損壞ᄒᆞᆫ者ᄂᆞᆫ放火의例에同ᄒᆞ고自己의所有에係ᄒᆞᆫ第百九條에記載ᄒᆞᆫ物又ᄂᆞᆫ第百十條에記載ᄒᆞᆫ物을損壞ᄒᆞ야因ᄒᆞ야公益의危險을生케ᄒᆞᆫ者亦同ᄒᆞᆷ

前項의行爲가過失에出ᄒᆞᆫ時ᄂᆞᆫ失火의例에同ᄒᆞᆷ

本條ᄂᆞᆫ火藥、汽罐、其他의激發ᄒᆞᆯ物을激發케ᄒᆞᆫ所以로物을燒壞ᄒᆞᆫ罪의刑을規定ᄒᆞᆷ이라

第一項 火藥、汽罐其他激發ᄒᆞᆯ物을破裂케ᄒᆞ야現에人의住居에使用커ᄂᆞ又ᄂᆞᆫ人의現在ᄒᆞᄂᆞᆫ建造物、汽車、電車、艦船或은鑛坑을損壞ᄒᆞᆫ者又ᄂᆞᆫ他人의所有에係ᄒᆞᆫ者로써現에人의住居에使用치안커ᄂᆞ又ᄂᆞᆫ人의現在치안ᄂᆞᆫ建造物、艦船或이鑛坑을損壞ᄒᆞᆫ者ᄂᆞᆫ放火의例에照ᄒᆞ야罰ᄒᆞᆯ지오又自己의所有에屬ᄒᆞᆫ物로써人의住居에使用커ᄂᆞ又ᄂᆞᆫ人의現在ᄒᆞᄂᆞᆫ建造物、汽車、電車、艦船或은鑛坑을損壞ᄒᆞ거ᄂᆞ又ᄂᆞᆫ現에人의住居에供用치안코又ᄂᆞᆫ人의現在치안ᄂᆞᆫ建造物、艦船或은鑛坑을損壞ᄒᆞ야此를因ᄒᆞ야公共의危險을生케ᄒᆞᆫ者ᄂᆞᆫ是亦同罰ᄒᆞᆯ지니此等은其危害의所及이火災와無異ᄒᆞ며且此等危害物을破裂케ᄒᆞᆷ은其造意方法이放火와殆同ᄒᆞᆫ所以라

第二項 前項에規定ᄒᆞᆫ行爲가故意에出ᄒᆞᆫ者ㅣ아니오若過失에因ᄒᆞ야生ᄒᆞᆫ者일時ᄂᆞᆫ失火의例에依ᄒᆞ야

此를處斷ᄒᆞ나니其理由ᄂᆞᆫ前項에既説ᄒᆞᆫ바ㅣ라

第百十八條　瓦斯、電氣又ᄂᆞᆫ蒸氣를漏出或은流出케ᄒᆞ거ᄂᆞ又ᄂᆞᆫ此를遮斷ᄒᆞ야因ᄒᆞ야人의生命、身體又ᄂᆞᆫ財産에危險을生케ᄒᆞᆫ者ᄂᆞᆫ三年以下의懲役又ᄂᆞᆫ百圓以下의罰金에處ᄒᆞᆷ

瓦斯、電氣又ᄂᆞᆫ蒸氣를漏出或은流出케ᄒᆞ거ᄂᆞ又ᄂᆞᆫ此를遮斷ᄒᆞ야因ᄒᆞ야人을死傷에致ᄒᆞᆫ者ᄂᆞᆫ傷害罪에比較ᄒᆞ야從重處斷ᄒᆞᆷ

本條ᄂᆞᆫ瓦斯、電氣又ᄂᆞᆫ蒸氣와如ᄒᆞᆫ者로써人의生命、身體又ᄂᆞᆫ財産에危害를生케ᄒᆞᆫ者의罪를規定ᄒᆞᆷ이라

第一項 瓦斯、電氣又ᄂᆞᆫ蒸氣와如ᄒᆞᆫ者ᄂᆞᆫ其危險의及ᄒᆞᄂᆞᆫ바ㅣ實로不測ᄒᆞᆫ지라故로本項은其危害의預防上으로브터設ᄒᆞᆫ條文이니是等의器具를損壞ᄒᆞ거ᄂᆞ又ᄂᆞᆫ此를流失케ᄒᆞ며或은此를遮斷ᄒᆞ야人의生、身命體又ᄂᆞᆫ財産에危害를生케ᄒᆞᆫ者ᄂᆞᆫ情狀에依ᄒᆞ야三年以下의懲役又ᄂᆞᆫ百圓以下의罰金에處ᄒᆞᄂᆞ니라

第二項 瓦斯又ᄂᆞᆫ電氣或은蒸氣를漏出케ᄒᆞ거ᄂᆞ又ᄂᆞᆫ流失케ᄒᆞ고此를因ᄒᆞ야人을死傷에致케ᄒᆞᆫ者ᄂᆞᆫ傷害의罪卽第二百四條第二百五條第二百七條와比較ᄒᆞ야其最重ᄒᆞᆫ刑에從ᄒᆞ야此를處斷ᄒᆞᄂᆞ니라

第十章　溢水及水利에關ᄒᆞᆫ罪

溢水라ᄒᆞᆷ은堤防을決潰ᄒᆞ거ᄂᆞ又ᄂᆞᆫ水閘을破壞ᄒᆞ야建造物을漂流케ᄒᆞ며田圃를荒敗에歸케ᄒᆞᆷ과如ᄒᆞᆷ을云ᄒᆞᆷ이며水利라ᄒᆞᆷ은灌漑用의池水、溝渠等에因ᄒᆞ야水流로브터受ᄒᆞᄂᆞᆫ利益을云ᄒᆞᆷ이라、溢水又ᄂᆞᆫ水利를害ᄒᆞᄂᆞᆫ行爲ᄂᆞᆫ時或放火의害毒보다甚ᄒᆞᆫ者ㅣ不無ᄒᆞᄂᆞ니是ㅣ本章에特히此를規定ᄒᆞᆫ所以라

第百十九條　溢水케ᄒᆞ야現에人住居에使用ᄒᆞ거ᄂᆞ又ᄂᆞᆫ人의現在ᄒᆞᄂᆞᆫ建造物、汽

車、電車或은鑛坑을浸害ᄒᆞᆫ者ᄂᆞᆫ死刑又ᄂᆞᆫ無期或은三年以上의懲役에處홈

本條ᄂᆞᆫ溢水케ᄒᆞ야人의現에住居에使用커ᄂᆞ又ᄂᆞᆫ人의現在ᄒᆞᄂᆞᆫ建造物、汽車、電車又ᄂᆞᆫ鑛坑을浸害ᄒᆞᆫ者의罪를規定홈이라凡堤防을設ᄒᆞ야水閘을置ᄒᆞᆫ所以ᄂᆞᆫ水害의汎濫을豫防ᄒᆞ거ᄂᆞ又ᄂᆞᆫ水利를導ᄒᆞᄂᆞᆫ用에供ᄒᆞ기爲ᄒᆞᄂᆞᆫ者ㅣ니若洪水汎濫의虞가有홈에際ᄒᆞ야其堤防을決潰ᄒᆞ고水閘을損壞ᄒᆞᄂᆞᆫ者ㅣ有ᄒᆞᆯ時ᄂᆞᆫ其危害의所及이決코鮮少치아니ᄒᆞᆯ지니故로溢水의罪ᄂᆞᆫ實로此를嚴罰ᄒᆞ지아니치못ᄒᆞᆯ지라、然而罪의實地에當ᄒᆞ야ᄂᆞᆫ其範圍가極廣ᄒᆞᆫ지라是以로死刑或은無期又ᄂᆞᆫ三年以上의懲役에處홈이可ᄒᆞ다ᄒᆞ야刑의適用의範圍를頗廣케ᄒᆞ니라

第百二十條　溢水케ᄒᆞ야前條에記載ᄒᆞᆫ以外의物을浸害ᄒᆞ야因ᄒᆞ야公共의危險을生케ᄒᆞᆫ者ᄂᆞᆫ一年以上十年以下의懲役에處홈

浸害ᄒᆞᆫ物이自己의所有에係ᄒᆞᆫ時ᄂᆞᆫ差押을受ᄒᆞ고物權을負担ᄒᆞ거ᄂᆞ又ᄂᆞᆫ賃貸ᄒᆞ고或은保險에附ᄒᆞᆫ境遇에限ᄒᆞ야前項의例에依홈

本條ᄂᆞᆫ前條에規定ᄒᆞᆫ以外의物에溢水의害를及ᄒᆞᆫ者及其物이假令自己의所有에係ᄒᆞᆯ지라도差押을受ᄒᆞ거ᄂᆞ又ᄂᆞᆫ物權을設定ᄒᆞ고又ᄂᆞᆫ賃貸借或은保險에付ᄒᆞᆫ境遇에溢水行爲를行ᄒᆞᆫ者의罪를規定ᄒᆞᆫ者ㅣ라

[第一項] 溢水케ᄒᆞ야前條에記載ᄒᆞᆫ以外의 物例如田圃山林等과 如ᄒᆞᆫ物을侵害ᄒᆞᆫ時ᄂᆞᆫ 其罪ᄂᆞᆫ前條보다輕ᄒᆞᆯ지라도苟히公共의危險을生케ᄒᆞᆫ境遇에ᄂᆞᆫ亦固不問에付키不可홈으로公共의危險을生케ᄒᆞᆫ境遇에限ᄒᆞ야本項에依ᄒᆞ야此를罰ᄒᆞᆫ者로홈이라

[第二項] 前項의境遇에셔其浸害된物이自己의所有에係ᄒᆞᆫ時ᄂᆞᆫ論罪ᄒᆞᆯ바ㅣ無ᄒᆞ나若其物이旣히差押을受ᄒᆞ거ᄂᆞ物權을設定ᄒᆞ며又ᄂᆞᆫ賃貸或은保險에付ᄒᆞᆫ者될境遇에此를溢水케ᄒᆞ야公共의危險을生케ᄒᆞᆫ時ᄂᆞᆫ亦前項의例에依ᄒᆞ야處斷ᄒᆞᄂᆞᆫ者ㅣ라故로是等의權利를設定치아니ᄒᆞᆫ者又ᄂᆞᆫ保險에付치아니ᄒᆞᆫ者로

써公共의危險을生치아니ᄒᆞᆫ境遇에ᄂᆞᆫ全히不問에付ᄒᆞᆯ지니라

[参照]差押、物權設定、付保險의意義에關ᄒᆞ야ᄂᆞᆫ第九章第百十五條의註에詳見ᄒᆞᆷ

第百二十一條　水害의際에防水用의物을隱匿又ᄂᆞᆫ損壞ᄒᆞ고或은其他의方法으로써水防을妨害ᄒᆞᆫ者ᄂᆞᆫ一年以上十年以下의懲役에處ᄒᆞᆷ

本條ᄂᆞᆫ水防妨害의罪를規定ᄒᆞᆫ者ㅣ니第百十四條鎭火妨害罪에對ᄒᆞᆷ과其義畧同ᄒᆞ니라

第百二十二條　過失에因ᄒᆞ야溢水케ᄒᆞ야第百十九條에記載ᄒᆞᆫ物을浸害ᄒᆞᆫ者又ᄂᆞᆫ第百二十條에記載ᄒᆞᆫ物을浸害ᄒᆞ야因ᄒᆞ야公共의危險을生케ᄒᆞᆫ者ᄂᆞᆫ三百圓以下의罰金에處ᄒᆞᆷ

本條ᄂᆞᆫ溢水에關ᄒᆞᆫ過失罪를規定ᄒᆞᆷ이라、即過失에因ᄒᆞ야溢水케ᄒᆞ야第百十九條에記載ᄒᆞᆫ物을浸害ᄒᆞᆫ者와第百二十條에記載ᄒᆞᆫ物을浸害ᄒᆞ야因ᄒᆞ야公共의危險을生케ᄒᆞᆫ境遇에ᄂᆞᆫ三百圓以下의罰金에處ᄒᆞᆯ者로ᄒᆞ니라

第百二十三條　隄防을決潰ᄒᆞ고、水閘을破壞ᄒᆞ거나其他水利의妨害가될만ᄒᆞᆫ行爲又ᄂᆞᆫ溢水케ᄒᆞᆯ만ᄒᆞᆫ行爲를行ᄒᆞᆫ者ᄂᆞᆫ二年以下의懲役或은禁錮又ᄂᆞᆫ二百圓以下의罰金에處ᄒᆞᆷ

本條ᄂᆞᆫ前數條以外의方法에因ᄒᆞ야水利에妨害될行爲又ᄂᆞᆫ溢水케ᄒᆞᆯ行爲를行ᄒᆞᆫ者의罪를規定ᄒᆞᆫ者이라即堤防을決潰ᄒᆞ고水閘을破壞ᄒᆞᄂᆞᆫ時ᄂᆞᆫ水利에妨害되거나又ᄂᆞᆫ溢水케ᄒᆞᆯ行爲되ᄂᆞᆫ者ㅣ니危險과損害가不少ᄒᆞᆫ者인즉其情狀에依ᄒᆞ야二年以下의懲役或은禁錮又ᄂᆞᆫ二百圓以下의罰金에處ᄒᆞᆷ이可ᄒᆞᆫ者로ᄒᆞᆷ이라

第十一章 往來를妨害ᄒᆞᄂᆞᆫ罪

本章은往來를妨害ᄒᆞᄂᆞᆫ者의罪를規定홈이라、抑往來ᄂᆞᆫ交通의要点으로國民經濟의繫ᄒᆞᆫ바요社會進步의一大基本이라、故로法律은充分히此를保護ᄒᆞ야써國家의進步를稗補홈은實로當然ᄒᆞᆫ事ㅣ라云ᄒᆞᆯ지니是以로其此를妨害홈은公益을害ᄒᆞᄂᆞᆫ者로써其罪가固不輕ᄒᆞ니此ㅣ本章을設ᄒᆞ야此를罰ᄒᆞᄂᆞᆫ所以니라

第百二十四條 陸路、水路又ᄂᆞᆫ橋梁을損壞又ᄂᆞᆫ壅塞ᄒᆞ야往來의妨害를生케ᄒᆞᆫ者ᄂᆞᆫ二年以下의懲役又ᄂᆞᆫ二百圓以下의罰金에處홈

前項의罪를犯ᄒᆞ야因ᄒᆞ야人을死傷에致ᄒᆞᆫ者ᄂᆞᆫ傷害罪에比較ᄒᆞ야從重處斷홈

本條ᄂᆞᆫ陸路、水路又ᄂᆞᆫ橋梁을破壞ᄒᆞ거나又ᄂᆞᆫ此를壅塞ᄒᆞ야往來의妨害를行ᄒᆞᆫ者의罪를規定홈이라

[第一項]本項陸路라홈은公共의用에供ᄒᆞᄂᆞᆫ道路를指홈이니即國道、縣道ᄂᆞᆫ勿論이오里洞의道도亦包含ᄒᆞᄂᆞᆫ者일ᄲᅮᆫ아니라假令私道라도公共의用에供ᄒᆞᆫ者에在ᄒᆞ야ᄂᆞᆫ皆此에包含ᄒᆞᆯ지니라、又水路라홈은船舶을通ᄒᆞᄂᆞᆫ公共의用에供ᄒᆞᄂᆞᆫ바道程이니海路、河川等이是라夫陸路、水路及橋梁은交通運輸上至大ᄒᆞᆫ便利를與ᄒᆞᄂᆞᆫ者ㅣ니交通運輸의圓滑홈은一國의殷富、隆盛을企圖ᄒᆞ고且此를增進ᄒᆞᄂᆞᆫ바淵源이라其重要ᄒᆞᆫ事ㅣ實로盡言키難ᄒᆞ거ᄂᆞᆯ若是等을損壞ᄒᆞ거나又ᄂᆞᆫ壅塞ᄒᆞ야써此를妨害홈에至ᄒᆞ야ᄂᆞᆫ其罪不輕ᄒᆞᆫ者ㅣ니是本項에依ᄒᆞ야此를罰ᄒᆞᄂᆞᆫ所以라

本項의罪를搆成홈에ᄂᆞᆫ損壞又ᄂᆞᆫ壅塞과往來妨害를要ᄒᆞᄂᆞ니故로假令陸路、水路又ᄂᆞᆫ橋梁을破壞ᄒᆞ거나又ᄂᆞᆫ此를壅塞ᄒᆞᆯ지라도往來에妨害를與치아니ᄒᆞᆫ時ᄂᆞᆫ本項에依ᄒᆞ야此를罰키不能ᄒᆞᆯ지오又或往來의妨害를行ᄒᆞᆯ지라도陸路、水路又ᄂᆞᆫ橋梁을損壞치아니ᄒᆞᆫ時ᄂᆞᆫ是亦本項에依ᄒᆞ야此를罰치못ᄒᆞᆯ지니라

[第二項]陸路、水路又ᄂᆞᆫ橋梁을損壞ᄒᆞ거나又ᄂᆞᆫ此를壅塞ᄒᆞ야往來를妨害ᄒᆞᆯᄲᅮᆫ아니라此를因ᄒᆞ야人을

死傷에致케흔時는傷害의罪에比較ᄒᆞ야從重處斷흠이라、玆에注意를要흘바는傷害의罪에比較ᄒᆞ야從重處斷흔다云ᄒᆞᄂᆞᆫ一事로써直히傷害의罪와併合ᄒᆞ야論흘바아니라此에ᄂᆞᆫ其刑의範圍를定흠에不過흔者ㅣ니故로反是ᄒᆞ야若最初부터人을傷害흘意思로써本條의罪를犯흔者될時ᄂᆞᆫ其行爲ᄂᆞᆫ往來를妨害흠이아니오傷害의手段에出흔者인즉純然흔傷害의罪로論흘지요本條의罪가아닌事ㅣ即是라

第百二十五條　鐵道又ᄂᆞᆫ其標識을損壞ᄒᆞ거ᄂᆞ又ᄂᆞᆫ其他의方法으로써汽車又ᄂᆞᆫ電車의往來에危險을生케흔者ᄂᆞᆫ二年以上의有期懲役에處흠

燈臺又ᄂᆞᆫ浮標를損壞ᄒᆞ거ᄂᆞ又ᄂᆞᆫ其他의方法으로써艦船의往來에危險을生케흔者亦同흠

本條ᄂᆞᆫ汽車、電車又ᄂᆞᆫ艦船의往來를妨害흔罪를規定흠이라

[第一項]鐵道又ᄂᆞᆫ其標識을損壞ᄒᆞ거ᄂᆞ又ᄂᆞᆫ其他의方法으로汽車、電車의往來를妨害ᄒᆞ고因ᄒᆞ야危險을生케흔時ᄂᆞᆫ二年以上의有期懲役에處ᄒᆞᄂᆞ니凡汽車ᄂᆞᆫ一定흔軌道上을走ᄒᆞᄂᆞᆫ者로써晝間은白靑又ᄂᆞᆫ赤의三色의琉璃로써其障害危險의有無를表示ᄒᆞ고夜間은此에点燈ᄒᆞ야此를標識ᄒᆞᄂᆞᆫ者인즉汽車의機關手又ᄂᆞᆫ電車의運轉手ᄂᆞᆫ此를目標로ᄒᆞ고此에依ᄒᆞ야進退ᄒᆞ며此에依ᄒᆞ야其緩急을適宜히ᄒᆞᄂᆞᆫ者라、故로其線路即一定흔軌道를損壞ᄒᆞᄂᆞᆫ時ᄂᆞᆫ此를因ᄒᆞ야脫線ᄒᆞ고又其標識을損壞ᄒᆞᄂᆞᆫ時ᄂᆞᆫ前途危險의有無를知치못흘지니此를因ᄒᆞ야或은衝突其他危險을生흘虞가不無흔즉其危險됨이實로甚大不測흔者라故로本條에依ᄒᆞ야此를罰흘事를規定흔所以라

[第二項]凡水路의交通上緊要不可缺흘事ᄂᆞᆫ少許도陸路에在흠과無異ᄒᆞ며加之陸上의往來를妨害흠보다도或은一層危險의恐이有ᄒᆞ다云흘지라、然而水路의往來를妨害흠과陸路의往來를妨害흠과ᄂᆞᆫ其妨

害ᄒᆞᄂᆞᆫ点에셔ᄂᆞᆫ相異ᄒᆞᆫ事ㅣ無ᄒᆞ나其方法이不同ᄒᆞᆫ者ㅣ有ᄒᆞᆷ으로特히本項을設ᄒᆞᆫ바ㅣ라卽水路에셔ᄂᆞᆫ燈臺又ᄂᆞᆫ浮標를損壞ᄒᆞ거나又ᄂᆞᆫ其他의方法으로써ᄒᆞ야此罪를成立ᄒᆞᆯ지라、抑燈臺、浮標ᄂᆞᆫ船舶航行의安全을期ᄒᆞ기爲ᄒᆞ야設置된者ㅣ니此를損壞ᄒᆞ거나又ᄂᆞᆫ虛僞ᄒᆞᆫ標識을行ᄒᆞᆯ時ᄂᆞᆫ或은船舶을覆沒ᄒᆞ야其危害가極히大ᄒᆞᆫ者ㅣ有ᄒᆞᆯ지니是ㅣ本項을設ᄒᆞ야此를罰ᄒᆞᄂᆞᆫ所以라

第百二十六條　人의現在ᄒᆞᄂᆞᆫ汽車又ᄂᆞᆫ電車를顚覆又ᄂᆞᆫ破壞ᄒᆞᆫ者ᄂᆞᆫ無期又ᄂᆞᆫ三年以上의懲役에處ᄒᆞᆷ

人의現在ᄒᆞᄂᆞᆫ艦船을覆沒又ᄂᆞᆫ破壞ᄒᆞᆫ者亦同ᄒᆞᆷ

前二項의罪를犯ᄒᆞ야因ᄒᆞ야人을死에致ᄒᆞᆫ者ᄂᆞᆫ死刑又ᄂᆞᆫ無期懲役에處ᄒᆞᆷ

本條ᄂᆞᆫ人의現在ᄒᆞᄂᆞᆫ汽車、艦船을覆沒、破壞커나又ᄂᆞᆫ此를因ᄒᆞ야人을死에致케ᄒᆞᆫ境遇에在ᄒᆞᆫ罪를規定ᄒᆞᆫ者ㅣ라

[第一項]本項은人의現在ᄒᆞᄂᆞᆫ汽車、電車를顚覆커나又ᄂᆞᆫ此를破壞ᄒᆞᆫ者의罪라、是等을破壞ᄒᆞ거나又ᄂᆞᆫ顚覆ᄒᆞᆷ은其危險이甚ᄒᆞᆫ者라故로本項에依ᄒᆞ야此를罰ᄒᆞᆷ이라

[第二項]本項은人의現在ᄒᆞᄂᆞᆫ艦船을覆沒ᄒᆞ거나又ᄂᆞᆫ破壞ᄒᆞᆫ者의罪를規定ᄒᆞᆷ이니是亦前項과同히處罰ᄒᆞᄂᆞ니라然而右二項은其危險의程度에因ᄒᆞ야刑에輕重이有ᄒᆞᆯ바ᄂᆞᆫ多言을不俟ᄒᆞᆯ지니라

[第三項]人의現在ᄒᆞᄂᆞᆫ汽車、電車又ᄂᆞᆫ艦船을覆沒ᄒᆞ거나又ᄂᆞᆫ此를破壞ᄒᆞ야此를因ᄒᆞ야人을死亾케ᄒᆞᆫ者ᄂᆞᆫ其情이最히重ᄒᆞᆫ者ᄂᆞᆫ死刑에處ᄒᆞ고其輕ᄒᆞᆫ者이라도無期懲役에處ᄒᆞᆷ이可ᄒᆞ다規定ᄒᆞᆷ이라

第百二十七條　第百二十五條의罪를犯ᄒᆞ고因ᄒᆞ야汽車又ᄂᆞᆫ電車의顚覆或은破壞又ᄂᆞᆫ艦船의覆沒或은破壞를致ᄒᆞᆫ者ᄂᆞᆫ前條의例에同ᄒᆞᆷ

本條ᄂᆞᆫ汽車、電車又ᄂᆞᆫ艦船의往來에危險을生케ᄒᆞ야此를因ᄒᆞ야顚覆、破壞或은覆沒ᄒᆞᆫ者의罪를規定

홈이라、卽鐵道又는其標識을損壞ᄒᆞ거나又는燈臺或은浮標을損壞ᄒᆞ고又其他의方法으로써汽車・電車又는艦船의往來에危險을生케ᄒᆞ야此를因ᄒᆞ야汽車、電車를顚覆又는艦船을覆沒ᄒᆞ며又或은是等物을破壞ᄒᆞᆫ者는無期又는三年以上의懲役에處ᄒᆞ되此境遇에人을死에致케ᄒᆞᆫ時는死刑又는無期懲役에處ᄒᆞ는者로홈이라

第百二十八條　第百二十四條第一項、第百二十五條及第百二十六條第一項第二項의未遂罪는此를罰홈

本條에列記ᄒᆞᆫ바各條에在ᄒᆞᆫ未遂犯은此를罰ᄒᆞᄂᆞ니未遂罪를罰ᄒᆞ는理由는第一編에旣히說明ᄒᆞᆫ바ㅣ라

第百二十九條　過失에因ᄒᆞ야滊車、電車又는艦船의往來에危險을生케ᄒᆞ거나又는滊車、電車의顚覆或은破壞를致ᄒᆞᆫ者는五百圓以下의罰金에處홈其業務에從事ᄒᆞ는者ㅣ前項의罪를犯ᄒᆞᆫ時는三年以下의禁錮又는千圓以下의罰金에處홈

本條는往來를妨害ᄒᆞ는過失罪를規定홈이라

第一項 過失에因ᄒᆞ야汽車又는鐵道의標識을損壞ᄒᆞ거나又는電車의往來에危險을生케ᄒᆞ고或은艦船의航行에危險을生케ᄒᆞ며又는汽車、電車를顚覆ᄒᆞ고或은破壞又는艦船을覆沒ᄒᆞ거나又或은此를破壞ᄒᆞᆫ者는本項에依ᄒᆞ야五百圓以下의罰金에處ᄒᆞᄂᆞ니라

第二項 前項에記載ᄒᆞᆫ罪를犯ᄒᆞᆫ者로써其業務에從事ᄒᆞ는者例如汽車에在ᄒᆞᆫ機關手、車掌、電車에在ᄒᆞᆫ運轉手、車掌과如ᄒᆞᆫ者는其汽車、電車의進退에關ᄒᆞᆫ事를掌ᄒᆞ는者요又船舶에在ᄒᆞᆫ船長、機關士、運轉士等과如홈은其職務가最히愼重을加ᄒᆞ야過誤失策이無ᄒᆞᆯ事를期치아니치못ᄒᆞᆯ지어ᄂᆞᆯ然而其用意를怠홈으로因ᄒᆞ야此等罪를生홈은其情狀이更重ᄒᆞᆫ者임으로特히本項을設ᄒᆞ야其刑을加重히홈이라

第十二章　住居를侵ᄒᆞᄂᆞᆫ罪

本章은人의住居에侵入ᄒᆞᄂᆞᆫ罪를規定ᄒᆞᆫ者ㅣ라、抑人의住家ᄂᆞᆫ其人의起居其他家庭의秘密을守ᄒᆞᄂᆞᆫ一城郭으로써他人은猥히此를侵치못ᄒᆞᆯ者ㅣ라然而其可侵치못ᄒᆞᆯ住居를侵ᄒᆞᆷ이惡事되ᄂᆞᆫ事ᄂᆞᆫ勿論이어니와此犯罪ᄂᆞᆫ往往히此에由ᄒᆞ야他의犯罪를惹起ᄒᆞᄂᆞᆫ事ㅣ多ᄒᆞᆷ으로써人의住居를侵ᄒᆞᆷ은安寧秩序를害ᄒᆞᄂᆞᆫ者로ᄒᆞ야殊히本章을設ᄒᆞ야此種犯罪에關ᄒᆞᆫ刑을規定ᄒᆞᆫ所以라

第百三十條　無故히人의住居又ᄂᆞᆫ看守ᄒᆞᄂᆞᆫ邸宅、建物或은艦船에侵入ᄒᆞ거ᄂᆞ又ᄂᆞᆫ要求를受ᄒᆞ고其場所에서退去치아니ᄒᆞᄂᆞᆫ者ᄂᆞᆫ三年以下의懲役又ᄂᆞᆫ五拾圓以下의罰金에處ᄒᆞᆷ

本條ᄂᆞᆫ晝間이ᄂᆞ夜間을不問ᄒᆞ고人의住居에侵入ᄒᆞ거ᄂᆞ又ᄂᆞᆫ退去를要ᄒᆞᄂᆞ退去치안ᄂᆞᆫ者의罪를規定ᄒᆞᆷ이라、即何等事故가無ᄒᆞ고人의住居커ᄂᆞ又ᄂᆞᆫ看守ᄒᆞᄂᆞᆫ邸宅、建造物或은艦船에侵入ᄒᆞᆫ다ᄒᆞᆷ은何等의權利又ᄂᆞᆫ理由가無ᄒᆞ고此에侵入ᄒᆞᄂᆞᆫ者를云ᄒᆞᆷ이오又人의住居ᄒᆞᄂᆞᆫ邸宅이라ᄒᆞᆷ은通常으로人人의寢食起臥ᄒᆞᄂᆞᆫ바房室內ᄂᆞᆫ勿論이오擴內即墻壁以內의全部를云ᄒᆞᆷ이며又建造物이라ᄒᆞᆷ은神社、佛閣、官公署、學校其他公私各種의建物을云ᄒᆞᆷ이라、然而是等의處에正當히入ᄒᆞᆫ者일지라도其主人又ᄂᆞᆫ管理者로브터退去ᄒᆞ라ᄂᆞᆫ要求를受ᄒᆞ고도尙且退去치아니ᄒᆞᄂᆞᆫ者ᄂᆞᆫ是亦本條에依ᄒᆞ야處罰ᄒᆞᆯ者ㅣ니라

第百三十一條　無故히皇居、禁苑、離宮又ᄂᆞᆫ行在所에侵入ᄒᆞᆫ者ᄂᆞᆫ三月以上五年以下의懲役에處ᄒᆞᆷ

神宮又ᄂᆞᆫ皇陵에侵入ᄒᆞᆫ者亦同ᄒᆞᆷ

本條ᄂᆞᆫ何等의理由가無ᄒᆞ고皇居、禁苑、離宮、行在所又ᄂᆞᆫ神宮、皇陵에侵入ᄒᆞᆫ者의罪를規定ᄒᆞᆷ이라

第一項 皇居、禁苑、離宮又ᄂᆞᆫ行在所ᄂᆞᆫ他의邸宅、建造物과同視치못ᄒᆞᆯ바ᄂᆞᆫ言을不俟ᄒᆞᆯ지라然而此를侵ᄒᆞᆷ은他의邸宅、建造物에侵入ᄒᆞᆫ罪보다尤重ᄒᆞᆷ은敢히喋々을不要ᄒᆞᆯ지니此ㅣ前條의外에特히本條를設ᄒᆞ야三月以上五年以下의懲役에處ᄒᆞᆷ이可ᄒᆞ다規定ᄒᆞᆫ所以라

第二項 神宮은伊勢大廟를云ᄒᆞᆷ이오皇陵은國朝列聖의御陵이니是等에無故히侵入ᄒᆞᆫ者ᄂᆞᆫ前項과同一ᄒᆞᆫ理由로써同一의刑을科ᄒᆞᆯ事를要ᄒᆞᆷ이라

第百三十二條 本章의未遂罪ᄂᆞᆫ此를罰ᄒᆞᆷ

本章에規定ᄒᆞᆫ侵入罪의未遂ᄂᆞᆫ必此를罰ᄒᆞᄂᆞ니其理由ᄂᆞᆫ第一編에旣히說明ᄒᆞᆫ바ㅣ라

第十三章 秘密을侵ᄒᆞᄂᆞᆫ罪

凡人의秘密을發露ᄒᆞᆷ은其人의名譽를害ᄒᆞ고從ᄒᆞ야各種의弊害가伴起ᄒᆞᄂᆞᆫ者인즉法律은此에制裁를加ᄒᆞ야其安全을保케ᄒᆞᆯ必要가有ᄒᆞᆫ所以라

第百三十三條 無故히封緘ᄒᆞᆫ信書를開披ᄒᆞᆫ者ᄂᆞᆫ一年以下의懲役又ᄂᆞᆫ二百圓以下의罰金에處ᄒᆞᆷ

本條ᄂᆞᆫ信書의秘密을犯ᄒᆞᆫ罪를規定ᄒᆞᆷ이라、抑信書ᄂᆞᆫ各人이自由로其意思를表示ᄒᆞ야自他의關係를起ᄒᆞ야私人의行爲의大部分을占ᄒᆞᄂᆞᆫ者ㅣ니故로此를侵害ᄒᆞᆷ은各人의自由를侵害ᄒᆞ고私的行爲의不安을惹起ᄒᆞ야國家社會의危害가不少ᄒᆞᆫ지라是以로法律에依ᄒᆞ야强制로ᄒᆞᄂᆞᆫ外에ᄂᆞᆫ一個人으로써他人의信書를密開又ᄂᆞᆫ其他侵害ᄒᆞᆯ事를不許ᄒᆞᄂᆞᆫ바니若無故히此秘密을侵ᄒᆞᆫ者ᄂᆞᆫ本條의規定에依ᄒᆞ야此를罰ᄒᆞᄂᆞ니라

第百三十四條 醫師、藥劑師、藥種商、産婆、辯護士、辯護人、公証人又ᄂᆞᆫ此等의職에在ᄒᆞ엿던者ㅣ無故히其職務上取扱ᄒᆞᆫ事에對ᄒᆞ야知得ᄒᆞᆫ바人의秘密을

漏泄ᄒᆞᆫ時ᄂᆞᆫ六月以下의懲役又ᄂᆞᆫ百圓以下의罰金에處홈

宗敎或은祈禱의職에在ᄒᆞᆫ者又ᄂᆞᆫ此等의職에在ᄒᆞ엿던者ㅣ無故히 其業務上取扱ᄒᆞᆫ事에對ᄒᆞ야知得ᄒᆞᆫ人의祕密을漏泄ᄒᆞᆫ者亦同홈

本條ᄂᆞᆫ某業務上他人의委託을受ᄒᆞᆫ事件에關ᄒᆞ야聞知ᄒᆞᆫ秘密을更히他人에漏洩ᄒᆞᆫ境遇에在ᄒᆞᆫ罪를規定홈이라

第一項 現在醫師、藥劑師、藥種商、產婆、辯護士、辯護人、公證人又ᄂᆞᆫ以前是等의職에在ᄒᆞ엿던者ᄂᆞᆫ其業務上秘密의委託을受ᄒᆞᄂᆞᆫ事又ᄂᆞᆫ既受ᄒᆞᆫ事ㅣ有ᄒᆞᆯ지니此境遇에或特定ᄒᆞᆫ境遇를除ᄒᆞᆫ外에ᄂᆞᆫ其秘密을漏洩치못ᄒᆞᆯ지어ᄂᆞᆯ若此를漏洩ᄒᆞᆫ時ᄂᆞᆫ人은安心ᄒᆞ고委託홈을不得ᄒᆞᆯᄲᅮᆫ아니라不正히人의利害關係를左右홈에至ᄒᆞᆯ지니是ㅣ此를罰ᄒᆞᄂᆞᆫ所以라醫師、藥劑師、藥種商、產婆와如홈은衛生上一日도不可缺ᄒᆞᆯ者로써其治術과藥劑의調合은直接人命의安危에關ᄒᆞᄂᆞᆫ事ㅣ殊大ᄒᆞᆫ者오且其治術을乞ᄒᆞ고調劑를求ᄒᆞᄂᆞᆫ者ᄂᆞᆫ其治療를望ᄒᆞ야其疾病、創傷의原因又ᄂᆞᆫ姙娠의狀態等一般히發表치못ᄒᆞᆯ事實이라도此를告치아니치못ᄒᆞᆯ事ㅣ有ᄒᆞᆯ지라、然而醫師、藥劑師、藥種商、產婆等이濫히其事實을他에漏洩ᄒᆞ야忌憚ᄒᆞᄂᆞᆫ事ㅣ無히ᄒᆞᆯ時ᄂᆞᆫ單히其委託者의名譽를毁損ᄒᆞᆯᄲᅮᆫ아니라甚ᄒᆞᆫ즉社會에立身키不能홈에至ᄒᆞᆯ事ㅣ有ᄒᆞᆯ지며因ᄒᆞ야患者等은其漏洩될가憂慮ᄒᆞ야事實을告치아니ᄒᆞ다가畢竟貴重ᄒᆞᆫ生命을危殆케ᄒᆞᄂᆞᆫ事ㅣ不無ᄒᆞᆯ지오、又辯護士、辯護人（訴訟代理人을包含홈）公證人과如홈은其受託訴訟關係者를保護ᄒᆞᆯ職務에在ᄒᆞᆫ者인즉人이此에訴訟事件을依賴ᄒᆞ며又ᄂᆞᆫ公證事件을囑託홈에當ᄒᆞ야ᄂᆞᆫ秘密事實이라도明히此를告치아니치못ᄒᆞᆯ지라然而是等의人이其職務上으로브터知得ᄒᆞᆫ事의陰私를他에漏洩ᄒᆞ면誰가其身體、生命及財產의保護를安心囑託ᄒᆞᆯ事를得ᄒᆞ리오此를因ᄒᆞ야伸張ᄒᆞᆯ權利를屈抑ᄒᆞᄂᆞᆫ不幸을招ᄒᆞ야其害의及ᄒᆞᄂᆞᆫ비決코鮮少치아니ᄒᆞᆯ지니是ㅣ本條에依ᄒᆞ야其漏泄者를罰ᄒᆞᄂᆞᆫ所以라

玆에注意홀事ᄂᆞᆫ業務上人의秘密을知得ᄒᆞ엿다홈은偶然됨과硏究의結果됨과委託者의陳述에因홈을區別치안코、總히本人의利益을爲ᄒᆞ야此를第三者의게知케ᄒᆞ지못홀事를云홈이니라然이나若醫師、産婆等이特別히法令에依ᄒᆞ야業務上知得ᄒᆞᆫ他人의秘密을告發홀義務를被命ᄒᆞᆫ境遇에ᄂᆞᆫ本條의制裁를受홀限에不在ᄒᆞ니라

第二項 宗敎或은祈禱의職에在ᄒᆞᆫ者라홈은神職、僧侶又ᄂᆞᆫ基督敎의牧師、宣敎師、傳道師와如ᄒᆞᆫ者를云홈이니凡是等의職에在ᄒᆞᆫ者ᄂᆞᆫ人으로ᄒᆞ여곰惡을去ᄒᆞ고善에遷케홀道를說ᄒᆞ야써前非를悔悟케ᄒᆞ고且罪惡의念을不萠케ᄒᆞᄂᆞᆫ職務가有ᄒᆞᆫ者ㅣ라故로曾히惡事醜行이有ᄒᆞ엿든者ㅣ其罪障을消滅케ᄒᆞ게爲ᄒᆞ야其人에向ᄒᆞ야此等懺悔又ᄂᆞᆫ祈禱를行ᄒᆞᄂᆞᆫ事ㅣ有ᄒᆞᄂᆞ니然而其職에在ᄒᆞᆫ者ㅣ此에因ᄒᆞ야秘密히知得ᄒᆞᆫ事를濫히他人에洩漏홀時ᄂᆞᆫ其人으로ᄒᆞ여곰身分名譽를損ᄒᆞ고或은大히人의感情問題를惹起홀뿐아니라懺悔의意思ᄂᆞᆫ此를因ᄒᆞ야滅絶되고人으로ᄒᆞ여곰益々舊惡을悛치못ᄒᆞ게될뿐不啻라或은惡事를續行홀事ㅣ無홀바를難保홀지니此則本項에前項과同ᄒᆞᆫ理由로써罰을科ᄒᆞᄂᆞᆫ所以라

第百三十五條　本章의罪ᄂᆞᆫ告訴를待ᄒᆞ야此를論홈

本條ᄂᆞᆫ秘密漏泄罪를親告罪로ᄒᆞᆫ事를規定홈이라、凡人의秘密을犯ᄒᆞᆫ者ㅣ有홀時에法官은直히其犯人을捕ᄒᆞ야此를訊問ᄒᆞ고此를審理ᄒᆞ야此辯論等을行ᄒᆞ고其事件을公開홀時ᄂᆞᆫ返히被害者의秘密을愈益發露ᄒᆞ야此를因ᄒᆞ야其利益을保護되지못홈에至ᄒᆞ기易홀지니故로本罪ᄂᆞᆫ必其被害者本人의告訴를待ᄒᆞ야此를論홀事로홈이라

第十四章　阿片烟에關ᄒᆞᆫ罪

本章은阿片煙의輸入、製造、販賣又ᄂᆞᆫ吸食等을行ᄒᆞᆫ者를罰홀規定을網羅홈이라、阿片烟의人身에害毒을釀ᄒᆞᄂᆞᆫ者됨은世人의旣히公認ᄒᆞᄂᆞᆫ비니此를等閑에附홀時ᄂᆞᆫ個人의元氣를損喪ᄒᆞ고民族의衰微를

致ᄒᆞᆯ지라故로本章을規定ᄒᆞ야此를罰ᄒᆞᄂᆞ니라

第百三十六條　阿片煙을輸入、製造又ᄂᆞᆫ販賣ᄒᆞ거나販賣의目的으로써此를所持ᄒᆞᆫ者ᄂᆞᆫ六月以上七年以下의懲役에處홈

本條ᄂᆞᆫ輸入、製造、販賣或은販賣의目的으로阿片烟을所持ᄒᆞᆫ者를罰ᄒᆞᄂᆞᆫ規定이라、阿片烟은多量의魔醉劑를含有ᄒᆞ야此를吸食ᄒᆞ면人體의健康을害ᄒᆞ고從ᄒᆞ야活氣를減殺ᄒᆞ며且智能의發達을妨ᄒᆞ고延ᄒᆞ야一國의元氣를衰弱케ᄒᆞᄂᆞᆫ毒物이니人이一度此를吸食ᄒᆞᄂᆞᆫ時ᄂᆞᆫ因ᄒᆞ야直히習慣이되야容易히此를廢치못홈에至ᄒᆞᄂᆞ니故로其害을流ᄒᆞᄂᆞᆫ事ㅣ甚ᄒᆞᆫ者ㅣ니、玆에法律은此를嚴禁코져홈에ᄂᆞᆫ其根本된輸入、製造、販賣의三者를防치아니치못ᄒᆞᆯ지니、故로本條ᄂᆞᆫ先히是等行爲에向ᄒᆞ야此를罰ᄒᆞᆯ事를規定홈이라

第百三十七條　阿片烟을吸食ᄒᆞᄂᆞᆫ器具를輸入、製造又ᄂᆞᆫ販賣ᄒᆞ거나或은販賣의目的으로써此를所持ᄒᆞᆫ者ᄂᆞᆫ三月以上五年以下의懲役에處홈

本條ᄂᆞᆫ阿片烟吸食用器具의輸入、製造、販賣의目的으로써此를所持ᄒᆞᆫ者의罪를規定홈이라、阿片烟吸食에用ᄒᆞᄂᆞᆫ器具의輸入者、製造者、販賣者或은販賣의目的으로써此를所持ᄒᆞᄂᆞᆫ者ᄂᆞᆫ阿片煙의輸入者、製造者、販賣者或은販賣로써目的으로ᄒᆞᄂᆞᆫ所有者의罪에比ᄒᆞᄂᆞᆫ時ᄂᆞᆫ其情狀이稍輕ᄒᆞᆫ者임으로三月以上及五年以下로써規定ᄒᆞ니라

第百三十八條　稅關官吏가阿片煙又ᄂᆞᆫ阿片煙吸食의器具를輸入ᄒᆞ거나又其輸入을許ᄒᆞᆫ時ᄂᆞᆫ一年以上十年以下의懲役에處홈

本條ᄂᆞᆫ稅關官吏가阿片煙及阿煙吸食의器具를輸入ᄒᆞ거나又ᄂᆞᆫ其輸入을許ᄒᆞᆫ者를罰ᄒᆞᄂᆞᆫ規定이라、凡輸入品은其品種의如何를不問ᄒᆞ고總히稅關官吏의檢査를經치아니치못ᄒᆞᆯ者인즉稅關官吏ᄂᆞᆫ禁制物되時ᄂᆞᆫ宜히此를差押ᄒᆞ고相當ᄒᆞᆫ處分을爲ᄒᆞ지아니치못ᄒᆞᆯ지어ᄂᆞᆯ其職務를瀆ᄒᆞ야法律에셔禁ᄒᆞᄂᆞᆫ阿片

煙、阿片烟吸食器具等의輸入을行ᄒᆞ거나又ᄂᆞᆫ他人에게其輸入을許ᄒᆞᆷ에至ᄒᆞ야ᄂᆞᆫ一方으로此等輸入所持를防遏ᄒᆞᄂᆞᆫ本旨에反ᄒᆞ야其犯狀이甚重ᄒᆞᆯᄲᅮᆫ不啻라社會에流ᄒᆞᄂᆞᆫ바害毒도亦大ᄒᆞᆯ지라、故로其刑도前二條보다此를重케ᄒᆞᆫ者ㅣ라

第百三十九條　阿片煙을吸食ᄒᆞᆫ者ᄂᆞᆫ三年以下의懲役에處ᄒᆞᆷ
阿片烟을吸食ᄒᆞ기爲ᄒᆞ야房屋을給與ᄒᆞ고利를圖ᄒᆞᆫ者ᄂᆞᆫ六月以上七年以下의懲役에處ᄒᆞᆷ

本條ᄂᆞᆫ阿片煙의吸食者及其幇助者를罰ᄒᆞᄂᆞᆫ規定이라

[第一項]스사로阿片烟을吸食ᄒᆞᄂᆞᆫ者를罰ᄒᆞᄂᆞᆫ規定이니自好ᄒᆞ야其害毒을受ᄒᆞᆯ事를甘ᄒᆞᄂᆞᆫ者인즉法律은此에對ᄒᆞ야刑罰을加ᄒᆞᆯ必要가無ᄒᆞᆷ과如ᄒᆞ나니彼自殺未遂者와如ᄒᆞᆷ은스ᄉᆞ로我의生命을絶ᄒᆞᆫ者로써彼害者ᄂᆞᆫ自己라故로法律은此를罰치아니ᄒᆞᆷ이라、然而本條에서殆히自殺未遂者와如ᄒᆞᆫ阿片烟吸食者를罰ᄒᆞᆷ은何等無用됨과如ᄒᆞ다ᄒᆞᆯ지로ᄃᆡ決코不然ᄒᆞᆫ事ㅣ有ᄒᆞ니盖人이一次阿片煙을吸食ᄒᆞᆫ時ᄂᆞᆫ其味를忘키不能ᄒᆞ야屢々히此를吸食ᄒᆞ야終에他人을誘引ᄒᆞ고其害毒을他人에傳播ᄒᆞ야一般國民의健康을遂히衰徵에陷케ᄒᆞ야不可救에至케ᄒᆞᄂᆞᆫ지라、故로假令自己만直接의被害ᄒᆞᄂᆞᆫ者ㅣ로ᄃᆡ延ᄒᆞ야公益을害ᄒᆞᄂᆞᆫ事ㅣ甚ᄒᆞᆫ者임으로써本條로써此를罰ᄒᆞᄂᆞᆫ所以라

[第二項]本項은阿片煙을吸食케ᄒᆞ기爲ᄒᆞ야房屋을給與ᄒᆞ고利益을圖ᄒᆞᆫ者를罰ᄒᆞᄂᆞᆫ規定이니抑本項의罪ᄂᆞᆫ利를圖ᄒᆞᆷ에依ᄒᆞ야成立ᄒᆞᄂᆞᆫ者ㅣ라卽此等吸煙者에利益을得ᄒᆞ고房屋을秘密給與ᄒᆞᄂᆞᆫ者ㅣ有ᄒᆞᆯ時ᄂᆞᆫ何人이라도價를出ᄒᆞ고隨時로其房屋에入ᄒᆞ야阿片煙을吸食ᄒᆞᆯ事를得ᄒᆞᆯ지니此에依ᄒᆞ야不正히利를取ᄒᆞ고其吸食을助成ᄒᆞᆯᄲᅮᆫ아니라一方으로其吸食을嚴禁ᄒᆞᄂᆞᆫ本旨에反ᄒᆞᄂᆞᆫ故로此를罰ᄒᆞᄂᆞᆫ所以라是以로若利를圖ᄒᆞᆷ이아니요單히其房屋을給與ᄒᆞᆫ者ᄂᆞᆫ假令其情을知ᄒᆞᆫ者라도本項에依ᄒᆞ야此를罰키不得ᄒᆞ되是等境遇에ᄂᆞᆫ房屋의給與者ᄂᆞᆫ其吸食者의從犯으로此를處罰될지니라

第百四十條　阿片烟又는阿片烟吸食의器具를所持ᄒᆞᆫ者는一年以下의懲役에處ᄒᆞᆷ

本條는阿片煙又는阿片煙吸食의器具를所持ᄒᆞᆫ者의罪를規定ᄒᆞᆷ이라、卽目的의如何를不問ᄒᆞ고阿片烟을持有ᄒᆞ거나又는阿片烟吸食의器具를所持ᄒᆞᆫ者는비록自己가吸食ᄒᆞ려ᄒᆞ거나又는他에賣渡ᄒᆞ려ᄒᆞ는者ㅣ니라도畢竟은此를吸食ᄒᆞ는事ㅣ無ᄒᆞᆷ을期치못ᄒᆞᆯ지니如斯히될時는前條阿片烟禁止의目的을達치못ᄒᆞᆯ지라故로本條에依ᄒᆞ야其所持者를罰ᄒᆞ는所以라、盖本條에는所持라規定ᄒᆞ고所有라云치아니ᄒᆞ엿슴으로假令自己의所有物이아니요他人으로부터借得ᄒᆞᆫ者일지라도苟히此를現持ᄒᆞ는時는本條의罪를免키不能ᄒᆞᆯ지니라

第百四十一條　本章의未遂罪는此를罰ᄒᆞᆷ

本條는阿片烟에關ᄒᆞᆫ未遂罪를罰ᄒᆞ는規定이니本章의罪는其害毒을流ᄒᆞ는事ㅣ甚ᄒᆞᆫ者인즉未遂罪라도此를罰ᄒᆞᆯ事로ᄒᆞᆷ이라

第十五章　飮料水에關ᄒᆞᆫ罪

凡飮料水는吾人의生活上一時라도可缺치못ᄒᆞᆯ者로써其貴重ᄒᆞᆫ事는論을不待ᄒᆞᆯ지라然而此를汚穢ᄒᆞ는行爲는社會衛生上에及ᄒᆞᆯ大害가實로不測ᄒᆞᆯ者ㅣ有ᄒᆞ나니是ㅣ本章의規定이有ᄒᆞᆫ所以라

第百四十二條　人의飮料에供ᄒᆞ는淨水를汚穢ᄒᆞ고因ᄒᆞ야此를用ᄒᆞ기不能ᄒᆞᆷ에至케ᄒᆞᆫ者는六月以下의懲役又는五十圓以下의罰金에處ᄒᆞᆷ

本條는飮料水를汚穢ᄒᆞ야此를用키不能ᄒᆞᆷ에至케ᄒᆞᆫ者를罰ᄒᆞ는規定이라、飮料에供ᄒᆞ는淨水라ᄒᆞᆷ은井水、池水、溪水의別이無ᄒᆞ고總吾人의飮料에供ᄒᆞ는水를云ᄒᆞᆷ이라是等의水를汚穢ᄒᆞ야飮料에供키不能ᄒᆞᆷ에至케ᄒᆞᆫ時는此를因ᄒᆞ야人人의生活上需用을害ᄒᆞ고延ᄒᆞ야健康을破ᄒᆞ야衛生上에及ᄒᆞ는바害毒이實로鮮少치아니ᄒᆞᆯ지라、今에本條의法文을玩味ᄒᆞ건딕此를用ᄒᆞᆯ事ㅣ不能ᄒᆞᆷ에至케云云이라明示ᄒᆞ

엿스니此一語는實로本條의骨子니此에依ᄒᆞ야或은罪가되지아니ᄒᆞᄂᆞᆫ境遇가不無ᄒᆞᆯ지라抑飮料水를汚穢케ᄒᆞᄂᆞᆫ行爲의程度ᄂᆞᆫ一樣이아니라故로此를汚穢ᄒᆞᄂᆞᆫ事ㅣ極少ᄒᆞ야用ᄒᆞ기不能ᄒᆞᆫ程度에至치아니ᄒᆞᆫ境遇와如ᄒᆞᆷ은本條의制裁를受ᄒᆞᄂᆞᆫ事ㅣ無ᄒᆞᆯ지라然則如何ᄒᆞᆫ程度에至ᄒᆞ면用ᄒᆞ기ㅣ不能ᄒᆞ다ᄒᆞᆯ가是ᄂᆞᆫ事實問題로써裁判官의所見에從ᄒᆞ야認定될者ㅣ니假令飮用溪流에小許의手巾을洗滌ᄒᆞ야此를濁케ᄒᆞᆷ과井中에多量의塵土를投ᄒᆞ야此를混淆ᄒᆞᄂᆞᆫ行爲ᄂᆞᆫ水를汚穢케ᄒᆞᆷ은一般이로ᄃᆡ此를更히飮用키不能ᄒᆞ기에至ᄒᆞᄂᆞᆫ與否ᄂᆞᆫ스ᄉᆞ로不同ᄒᆞᆯ바ㅣ有ᄒᆞᆷ이요且飮料水라明示ᄒᆞᆫ故로飮用ᄒᆞᄂᆞᆫ者ㅣ아니요農工業의用의水又ᄂᆞᆫ洗滌用의水ᄂᆞᆫ假令家內의用이라도本條에ᄂᆞᆫ此를包含치아니ᄒᆞᆯ지니라

第百四十三條　水道로由ᄒᆞ야公衆에供給ᄒᆞᄂᆞᆫ飮料의淨水又ᄂᆞᆫ水源을汚穢ᄒᆞ고因ᄒᆞ야此를用ᄒᆞ기不能ᄒᆞᆷ에至케ᄒᆞᆫ者ᄂᆞᆫ九月以上七年以下의懲役에處ᄒᆞᆷ

本條ᄂᆞᆫ水道의淨水로써公衆에供給ᄒᆞᄂᆞᆫ飮料水를汚穢ᄒᆞᆫ者의罪를規定ᄒᆞᆷ이라、水道의淨水로써公衆에供給ᄒᆞ야써飮料에供ᄒᆞᄂᆞᆫ者와如ᄒᆞᆷ은此供給者ᄂᆞᆫ一般히多數되ᄂᆞ니是等의淨水를汚穢커나又ᄂᆞᆫ水源을汚穢ᄒᆞ야用ᄒᆞᆯ事ㅣ不能ᄒᆞᆷ에至케ᄒᆞᆫ者ᄂᆞᆫ前條의罪에比ᄒᆞ야其害의及ᄒᆞᄂᆞᆫ바ㅣ愈大ᄒᆞᆯ지며從ᄒᆞ야其刑도前條보다此를重히ᄒᆞᆷ이니라

第百四十四條、人의飮料에供ᄒᆞᄂᆞᆫ淨水에毒物其他人의健康을害ᄒᆞᆯ物을混入ᄒᆞᆫ者ᄂᆞᆫ三年以下의懲役에處ᄒᆞᆷ

本條ᄂᆞᆫ飮料의淨水에毒物其他人의健康을害ᄒᆞᆯ物을混合ᄒᆞᆫ者를罰ᄒᆞᄂᆞᆫ規定이라、凡人의飮料에供ᄒᆞᄂᆞᆫ淨水ᄂᆞᆫ生活上과衛生上共히貴重ᄒᆞᆫ者로써一日一時도不可缺ᄒᆞᆯ者됨은前述과如ᄒᆞᄂᆞ니此에毒物、毒藥等其他人의健康上害될藥을混入ᄒᆞᆫ者ᄂᆞᆫ前二條보다此를重히罰ᄒᆞᆯ必要가有ᄒᆞᆫ故로本條를特設ᄒᆞᆷ이라

第百四十五條　前三條의罪을犯ᄒᆞ고因ᄒᆞ야人을死傷에致ᄒᆞᆫ者ᄂᆞᆫ傷害의罪에比較

ᄒᆞ야從重處斷홈

本條는飮料의淨水、水道의水源等을汚穢케ᄒᆞ거나又는此에毒藥을混入ᄒᆞ야其飮用者를死傷에致케ᄒᆞᆫ者에關ᄒᆞᆫ規定이니卽此境遇에는前記三條와傷害罪（第二篇第二十七章）의規定에照ᄒᆞ야其中最重ᄒᆞᆫ刑을科ᄒᆞᆯ事로홈이라

第百四十六條　水道에由ᄒᆞ야公衆에供給ᄒᆞ는飮料의淨水又는其水源의毒物其他人의健康을害ᄒᆞᆯ만ᄒᆞᆫ物을混入ᄒᆞᆫ者는二年以上의有期懲役에處홈因ᄒᆞ야人을死에致ᄒᆞᆫ者는死刑又는無期或은五年以上의懲役에處홈

本條는公衆의飮料에供ᄒᆞ는水道의淨水又는其水源에毒物其他人의健康을害ᄒᆞᆯ만ᄒᆞᆫ物을混入ᄒᆞᆫ者의罪를規定홈이라、卽水道에由ᄒᆞ야一般公衆에게供給ᄒᆞ는飮料의淨水又는其水源에毒物其他人의健康을害ᄒᆞᆯ物을混入ᄒᆞᆫ行爲는其害及ᄒᆞ는區域이前數條의境遇보다愈廣ᄒᆞᆫ者인즉二年以上의有期懲役에處ᄒᆞ되若此를因ᄒᆞ야人을死케ᄒᆞᆫ者는死刑又는無期의懲役或은五年以上의懲役에處홈이可ᄒᆞᆯ者로홈이라

第百四十七條　公衆의飮料에供ᄒᆞ는淨水의水道를損壞又는壅塞ᄒᆞᆫ者는一年以上十年以下의懲役에處홈

本條는淨水道를損壞又는壅塞ᄒᆞᆫ者를罰ᄒᆞ는規定이라、本條의行爲는公衆의生活上에亦一危害를與ᄒᆞ는者ㅣ라然而其加害의程度에依ᄒᆞ야一年以上、十年以下의懲役에處ᄒᆞᆯ者로홈이라

第十六章　通貨僞造의罪

凡通貨는其形體、分量、性質等一定不動ᄒᆞᆫ者아니면其流通上에障害를與홈으로써皆此를一定홈은各國의通例라若人人으로ᄒᆞ여금各自로此를製造ᄒᆞᆯ事를許ᄒᆞᆯ時는私利를謀ᄒᆞ기爲ᄒᆞ야其分量을減ᄒᆞ거나性

質을不良히ᄒᆞᄂᆞᆫ等不正히濫發ᄒᆞ야遂히通貨되ᄂᆞᆫ眞價를失墜케홈에至ᄒᆞ야因ᄒᆞ야各人의與受를妨滯케홈으로經濟上의障害가不少홀지니故로政府에셔此를製造ᄒᆞ야其形體、分量、性質等을一定不動ᄒᆞᆫ者로ᄒᆞ고法律로써其不動되ᄂᆞᆫ事를保証ᄒᆞ야流通케ᄒᆞᄂᆞ니此ㅣ貨幣의通貨된本能이니是以로人民은其授受의際에分量의多少를衡量ᄒᆞ거ᄂᆞ又ᄂᆞᆫ其性質의良否를區別홀事를不要ᄒᆞ고其一定ᄒᆞᆫ形體에因ᄒᆞ야一見에直히政府製造의通貨됨을知得ᄒᆞ고安心ᄒᆞ야去來를行ᄒᆞ고經濟上交通의便을圖홈을得ᄒᆞᄂᆞᆫ바ㅣ라然而若此를僞造ᄒᆞᄂᆞᆫ者ㅣ有홀時ᄂᆞᆫ國家의公權을侵害ᄒᆞ야써邪曲으로利를圖홀ᄲᅮᆫ아니라人으로ᄒᆞ여곰貨幣에對ᄒᆞᆫ不安의念을壞케ᄒᆞ야政府製造의通貨도亦從ᄒᆞ야信用을失墜ᄒᆞ고其流通을害홈에至ᄒᆞ야損害의所及이莫大홀지니是ㅣ通貨僞造의罪를本章에規定ᄒᆞᆫ所以라

第百四十八條　行使홀目的으로써通用의貨幣、紙幣又ᄂᆞᆫ銀行劵을僞造又ᄂᆞᆫ變造ᄒᆞᆫ者ᄂᆞᆫ三年以上의懲役에處홈

僞造、變造ᄒᆞᆫ貨幣、紙幣又ᄂᆞᆫ銀行劵을行使ᄒᆞ고又ᄂᆞᆫ行使홀目的으로써此를人에交付ᄒᆞ거ᄂᆞ或은輸入ᄒᆞᆫ者亦同홈

本條ᄂᆞᆫ行使의目的으로써內國通貨된貨幣、紙幣、銀行劵의僞造、變造又ᄂᆞᆫ是等의僞造、變造物을行使ᄒᆞ거ᄂᆞ又ᄂᆞᆫ行使의目的으로써交付或은輸入ᄒᆞᆫ者를罰ᄒᆞᄂᆞᆫ規定이라

[第一項]通用의貨幣라홈은金貨、銀貨、白銅貨及銅貨요、紙幣라홈은府에셔發行ᄒᆞᄂᆞᆫ貨幣의代用物을云홈이오銀行劵이라홈우兌換銀行條例에依ᄒᆞ야日本銀行又ᄂᆞᆫ朝鮮銀行게셔發行ᄒᆞ야貨幣에代用ᄒᆞᄂᆞᆫ者를云홈이라本條에通用이라홈은法律上通用을命ᄒᆞᆫ者를云홈이니即政府의命令에依ᄒᆞ야何人이던지通用치아니홈을不得홈으로써與受中權利者가此를受홀事를拒키不能ᄒᆞᆫ者를云홈이오、僞造라홈은貨幣를製造홀權利가無ᄒᆞᆫ者가眞本의貨幣에類似ᄒᆞᆫ物을作出홈을云홈이오、變造라홈은眞本貨幣를財料

로ᄒᆞ야其文字、紋章又ᄂᆞᆫ輪廓等을變更ᄒᆞ야他의貨幣이類似ᄒᆞᆫ者를作ᄒᆞᆷ을云ᄒᆞᆷ이니例如銀貨에鍍金ᄒᆞ야金貨와類似케ᄒᆞ거나二十錢의銀貨를五十錢으로文字를改ᄒᆞᄂᆞᆫ等이是오類似라ᄒᆞᆷ은尋常普通의注意로써ᄂᆞᆫ眞假를判別키不能ᄒᆞᆫ程度의模造를云ᄒᆞᆷ이오、行使라ᄒᆞᆷ은貨幣의所用에充케ᄒᆞᄂᆞᆫ總境遇를云ᄒᆞᆷ이라然而其僞造者又ᄂᆞᆫ變造者가스ᄉᆞ로此를使用ᄒᆞᆫ境遇에對ᄒᆞ야ᄂᆞᆫ其行使된事ㅣ無疑ᄒᆞᆯ지로ᄃᆡ他人을介ᄒᆞ야使用케ᄒᆞᆫ境遇에對ᄒᆞ야ᄂᆞᆫ多少疑問이有ᄒᆞ니라然이나賣買됨과贈與됨을勿論ᄒᆞ고苟히此를眞貨라ᄒᆞ야使用코져ᄒᆞᄂᆞᆫ意思가有ᄒᆞᆫ者에게引渡ᄒᆞᆷ은亦行使로解釋ᄒᆞᆷ이正當ᄒᆞ다信ᄒᆞ노라然而此에反ᄒᆞ야人에게僞造又ᄂᆞᆫ變造의貨幣를示ᄒᆞ야此를眞貨로認信케ᄒᆞ엿스되아즉此를他人에引渡ᄒᆞ야流通ᄒᆞᆯ意가無ᄒᆞᆫ境遇에ᄂᆞᆫ此를行使가아니라ᄒᆞᆷ듯ᄒᆞ나然이나假令他人으로ᄒᆞ여곰自己가貨幣持有ᄒᆞᆫ者된事를信知케ᄒᆞᆷ을必要가有ᄒᆞᆫ境遇에右行爲를因ᄒᆞ야其目的을達ᄒᆞ엿스면雖此를流通치아니ᄒᆞ엿슬지라도僞造又ᄂᆞᆫ變造ᄒᆞᆫ貨幣ᄂᆞᆫ既히眞成ᄒᆞᆫ貨幣의效用을充ᄒᆞᆫ者인즉亦此를行使ᄒᆞᆫ者로解釋ᄒᆞᆷ이可ᄒᆞᆯ지라故로玆에行使라ᄒᆞᆷ은此를他人에게流通ᄒᆞ던지又ᄂᆞᆫ自己가持有ᄒᆞᆷ을不分ᄒᆞ고貨幣라ᄒᆞᄂᆞᆫ效用을充케ᄒᆞᆫ總境遇를云ᄒᆞᆷ이正當ᄒᆞ다信ᄒᆞ노라因ᄒᆞ야本條ᄂᆞᆫ行使ᄒᆞᆯ目的으로爲ᄒᆞᆫ者를罰ᄒᆞᄂᆞᆫ故로假令技術試驗을爲ᄒᆞ야ᄒᆞᄂᆞᆫ等目的이行使에不在ᄒᆞᆫ者ᄂᆞᆫ犯罪가아니라

[第二項]本項은僞造又ᄂᆞᆫ變造로成ᄒᆞᆫ貨幣、紙幣、銀行券을行使커나又ᄂᆞᆫ此를行使ᄒᆞᆯ目的으로써人에交付ᄒᆞ고又ᄂᆞᆫ此를輸入ᄒᆞᆫ者ᄂᆞᆫ前項의者와同一ᄒᆞᆫ罪로罰ᄒᆞᆯ事를規定ᄒᆞᆷ이니盖此等은비록自己가僞造、變造의行爲를不行ᄒᆞ엿슬지라도其罪가前項의者와無異ᄒᆞᆫ所以라

第百四十九條　行使ᄒᆞᆯ目的으로써內國에流通ᄒᆞᄂᆞᆫ外國貨幣、紙幣又ᄂᆞᆫ銀行券을僞造又ᄂᆞᆫ變造ᄒᆞᆫ者ᄂᆞᆫ二年以上의有期懲役에處ᄒᆞᆷ

僞造、變造ᄒᆞᆫ外國의貨幣紙幣又ᄂᆞᆫ銀行券을行使ᄒᆞ고又ᄂᆞᆫ行使ᄒᆞᆯ目的으로써此를人

에交付ᄒᆞ거나或은輸入ᄒᆞᆫ者亦同홈

第一項本項은行使ᄒᆞᆯ目的으로內國에流通ᄒᆞᄂᆞᆫ外國의貨幣、紙幣又ᄂᆞᆫ銀行券을偽造或은變造ᄒᆞᆫ者를罰ᄒᆞᄂᆞᆫ規定이라抑內國에서流通ᄒᆞᄂᆞᆫ바外國의貨幣、紙幣又ᄂᆞᆫ銀行券은內國의貨幣、銀行券과同히內國에流通ᄒᆞᄂᆞᆫ者인즉法律은其偽造者、變造者를罰ᄒᆞ야써一般經濟上의信用을保護치아니치못ᄒᆞᆯ지라然이나內國貨幣에比ᄒᆞ면其流通은頻繁치아니ᄒᆞ고又其區域과如홈도廣大치아니ᄒᆞᆫ者임으로其害의及ᄒᆞᄂᆞᆫ바ㅣ亦不大ᄒᆞᆯ지니是前條보다其刑을輕히ᄒᆞᆫ者ㅣ라

第二項本項은偽造又ᄂᆞᆫ變造의外國貨幣、紙幣又ᄂᆞᆫ銀行券을行使커나又ᄂᆞᆫ行使ᄒᆞᆯ目的으로人에交付ᄒᆞ고或은輸入ᄒᆞᆫ者를罰ᄒᆞᄂᆞᆫ規定이니此規定을設ᄒᆞᆫ理由ᄂᆞᆫ前述ᄒᆞᆫ바로써類推ᄒᆞᆯ지라

第百五十條　行使ᄒᆞᆯ目的으로써偽造、變造ᄒᆞᆫ貨幣、紙幣又ᄂᆞᆫ銀行券을收得ᄒᆞᆫ者ᄂᆞᆫ三年以下의懲役에處홈

本條ᄂᆞᆫ行使ᄒᆞᆯ目的으로써偽造又ᄂᆞᆫ變造ᄒᆞᆫ貨幣、紙幣又ᄂᆞᆫ銀行券을得ᄒᆞᆫ者를罰ᄒᆞᄂᆞᆫ規定이라本條의罪ᄂᆞᆫ行使ᄒᆞᆯ目的으로써此를收得홈을要ᄒᆞᄂᆞᆫ故로假令偶然히此를拾得ᄒᆞ거나多數交換間에誤히手中에入ᄒᆞᆫ等으로自己가此를行使ᄒᆞ기爲ᄒᆞᄂᆞᆫ目的을不有ᄒᆞᆫ者될時ᄂᆞᆫ此를罰키不得ᄒᆞᆯ지니라

第百五十一條　前三條의未遂罪ᄂᆞᆫ所를罰홈

本條ᄂᆞᆫ前三條의未遂罪를罰ᄒᆞᆯ事를規定홈이라(一)造偽、變造의未遂罪라홈은貨幣、紙幣又ᄂᆞᆫ銀行券을偽造又ᄂᆞᆫ變造코져ᄒᆞ야此에看手ᄒᆞ엿스나目的을達ᄒᆞᆯ事ㅣ不能ᄒᆞᆫ境遇를云홈이오(二)行使의未遂罪라홈은眞貨라ᄒᆞ야用에充ᄒᆞ라實行ᄒᆞ다가其目的을得達치못ᄒᆞᆫ境遇ㅣ나其例를擧ᄒᆞ면店舖에就ᄒᆞ야物品을購求ᄒᆞ고偽造、變造의貨幣를出給ᄒᆞ엿스나此를受取ᄒᆞᄂᆞᆫ者ㅣ直히其偽造又ᄂᆞᆫ變造된事를知ᄒᆞ야此를返付ᄒᆞ고眞貨를請求ᄒᆞᆫ故로遂히此를行使ᄒᆞᆯ事ㅣ不能ᄒᆞᆫ境遇와如ᄒᆞᆫ者ㅣ是오(三)行使ᄒᆞᆯ目的으로

收得한未遂罪라함은例如僞造又는變造한貨幣、紙幣又는銀行劵을授受하는間에自然發見되야收得치못함과如한事ㅣ即是요(四)又輸入의未遂罪라함은外國에서僞造、變造한貨幣、紙幣又銀行劵을內國에持來코져하엿스나遂히稅關官吏에發見되야內國에此를持入함을得지못한境遇와如한事를云함이라

第百五十二條 貨幣、紙幣又는銀行劵을收得한後其僞造又는變造된事를知하고此를行使하거나又는行使할目的으로써此를人에交付한者는其名價三倍以下의罰金又는科料에處함但一圓以下에降할事를不得함

本條는貨幣、紙幣、又는銀行劵을收得한後其僞造又는變造된事를發見하얏스나尙且此를行使한者를罰하는規定이라抑貨幣、紙幣又는銀行劵은僞造又는變造커나或은此의輸入을行하고又는此를行使한者를罰할지라도唯如是할뿐으로는社會公安을維持하기不足하니即其旣히行使되야社會에流布된바僞貨는此를防遏키難할지라故로特히本條를設하야此를罰할事로함이라然하나其刑은僅히其名價即其僞造貨、變造貨의金額의三倍以下의範圍內에在한罰金又는科料에不過하되但其罰金又는科料는假令一圓未滿에當할時라도一圓以下에降할事를不得하다規定함이라抑本條의罪는其此를受取함은全히情을知치못함에出한者인즉其後僞造又는變造된事를知하고此를使用하엿다하는此는不正한利를圖함이아니라自己가他人으로부터僞貨를受한損害를回復코져하는意思에出한者로人情의免치못할바라故로此를罰하되重한刑은科키難하니是其刑을輕히한所以라然이나此罰金規定이有할時는其損害는回復되는事ㅣ無하고更히數倍의損害를受할진즉人人은一次偶得하야도此를行使치아니함에至할지오從하야發見을容易히하야其流通하는僞造、變造貨幣의數를減하야一般의信用을維持함에至할지니라

第百五十三條 貨幣、紙幣又는銀行劵의僞造又는變造의用에供할目的으로써器械又는原料를準備한者는三月以上五年以下의懲役에處함

本條ᄂᆞᆫ僞造罪又ᄂᆞᆫ變造罪의豫備行爲를罰ᄒᆞᄂᆞᆫ規定이니例如紙幣用의紙又ᄂᆞᆫ貨用의金銀銅等이나又ᄂᆞᆫ此等用의器機等을購入ᄒᆞᄂᆞᆫ者ᄂᆞᆫ本條의罪를成ᄒᆞᆷ이라抑豫備의行爲ᄂᆞᆫ法律은此를罰치아니ᄒᆞᆷ이原則이로되本條에셔特히此를罰ᄒᆞᆫ事로ᄒᆞᆷ은一般經濟社會의信用을維持ᄒᆞ고一國經濟的發展을望ᄒᆞ기爲ᄒᆞᆷ에ᄂᆞᆫ其豫備도此를防ᄒᆞᆷ이必要ᄒᆞᆫ所以라

第十七章　文書僞造의罪

本章은文書僞造의罪라題ᄒᆞ고文書의僞造又ᄂᆞᆫ變造、虛僞文書의作成、圖書의僞造又ᄂᆞᆫ變造에關ᄒᆞᆫ規定을網羅ᄒᆞᆷ이라僞造、變造라ᄒᆞᆷ은貨幣에就ᄒᆞ야述ᄒᆞᆷ과如히眞正ᄒᆞᆫ文書로誤認될者를全部新히作成ᄒᆞᆷ은僞造오眞正ᄒᆞᆫ文書를材料로ᄒᆞ고此에改竄을加ᄒᆞ야他의意義로見解될文書를作成ᄒᆞᆷ은變造니라、又文書라ᄒᆞᆷ은言語又ᄂᆞᆫ言語에代ᄒᆞᆫ符號(盲啞者의語符又ᄂᆞᆫ速記文字와如ᄒᆞᆫ者)로써某物品의上에多少永續的으로附着케ᄒᆞᆫ思想의說明이라、故로文書ᄂᆞᆫ其附着된物品의紙됨과織物됨과、板、石、標抹又ᄂᆞᆫ金屬됨을不問ᄒᆞᄂᆞᆫ바ㅣ니此ㅣ文書ᄂᆞᆫ口頭의意思表示와異ᄒᆞᆫ所以오又永續的이라云ᄒᆞᆷ은直히消滅ᄒᆞᄂᆞᆫ境遇의反對니例如水로石板의上에文字를書ᄒᆞ면字痕이卽時消滅ᄒᆞ되墨으로書ᄒᆞ면幾許間存續ᄒᆞᆷ과如ᄒᆞᆫ境遇를謂ᄒᆞᆷ이오又思想을表明ᄒᆞᄂᆞᆫ者아니면文書가아니니例如名刺와如ᄒᆞᆷ은何等의思想을說明ᄒᆞᆷ이아닌故로文書라云ᄒᆞᆯ事를不得ᄒᆞᆯ새오又或은「山高水長」이라書ᄒᆞᆫ額字와如ᄒᆞᆫ者ᄂᆞᆫ如何ᄒᆞᆫ山이高ᄒᆞ고如何ᄒᆞᆫ水가長ᄒᆞᆷ인事를示ᄒᆞ엿다云키難ᄒᆞᆷ으로써亦此를文書라ᄒᆞ지못ᄒᆞᆯ지라自來로名啣又ᄂᆞᆫ額等도他의狀況에合併ᄒᆞ야一定ᄒᆞᆫ事實을証明ᄒᆞᄂᆞᆫ事ㅣ有ᄒᆞᆯ지라도是其狀況과名啣이라云ᄒᆞᄂᆞᆫ物件이集合ᄒᆞ야某事實의判斷에供用될ᄲᅮᆫ이오文書로ᄒᆞ야ᄂᆞᆫ何等思想을說明ᄒᆞᄂᆞᆫ者ㅣ아니오又何等의證據力을有ᄒᆞᆫ者아님이라、然而文書ᄂᆞᆫ言語又ᄂᆞᆫ言語에代ᄒᆞᆫ符號로써表示된點에서繪畫에因ᄒᆞ야某意味를表示된者와異ᄒᆞᆫ事를知ᄒᆞᆯ지니圖書의僞造又ᄂᆞᆫ變造를罰ᄒᆞᄂᆞᆫ規定을文書僞造罪中에置ᄒᆞᆷ은唯便宜를爲ᄒᆞᆷ이오此로써直히圖書ᄂᆞᆫ文書와同ᄒᆞᆫ者ㅣ라誤解치말지라然이나一定ᄒᆞᆫ圖畫로써描寫ᄒᆞᆫ同時에其說明의文字가有ᄒᆞ

야某意義思想을表示ᄒᆞᆫ者될진ᄃᆡ亦文書라云치아니치못ᄒᆞᆯ지라要컨ᄃᆡ單純인圖書ᄒᆞᆫ지又ᄂᆞᆫ文書인지ᄂᆞᆫ個個의境遇에셔事實의判斷에因ᄒᆞ야區別될자니라

第百五十四條　行使ᄒᆞᆯ目的으로써御璽、國璽或은御名을使用ᄒᆞ야詔書其他의文書를僞造ᄒᆞ거나又ᄂᆞᆫ僞造ᄒᆞᆫ御璽、國璽或은御名을使用ᄒᆞ야詔書其他의文書를僞造ᄒᆞᆫ者ᄂᆞᆫ無期又ᄂᆞᆫ三年以上의懲役에處ᄒᆞᆷ

御璽、國璽를押捺ᄒᆞ거나又ᄂᆞᆫ御名을署ᄒᆞᆫ詔書其他의文書를變造ᄒᆞᆫ者亦同ᄒᆞᆷ

本條ᄂᆞᆫ行使ᄒᆞᆯ目的으로써第一眞正ᄒᆞᆫ御璽、國璽가押捺되며又ᄂᆞᆫ御名을署ᄒᆞ야잇ᄂᆞᆫ것을使用ᄒᆞ야詔書其他의文書를僞造ᄒᆞᆫ罪、第二僞造ᄒᆞᆫ御璽國璽를押捺ᄒᆞ야書詔書其他의文書를僞造ᄒᆞᆫ罪、第三御璽、國璽를押捺ᄒᆞ고又ᄂᆞᆫ御名을署ᄒᆞᆫ眞正ᄒᆞᆫ詔書其他의文書를變造ᄒᆞᆫ罪를罰ᄒᆞᄂᆞᆫ規定이라御璽라ᄒᆞᆷ은天皇陛下의御印이오國璽라ᄒᆞᆷ은日本帝國의印이오御名이라ᄒᆞᆷ은天皇陛下의御名字를云ᄒᆞᆷ이라

[第一項]凡詔書ᄂᆞᆫ勅宣의文書로僞造罪中最大至重ᄒᆞᆫ者ㅣ니其利害의係ᄒᆞᆫ바廣大無限ᄒᆞᆫ者ㅣ라然而此를僞造ᄒᆞᆫ者와如ᄒᆞᆷ은一般의文書를僞造ᄒᆞᆫ者보다公益을害ᄒᆞᄂᆞᆫ事ㅣ甚大ᄒᆞᆫ지라故로此를行使치아니ᄒᆞᆫ다ᄒᆞᆯ지라도其目的이行使에在ᄒᆞᆯ時ᄂᆞᆫ本章中最重刑으로此를罰ᄒᆞᄂᆞᆫ者이라

[第二項]本項은眞正ᄒᆞᆫ御璽、國璽를押捺커나又ᄂᆞᆫ御名을署ᄒᆞᆫ詔書其他의文書에 變造를加ᄒᆞᆫ者를罰ᄒᆞᄂᆞᆫ規定이라

第百五十五條　行使ᄒᆞᆯ目的으로써公務所又ᄂᆞᆫ公務員의印章或은署名을使用ᄒᆞ야公務所又ᄂᆞᆫ公務員의作ᄒᆞᆯ文書或은圖畫를僞造ᄒᆞ거나、又ᄂᆞᆫ僞造ᄒᆞᆫ公務所又ᄂᆞᆫ

公務員의印章或은署名을使用ᄒᆞ야公務所又ᄂᆞᆫ公務員의作ᄒᆞᆯ文書或은圖畫를僞造ᄒᆞᆫ者ᄂᆞᆫ一年以上十年以下의懲役에處ᄒᆞᆷ

公務所又ᄂᆞᆫ公務員의捺印或은署名ᄒᆞᆫ文書或은圖畫를變造ᄒᆞᆫ者亦同ᄒᆞᆷ

前二項의外에公務所又ᄂᆞᆫ公務員의作ᄒᆞᆯ文書或은圖畫를僞造ᄒᆞ거나、又ᄂᆞᆫ公務所又ᄂᆞᆫ公務員의作ᄒᆞᆫ文書或은圖畫를變造ᄒᆞᆫ者ᄂᆞᆫ三年以下의徵役又ᄂᆞᆫ三百圓以下의罰金에處ᄒᆞᆷ

本條ᄂᆞᆫ公文書의僞造變造에關ᄒᆞᆫ規定이니公務所及公務員의定義ᄂᆞᆫ第七條를叅看ᄒᆞ라

[第一項]本項은行使ᄒᆞᆯ目的으로써公務所又公務員의職務上에用ᄒᆞᆯ印章又ᄂᆞᆫ其署名을不正히使用ᄒᆞ야公務所又ᄂᆞᆫ公務員의作ᄒᆞᆯ所謂公의文書圖畫를僞造ᄒᆞ거나、又ᄂᆞᆫ僞造로成ᄒᆞᆫ公務所又ᄂᆞᆫ公務員의職務用印章或은氏名을署ᄒᆞᆫ者를使用ᄒᆞ야公의文書、圖畫를僞造ᄒᆞᆫ者ᄂᆞᆫ本條에依ᄒᆞ야罰ᄒᆞᆷ이라凡公務所又ᄂᆞᆫ公務員의作ᄒᆞᆯ文書、圖畫라ᄒᆞᆷ은立法、司法、行政의區別이無ᄒᆞ고官廳、公廳又ᄂᆞᆫ官公吏其他總公務에從事ᄒᆞᄂᆞᆫ職員이職務上作成ᄒᆞᆯ文書、圖畫니內閣、各省으로道府郡面市町村役場에至ᄒᆞ기ᄭᆞ지皆官廳、公廳이오其職員은皆公務員이此等이作ᄒᆞᆯ法令、照會、通牒、指令、許狀、證明等이是라

[第二項]本項은公務所又ᄂᆞᆫ公務員의捺印又ᄂᆞᆫ署名ᄒᆞᆫ文書或은圖畫를變造ᄒᆞᆫ者를罰ᄒᆞᄂᆞᆫ規定이라是亦僞造에在ᄒᆞᆷ과如히其信用을害ᄒᆞᆫ事ㅣ大ᄒᆞᆫ者인즉同一ᄒᆞᆫ刑을科ᄒᆞᆷ이라

[第三項]本項은本條第一項及第二項에規定ᄒᆞᆫ犯罪의外卽公務所又ᄂᆞᆫ公務員의印章을押捺치안코其僞印을用치안코又公務員의僞造署名을使用치아니ᄒᆞ고他方法으로公文書又ᄂᆞᆫ公圖畫의僞造、變造를行ᄒᆞᆫ者를罰ᄒᆞᄂᆞᆫ規定이라本項의罪ᄂᆞᆫ前二項의者보다稍輕ᄒᆞᆷ은公의印章又ᄂᆞᆫ署名의不正使用又ᄂᆞᆫ僞印使用等의行爲가無ᄒᆞᆫ故ㅣ라

今에某人이有ᄒᆞ야朝鮮總督府印及總督의署名捺章이有ᄒᆞᆫ用紙를竊ᄒᆞ야써鑛業許可狀及鑛區圖面을造成ᄒᆞ야此를他人에게質入ᄒᆞ고金錢을借用ᄒᆞ엿슬젼ᄃᆡ本條第一項의前段에該當ᄒᆞᆯ지오、又此境遇에官印署名이有ᄒᆞᆫ用紙를竊取치아니ᄒᆞ고自初로自己又ᄂᆞᆫ他人이僞造ᄒᆞᆫ官印署名等을使用ᄒᆞ야써右와如ᄒᆞᆫ行爲를行ᄒᆞᆫ時도亦本條第一項後段에該當ᄒᆞ야共히一年以上十年以下의懲役에處ᄒᆞᆯ지오、又此等官印署名을使用ᄒᆞ야鐵鑛許可狀을金鑛許可狀으로變造ᄒᆞ거나甲地의鑛區圖를乙地의圖로變造ᄒᆞᄂᆞᆫ時ᄂᆞᆫ本條第二項에依ᄒᆞ야亦一年以上十年以下의懲役에處ᄒᆞᆯ지오、又前記ᄒᆞᆷ과如ᄒᆞᆫ官公의印章及官公吏의署名筆蹟等을僞造使用ᄒᆞᄂᆞᆫ事ㅣ無ᄒᆞ고라도何方法으로던지或判決謄本을僞造ᄒᆞ거나土地家屋證明等의間數及坪數其他文句를糊塗改竄ᄒᆞᆫ時ᄂᆞᆫ本條第三項에該當ᄒᆞᆷ으로罪狀의輕重에因ᄒᆞ야三年以下의懲役又ᄂᆞᆫ三百圜以下에罰金에處ᄒᆞᆯ지니라

第百五十六條　公務員이其職務에關ᄒᆞ야行使ᄒᆞᆯ目的으로써 虛僞ᄒᆞᆫ文書或은圖畫를作ᄒᆞ거나又ᄂᆞᆫ文書或은圖畫를變造ᄒᆞᆫ時ᄂᆞᆫ印章、署名의有無를區別ᄒᆞ야前二條의例에依ᄒᆞᆷ

本條ᄂᆞᆫ公務員이其職使에關ᄒᆞ야行使ᄒᆞᆯ目的으로써文書、圖書를作成ᄒᆞᆷ은其形式에在ᄒᆞ야ᄂᆞᆫ官公吏가職務上自己名으로써作成ᄒᆞᄂᆞᆫ者임으로必其實質內容의虛僞不正ᄒᆞᆫ事ㅣ有ᄒᆞᆫ境遇에此를罰ᄒᆞᄂᆞ니假令會計官吏가自己의取扱에屬ᄒᆞᆫ官의金品을私取ᄒᆞ고其證蹟을充코ᄌᆞᄒᆞ야自己名으로써官의使用ᄒᆞᆫ證憑書類를作ᄒᆞ거나會計帳簿를幻弄記入ᄒᆞᆫ等이是라故로殊히本條를設ᄒᆞ야虛僞ᄒᆞᆫ文書圖書의作成及不正히文書를變造ᄒᆞᆫ罪라明示ᄒᆞ엿스며且僞造變造된官印署名等을使用ᄒᆞᆫ者ᄂᆞᆫ前條第二項에依ᄒᆞ고此等使用이無ᄒᆞᆫ者ᄂᆞᆫ前條第三項에依ᄒᆞ야處罰될지니라

第百五十七條　公務員에對ᄒᆞ야虛僞ᄒᆞᆫ申提를行ᄒᆞ야權利義務에關ᄒᆞᆫ公正證書

의原本에不實ᄒᆞᆫ記載를行케ᄒᆞᆫ者ᄂᆞᆫ二年以下의懲役又ᄂᆞᆫ百圓以下의罰金에處ᄒᆞᆷ

公務員에對ᄒᆞ야虛僞ᄒᆞᆫ申提를行ᄒᆞ야免狀、鑑札又ᄂᆞᆫ旅券에不實ᄒᆞᆫ記載를行케ᄒᆞᆫ者ᄂᆞᆫ六月以下의懲役又ᄂᆞᆫ五十圓以下의罰金에處ᄒᆞᆷ

前二項의未遂罪ᄂᆞᆫ所를罰ᄒᆞᆷ

本條ᄂᆞᆫ公務員에對ᄒᆞ야虛僞ᄒᆞᆫ陳述을行ᄒᆞ야權利、義務에關ᄒᆞᄂᆞᆫ公正證書의原本、免狀、鑑札、旅券에不實ᄒᆞᆫ記載를行케ᄒᆞᆫ者를罰ᄒᆞᄂᆞᆫ規定이라

第一項公務員에對ᄒᆞ야虛僞ᄒᆞᆫ陳述을行ᄒᆞ야權利、義務에關ᄒᆞᄂᆞᆫ公正証書의原本에事實과違ᄒᆞ고又ᄂᆞᆫ事實이無ᄒᆞᆫ事를記載케ᄒᆞᆫ者ᄂᆞᆫ假令스ᄉᆞ로僞造文書를作成ᄒᆞᆷ이아니라도他人으로ᄒᆞ야곰眞成으로信ᄒᆞᆫ虛僞ᄒᆞᆫ文書를作成케ᄒᆞᆫ者인즉本項에依ᄒᆞ야此를罰ᄒᆞᆫ若로ᄒᆞᆷ이라故로비록公務員에對ᄒᆞ야虛僞ᄒᆞᆫ陳述을行ᄒᆞ엿스나公務員은此를信聽치아니ᄒᆞ고此에依據ᄒᆞ야文書를作成치아니ᄒᆞ엿스면本條의罪를構成치아니ᄒᆞᄂᆞ니라

第二項本項은前項보다稍輕ᄒᆞᆫ犯罪라免狀이라ᄒᆞᆷ은醫術開業免狀、漁業免許狀과如ᄒᆞᆫ類를云ᄒᆞᆷ이오鑑札이라ᄒᆞᆷ은船舶車輪의鑑札、檢查証其他官公署로부러下附ᄒᆞᄂᆞᆫ一般의鑑札을云ᄒᆞᆷ이오旅券이라ᄒᆞᆷ은海外旅行에對ᄒᆞ야官公署로부러下附ᄒᆞᄂᆞᆫ旅行券을云ᄒᆞᆷ이라

第三項本條의未遂罪를罰ᄒᆞᄂᆞᆫ規定이나其理由ᄂᆞᆫ曩에數次說明ᄒᆞᆫ바有ᄒᆞᆷ으로推此可知ᄒᆞᆯ지니라

第百五十八條　前四條에記載ᄒᆞᆫ文書又ᄂᆞᆫ圖畵를行使ᄒᆞᆫ者ᄂᆞᆫ文書又ᄂᆞᆫ圖畵를僞造或은變造ᄒᆞ거나又ᄂᆞᆫ虛僞의文書或은圖畵를作ᄒᆞ고又ᄂᆞᆫ不實ᄒᆞᆫ記載를行케ᄒᆞᆫ者와同一ᄒᆞᆫ刑에處ᄒᆞᆷ

前項의未遂罪는此를罰홈

本條는僞造又는變造혼文書、圖書를行使혼者를罰ᄒᆞ는規定이라

第一項 第百五十四條乃至第百五十七條에記載혼文書又는圖書를行使혼者는其行使혼文書又는圖書를僞造或은變造커나又는虛僞혼文書或은圖書를作ᄒᆞ고又는不實혼記載를行케혼者와同一혼刑에處ᄒᆞ는者이니此等者는縱令自己가僞造、變造及虛僞陳述等을不行ᄒᆞ엿슬지라도其此를行使홈은罪狀이前者와無異혼所以라

第二項 本條의未遂即行使未遂罪도亦前條와同히此를罰ᄒᆞᄂᆞ니라

第百五十九條　行使홀目的으로써他人의印章或은署名을使用ᄒᆞ야權利、義務又는事實証明에關ᄒᆞ는文書或은圖書를僞造ᄒᆞ거나又는僞造혼他人의印章或은署名을使用ᄒᆞ야權利、義務又는事實証明에關ᄒᆞ는文書或은圖書를僞造혼者는三月以上五年以下의懲役에處홈

他人의印章을押捺ᄒᆞ거나或은他人의署名혼權利、義務又는事實証明에關ᄒᆞ는文書或은圖書를變造혼者亦同홈

前二項의外에權利、義務又는事實証明에關ᄒᆞ는文書或은圖書를僞造又는變造혼者는一年以下의懲役又는百圓以下의罰金에處홈

本條는所謂私文書의僞造又는變造에關혼規定이라(上述第百五十五條註恭看)

第一項 行使홀目的으로써眞正혼他人의印章署名혼者를不正히使用ᄒᆞ야權利、義務又는事實證明에關혼文書或은圖書를僞造ᄒᆞ거나又는僞造혼他人의印章或은署名을使用ᄒᆞ야權利、義務又는事實證明

에關ᄒᆞᄂᆞᆫ文書或은圖書를僞造ᄒᆞᆫ者ᄂᆞᆫ本項에依ᄒᆞ야此를罰ᄒᆞᆯ시니權利、義務에關ᄒᆞᄂᆞᆫ文書、圖書라ᄒᆞᆷ은例如賣買、貸借、贈與、交換等에關ᄒᆞᆫ證書或은圖書의類오事實證明書라ᄒᆞᆷ은領收證、入場券、船車의切符、担保書其他諸事實을證明ᄒᆞᆫ文書等을云ᄒᆞᆷ이라

第二項 他人의印章을押捺커나或은他人의署名ᄒᆞᆫ權利、義務又ᄂᆞᆫ事實의證明에關ᄒᆞᄂᆞᆫ文書又ᄂᆞᆫ圖書를變造ᄒᆞᆫ者ᄂᆞᆫ前項과同ᄒᆞᆫ罰에處ᄒᆞᆯ지니例如金百圓을貸給ᄒᆞ고其債用証書를金三百圓이라改竄ᄒᆞᆷ과如ᄒᆞᆫ者即是오又金員領收書란者ᄂᆞᆫ金員의授受事實을證明ᄒᆞᆫ者어ᄂᆞᆯ百圓의領收證을二百圓으로改造ᄒᆞᄂᆞᆫ等은皆變造의罪라

第三項 他人의眞正ᄒᆞᆫ印章、署名又ᄂᆞᆫ僞造ᄒᆞᆫ他人의印章、署名을使用치아니ᄒᆞ고如何ᄒᆞᆫ手段方法으로ᄒᆞ든지凡私文書圖書를僞造ᄒᆞ거나變更ᄒᆞᆫ者ᄂᆞᆫ本項의罰을不免ᄒᆞᆯ지니라

第百六十條 醫師가公務所에提出ᄒᆞᆯ診斷書、檢案書又ᄂᆞᆫ死亡證書에虛僞의記載를行ᄒᆞᆫ時ᄂᆞᆫ三年以下의禁錮又ᄂᆞᆫ五百圓以下의罰金에處ᄒᆞᆷ

本條ᄂᆞᆫ醫師가公務所에提出ᄒᆞᆯ書類에虛僞ᄒᆞᆫ事實를記載ᄒᆞᆫ者를罰ᄒᆞᄂᆞᆫ規定이니診斷書라ᄒᆞᆷ은人의疾病을診察ᄒᆞ고其病狀을認証ᄒᆞᆫ書類를云ᄒᆞᆷ이요檢案書라ᄒᆞᆷ은死體를檢査ᄒᆞᆫ顚末書의類를云ᄒᆞᆷ이오死亡証書라ᄒᆞᆷ은死亡ᄒᆞᆫ事實証明書를云ᄒᆞᆷ이라凡是等의証明書에虛僞ᄒᆞᆫ事를記載ᄒᆞ야此를公用에供케ᄒᆞᄂᆞᆫ事ᄂᆞᆫ社會의公安과個人의生命을害ᄒᆞᄂᆞᆫ事ㅣ大ᄒᆞᆷ오로써嚴重히此를罰ᄒᆞᆯ事로ᄒᆞᆷ이라

第百六十一條 前二條에記載ᄒᆞᆫ文書又ᄂᆞᆫ圖書를使行ᄒᆞᆫ者ᄂᆞᆫ其文書又ᄂᆞᆫ圖書를僞造或은變造ᄒᆞ거나又ᄂᆞᆫ虛僞의記載를行ᄒᆞᆫ者와同一ᄒᆞᆫ刑에處ᄒᆞᆷ

前項의未遂罪ᄂᆞᆫ此를罰ᄒᆞᆷ

第一項 第百五十九條及第百六十條에記載ᄒᆞᆫ文書又ᄂᆞᆫ圖書를行使ᄒᆞᆫ者ᄂᆞᆫ其行使ᄒᆞᆫ文書又ᄂᆞᆫ圖書를僞

造或은變造커나又ᄂᆞᆫ虛僞ᄒᆞᆫ記載ᄅᆞᆯ行케ᄒᆞᆫ者와同一ᄒᆞᆫ刑에處ᄒᆞᄂᆞ니此ㅣ行使ᄂᆞᆫ其僞造와其罪惡이無異ᄒᆞᆫ所以라

第二項 私文書의僞造變造에關ᄒᆞᄂᆞᆫ未遂罪ᄂᆞᆫ此ᄅᆞᆯ罰치아니ᄒᆞ되右等行使罪의未遂罪ᄂᆞᆫ此ᄅᆞᆯ罰ᄒᆞᄂᆞ니前記僞造及虛僞記載等은未遂間에ᄂᆞᆫ아주何等無害ᄒᆞ되及其行使에ᄂᆞᆫ危害가直接되ᄂᆞᆫ所以라

第十八章 有價証券僞造의罪

本章은有價証券을僞造ᄒᆞᆫ者의罪ᄅᆞᆯ規定ᄒᆞᆷ이라有價証券이라ᄒᆞᆷ은公債證書、國庫債券、會社의株券其他手形類와如ᄒᆞᆫ等凡其權利行使ᄅᆞᆯ기爲ᄒᆞ야ᄂᆞᆫ必其証券의占有ᄅᆞᆯ必要로ᄒᆞᄂᆞᆫ有價物을云ᄒᆞᆷ이니抑有價証券僞造ᄂᆞᆫ一般經濟界에不安의念을懷케ᄒᆞ고金錢去來의流通을害ᄒᆞᄂᆞᆫ事ㅣ鮮少치아니ᄒᆞᆯ지라然而此等流通証券은普通의文書와相異ᄒᆞ야直接으로金錢財産上에在ᄒᆞᆫ利益을目的으로ᄒᆞᄂᆞᆫ者임으로殊히本章을設ᄒᆞ야他人의私文書의僞造罪와區別ᄒᆞᄂᆞ니라

第百六十二條 行使ᄒᆞᆯ目的으로써公債證書、官府의證券、會社의株券其他의有價證券을僞造、變造ᄒᆞᆫ者ᄂᆞᆫ三月以上十年以下의懲役에處ᄒᆞᆷ

行使ᄒᆞᆯ目的으로써有價證券에虛僞의記入을行ᄒᆞᆫ者亦同ᄒᆞᆷ

本條ᄂᆞᆫ有價証券의僞造、變造又ᄂᆞᆫ虛僞ᄒᆞᆫ記載ᄅᆞᆯ行ᄒᆞᆫ者로써其目的이行使에出ᄒᆞᆫ者ᄅᆞᆯ罰ᄒᆞᄂᆞᆫ規定이라

第一項 本條文中「其他의有價証券」이라ᄒᆞᆷ은爲替證書、爲替手形、約束手形、小切手等과如ᄒᆞᆫ者ᄅᆞᆯ云ᄒᆞᆷ이라、僞造變造의意義ᄂᆞᆫ前數條의註에詳述ᄒᆞᄂᆞ니라

第二項 行使ᄒᆞᆯ目的으로써公債証書、會社의株券其他의有價証券에虛僞ᄒᆞᆫ記入을行ᄒᆞᆷ은經濟界의信用을害ᄒᆞᄂᆞᆫ事ㅣ決코其僞造、變造에劣ᄒᆞᆯ바ㅣ無ᄒᆞᆫ故로前項과同一ᄒᆞᆫ刑을科ᄒᆞᆷ이라然而虛僞의記入이라ᄒᆞᆷ은假令自己가受取人되지아니ᄒᆞᆫ爲替証券을自己가署名捺印ᄒᆞ야他人에게受取ᄅᆞᆯ委任ᄒᆞ거나手形에

振出地、支拂地等을虛無호것으로記入ᄒ거나其他諸虛僞ᄒᆫ方法으로아죠偽造、變造에ᄂᆫ不至ᄒᆫ事를云ᄒᆷ이라

第百六十三條　僞造、變造의有價證券又ᄂᆫ虛僞의記入을行ᄒᆫ有價證券을行使ᄒ고又ᄂᆫ行使의目的으로써此를人의게交付ᄒ거나或은輸入ᄒᆫ者ᄂᆫ三月以上十年以下의懲役에處ᄒᆷ

前項의未遂罪ᄂᆫ此를罰ᄒᆷ

本條ᄂᆫ有價證券의僞造、變造或은虛僞ᄒᆫ記入을行ᄒᆫ者를行使커나又ᄂᆫ是等의物을輸入ᄒᆫ者及以上의未遂罪를罰ᄒᄂᆫ規定이라

第一項　有價證券을僞造又ᄂᆫ變造커나或은此에虛僞ᄒᆫ記入을行ᄒᆫ者ᄂᆫ姑히此를行使치아니ᄒᆯ지라도行使ᄒᆯ目的이有ᄒᆫ者ᄂᆫ前條에從ᄒ야三月以上十年以下의懲役에處ᄒᆯ지오其此를行使ᄒᆫ時ᄂᆫ又同一ᄒᆫ刑에處되ᄂᆫ故로同一人이僞造、變造或은虛僞ᄒᆫ記入을行使ᄒ고仍히此를行使ᄒᆫ時ᄂᆫ前條와併合罪를構成ᄒᆯ지로되然而自己의僞造、變造又ᄂᆫ虛僞ᄒᆫ記入을行ᄒᆷ이아닌者를單히行使만ᄒᆫ時卽他人에賣渡讓與、質入ᄒ거나輸入ᄒᆫ者ᄂᆫ本條의制裁를受ᄒᆯ지라

第二項　本條의未遂罪卽行使、交付、輸入等行爲의未遂ᄂᆫ此를罰ᄒᆯ事를規定ᄒᆷ이라

第十九章　印章僞造의罪

本章은印章僞造의罪라題ᄒ고印章의僞造、眞正印ᄒᆫ章의不正使用、又僞造의印章을使用ᄒ나아죠文書를僞造치아니ᄒᆫ境遇에適用ᄒᆯ規定을網羅ᄒᆷ이니此ㅣ前述公文書僞造罪와區別됨이라

第百六十四條　行使의目的으로써御璽、國璽又ᄂᆫ御名을僞造ᄒᆫ者ᄂᆫ二年以上의

有期懲役에處홈

御璽、國璽又는御名을不正히使用ᄒᆞ거나又는僞造ᄒᆞᆫ御璽、國璽又는御名을使用ᄒᆞᆫ者亦同홈

本條는行使ᄒᆞᆯ目的으로써御璽、國璽、御名의僞造及不正使用에就ᄒᆞ야此를罰ᄒᆞ는規定이라

第一項 行使ᄒᆞᆯ目的으로써御璽、國璽又는御名을僞造ᄒᆞᆫ者는二年以上의有期懲役에處ᄒᆞ나니卽是等은軍國重要ᄒᆞᆫ事에使用ᄒᆞᆫ者로써其僞造는信用에關ᄒᆞ는危害가特大ᄒᆞᆫ者니因ᄒᆞ야其罪를重히ᄒᆞ니라故로假令此를姑히行使치아니ᄒᆞᆯ지라도其實害와危險을豫防ᄒᆞ는必要로부터苟其目的의行使에在ᄒᆞᆫ者는皆本項에依ᄒᆞ야此를罰ᄒᆞᆯ者로홈이라

第二項 眞正ᄒᆞᆫ御璽、國璽或은御名이라도此를不正ᄒᆞᆫ方法으로使用커나又는僞造ᄒᆞᆫ御璽、國璽或은御名을使用ᄒᆞᆫ者는前項과同一ᄒᆞᆫ刑에處ᄒᆞᆯ者로홈이라本項文中에「不正使用」이라홈은職務가有ᄒᆞᆫ者가職權以外에使用커나又는職權이無ᄒᆞᆫ者가此를盜用홈을意味홈이니라

第百六十五條 行使의目的으로써公務所又는公務員의印章或은署名을僞造ᄒᆞᆫ者는三月以上五年以下의懲役에處홈

公務所又는公務員의印章或은署名을不正히使用ᄒᆞ거나又는僞造ᄒᆞᆫ公務所又는公務員의印章或은署名을使用ᄒᆞᆫ者亦同홈

本條는行使ᄒᆞᆯ目的으로써公務所又는公務員의印章或은署名의僞造、公務所又는公務員의印章、署名의不正使用又는僞造物을使用ᄒᆞᆫ者를罰ᄒᆞ는規定이라

本條에所謂印章이라홈은印顆가아니오印影의意味로信ᄒᆞ노니第一、本條의設ᄒᆞᆫ所以는前條의說明에도述홈과如히人의信用에關ᄒᆞ는實害又는其實害發生의危險을豫防ᄒᆞ는精神에出ᄒᆞᆫ者니其實害又는實

害發生의危險이有혼境遇는印顆의製造가아니오其影蹟卽押捺혼字畫의現出된時인所以오第二、人이若印顆卽木石金屬의材를製造ᄒᆞ는事ㅣ無ᄒᆞ고筆又는其他의器具를用ᄒᆞ야印의影蹟만書類其他의物에現出케ᄒᆞ엿스면亦是本條에依ᄒᆞ야論斷홀事는何人도異論이無홀바인所以라盖右解釋은理論上頗히重要혼者ㅣ니卽本條犯罪의成立與否가影蹟의現出에在ᄒᆞ다홀時는本條犯罪行爲에着手혼與否는印顆의製造에着手홈과否혼點에因ᄒᆞ야決홀者ㅣ아니라影蹟의現出에着手홈과否혼點에因ᄒᆞ야決치아니치못홀지오從ᄒᆞ야印顆의製造만成ᄒᆞ엿스나姑히着手未遂犯이되지안코豫備行爲에止홀지며又印顆을用ᄒᆞ는事ㅣ無ᄒᆞ고筆又는其他의器具에依ᄒᆞ야影蹟을現出코져ᄒᆞ는中途에他에妨碍되야成치아니혼境遇는卽着手未遂혼行爲를構成홀지라故로以下印章의意義는前述과如히印의影蹟現出로解홀지라但前條에서御璽・國璽라稱ᄒᆞ는者는印顆其物도包含홈이니라

第一項現에行使치아니홀지라도此를行使홀目的으로써官署、公署又는官吏、公吏의職務上使用홀印章或은其署名(職氏名을記혼彫刻物을含홈)을僞造혼者는三月以上五年以下의懲役에處ᄒᆞ나니라

第二項官署、公署又는官吏、公吏의印章或은署名을不正히使用커나又는僞造혼官公署又는官公吏의印章或은署名을使用혼者도亦前項과同히此를罰홈이可ᄒᆞ다規定혼者ㅣ라

第百六十六條　行使의目的으로써公務所의記號를僞造혼者는三年以下의懲役에處홈

公務所의記號를不正히使用ᄒᆞ거나又는僞造혼公務所의記號를使用혼者亦同홈

本條는公務所의記號의僞造、眞正혼記號의不正使用又는僞造혼記號使用者를罰ᄒᆞ는規定이라

第一項行使홀目的으로써官署、公署의記號例如生產物、商品等의品質을證明ᄒᆞ기爲ᄒᆞ야附着혼符號又는公務署가伐木拂下의標示를爲홈에用ᄒᆞ는符號等을僞造혼者는本項에依ᄒᆞ야罰ᄒᆞ는者ㅣ라官有의物產、商品에押用ᄒᆞ는記號는尙矣어니와民有의物產、商品으로官署、公署의檢査其他의記號를附혼者

라도此檢證、符號를僞造ᄒᆞᆫ者ᄂᆞᆫ亦本項에依ᄒᆞᄂᆞ니라然而其目的에行使ᄒᆞ라홈에出홈을要ᄒᆞᄂᆞ니라

第二項 眞正ᄒᆞᆫ官署、公署의記號를盜用ᄒᆞ거나又ᄂᆞᆫ他人이僞造ᄒᆞᆫ官署의記號를使用ᄒᆞᆫ者ᄂᆞᆫ是亦前項과同히三年以下의懲役에處ᄒᆞᄂᆞ니라

第百六十七條　行使의目的으로써他人의印章或은署名을僞造ᄒᆞᆫ者ᄂᆞᆫ三年以下의懲役에處홈

他人의印章或은署名을不正히使用ᄒᆞ거나又ᄂᆞᆫ僞造ᄒᆞᆫ印章或은署名을使用ᄒᆞᆫ者亦同홈

本條ᄂᆞᆫ所謂私印僞造、盜用에關ᄒᆞᆫ規定이라

第一項 行使ᄒᆞᆯ目的으로他人의印章或은署名을僞造ᄒᆞᆫ者ᄂᆞᆫ本項에 依ᄒᆞ야罰ᄒᆞᄂᆞ니 此에印章이라홈은私人姓名圖章만指稱홈이아니라 認印(姓或字號圖章)又ᄂᆞᆫ仕切判(割印、符印)等과如히苟히他人의日常權利義務에關ᄒᆞ야此를証明ᄒᆞ기爲ᄒᆞ야使用ᄒᆞᄂᆞᆫ總印章을云홈이오彼書畵에押用ᄒᆞᄂᆞᆫ落款華印(詩句又ᄂᆞᆫ物形을刻ᄒᆞᆫ者)와如홈은元來本條의制裁를受ᄒᆞᄂᆞᆫ者ㅣ아니오、又署名이라홈은姓名을書ᄒᆞᄂᆞᆫ筆蹟을云홈이라抑吾人의印章又ᄂᆞᆫ署名으로權利義務의發生又ᄂᆞᆫ消滅을証ᄒᆞᆫ者와如홈은其關係가頗重ᄒᆞᆫ지라故로假令此를行使치아니ᄒᆞᆯ지라도其目的이行使ᄒᆞ기爲ᄒᆞ야此를僞造ᄒᆞᆫ者ᄂᆞᆫ機를見ᄒᆞ야早晩에此를行使코져ᄒᆞᄂᆞᆫ惡意가有ᄒᆞᆫ者인즉所謂實害를生ᄒᆞᆯ危險이有ᄒᆞᆫ者ㅣ니是ㅣ今姑行使치아니ᄒᆞ여도其目的이行使에在ᄒᆞ야印章을刻成ᄒᆞ며其人의筆蹟을模倣ᄒᆞ야署名을僞造ᄒᆞᆫ時ᄂᆞᆫ本項의罪가成立ᄒᆞᆫ者라ᄒᆞᄂᆞᆫ所以라

第二項 本項은他人의眞正ᄒᆞᆫ印章又ᄂᆞᆫ署名이라도此를不正ᄒᆞᆫ方法으로使用커나又ᄂᆞᆫ僞造ᄒᆞᆫ印章或은署名을使用ᄒᆞᆫ者ᄂᆞᆫ前項과同一ᄒᆞᆫ刑에處ᄒᆞᄂᆞᆫ規定이라

假令甲者ㅣ乙者의印章을僞造ᄒᆞ야金錢借用證書를作成捺用ᄒᆞᆯ目的으로彫刻匠丙에게托ᄒᆞ야乙의印章을刻造ᄒᆞ얏다가事ㅣ發覺될가恐ᄒᆞ야仍히使用치아니ᄒᆞ엿더니其後丁이此를得ᄒᆞ야乙의名義로公私文書에捺用ᄒᆞᆫ事ㅣ有ᄒᆞ다ᄒᆞᆯ진ᄃᆡ此境遇에甲은其僞造ᄒᆞᆫ所以로本條一項에該當ᄒᆞᆯ지오丙은單히人의委托을受ᄒᆞ야無意味로刻造만ᄒᆞᆫ者임으로本條의罪를不成ᄒᆞᆯ지로ᄃᆡ當初에甲의僞造意思를知ᄒᆞ엿슬진ᄃᆡ丙은甲의從犯으로論ᄒᆞᆯ지오、丁은此를使用ᄒᆞᆫ所以로本條第二項에該當ᄒᆞᆫ刑으로論罪될지며、又甲이自己의貯金을受取ᄒᆞ기爲ᄒᆞ야其印章을乙에게委與ᄒᆞᆫ時에乙이其印章으로써貯金受取以外에諸証書를作成捺用ᄒᆞ거나、乙이甲의捺章ᄒᆞ야置ᄒᆞᆫ空紙나又ᄂᆞᆫ署名ᄒᆞ야置ᄒᆞᆫ空紙等을竊取ᄒᆞ야諸証書를作成ᄒᆞ며或은甲의印章을盜ᄒᆞ야諸証書에捺用ᄒᆞ엿슬진ᄃᆡ此境遇에印章、署名은甲者의眞件됨이明白ᄒᆞ고僞造ᄒᆞᆫ者ㅣ아니로ᄃᆡ乙은此를不正히使用ᄒᆞᆫ者임으로亦本條第二項前段에該當ᄒᆞᆫ刑으로論罪될지니라

然而玆에一疑問이有ᄒᆞ니現在치아니ᄒᆞᆫ像想上의人의署名印章을僞造使用ᄒᆞᆫ境遇에도亦本條의罪로論ᄒᆞᆯ與否가是라更히事例를擧ᄒᆞᆫ진ᄃᆡ某人이約束手形의信用을增加ᄒᆞ기爲ᄒᆞ야實際로現在치아니ᄒᆞᆫ虛名之人으로背書ᄒᆞ고仍ᄒᆞ야其姓名에相當ᄒᆞᆫ印章을造ᄒᆞ야押印使用ᄒᆞᆫ境遇와如ᄒᆞᆷ을云ᄒᆞᆷ이라或曰本條에ᄂᆞᆫ明히「他人의印章或은署名을僞造」云云이라ᄒᆞ엿슨즉此를見ᄒᆞᆯ時ᄂᆞᆫ實在ᄒᆞᆫᄂᆞᆫ他人을指ᄒᆞᆫ者오假想上의人과如ᄒᆞᆷ은此語中에包含치아니ᄒᆞ다ᄒᆞ나니余의見解로ᄂᆞᆫ法文에所謂他人이라ᄒᆞᆷ은自己가아인人으로解ᄒᆞᆯ事를得ᄒᆞᆯ지오法律은唯自己以外의者라ᄒᆞᄂᆞᆫ意思를表示키爲ᄒᆞ야此語를用ᄒᆞᆫ者ㅣ라、故로實在ᄒᆞᆫ人은勿論이오假想上의人即虛名人이라도世人은實在ᄒᆞᆫ人으로信ᄒᆞ고此에因ᄒᆞ야諸關係를生ᄒᆞᆯ지니故로苟히人으로表示된以上은其人의實在與否를不問ᄒᆞ고此를罰ᄒᆞᆷ이可ᄒᆞᆯ지라前述과如히法律은實害의發生又ᄂᆞᆫ實害發生의危險을豫防ᄒᆞᄂᆞᆫ必要上으로亦此等을制裁치아니치못ᄒᆞᆯ所以라ᄒᆞ노라

第百六十八條　第百六十四條第二項、第百六十五條第二項、第百六十六條第二項及前條第二項의未遂罪ᄂᆞᆫ此를罰ᄒᆞᆷ

本條ᄂᆞᆫ第百六十四條乃至第百六十七條의各第二項에係ᄒᆞᆫ未遂罪ᄂᆞᆫ此를罰홈이可ᄒᆞᆫ規定이라、然而單히預備、署名、印章等의僞造未遂ᄂᆞᆫ實害發生의危險이少홈으로此를罰홀必要가無ᄒᆞ되是等僞造件의使用ᄒᆞᄂᆞᆫ所爲卽前記各條第二項에該當ᄒᆞᆫ者ᄂᆞᆫ直接으로危害를發生케ᄒᆞᄂᆞᆫ事ㅣ大홈으로雖未遂라도必此를罰ᄒᆞᄂᆞᆫ所以라

第二十章　僞証의罪

本章은僞證에關ᄒᆞᄂᆞᆫ罪의規定이라、凡僞證이라홈은司法裁判所에在홈과行政裁判所에在홈을勿論ᄒᆞ고證人으로召喚된者가其訊問된事件에對ᄒᆞ야虛僞ᄒᆞᆫ陳述을行홈을云홈이니抑證人으로訊問됨에當ᄒᆞ야ᄂᆞᆫ其聞見ᄒᆞᆫ바를不隱ᄒᆞ고事實의有ᄒᆞᆫ디로忠實히陳述홈이證人의義務어ᄂᆞᆯ此에反ᄒᆞ야其陳述이虛僞될時ᄂᆞᆫ裁判은此를因ᄒᆞ야誤決되야公益과私權을害ᄒᆞᄂᆞᆫ事ㅣ甚ᄒᆞᆫ者ㅣ라、例如刑事에在ᄒᆞ야ᄂᆞᆫ罪人은此를因ᄒᆞ야其刑을免ᄒᆞ고無辜ᄂᆞᆫ此를因ᄒᆞ야刑을受홈에至홀지오又民事、行政의訴訟에在ᄒᆞ야도是非善惡、邪正이一切相反되ᄂᆞᆫ結果를生ᄒᆞᄂᆞᆫ等其危害의及ᄒᆞᄂᆞᆫ바決코輕少치아니ᄒᆞ나니是ㅣ本章에依ᄒᆞ야此를罰ᄒᆞᄂᆞᆫ所以라

第百六十九條　法律에依ᄒᆞ야宣誓ᄒᆞᆫ証人이虛僞의陳述을行ᄒᆞᆫ時ᄂᆞᆫ三月以上十年以下의懲役에處홈

本條ᄂᆞᆫ證人된者의僞證所爲를罰홀事를明히ᄒᆞᆫ規定이라、凡僞證罪ᄂᆞᆫ證人으로宣誓를行ᄒᆞ고裁判所에서訊問됨에當ᄒᆞ야虛僞ᄒᆞᆫ陳述을行ᄒᆞᆫ行爲를云ᄒᆞᆫ者ㅣ니故로其罪를構成홈에ᄂᆞᆫ左의條件을具備홈을要ᄒᆞᄂᆞ니라

一、證人으로宣誓를行ᄒᆞᆫ者되ᄂᆞᆫ事（法廷에서虛僞供述을不爲ᄒᆞ고誠實히陳述ᄒᆞ기로誓言을行ᄒᆞᄂᆞᆫ節次를宣誓라云홈）

二、證言이眞實에違反ᄒᆞᄂᆞᆫ者된事

三、故히當事者에게利害를及케ᄒᆞ기爲ᄒᆞᄂᆞᆫ惡意가有ᄒᆞᆫ事

故로若其事實如何를不知ᄒᆞ고模糊히陳述ᄒᆞ거나何等의惡意가無ᄒᆞ고偶然히誤錯에因ᄒᆞ야陳述ᄒᆞᆫ等은本條의罪로論치못ᄒᆞᆯ지오又若證人될資格이無ᄒᆞ야法律上宣誓키不得ᄒᆞᆯ者ᄂᆞᆫ其陳述이虛僞되ᄂᆞᆫ境遇라도僞證罪ᄂᆞᆫ成立ᄒᆞᄂᆞᆫ者ㅣ아니라今에刑事訴訟法에依ᄒᆞᆫ즉證人됨을不得ᄒᆞᆯ者ㅣ凡如左ᄒᆞ니라

第百二十三條左에記載ᄒᆞᆫ者ᄂᆞᆫ證人이될事를不許홈(以下但書略之)

一、民事原告人

二、民事原告人及被告人의親族、但姻族에對ᄒᆞ야ᄂᆞᆫ婚姻의解除ᄒᆞᆫ時도亦同홈

三、民事原告人及被告人의後見人又ᄂᆞᆫ被後見人

四、民事原告人及被告人의雇人又ᄂᆞᆫ同居人

第百二十四條左에記載ᄒᆞᆫ者도前條에同홈

一、十六歲未滿의幼者

二、知覺精神의不充分ᄒᆞᆫ者

三、瘖啞者

四、公權을剝奪되거나又ᄂᆞᆫ公權을停止된者

五、重罪事件又ᄂᆞᆫ重禁錮의刑에當ᄒᆞᄂᆞᆫ輕罪事件에因ᄒᆞ야公判에付된者

六、現에供述을行ᄒᆞᆯ事件에對ᄒᆞ야曾히訴를受ᄒᆞ고其証憑不充分에因ᄒᆞ야免訴의言渡를受ᄒᆞᆫ者

以上列記ᄒᆞᆫ者ᄂᆞᆫ刑事裁判所에셔事實叅考人으로ᄂᆞᆫ其事實을供述케ᄒᆞᄂᆞᆫ事ㅣ或有ᄒᆞ나刑事의証人으로ᄒᆞ야宣誓를行케ᄒᆞᄂᆞᆫ事를不得ᄒᆞᄂᆞᆫ者이라從ᄒᆞ야此等者가虛僞ᄒᆞᆫ供述를行ᄒᆞ나僞証罪를搆成치아니ᄒᆞ나니라、然而虛僞ᄒᆞᆫ陳述이라홈은不實ᄒᆞᆫ陳述이라云ᄒᆞᄂᆞᆫ意味니故로全然虛無ᄒᆞᆫ事實를陳述ᄒᆞᆫ境遇ᄂᆞᆫ勿論이오眞正ᄒᆞᆫ事實의一部를默秘ᄒᆞ야陳述치아니ᄒᆞ고或은眞正ᄒᆞᆫ事實에不實ᄒᆞᆫ事實을附加ᄒᆞ야陳述

ᄒᆞᆫ境遇도亦皆包含ᄒᆞᄂᆞᆫ者니라

第百七十條 前條의罪를犯ᄒᆞᆫ者이證言ᄒᆞᆫ事件의裁判確定前又ᄂᆞᆫ懲戒處分前에自白ᄒᆞᆫ時ᄂᆞᆫ其刑을減輕又ᄂᆞᆫ免除ᄒᆞᆯ事를得ᄒᆞᆷ

本條ᄂᆞᆫ僞証罪를犯ᄒᆞ엿스나趂時自首ᄒᆞᆫ者ᄂᆞᆫ其刑을減輕又ᄂᆞᆫ免除ᄒᆞᆯ規定이라、抑僞証罪의規定을設ᄒᆞᆫ所以ᄂᆞᆫ裁判官의明을蔽ᄒᆞ야써誤決을行케ᄒᆞᄂᆞᆫ事를豫防코져ᄒᆞᄂᆞᆫ趣旨에出ᄒᆞᆷ이니故로假令一旦僞証罪를犯ᄒᆞ엿슬지라도其事件에關ᄒᆞᆫ民刑裁判이아죽確定前에ᄂᆞ又ᄂᆞᆫ行政裁判이아죽懲戒處分을下ᄒᆞ기前에其僞証을行ᄒᆞ엿던事를自白ᄒᆞᆯ時ᄂᆞᆫ其危害를未然前에防止ᄒᆞᆯ事를得ᄒᆞᆯ者인즉自白을勸誘ᄒᆞ기爲ᄒᆞ야本條를設ᄒᆞᆫ者ㅣ라又玆에懲戒處分前이라ᄒᆞᆷ은官吏、公吏其他公務에從事ᄒᆞᄂᆞᆫ職員으로行政裁判을受ᄒᆞᄂᆞᆫ境遇를云ᄒᆞᆷ이니卽此際에其僞証者가自白ᄒᆞᆫ時ᄂᆞᆫ輕減又ᄂᆞᆫ除免ᄒᆞᆫ다云ᄒᆞᄂᆞᆫ意라

第百七十一條 法律에依ᄒᆞ야宣誓ᄒᆞᆫ鑑定人又ᄂᆞᆫ通事가虛僞의鑑定又ᄂᆞᆫ通譯을行ᄒᆞᆫ時ᄂᆞᆫ前二條의例에同ᄒᆞᆷ

本條ᄂᆞᆫ宣誓ᄒᆞᆫ鑑定人이虛僞ᄒᆞᆫ鑑定通事된者가虛僞ᄒᆞᆫ通譯을行ᄒᆞᆫ者를罰ᄒᆞᄂᆞᆫ規定이라、凡鑑定人、通事ᄂᆞᆫ皆眞實을陳述ᄒᆞᆯ事를要ᄒᆞᄂᆞᆫ者인즉若故意로不實ᄒᆞᆫ陳述을行ᄒᆞᆫ時ᄂᆞᆫ其結果ᄂᆞᆫ証人이僞証을行ᄒᆞᆫ境遇와同히其危害所及이難測ᄒᆞᆫ지라故로仝히僞証罪와同論ᄒᆞ되其自白ᄒᆞᆫ境過에減免ᄒᆞᄂᆞᆫ事도亦證人의境遇와同ᄒᆞ나니라

第二十一章 誣告의罪

本章은誣告의罪卽無辜ᄒᆞᆫ者를告訴又ᄂᆞᆫ告發ᄒᆞᆫ者를罰ᄒᆞᄂᆞᆫ規定이라、抑誣告의罪를搆成ᄒᆞᆷ에ᄂᆞᆫ無辜ᄒᆞᆫ人으로刑罰을受케ᄒᆞ기爲ᄒᆞ야相當官吏에게告訴又ᄂᆞᆫ告發을行ᄒᆞ고且其告訴、告發에係ᄒᆞᆫ事實은不實ᄒᆞᆫ者된事를要ᄒᆞᆷ이라告訴、告發은此를受理ᄒᆞᄂᆞᆫ當該官吏에對ᄒᆞ야行ᄒᆞᆷ을要ᄒᆞᄂᆞᆫ者니其相當官吏라ᄒᆞᆷ

은檢事或은司法警察官(上見朝鮮刑事令第四條、第五條叅看)을云홈이니라

第百七十二條　人으로ᄒᆞ야곰刑事又는懲戒의處分을受케ᄒᆞᆯ目的으로써 虛僞의申告를爲ᄒᆞᆫ者는第百六十九條의例에同홈

本條는刑事又는懲戒의處分을受케ᄒᆞ기爲ᄒᆞ야虛僞ᄒᆞᆫ申告를行ᄒᆞ는者의罪라、本條의罪는不實ᄒᆞᆫ事를搆ᄒᆞ야告訴又는告發或은申告를爲홈에依ᄒᆞ야成立ᄒᆞ는者라然이나虛僞ᄒᆞᆫ申告가錯誤等에出ᄒᆞᆫ者될時는惡意가無ᄒᆞᆫ者라ᄒᆞ야法律은此를罰ᄒᆞᆯ事를不得홈이라然而其誣告原因의怨恨又는妬忌에出홈과將又貪慾에出홈을不問ᄒᆞ고苟히其不實되는事를知ᄒᆞ고此申告를行ᄒᆞᆫ時는惡意가無ᄒᆞ다云치못ᄒᆞ나니即本條에依ᄒᆞ야此를罰ᄒᆞᆯ事는當然ᄒᆞᆫ바ㅣ라、誣告의罪와僞證의罪와는其性質이全히特異ᄒᆞᆫ者이로ᄃᆡ人을陷害ᄒᆞ는點에在ᄒᆞᆫ情狀은毫도相異될바無ᄒᆞ니故로其刑도僞證罪의例에照ᄒᆞ야處斷ᄒᆞᆯ事로홈이라、此에懲戒處分이라홈은官公吏의罪過를搆揑ᄒᆞ야告訴、告發又는申告ᄒᆞ야其人으로懲戒處分을受케ᄒᆞ는境遇를云홈이라

第百七十三條　前條의罪를犯ᄒᆞᆫ者이申告ᄒᆞᆫ事件의裁判確定前又는 懲戒處分前自白ᄒᆞᆫ時는其刑을減輕又는免除ᄒᆞᆯ事를得홈

本條는誣告者가其誣告事件의裁判確定前又는懲戒處分前에自白ᄒᆞᆫ時는其刑을減輕又는免除ᄒᆞ는規定이라、本條意味는第百七十條의註解와相異홈이無ᄒᆞᆫ즉此에架說치아니ᄒᆞ노라

第二十二章　猥褻姦淫及重婚의罪

本章은男女가不當ᄒᆞᆫ色慾을逞ᄒᆞ야猥褻、姦淫又는重婚ᄒᆞ는者를罰ᄒᆞ는規定홈이라

第百七十四條　公然히猥褻의行爲를行ᄒᆞᆫ者는科料에處홈

本條는公然히猥褻ᄒᆞᆫ行爲를行ᄒᆞᆫ者를罰ᄒᆞ는規定이라、猥褻의行爲라홈은色情을喚起커나又는滿足케

ᄒᆞ기爲ᄒᆞ거나或은旣히喚起ᄒᆞᆫ色情을外部에表出ᄒᆞᄂᆞᆫ等淫亂ᄒᆞᆫ動作을行홈을云홈이라 然而本條에「公然」의二字ᄂᆞᆫ犯罪의成立上最必要ᄒᆞᆫ者ㅣ니公然홈이아니면罪되지 아니홈이라 即公然이라홈은世의何人이던지見聞될狀態에置홈을云홈이니例如稠人廣坐中과白晝大途中이是라凡是等의行爲ᄂᆞᆫ善良ᄒᆞᆫ風俗을害ᄒᆞ고惡習을馴致ᄒᆞ야社會風化上損害를與ᄒᆞᄂᆞᆫ事ㅣ不少ᄒᆞ나直接他人에危害를加홈이아닌故로其刑도僅히科料로定ᄒᆞᆫ者ㅣ니라

第百七十五條　猥褻의文書、圖畫其他의物을頒布或은販賣ᄒᆞ거나又ᄂᆞᆫ公然此를陳列ᄒᆞᆫ者ᄂᆞᆫ五百圓以下의罰金又ᄂᆞᆫ科料에處홈

販賣의目的으로써此를所持ᄒᆞᆫ者亦同홈

本條ᄂᆞᆫ猥褻ᄒᆞᆫ文書、圖畫等의頒布、陳列、販賣等을行ᄒᆞᆫ時의罪를規定ᄒᆞᆫ者ㅣ라、猥褻ᄒᆞᆫ文書圖畫라홈은淫事를記載ᄒᆞᆫ文字又ᄂᆞᆫ描寫ᄒᆞᆫ春花圖의類를云홈이니是等은私로此를所有홈은無妨ᄒᆞᆯ지라도公然히此를人目에觸케홈은社會의風紀를害ᄒᆞᄂᆞᆫ事ㅣ大ᄒᆞ고且惡習을助長케ᄒᆞᄂᆞᆫ基礎가되ᄂᆞᆫ者인즉此를頒布ᄒᆞ거나又ᄂᆞᆫ公然히陳列ᄒᆞ고或은販賣ᄒᆞ거나又ᄂᆞᆫ販賣ᄒᆞᆯ目的으로써此를所持ᄒᆞᆫ者ᄂᆞᆫ本條에依ᄒᆞ야此를罰홈이라、右其他의物이라홈은文書圖畫以外의諸猥褻物件例如男女裸體의模型等을云홈이라

第百七十六條　十三歲以上의男女에對ᄒᆞ야暴行又ᄂᆞᆫ脅迫으로써猥褻의行爲를行ᄒᆞᆫ者ᄂᆞᆫ六月以上七年以下의懲役에處홈十三歲에未滿ᄒᆞᆫ男女에對ᄒᆞ야猥褻의行爲를行ᄒᆞᆫ者亦同홈

本條ᄂᆞᆫ男女를無論ᄒᆞ고十三歲以上된者에對ᄒᆞ야暴行又ᄂᆞᆫ脅迫으로써猥褻의行爲를加ᄒᆞ거나又ᄂᆞᆫ幼年의男女에對ᄒᆞ야猥褻의行爲를行ᄒᆞᆫ者를罰ᄒᆞᄂᆞᆫ規定이라、此罪의成立上必要ᄒᆞᆫ者ᄂᆞᆫ暴行又ᄂᆞᆫ脅迫으로써홈에在홈이나然而又十三歲未滿의男女에對ᄒᆞ야ᄂᆞᆫ假令暴行脅迫의行爲로써아니ᄒᆞ엿슬지라도猥褻

의行爲를行ᄒᆞᆫ者는是亦本條前段에在ᄒᆞᆷ과同一ᄒᆞᆫ刑에處ᄒᆞᆯ者로ᄒᆞᆷ이라、玆에暴行이라ᄒᆞᆷ은腕力을加ᄒᆞ야身體를拘束ᄒᆞ야反抗을抑壓ᄒᆞᆫ境遇를云ᄒᆞᆷ이오脅迫이라ᄒᆞᆷ은危害될事를示ᄒᆞ야人으로恐怖心을生케ᄒᆞ야意思自由를失ᄒᆞᆷ에至케ᄒᆞᆫ境遇를云ᄒᆞᆷ이라(第三十二章叅看)

第百七十七條　暴行又는脅迫으로써十三歲以上의婦女를姦淫ᄒᆞᆫ者는强姦의罪로ᄒᆞ야二年以上의有期懲役에處ᄒᆞᆷ十三歲에未滿ᄒᆞᆫ婦女를姦淫ᄒᆞᆫ者亦同ᄒᆞᆷ

本條는强姦의罪를規定ᄒᆞᆷ이라、强姦이라ᄒᆞᆷ은婦女의意思에反ᄒᆞ야强行ᄒᆞᆫ不正의交媾라故로此罪의成立에는十三歲以上의婦女에對ᄒᆞ야는暴行又는脅迫을要ᄒᆞ고婦女의如何는不問ᄒᆞ나니娼妓、密賣淫婦와如ᄒᆞᆫ者에對ᄒᆞ야도暴行又는脅迫으로써此를姦淫ᄒᆞᆫ時는是亦强姦罪로論ᄒᆞᆯ지라何故오ᄒᆞ면是等의婦女라도其人身自由를賣ᄒᆞᆷ이아니니其業務의卑賤破倫됨은實로可憎ᄒᆞᆯ지로ᄃᆡ其婦女의身體와其業務、品行의如何와는各別ᄒᆞᆫ者ㅣ라故로其暴行脅迫의手段에由ᄒᆞ야婦女를姦ᄒᆞᆫ事의有無를見ᄒᆞ야一般히其罪의成否를決ᄒᆞᆯᄲᅮᆫ이니라然而十三歲以下의婦女에對ᄒᆞ야는假令暴行脅迫의手段에由ᄒᆞ야强行치아니ᄒᆞᆯ지라도此를姦淫ᄒᆞᆫ者는亦前段의强姦과同論ᄒᆞ나니是等幼年女子는身體와意思가微弱ᄒᆞ야外人을抵抗ᄒᆞᆯ力이乏ᄒᆞᆯᄲᅮᆫ아니라幼年女子를姦淫ᄒᆞᆷ은生理上其女子에게終身의病害를遺ᄒᆞ는大惡罪된所以라

第百七十八條　人의心神喪失或은抗拒不能에乘ᄒᆞ거나又는此로ᄒᆞ야곰心神을喪失케ᄒᆞ거나或은抗拒不能케ᄒᆞ야猥褻의行爲를行ᄒᆞ고又는姦淫ᄒᆞᆫ者는前二條의例에同ᄒᆞᆷ

本條는人의心神喪失又는抗拒不能케ᄒᆞ도록方法을施ᄒᆞ야猥褻의行爲或은姦淫을行ᄒᆞᆫ者를罰ᄒᆞᆯ規定이라、卽女人의精神을喪失ᄒᆞ엿거나又는疾病其他事由에因ᄒᆞ야抗拒ᄒᆞ기不能ᄒᆞᆫ機際를乘ᄒᆞ야猥褻、姦淫을加ᄒᆞ거나或은藥物等을用ᄒᆞ야其精神을迷失케ᄒᆞ며又는抗拒키不能케ᄒᆞᆫ後에此에對ᄒᆞ야猥褻의行

爲를行ᄒᆞ고又ᄂᆞᆫ此를姦淫ᄒᆞᆷ과如ᄒᆞᆷ은其人의意思自由를奪ᄒᆞᆷ이暴行又ᄂᆞᆫ脅迫으로써ᄒᆞᆷ과無異ᄒᆞᆫ故로第百七十六條及第百七十七條의例에依ᄒᆞ야此를處斷ᄒᆞᆯ者로ᄒᆞ니因ᄒᆞ야如斯히ᄒᆞᆫ猥褻行爲ᄂᆞᆫ第百七十六條、姦淫行爲ᄂᆞᆫ第百七十七條의刑을不免ᄒᆞᆯ지니라

第百七十九條　前三條의未遂罪ᄂᆞᆫ此를罰ᄒᆞᆷ

本條ᄂᆞᆫ猥褻强姦即第百七十六條、第百七十七條、第百七十八條의未遂罪ᄂᆞᆫ此를罰ᄒᆞᆯ事를規定ᄒᆞᆷ이라

第百八十條　前四條의罪ᄂᆞᆫ告訴를待ᄒᆞ야此를論ᄒᆞᆷ

本條ᄂᆞᆫ猥褻의行爲及强姦은此를親告罪로ᄒᆞᄂᆞᆫ規定이라、凡是等의罪ᄂᆞᆫ被害者의名譽를害ᄒᆞᄂᆞᆫ者ㅣ니加害者가비록可憎ᄒᆞ나告訴又ᄂᆞᆫ告發을行ᄒᆞᆯ時ᄂᆞᆫ其罪를檢擧ᄒᆞ기爲ᄒᆞ야諸般証據及過去의事實을明査ᄒᆞᆯ지오被害者ᄂᆞᆫ此를因ᄒᆞ야反히自己의身上에汚辱을被ᄒᆞᆫ事를世上에流布ᄒᆞ야益益名譽를毁損되야二重의被害를受ᄒᆞᄂᆞᆫ結果를生ᄒᆞᆯ지라故로法律은此를干涉ᄒᆞᄂᆞᆫ事ㅣ無ᄒᆞ고被害者로브터親히告訴ᄒᆞᆷ이아니면罪를論斷치아니ᄒᆞᄂᆞ니此ㅣ親告罪의本質이라故로他犯罪의境遇에ᄂᆞᆫ被害者가告訴치아니ᄒᆞᆯ지라도何人이든지告發ᄒᆞᆷ을得ᄒᆞ며且檢事가職權으로此를起訴ᄒᆞᆯ지로ᄃᆡ親告罪ᄂᆞᆫ被害者가아니면告訴치못ᄒᆞᆯ지오告訴가無ᄒᆞ면論罪치아니ᄒᆞ며又一次告訴ᄒᆞᆫ後라도公判前에被害者가此를取下ᄒᆞᆯ時ᄂᆞᆫ亦論罪치아니ᄒᆞᄂᆞ니라

第百八十一條　第百七十六條乃至第百七十九條의罪를犯ᄒᆞ고因ᄒᆞ야人을死傷에致ᄒᆞᆫ者ᄂᆞᆫ無期又ᄂᆞᆫ三年以上의懲役에處ᄒᆞᆷ

本條ᄂᆞᆫ猥褻의行爲를行커나又ᄂᆞᆫ强姦의罪를犯ᄒᆞᆫ者ㅣ因ᄒᆞ야其被害者를死傷케ᄒᆞᆫ罪를規定ᄒᆞᆷ이라、抑强姦의罪ᄂᆞᆫ往々히其無理暴行을加ᄒᆞᆫ結果로被害者를死에致케ᄒᆞ거나又ᄂᆞᆫ此를傷害ᄒᆞᄂᆞᆫ事ㅣ多ᄒᆞ나나被害者의死傷이비록犯人의豫期ᄒᆞᆫ바아닐지라도其結果ᄂᆞᆫ不正ᄒᆞᆫ行爲로부터生ᄒᆞᆷ에不外ᄒᆞᆫ者인즉其責

의所歸는犯人에在ᄒᆞ며且其害莫大ᄒᆞᆫ故로本條에依ᄒᆞ야更重히此를罰ᄒᆞᆫ事로ᄒᆞ니라

第百八十二條　營利의目的으로써淫行의常習이無ᄒᆞᆫ婦女를勸誘ᄒᆞ야 姦淫케ᄒᆞᆫ者는二年以下의懲役又는五百圓以下의罰金에處홈

本條는營利의目的으로써品行이方正ᄒᆞᆫ婦女를姦淫케ᄒᆞᆫ者를罰ᄒᆞᄂᆞᆫ規定이라、本條의罪를搆成홈에는第一에營利의目的에出ᄒᆞᆫ事를要ᄒᆞ고、第二에淫行의常習이無ᄒᆞᆫ婦女를勸誘ᄒᆞ야他男子로姦淫케ᄒᆞᆫ事를要ᄒᆞᄂᆞ니故로營利의目的에出ᄒᆞᆫ者이아니오單히男子의依賴에應ᄒᆞ야品行方正ᄒᆞᆫ婦女를勸誘ᄒᆞ야姦通케ᄒᆞᆫ境遇는本條에依ᄒᆞᄂᆞᆫ事ㅣ無ᄒᆞᆯ지오且婦女라도平素品行이不潔ᄒᆞ야行淫을爲事ᄒᆞᄂᆞᆫ賣淫婦와如홈은假令營利의目的으로써此를勸誘ᄒᆞ야姦淫케ᄒᆞᆯ지라도本條로써此를罰ᄒᆞᆯ바ㅣ아니라又本條中勸誘라홈은姦通ᄒᆞᆯ事를勸說ᄒᆞ야婦女의意思로此를行ᄒᆞ게홈을云홈이오詐欺又는心神을昏迷케ᄒᆞ야此를强被케ᄒᆞᄂᆞᆫ事와不同ᄒᆞ니라

第百八十三條　有夫의婦를姦通ᄒᆞᆫ時는二年以下의懲役에處홈其相姦ᄒᆞᆫ者亦同홈

前項의罪는本夫告訴를待ᄒᆞ야論홈但本夫가姦通을縱容ᄒᆞᆫ時는告訴의效가無홈

[第一項]本項은姦通의罪를規定ᄒᆞᆫ者ㅣ라、抑有夫女가姦通을行홈은夫妻의定制를破壞ᄒᆞᆯ뿐不啻라往往히血統의混亂을致ᄒᆞ고且親族의融和를破ᄒᆞ야善良ᄒᆞᆫ風俗을紊亂ᄒᆞ며嫉惡報讐의原因되ᄂᆞᆫ事ㅣ多ᄒᆞᆫ者임으로써此를重罪로論ᄒᆞ나니然而凡有夫姦의罪를成立홈에는左의三個條件을具備홈을要ᄒᆞᄂᆞ니라

一、交合을行ᄒᆞᆫ事　假令犯姦의意思가有ᄒᆞᆯ지라도其姑히外形의行爲에現치아니ᄒᆞᆯ時와或은他의男子와身體를密接커나又는互相接吻을行ᄒᆞᆯ자라도此行爲로써는아직論罪치못ᄒᆞᆯ지라然이나既히一次肉身의交合을行ᄒᆞᆫ以上은本罪를成홈이라然而其交合은情慾을遂ᄒᆞᆫ與否를不問ᄒᆞ고姦通을成ᄒᆞᆫ者로論

斷홀지니라

二、姦婦는必有夫의妻된事 故로其姦婦가寡婦이어나又는法律上夫가無훈者이나或은假妻、妾等은
本條의罪로論호는事ㅣ無호니라

三、有夫의婦가惡意를有훈事 即故意로他의男子와姦通을自爲훈事를要호나니彼不正男子에게不幸히暴行脅迫을受호거나或은精神을昏醉케되야姦通훈者는他人의强姦을被훈者오其婦女에게는何等惡意가無훈故로本條로써此를罰치못홀者ㅣ라

本條에相姦훈者亦同이라規定홈은有夫의婦를姦通훈男子即姦夫도亦姦婦와相同훈刑에處홈이可호다홈이니故로其男子는自己가先히誘引호엿거나又는姦婦의誘에應홈을不問호고其有夫女됨을知호면셔姦通훈時는本條의刑을不免홀지라然이나若男子가其姦婦의有夫女됨을不知호고行훈時는罪를犯홀意思가無호며又는罪될事實이有홈을不知호엿든者라호야無罪될事는第一編總則의說明에照호야自明홀지니라

第二項 本條의罪를親告罪로호는規定이니其理由는第百八十條의註에詳說홈과如히被害者된夫는自己의名譽와利害를爲호야는寧히妻의姦通事實을世間에發表훈事를不欲호는事ㅣ多훈所以라然而夫가一次妻의姦通훈事를容許훈事ㅣ有훈時는告訴홈을不得홀지니라〔第百八十條親告罪의說明을參看호라〕

第百八十四條 配偶者이有훈者ㅣ重히婚姻을行훈時는二年以下의懲役에處홈其相婚훈者亦同홈

本條는重婚의罪를罰호는規定이라、重婚이라홈은現에配偶者가有훈者ㅣ二重으로聚妻又는出嫁홈을云홈이라盖一夫一婦는人倫大法이니一夫로數婦를娶호거나一婦로數夫에嫁홈은倫常에違悖호며因호야一家의秩序를破호고社會의善良風俗을害호는等其弊의波及호는바ㅣ盖不可測홀者ㅣ라是以로特히

法律로써此를罰ᄒᆞᆯ事로ᄒᆞᆫ所以며且此弊를杜ᄒᆞ기爲ᄒᆞ야ᄂᆞᆫ重婚을爲ᄒᆞᆫ者를罰ᄒᆞᆯᄲᅮᆫ아니라其相婚ᄒᆞᆫ者卽重婚에應ᄒᆞᆫ者도亦同罰ᄒᆞᄂᆞ니此境遇에重爲ᄒᆞᆫ婚姻은法律上當然히無効될ᄲᅮᆫ아니라重婚者의一方卽前婚의配偶者ᄂᆞᆫ此를理由로ᄒᆞ야離婚을請求ᄒᆞᆷ을得ᄒᆞᆯ지니라

今에事例를擧ᄒᆞ야本章數條의意味를明히ᄒᆞᆯ지니行淫男女媒合으로써爲業(俗稱ᄯᅮ쟝이)ᄒᆞᄂᆞᆫ甲者ㅣ有ᄒᆞ야丁男者로부터酬金을受ᄒᆞ고乙者의良妻丙女를誘引ᄒᆞ야丁者와姦通을行케ᄒᆞᆯ時ᄂᆞᆫ甲丙丁各人의處罪가如何ᄒᆞᆯ가甲은第百八十二條에依ᄒᆞ야當然히三年以下의懲役이나又ᄂᆞᆫ五百圓以下의罰金에處ᄒᆞᆯ지로되丙及丁은本夫된乙의告訴가無ᄒᆞᆯ時ᄂᆞᆫ論罪되지아니ᄒᆞᆯ지며若乙이告訴ᄒᆞᆯ時ᄂᆞᆫ丙丁은共히二年以下의懲役에處ᄒᆞᆯ지오因ᄒᆞ야乙은丙을離婚ᄒᆞᆷ을得ᄒᆞ며丙丁은懲役終了後라도相婚치못ᄒᆞᆯ지니라然이나本夫乙이若平素에其妻丙의累次姦通所爲를行ᄒᆞᆷ을確知ᄒᆞ면서常히此를容許ᄒᆞ며或은眼前에셔此等行爲를行ᄒᆞᆷ을默許ᄒᆞ거나又ᄂᆞᆫ故히妻를縱ᄒᆞ야密賣淫을許ᄒᆞᆫ等事ㅣ有ᄒᆞᆯ時ᄂᆞᆫ更히告訴ᄒᆞᆷ을不得ᄒᆞᆯ지오從ᄒᆞ야丙丁도無罪오且如斯ᄒᆞᆯ진ᄃᆡ丙은淫行의常習이無ᄒᆞᆫ者라ㅣ謂키不能ᄒᆞᆫ故로甲도亦自初로論罪되ᄂᆞᆫ事ㅣ無ᄒᆞᆯ지니라

第二十三章　賭博及富籤에關ᄒᆞᆫ罪

本章은賭博(노름)及富籤(쥐이)에關ᄒᆞᆫ規定이라、抑此等은一種偶然射倖的行爲로써其輸贏을爭ᄒᆞᆷ에不過ᄒᆞᄂᆞᆫ者인즉甚重ᄒᆞᆫ罪가아님과如ᄒᆞ나此를等閑에附ᄒᆞᆯ時ᄂᆞᆫ世의投機心을助長케ᄒᆞ고着實勤勉의美俗을沮ᄒᆞ며遊惰之民을生ᄒᆞ야其害毒의及ᄒᆞᄂᆞᆫ바決코鮮少치아니ᄒᆞᆯ지니是本章에依ᄒᆞ야此를罰ᄒᆞᄂᆞᆫ所以라〔輸贏은俗에勝負로通ᄒᆞᆷ〕

第百八十五條　偶然의輸贏에關ᄒᆞ야財物로써博戲又ᄂᆞᆫ賭事를行ᄒᆞᆫ者ᄂᆞᆫ千圓以下의罰金又ᄂᆞᆫ科料에處ᄒᆞᆷ但一時의娛樂에供ᄒᆞᄂᆞᆫ物을賭ᄒᆞᆫ者ᄂᆞᆫ此限에不在ᄒᆞᆷ

本條는賭博罪를罰ᄒᆞ는規定이니此犯者는現行又는非現行犯됨을不拘ᄒᆞ고本條에依ᄒᆞ야處斷ᄒᆞ나니라

然而本條의罪를犯ᄒᆞᆫ者는千圓以下의罰金或은科料에處홈이라ᄒᆞ야其刑의範圍를廣大히ᄒᆞᆫ所以는是等犯人은或은一時에數百千圓의勝負를爭ᄒᆞ는者ㅣ有ᄒᆞ고又或은數十錢을爭ᄒᆞ는者ㅣ有ᄒᆞ야其犯罪의程가頗廣ᄒᆞ고且不幸ᄒᆞ야往往紳士라稱ᄒᆞ는徒가此를弄ᄒᆞ는事ㅣ有ᄒᆞ야犯人의種類도極히多岐ᄒᆞᆫ者임으裁判官에對ᄒᆞ야其犯人의種類、賭財의多寡等에依ᄒᆞ야此를斟酌ᄒᆞᆯ範圍를廣히許與홈이라然而偶然度輸贏이라홈은意外의勝敗라云ᄒᆞ는意味니意外의勝敗에因ᄒᆞ야財物을賭ᄒᆞ는行爲卽花鬪、骨牌、投箋、雙六、碁、三十六計、博奕等如何ᄒᆞᆫ物에依ᄒᆞ든지其實內容이財貨를賭(돈니기)ᄒᆞ는者는本條의에依ᄒᆞ야此를罰ᄒᆞᆯ지니라

然이나其賭物이一時의娛樂에供ᄒᆞ는者에不過ᄒᆞᆯ時는此를罰치아니ᄒᆞ나니例컨ᄃᆡ歌留多(日本娛樂具의一種이니朝鮮의柶(윳)와同)를爲ᄒᆞᆫ境遇에셔烟草、菓子又는蜜柑等을賭ᄒᆞ며又는金錢을出捐ᄒᆞ야此等食物을買ᄒᆞᆫ者와如홈이卽是ㅣ라然이나假令外面으로飮食이라도此를財物에代用홈과如홈은亦本條에依ᄒᆞ야罰ᄒᆞᆯ事ㅣ勿論이라

第百八十六條　常習으로써博戲又는賭事를行ᄒᆞᆫ者는三年以下의懲役에處홈

賭博場을開張ᄒᆞ거나又는博徒를結合ᄒᆞ야利를圖ᄒᆞᆫ者는三月以上五年以下의懲役에處홈

本條는賭博으로써常習으로ᄒᆞ는者、賭博場을開張ᄒᆞ거나又는博徒를結合ᄒᆞ야利를圖ᄒᆞᆫ者를罰ᄒᆞ는規定이라

[第一項]凡賭博은前에旣述홈과如히社會惡風을助長ᄒᆞ는者인즉此를罰홈은勿論이오其此를常習으로ᄒᆞ는者에至ᄒᆞ야는前條에比ᄒᆞ야其害尤甚홈으로써三年以下의懲役에處ᄒᆞᆯ事로ᄒᆞ나니라、然而常習이라

홈은常히此를行ᄒᆞᄂᆞᆫ者卽生涯의事爲로ᄒᆞᄂᆞᆫ意ㅣ니故로此種事로生計를作ᄒᆞᄂᆞᆫ者ᄂᆞᆫ尙矣어니와他의生活에本業이有ᄒᆞᆫ者라도常히賭博에耽ᄒᆞᄂᆞᆫ者ᄂᆞᆫ常習이有ᄒᆞᆫ者라云홈을得ᄒᆞᆯ지니라

【第二項】博場을開張ᄒᆞᆫ다홈은賭博을行ᄒᆞᆯ場所를設ᄒᆞ야此에서其賭事(내기)를行ᄒᆞ며又ᄂᆞᆫ他人으로此에서行케홈을云홈이오博徒를結合ᄒᆞ야利를圖ᄒᆞᆫ다홈은賭博의常習者를招結ᄒᆞ야所謂窩主가되야場錢(노름지령)等을受ᄒᆞᄂᆞᆫ者를云홈이라博場을開ᄒᆞ야利를圖ᄒᆞ거나又ᄂᆞᆫ博徒를招集ᄒᆞ야利를圖ᄒᆞᄂᆞᆫ者ᄂᆞᆫ殊히世에及ᄒᆞᄂᆞᆫ害의大ᄒᆞᆫ者인즉賭博罪中最重ᄒᆞᆫ刑을科ᄒᆞᄂᆞᆫ所以라

第百八十七條 富籤을發賣ᄒᆞᆫ者ᄂᆞᆫ二年以下의懲役又ᄂᆞᆫ三千圓以下의罰金에處홈

富籤發賣의取次를行ᄒᆞᆫ者ᄂᆞᆫ一年以下懲役又ᄂᆞᆫ二千圓以下의罰金에處홈

前二項의外에富籤을授受ᄒᆞᆫ者ᄂᆞᆫ三百圓以下의罰金又ᄂᆞᆫ科料에處홈

本條ᄂᆞᆫ富籤의發賣取次(中价)又ᄂᆞᆫ其授受를行ᄒᆞᆫ者의罪를規定홈이라、玆에富籤이라홈은通俗所謂商店의景品券과區別홈을注意ᄒᆞᆯ지니卽景品券이란者ᄂᆞᆫ別로히此券을直接發賣ᄒᆞᄂᆞᆫ者아니라自己商店에來購ᄒᆞᄂᆞᆫ顧客에對ᄒᆞ야謝禮를表ᄒᆞ기爲ᄒᆞ야若干의物品을進呈ᄒᆞ되但其進呈物品의選擇方法을抽籤(제비뽑는것)에依ᄒᆞ야施行ᄒᆞᆫ事를證明ᄒᆞᄂᆞᆫ文字로써顧客에게無料로給付홈에不過ᄒᆞᆫ者ㅣ니라然而富籤이란者ᄂᆞᆫ反是ᄒᆞ야自初로意外의利害得失을賭ᄒᆞᆯ意思로直接으로代價를受ᄒᆞ고籤票를發賣ᄒᆞᆫ後抽籤에當中ᄒᆞᆫ者ᄂᆞᆫ莫大ᄒᆞᆫ暴利를得ᄒᆞ고不然ᄒᆞᆫ者ᄂᆞᆫ全失ᄒᆞᄂᆞᆫ所謂偶然ᄒᆞᆫ事를希望ᄒᆞᄂᆞᆫ賭法이니彼萬人契票、야방우표、支那彩票等類가是ㅣ니라左에右各項의罪를更述ᄒᆞ노라

【第一項】本項은富의籤發賣者를ᄒᆞᄂᆞᆫ規定이라、抑富籤이란者ᄂᆞᆫ賭博과相同ᄒᆞᆫ一賭事라旣히賭博을禁ᄒᆞᄂᆞᆫ以上은富籤도亦此를禁ᄒᆞᆯ必要가有ᄒᆞᆫ事ᄂᆞᆫ論을不俟ᄒᆞᆯ지니라

【第二項】本項은富籤의取次를行ᄒᆞᆫ者를罰ᄒᆞᄂᆞᆫ規定이라、此取次者라홈은發賣者로부터富籤의票紙를受

ᄒᆞ야授賣周旋을行ᄒᆞ고若干口文을得ᄒᆞᄂᆞᆫ者를云ᄒᆞᆷ이니發賣者에比ᄒᆞ야其情狀이輕ᄒᆞᆫ者임으로써一年以下懲役又ᄂᆞᆫ五百圓以下의罰金에處ᄒᆞᆷ이可ᄒᆞ다規定ᄒᆞ니라

[第三項]本項은富籤의發賣、取次를行ᄒᆞᆫ者의外에典當、交換贈與其他如何ᄒᆞᆫ方法等으로ᄒᆞᆷ을不問ᄒᆞ고授受를行ᄒᆞᆫ者를罰ᄒᆞᄂᆞᆫ規定이라故로此를發賣치아니ᄒᆞ며取次치아니ᄒᆞᆯ지라도單히此를他人으로부터受ᄒᆞ거나又ᄂᆞᆫ他人에게與ᄒᆞᄂᆞᆫ者ᄂᆞᆫ皆本項에依ᄒᆞ야處罰ᄒᆞᆯ지니라

[參照]特別法令에依ᄒᆞ야公安을妨害치아니ᄒᆞᄂᆞᆫ限度로警務總長、警務部長의許可를得ᄒᆞᆫ富籤類의提供授受ᄂᆞᆫ本條의罪를成치아니ᄒᆞᆯ지니라（明治四十四年總督府令第四十九號懸賞富籤等에關ᄒᆞᆫ件을參看ᄒᆞ라）

第二十四章 禮拜所及墳墓에關ᄒᆞᆫ罪

本章은禮拜所及墳墓에關ᄒᆞᆫ罪를規定ᄒᆞᆫ者ㅣ라 禮拜所라ᄒᆞᆷ은神祠、佛堂、敎會堂과如ᄒᆞᆫ者오又墳墓라ᄒᆞᆷ은一般의山所라稱ᄒᆞᄂᆞᆫ者ㅣ라是等은皆人의尊崇ᄒᆞᄂᆞᆫ바ㅣ니此에關ᄒᆞᆫ犯罪ᄂᆞᆫ國民의宗敎信念과安心立命의思想及爲先의誠을害ᄒᆞᄂᆞᆫ者임으로써本章을設ᄒᆞ야此를罰ᄒᆞ나니라

第百八十八條 神祠、佛堂、墓所其他禮拜所에對ᄒᆞ야公然히不敬의行爲를爲ᄒᆞᆫ者ᄂᆞᆫ六月以下의懲役或은禁錮又ᄂᆞᆫ五十圓以下의罰金에處ᄒᆞᆷ

說敎、禮拜又ᄂᆞᆫ葬式을妨害ᄒᆞᆫ者ᄂᆞᆫ一年以下의懲役或은禁錮又ᄂᆞᆫ百圓以下의罰金에處ᄒᆞᆷ

本條ᄂᆞᆫ神祠、佛堂其他禮拜所에對ᄒᆞ야公然히不敬ᄒᆞᆫ行爲를行ᄒᆞᆫ者又說敎、禮拜、葬式을妨害ᄒᆞᆫ者의罪를規定ᄒᆞ니라

[第一項]神祠、佛堂、墓所其他禮拜所에對ᄒᆞᆫ不敬의行爲ᄂᆞᆫ國民의信敎爲先等事를紊亂ᄒᆞ고社會의公安

을害ᄒᆞᄂᆞᆫ者인즉此를不可不罰ᄒᆞᆯ지니라然ᄒᆞ나本項의罪의搆成上不可缺ᄒᆞᆯ要件은公然이라ᄒᆞᄂᆞᆫ事ㅣ是니盖不敬行爲라도多衆의眼前에셔나稠人廣坐中에셔顯히ᄒᆞ지아니ᄒᆞ고人의不知ᄒᆞᄂᆞᆫ間에暗爲ᄒᆞᄂᆞᆫ者ᄂᆞᆫ社會의宗教信念을害ᄒᆞᄂᆞᆫ事ㅣ無ᄒᆞᆫ故로犯罪를不成ᄒᆞᄂᆞ니라

[第二項]本項은說教、禮拜又ᄂᆞᆫ葬式의妨害를行ᄒᆞᆫ者의罪라卽神職、僧侶와傳道師、牧師와如ᄒᆞᆫ者가其教法을說ᄏᆞ나又ᄂᆞᆫ宗教를奉ᄒᆞᄂᆞᆫ教徒의其祖師에禮拜홈을妨害홈과、或은行葬에ᄂᆞᆫ莊嚴ᄒᆞᆫ哀情으로써同情의淚를掩치아이치못ᄒᆞᆯ者어ᄂᆞᆯ其葬式의妨害를行ᄒᆞᆫ者와如홈은直히其信教와營葬의自由權利를毁損ᄒᆞᄂᆞᆫ者로써前項의罪에比ᄒᆞᆯ時ᄂᆞᆫ其害됨이更大ᄒᆞᆫ者ㅣ有ᄒᆞᆯ지니是ㅣ前項보다倍重ᄒᆞᆫ刑에處홈이可ᄒᆞ다規定ᄒᆞᆫ者ㅣ니라

第百八十九條 墳墓를發掘ᄒᆞᆫ者ᄂᆞᆫ二年以下의懲役에處홈

本條ᄂᆞᆫ墳墓를發掘ᄒᆞᄂᆞᆫ者의罪라此罪도前條와同히國民의爲先心을害ᄒᆞᆯ뿐不啻라實로其子孫에對ᄒᆞ야도亦汚辱을加ᄒᆞᄂᆞᆫ者되ᄂᆞᆫ所以라玆에發掘이라홈은封墳을破홈과棺槨、屍体를露出케ᄒᆞᄂᆞᆫ等을云홈이니單히茅草를損홈은發掘이아니라ᄒᆞᆯ지니라

第百九十條 死體、遺骨、遺髮又ᄂᆞᆫ棺內에藏置ᄒᆞᆫ物을損壞、遺棄又ᄂᆞᆫ領得ᄒᆞᆫ者ᄂᆞᆫ三年以下의懲役에處홈

本條ᄂᆞᆫ스ᄉᆞ로墳墓를發堀치아니ᄒᆞ고라도單히死體、遺骨、遺髮又ᄂᆞᆫ棺內에藏置ᄒᆞᆫ者를損壞、毁棄又ᄂᆞᆫ此를領得ᄒᆞᆫ者의罪를規定홈이라、凡死屍를尊崇ᄒᆞᄂᆞᆫ바ᄂᆞᆫ人間至情의所然이오爲先의美風이라然而死體ᄂᆞᆫ勿論이오遺骨、遺髮을損壞ᄒᆞ고此를毁棄홈에至ᄒᆞ야ᄂᆞᆫ其行爲가大히人情에反ᄒᆞᄂᆞᆫ者오又棺內에藏置ᄒᆞᆫ物品(例如衣衾等)을領得ᄒᆞᆫ者와如홈은實로可惡의甚ᄒᆞᆫ者인즉本條에依ᄒᆞ야個人의爲先을安全히ᄒᆞ고墳墓의寧靜을保護ᄒᆞᄂᆞ니라

第百九十一條　第百八十九條의罪를犯ᄒᆞ고死體、遺骨、遺髮又ᄂᆞᆫ棺内에藏置ᄒᆞᆫ物을損壞、遺棄又ᄂᆞᆫ領得ᄒᆞᆫ者ᄂᆞᆫ三月以上五年以下의懲役에處홈

本條ᄂᆞᆫ墳墓를發掘ᄒᆞ고死體、遺骨、遺髮又ᄂᆞᆫ棺内에藏置ᄒᆞᆫ物을損壞、遺棄ᄒᆞ거나又ᄂᆞᆫ此를領得ᄒᆞᆫ者를罰ᄒᆞᄂᆞᆫ規定이라前揭第百八十九條에ᄂᆞᆫ墳墓를發掘ᄒᆞᆫ者ᄂᆞᆫ此를一罪로ᄒᆞ야罰홀旨를規定ᄒᆞ엿스나尙히本條列記ᄒᆞᆫ行爲를行ᄒᆞᆫ者ᄂᆞᆫ此를發掘罪와併合罪로ᄒᆞ지안코別로히一重罪로ᄒᆞ야其刑을定홈이라

第百九十二條　檢視를不經ᄒᆞ고變死者를葬ᄒᆞᆫ者ᄂᆞᆫ五十圓以下의罰金又ᄂᆞᆫ科料에處홈

本條ᄂᆞᆫ檢視를不經ᄒᆞᆫ變死者를葬ᄒᆞᆫ者를罰ᄒᆞᄂᆞᆫ規定이라、凡變死者라홈은普通人의死亡ᄒᆞᆫ境遇와異狀히死亡ᄒᆞᆫ者例如飮藥、自結、投井等의死者를云홈이니其死亡ᄒᆞᆫ原因의如何에不拘ᄒᆞ고必當該官吏의檢視를受ᄒᆞᆫ后가아니면屍體를處分ᄒᆞᆫ事를不得ᄒᆞ나니盖此等死亡原因은往往히裏面에許多犯罪가隱在ᄒᆞᆫ故로此로써犯罪의發見에便코져홈이라然而此檢視節次를行치안코葬홀時ᄂᆞᆫ犯罪必罰의原則을貫ᄒᆞ기不得홈에至홀지니是本條를設ᄒᆞ야此를罰ᄒᆞᄂᆞᆫ所以니라

[參照]本章中墳墓發掘及其棺内藏物領得에關ᄒᆞᆫ行爲가盜賊의目的에出ᄒᆞᆫ者ᄂᆞᆫ朝鮮人은別로刑法大全第五百九十三條에依ᄒᆞ야强盜罪를成ᄒᆞᄂᆞᆫ事ㅣ有홀지니下見刑法大全註를參看홀事、又本章中의墳墓葬事에關ᄒᆞ야ᄂᆞᆫ別로히朝鮮總督府令墓地火葬場取締規則을參看홀事

第二十五章　瀆職의罪

本章은公務員이其職務를瀆ᄒᆞᆫ境遇에適用홀罪刑을規定ᄒᆞᆫ者라、夫公務에從事ᄒᆞᄂᆞᆫ職員은其職務權限에從ᄒᆞ야公權을行ᄒᆞ고國家의安寧을維持ᄒᆞ며社會秩序를保持홀任務를負ᄒᆞᆫ者인즉常人보다益益其品行을愼ᄒᆞ고其職責을全히홀事를勉홀지어늘此에反ᄒᆞ야其職權을濫用ᄒᆞ거나又ᄂᆞᆫ不正ᄒᆞᆫ行爲를行ᄒᆞ야

其職務를瀆ᄒᆞᆷ은情狀이最히可憎ᄒᆞᆯ지오又其害의影響ᄒᆞᄂᆞᆫ바甚大ᄒᆞᆫ者ㅣ有ᄒᆞᆯ지니此ㅣ本章의設이有ᄒᆞᆫ所以라

第百九十三條　公務員이其職權을濫用ᄒᆞ야人으로ᄒᆞ여곰義務가無ᄒᆞᆫ事를行케ᄒᆞ거나又ᄂᆞᆫ行ᄒᆞᆯ만ᄒᆞᆫ權利를妨害ᄒᆞᆫ時ᄂᆞᆫ六月以下의懲役又ᄂᆞᆫ禁錮에處ᄒᆞᆷ

本條ᄂᆞᆫ公務員이其職權을濫用ᄒᆞ야人으로ᄒᆞ야곰義務가無ᄒᆞᆫ事를行케ᄒᆞ거나又ᄂᆞᆫ行ᄒᆞᆯ權利를妨害ᄒᆞᆫ者를罰ᄒᆞᄂᆞᆫ規定이라、凡公務員은各自公으로附與된職權을有ᄒᆞᄂᆞᆫ者ㅣ라故로其權限內에在ᄒᆞ야ᄂᆞᆫ何事를行ᄒᆞ든지敢히法律의干涉을受ᄒᆞᆷ이無ᄒᆞ되若不正히其職權을行ᄒᆞ야濫히人으로ᄒᆞ야곰義務가無ᄒᆞᆫ事를行케ᄒᆞ거나又ᄂᆞᆫ人의行ᄒᆞᆯ權利를妨害ᄒᆞ야此를行치못ᄒᆞ게ᄒᆞᆷ과如ᄒᆞᆫ行動이有ᄒᆞᆯ진ᄃᆡ是ᄂᆞᆫ上은公權을蔑如ᄒᆞ고下ᄂᆞᆫ人民의損害를加ᄒᆞᄂᆞᆫ者인즉其害ᄂᆞᆫ決코不輕ᄒᆞᆯ지니即本條의罰을不免ᄒᆞᆯ자니라

公務員이其職權을濫用ᄒᆞ야義務가無ᄒᆞᆫ事를行케ᄒᆞ거나又ᄂᆞᆫ行ᄒᆞᆯ權利를妨害ᄒᆞᆫ時ᄂᆞᆫ本條에依ᄒᆞ야此를罰ᄒᆞᆯ지어니와若公務員이其職權을濫用ᄒᆞ야人으로ᄒᆞ야곰權利가無ᄒᆞᆫ事를行케ᄒᆞ거나又ᄂᆞᆫ當行ᄒᆞᆯ義務를妨害ᄒᆞ야盡치못ᄒᆞ게ᄒᆞᆫ時ᄂᆞᆫ如何ᄒᆞᆯ고ᄒᆞᆫ즉亦本條에依ᄒᆞ야處罰될지니何故오權利가無ᄒᆞᆫ事를行케ᄒᆞᆷ은即其人의權利가無ᄒᆞᆫ事를行치아니ᄒᆞ라ᄒᆞᄂᆞᆫ權利를妨害ᄒᆞᆫ者오盡ᄒᆞᆯ義務를盡코져ᄒᆞᆷ을妨害ᄒᆞᄂᆞᆫ事도亦其人의盡ᄒᆞᆯ義務를盡코져ᄒᆞᄂᆞᆫ權利를妨害ᄒᆞᆫ者라云ᄒᆞᆷ을得ᄒᆞᆯ所以라今에例를擧ᄒᆞ건ᄃᆡ甲은家屋을所有치아니ᄒᆞ야家屋稅를納ᄒᆞᆯ義務가無ᄒᆞ거ᄂᆞᆯ收稅官吏가甲에對ᄒᆞ야强히家屋稅를課ᄒᆞ야甲으로ᄒᆞ야곰此를納케ᄒᆞ며乙債權者ᄂᆞᆫ丙債務者에對ᄒᆞ야債金返還을請求ᄒᆞᄂᆞᆫ權利가有ᄒᆞ거ᄂᆞᆯ警察官吏가乙을拘束ᄒᆞ야其請求를爲치못ᄒᆞ게ᄒᆞ거나丙을助ᄒᆞ야請求를逃免케ᄒᆞᄂᆞᆫ者와、且地方官吏가何等權利가無ᄒᆞᆫ者로ᄒᆞ야곰他人財産을執行케ᄒᆞ며面洞長等이無故히村民의小作米를抑留ᄒᆞ야地主에對ᄒᆞᆫ義務를盡키不能케ᄒᆞᆷ과如ᄒᆞᆷ은俱是本條의瀆職罪를成ᄒᆞᆯ지니라

第百九十四條 裁判、檢察、警察의職權을行ᄒᆞ고又ᄂᆞᆫ此를補助ᄒᆞᄂᆞᆫ者ㅣ其職權을濫用ᄒᆞ야人을逮捕又ᄂᆞᆫ監禁ᄒᆞᆫ時ᄂᆞᆫ六月以上七年以下의懲役又ᄂᆞᆫ禁錮에處홈

本條ᄂᆞᆫ裁判·檢察 警察의職務를行ᄒᆞᄂᆞᆫ者ㅣ其職權을濫用ᄒᆞ야人을逮捕又ᄂᆞᆫ監禁ᄒᆞᆫ者를罰ᄒᆞᄂᆞᆫ規定이라、人民은法律에依홈이아니면無理로逮捕、監禁、審問又ᄂᆞᆫ處罰을受ᄒᆞᆯ事ㅣ無홈이原則이어ᄂᆞᆯ若當該公務員이其職權을濫用ᄒᆞ야法令에依치안코監禁치못ᄒᆞᆯ者를監禁ᄒᆞ거나逮捕치못ᄒᆞᆯ者를逮捕홈과如ᄒᆞᆫ事ㅣ有ᄒᆞ면人民은安堵生活을不得홈에至ᄒᆞᆯ지니是ㅣ特히本條에依ᄒᆞ야此를罰ᄒᆞᄂᆞᆫ所以라

第百九十五條 裁判、檢察、警察의職務를行ᄒᆞ고又ᄂᆞᆫ此를補助ᄒᆞᆫ者ㅣ其職務를行홈에當ᄒᆞ야刑事被告人其他의者에對ᄒᆞ야暴行又ᄂᆞᆫ凌虐의行爲를行ᄒᆞᆫ時ᄂᆞᆫ三年以下의懲役又ᄂᆞᆫ禁錮에處홈

法令에依ᄒᆞ야拘禁된者를看守又ᄂᆞᆫ護送ᄒᆞᄂᆞᆫ者ㅣ被拘禁者에對ᄒᆞ야暴行又ᄂᆞᆫ凌虐의行爲를行ᄒᆞᆫ時亦同홈

本條ᄂᆞᆫ裁判、檢察、警察의職務를行ᄒᆞ거나又ᄂᆞᆫ其職務를補助ᄒᆞᄂᆞᆫ者가被拘禁者에게暴行又ᄂᆞᆫ凌虐을加ᄒᆞᆫ者의罪를規定홈이라

第一項 凡刑事被告人은其罪의有無가아즉判明치못홈으로一時拘禁된者인즉此를待遇홈에苛酷ᄒᆞᆫ處置가有키不可ᄒᆞᆯ지오又既決의囚人아라도法律의規定이自有ᄒᆞᆫ즉元來此를無理로虐待ᄒᆞᆯ者ㅣ아니니況留置人、懲治人과如ᄒᆞᆫ者에對홈이리오然而裁判、檢察、警察의職務를取扱ᄒᆞ거나又ᄂᆞᆫ此補助를行ᄒᆞᄂᆞᆫ者가是等의人에對ᄒᆞ야妄히凌虐을加ᄒᆞ고暴行을行ᄒᆞ야此에不當ᄒᆞᆫ苦痛을與홈과如홈은決코此를許ᄒᆞᆯ바ㅣ아니니即本條의處罰을不免ᄒᆞᆯ지니라

第二項 法令에依ᄒᆞ야拘禁된者를看守ᄒᆞᄂᆞᆫ職務에從事ᄒᆞᄂᆞᆫ者又ᄂᆞᆫ此를他에護送ᄒᆞᄂᆞᆫ者가其被拘禁者에對ᄒᆞ야暴行을加ᄒᆞ고又ᄂᆞᆫ凌虐ᄒᆞᆫ行爲를行ᄒᆞᆫ者ᄂᆞᆫ亦前項과同히處罰될지니라

第百九十六條　前二條의罪를犯ᄒᆞ고因ᄒᆞ야人을死傷에致ᄒᆞᆫ者ᄂᆞᆫ傷害의罪에比較ᄒᆞ야從重處斷홈

本條ᄂᆞᆫ第百九十四條、第百九十五條의罪를犯ᄒᆞ고此를因ᄒᆞ야其人을死傷에致케ᄒᆞᆫ者의罪를規定홈이라、即裁判、檢察、警察의職務를行ᄒᆞ거나又ᄂᆞᆫ此를補助ᄒᆞᄂᆞᆫ者로써其職權을濫用ᄒᆞ야人을逮捕又ᄂᆞᆫ監禁ᄒᆞᆫ時又ᄂᆞᆫ是等의職務를行ᄒᆞᄂᆞᆫ人으로被拘禁者에對ᄒᆞ야暴行又ᄂᆞᆫ凌虐ᄒᆞᆫ行爲를行커나又法令에依ᄒᆞ야拘禁된者를看守又ᄂᆞᆫ護送ᄒᆞᄂᆞᆫ者ㅣ被拘禁者에對ᄒᆞ야暴行又ᄂᆞᆫ凌虐ᄒᆞᆫ行爲를行ᄒᆞ야其結果로因ᄒᆞ야此를死傷에致케ᄒᆞᄂᆞᆫ事ㅣ有ᄒᆞᆫ境遇에ᄂᆞᆫ傷害의罪(第二編第二十七章)에照ᄒᆞ야從重處斷ᄒᆞ나니是此等犯者의目的은人을殺傷코져홈이아닌故로殺人罪로論키不可ᄒᆞ고傷害의罪로써處斷홈이適當ᄒᆞ나此等者의犯罪ᄂᆞᆫ其情狀이重ᄒᆞᆫ故로特히從重處斷ᄒᆞᆯ事를明示ᄒᆞ니라

第百九十七條　公務員又ᄂᆞᆫ仲裁人이其職務에關ᄒᆞ야賄賂를收受ᄒᆞ거나又ᄂᆞᆫ此를要求或은約束ᄒᆞᆫ時ᄂᆞᆫ三年以下의懲役에處홈因ᄒᆞ야不正ᄒᆞᆫ行爲를行ᄒᆞ거나又ᄂᆞᆫ相當ᄒᆞᆫ行爲를行치아니ᄒᆞᆫ時ᄂᆞᆫ一年以上十年以下의懲役에處홈

前項의境遇에셔收受ᄒᆞᆫ賄賂ᄂᆞᆫ此를沒數홈若其全部又ᄂᆞᆫ一部를沒收ᄒᆞᆯ事ㅣ不能ᄒᆞᆫ時ᄂᆞᆫ其價額을追徵홈

本條ᄂᆞᆫ公務員賄賂罪의規定이라

第一項 本項은公務員又ᄂᆞᆫ仲裁人으로써其職務에關ᄒᆞ야賄賂를受커나又ᄂᆞᆫ此를要求ᄒᆞ고或은約束ᄒᆞᆫ者又ᄂᆞᆫ是等에依ᄒᆞ야不正ᄒᆞᆫ行爲를行ᄒᆞ고又ᄂᆞᆫ相當ᄒᆞᆫ行爲를行치아니ᄒᆞᄂᆞᆫ者에關ᄒᆞᆫ規定이니凡賄賂의

收受ᄂᆞᆫ公務員에在ᄒᆞ야ᄂᆞᆫ其威嚴을汚瀆ᄒᆞ고體面을破ᄒᆞ며延ᄒᆞ야ᄂᆞᆫ關係人의權利를曲壓ᄒᆞ고社會의秩序를紊亂ᄒᆞ야國家의威信을傷ᄒᆞᄂᆞᆫ者ㅣ니其害所及이鮮少ᄒᆞ다云치못ᄒᆞᆯ지니此ㅣ法律이嚴刑으로ᄡᅥ此를禁코져ᄒᆞᄂᆞᆫ所以오又仲裁人과如ᄒᆞᆷ은依賴者即爭議當事者의信任에對ᄒᆞ야眞實히事件을仲裁ᄒᆞ야ᄡᅥ權利義務의平和를完全케ᄒᆞᄂᆞᆫ者어ᄂᆞᆯ賄賂에依ᄒᆞ야其是非曲直을眞正히斷判치아니ᄒᆞ고事를左右ᄒᆞᆷ과如ᄒᆞᆷ은公務員의收賂에在ᄒᆞᆷ과同一ᄒᆞᆫ惡結果를生ᄒᆞᆷ에至ᄒᆞᆯ지니是亦此를罰치아니치못ᄒᆞᆯ所以라

本條에「其職務에關ᄒᆞ야」라ᄒᆞᆷ은公務員又ᄂᆞᆫ仲裁人이職權으로ᄡᅥ現에從事ᄒᆞᄂᆞᆫ바의事務에關ᄒᆞᆷ으로解ᄒᆞᆯ지니故로其職務以外의事에關ᄒᆞ야ᄂᆞᆫ賂物을受取ᄒᆞᆯ지라도本條의罪를成立ᄒᆞᄂᆞᆫ者ㅣ아니라然이나若其職務에關係되야此等行爲가有ᄒᆞᆯ時ᄂᆞᆫ아모賄賂와効果가不生ᄒᆞᆯ지라도亦三年以下의懲役에處ᄒᆞᆯ지오但其旣히受取ᄒᆞᆷ과賄賂를納ᄒᆞ라要求ᄒᆞ며又ᄂᆞᆫ收ᄒᆞᆯ事를約束만ᄒᆞ고姑히未受ᄒᆞᆷ에因ᄒᆞ야刑에幾分間差等이有ᄒᆞᆯ뿐이며若更히賄賂의實効를生케ᄒᆞ기爲ᄒᆞ야不正ᄒᆞᆫ處置를爲ᄒᆞ엿거나又ᄂᆞᆫ相當히行ᄒᆞᆯ處置를不行ᄒᆞᆫ時ᄂᆞᆫ其罪更重ᄒᆞᆷ으로一年以上十年以下의懲役에該當ᄒᆞᆯ지니라

今에一例를擧ᄒᆞ건ᄃᆡ裁判官이其受理ᄒᆞᄂᆞᆫ民事訴訟事件에關ᄒᆞ야原告又ᄂᆞᆫ被告人으로부터賄賂를受ᄒᆞ엿거나又ᄂᆞᆫ裡面으로他人을紹介ᄒᆞ야賄賂를納用ᄒᆞ라要求ᄒᆞ거나或은成事後에賄賂를授受ᄒᆞ기로約束ᄒᆞᆫ時ᄂᆞᆫ即本項前段三年以下의懲役에該當ᄒᆞᆯ지오又此境遇에裁判官이其賄賂關係者를爲ᄒᆞ야裁判上에서假令納賂者의不充分ᄒᆞᆫ證據를有力히認定ᄒᆞ거나不納賂者의正確ᄒᆞᆫ證據를採用치아니ᄒᆞ야勝敗를反覆케ᄒᆞᆫ時ᄂᆞᆫ本項後段即十年以下의懲役에該當ᄒᆞᆯ지니라然이나公務員이若當事者兩方의賄賂를並受ᄒᆞ고並히兩方을爲ᄒᆞ야相當ᄒᆞᆫ處分을不爲ᄒᆞᆯ時ᄂᆞᆫ如何ᄒᆞᆯ가此境遇에도亦上述과如히本項後段에該當ᄒᆞᆯ지니라

第二項 本項은旣히收受ᄒᆞᆫ賄賂金品의處分法을規定ᄒᆞᆫ者ㅣ라前項의境遇에公務員又ᄂᆞᆫ仲裁人의旣히收受ᄒᆞᆫ賄賂ᄂᆞᆫ其現存ᄒᆞᄂᆞᆫ時ᄂᆞᆫ全部를沒收ᄒᆞ되若旣히消費되야全部又ᄂᆞᆫ一部가沒收키不能ᄒᆞᆫ者될時ᄂᆞᆫ

其價額을追徵ᄒᆞ나니라蓋此를沒收ᄒᆞᆷ은犯人으로ᄒᆞ야곰不正ᄒᆞᆫ利를得치못ᄒᆞ게ᄒᆞ고其犯罪의原因된貪慾心을懲戒코져ᄒᆞᆷ에在ᄒᆞ니故로其收受ᄒᆞ야得ᄒᆞᆫ賄賂金品을消費已盡ᄒᆞᆫ時ᄂᆞᆫ其價額을追徵ᄒᆞ야써其犯人으로ᄒᆞ야곰前項의刑을受ᄒᆞᄂᆞᆫ外에更히財產上損害되ᄂᆞᆫ事를知케ᄒᆞ야惡弊를杜絕케ᄒᆞ나니라

第百九十八條 公務員又ᄂᆞᆫ仲裁人에賄賂를交付、提供又ᄂᆞᆫ約束ᄒᆞᆫ者ᄂᆞᆫ三年以下의懲役又ᄂᆞᆫ三百圓以下의罰金에處ᄒᆞᆷ

前項의罪를犯ᄒᆞᆫ者ㅣ自首ᄒᆞᆫ時ᄂᆞᆫ其刑을減輕又ᄂᆞᆫ免除ᄒᆞᆯ事를得ᄒᆞᆷ

本條ᄂᆞᆫ賄賂를贈ᄒᆞᆫ者를罰ᄒᆞᄂᆞᆫ規定이라、蓋賄賂의惡弊를除去ᄒᆞᆷ에ᄂᆞᆫ此를收ᄒᆞᆫ者만罰ᄒᆞᆷ보다寧히其與者、受者를幷罰ᄒᆞᆷ이必要ᄒᆞ며且此等은往往히與者로부터其弊를先釀ᄒᆞᄂᆞᆫ事ㅣ多ᄒᆞᆫ故로本條를設ᄒᆞ야贈與者도一獨立ᄒᆞᆫ犯罪로ᄒᆞ니即公務員又ᄂᆞᆫ仲裁人에게賄賂를交付ᄒᆞ거나又ᄂᆞᆫ此를提供ᄒᆞ고或은贈賄의約束을行ᄒᆞᆫ者ᄂᆞᆫ本條의刑을不免ᄒᆞᆯ지니라然而其事의姑히發覺치아니ᄒᆞᆫ前에自首（自首에關ᄒᆞᆫ詳細ᄂᆞᆫ第一編第七章參照）ᄒᆞᆫ時ᄂᆞᆫ其刑을減輕又ᄂᆞᆫ免除ᄒᆞ나니原則으로ᄂᆞᆫ如何ᄒᆞᆫ犯罪든지自首ᄒᆞᆫ者ᄂᆞᆫ刑을幾分間減等ᄒᆞᆷ을得ᄒᆞ되本條에ᄂᆞᆫ特히刑을全免ᄒᆞ기ᄭᆞ지自首를奬勵ᄒᆞ엿스니此ㅣ賄賂의罪ᄂᆞᆫ概是秘密ᄒᆞ야發覺키難ᄒᆞᆫ者인으로犯罪의發覺을容易케ᄒᆞ기爲ᄒᆞᆷ이라然而前條公務員、仲裁人의境遇에ᄂᆞᆫ特別免除의恩典이無ᄒᆞ되本條贈賂者에만此規定이有ᄒᆞᆫ所以ᄂᆞᆫ公務員、仲裁人等은其最初所爲가既히可惡ᄒᆞᆫ者ㅣ로되此를贈ᄒᆞᄂᆞᆫ者ᄂᆞᆫ納賂ᄂᆞᆫ自己의利益을保護ᄒᆞ기爲ᄒᆞ야必要ᄒᆞᆷ으로寧히人情의常일뿐아니라此自首로因ᄒᆞ야受賂者ᄭᆞ지發見되ᄂᆞᆫ故로公務員、仲裁人等으로益益賄賂에安心치못ᄒᆞ게ᄒᆞ야惡弊를杜ᄒᆞ기에最히必要ᄒᆞᆫ故ㅣ니라

第二十六章 殺人의罪

本章은殺人及自殺幇助罪를規定ᄒᆞᆷ이라然이나朝鮮人의殺人犯에關ᄒᆞ야ᄂᆞᆫ現今間本章을適用치아니ᄒᆞ고刑法大全을適用ᄒᆞᄂᆞᆫ事ᄂᆞᆫ既히說明ᄒᆞᆫ바ㅣ라然而若某犯罪가刑法大全（現今間有効ᄒᆞᆫ條項）에明文이

無ᄒᆞ고本章에明文이有ᄒᆞᆯ時ᄂᆞᆫ亦本法에依ᄒᆞ야處斷될바ᄂᆞᆫ勿論이니라

〔參照〕朝鮮刑事令第四十一條、刑法大全(見下)各條及其註를叅着ᄒᆞ라

第百九十九條　人을殺ᄒᆞᆫ者ᄂᆞᆫ死刑又ᄂᆞᆫ無期或은三年以上의懲役에處홈

本條ᄂᆞᆫ一般殺人의罪를規定ᄒᆞᆫ者ㅣ라、盖犯罪의方法、性質에ᄂᆞᆫ謀殺、故殺又ᄂᆞᆫ毒殺等의區別이有ᄒᆞᆯ지로ᄃᆡ本條ᄂᆞᆫ唯一殺人罪로ᄒᆞ야其犯罪의狀況如何에依ᄒᆞ야此에相當ᄒᆞᆫ刑을科ᄒᆞᆯ事로ᄒᆞ니故로人을殺ᄒᆞᆫ者ᄂᆞᆫ其犯情의如何에依ᄒᆞ야或은死刑에處ᄒᆞᆯ事도有ᄒᆞᆯ지오或은無期懲役에處ᄒᆞᆯ事도有ᄒᆞᆯ지며又或은三年以上의有期懲役에處ᄒᆞᆯ事도有ᄒᆞᆯ지니라

茲에注意를要ᄒᆞᆯ바ᄂᆞᆫ本條中人을殺ᄒᆞᆫ者이라ᄒᆞᆷ은假令如何ᄒᆞᆫ人을殺ᄒᆞ엿든지不分ᄒᆞ고皆殺人罪를成ᄒᆞ나니故로舊來에論罪치아니ᄒᆞ든바父가子를殺ᄒᆞ며夫가妻를殺ᄒᆞ며主人이奴婢를殺ᄒᆞᆫ等도皆本條의犯罪를搆成ᄒᆞᆯ지니라

第二百條　自己又ᄂᆞᆫ配偶者의直系尊屬을殺ᄒᆞᆫ者ᄂᆞᆫ死刑又ᄂᆞᆫ無期懲役에處홈

本條ᄂᆞᆫ自己又ᄂᆞᆫ配偶者의直系尊屬을殺ᄒᆞᆫ者의罪를規定홈이라、本條의直系尊屬이라ᄒᆞᆷ은自己로부터溯上ᄒᆞ야父母、祖父母、曾祖父母及高祖父母等을云홈이오又夫가妻方의直系尊屬에對ᄒᆞ며妻가夫方의直系尊屬에對ᄒᆞ야도亦同ᄒᆞ고又直系라ᄒᆞᆫ故로傍系尊屬假令從叔父母從祖父母等은此에不含홈이라

凡直系尊屬은何人이든지皆尊親으로ᄒᆞ야古來의道德觀念으로부터厚히此를奉養ᄒᆞ야써其卑屬되ᄂᆞᆫ者의各定ᄒᆞᆫ義務를盡치아니치못ᄒᆞᆯ바어ᄂᆞᆯ反히此를殺害ᄒᆞᆷ은縱令其間에如何ᄒᆞᆫ情實이有ᄒᆞᆯ지라도滅倫無道의大惡이라云치아니치못ᄒᆞᆯ지니是本條에依ᄒᆞ야普通殺人의境遇보다其刑을重히ᄒᆞᆫ所以라

第二百一條　前二條의罪을犯ᄒᆞᆯ目的으로써其豫備를行ᄒᆞᆫ者ᄂᆞᆫ二年以下의懲役에處홈但情狀을因ᄒᆞ야其刑을免除ᄒᆞᆯ事를得홈

本條는殺人罪의豫備所爲를罰ᄒᆞᄂᆞᆫ規定이라、抑豫備라홈은例如他人又는直系尊屬을殺홀次로凶器를購入ᄒᆞ거나毒藥을準備ᄒᆞᄂᆞᆫ等犯罪에必要ᄒᆞᆫ準備行爲를云홈이니蓋是等은犯罪가아즉事實에發現되지아니ᄒᆞ고且此에因ᄒᆞ야危害를受ᄒᆞᄂᆞᆫ者도無ᄒᆞᆫ故로原則으로ᄂᆞᆫ此를罰치아니ᄒᆞᄂᆞᆫ者ㅣ로ᄃᆡ殺人罪에至ᄒᆞ야ᄂᆞᆫ其關係가甚重ᄒᆞ야此를未然之前에制止케홀必要가尤切ᄒᆞ고且其豫備行爲라도因ᄒᆞ야犯罪의實行에至ᄒᆞ기容易ᄒᆞᆫ危險이有ᄒᆞ야社會의秩序를破홈이不少ᄒᆞᆫ故로法律은例外로此를罰홀事로ᄒᆞ니卽本條와如홈이是라然이나同是豫備所爲라도其罪狀이輕微ᄒᆞ야害가無ᄒᆞᆫ者될時ᄂᆞᆫ其刑을科홀必要가無ᄒᆞᆫ故로其情狀에因ᄒᆞ야ᄂᆞᆫ刑을全免홀事를得홀者로ᄒᆞ니라

第二百二條　人을敎唆或은幇助ᄒᆞ야自殺케ᄒᆞ거나又ᄂᆞᆫ被殺者의囑託을受ᄒᆞ고或은其承諾을得ᄒᆞ야此를殺ᄒᆞᆫ者ᄂᆞᆫ六月以上七年以下의懲役又ᄂᆞᆫ禁錮에處홈

本條ᄂᆞᆫ人을敎唆幇助ᄒᆞ야自殺케ᄒᆞ거나又ᄂᆞᆫ自殺코자ᄒᆞᄂᆞᆫ者의囑託을受ᄒᆞ고或은承諾을得ᄒᆞ야此를殺ᄒᆞᄂᆞᆫ者를罰ᄒᆞᄂᆞᆫ規定이라、蓋犯罪敎唆及幇助에關ᄒᆞ야ᄂᆞᆫ第一編總則에旣히一般的規定이有홈에不拘ᄒᆞ고玆에自殺敎唆又ᄂᆞᆫ自殺幇助에關ᄒᆞᆫ規定을特設ᄒᆞᆫ理由ᄂᆞᆫ凡敎唆ᄂᆞᆫ被敎唆者가犯罪를行ᄒᆞᆫ境遇에라야敎唆罪가成立되고幇助罪ᄂᆞᆫ主犯의犯罪를幇助홈에依ᄒᆞ야罪가되ᄂᆞᆫ者ㅣ라然而自殺은自殺者를罰ᄒᆞᄂᆞᆫ明文이無홈으로罪가아니라從ᄒᆞ야犯罪를敎唆ᄒᆞᆫ境遇又ᄂᆞᆫ犯罪를幇助ᄒᆞᆫ境遇에關ᄒᆞᆫ總則篇의規定은玆에適用키不得홀지니此ㅣ本條에셔此를獨立ᄒᆞᆫ罪로ᄒᆞ야規定ᄒᆞᆫ所以라

凡人은自己를爲ᄒᆞ야生存홀ᄲᅮᆫ아니라社會를爲ᄒᆞ야生存ᄒᆞᄂᆞ니故로吾人의一身은自己의身이아니라國家의身이며社會의身이어ᄂᆞᆯ濫히自己의行爲로生命을自害홈은社會公益을害ᄒᆞᄂᆞᆫ事ㅣ甚大ᄒᆞᄂᆞ니然而其囑託을受ᄒᆞ고又ᄂᆞᆫ其承諾을受홀지라도其囑託承諾은無効될ᄲᅮᆫ아니라此下手ᄒᆞᆫ者도亦社會를害ᄒᆞᆫ者라云홀지오又其敎唆者、幇助者에至ᄒᆞ야ᄂᆞᆫ尤甚ᄒᆞ니故로此等者ᄂᆞᆫ本條에依ᄒᆞ야處罰ᄒᆞ되唯其犯情의

如何에因ᄒᆞ야七年以下六月以上의範圍에서多少酌量이有ᄒᆞᆯ바ᄂᆞᆫ勿論이니라

第二百三條 第百九十九條、第二百條及前條의未遂罪ᄂᆞᆫ此를罰홈

本章의殺人及自殺과自殺의敎唆、幇助等罪를犯ᄒᆞ기爲ᄒᆞ야旣히着手ᄒᆞ거나又ᄂᆞᆫ實行ᄒᆞ얏다가未遂ᄒᆞᆫ者ᄂᆞᆫ비록結果를不生ᄒᆞ엿스되亦本條에依ᄒᆞ야處罰ᄒᆞᄂᆞ니、即殺人의罪ᄂᆞᆫ預備行爲도此를罰홈은第二百一條에旣說ᄒᆞᆫ바어니와未遂ᄂᆞᆫ行爲의進度가預備보다尤重ᄒᆞᆫ所以라然而未遂罪處分方法은第一編第八章에旣述ᄒᆞᆫ바ㅣ라

照叅 今에本章에關ᄒᆞᆫ事實問題의數種에就ᄒᆞ야處分方法을示ᄒᆞᆯ지라

(1)、甲某가獵銃으로山雉를射ᄒᆞ엿다가誤히樵夫乙을中ᄒᆞ야致死ᄒᆞᆫ時ᄂᆞᆫ甲者의處分이如何ᄒᆞᆯ고。此境過에ᄂᆞᆫ甲은人을殺ᄒᆞᆯ犯意가無ᄒᆞᆫ故로(第三十八條第一項叅照)本章各條에該當치아니ᄒᆞ야全혀無罪될지니라然이나甲者ㅣ若相當ᄒᆞᆫ注意를缺ᄒᆞ야此結果를生ᄒᆞᆫ者될時ᄂᆞᆫ別로히過失傷害罪를搆成ᄒᆞᄂᆞᆫ故로第二百十一條의處斷을受ᄒᆞᆯ事ㅣ有ᄒᆞᆯ지니라

(2)、甲某가暗夜에人을遇ᄒᆞ야讐敵者로誤認ᄒᆞ고拔劒擊殺ᄒᆞ엿더니被害者ᄂᆞᆫ巧히讐敵者가아니오甲의妻父라此境遇에ᄂᆞᆫ甲은本章第二百條로處分될者인가。此境遇에ᄂᆞᆫ犯人은人을殺ᄒᆞᆯ犯意가有ᄒᆞ야此를殺ᄒᆞ엿스나犯時에其人이自己妻夫임을不知ᄒᆞᆫ故로亦第二百條에依키不能ᄒᆞ고(第三十八條第二項叅照)惟其百九十九條에依ᄒᆞ야處罰될뿐이니라

(3)、乙某ᄂᆞᆫ甲某에對ᄒᆞ야曾히殘酷ᄒᆞᆫ所爲가有ᄒᆞᆷ으로刻骨의讐怨者ㅣ라今에甲이乙을殺ᄒᆞ야報讎ᄒᆞᆯ目的으로白刃을磨ᄒᆞᆫ所爲가有ᄒᆞᄂᆞ니甲者의罪狀及處分方法이如何ᄒᆞᆯ고。此境遇ᄂᆞᆫ即所謂殺人의預備라故로第二百一條에依ᄒᆞ야處罰될지로다唯其情狀이可怜ᄒᆞᆯ진ᄃᆡ其刑을減免ᄒᆞᆯ事ㅣ有ᄒᆞᆯ지니라

(4)、甲婦가其姑를毒殺ᄒᆞᆯ目的으로毒藥을飮食에混和ᄒᆞ야此를方進勸ᄒᆞ다가夫에發覺되거나又ᄂᆞᆫ砂糖을毒藥으로誤認ᄒᆞ고混和飮食케ᄒᆞ야死의結果를不生ᄒᆞᆫ時에甲婦의處分이如何ᄒᆞᆯ고。此ᄂᆞᆫ配偶者의直

系尊屬에對ᄒᆞᆫ未遂犯이니(第一篇第八章叅照)普通으로ᄂᆞᆫ未遂犯을罰치아니ᄒᆞᄂᆞᆫ殺人에關ᄒᆞᆫ者ᄂᆞᆫ此를罰(第二百三條規定)ᄒᆞᄂᆞᆫ故로第二百條에依ᄒᆞ야處罰ᄒᆞ되未遂된所以로多少其刑을減輕ᄒᆞᆯ지니라

(5)、甲은家事에不和가多ᄒᆞ야生活의樂이無ᄒᆞᆫ者ㅣ러니乙某ㅣ甲을勸誘ᄒᆞ야曰生不如死ᄒᆞ니寧히此時로써海에投ᄒᆞ야萬事를忘却ᄒᆞ면豈不快哉아ᄒᆞᆷ으로甲은因히自殺을決心ᄒᆞ고海에溺死ᄒᆞᆫ時ᄂᆞᆫ乙者ㅣ有罪乎아。果然甲으로必死케ᄒᆞᆯ기爲ᄒᆞ야此를誘說ᄒᆞ엿슬진ᄃᆡ自殺敎唆罪로써第二百二條의處斷을不免ᄒᆞᆯ지라然이나乙은甲을死케ᄒᆞ라ᄒᆞᆷ이아이라甲의不死ᄒᆞᆯ바를知ᄒᆞ면셔單히此를慰安ᄒᆞ기爲ᄒᆞ며又ᄂᆞᆫ奮發케ᄒᆞ기爲ᄒᆞ야써例言으로發ᄒᆞᆫ者라ᄒᆞᆯ時ᄂᆞᆫ此條의犯罪를不成ᄒᆞ나니라(第一篇第十一章叅照)

(6)、甲者ㅣ自殺을企圖ᄒᆞ야酒에毒藥을和ᄒᆞ야方飮ᄒᆞ라ᄒᆞᆯ際에乙者ㅣ此를見知ᄒᆞ고仍히其盃를擧ᄒᆞ야甲에게傾飮케ᄒᆞ야死ᄒᆞᆫ時ᄂᆞᆫ乙者ᄂᆞᆫ第二百二條의自殺幇助罪를成ᄒᆞᆯ가。成ᄒᆞᆯ지라然이나若乙이其際에毒藥이和치아니ᄒᆞᆫ普通의酒로全히誤認ᄒᆞ고此를飮케ᄒᆞᆫ時ᄂᆞᆫ無罪될지니라

(7)、甲은生計가不如意ᄒᆞᆷ으로常히自殺코자ᄒᆞ나適當ᄒᆞᆫ機會가無ᄒᆞ더니適時乙某를遭ᄒᆞ야銃으로我를射ᄒᆞ면其酬勞로我의財産을與ᄒᆞ리라成約ᄒᆞᆫ故로乙某가此를實行ᄒᆞ야甲이死ᄒᆞᆫ境遇에乙의罪가如何ᄒᆞᆯ고。此ᄂᆞᆫ所謂囑託을受ᄒᆞ고人을殺ᄒᆞᆫ故로第二百二條에依ᄒᆞ야處罰될자오且其所謂契約도全然無効에歸ᄒᆞᄂᆞᆫ故로民事上報酬도請求ᄒᆞᆷ을不得ᄒᆞᆯ지니라

(8)、甲醫師ㅣ毒藥又ᄂᆞᆫ解剖를爲ᄒᆞ야人을死케ᄒᆞᆷ을試驗코자ᄒᆞ더니適時乙某의自殺企圖를聞知ᄒᆞ고此에言及ᄒᆞ야乙의承諾을得ᄒᆞᆫ後毒藥을用ᄒᆞ엿스나藥効가弱ᄒᆞ야死치아니ᄒᆞᆫ時ᄂᆞᆫ甲醫ᄂᆞᆫ有罪乎아。有罪ᄒᆞ니即第二百二條의所謂自殺코ᄌᆞᄒᆞᄂᆞᆫ者의承諾을得ᄒᆞ고此를殺케ᄒᆞᄂᆞᆫ罪에該當ᄒᆞ니라然이나毒藥의効弱으로死치아니ᄒᆞᆷ은所謂意外의障碍에因ᄒᆞ야犯罪를遂成치아니ᄒᆞᆫ未遂며第二百三條에依ᄒᆞ야自殺에關ᄒᆞᆫ未遂罪라도此를罰ᄒᆞᄂᆞᆫ故로亦第二百二條의未遂로裁制됨을不免ᄒᆞᆯ지니라

第二十七章　傷害의罪

本章은人의身體를傷害ᄒᆞᄂᆞᆫ者의罪를規定홈이라人을毆打ᄒᆞ야傷을負케ᄒᆞ거나又ᄂᆞᆫ毆打以外의方法에因ᄒᆞ야身體의內部又ᄂᆞᆫ外部를害ᄒᆞᆫ者ᄂᆞᆫ皆傷害의罪로ᄒᆞ야本章에依ᄒᆞ야處斷ᄒᆞᄂᆞ니라

第二百四條　人의身體를傷害ᄒᆞᆫ者ᄂᆞᆫ十年以下의懲役又ᄂᆞᆫ五百圓以下의罰金或은科料에處홈

本條ᄂᆞᆫ人의身體를傷害ᄒᆞᆫ者를罰ᄒᆞᄂᆞᆫ規定이며、凡傷害의罪ᄂᆞᆫ其傷害의程度도極廣ᄒᆞ고其方法、手段과如홈도亦甚多ᄒᆞ니即或은劍、棒等을用ᄒᆞᆫ者도有ᄒᆞᆯ지오單히手腕으로打ᄒᆞ거나足으로蹴홈도有ᄒᆞᆯ지오且或은人을毆打ᄒᆞ야癈疾에至케ᄒᆞᆫ境遇、篤疾에至케ᄒᆞᆫ境遇、疾病休業에至케ᄒᆞᆫ境遇又ᄂᆞᆫ疾病休業에至케아니ᄒᆞ고單히若干流血에至케ᄒᆞ며又ᄂᆞᆫ傷處가外部에表出치아니ᄒᆞ나腸胃等을傷害ᄒᆞᆫ境遇等方法이實로多岐ᄒᆞ며此等의犯意情況도相異ᄒᆞᆫ者多ᄒᆞᆯ지오又其傷害의程度에도亦千差萬別임으로本法은此等을一々區別치아니ᄒᆞ고総히傷害의一罪로ᄒᆞ야刑의高低度를示ᄒᆞ야各個相當ᄒᆞᆫ刑을科케ᄒᆞᄂᆞᆫ主義를採ᄒᆞᆫ故로其刑의範圍도甚히此를廣博히ᄒᆞ엿스니是以로犯罪의實情狀況等을裁判官이此를適宜斟酌ᄒᆞ야本條의範圍內에셔適當ᄒᆞᆫ刑을科케ᄒᆞᆯ事를得ᄒᆞᆯ지니라

第二百五條　身體傷害에因ᄒᆞ야人을死에致ᄒᆞᆫ者ᄂᆞᆫ二年以上의有期懲役에處홈
自己又ᄂᆞᆫ配偶者의直系尊屬에對ᄒᆞ야犯ᄒᆞᆫ時ᄂᆞᆫ無期又ᄂᆞᆫ三年以上의懲役에處홈

[第一項]人의身體를傷害ᄒᆞᆫ故로此ㅣ原因이되야其人이死ᄒᆞᆫ時ᄂᆞᆫ假令此를殺ᄒᆞᆯ意가無ᄒᆞ다ᄒᆞᆯ지라도本條에依ᄒᆞ야罰ᄒᆞᆯ지오若殺意가有ᄒᆞ엿든者이면殺人罪의條項에從ᄒᆞ야處斷될지라抑本條의罪를判斷홈에極히必要ᄒᆞᆫ者ᄂᆞᆫ被害者가其傷害가原因이되야死亡ᄒᆞᆫ與否를區別치아니치못ᄒᆞᆯ事ㅣ即是라今에此區別에關ᄒᆞᆫ刑法學者의一般定論을據ᄒᆞ건ᄃᆡ如左ᄒᆞ니

(一)、若傷害가死를招ᄒᆞᆯ만ᄒᆞᆫ事이判然ᄒᆞᆫ者될時ᄂᆞᆫ其死亡이傷害를加ᄒᆞᆫ即時에在ᄒᆞᆫ者ᄂᆞᆫ尙矣어니와若干

日時의后에在ᄒᆞ야其死亡前에適當ᄒᆞᆫ治療의方法을施치아니ᄒᆞ엿슬지라도尙且加害者ᄂᆞᆫ其傷害가死亡原因된責을免치못ᄒᆞᆯ지라

(二)、此에反ᄒᆞ야其傷害가死亡의原因이되지아니ᄒᆞᆯ事ㅣ判明ᄒᆞᆫ者될時ᄂᆞᆫ其死亡은傷害에原因ᄒᆞᆫ者로推定치아니ᄒᆞ고即其傷害의救療方法이過失又ᄂᆞᆫ懈怠됨에原因ᄒᆞᆫ者로推定ᄒᆞ야加害者ᄂᆞᆫ本條의責을免ᄒᆞᆯ지오唯其實地不然ᄒᆞᆫ反證의如何에因ᄒᆞ야此를處斷될事ㅣ有ᄒᆞᆯ지니라

(三)、傷害의性質及其結果의認知키難ᄒᆞᆫ曖昧疑訝가存ᄒᆞᆫ者될時ᄂᆞᆫ其被害者의受ᄒᆞᆫ治療와其看護의如何를檢案ᄒᆞ야醫師又ᄂᆞᆫ被害者에懈怠不愼의痕跡이無ᄒᆞ고充分治療ᄒᆞ엿스나竟乃死ᄒᆞᆫ者될時ᄂᆞᆫ其死로써傷害者의責에歸ᄒᆞᆯ지니라然而此에反ᄒᆞ야攝生不注意等治療ᄒᆞᆯ바를治療치아니ᄒᆞᆷ과如ᄒᆞᆫ證跡이存ᄒᆞᆯ時ᄂᆞᆫ傷害者ᄂᆞᆫ唯傷害의責에任ᄒᆞᆯ뿐이오其死亡의責에任치아니ᄒᆞᆯ지니라

以上의區別은傷害와死亡의間에因果의關係가無키不可ᄒᆞ다ᄒᆞᄂᆞᆫ法則에基ᄒᆞᆫ者ㅣ라云ᄒᆞᆯ지니即傷害의性質이人을死에致ᄒᆞᆯ者아닌時ᄂᆞᆫ傷害에原因되지아니ᄒᆞᆫ他의疾病이忽生ᄒᆞᆫ時에被害者가不攝生ᄒᆞ거나又ᄂᆞᆫ醫師가其治療를怠ᄒᆞ며被害者ㅣ含忿自速ᄒᆞᆫ等과如ᄒᆞᆷ은假令死의結果를生ᄒᆞ엿슬지라도傷害에因ᄒᆞ야人을死에致ᄒᆞᆫ者라云ᄒᆞᆷ을不得ᄒᆞᆯ者로解ᄒᆞᆯ지니라

第二項身體의傷害에因ᄒᆞ야自己又ᄂᆞᆫ配偶者의直系尊族을死에致ᄒᆞᆫ時ᄂᆞᆫ其情狀이重ᄒᆞᆫ者임으로前項보다其刑을愈重히ᄒᆞ야罰ᄒᆞᆯ事로ᄒᆞᆷ이니其情狀을重ᄒᆞ다ᄒᆞᆫ理由ᄂᆞᆫ第二百條에셔說明ᄒᆞᆫ바와同ᄒᆞᆷ이라

第二百六條　前二條의犯罪가有ᄒᆞᆷ에當ᄒᆞ야現場에셔勢를助ᄒᆞᆫ者ᄂᆞᆫ스ᄉᆞ로人을傷害치아니ᄒᆞᆫ지라도一年以下의懲役又ᄂᆞᆫ五十圓以下의罰金或은科料에處ᄒᆞᆷ

本條ᄂᆞᆫ傷害의罪에加勢ᄒᆞᆫ者의罪를規定ᄒᆞᆷ이라、人을傷害ᄒᆞᄂᆞᆫ現場에셔加害者에勢를添ᄒᆞᆫ者即스ᄉᆞ로下手ᄒᆞ야毆打를助ᄒᆞᆫ事ㅣ無ᄒᆞᆯ지라도單히言語動作으로加害者에게勢援을與ᄒᆞᆫ者ᄂᆞᆫ本條에依ᄒᆞ야此를

罰ᄒᆞ나니是其犯罪를容易케ᄒᆞ고被害를難免케ᄒᆞᆫ者인故ㅣ니라

第二百七條 二人以上으로暴行을加ᄒᆞ야傷害ᄒᆞᆫ境遇에서傷害의輕重을知ᄒᆞ기不能ᄒᆞ거나又ᄂᆞᆫ其傷害를生케ᄒᆞᆫ者를知ᄒᆞ기不能ᄒᆞᆯ時ᄂᆞᆫ共同者가아니라도共犯의例에依홈

本條ᄂᆞᆫ二人以上으로暴行을加ᄒᆞ거나又ᄂᆞᆫ傷害ᄒᆞᆫ境遇에在ᄒᆞᆫ罪의規定이라、卽二人以上의者가暴行을加ᄒᆞ고此를因ᄒᆞ야人을傷害ᄒᆞᆫ境遇에서其何者가如何ᄒᆞᆫ傷害를與ᄒᆞ엿ᄂᆞᆫ지行爲의輕重을知키不能ᄒᆞᆫ境遇又ᄂᆞᆫ其傷害를生케ᄒᆞᆫ者ㅣ數人中何者임을知키不能ᄒᆞᆫ者될時ᄂᆞᆫ假令其加害者二人은自初로通謀ᄒᆞᆫ者이아니오偶然히同時에傷害行爲를共行ᄒᆞᆫ者卽共同行爲者가아닐지라도共犯의例에依ᄒᆞ야皆是正犯으로此를處斷ᄒᆞ나니卽數人이自初로共謀ᄒᆞ야暴行으로人을傷害ᄒᆞ엿슬진ᄃᆡ其加害의輕重을不問ᄒᆞ고共犯으로써論斷될바ㅣ無疑ᄒᆞ나假令甲某가乙某에게暴行을加ᄒᆞᆯ同時에偶然히丙某가亦乙某에게暴行을加ᄒᆞ야或結縛ᄒᆞ며或毆打ᄒᆞ야負傷ᄒᆞᆫ境遇에其甲者의行爲와丙者의行爲가輕重이明確ᄒᆞ거나其傷處가甲者의所爲이며丙者의所爲인事ㅣ明히區別될時ᄂᆞᆫ其輕ᄒᆞᆫ者ᄂᆞᆫ單히幇助行爲로ᄒᆞ야從犯될ᄲᅮᆫ이로ᄃᆡ凡此等境遇에ᄂᆞᆫ往往히其區別에判明치못ᄒᆞᆫ事ㅣ多ᄒᆞ며且多是所爲가殆同ᄒᆞᆫ故로此區別을知키不能ᄒᆞᆫ境遇에ᄂᆞᆫ其加害者를總히正犯으로ᄒᆞᄂᆞᆫ바ㅣ라、然이나又假令甲은乙을結縛ᄒᆞ야抵抗치못ᄒᆞ게ᄒᆞ고丙이此를毆打ᄒᆞ라ᄒᆞᆯ時에丁某가在傍ᄒᆞ야壯哉快哉라ᄒᆞ야乙의勇氣를讚揚ᄒᆞ면셔木棒을拾與ᄒᆞᆫ故로丙은此棒으로써乙의頭骨을打傷ᄒᆞ야仍히致死ᄒᆞ엿슬진ᄃᆡ如何ᄒᆞᆯ고此境遇에ᄂᆞᆫ乙의傷害를生ᄒᆞᆫ者ㅣ丙者됨을知ᄒᆞᄂᆞᆫ故로丙은其傷害行爲에因ᄒᆞ야人을致死케ᄒᆞᆫ바第二百五條의正犯될지오甲은同條의從犯으로ᄒᆞ야多少刑을減輕ᄒᆞᆯ지며丁은現場에셔助勢ᄒᆞᆫ故로第二百六條의罪로論斷될지니라

第二百八條 暴行을加ᄒᆞᆫ者ㅣ人을傷害홈에至치아니ᄒᆞᆫ時ᄂᆞᆫ一年以下의懲役或은

五十圓以下의罰金又는拘留或은科料에處홈

前項의罪는告訴를待ᄒᆞ야此를論홈

第一項 人에게暴行을加ᄒᆞ야或束縛或毆打ᄒᆞ엿스나아즉傷害에不至ᄒᆞᆫ者는其罪가前數條의罪보다輕微ᄒᆞᆫ故로特히本條를設ᄒᆞ야其刑을輕히ᄒᆞ니라然이나如何ᄒᆞᆫ程度로써傷害에不至홈이라ᄒᆞᆯ가此는專히法官의認定에因ᄒᆞᆯ바로ᄃᆡ例如一二次頰을批打ᄒᆞ거나或背胷을拳打ᄒᆞ거나又는脚을蹴ᄒᆞ며棒을加ᄒᆞ엿스나骨肉에顯著ᄒᆞᆫ傷處가不生ᄒᆞ고又出血홈과及流血浪藉ᄒᆞ나元來出血ᄒᆞ기易ᄒᆞᆫ處를少觸ᄒᆞᆫ者等은皆傷害를生ᄒᆞ엿다云치못ᄒᆞᆯ지니라

第二項 前項의罪는元來輕微ᄒᆞᆫ者인즉被害者의告訴를待ᄒᆞ야其罪를論ᄒᆞᆯ事로ᄒᆞ야告訴가無ᄒᆞᆫ時는法律은此에干涉ᄒᆞᆯ事를避ᄒᆞ나니盖些少ᄒᆞᆫ喧嘩爭鬩은人間常有ᄒᆞᆫ事인즉此를法司가一々히干涉ᄒᆞ야處罰홈은煩鎖를不堪ᄒᆞᆯ지니故로此를親告罪로홈이實際上便利ᄒᆞᆫ所以라

第二十八章 過失傷害의罪

本章은過失에依ᄒᆞ야人을傷害ᄒᆞᆫ者를罰ᄒᆞᄂᆞᆫ規定이라卽過失傷害는過誤ᄒᆞ야人을傷害ᄒᆞᆫ者인즉元來犯罪의意思가無ᄒᆞᆫ者이라犯意가無ᄒᆞᆫ行爲는法律이此를罰치아니홈은總則에셔此를規定ᄒᆞᆫ지라然ᄒᆞ나其過失의重大ᄒᆞᆫ者는或은告訴를待ᄒᆞ거나或은告訴가無ᄒᆞᆯ지라도法律은此를罰ᄒᆞᆯ事로ᄒᆞ나니此ㅣ本章의規定이有ᄒᆞᆫ所以니라

第二百九條 過失에因ᄒᆞ야人을傷害ᄒᆞᆫ者는五百圓以下罰金又는科料에處홈

前項의罪는告訴를待ᄒᆞ야此를論홈

本條는過失에因ᄒᆞ야人을傷害ᄒᆞᆫ者는비록罪를犯ᄒᆞᆯ意思가無ᄒᆞᆯ지라도其過失이有ᄒᆞᆫ所以로他에不測ᄒᆞᆫ傷害를負케홈은亦默過키難ᄒᆞᆫ所爲라故로本條에依ᄒᆞ야處斷ᄒᆞ되若被害者의告訴가無ᄒᆞᆫ境遇에는法

律은强히此를究覈치아니ᄒᆞ나니라

玆에過失이라ᄒᆞᆷ은人을傷害ᄒᆞ라ᄒᆞᄂᆞᆫ故意가無ᄒᆞ고單히普通으로盡ᄒᆞᆯ만ᄒᆞᆫ注意를不盡ᄒᆞᆫ境遇를云ᄒᆞᆷ이니假令往來複雜ᄒᆞᆫ途上에車馬를馳ᄒᆞᄂᆞᆫ者ㅣ其技能만濫恃ᄒᆞ고他에適當히回避ᄒᆞᆯ方途를不取ᄒᆞ야因ᄒᆞ야他에觸ᄒᆞ야人으로傷害를負케ᄒᆞ거나又ᄂᆞᆫ茫然히注意를失ᄒᆞ엿다가及其危迫에或疾呼鳴鍾ᄒᆞ엿스나他ᄂᆞᆫ回避ᄒᆞᆯ暇隙이無ᄒᆞ거ᄂᆞᆯ仍히急馳를縱ᄒᆞ야人을觸傷ᄒᆞᆫ境遇等은皆過失이라云ᄒᆞᆯ지라然이나充分回避의餘地가有ᄒᆞ야適當ᄒᆞᆫ注意를與ᄒᆞ엿스나他가此를回避치아니ᄒᆞ며車馬도旣히急에迫ᄒᆞ야其勢自止키難ᄒᆞ고因ᄒᆞ야他에放觸되야負傷됨과如ᄒᆞᆷ은元來過失에因ᄒᆞᆫ者ㅣ라云치못ᄒᆞᆯ지오此外에도亦類推可知ᄒᆞᆯ지니라然而過失傷害의犯罪ᄂᆞᆫ性質上社會의公安을害ᄒᆞᄂᆞᆫ所以가아니라爲主히個人의傷害를保護ᄒᆞ고져ᄒᆞᆷ이오且其多數境遇에ᄂᆞᆫ過失者被害者間에或은謝罪ᄒᆞ며或은損害를賠償ᄒᆞ야써互相關係를圓滿히落着ᄒᆞᆷ으로써被害者ᄂᆞᆫ此에滿足ᄒᆞ고更히公秩良俗에危害를及케ᄒᆞᄂᆞᆫ事ㅣ少ᄒᆞ나니故로其訴權은被害者에만限ᄒᆞ야其被害者가告訴ᄒᆞᆷ이無ᄒᆞ면法司ᄂᆞᆫ强히此를論罪치아니ᄒᆞᆯ事로ᄒᆞ니라

第二百十條 過失에因ᄒᆞ야人을死에致ᄒᆞᆫ者ᄂᆞᆫ千圓以下의罰金에處ᄒᆞᆷ

本條ᄂᆞᆫ過失에因ᄒᆞ야人을死에致케ᄒᆞᆫ者의罪를規定ᄒᆞᆷ이라、盖過失傷害의罪ᄂᆞᆫ親告罪로ᄒᆞ야被害者의告訴가無ᄒᆞ면罰ᄒᆞᄂᆞᆫ事ㅣ無ᄒᆞᆷ은前條와如ᄒᆞ거니와若人이此를因ᄒᆞ야死ᄒᆞᆫ時ᄂᆞᆫ此를親告罪로ᄒᆞ지아니ᄒᆞ고國家ᄂᆞᆫ必此를罰ᄒᆞᆷ이라夫人命은假令無惡意로此를害ᄒᆞᆫ者라도多少의責任이無치못ᄒᆞᆯ지니法律이此를罰ᄒᆞᆷ은人命은最히貴重ᄒᆞᆫ者인즉人으로ᄒᆞ야곰此를害케ᄒᆞ지아니ᄒᆞᆯ事에注意ᄒᆞᆯ責을負케ᄒᆞᄂᆞᆫ者ㅣ라然이나此ㅣ元來犯意가無ᄒᆞ고一時過失에出ᄒᆞᆫ者임으로써此를罰ᄒᆞᆷ에重刑으로써아니ᄒᆞ고罰金을科ᄒᆞᆯ事로ᄒᆞ니라

第二百十一條 業務上必要ᄒᆞᆫ注意를怠ᄒᆞ야因ᄒᆞ야人을死傷에致ᄒᆞᆫ者ᄂᆞᆫ三年以下

의禁錮又는千圓以下의罰金에處홈

本條는業務上當然注意홀事를怠ᄒᆞ야此를因ᄒᆞ야人을死에致ᄒᆞᆫ者는前二條보다其罪尤重ᄒᆞᆫ者인즉三年以下의禁錮又는千圓以下의罰金에處홀事를規定ᄒᆞ니라、盖此等의者는業務上他人보다重大ᄒᆞᆫ注意를行홀責이有ᄒᆞᆫ者인즉其注意를怠ᄒᆞᆫ境遇에其責任도亦大히홈은當然ᄒᆞᆫ바ㅣ라今其事例를擧ᄒᆞ건ᄃᆡ蒸汽機關取扱者가其破損處가有홈에不注意ᄒᆞ고蒸汽를沸홈에因ᄒᆞ야汽罐의破裂을致ᄒᆞ야써人을死傷케홈과沙工이舟筏의損毀又는櫓楫의將折홈을不顧ᄒᆞ고濟渡를行ᄒᆞ야因ᄒᆞ야破船或覆沈ᄒᆞ야人을死傷케ᄒᆞ는等은皆其所執ᄒᆞᆫ業務上에常히必要ᄒᆞᆫ注意를缺홈으로生ᄒᆞᆫ危險으로브터人을死傷케ᄒᆞᆫ者ㅣ라홀지니是其罪狀이特重ᄒᆞᆫ所以라

第二十九章　墮胎의罪

本章에는墮胎에關ᄒᆞᄂᆞᆫ罪를規定홈이라、墮胎라홈은藥物其他人工的方法으로써胎兒를天然分娩期에先ᄒᆞ야母體로부터脫出케ᄒᆞᄂᆞᆫ事를云홈이니此等目的은專히胎兒를死에致홈에在ᄒᆞ나니多是姦淫悖倫의結果로부터來ᄒᆞ거나又는貧困ᄒᆞ야分娩홀지라도此를養育키不能홈으로부터行ᄒᆞᄂᆞᆫ바弊風이라一方에在ᄒᆞ야ᄂᆞᆫ社會惡의風을矯正홀必要가有홀ᄲᅮᆫ아니라又一方에在ᄒᆞ야ᄂᆞᆫ此等行爲ᄂᆞᆫ人類의繁榮繼續을害ᄒᆞᄂᆞᆫ者임으로極히此를防止치아니키不可ᄒᆞ니故로本章에規定을設ᄒᆞ야此를嚴罰ᄒᆞᄂᆞᆫ所以라

第二百十二條　懷胎의婦女가藥物을用ᄒᆞ고又는其他의方法으로써墮胎ᄒᆞᆫ時는一年以下의懲役에處홈

本條는墮胎를自行ᄒᆞᆫ婦女의罪를規定홈이라、凡墮胎를行ᄒᆞᄂᆞᆫ目的은概其胎兒를死에致홈에在홈이로ᄃᆡ此罪의成立에는胎兒의死ᄒᆞ야出홀事를不要ᄒᆞ나니故로天然의分娩期에臨ᄒᆞ야毒藥을用ᄒᆞ야胎兒로死出케ᄒᆞᆫ者는尙矣어니와天然分娩前에或用藥或摩揑、撞胎其他方法을用ᄒᆞ야胎兒를脫落케홈은其目的이畢竟此로써順産을妨ᄒᆞ야胎兒를死케ᄒᆞ기爲홈이라縱令偶然ᄒᆞᆫ結果로其落下된胎兒가不死ᄒᆞ엿슬

자라도其行爲ᄂᆞᆫ墮胎의罪를構成홈이無疑ᄒᆞ며且其胎兒ᄂᆞᆫ一次母體內에서胎를成ᄒᆞᆫ以上은多少日月을經過ᄒᆞᆫ과人形을成ᄒᆞᆫ與否도不問ᄒᆞᄂᆞᆫ바ㅣ라、胎母가其兒을自墮홈은他에何等의害를及홈이無홈과如ᄒᆞ나前述홈과如히墮胎가旣히社會의弊風이며國家人生의繁殖을妨ᄒᆞᄂᆞᆫ者된以上은비록其胎母가自己의胎를墮ᄒᆞᆫ者ㅣ라도亦犯罪됨을不免ᄒᆞᆯ지니라

第二百十三條 婦女의囑託을受ᄒᆞ거나又ᄂᆞᆫ其承諾을得ᄒᆞ고墮胎케ᄒᆞᆫ者ᄂᆞᆫ二年以下의懲役에處홈因ᄒᆞ야婦女를死傷에致ᄒᆞᆫ者ᄂᆞᆫ三月以上五年以下의懲役에處홈

本條ᄂᆞᆫ婦女의囑託을受ᄒᆞ거나又ᄂᆞᆫ其承諾을得ᄒᆞ야墮胎케ᄒᆞᆫ者又ᄂᆞᆫ此가原因되야婦女를死傷에致케ᄒᆞᆫ者의罪를規定홈이라、即婦女의墮胎코저ᄒᆞᄂᆞᆫ意思가有ᄒᆞᆫ境遇에其囑託을受ᄒᆞ거나又ᄂᆞᆫ其婦女의承諾을得ᄒᆞ고墮胎를實行케ᄒᆞᆫ者ᄂᆞᆫ懷胎ᄒᆞᆫ婦女가스ᄉᆞ로此를行ᄒᆞᆫ者보다其情狀이尤重ᄒᆞᆫ者임으로前條보다其刑을重히ᄒᆞᆫ者ㅣ오又婦女의囑託을受ᄒᆞ거나或은其承諾을得ᄒᆞ야墮胎行爲를行ᄒᆞ야此를因ᄒᆞ야其婦女를死에致ᄒᆞ거나或은疾病에罹케ᄒᆞᆫ者ᄂᆞᆫ其罪狀이本條前段의境遇보다更重홈으로써五年以下의懲役에處ᄒᆞᆯ事로規定ᄒᆞ니라蓋此等者ᄂᆞᆫ自殺助力者(第二百二條註叅照)와如히其內容에ᄂᆞᆫ或은本人의情願에依ᄒᆞ며或은報酬를受ᄒᆞᄂᆞᆫ等이有ᄒᆞ야써墮胎에必要ᄒᆞᆫ藥品을供與ᄒᆞ거나方法을敎示ᄒᆞ거나直接墮下에下手ᄒᆞᆫ者라도旣히墮胎가國法의禁ᄒᆞᄂᆞᆫ者된以上은俱히本條의罪를不免ᄒᆞᆯ지오且其囑託、承諾等契約은元來無效되ᄂᆞᆫ者ㅣ니라

第二百十四條 醫師、産婆、藥劑師又ᄂᆞᆫ藥種商이婦女의囑託을受ᄒᆞ거나又ᄂᆞᆫ承諾을得ᄒᆞ고墮胎케ᄒᆞᆫ時ᄂᆞᆫ三月以上五年以下의懲役에處홈因ᄒᆞ야婦女를死傷에致ᄒᆞᆫ時ᄂᆞᆫ六月以上七年以下의懲役에處홈

本條ᄂᆞᆫ醫師、産婆、藥劑師又ᄂᆞᆫ藥種商等이婦女의囑託又ᄂᆞᆫ承諾을得ᄒᆞ고墮胎케ᄒᆞᆫ者의罪를規定홈이

라、凡醫師、産婆、藥劑師又ᄂᆞᆫ藥種商과如ᄒᆞᆷ은其職業의性質로부터見ᄒᆞᆯ時ᄂᆞᆫ墮胎의方法을行ᄒᆞᆯ事ㅣ甚히容易ᄒᆞᆯᄲᅮᆫ아니라且元來此等의職業에在ᄒᆞᆫ人은職業의性質上産母와胎兒等을保護치아니치못ᄒᆞᆯ責任을有ᄒᆞᆫ者어ᄂᆞᆯ反히其職業을利用ᄒᆞ야婦女로ᄒᆞ여곰墮胎케ᄒᆞᆷ과如ᄒᆞᆷ은決코可許ᄒᆞᆯ바아니라故로前條의境遇보다其刑을尤重히ᄒᆞ되惟其情狀의如何에依ᄒᆞ야三月以上五年以下懲役의範圍에셔酌量될지오又其墮胎行爲가原因을成ᄒᆞ야婦女를死케ᄒᆞ거나或은死케ᄒᆞᆷ에不至ᄒᆞ나疾病에罹케ᄒᆞ고又ᄂᆞᆫ傷害ᄒᆞᆫ時ᄂᆞᆫ其罪重疊ᄒᆞᆫ者인즉六月以上七年以下의懲役에處ᄒᆞᆯ者로ᄒᆞ니라

第二百十五條 婦女의囑託을受치아니ᄒᆞ거나又ᄂᆞᆫ其承諾을得지아니ᄒᆞ고墮胎케ᄒᆞᆫ者ᄂᆞᆫ六月以上七年以下의懲役에處ᄒᆞᆷ

前項의未遂罪ᄂᆞᆫ此를罰ᄒᆞᆷ

第一項 婦女의囑託을受치안커나又其承諾을得치안코强히墮胎케ᄒᆞᆫ者ᄅᆞᆯ罰ᄒᆞᄂᆞᆫ規定이니是等의者ᄂᆞᆫ其罪更重ᄒᆞᆫ故로特히本條를設ᄒᆞ야七年以下의懲役을付ᄒᆞ니今其一例를擧컨ᄃᆡ甲者ㅣ乙女와私通ᄒᆞᆫ結果로懷胎ᄒᆞ엿스나若分娩ᄒᆞᆯ時ᄂᆞᆫ此를養育치아니치못ᄒᆞᆯᄲᅮᆫ아니라社會로부터不品行의汚名을蒙ᄒᆞᆯ事ㅣ必然ᄒᆞᆷ으로此를死體로窃히分娩케ᄒᆞ고져ᄒᆞ야乙女에告치안코暗히藥物을服用케ᄒᆞ야墮胎케ᄒᆞᆫ者와如ᄒᆞ며又或은相續ᄒᆞᆯ目的으로ᄒᆞ야此를行ᄒᆞᄂᆞᆫ事도不無ᄒᆞᆯ지니例如甲者ㅣ乙者의相續開始에當ᄒᆞ야其財産을領得코져ᄒᆞ나其家婦女가懷胎ᄒᆞ고其胎兒ᄂᆞᆫ其家의家督相續人이될資格을有ᄒᆞᆫ者인故로因ᄒᆞ야其財産이自己에歸치아니ᄒᆞᆷ을憂ᄒᆞ야其婦女에告ᄒᆞᄂᆞᆫ事ㅣ無ᄒᆞ고藥物을服用케ᄒᆞ야써此를墮胎케ᄒᆞᆫ者와如ᄒᆞᆷ이니盖如斯히婦女의意思에反ᄒᆞ야强히墮胎케ᄒᆞᆫ者ᄂᆞᆫ其目的의如何를不拘ᄒᆞ고其裏面은반다시不正ᄒᆞᆫ犯情이存在ᄒᆞᆫ者인故로此를重히罰ᄒᆞᄂᆞᆫ所以라

第二項 本項은墮胎의未遂罪를罰ᄒᆞᄂᆞᆫ規定이라其一例를擧ᄒᆞ면婦女가墮胎의意思가無ᄒᆞᆷ에不拘ᄒᆞ고

를墮胎케ᄒᆞ키爲ᄒᆞ야藥物을服用케ᄒᆞ엿더니其分量이僅少ᄒᆞ야目的을達ᄒᆞᆷ에不至ᄒᆞᆫ境遇와如ᄒᆞᆷ이即是라是等의境遇에ᄂᆞᆫ危險發生의虞가有ᄒᆞᆫ故로雖未遂라도法律은此를罰ᄒᆞᆯ事로ᄒᆞ니라

第二百十六條 前條의罪를犯ᄒᆞ고因ᄒᆞ야婦女를死傷에致ᄒᆞᆫ者ᄂᆞᆫ傷害의罪에比較ᄒᆞ야從重處斷ᄒᆞᆷ

本條ᄂᆞᆫ婦女의囑託을受ᄒᆞᆫ事ㅣ無ᄒᆞ거나又ᄂᆞᆫ其承諾을不得ᄒᆞ고墮胎케ᄒᆞᆷ으로此를因ᄒᆞ야其婦女를死傷에致케ᄒᆞᆫ者의罪를規定ᄒᆞᆷ이라、抑婦女의囑託을不受ᄒᆞ거나又ᄂᆞᆫ其承諾을不得ᄒᆞ고此를墮胎케ᄒᆞᆫ部分은前條에該當ᄒᆞ거니와若此를因ᄒᆞ야婦女로ᄒᆞ야곰死에致ᄒᆞ거나又ᄂᆞᆫ癈疾等傷害에致ᄒᆞᆫ者ᄂᆞᆫ犯情이愈重ᄒᆞᆫ지라故로此境遇에셔ᄂᆞᆫ此를傷害의罪에比較ᄒᆞ야其重ᄒᆞᆷ에從ᄒᆞ야處斷ᄒᆞ나니彼婦女의意思에反ᄒᆞ야暴行으로ᄡᅥ墮胎케ᄒᆞᆫ境遇와如ᄒᆞᆷ은最히本條의罪를構成ᄒᆞᄂᆞᆫ事ㅣ多ᄒᆞ니라

第三十章 遺棄의罪

本章은老者、幼者及病者의保護를不盡ᄒᆞᆫ者를罰ᄒᆞᄂᆞᆫ規定이라凡是等人은獨立自活키不能ᄒᆞ야他의保護를受ᄒᆞᆷ이아니면其生命을危케ᄒᆞᆯ事ㅣ有ᄒᆞᆯ지니然則此를保護ᄒᆞᆯ責任이有ᄒᆞᆫ者ㅣ此를保護치아니ᄒᆞᆷ은人道에戾ᄒᆞ고社會의秩序를紊亂ᄒᆞᄂᆞᆫ行爲라云ᄒᆞᆷ을得ᄒᆞᆯ지라故로刑法에特히本章을設ᄒᆞ야制裁를加ᄒᆞ나니라

第二百十七條 老幼、不具又ᄂᆞᆫ疾病을爲ᄒᆞ야扶助를要ᄒᆞᆯ者를遺棄ᄒᆞᆫ者ᄂᆞᆫ一年以下의懲役에處ᄒᆞᆷ

本條ᄂᆞᆫ老幼、不具者又ᄂᆞᆫ病者를遺棄ᄒᆞᆫ者의罪를規定ᄒᆞᆷ이라、凡是等의者ᄂᆞᆫ自活의道를不得ᄒᆞ고他의養育、保護를受ᄒᆞ야僅히生活ᄒᆞᄂᆞᆫ可憐ᄒᆞᆫ者인즉人은其遠近親疎를不問ᄒᆞ고互히此를扶助ᄒᆞ야社會의安寧幸福을圖ᄒᆞᆯ義務를有ᄒᆞ나니故로其遺棄ᄂᆞᆫ本條의罪를成ᄒᆞᄂᆞᆫ者ㅣ라遺棄에ᄂᆞᆫ二種이有ᄒᆞ니一은現

在의狀態보담一層生命身體에危害를生ᄒᆞ기易ᄒᆞᆫ處所에移ᄒᆞᄂᆞᆫ境遇例如住宅으로부터離出ᄒᆞ야深林中에牽去ᄒᆞ야棄之ᄒᆞᄂᆞᆫ等이오二ᄂᆞᆫ生命身體에害를生ᄒᆞᆯ危險ᄒᆞᆫ狀態에陷ᄒᆞᆷ을그ᄃᆡ로放任ᄒᆞᄂᆞᆫ境遇例如置去ᄒᆞᄂᆞᆫ等이是ㅣ라今에老幼・瞽聾、癈疾等起居不自由ᄒᆞᄂᆞᆫ者를牽致ᄒᆞ야溝壑에轉케ᄒᆞ며又ᄂᆞᆫ此等이不幸히危境에在ᄒᆞᆫ者를扶護치아니ᄒᆞ고放棄置之ᄒᆞᆷ은비록自己의直接救助扶養ᄒᆞᆯ責任이無ᄒᆞᆫ者ㅣ라도人道의可許ᄒᆞᆯ바아니니此ㅣ善良風俗을維持ᄒᆞ기爲ᄒᆞ야設ᄒᆞᆫ規定이니라

第二百十八條　老者、幼者、不具者又ᄂᆞᆫ病者를保護ᄒᆞᆯ責任이有ᄒᆞᆫ者이此를遺棄ᄒᆞ거나又ᄂᆞᆫ其生存에必要ᄒᆞᆫ保護를爲치아니ᄒᆞᆫ時ᄂᆞᆫ三月以上五年以下의懲役에處ᄒᆞᆷ

自已又ᄂᆞᆫ配偶者의直系尊屬에對ᄒᆞ야犯ᄒᆞᆫ時ᄂᆞᆫ六月以上七年以下의懲役에處ᄒᆞᆷ

本條ᄂᆞᆫ保護ᄒᆞᆯ責任이有ᄒᆞᆫ者로써老幼・不具者又ᄂᆞᆫ病者를遺棄ᄒᆞ야其生存上必要ᄒᆞᆫ保護를加치아니ᄒᆞᄂᆞᆫ者를罰ᄒᆞᄂᆞᆫ規定이라、保護ᄒᆞᆯ責任이有ᄒᆞᆫ者라ᄒᆞᆷ은民法에規定ᄒᆞᆫ바親權者、後見人及親族間互相扶養의義務를有ᄒᆞᆫ者其他法律에依ᄒᆞ야老幼者、不具者、病者等을保護ᄒᆞᆯ義務를有ᄒᆞᆫ者를云ᄒᆞᆷ이라然而此保護를行ᄒᆞᆯ責任이有ᄒᆞᆫ者ㅣ此를遺棄ᄒᆞ거나又ᄂᆞᆫ現에遺棄치아니ᄒᆞᆯ지라도其生存上必要ᄒᆞᆫ保護를加치아니ᄒᆞᆫ時(例如衣食을不與ᄒᆞᄂᆞᆫ等)ᄂᆞᆫ此等責任을不有ᄒᆞᆫ一般人의所爲보다尤히可憎ᄒᆞᆫ故로一層刑을重히ᄒᆞᆯ必要가有ᄒᆞ니此ㅣ前條의外에殊히本條를規定ᄒᆞᆫ所以며更히本條第二項에尊屬親에對ᄒᆞ야遺棄罪를重히ᄒᆞᆫ理由ᄂᆞᆫ曩에尊屬을傷害ᄒᆞ거나又ᄂᆞᆫ此를傷害ᄒᆞᆫ罪(第二十六章、第二十七章)에對ᄒᆞ야說明ᄒᆞᆫ바와同然ᄒᆞ니라

第二百十九條　前二條의罪를犯ᄒᆞ고因ᄒᆞ야人을死傷에致케ᄒᆞᆫ者ᄂᆞᆫ傷害의罪에比較ᄒᆞ야從重處斷ᄒᆞᆷ

本條는老者、幼者、不具者又는病者에對ᄒᆞ야保護의責任이無ᄒᆞᆫ者ㅣ此를故意遺棄ᄒᆞ거나又는其保護ᄒᆞᆯ責任이有ᄒᆞᆫ者이此를遺棄ᄒᆞ며或은扶養치아니ᄒᆞᆷ으로此를因ᄒᆞ야死傷에致ᄒᆞᆫ時는其情狀이尤重ᄒᆞᆫ者인주傷害罪(第二十七章)에照ᄒᆞ야其重罰에從ᄒᆞᆫ者로ᄒᆞ니라

第三十一章　逮捕及監禁의罪

本章은濫히人을逮捕ᄒᆞ거나又는監禁ᄒᆞᆫ者를罰ᄒᆞ는規定이라盖往時에는官吏는官權을濫用ᄒᆞ야不法으로人民을逮捕ᄒᆞ며且地方豪强等도亦私히細民을捕捉ᄒᆞ야私牢私拘留、等을肆行ᄒᆞ는事ㅣ有ᄒᆞ엿스나現今新法律下에서는苟히帝國臣民된者는假令其境遇의如何를不問ᄒᆞ고法律에規定ᄒᆞᆫ條項에依ᄒᆞᆷ이아니면逮捕又는監禁될者아니니若反是ᄒᆞ야此를濫行ᄒᆞᆫ者ㅣ有ᄒᆞᆯ지되不法의逮捕、監禁이라人身의自由를害ᄒᆞᆷ이니卽本章에서此를嚴罰ᄒᆞ는바ㅣ니라

第二百二十條　不法히人을逮捕又는監禁ᄒᆞᆫ者는三月以上五年以下의懲役에處ᄒᆞᆷ

自己又는配偶者의[illegible]尊屬에對ᄒᆞ야犯ᄒᆞᆫ時는六月以上七年以下의懲役에處ᄒᆞᆷ

[第一項]逮捕라ᄒᆞᆷ은監禁以外의方法에依ᄒᆞ야身體의自由를全然奪去ᄒᆞᆷ을云ᄒᆞᆷ이니彼捕縛、捉致等이是오監禁이라ᄒᆞᆷ은閉鎖된一定ᄒᆞᆫ處所에人을拘禁ᄒᆞᆷ을云ᄒᆞᆷ이오不法이라ᄒᆞᆷ은法律에反ᄒᆞ며又는法律에不依ᄒᆞᆷ을云ᄒᆞ나니卽人을逮捕、監禁ᄒᆞᆯ職權이無ᄒᆞᆫ者ㅣ此를爲ᄒᆞ거나又는職權이有ᄒᆞᆫ者라도濫用ᄒᆞ야法律에照ᄒᆞ야逮捕、監禁을受ᄒᆞᆯ바無ᄒᆞᆫ者에對ᄒᆞ야行ᄒᆞ는等과如ᄒᆞᆷ이라抑人身의自由는最히貴重ᄒᆞᆫ權利라何人이던지此를違犯치못ᄒᆞᆯ者이니法律에令狀으로써ᄒᆞᆷ이아니면此를拘引ᄒᆞᆯ事를不得ᄒᆞᆫ다規定ᄒᆞᆫ所以는其權利를尊重ᄒᆞ는結果에不外ᄒᆞᆷ이라然而濫히人을逮捕ᄒᆞ거나又는此를監禁ᄒᆞᆷ과如ᄒᆞᆷ은但히法律을無視ᄒᆞᆯ뿐아니라人身自由의權利를蹂躪ᄒᆞᆷ이甚ᄒᆞᆫ者오其公益을害ᄒᆞᆷ이實로大ᄒᆞᆫ者ㅣ라云ᄒᆞᆯ지니卽本條로써此를罰ᄒᆞ는所以라

第二項 不法의逮捕、監禁等行爲로自己又는配偶者의直系尊屬에對ᄒᆞ야加ᄒᆞᆫ時는其罪情이前項보다尤重ᄒᆞᆫ者인즉本項에依ᄒᆞ야此를重罰ᄒᆞᆯ者ㅣ니라

~~~~~~

第二百二十一條　前條의罪를犯ᄒᆞ고因ᄒᆞ야人을死傷에致ᄒᆞᆫ者ᄂᆞᆫ傷害의罪에比較ᄒᆞ야重從處斷홈

本條는不法으로逮捕又는監禁을行ᄒᆞ야此를因ᄒᆞ야其人을死에致케ᄒᆞᆫ境遇에此를罰ᄒᆞ는規定이라、不法으로他人又는尊族을逮捕ᄒᆞ거나或은監禁ᄒᆞ야死傷에至케ᄒᆞᆫ者는罪惡에罪惡을加ᄒᆞᆫ者인즉此에對ᄒᆞ야는前條의刑은姑히充分ᄒᆞᆫ制裁라ᄒᆞ기不足ᄒᆞᆫ故로更히本條를設ᄒᆞ야傷害罪(第二十七章)에較ᄒᆞ야從重處斷케홈이라

第三十二章　脅迫의罪

本章은脅迫의罪라題ᄒᆞ야脅迫에關ᄒᆞᆫ諸所爲를罰ᄒᆞ는規定이라脅迫이라홈은危害을加ᄒᆞᆯ事를人에通告ᄒᆞ야其人으로ᄒᆞ여곰畏怖케ᄒᆞᄂᆞᆫ一切의行爲니其方法手段의如何는問ᄒᆞᆯ바아니니故로或은言語로써ᄒᆞ며或은文辭로써ᄒᆞ야或은汝를殺ᄒᆞᆯ지다或은汝의家에放火ᄒᆞᆯ지다ᄒᆞ는等有形又는無形으로人에게恐怖心을生케ᄒᆞ는各種이有ᄒᆞᆯ지라要컨ᄃᆡ脅迫罪는安全히權利를享有ᄒᆞ야平穩ᄒᆞᆫ狀態에在ᄒᆞᆫ者로其心神의平和를害케홈이라故로本章으로此를罰ᄒᆞ야權利의安全平穩을保케ᄒᆞ나니라

第二百二十二條　生命、身體、自由、名譽又ᄂᆞᆫ財産에對ᄒᆞ야害를加ᄒᆞᆯ事로써人을脅迫ᄒᆞᆫ者ᄂᆞᆫ一年以下의懲役又ᄂᆞᆫ百圓以下의罰金에處홈

親族의生命、身體、自由、名譽又ᄂᆞᆫ財産에對ᄒᆞ야害를加ᄒᆞᆯ事로써人을脅迫ᄒᆞᆫ者亦同홈
~~~~~~

本條ᄂᆞᆫ通常의脅迫罪를規定ᄒᆞᆫ者ㅣ라

第一項 本項은暴行을用치아니ᄒᆞᆫ脅迫罪를規定ᄒᆞᆷ이니即生命、身體、自由、名譽又ᄂᆞᆫ財産은皆人의貴重히ᄒᆞᄂᆞᆫ者ㅣ니此에害를加ᄒᆞᆯ事로써脅迫ᄒᆞᆯ時ᄂᆞᆫ其言語로써ᄒᆞᆷ과擧動으로써ᄒᆞᆷ과又ᄂᆞᆫ文辭로써ᄒᆞᆷ을不問ᄒᆞ고本罪를成立ᄒᆞᆯ지라然而人의心神의平和를破ᄒᆞᄂᆞᆫ狀態ᄂᆞᆫ右等生命、身體、自由、名譽에危害를加ᄒᆞᆯ事를人에通告ᄒᆞᆫ當時에在ᄒᆞᆷ이니從ᄒᆞ야其通告와同時에本罪ᄂᆞᆫ直히成立ᄒᆞᄂᆞᆫ者ㅣ라故로此를因ᄒᆞ야아즉何等의不正ᄒᆞᆫ目的을達ᄒᆞᆫ事ㅣ無ᄒᆞᆯ지라도脅迫罪로ᄒᆞ야本項의制裁를受ᄒᆞᆯ지니라

第二項 他人의親族의生命、身體、自由、名譽又ᄂᆞᆫ財産에對ᄒᆞ야危害를加ᄒᆞᆯᄯᅡ脅迫ᄒᆞᆫ者도亦前項과同ᄒᆞᆫ刑을科ᄒᆞᄂᆞ니例如子에對ᄒᆞ야其父를殺害ᄒᆞ깃다脅迫ᄒᆞᆫ境遇와如ᄒᆞᆷ이니蓋人은此等親族에對ᄒᆞᆫ危害로도間接으로恐怖의念을起ᄒᆞᆷ이自己에對ᄒᆞᆷ과無異ᄒᆞᆫ所以라玆에親族이라ᄒᆞᆷ은何如ᄒᆞᆫ者를云ᄒᆞᆷ인가第二百五條의註에詳見ᄒᆞ니라

第二百二十三條 生命、身體、自由、名譽或은財産에對ᄒᆞ야危害를加ᄒᆞᆯ事로써脅迫ᄒᆞ거나又ᄂᆞᆫ暴行을用ᄒᆞ야人으로ᄒᆞ야곰義務가無ᄒᆞᆫ事를行케ᄒᆞ고又ᄂᆞᆫ行ᄒᆞᆯ만ᄒᆞᆫ權利를妨害ᄒᆞᄂᆞᆫ者ᄂᆞᆫ三年以下의懲役에處ᄒᆞᆷ

親族의生命、身體、自由、名譽又ᄂᆞᆫ財産에對ᄒᆞ야害를加ᄒᆞᆯ事로써脅迫ᄒᆞ야人으로ᄒᆞ야곰義務가無ᄒᆞᆫ事를行케ᄒᆞ고又ᄂᆞᆫ行ᄒᆞᆯ權利를妨害ᄒᆞᆫ者亦同ᄒᆞᆷ

前二項의未遂罪ᄂᆞᆫ此를罰ᄒᆞᆷ

本條ᄂᆞᆫ脅迫罪에關連ᄒᆞ야暴行을加ᄒᆞ야不正ᄒᆞᆫ目的을達코저ᄒᆞᄂᆞᆫ行爲를罰ᄒᆞᄂᆞᆫ規定이라

第一項 本項은生命、身體、自由、名譽又ᄂᆞᆫ財産에對ᄒᆞ야危害를加ᄒᆞᆯ事로써脅迫ᄒᆞ거나又ᄂᆞᆫ暴行을用ᄒᆞ야人으로ᄒᆞ여곰義務가無ᄒᆞᆫ事를行케ᄒᆞ며又ᄂᆞᆫ行ᄒᆞᆯ權利를妨害ᄒᆞᄂᆞᆫ罪의規定이라例如甲者ㅣ乙者에

向ᄒᆞ야汝가余에代ᄒᆞ야何何의事를行ᄒᆞ라若否ᄒᆞ면汝를殺害ᄒᆞ리라ᄒᆞᆷ에乙者ᄂᆞᆫ此에畏怖心을生ᄒᆞ야元來自己의義務가無ᄒᆞᆫ事를行ᄒᆞᆫ境遇와如ᄒᆞ며又ᄂᆞᆫ脅迫치아니ᄒᆞ나暴行으로써强히此를行케ᄒᆞᆫ境遇와如ᄒᆞᆫ者ㅣ是오又公選의投票를行ᄒᆞᆷ에當ᄒᆞ야選擧有權者에向ᄒᆞ야汝ㅣ何某를投票ᄒᆞ라若否ᄒᆞ면汝를傷害ᄒᆞ리라脅迫ᄒᆞ야其意에不在ᄒᆞᆫ者를投票케ᄒᆞᆷ과如ᄒᆞ며又別노히傷害을加치아니ᄒᆞ나其選擧人을毆打ᄒᆞ여强히其手를牽引ᄒᆞ야投票紙에文字를書케ᄒᆞ야其意에不在ᄒᆞᆫ者를投票ᄒᆞᆷ에至케ᄒᆞᆫ者와債權者가其質物을押領ᄒᆞ랴ᄒᆞᆷ에際ᄒᆞ야脅迫又ᄂᆞᆫ暴行으로此를制妨ᄒᆞᆫ者等은即行ᄒᆞᆯ權利를妨害ᄒᆞᆫ者라ᄒᆞᆯ지니라

[第二項]脅迫行爲로直接其人에危害를加ᄒᆞ랴ᄒᆞᆷ이아니오其人의親族에對ᄒᆞ야加ᄒᆞ랴ᄒᆞᄂᆞᆫ境遇에도人으로恐怖畏刼케ᄒᆞᆷ은自己에對ᄒᆞᆷ과殆同ᄒᆞ며因ᄒᆞ야自己로ᄒᆞ야吾義務가無ᄒᆞᆫ事를行케ᄒᆞ며權利를妨害ᄒᆞᄂᆞᆫ所爲ᄂᆞᆫ結果가前項의境遇와無異ᄒᆞ나니故로前項과同一ᄒᆞᆫ刑에處ᄒᆞᆯ者로ᄒᆞ니라

[第三項]本條第一項及第二項의罪ᄂᆞᆫ姑未遂ᄒᆞᆫ者例如脅迫又ᄂᆞᆫ暴行을加ᄒᆞ엿스나其人은何等畏刼치아니ᄒᆞ며或은義務가無ᄒᆞᆫ事를行ᄒᆞᆷ과權利를妨害되ᄂᆞᆫ事ㅣ無ᄒᆞᆯ지라도此를罰ᄒᆞ나니此等은比較的危險이大ᄒᆞᆯ뿐아니라單히脅迫又ᄂᆞᆫ暴行의所爲도別히此를罰ᄒᆞᄂᆞᆫ規定이有ᄒᆞᆫ즉況此不正의目的으로써此를行ᄒᆞᆫ者ᄂᆞᆫ雖其目的을不達ᄒᆞ엿슬지라도充分徵罰ᄒᆞᆯ必要가有ᄒᆞᆫ所以라

玆에一言을附코져ᄒᆞ노니本章의脅迫이라ᄒᆞᆷ은自己又ᄂᆞᆫ親族의生命、身體、自由에加ᄒᆞ랴ᄒᆞᄂᆞᆫ危害될뿐아니라其名譽及財産에對ᄒᆞᄂᆞᆫ者도包含ᄒᆞ나니今에例를擧ᄒᆞᆫ진ᄃᆡ我ㅣ汝의家에放火ᄒᆞ리라ᄒᆞ며山林墳墓를破損ᄒᆞ리라ᄒᆞ며舟橋를沈沒ᄒᆞ리라ᄒᆞᄂᆞᆫ等이是며又汝母의姦通ᄒᆞᆫ等를摘發ᄒᆞ야一般公衆에게廣布ᄒᆞ리라ᄒᆞ며汝의窃盜又ᄂᆞᆫ私通ᄒᆞᆫ事를摘示ᄒᆞ리라ᄒᆞᄂᆞᆫ等이是라然이나財産에在ᄒᆞ야ᄂᆞᆫ惟其現在ᄒᆞᆫ積極的危害에限ᄒᆞ나니彼消極的財産에對ᄒᆞᆫ境遇例如債務者ㅣ債權者에對ᄒᆞ야汝ㅣ利息을少減ᄒᆞ라不然ᄒᆞ면我ㅣ債金을不償ᄒᆞ리라ᄒᆞᄂᆞᆫ等은實際에誰某도此에畏刼ᄒᆞᆯ者ㅣ無ᄒᆞᆯ지오從ᄒᆞ야此等은本條의罪를不成ᄒᆞᆯ지라然이나此境遇에債權者가果然利息을減ᄒᆞ엿다ᄒᆞᆯ진ᄃᆡ眞意가아닌意思表示로當然히無效될

바ᄂᆞᆫ勿論이니라

第三十三章 略取及誘拐의罪

本章은不法으로人身을奪取ᄒᆞᆫ者를罰ᄒᆞᄂᆞᆫ規定이니畧取라홈은暴行又ᄂᆞᆫ威嚇의手段을用ᄒᆞ야本人의意思에反ᄒᆞ야强히其現在處所로부터他處로牽去홈을云홈이오誘拐라홈은詐欺又ᄂᆞᆫ誘惑의手段으로本人이스ᄉᆞ로順從케ᄒᆞ야他處로牽去홈을云홈이니라

第二百二十四條 未成年者를畧取又ᄂᆞᆫ誘拐ᄒᆞᆫ者ᄂᆞᆫ三月以上五年以下의懲役에處홈

本條ᄂᆞᆫ未成年者를拐取ᄒᆞᆫ者의罪를規定홈이라、抑未成年者ᄂᆞᆫ二十歲未滿의者로써法律上所謂無能力者라故로父母가有ᄒᆞᆫ者ᄂᆞᆫ其父母ㅣ此를監督ᄒᆞ고父母가有ᄒᆞᆫ者ᄂᆞᆫ後見人이此의監督을行ᄒᆞᆫ者니此等은如斯히身體와精神의發育이不充分ᄒᆞ야一個獨立能力이無ᄒᆞᆫ者임으로써法律우特히此에保護를與ᄒᆞᄂᆞᆫ者어ᄂᆞᆯ此를畧取又ᄂᆞᆫ誘拐ᄒᆞᄂᆞᆫ者ᄂᆞᆫ其目的의如何를不拘ᄒᆞ고總히人身의自由를妨害ᄒᆞ야法律保護의本旨에反ᄒᆞᄂᆞᆫ故로本條에依ᄒᆞ야罰ᄒᆞ나니라

第二百二十五條 營利、猥褻又ᄂᆞᆫ結婚의目的으로써人을畧取又ᄂᆞᆫ誘拐ᄒᆞᆫ者ᄂᆞᆫ一年以上十年以下의懲役에處홈

本條ᄂᆞᆫ成年者되며未成年되믈不問ᄒᆞ고猥褻、營利又ᄂᆞᆫ結婚의目的으로此를畧取誘拐ᄒᆞᆫ者를罰ᄒᆞᄂᆞᆫ規定이라、猥褻에關ᄒᆞ야第二十二章에詳說ᄒᆞᆫ바ㅣ有ᄒᆞ거니와此를行ᄒᆞᆯ目的으로人을略取홈과商店、演劇、賣淫等營利에供ᄒᆞᆯ目的으로홈과又ᄂᆞᆫ結婚을爲케ᄒᆞᆯ目的으로男女를略取ᄒᆞᄂᆞᆫ等은其自己를爲ᄒᆞ야行홈과他人을爲ᄒᆞ야行홈을不問ᄒᆞ고所爲가大히公益을害ᄒᆞ고個人의自由를侵ᄒᆞᄂᆞᆫ可憎ᄒᆞᆫ者인즉特히前條보다其刑을重히ᄒᆞ야此를罰ᄒᆞ나니라

第二百二十六條　帝國外에移送홀目的으로써人을畧取又는誘拐훈者는二年以上의懲役에處홈

帝國外에移送홀目的으로써人을賣買ᄒᆞ거나又는被拐取者或은被賣者를帝國外에移送훈者도亦同홈

本條는帝國外에移送홀目的으로써人을畧取誘拐又는賣買ᄒᆞ거나或은被略取誘拐者、被賣者를帝國外에移送훈者의罪를規定ᄒᆞ니라

第一項 外國에移送홀目的으로써詐計或은威力을用ᄒᆞ야人을畧取誘拐훈者는本項에依ᄒᆞ야罰ᄒᆞ나니此ㅣ前條의犯罪보다內國의公益을害홈이尤大훈故로特히刑을重히훈所以라然이나因ᄒᆞ야旣히國外로移送을終훈時는次項에該當홀자니라

第二項 外國에移送홀目的으로써人의身體를賣買ᄒᆞ거나又는被拐取者或은被賣者를外國에移送훈者는前項과同一훈刑에處ᄒᆞ나니抑被拐取者又는被賣者를外國에移送홈은其目的이多히賣奴或은娼妓又는此와類似훈賤業者로ᄒᆞ라홈에在홈이니一次國外로移送훈時는其此를發見ᄒᆞ기難홈으로搜索이容易치못ᄒᆞ야復歸홀事ㅣ極히困難홈으로本人으로不幸에陷케홀뿐아니라國權을蔑如ᄒᆞ고國辱을招致홀恐이有훈故로本條의規定이有훈所以라

第二百二十七條　前三條의罪를犯훈者를幇助홀目的으로써被拐取者又는被賣者를收受或은藏匿ᄒᆞ거나又는隱避케훈者는三月以上五年以下의懲役에處홈

營利又는猥褻의目的으로써被拐取者又는被賣者를收受훈者는六月以上七年以下의懲役에處홈

本條는第二百二十四條乃至二百二十八條의犯罪의幇助를行ᄒᆞᆫ者等을罰ᄒᆞᄂᆞᆫ規定이라

第一項未成年者를畧取又는誘拐ᄒᆞᄂᆞᆫ者、營利、猥褻又는結婚의目的으로써人을畧取又는誘拐ᄒᆞᄂᆞᆫ者又는帝國에移送ᄒᆞᆯ目的으로써人을畧取又는誘拐ᄒᆞᄂᆞᆫ者、帝國外에移送ᄒᆞᆯ目的으로써人을賣買ᄒᆞᄂᆞᆫ者被拐取者又는被賣買者를帝國外에移送ᄒᆞᄂᆞᆫ者等의犯罪를幇助ᄒᆞᆯ目的으로써被拐取者又는被賣者를收受ᄒᆞ거나又는此를藏匿ᄒᆞ고或은此를隱避케ᄒᆞᆫ者는總히三月以上五年以下의懲役에處ᄒᆞᄂᆞ니라

第二項自己가營利의目的으로써ᄒᆞ거나又는猥褻의行爲를行ᄒᆞᆯ目的으로一次他에拐取된者又는被賣者를收受ᄒᆞᆫ者는비록스스로拐取又는賣却ᄒᆞᆫ者ㅣ아니라도其罪狀이前二者와無異ᄒᆞᆯ뿐아니라一方으로拐取及賣者를罰ᄒᆞᆷ과同時에此等收受者를罰ᄒᆞᆷ이아니면犯罪의發生을杜絶키難ᄒᆞ니故로更히本項으로써六月以上七年以下의懲役에處ᄒᆞᆯ事를定ᄒᆞ니라

第二百二十八條 本章의未遂罪는此를罰ᄒᆞᆷ

本章에規定ᄒᆞᆫ犯罪는未遂라도此를罰ᄒᆞᆯ事를規定ᄒᆞᆷ이니라

第二百二十九條 第二百二十六條의罪、同條의罪를幇助ᄒᆞᆯ目的으로써犯ᄒᆞᆫ第二百二十七條第一項의罪及此等罪의未遂罪를除ᄒᆞᆫ外에本章의罪는營利의目的에出치아니ᄒᆞᆫ境遇에限ᄒᆞ야告訴를待ᄒᆞ야此를論ᄒᆞᆷ但被拐取者又는被賣者가犯人과婚姻을行ᄒᆞᆫ時는婚姻無效又는取消의裁判確定後가아니면告訴의效가無ᄒᆞᆷ

本條는前各條中親告罪되는部分을區別規定ᄒᆞᆫ者니帝國外에移送ᄒᆞᆫ目的으로써人을畧取又는誘拐ᄒᆞᆫ者、人을賣買ᄒᆞ거나又는被拐取者被賣者를帝國外에移送ᄒᆞᆫ者及是等犯人을幇助ᄒᆞᆯ目的으로써收受、藏匿、陰蔽ᄒᆞᆫ罪와及此等의未遂罪를除ᄒᆞᆫ外에本章에定ᄒᆞᆫ諸罪는總히親告罪로ᄒᆞ야告訴가有ᄒᆞᆷ이아니면其罪를論치아니ᄒᆞ되惟營利의目的에出ᄒᆞᆫ者는告訴를不待ᄒᆞ고此를罰ᄒᆞ며且結婚의目的에出ᄒᆞᆫ者ㅣ既

히婚姻홀時는假令初에는拐取된者이라도旣히其者와夫婦의關係가繼續中에突然告訴를爲홈은家庭의平和를損ᄒᆞᄂᆞᆫ虞가有혼故로別로히民法에從ᄒᆞ야婚姻의無効又는取消의裁判을確定케ᄒᆞ야婚姻關係를絕혼後가아니면雖스ᄉᆞ로告訴홀지라도何等의効가無홀지니라今에更히本章中親告罪되ᄂᆞᆫ境遇를列擧ᄒᆞ건ᄃᆡ如左ᄒᆞ니라

(1)、未成年者를略取又는誘拐혼罪及其未遂罪
(2)、猥褻又는結婚의目的으로써畧取誘拐혼罪及其未遂罪
(3)、前記諸罪를幇助홀目的으로收容、藏匿、陰蔽를行혼罪及其未遂罪
(4)、猥褻의目的으로써被拐取者及被賣者를收受혼罪及其未遂罪
(5)、但旣히婚姻혼者는婚姻無効又는取消의裁判確定後가아니면告訴홈을不得홈이라

第三十四章　名譽에對혼罪

本章은名譽에對혼罪의規定이라、名譽라홈은人의社會上에셔風儀、信用、公德等에關ᄒᆞ야他人으로부터受ᄒᆞᄂᆞᆫ바尊敬이오此에對ᄒᆞᄂᆞᆫ罪라홈은其人에惡事醜行이有ᄒᆞ다摘發ᄒᆞ야써其社會上에在혼價値를毁損ᄒᆞ야尊敬을墮落케ᄒᆞᄂᆞᆫ行爲를云홈이라盖名譽도亦生命、身體、自由、財産과如히吾人生存의要件이라此에對혼侵害는往往히生命、財産보다尤切혼苦痛을感ᄒᆞᄂᆞᆫ事ㅣ多ᄒᆞ며因ᄒᆞ야社會의安全을破ᄒᆞᄂᆞᆫ事ㅣ有ᄒᆞ니故로本章을設ᄒᆞ야名譽의安全을保護ᄒᆞ나니라

第二百三十條　公然히事實을摘示ᄒᆞ야人의名譽를毁損혼者는其事實의有無를不問ᄒᆞ고一年以下의懲役或은禁錮又는五百圓以下의罰金에處홈

死者의名譽를毁損혼者는誣罔에出홈이아니면此를罰치아니홈

本條는公然히事實을摘示ᄒᆞ야人의名譽를毁損ᄒᆞ거나又는死者의名譽를毁損혼者를罰ᄒᆞᄂᆞᆫ規定이라

第一項本項은現存ᄒᆞᆫ人의名譽를毁損ᄒᆞᄂᆞᆫ罪의規定이라名譽를毁損ᄒᆞᆫ다ᄒᆞᆷ은事實의有無에不拘ᄒᆞ고如斯如斯히惡事醜行이有ᄒᆞ다摘發ᄒᆞ야公然히此를社會에發表ᄒᆞᆷ을云ᄒᆞᆷ이라然而本罪ᄂᆞᆫ一定ᄒᆞᆫ人에對ᄒᆞᆯ事를要ᄒᆞᄂᆞᆫ故로汎히「日本人은公德心이無ᄒᆞ다」又ᄂᆞᆫ「朝鮮人은怠惰卑陋ᄒᆞᆫ者라」、「商人은義理를不知ᄒᆞᄂᆞᆫ賤輩라」云ᄒᆞᆷ과如ᄒᆞᆷ은誹毁의罪라ᄒᆞ기不得ᄒᆞᆯ지라然ᄒᆞ나表面으로汎汎히誹毁ᄒᆞ되其內容에一定ᄒᆞᆫ人을指目ᄒᆞᄂᆞᆫ事됨을知得ᄒᆞᆯ만境遇에ᄂᆞᆫ假令其人의實名을不指ᄒᆞᆯ지라도別名、雅號、職業上代名詞其他容貌等으로써摘示ᄒᆞᆷ도亦皆本罪의成立에無妨ᄒᆞ니라然而人이라云ᄒᆞᄂᆞᆫ中에法人을包含ᄒᆞᄂᆞᆫ與否에關ᄒᆞ야ᄂᆞᆫ議論이有ᄒᆞᆫ問題로되予ᄂᆞᆫ此를包含ᄒᆞᆯ者로信ᄒᆞ노니何者오彼學校、寺院、銀行、會社等諸法人은意思를不有ᄒᆞᆷ이自然人과異ᄒᆞ나社會上의地位及信用을有ᄒᆞᆷ은一般이니本罪ᄂᆞᆫ意思의如何에不關ᄒᆞ고惟其社會上의地位를貶ᄒᆞᆷ에因ᄒᆞ야成立ᄒᆞᄂᆞᆫ者인즉假令意思能力이無ᄒᆞᆫ罪囚人又ᄂᆞᆫ白痴等에對ᄒᆞ야도本罪가成立ᄒᆞᆯ事를得ᄒᆞᆷ은無疑ᄒᆞᆫ者이니故로本條中人이라ᄒᆞᆷ은其自然人됨과法人됨을不問ᄒᆞ며通常人됨과無能力人됨을不分ᄒᆞ고總히此等人의享有ᄒᆞᆫ社會上地位를墮落케ᄒᆞᄂᆞᆫ境遇ᄂᆞᆫ悉皆包含ᄒᆞᆫ者로解釋ᄒᆞᆯ지니라、又公然히事實을摘示ᄒᆞᆫ다ᄒᆞᆷ은稠人廣坐中又ᄂᆞᆫ一般公衆이見聞ᄒᆞᄂᆞᆫ處에셔具体的事實을摘擧ᄒᆞᆷ을云ᄒᆞᆷ이니故로暮夜無知ᄒᆞᆫ僻處에셔ᄒᆞᆷ과又ᄂᆞᆫ彼ᄂᆞᆫ酒를飮ᄒᆞ면將必醉症狂妄을發ᄒᆞ깃다ᄒᆞᄂᆞᆫ等事實이아닌理想을說明ᄒᆞᆷ과如ᄒᆞᆷ은皆何等名譽를損ᄒᆞᄂᆞᆫ事ㅣ無ᄒᆞᆫ者ㅣ라然而何如ᄒᆞᆫ事實이名譽를損ᄒᆞᆯ가ᄒᆞᆫ즉彼惡事醜行等이誹毁의性質됨은無疑ᄒᆞ나니凡法律에셔禁止ᄒᆞᄂᆞᆫ行爲ᄂᆞᆫ惡事되ᄂᆞᆫ事ㅣ勿論이어니와法律의罰치아니ᄒᆞᄂᆞᆫ行爲로俗을紊ᄒᆞ고風을壞ᄒᆞᄂᆞᆫ行爲ᄂᆞᆫ亦此를惡事라云ᄒᆞᆷ을得ᄒᆞᆯ지라然이나此等은元來其人의身分、職業、處所等을因ᄒᆞ야不同ᄒᆞ나니假令彼女ᄂᆞᆫ張三李四와交遊姦通ᄒᆞᆫ다ᄒᆞᆷ은貴婦人에在ᄒᆞ야ᄂᆞᆫ莫大ᄒᆞᆫ耻辱이로되賣淫娼妓에在ᄒᆞ야ᄂᆞᆫ何等不名譽될事ㅣ無ᄒᆞ며新聞記者가拘囚中에在ᄒᆞᆫ刑事犯人의犯罪事實을記載ᄒᆞᆷ과如ᄒᆞᆷ은亦其名譽를損ᄒᆞ엿다云치못ᄒᆞᆯ지라故로本條에ᄂᆞᆫ其名譽毁損될事實의性質을明示치아니ᄒᆞ고單히「人의名譽를損毁ᄒᆞᆫ者」라規定ᄒᆞ야必其人이現在

에名譽를毁損된事를要件으로ᄒᆞ야實際事實及程度ᄂᆞᆫ全히裁判官의査定에任ᄒᆞ며且其事ㅣ果然其人에게有ᄒᆞᆫ事實을摘示ᄒᆞ얏거나全히虛無ᄒᆞᆫ事를搆誣ᄒᆞᆫ與否를不問ᄒᆞ며且其摘示方法도言語文字로ᄒᆞ거나圖畫又ᄂᆞᆫ擧動으로ᄒᆞ거나總히區別치아니ᄒᆞ나니라

第二項 本項은死者의名譽를毁損ᄒᆞᆫ罪라死者ᄂᆞᆫ名譽의主體될事를不得ᄒᆞ나니人은死亡에因ᄒᆞ야從來社會에在ᄒᆞᆫ地位를失ᄒᆞᄂᆞᆫ者ㅣ라故로死者의名譽를毁損ᄒᆞᆫ者라云ᄒᆞᆷ은死者가生存中에有ᄒᆞ엿던名譽라云ᄒᆞᄂᆞᆫ意로解ᄒᆞᆯ지며且本條規定의精神은死者其人의名譽를保護코져ᄒᆞᆷ이아니라生存ᄒᆞᆫ바死者의親族全體의名譽를保護코져ᄒᆞᆷ에在ᄒᆞᆷ이니即死者의生存中에在ᄒᆞᆫ惡事醜行을摘發ᄒᆞᆷ은其家名에汚辱을及ᄒᆞ야現在生存ᄒᆞᆫ親族全體의名譽를害ᄒᆞᄂᆞᆫ者되ᄂᆞᆫ所以라然而死者에對ᄒᆞᆫ境遇에ᄂᆞᆫ虛無ᄒᆞᆫ事를誣罔ᄒᆞᆫ時에限ᄒᆞ야만本罪를成ᄒᆞ나니死者ㅣ生存中에旣히實有ᄒᆞᆫ惡事를人이追後歷史的으로此를說話ᄒᆞᆷ은一方으로寧히後世를鑑戒케ᄒᆞᄂᆞᆫ바社會의例事오決코咎罪ᄒᆞᆯ바ㅣ아니라然이나苟히全然虛罔ᄒᆞᆫ事를搆誣ᄒᆞᆫ者될時ᄂᆞᆫ其親族의見聞ᄒᆞᄂᆞᆫ處에셔나又ᄂᆞᆫ不知ᄒᆞᄂᆞᆫ間에셔라도公然히此를摘示ᄒᆞᆫ者ᄂᆞᆫ即是本項의罪를成立ᄒᆞ나니라

第二百三十一條　事實을摘示치아니ᄒᆞᆯ지라도公然히人을侮辱ᄒᆞᆫ者ᄂᆞᆫ拘留又ᄂᆞᆫ科料에處ᄒᆞᆷ

本條ᄂᆞᆫ侮辱罪를罰ᄒᆞᄂᆞᆫ規定이라侮辱이라ᄒᆞᆷ은犯人自身이某人에對ᄒᆞ야相當히表ᄒᆞᆯ바尊敬을缺ᄒᆞᆫ意思의表示를云ᄒᆞᆷ이니假令下賤輩가紳士淑女에對ᄒᆞ야呼漢呼女等辱說을加ᄒᆞᆷ과如ᄒᆞᆷ이是라然而其表示ᄂᆞᆫ言語文字로ᄒᆞ던지又ᄂᆞᆫ動擧(ᄒᆡᆼ뎌、몸짓等)으로ᄒᆞ던지其方法의如何ᄂᆞᆫ此를不問ᄒᆞ고苟히公然히是等의行爲에依ᄒᆞ야人을侮辱ᄒᆞᆯ時ᄂᆞᆫ本罪를搆成ᄒᆞ나니라然而本條侮辱의罪가前條誹毁罪의境遇보다相異ᄒᆞᆫ바ᄂᆞᆫ前者ᄂᆞᆫ必其事實을摘示ᄒᆞᆷ을要ᄒᆞ되本條ᄂᆞᆫ單히其人에게公然侮辱을加ᄒᆞᆫ事를要ᄒᆞ고其事實의

摘示與否ᄂᆞᆫ不問ᄒᆞᄂᆞᆫ바ㅣ라然이나二者ㅣ俱히人의名譽를侵害ᄒᆞᄂᆞᆫ事ᄂᆞᆫ一般이니라

第二百三十二條 本章의罪ᄂᆞᆫ告訴를待ᄒᆞ야此를論홈

本章에規定ᄒᆞᆫ바名譽에對ᄒᆞᄂᆞᆫ罪ᄂᆞᆫ此를親告罪로ᄒᆞ야告訴를待ᄒᆞ야論홀事를規定ᄒᆞ니라凡名譽를毁損ᄒᆞᄂᆞᆫ罪ᄂᆞᆫ犯人을裁制ᄒᆞ기爲ᄒᆞ야公廷에서辯論、審理等을行홀時ᄂᆞᆫ返히其事를公에露出ᄒᆞ야一層被害者의名譽를害홀事ㅣ不無ᄒᆞ나니故로被害者의告訴가有홈이아니면其罪를論치아니홀事로ᄒᆞ니라玆에注意를要홀바ᄂᆞᆫ本章의罪ᄂᆞᆫ此를猥褻의罪와區別되ᄂᆞᆫ点이是라盖猥褻의行爲를加홈도一方으로名譽를損ᄒᆞᄂᆞᆫ事ㅣ有ᄒᆞ나第二十二章에規定ᄒᆞᆫ猥褻罪ᄂᆞᆫ犯人의目的이單히人의名譽를損ᄒᆞ라홈에不在ᄒᆞ고不正ᄒᆞᆫ色慾을逞코져ᄒᆞ야痴情을擧動에發表ᄒᆞᄂᆞᆫ者로ᄃᆡ本條의罪ᄂᆞᆫ其方法의如何를不問ᄒᆞ고誹毁又ᄂᆞᆫ侮辱으로爲主히人의名譽를損ᄒᆞᄂᆞᆫ行爲를指홈이라故로假令甲者ㅣ道上에서乙貴婦人에對ᄒᆞ야「此女야來此ᄒᆞ라」放言ᄒᆞᆫ時ᄂᆞᆫ侮辱罪를成홀지로ᄃᆡ甲은更進ᄒᆞ야乙女의途를遮ᄒᆞ야手를牽ᄒᆞ고痴情을露出코져ᄒᆞᄂᆞᆫ等行爲를加ᄒᆞᆫ時ᄂᆞᆫ本章의範圍를脫ᄒᆞ야前記ᄒᆞᆫ猥褻罪로論홈에至홀지니라

第三十五章 信用及業務에對ᄒᆞᆫ罪

本章은信用及業務에對ᄒᆞᆫ罪라題ᄒᆞ야虛僞ᄒᆞᆫ風說을流布ᄒᆞ거나又ᄂᆞᆫ詐計를用ᄒᆞ야人의信用을毁損ᄒᆞ고其業務를妨害ᄒᆞᆫ者等을罰ᄒᆞᄂᆞᆫ諸規定을網羅ᄒᆞ니라

第二百三十三條 虛僞ᄒᆞᆫ風說을流布ᄒᆞ고又ᄂᆞᆫ僞計를用ᄒᆞ야人의信用을毁損ᄒᆞ거나或은其業務를妨害ᄒᆞᆫ者ᄂᆞᆫ三年以下의懲役又ᄂᆞᆫ千圓以下의罰金에處홈

本條ᄂᆞᆫ人의信用을毁損ᄒᆞ고業務를妨害ᄒᆞᆫ者의罪를規定ᄒᆞ니라、即虛僞ᄒᆞᆫ風說을流布ᄒᆞ야人의信用을毁損ᄒᆞᆫ者及虛僞ᄒᆞᆫ風說을流布ᄒᆞ야人의業務를妨害ᄒᆞᆫ者又ᄂᆞᆫ各種詐欺의計策을設ᄒᆞ야人의信用을毁損ᄒᆞᆫ者及僞計를用ᄒᆞ야人의業務를妨害ᄒᆞᆫ者ᄂᆞᆫ總히本條의罰을不免홀지라故로假令甲者ㅣ有ᄒᆞ야乙은丙

의事業을妨害ᄒᆞᆯ計劃으로如斯如斯ᄒᆞᆫ事를爲코ᄌᆞᄒᆞᆫ다傳言ᄒᆞ야此를反間ᄒᆞᆷ과丁의商店은內容에負債가多ᄒᆞ야破産을當ᄒᆞ엿다ᄒᆞ며又ᄂᆞᆫ戊의理髮所ᄂᆞᆫ器械를消毒치아니ᄒᆞ야來客의頭髮에毒菌을傳染ᄒᆞ엿다ᄒᆞ거나又ᄂᆞᆫ某地에火災가起ᄒᆞ엿다ᄒᆞ며破船、覆車等이有ᄒᆞ엿다ᄒᆞᄂᆞᆫ等諸無據ᄒᆞᆫ浮言流說을做出或傳播ᄒᆞ며或은奸佞ᄒᆞᆫ謀策을用ᄒᆞ야人의信用을損ᄒᆞ며農工商其他諸業務를妨害ᄒᆞᆫ等과如ᄒᆞᆷ이是라然而本條의罪ᄂᆞᆫ반다시人의信用을損ᄒᆞ며業務를妨害ᄒᆞᆫ事를要ᄒᆞᄂᆞ니故로假令流言詐計를用ᄒᆞ엿스나何等信用과業務를損害케ᄒᆞᆫ結果가無ᄒᆞ면論罪치아니ᄒᆞᆯ지오又其流布ᄒᆞᆫ바話說은虛僞無根ᄒᆞᆫ事를要ᄒᆞ며計策은必信用業務를妨害ᄒᆞᆯ目的으로詐事로做作設用ᄒᆞᆷ을要ᄒᆞᄂᆞ니故로實有ᄒᆞᆫ談話를傳ᄒᆞ거나又ᄂᆞᆫ正當ᄒᆞᆫ順序로眞正ᄒᆞᆫ事를行ᄒᆞᆫ等은皆本條에該當ᄒᆞᄂᆞᆫ者ㅣ아니라ᄒᆞᆯ지니라

第二百三十四條 威力을用ᄒᆞ야人의業務를妨害ᄒᆞᆫ者ᄂᆞᆫ亦前條의例에同ᄒᆞᆷ

本條ᄂᆞᆫ威力을用ᄒᆞ야人의業務를妨害ᄒᆞᆫ者의罪를規定ᄒᆞ니라、威力이라ᄒᆞᆷ은優勢ᄒᆞᆫ地位權力으로他人을不正히屈服케ᄒᆞᄂᆞᆫ强力이니此를利用ᄒᆞ야他人의農工商業其他一切의業務를妨害ᄒᆞᄂᆞᆫ惡意ᄂᆞᆫ前條와境遇와無異ᄒᆞᆫ故로前條와同樣의刑을科ᄒᆞᆯ事로ᄒᆞ니라

第三十六章 竊盜及强盜의罪

本章은竊盜及强盜에關ᄒᆞᆫ罪를規定ᄒᆞᆷ이니各條의下에셔此를詳說코져ᄒᆞ노라

[參照]朝鮮人의强盜에關ᄒᆞ야ᄂᆞᆫ當分間別로히刑法大全(上見刑事令及下見刑法大全參看)의適用이有ᄒᆞ니라然而罪의成立에關ᄒᆞᆫ論理ᄂᆞᆫ本章에解說ᄒᆞᆫ바와無異ᄒᆞ며且朝鮮人의强盜犯으로刑法大全에該當條文이無ᄒᆞ고本章中에該當ᄒᆞᄂᆞᆫ事ㅣ有ᄒᆞᆫ時ᄂᆞᆫ本章에照ᄒᆞ야處斷될바ᄂᆞᆫ勿論이라

第二百三十五條 他人의財物을竊取ᄒᆞᆫ者ᄂᆞᆫ竊盜의罪라ᄒᆞ야十年以下의懲役에處ᄒᆞᆷ

本條ᄂᆞᆫ窃盜의罪를罰ᄒᆞᄂᆞᆫ規定이라、盜罪의一般的性質如何ᄂᆞᆫ元來多少疑問이有ᄒᆞ며且適用이甚廣ᄒᆞ야研究의價値가有ᄒᆞᆫ問題라今에一言으로此를定義ᄒᆞ건ᄃᆡ惡意로써自己에屬치아니ᄒᆞᆫ物品을奪取ᄒᆞᆫ者ᄂᆞᆫ盜罪라홈을得ᄒᆞᆯ지라故로本條의成立에ᄂᆞᆫ三個의條件을必要로ᄒᆞᄂᆞ니財物을奪取ᄒᆞᆫ事、惡意로써奪取ᄒᆞᆫ事、奪取ᄒᆞᆫ財物이他人에屬ᄒᆞᆫ事ㅣ即是라此를左에詳述ᄒᆞ노라

第一、奪取ᄒᆞᆫ事（他人의保有로브터自己의保有에移ᄒᆞᄂᆞᆫ事）。此ᄂᆞᆫ盜罪에在ᄒᆞᆫ第一의條件이라盜를行ᄒᆞ고져ᄒᆞᄂᆞᆫ意思企圖及豫備ᄂᆞᆫ姑히盜罪를構成홈에不足ᄒᆞ고犯人이其所欲의財物에手를觸ᄒᆞ야此를攫ᄒᆞ야取上ᄒᆞᆯ事를必要로ᄒᆞᆯ지라大審院判決例에依ᄒᆞ건ᄃᆡ曰正當ᄒᆞᆫ占有者로ᄒᆞ야곰此를不知케ᄒᆞ고或은其意에反ᄒᆞ야犯罪의目的된物品을奪取ᄒᆞᆫ時가아니면法律上盜罪가無ᄒᆞ며此를奪取코져홈에ᄂᆞᆫ此를取上치아니홈이不可ᄒᆞ다ᄒᆞ고、又曰物品이盜賊에取上되야其正當ᄒᆞᆫ所有者의占有를離ᄒᆞᆫ事를要홈이라ᄒᆞ엿스니故로奪取의意義ᄂᆞᆫ此를畧言ᄒᆞ면物을他人의保有로부터自己의保有에移ᄒᆞᄂᆞᆫ行爲라云ᄒᆞᆯ지라是以로同是他人의物이라도現에他人의保有에在치아니ᄒᆞ고旣히自己에任置되야在ᄒᆞᆫ者를取ᄒᆞ야消費홈과如홈은別로히橫領罪를成ᄒᆞᆯ지오本條의所謂奪取가아니며且盜罪ᄂᆞᆫ動產即形體를移轉홈을得ᄒᆞᆯ者에限ᄒᆞ야成立ᄒᆞᆯ지오彼分離移轉키不能ᄒᆞᆫ不動產과無形財產等에對ᄒᆞ야ᄂᆞᆫ此에手를觸ᄒᆞ야奪取即占有를移轉키不得ᄒᆞᆫ者ㅣ니因ᄒᆞ야別로히冒認、橫領、詐欺等他罪를成ᄒᆞᄂᆞᆫ事ㅣ有ᄒᆞᆯ지언뎡本條의罪를發生ᄒᆞᄂᆞᆫ事ㅣ無ᄒᆞᆯ지오且取上ᄒᆞ야占有를移홈을要ᄒᆞᄂᆞᆫ故로單히物件에手를觸ᄒᆞᆯ뿐으로ᄂᆞᆫ아즉犯意를明白히ᄒᆞ기不能ᄒᆞ고必此를手中에攫入ᄒᆞ야囊中에收ᄒᆞ거나他處로運搬ᄒᆞᄂᆞᆫ等主人의占有를離ᄒᆞ야自己의占有에歸屬케ᄒᆞ기에必要ᄒᆞᆫ方法을完了ᄒᆞᆫ時에始乃奪取가遂成ᄒᆞᆫ者ㅣ라ᄒᆞᆯ지니라

第二、惡意가有ᄒᆞᆫ事。即故意로此를取ᄒᆞ야自己의所有로ᄒᆞᆯ心思가有홈이아니면不可ᄒᆞ니彼交錯、誤信等에因ᄒᆞ야全히他人의物을取ᄒᆞᆯ意思가無ᄒᆞᆫ者와一時此를觀覽、借用ᄒᆞ거나所有主를爲ᄒᆞ야保管又ᄂᆞᆫ加工ᄒᆞᆫ意思에出ᄒᆞ며、又ᄂᆞᆫ自己債權等權利를實行ᄒᆞ며損害를回復코져ᄒᆞᄂᆞᆫ等意에出ᄒᆞᆫ者와如ᄒᆞᆫ

은皆惡意가有ᄒᆞ다ᄒᆞ기不能ᄒᆞ며所持者의承諾(明示又ᄂᆞᆫ默示)이有ᄒᆞᆫ時도亦同ᄒᆞ니라

第三、他人의財物된事○ 惡意로써奪取ᄒᆞᆫ財物이他人의占有又ᄂᆞᆫ所有에屬ᄒᆞᄂᆞᆫ者되지아니치못ᄒᆞᆯ지니是亦盜罪成立의一元素라夫盜罪ᄂᆞᆫ財物權을侵害ᄒᆞᄂᆞᆫ罪니自己의所有物又ᄂᆞᆫ遺失物、漂流物等無主物을取ᄒᆞᆷ은毫末도他人의財物權을侵害ᄒᆞᄂᆞᆫ事ㅣ無ᄒᆞᆫ즉盜罪ᄂᆞᆫ構成치아니ᄒᆞᆷ이라然이나雖自己의物이라도一次他에占有된境遇ᄂᆞᆫ亦他人의物로看做되나니라(第二百四十二條、第二百四十五條叅看)

右ᄂᆞᆫ窃盜强盜에共通되ᄂᆞᆫ一般的性質을說明ᄒᆞᆫ바ㅣ라本條의所謂窃盜라ᄒᆞᆷ은其手段方法이强盜가아닌境遇卽暴行脅迫을加ᄒᆞ거나精神을昏醉케ᄒᆞ거나又ᄂᆞᆫ欺罔恐喝等行爲로써아니ᄒᆞ고此外의總히如何ᄒᆞᆫ方法으로ᄒᆞ던지皆窃盜ㅣ니此ㅣ强盜及詐欺恐喝罪에ᄂᆞᆫ手段方法의規定이有ᄒᆞ되本條文에ᄂᆞᆫ何等의手段方法을不示ᄒᆞᆫ所以ㅣ라

又窃盜와强盜의相異ᄒᆞᆫ바ᄂᆞᆫ其手段方法及刑이差異될뿐아니라親族相盜에窃盜ᄂᆞᆫ此를免刑ᄒᆞ며或은親告罪로ᄒᆞᄂᆞᆫ規定(第二百四十四條)이有ᄒᆞ되强盜에ᄂᆞᆫ此ㅣ無ᄒᆞ며且窃盜라도仍後(第二百三十八條)强盜로變更되ᄂᆞᆫ事ㅣ有ᄒᆞᆯ지니라

叅照 以上은盜罪의一般的成立要素를說明ᄒᆞ엿스니 卽惡意로他人의 財物을奪取ᄒᆞᆫ所爲ᄂᆞᆫ本條의窃盜罪를構成ᄒᆞᄂᆞᆫ事를可知ᄒᆞᆯ지라今에更히諸家의學說을叅互ᄒᆞ야盜罪에關ᄒᆞᆫ諸疑問을明解코자ᄒᆞ노라

(I)、物體 本罪ᄂᆞᆫ其行爲가前述과如히窃取卽他人의所持로부터自己의所持에物을移ᄒᆞᆯ事를要素로ᄒᆞᄂᆞᆫ故로其物體에ᄂᆞᆫ左의制限이有ᄒᆞᆷ을知ᄒᆞᆯ지니라

(甲)、有體物되지아니치못ᄒᆞ나니故로彼金銀器具農作物及瓦斯又ᄂᆞᆫ水와如ᄒᆞᆫ者等은本罪의物體될事를得ᄒᆞᆷ은勿論이라然이나無體物된權利ᄂᆞᆫ本罪의物體될事를不得ᄒᆞ나니但權利를記載ᄒᆞᆫ證書ᄂᆞᆫ相當ᄒᆞᆫ價格을有ᄒᆞᆫ書類에對ᄒᆞᆫ窃盜로看做될바ᄂᆞᆫ勿論이라

(乙)、自己의所持에移ᄒᆞᆯ事를得ᄒᆞᆯ者되지아니치못ᄒᆞᆯ지니民法上動産、不動産에關ᄒᆞᆫ區別如何에不拘○

ᄒᆞ고石物家屋이라도苟히此를分離ᄒᆞ야自己의所持에移ᄒᆞᆯ事를得ᄒᆞᆯ者ᄂᆞᆫ皆本條의財物됨이無妨ᄒᆞ니라然이나彼日月星辰은物이라도自己의所持에移ᄒᆞᆷ을不得ᄒᆞᄂᆞᆫ者인故로窃盜의目的物體로ᄒᆞᆯ事를不得ᄒᆞᆯ지니라

(丙)、人類ᄂᆞᆫ法律上此를物로看做ᄒᆞᄂᆞᆫ事ㅣ無ᄒᆞᆫ즉本罪의物體되기不能ᄒᆞ니라然이나身體를毁損치안코分離ᄒᆞᆷ을得ᄒᆞᄂᆞᆫ義齒(金銀其他物로造付ᄒᆞ야時々로分離ᄒᆞᄂᆞᆫ入齒)、義足、入毛、義眼等은物이라云ᄒᆞᆯ事를得ᄒᆞᆯ지니라

(丁)、交換의價格이無ᄒᆞᆫ物은如何ᄒᆞ고 假令時計、衣服等은盜者ㅣ此를取ᄒᆞ야他에賣却或典當ᄒᆞᆷ에價値가有ᄒᆞᆫ者로ᄃᆡ人家의神主位牌及看板과如ᄒᆞᆷ은交換의價格이無ᄒᆞᆫ故로或曰此等은犯罪의目的物되지못ᄒᆞᆫ다ᄒᆞ나아주劃然ᄒᆞᆫ定論이無ᄒᆞ니라

(2)、以上의條件을具ᄒᆞᆫ物은現에他人의所持內에存ᄒᆞᆯ時에限ᄒᆞ야窃盜罪를成ᄒᆞᄂᆞ니故로

(甲)、無主物에對ᄒᆞ야ᄂᆞᆫ窃盜罪가無ᄒᆞ니(1)空氣、海水ᄂᆞᆫ無主物이오(2)魚類ᄂᆞᆫ天然의河海에在ᄒᆞᆷ은無主物이로ᄃᆡ加工ᄒᆞᆫ私有池沼에在ᄒᆞᆷ은無主物이아니오(3)禽獸蟲魚의網罟에罹在됨을旣히他人의先占ᄒᆞᆫ者임으로無主物이아니라

(乙)、遺棄物은所有權을不持ᄒᆞᆯ意思로써所持를拋棄ᄒᆞᆫ者即彼塵箱等에放棄ᄒᆞᆫ弊履와如ᄒᆞᆫ者ㅣ是라故로此等은他人의所持內에在ᄒᆞᆫ物體가아니라從ᄒᆞ야假令某有主物을遺棄物로誤信ᄒᆞ고拾得ᄒᆞᆷ은犯罪事實의錯誤에基ᄒᆞᄂᆞᆫ無罪될지니라

(丙)、遺失物은旣히主人의所持를離脫ᄒᆞᆫ者라故로他人의所持內에在ᄒᆞ다云키不可ᄒᆞ니라然而自己의家屋內에서所在不明ᄒᆞᆫ物은仍히其所持를離ᄒᆞᆫ者ㅣ아니라ᄒᆞᆯ지니라

(丁)、墓所에遺留케ᄒᆞᄂᆞᆫ物件은境遇에因ᄒᆞ야或은遺棄物이되고或은相續人의所有物이되며或은寺院의所有物될지오其物의性質에因ᄒᆞ야議論을異히ᄒᆞᄂᆞᆫ竟是他人의所持되ᄂᆞᆫ時ᄂᆞᆫ亦本條의目的物됨이

無疑ᄒᆞ며且墓具로ᄒᆞ야常히墓所에裝置ᄒᆞᄂᆞᆫ諸石物等은元來墳墓와共히其墓主의占有에在ᄒᆞᆷ이無疑ᄒᆞ니라

(戊)、死屍、遺骨은解剖陳列其他의目的에因ᄒᆞ야旣히他人의所持에入ᄒᆞᆫ者에對ᄒᆞ야ᄂᆞᆫ異論이無ᄒᆞ나其墓所에在ᄒᆞᆯ間에도亦墓主의所持內에在ᄒᆞᆫ物로解ᄒᆞᆯ지니라

(己)、相續人不分明ᄒᆞᆫ遺産은一個財團法人이라然ᄒᆞ나此境遇에ᄂᆞᆫ其管理人을定ᄒᆞ기ᄭᆞ지ᄂᆞᆫ所持者가無ᄒᆞ고行路死亡人의遺留物도亦同是他人의所持內에在ᄒᆞᆫ者ㅣ라云키不可ᄒᆞ니라

(3)、如何ᄒᆞᆫ條件으로他人의所持에在物됨을必要로ᄒᆞᆯ가假令他人의家에在ᄒᆞ나自己가忘置ᄒᆞᆫ物과如ᄒᆞᆫ은本條의目的物될者ㅣ아니라故로

(甲)、窃取者ㅣ所有權을有치안코被窃取者自身又ᄂᆞᆫ第三者가所有權을有ᄒᆞ야被害者가現에所持ᄒᆞᄂᆞᆫ物에對ᄒᆞ야ᄂᆞᆫ本罪를成ᄒᆞᆷ에異論이更無ᄒᆞ니라

(乙)、窃取者ㅣ所有權을有ᄒᆞ나被窃取者ㅣ亦所有權을有ᄒᆞᆷ으로此를所持ᄒᆞᄂᆞᆫ物도亦同ᄒᆞ니라

(丙)、窃取者ㅣ所權을有ᄒᆞ나被窃取者ㅣ動産質權을有ᄒᆞᆷ으로此를所持ᄒᆞᄂᆞᆫ物에對ᄒᆞ야도亦本罪를成ᄒᆞᆯ바ㅣ無疑ᄒᆞ며且官署의命令에因ᄒᆞ야他人의看守에係ᄒᆞᄂᆞᆫ自己의所有物도亦同ᄒᆞ니라

(丁)、一次盜賊에因ᄒᆞ야得ᄒᆞᆫ贓物은如何ᄒᆞ고此等은盜賊者의正當ᄒᆞᆫ所持에在ᄒᆞᆫ者ㅣ아니로ᄃᆡ其初ᄂᆞᆫ被害者의占有에在ᄒᆞᆫ者ㅣ니故로盜賊으로부터贓物을窃取ᄒᆞᆷ은亦窃盜罪됨이無疑ᄒᆞ니라

(4)、行爲條文中窃取라ᄒᆞᆷ은物의他人의所持를離ᄒᆞ야自己의所持에移케ᄒᆞᄂᆞᆫ行爲를謂ᄒᆞᄂᆞᆫ故로

(甲)、單히目的物에手를觸ᄒᆞᆫᄲᅮᆫ으로ᄂᆞᆫ不足ᄒᆞ나ᄯᅩᄒᆞᆫ반다시犯所로부터持去ᄒᆞᆫ事又ᄂᆞᆫ安全ᄒᆞᆫ個所에移ᄒᆞᆫ事를必要로ᄒᆞ지안코全然自己의占持에歸케ᄒᆞᆯ만ᄒᆞᆫ程度로其物을收拾ᄒᆞ야終了ᄒᆞᆷ으로써足ᄒᆞ다ᄒᆞ나니라

(乙)、他人의所持를移ᄒᆞᆯᄲᅮᆫ아니라自己의所持에移ᄒᆞᆫ行爲됨을要ᄒᆞ나니故로甲者ㅣ乙者家의釜鼎을窃取ᄒᆞ엿스나姑히其家內에仍置ᄒᆞ고自己의持有로ᄒᆞ지아니ᄒᆞᆫ間은本罪를不成ᄒᆞᆯ지니라

(丙)、竊取行爲가目的物의一部에在ᄒᆞ야도亦有効히成立ᄒᆞ나니故로甲者ㅣ乙者의櫃中에金十圓이有ᄒᆞᆷ을竊取코져ᄒᆞ야爲先五圓을取ᄒᆞᆷ과米一石이有ᄒᆞᆷ을竊取코져ᄒᆞ야爲先一斗量을取ᄒᆞᆷ과如ᄒᆞᆷ은皆完全히本罪를成ᄒᆞᆯ지라然이나此等은全히事實의程度如何에因ᄒᆞ야決ᄒᆞᆯ지니彼金一錢과米一粒을取ᄒᆞᆷ과疋木의一端은竊取ᄒᆞ엿스나他一端은아즉本主의占有에在ᄒᆞᆫ狀態等은如何히此를犯罪라論斷키難ᄒᆞᆷ과如ᄒᆞ니라

(5)、物의所有者又ᄂᆞᆫ所持者ㅣ此를持去ᄒᆞᆯ事를認許ᄒᆞᆫ時ᄂᆞᆫ元來盜罪가無ᄒᆞ나니竊取ᄂᆞᆫ自己任意로ᄒᆞᄂᆞᆫ意를含ᄒᆞᆷ이라然ᄒᆞ나暴行、脅迫、欺罔、恐喝等特히法律에他罪를成ᄒᆞᆯ事로規定이有ᄒᆞᆫ方法을用ᄒᆞᄂᆞᆫ者를除ᄒᆞᆫ外에如何ᄒᆞᆫ方法으로ᄒᆞᄂᆞᆫ總境遇ᄂᆞᆫ皆竊盜에該當ᄒᆞ고被害者又ᄂᆞᆫ其他人의不知之間됨을必要로ᄒᆞ자아니ᄒᆞ나니라

(6)、故意他人의物된事를知치못ᄒᆞᆫ時又ᄂᆞᆫ竊取ᄒᆞᆯ決意가無ᄒᆞᆫ時ᄂᆞᆫ故意가欠闕되야竊盜罪의成立치아니ᄒᆞᆷ은無論이라然이나苟히竊取의故意가有ᄒᆞ면其自己를富히ᄒᆞᆯ目的의有無를不問ᄒᆞ고明히犯罪를成ᄒᆞᆯ지니故로

(甲)、單히一時使用或觀覽ᄒᆞ고後에返還ᄒᆞᆯ意에出ᄒᆞᆫ境遇ᄂᆞᆫ論罪치못ᄒᆞᆯ지오

(乙)、質入을行ᄒᆞᆯ目的即他에典執ᄒᆞᆯ意에出ᄒᆞᆫ時ᄂᆞᆫ一見에暫時使用에供ᄒᆞᆷ과無異ᄒᆞ나此境遇에ᄂᆞᆫ비록後日에典物을還推ᄒᆞ야本主에게返還ᄒᆞᆯ意思가有ᄒᆞ엿다ᄒᆞᆯ지라도均是本罪를成ᄒᆞᄂᆞᆫ者로認ᄒᆞᆷ이一般의定論이니라

(丙)、單히破棄ᄒᆞᆯ目的에出ᄒᆞᆫ時ᄂᆞᆫ如何오法文에何等의制限이無ᄒᆞᆷ으로써苟히物을竊取ᄒᆞᆯ意로取ᄒᆞᆫ以上은其事後의處分에關ᄒᆞᆫ目的如何ᄂᆞᆫ此를不問ᄒᆞᆫ다解ᄒᆞᆷ이可ᄒᆞᆫ도다

(丁)、債務者의商品을取上ᄒᆞ거나又ᄂᆞᆫ暴力으로써其辨濟를得ᄒᆞᆯ金額의一部分을取ᄒᆞᆫ債主ᄂᆞᆫ如何ᄒᆞᆯ고此等에關ᄒᆞᆫ判決例를見ᄒᆞᆫ진ᄃᆡ大審院에셔ᄂᆞᆫ其權利가有ᄒᆞ야請求를主張ᄒᆞᄂᆞᆫ金額을得ᄒᆞ기爲ᄒᆞ야債

務者의辨償을不肯홈을襲擊ᄒᆞ고其所持金을奪取ᄒᆞᆫ者에對ᄒᆞ야盜罪를適用ᄒᆞᆫ地方裁判所의判決을破毁ᄒᆞ엿ᄉᆞ니其理由에曰此行爲ᄂᆞᆫ人의所有로부터奪取코져ᄒᆞ야其所欲을遂行ᄒᆞ엿ᄉᆞ나惡意로써他人의物을奪取코사ᄒᆞᄂᆞᆫ故意即盜罪의性質을有ᄒᆞᄂᆞᆫ者아니라ᄒᆞ고又他의例를見ᄒᆞ건ᄃᆡ一商人이有ᄒᆞ야其債權者에게報債를行ᄒᆞᆯ力이無ᄒᆞᆫ旨를通知ᄒᆞ엿더니債務者의不在中에債權者ㅣ其商店에至ᄒᆞ야債務者所有의商品을取上ᄒᆞ엿ᄂᆞᆫ지라故로初審裁判所에셔ᄂᆞᆫ債權者ᄂᆞᆫ盜罪를犯ᄒᆞᆫ者로判決되엿더니控訴院에셔ᄂᆞᆫ其控訴를受理ᄒᆞ고其奪取行爲ᄂᆞᆫ自己債權의辨償을求ᄒᆞᄂᆞᆫ一手段에不過홈이오毫도盜罪를行ᄒᆞᆯ惡意에出치아니ᄒᆞ엿슨즉盜罪를犯ᄒᆞ엿다認ᄒᆞᆯ事를不得ᄒᆞᆫ다ᄒᆞ야此에無罪의言渡를行ᄒᆞᆫ事ㅣ有ᄒᆞ니라

第二百三十六條 暴行又ᄂᆞᆫ脅迫으로써他人의財物을强取ᄒᆞᆫ者ᄂᆞᆫ强盜의罪라ᄒᆞ야五年以上의有期懲役에處홈

前項의方法으로써財産上不法의利益을得ᄒᆞ거나又ᄂᆞᆫ他人으로써此를得케ᄒᆞᆫ者亦同홈

本條ᄂᆞᆫ强盜의罪에關ᄒᆞᆫ規定이라、(下見刑法大全第五百九十六條、五百十六條、五百三十六條、四百七十八條叅看)

第一項 本項에ᄂᆞᆫ强盜罪의定義及其刑을示ᄒᆞ엿나니 即暴行又ᄂᆞᆫ脅迫을加ᄒᆞ야 他人의財物을直接强取ᄒᆞᆫ者를强盜라홈이라然則强盜罪의成立에ᄂᆞᆫ前條窃盜罪에셔論ᄒᆞᆫ바三個條件의必要홈은勿論이오更히暴行又ᄂᆞᆫ脅迫으로써ᄒᆞᆫ事의一條件을必要로ᄒᆞᄂᆞ니此ㅣ兩者의相異ᄒᆞᆫ要点이라暴行及脅迫의意義ᄂᆞᆫ既히他條(第百七十六條、第二百二十三條)에셔說明ᄒᆞ엿슨즉玆에再說치아니ᄒᆞ노라 (下見刑法大全第五百九十三條叅看)

第二項暴行又ᄂᆞᆫ脅迫으로不正히財産上의利益을得ᄒᆞ며又ᄂᆞᆫ他人으로得케ᄒᆞᆫ者ᄂᆞᆫ直接으로人의財物을奪取ᄒᆞᆷ이아니로ᄃᆡ亦前項强盜와同罰ᄒᆞᄂᆞ니例如甲者ㅣ乙者의財産을管理ᄒᆞᆯ새甲이此를貪慾ᄒᆞ야乙을束縛毆打ᄒᆞ야써自己에讓與ᄒᆞᄂᆞᆫ証書를勒捧ᄒᆞᆷ과又丙者ㅣ乙者에對ᄒᆞ야負債를有ᄒᆞᆫ境遇에甲者ㅣ乙에對ᄒᆞ야陰傷又ᄂᆞᆫ衝火等意로脅迫ᄒᆞ야乙로ᄒᆞ야곰丙의債務를蕩滅케ᄒᆞᆷ과如ᄒᆞᆫ等이是ㅣ라本條에ᄂᆞᆫ單히「利益을得」이라ᄒᆞᆫ故로前條에說明ᄒᆞᆫ바財物을奪取ᄒᆞᆫ者ᄂᆞᆫ勿論이어니와有體物以外에假令權利를得ᄒᆞ고義務를免ᄒᆞᄂᆞᆫ等無形財産과人의技術勞力을使役ᄒᆞᄂᆞᆫ等總히利益을受ᄒᆞᆫ事로써犯罪가成立ᄒᆞᆯ지오又其利益은自己가此를得ᄒᆞ거나他人으로此를得케ᄒᆞᆷ을區別치아니ᄒᆞᄂᆞ니라然이나玆에所謂利益이라ᄒᆞᆷ은不法이라ᄒᆞᄂᆞᆫ觀念을忘却치못ᄒᆞᆯ지니彼債權者가其權利를確保ᄒᆞ기爲ᄒᆞ야債務者를强制ᄒᆞ야担保物을提供케ᄒᆞ며手形을書出케ᄒᆞᆷ과其他法律上正當히請求ᄒᆞᆯ權利行爲로써此를得ᄒᆞᆷ은元來犯罪가아닌所以라

第二百三十七條　强盜의目的으로써其豫備를行ᄒᆞᆫ者ᄂᆞᆫ二年以下의懲役에處ᄒᆞᆷ

本條ᄂᆞᆫ强盜의豫備를行ᄒᆞᆫ者를罰ᄒᆞᄂᆞᆫ規定이라、抑强盜即前條及次二條의行爲ᄂᆞᆫ窃盜와相異ᄒᆞ야直接危害發生의危險이多ᄒᆞᆫ者인즉着手未遂ᄂᆞᆫ勿論이어니와假令豫備에止ᄒᆞ야姑히其實行에着手치아니ᄒᆞ엿슬지라도此를罰ᄒᆞᆯ者로ᄒᆞᆷ이니如何ᄒᆞᆫ程度로써豫備라ᄒᆞᆯ가第一編第八章에서述ᄒᆞᆫ바着手未遂에至ᄒᆞ기以前即其犯罪行爲의準備에止ᄒᆞᆫ者를云ᄒᆞᆷ이니라

第二百三十八條　窃盜가財物을得ᄒᆞ고其取還을拒ᄒᆞ거나逮捕를免ᄒᆞ고或은罪跡을湮滅ᄒᆞ기爲ᄒᆞ야暴行又ᄂᆞᆫ脅迫을行ᄒᆞᆫ時ᄂᆞᆫ强盜로써論ᄒᆞᆷ

本條ᄂᆞᆫ元來에ᄂᆞᆫ窃盜罪로되追後로暴行又ᄂᆞᆫ脅迫을加ᄒᆞᆫ故로强盜로써論ᄒᆞᆯ事를規定ᄒᆞᆫ者ㅣ라即窃盜가其目的을遂ᄒᆞ야財物을得ᄒᆞᆫ後에仍히此를被害者에對ᄒᆞ야取還ᄒᆞᆯ事를拒ᄒᆞ기爲ᄒᆞ거나又ᄂᆞᆫ逮捕되지아니ᄒᆞ기爲ᄒᆞ거나或은犯罪의痕跡을湮滅케ᄒᆞ기爲ᄒᆞ야暴行又ᄂᆞᆫ脅迫을行ᄒᆞᆫ時ᄂᆞᆫ强盜의罪로此를論ᄒᆞᆷ이

라凡強盜ᄂᆞᆫ暴行又ᄂᆞᆫ脅迫을行ᄒᆞ야財物을強奪ᄒᆞᄂᆞᆫ者即盜를行ᄒᆞ기爲ᄒᆞ야暴行又ᄂᆞᆫ脅迫의手段을行ᄒᆞᄂᆞᆫ者를云홈이로ᄃᆡ本條의境遇ᄂᆞᆫ既히其目的ᄒᆞᆫ바財物을盜取ᄒᆞᆫ者가此를取還될事를防禦ᄒᆞ며又ᄂᆞᆫ官에逮捕될事를免ᄒᆞ라ᄒᆞ거나或은其罪跡을湮滅ᄒᆞ라ᄒᆞᄂᆞᆫ目的으로暴行又ᄂᆞᆫ脅迫을行ᄒᆞᆫ者니其暴行又ᄂᆞᆫ脅迫은盜를行ᄒᆞ기爲ᄒᆞ야홈이아니라暴行、脅迫이既히盜罪를遂行ᄒᆞᆫ後에在ᄒᆞᆫ者인즉其性質에至ᄒᆞ야ᄂᆞᆫ依然히窃盜罪오強盜罪가아니로ᄃᆡ其所得의不正ᄒᆞᆫ利益을完全히홀目的으로暴行又ᄂᆞᆫ脅迫을行ᄒᆞᆫ事ᄂᆞᆫ強盜와無異ᄒᆞ나니其害毒이亦窃盜의比가아님으로써本條를設ᄒᆞ야強盜로處斷홀者로ᄒᆞ니라今若窃盜가有ᄒᆞ야財物을窃取ᄒᆞ고遁逃ᄒᆞ라ᄒᆞᄂᆞᆫ境遇에其所有者ㅣ此를覺知ᄒᆞ고直히取還코져ᄒᆞ야盜를追跡ᄒᆞ야其財物을還奪ᄒᆞ라홈에盜ᄂᆞᆫ此를抗拒ᄒᆞ다가到底難免홀줄로思ᄒᆞ고財物을中途에抛棄ᄒᆞ고逃走ᄒᆞ거ᄂᆞᆯ所有者ᄂᆞᆫ尚且盜를追ᄒᆞ야擊捕ᄒᆞ라홈에盜賊은其勢危迫홈을見ᄒᆞ고此를免ᄒᆞ기爲ᄒᆞ야腕力으로追捕者를拘束抑制ᄒᆞ며或은凶器로狙向ᄒᆞ야威脅을加ᄒᆞ엿다ᄒᆞ면其論罪가如何홀고本條에ᄂᆞᆫ逮捕를免ᄒᆞ기爲ᄒᆞ야云云홈으로써見ᄒᆞ면右ᄂᆞᆫ元來本條의制裁를不免홀지니其財物을完得홈과抛棄홈은元來不問홀바ㅣ니即最初에窃盜를行ᄒᆞᆫ事와追後로逮捕를免ᄒᆞ기爲ᄒᆞ야暴行脅迫을加ᄒᆞᆫ事ᄂᆞᆫ既히本條의罪를成ᄒᆞᄂᆞᆫ所以라

第二百三十九條　人을昏醉케ᄒᆞ고其財物을盜取ᄒᆞᆫ者ᄂᆞᆫ強盜로써論홈

本條ᄂᆞᆫ暴行又ᄂᆞᆫ脅迫의手段에不依ᄒᆞᄂᆞᆫ一種의強盜罪를規定홈이니即藥酒又ᄂᆞᆫ藥劑와催眠術等을用ᄒᆞ야人을昏醉케ᄒᆞ야其人으로ᄒᆞ야곰我에抗敵키不能케ᄒᆞ고其財物을奪取ᄒᆞᄂᆞᆫ者를指홈이라　此境遇ᄂᆞᆫ財物을盜取ᄒᆞᄂᆞᆫ事ᄂᆞᆫ窃盜罪와無異ᄒᆞ나其方法이人의抗敵力을制奪홈은彼暴行脅迫을用ᄒᆞᄂᆞᆫ事ᄂᆞᆫ強盜와無異홈으로此를強盜로論罪ᄒᆞ나니라(下見刑法大全第五百九十三條叅看)

第二百四十條　強盜가人을傷ᄒᆞᆫ時ᄂᆞᆫ無期又ᄂᆞᆫ七年以上의懲役에處홈死에致ᄒᆞᆫ時ᄂᆞᆫ死刑又ᄂᆞᆫ無期懲役에處홈

本條는强盜가人을傷하거나又는死에致한時에關한規定이라、卽强盜로써人을傷한時又는死에致한時는普通의强盜보다其罪의重함은勿論인즉其刑을重히함은當然한事ㅣ라本條에强盜가人을傷하거나又는死에致한時라함은如何한時를云함인가强盜의目的을達하기爲하야人을傷하고或은死에致한境遇卽傷人行爲가强盜의手段이된境遇는勿論이오假令其手段으로함이아니오單히强盜의現場에서傷人行爲를併하야行한境遇도包含하는者라强盜의現場이라함은强盜(卽第二百三十六條、第二百三十八條、第二百三十九條의行爲)에着手後其實行에終함에至하기까지는勿論이며且現에行하야畢한際及其强盜犯人이其現場으로부터追跡되야逮捕又는贓物의取還을免하기爲하야人을傷死에致한境遇도亦此를包含하는事는大審院判決例의多數一致한바ㅣ라然而此境遇는强盜와傷殺罪의二罪俱發이아니오强盜殺傷人이라云하는一個獨立한犯罪로하야本條의刑을科하나니次條도亦然하니라(下見刑法大全第五百十六條、四百七十八條叅看)

第二百四十一條 强盜가婦女를强姦한時는無期又는七年以上의懲役에處함因하야婦女를死에致한時는死刑又는無期懲役에處함

本條는强盜가婦女를强姦한罪를規定하니라卽强盜ㅣ强盜行爲에着手하는時又는現場(前條說明叅看)에서暴行又는脅迫으로婦女를姦淫한者及因하야婦女로致死케한者는二罪의併合罪로아니하고本條에依하야一個獨立한罪로하야重刑을科하나니라然而强姦의意義에關하야는第百七十七條及第百七十八條에旣說한바오、又因하야死에致케한時라함은婦女가暴行脅迫을受한結果로卽時絶命됨과又는其强暴를抵抗하다가此에不堪하야犯罪의現場에서自盡한境遇等을云함이오彼强姦을被한追後에此를憤愧하야死함과如한等은此에不含할지니라(下見刑法大全第五百三十六條叅看)

第二百四十二條 自己의財物이라도他人의占有에屬하거나又는公務所의命에因

ᄒᆞ야他人의看守ᄒᆞᆫ者될時ᄂᆞᆫ本章의罪에셔ᄂᆞᆫ他人의財物로看做홈

本條ᄂᆞᆫ自己의財物이라도某理由에因ᄒᆞ야自己가其占有를爲치아니ᄒᆞᄂᆞᆫ境遇에其物을窃取又ᄂᆞᆫ強取ᄒᆞᆫ時ᄂᆞᆫ他人의財物을奪홈으로看做ᄒᆞ야亦強盜로處斷홀事를規定ᄒᆞ니라、自己所有의財物을他人에典執ᄒᆞ야在ᄒᆞᆫ間에此를盜取ᄒᆞᆫ者와如홈이其一例오、又公務所의命에依ᄒᆞ야他人의看守ᄒᆞᆫ者라홈은差押에因ᄒᆞ야執達吏의保管에在ᄒᆞᆫ自己物件을窃取又ᄂᆞᆫ強取ᄒᆞᆫ境遇와如홈이니此等의境遇에셔ᄂᆞᆫ假令自己의財産이라도此를窃取ᄒᆞᆫ時ᄂᆞᆫ窃取의罪오、又暴行又ᄂᆞᆫ脅迫을行ᄒᆞ거나或은人을昏醉케ᄒᆞ고此를奪取ᄒᆞᆫ時ᄂᆞᆫ強盜의罪로處斷ᄒᆞᄂᆞ니라

[參照]公務所의意義ᄂᆞᆫ第七條에詳述ᄒᆞ니라

第二百四十三條 第二百三十五條、第二百三十八條乃至第二百四十一條의未遂罪ᄂᆞᆫ此를罰홈

本條ᄂᆞᆫ本章中某罪에對ᄒᆞ야ᄂᆞᆫ其未遂罪도罰ᄒᆞᆫ다ᄒᆞᄂᆞᆫ規定이니即窃盜、強盜、強盜의婦女強姦、財物을得ᄒᆞ고其取還을拒ᄒᆞ거나逮捕를免ᄒᆞ고或은罪跡을湮滅ᄒᆞ기爲ᄒᆞ야暴行又ᄂᆞᆫ脅迫을行ᄒᆞᆫ者、人을昏醉케ᄒᆞ고財物을窃取ᄒᆞᆫ者、強盜로人을殺傷ᄒᆞᆫ者等은其未遂되ᄂᆞᆫ境遇라도此를罰홀事로ᄒᆞ니라未遂의性質及處分에關ᄒᆞ야ᄂᆞᆫ第八章에既述ᄒᆞᆫ바ㅣ라然而本章中強盜罪에在ᄒᆞ야未遂에不至ᄒᆞ고更히預備에止ᄒᆞᆫ境遇(第二百三十七條)라도亦此를罰홈을注意홀지니라

第二百四十四條 直系血族、配偶者及同居의親族又ᄂᆞᆫ家族의間에셔第二百三十五條의罪及其未遂罪를犯ᄒᆞᆫ者ᄂᆞᆫ其刑을免除ᄒᆞ고其他의親族에係홀時ᄂᆞᆫ告訴를待ᄒᆞ야其罪를論홈

親族又는家族이아닌共犯에對ᄒᆞ야는前項의例를用치아니홈

本條는所謂親族相盜에關ᄒᆞᆫ特別處分의規定이라

第一項 直系血族이라홈은祖、父母、子孫과如히生養을不問ᄒᆞ고直系로本宗의血統을繼續ᄒᆞᄂᆞᆫ親族을云홈이니故로從堂等傍系와外族、緦族、妻族等姻族은此에不含ᄒᆞ며配偶者라홈은夫、妻等法律上婚姻關係를認定된者를云홈이니此等者에는雖互相間竊盜及其未遂의所爲를行홀지라도告訴가無ᄒᆞ면勿論이오告訴가有ᄒᆞ나亦其刑을全免홈이라、同居의親族이라홈은直系血族及配偶者가아닌親族으로其家에同居ᄒᆞ야生活을共同히ᄒᆞᄂᆞᆫ者(偶然히房屋을借居ᄒᆞ고生計를共爲치아니ᄒᆞ면同居가아니라)를云홈이오家族이라홈은親族關係의有無를不問ᄒᆞ고其家의戶籍에入ᄒᆞ야戶主에服從ᄒᆞᄂᆞᆫ者를云홈이니此等者間에도亦前者와同히刑을免除홀지오、其他의親族이라홈은直系血族及同居가아닌親族을云홈이오其他의家族이라홈은親族關係가無ᄒᆞᆫ者即親族家의家族等을云홈이니是等者間에在ᄒᆞ야此를親告罪로ᄒᆞ야被害者의告訴가有ᄒᆞ면即其竊盜罪又는其未遂罪를論斷홈이라蓋親族、家族의關係는他人이此를間然키不可ᄒᆞ며且微細ᄒᆞᆫ財產上利害得失로宗族의情誼와一家의和睦을毁損ᄒᆞᄂᆞᆫ虞가有ᄒᆞᆫ故로近親間에在ᄒᆞᆫ者는此를罰치아니ᄒᆞ고遠親間은告訴를待ᄒᆞ야論罪홀事로ᄒᆞ니라然이나本條는竊盜罪及其未遂罪에만對ᄒᆞᆫ者ㅣ니强盜의所爲에至ᄒᆞ야는罪惡이旣히親族의本義를破墮無餘ᄒᆞᆫ故로決코此를假借ᄒᆞ는바ㅣ無ᄒᆞ니라

第二項 親族又는家族(即前項에記載ᄒᆞᆫ者)이他人과共犯者되는境遇에는非親族家族의共犯者를罰ᄒᆞ는同時에親族又는家族에對ᄒᆞ야도前項의特例를不用ᄒᆞ고同히此를罰ᄒᆞ나니抑前項은其行爲가元來罪될者ㅣ로되特殊ᄒᆞᆫ理由가有홈으로前項에記載ᄒᆞᆫ境遇에限ᄒᆞ야其刑을免除ᄒᆞ거나又는親告罪로홈이어니와若他人과共同ᄒᆞ야竊盜又는未遂를犯ᄒᆞᆫ時는一方으로他人은刑法上當然히處罰될者인즉同罪共犯에在ᄒᆞ야其一方을罰ᄒᆞ고一方을免刑又는親告로홈은不條理됨을難免홀所以니라

參照 親族의意義는第五百條에、共犯의意義는第一篇第十一章에旣히詳說훈바ㅣ有ᄒᆞ니라

第二百四十五條　本章의罪에對ᄒᆞ야는電氣는此를財物로看做홈

本條는盜罪의構成에關ᄒᆞ야는電氣는此를物件으로看做ᄒᆞ고此를盜用훈者는本章의規定에從ᄒᆞ야罰훌事를規定ᄒᆞ니라、凡電氣는物體의表面에서「이ㅣ사ㅣ」라稱ᄒᆞ는一種動力을受ᄒᆞ는變狀이니其波動即電流에依ᄒᆞ야스ᄉᆞ로動力을傳播ᄒᆞ는者ㅣ오有體物이아니로디吾人은五官의作用에由ᄒᆞ야其存在를認識ᄒᆞ야得훈者로써此를器械에收容ᄒᆞ야獨立存在를有케훈事를得훌지요從ᄒᆞ야他人의所持ᄒᆞ는電流를不法으로奪取ᄒᆞ야自己의所持內에置훈者는他人의財物을奪取훈者라홈이可훈所以라故로甲者ㅣ乙者의家에入ᄒᆞ는電燈의線에鋏絲等導電器를繼付ᄒᆞ야其電流를自家로導入훌진디第二百三十五條에依ᄒᆞ야竊盜될지오又脅迫、暴行又는精神昏醉等手段을用훈者될時는强盜로論罪될지니라

第三十七章　詐欺及恐喝의罪

本章에는詐欺及恐喝의罪를規定ᄒᆞ니即人을欺罔ᄒᆞ야財物、利益을取ᄒᆞ며人을恐喝ᄒᆞ야此等을取훈者는本章에依ᄒᆞ야罰ᄒᆞ나니라

第二百四十六條　人을欺罔ᄒᆞ야財物을騙取훈者는十年以下의懲役에處홈

前項의方法으로써財產上不法의利益을得ᄒᆞ거나又는他人으로써此을得케훈者亦同홈

本條는所謂詐欺取財罪에關훈規定이라

第一項 欺罔이라홈은他人으로ᄒᆞ야곰虛僞훈事實을眞實로又는眞實훈事實을虛僞로誤信케ᄒᆞ는行爲를云홈이오騙取라홈은欺罔에依ᄒᆞ야誤信케훈結果로他人이交付훌事를同意훈財物을收受홈을云홈이니假令地主又는地主의使者라假裝ᄒᆞ고他人의小作人家에至ᄒᆞ야小作米를收取ᄒᆞ며、使用人이主人의

言이라虛傳ᄒᆞ고金品을暗自借受ᄒᆞ며、某人의相續人이라假稱ᄒᆞ고保管財産을還推ᄒᆞ며、錫鉛等에鍍金ᄒᆞᆫ者로地金이라詐稱ᄒᆞ야賣渡又ᄂᆞᆫ他物과交易ᄒᆞ며、會社의株式을募集ᄒᆞᆫ다假稱ᄒᆞ고應募金을受ᄒᆞ며、全혀虛無히金鑛企業者又ᄂᆞᆫ其他技術家라稱ᄒᆞ고諸般契約을締結ᄒᆞ야着手金、契約金等을受ᄒᆞ며、又或은完全ᄒᆞᆫ物을瑕疵가有ᄒᆞ다ᄒᆞ야自己에게讓渡케ᄒᆞᆷ과其他如何ᄒᆞᆫ方法으로ᄒᆞ던지人을欺瞞ᄒᆞ야財物을取ᄒᆞᆷ은皆本條의罪를成ᄒᆞᆷ이라此에財物이라ᄒᆞᆷ은第二百三十五條에셔說明ᄒᆞᆷ과無異ᄒᆞ니라

[第二項]前項에說明ᄒᆞᆷ과如ᄒᆞᆫ方法으로人을欺罔ᄒᆞ야財産上不法의利益을得ᄒᆞ거나又ᄂᆞᆫ此를得케ᄒᆞᆫ者ᄂᆞᆫ비록直接으로財物을交付케ᄒᆞᆷ이아니로ᄃᆡ亦前項과同罰ᄒᆞ나니不法의利益을得ᄒᆞᄂᆞᆫ事의說明은第二百三十六條第二項에셔此를詳述ᄒᆞᆫ바ㅣ有ᄒᆞ니라

第二百四十七條　他人을爲ᄒᆞ야其事務를處理ᄒᆞᄂᆞᆫ者이自己或은第三者의利益을圖ᄒᆞ거나又ᄂᆞᆫ本人에損害를加ᄒᆞᆯ目的으로써其任務에背ᄒᆞᆫ行爲를行ᄒᆞ고本人에게財産上의損害를加ᄒᆞᆫ時ᄂᆞᆫ五年以下의懲役又ᄂᆞᆫ千圓以下의罰金에處ᄒᆞᆷ

本條ᄂᆞᆫ他人을爲ᄒᆞ야其事務를處理ᄒᆞᄂᆞᆫ者의背信行爲를罰ᄒᆞᄂᆞᆫ規定이라、他人을爲ᄒᆞ야其事務를處理ᄒᆞᄂᆞᆫ者라ᄒᆞᆷ은後見人、財産管理人及使用人又ᄂᆞᆫ委任을受ᄒᆞ야其事務를處理ᄒᆞᄂᆞᆫ者와如ᄒᆞᆷ을云ᄒᆞᆷ이니是等의任務가有ᄒᆞᆫ者ᄂᆞᆫ其本人의利益을圖ᄒᆞᆷ을目的으로ᄒᆞ지아니치못ᄒᆞᆯ바ㅣ어ᄂᆞᆯ此에反ᄒᆞ야自己又ᄂᆞᆫ本人以外者의利益을圖ᄒᆞ거나又ᄂᆞᆫ其人에게損害를加ᄒᆞᆯ目的으로써其任務에背ᄒᆞᆫ行爲를行ᄒᆞ야本人의財産에損害를加ᄒᆞᆫ者ᄂᆞᆫ本條로써罰ᄒᆞ나니故로本條의成立上其背信行爲ᄂᆞᆫ自己又ᄂᆞᆫ第三者의利益을圖ᄒᆞᆯ目的에出ᄒᆞ거나又單히本人을害ᄒᆞᆯ目的에出ᄒᆞᆫ事를要ᄒᆞ고且其結果에本人에게損害를蒙케ᄒᆞᆫ境遇됨을要ᄒᆞ나니라

第二百四十八條　未成年者의智慮淺薄又ᄂᆞᆫ人의心神耗弱을乘ᄒᆞ야其財物을交付

케ᄒᆞ거나又ᄂᆞᆫ財産上不法의利益을得ᄒᆞ고或은他人으로ᄒᆞ야곰此를得케ᄒᆞᆫ者ᄂᆞᆫ
十年以下의懲役에處홈

本條ᄂᆞᆫ詐欺의罪에準ᄒᆞᆫ一種騙財罪에關ᄒᆞᆫ規定이라凡未成年者(二十歲未滿者)ᄂᆞᆫ心身의發育이아즉充分치못ᄒᆞ야知慮가淺薄ᄒᆞ고事物의利害得失에經驗이不富홈으로此를欺瞞ᄒᆞ기容易ᄒᆞ며又疾病老衰等에因ᄒᆞ야心神이耗弱ᄒᆞᆫ者와如ᄒᆞᆫ도亦人間普通의知慮를充分發揮키不能ᄒᆞᆫ者인즉未成年者와無異ᄒᆞ나니法律은此等人을保護ᄒᆞ기爲ᄒᆞ야民法上에서도此等人의行ᄒᆞᆫ契約은取消홈을得ᄒᆞᆯ事로ᄒᆞ니라然而世의奸細輩ᄂᆞᆫ此等人의智慮淺薄ᄒᆞ야利害를計較ᄒᆞᄂᆞᆫ能力이不足홈을奇貨로思ᄒᆞ야種種의誘引手段으로써賣買、交換、贈與其他方法으로此等人의財物을收得ᄒᆞ며或은不正ᄒᆞᆫ利益을受ᄒᆞᄂᆞᆫ事ㅣ多ᄒᆞ나니故로本條로써此를罰ᄒᆞᆯ事로ᄒᆞ니라然而財物의意義(第二百三十五條)及不法利益의意義(第二百三十六條第二項)ᄂᆞᆫ前에既述ᄒᆞᆫ바에依ᄒᆞ야可知ᄒᆞᆯ지니라

第二百四十九條　人을恐喝ᄒᆞ야財物을交付케ᄒᆞᆫ者ᄂᆞᆫ十年以下의懲役에處홈
前項의方法으로써財産上不法의利益을得ᄒᆞ고又ᄂᆞᆫ他人으로ᄒᆞ야곰此를得케ᄒᆞᆫ者亦同홈

本條ᄂᆞᆫ所謂恐喝取財罪에關ᄒᆞᆫ規定이라、然而本條ᄂᆞᆫ其意義가前述ᄒᆞᆫ第二百四十六條와無異ᄒᆞ되惟其手段에至ᄒᆞ야彼ᄂᆞᆫ專혀欺罔을用ᄒᆞ고此ᄂᆞᆫ恐喝을用홈이相異ᄒᆞᆯ뿐이라恐喝이라홈은人으로ᄒᆞ야곰直接又ᄂᆞᆫ間接으로危害를蒙ᄒᆞᆯ事를示ᄒᆞ며又ᄂᆞᆫ此를逼迫ᄒᆞ야因ᄒᆞ야人을恐怖케ᄒᆞ야其意思自由를强制ᄒᆞᄂᆞᆫ行爲를云홈이니其他ᄂᆞᆫ皆前說ᄒᆞᆫ바第二百四十六條에照ᄒᆞ야可解ᄒᆞᆯ지니라

第二百五十條　本章의未遂罪ᄂᆞᆫ此를罰홈

本章의未遂罪ᄂᆞᆫ總히危害發生의虞가大홈으로此를罰ᄒᆞᆫ者로ᄒᆞ니未遂罪의處罰에關ᄒᆞ야ᄂᆞᆫ第一篇第八

章에서既述ᄒᆞᆫ바ㅣ라

第二百五十一條 本章의罪에ᄂᆞᆫ第二百四十二條、第二百四十四條及第二百四十五條의規定을準用홈

本章各條의罪ᄂᆞᆫ其性質上前記盜罪와畧同ᄒᆞᆫ故로强窃盜의境遇와同히自己의物이라도他人의占有又ᄂᆞᆫ看守中에在ᄒᆞᆫ者ᄂᆞᆫ他人의物로看做ᄒᆞ고、電氣도物로看做ᄒᆞ며又親族에對ᄒᆞᆫ詐欺、恐喝도亦窃盜에在홈과同히ᄒᆞ야前記三條를準用ᄒᆞᄂᆞ니라

第三十八章 橫領의罪

橫領이라홈은正當ᄒᆞᆫ理由가無ᄒᆞ고不法으로他人의物又ᄂᆞᆫ假令自己의所有라도公務所로부터保管을命ᄒᆞᆫ物等을스스로己物을作ᄒᆞ야領有、使用、處分又ᄂᆞᆫ消費ᄒᆞᄂᆞᆫ等行爲를云홈이니盖是等은個人의財産權을侵害ᄒᆞ며社會의公安을毁ᄒᆞᄂᆞᆫ破廉恥의惡行이라故로本章으로써此를罰ᄒᆞᄂᆞ니라然而此에注意를要ᄒᆞᆯ바ᄂᆞᆫ橫領이라홈은不法의領有라ᄒᆞᄂᆞᆫ觀念을忘却치못ᄒᆞᆯ지니法律上正當ᄒᆞᆫ理由에因ᄒᆞ거나又ᄂᆞᆫ權利行爲에出ᄒᆞᆫ者ᄂᆞᆫ元來不法이아니라又本章中物이라홈은第二百三十五條에說明ᄒᆞᆫ바와無異ᄒᆞ니라

第二百五十二條 自已의占有ᄒᆞᄂᆞᆫ他人의物을橫領ᄒᆞᆫ者ᄂᆞᆫ五年以下의懲役에處홈

自己의物이라도公務所로부터保管을命된境遇에서此를橫領ᄒᆞᆫ者亦同홈

本條ᄂᆞᆫ普通橫領罪卽自己의占有又ᄂᆞᆫ保管中에在ᄒᆞᆫ物을領得ᄒᆞᆫ者를罰ᄒᆞᄂᆞᆫ規定이라、故로若其占有가業務上行爲에因ᄒᆞᆫ境遇ᄂᆞᆫ別로次條에依ᄒᆞ야論斷될지오其不然ᄒᆞᆫ者ᄂᆞᆫ本條에該當홈이니라

[第一項]本項은自己의占有ᄒᆞᄂᆞᆫ他人의物을橫領ᄒᆞᆫ罪라他人의物로써自己가占有ᄒᆞ야在ᄒᆞᆫ物은自己의物이아님은勿論인즉不法히此를自己의物로ᄒᆞᆫ時ᄂᆞᆫ本條의罪를成ᄒᆞᆯ지라今에例를擧ᄒᆞ건ᄃᆡ送達傳致를寄托된者ㅣ其物의全部又ᄂᆞᆫ一部를送達傳致치아니ᄒᆞ고仍히己物을作ᄒᆞ거나又ᄂᆞᆫ中間에서消費홈과貸

借、典當、觀覽、賣買、交換其他原因에由ᄒ야一時自己의占有에入ᄒ얏스나아즉確實ᄒ所有權을取得지아니ᄒ時에此를自己의所有로ᄒ야任意로消費、賣買홈과又他人으로브터保管의委托을受ᄒ物을本人의承諾을不得ᄒ고放賣ᄒᄂ等總히法律上正當ᄒ理由가無ᄒ고他人의物을自己物로ᄒ者ᄂ本條와制裁를不免ᄒ지니라

[第二項] 本項은自己의物이라도某條件을因ᄒ야自己가專斷히此를處分키不得ᄒᄂ物을橫領ᄒ罪라即物件은自己의所有에屬ᄒ者로ᄃ公務所로부터保管의命令을受ᄒ야此를保管ᄒᄂ境遇에其命令을違ᄒ야此를橫領ᄒ時ᄂ亦他人의物에對홈과同히ᄒ야前項과同一ᄒ刑에處ᄒ나니例、如差押을受ᄒ物을賣却、讓與ᄒᄂ等이是ㅣ라

第二百五十三條　業務上自己의占有ᄒᄂ他人의物을橫領ᄒ者ᄂ一年以上十年以下의懲役에處홈

本條ᄂ業務上에因ᄒ야自己의占有에在ᄒ他人의物을橫領ᄒ者를罰ᄒᄂ規定이라、即官公吏가職務上으로委託을受ᄒ야管理ᄒᄂ金錢財貨와又倉庫業者가寄託을受ᄒ商品과賣買仲介人이受託商品又ᄂ代金等을橫領ᄒᄂ者와辯護士訴訟代理人等이其受託事件에關ᄒ야訴訟當事者에歸ᄒ金品을橫領홈과典當營業者ㅣ流質限前에典執物을消費、賣買、使用等을爲홈과其他自己의公私業務에因ᄒ야占有ᄒ物을中間에서스스로己有로ᄒ等은皆本條에依ᄒ야處罰ᄒ지니蓋是等은直接으로個人의信任을背反ᄒ며一般業務社會의公安을損毀홈이特甚ᄒ故로前條보다其刑을尤重히ᄒ나니라

第二百五十四條　遺失物、漂流物其他占有를離ᄒ他人의物을橫領ᄒ者ᄂ一年以下의懲役又ᄂ百圓以下의罰金或은科料에處홈

本條ᄂ遺失物、漂流物等에對ᄒᄂ橫領罪를規定ᄒ니라、遺失物이라홈은權利를拋棄ᄒ意가無ᄒ고偶

然히占有者의所持를離혼者를云홈이오漂流物이라홈은一次占有者의所持를離호야河海、湖沼等의水面에서漂流호거나又는水流波浪을因호야水邊에泊혼物을云홈이오、其他占有를離혼物이라홈은彼埋藏物、犯罪者又는他人의置去혼物、錯誤로占有에入혼物、逸走혼家畜家禽等을云홈이니此等을拾得又는發見혼者는遺失物法에從호야其所有主가知호면此에反還호며不知호면警察官署에差出호야適法히處置혼後其酬勞를得홈이定則이어늘此를不爲호고仍히此를橫領혼者는即本條의罪를成홈이라玆에漂流物이라홈에는彼釣漁者의弋射혼魚類가其矢를受호고仍히流泳호야早晚死浮될者와又는死호야漂泊된者ㅣ其弋矢의票跡으로써漁主를證明홀만혼境遇도包含홈이라

[參照] 遺失物其他物件에關혼制令(明治四十五年五月制令第二十三號)及其施行規則(同月府令第九十七號)遺失物法(明治三十二年法律第八十七號)等을參看홀라

第二百五十五條 本章의罪에는第二百四十四條의規定을準用홈

橫領의罪도亦財産上關係로彼竊盜와境遇와略同혼故로親族間의橫領即第二百四十四條의規定을本章에準用혼者로호니라

第三十九章 贓物에關혼罪

本章은贓物에關혼罪를規定혼者이라贓物이라홈은强竊盜、詐欺、恐喝、賄賂、橫領其他總히犯罪에依호야得혼바一切의物을云홈이니要컨디不正혼方法에因호야生혼物品이라卽本章은是等의物을運搬、寄藏、故買或은牙保를行혼者는本條에依호야處罰호느니是其此等犯罪의根本를鋤除호기에必要혼所以라

第二百五十六條 贓物을收受혼者는三年以下의懲役에處홈

贓物의運搬、寄藏、故買又는牙保를行혼者는十年以下의懲役及千圓以下의罰

金에處홈

第一項 本項은贓物收受의罪를規定혼者이라本項의收受라홈은單히贈與를受호는境遇에不止호고賣買又는典物로호야收受호는境遇라도苟히贓物된事를知호고此를受取호는行爲는總히包含홈이라然而其收受의當時에贓物된事를知홈을要호나니若其收受를終了혼後에其贓物된事를覺知홈은本罪를成立치아니못홀지니라

第二項 本項은贓物의運搬、寄藏、故買又는牙保를行혼者를罰호는規定이라本項의罪를構成홈에는前項과同히犯罪當時에其贓物되는事를知호고行홈을要호나니라玆에寄藏이라홈은寄託을受호고收藏호야置홈을云홈이오故買라홈은故意로其慾을逞호야贓物을買取홈을云홈이오牙保라홈은物件의處分方法에便宜를與호는行爲例如贓物의賣買、典當、提供等取次周旋을行홈을云홈이오運搬이라홈은所謂運送即物의位置를移케홈을謂홈이니是等은犯罪結果의處置를便利케호야間接으로諸般犯罪의幇助를爲홈과殆同혼故로前項보다其刑을特重히호니라

第二百五十七條 直系血族、配偶者、同居의親族又는家族及此等者의配偶者의間에셔前條의罪를犯혼者는其刑을免除홈

親族又는家族이아닌共犯에對호야는前項의例를不用홈

最初犯罪者의直系血族、配偶者나又는同居親族、家族及同居親族의配偶者・家族의配偶者等이其犯人을爲호야前條의罪를犯호時는全히其刑을免除호느니是其此等은親族間相隱相護의至情으로부터出혼人의常情인所以라然而若他人과共犯혼時는雖親族이라도免刑호는事ㅣ無호니라本條中親族、家族의意義는前述第二百四十四條의註를叅看호라

第四十章 毁棄及隱匿의罪

本章은毁棄及隱匿의罪라題ᄒᆞ고公務所의用에供ᄒᆞᄂᆞᆫ文書、權利義務에關ᄒᆞᆫ他人의文書、他人의建造物又ᄂᆞᆫ艦船其他의物을損毁又ᄂᆞᆫ傷害ᄒᆞ며或은他人의信書를隱匿ᄒᆞᄂᆞᆫ等罪에關ᄒᆞᆫ規定을網羅ᄒᆞ니是等行爲ᄂᆞᆫ公安을害ᄒᆞᆷ이多ᄒᆞᆫ所以라

第二百五十八條　公務所의用에供ᄒᆞᄂᆞᆫ文書를毁棄ᄒᆞᆫ者ᄂᆞᆫ三月以上七年以下의懲役에處ᄒᆞᆷ

本條ᄂᆞᆫ公務所의用에供ᄒᆞᄂᆞᆫ文書毁棄의罪라、即官吏、公吏의公務의用에供ᄒᆞᄂᆞᆫ文書ᄂᆞᆫ國家事務의處理上必要ᄒᆞᆫ者이라故로是等의文書ᄂᆞᆫ最히鄭重히取扱치아니치못ᄒᆞᆯ者어ᄂᆞᆯ此를毁棄ᄒᆞᆷ과如ᄒᆞᆷ은其害不少ᄒᆞᆯ지니故로本條에依ᄒᆞ야此를罰ᄒᆞ나니라、此에所謂公用文書ᄂᆞᆫ直接官公署에서作成ᄒᆞ야現에公務의處理中에在ᄒᆞᆫ者ᄂᆞᆫ勿論이오私文書라도一次官公署의受理에係ᄒᆞ야現在又ᄂᆞᆫ將來에公務의用에供ᄒᆞᆯ者를云ᄒᆞᆷ이오、毁棄라ᄒᆞᆷ은毁損ᄒᆞ며棄却ᄒᆞᄂᆞᆫ等總히文書의效用을成치못케ᄒᆞᄂᆞᆫ行爲를云ᄒᆞᆷ이라

參照 第二篇第十七章文書의意義及第百五十五條公務員이作ᄒᆞᆫ文書의意義를叅看ᄒᆞ라

第二百五十九條　權利、義務에關ᄒᆞᄂᆞᆫ他人의文書를毁棄ᄒᆞᆫ者ᄂᆞᆫ五年以下의懲役에處ᄒᆞᆷ

本條ᄂᆞᆫ權利、義務에關ᄒᆞᄂᆞᆫ他人의文書即私文書毁棄에對ᄒᆞᆫ規定이라、凡財産上에關ᄒᆞᆫ權利、義務를證ᄒᆞᄂᆞᆫ一切의書類(自己의所有라도他人의差押又ᄂᆞᆫ占有ᄒᆞᆫ時ᄂᆞᆫ他人의物로看做ᄒᆞ나니第二百六十二條에規定ᄒᆞᆫ바ㅣ라)를毁棄ᄒᆞᆷ은多히自己又ᄂᆞᆫ他人을爲ᄒᆞ야不正ᄒᆞᆫ利益을得코저ᄒᆞᆷ이어나又假令不然ᄒᆞᆯ지라도權利者ᄂᆞᆫ此를因ᄒᆞ야損害를被ᄒᆞᆯ事ㅣ不少ᄒᆞᆯ지오義務者ᄂᆞᆫ不當히其義務를免ᄒᆞᆯ지라故로本條에依ᄒᆞ야此를罰ᄒᆞᆯ事로ᄒᆞ니라然而本條의精神은權利、義務를保護ᄒᆞᆯ必要로부터規定ᄒᆞᆫ者인즉其文書가旣히無效에歸ᄒᆞᆫ者ᄂᆞᆫ此를毁棄ᄒᆞᆯ지라도本條의罪를不成ᄒᆞᆯ지니其文書가旣히無效된者ᄂᆞᆫ何等權利、

義務에關치아니ᄒᆞᆫ一片의休紙에不過ᄒᆞᄂᆞᆫ者인故ㅣ라然而本條ᄂᆞᆫ親告罪로ᄒᆞ니被害者의告訴가無ᄒᆞ면論罪치아니ᄒᆞᄂᆞ니라(下見第二百六十四條)

參照 第二篇第十七章文書의意義、第百五十九條私文書의意義를參看ᄒᆞ라

第二百六十條 他人의建造物又ᄂᆞᆫ艦船을損壞ᄒᆞᆫ者ᄂᆞᆫ五年以下의懲役에處ᄒᆞᆷ因ᄒᆞ야人을死傷에致ᄒᆞᆫ者ᄂᆞᆫ傷害의罪에比較ᄒᆞ야從重處斷ᄒᆞᆷ

本條ᄂᆞᆫ他人의建造物、艦船을損壞ᄒᆞ거나又ᄂᆞᆫ其損壞가原因되야人을死傷에致ᄒᆞᆫ者를罰ᄒᆞᄂᆞᆫ規定이라、他人의建造物이라ᄒᆞᆷ은他人의家屋其他의建築營造物을云ᄒᆞᆷ이오艦船이라ᄒᆞᆷ은軍艦、船舶等을云ᄒᆞᆷ이니故로本條의罪ᄂᆞᆫ其建造物又ᄂᆞᆫ艦船이犯人의所有에屬치아니ᄒᆞᆫ者又ᄂᆞᆫ犯人의所有라도他人이占有又ᄂᆞᆫ差押ᄒᆞᆫ者됨을要ᄒᆞᆯ지오、又損壞라ᄒᆞᆷ은放火、決水의二方法을用(此ᄂᆞᆫ別成他罪)ᄒᆞᄂᆞᆫ外에如何ᄒᆞᆫ方法으로ᄒᆞ던지其建造物의全部又ᄂᆞᆫ一部를破損、毁撤又ᄂᆞᆫ崩壞케ᄒᆞ야其建造物의完全ᄒᆞᆫ效能을損케ᄒᆞᄂᆞᆫ行爲를云ᄒᆞᆷ이니假令無故히人의舟를破沈ᄒᆞ며、房壁、窓戶等을破壞ᄒᆞ며、橋梁、棚架等을毁撤ᄒᆞ며假家、店幕、把籬等을毁ᄒᆞ거나標株、定礎等을撤罷ᄒᆞᄂᆞᆫ等其手段方法의如何를不問ᄒᆞ고悉皆本條로써處斷ᄒᆞᆯ지오又此를因ᄒᆞ야人을死傷에致케ᄒᆞᆫ者ᄂᆞᆫ其罪가前段의境遇보다尤重ᄒᆞᆫ즉此를傷害의罪에照ᄒᆞ야從重處斷ᄒᆞᆯ者로ᄒᆞ니라然而其損壞行爲가自己의權利에由ᄒᆞ거나又ᄂᆞᆫ自己의危害를免ᄒᆞ기爲ᄒᆞᆷ에出ᄒᆞᆫ者될時ᄂᆞᆫ亦本條의罪를不成ᄒᆞᆯ지니此ㅣ第一篇第七章에셔既述ᄒᆞᆫ바ㅣ라

第二百六十一條 前三條에記載ᄒᆞᆫ以外의物를損壞又ᄂᆞᆫ傷害ᄒᆞᆫ者ᄂᆞᆫ三年以下의懲役又ᄂᆞᆫ五百圓以下의罰金或은科料에處ᄒᆞᆷ

本條ᄂᆞᆫ第二百五十八條、第二百五十九條及第二百六十條에記載ᄒᆞᆫ以外의物을損壞ᄒᆞ거나又ᄂᆞᆫ傷害ᄒᆞᆫ者에關ᄒᆞᆫ規定이라、即公私文書、艦船、建造物을除ᄒᆞ고世間萬物의他人에係ᄒᆞᆫ者를悉皆包含ᄒᆞᆷ이니例

如他人의器具、衣服、動物、農作物其他諸般有體物로他條又는他法令에特別規定이無훈者를損壞、
傷害훌時는皆本條의罪를成훌지라然而本條에他人의物이라홈은第二百三十五條及第二百六十二條에
依ᄒᆞ야其義를可知훌지오又本條는親告罪(第二百六十四條規定)로훈故로被害者의告訴가無ᄒᆞ면罪를
論치아니ᄒᆞᄂᆞ니라

第二百六十二條　自己의物이라도差押을受ᄒᆞ고、物權을負擔ᄒᆞ거나又는賃貸훈
것을損壞又는傷害훈時는前三條의例에依홈

本條는自己의物이라도此에他人의權利를有ᄒᆞ는者되는時는前三條의例에從ᄒᆞ야毀棄罪를構成훌者로
規定ᄒᆞ니라、即裁判所의命令에依ᄒᆞ야差押된時와自己의動産、不動産上에民法規定에從ᄒᆞ야地上權、
質權、抵當權、永小作權等과如훈權利即物權을設定훈時와又는賃料를受ᄒᆞ고他에貸付훈時는비록自
己의所有라도其處分權又는使用權이他에在ᄒᆞ야自己가任意로ᄒᆞ기不能훌者인故로是等을損毁又는傷
害훌時는其害를他人에及케홈이라是以로本條에셔는此等物도他人의物로看做ᄒᆞ야前三條의罪를構成
훌者로ᄒᆞ니라

第二百六十三條　他人의信書를隱匿훈者는六月以下의懲役或은禁錮又는五百圓
以下의罰金或은科料에處홈

本條는信書隱匿者를罰ᄒᆞ는規定이니前揭第二百六十一條와如히親告罪라、抑個人信書의秘密은國法
에依홈이아니면此를侵害될바ㅣ아니니信書即封書、書簡等은各個人의意思를表示又는交換ᄒᆞ는바個
人行爲의重要훈者어늘然而此를隱匿ᄒᆞ는者는假令其秘密을侵害ᄒᆞ는事ㅣ無ᄒᆞ다훌지라도通信을妨害
홈이大훈故로此를罰홈이라本條에隱匿이라홈은其目的의如何를不問ᄒᆞ고所在를隱蔽ᄒᆞ며又는藏匿ᄒᆞ
야其正當훈受取人으로此를發見치못ᄒᆞ게ᄒᆞ는行爲를云홈이니此卽本條의罪를成홈이오又此를私自開

見又ᄂᆞᆫ損壞、毁棄ᄒᆞᄂᆞᆫ行爲ᄂᆞᆫ前揭第二百六十一條及郵便法에從ᄒᆞ야別로히犯罪를構成될지니라

第二百六十四條　第二百五十九條、第二百六十一條及前條의罪ᄂᆞᆫ告訴를待ᄒᆞ야此를論홈

本條ᄂᆞᆫ前揭三種의罪ᄂᆞᆫ親告罪로ᄒᆞᄂᆞᆫ規定이라、即私文書毁棄、特別規定이無ᄒᆞᆫ他人의物의損壞又ᄂᆞᆫ傷害及信書隱匿等罪ᄂᆞᆫ爲主ᄒᆡ個人의私權、私利를侵害ᄒᆞᄂᆞᆫ者ㅣ오直接으로社會公安에危害를及ᄒᆞᄂᆞᆫ者ㅣ아님으로被害者의告訴가無ᄒᆞ면論罪치아니ᄒᆞ고又公訴에至ᄒᆞ기前에ᄂᆞᆫ被害者ᄂᆞᆫ隨意로其訴를取下홈을得ᄒᆞᆯ지니라

● 刑法大全

光武九年法律第三號　光武十年法律第一號及隆熙二年法律第十九號로써改正　明治四十五年制令第十一號로廢止

(明治四十五年朝鮮刑事令第四十一條에依ᄒᆞ야當分間施行의效力이有홈)

朝鮮刑事令實施의結果로朝鮮에在ᄒᆞᆫ刑事에ᄂᆞᆫ日本刑法及其附隨諸法規를適用ᄒᆞ고舊韓國刑法大全은廢止에歸ᄒᆞ니라然이나殺人及强盜罪에關ᄒᆞ야ᄂᆞᆫ犯人이朝鮮人될時ᄂᆞᆫ現今間은刑法에不依ᄒᆞ고刑法大全에依ᄒᆞ야處罰ᄒᆞᄂᆞ니即下記諸條ᄂᆞᆫ아족施行의效力을有ᄒᆞᆫ者ㅣ라(前述ᄒᆞᆫ朝鮮刑事令第四十一條叅看)然而本法各條ᄂᆞᆫ朝鮮人에對ᄒᆞᆫ特別規定인故로此等犯罪로左記條文에規定이無ᄒᆞᆫ事項은刑法에依ᄒᆞ야處斷ᄒᆞᆯ事ㅣ有ᄒᆞᆯ지오又刑法의刑名과左記條文中의刑名間互相不同ᄒᆞᆫ者ᄂᆞᆫ一切刑法의刑名을從ᄒᆞ야處刑될지니라

[叅照]朝鮮刑事令第一條、第四十一條、第四十二條를看照ᄒᆞ라

第一節　本法施用權限　(第一篇第一章中)

第二條　犯罪ᄒᆞᆫ者가本法律에正條가無ᄒᆞᆫ境遇에ᄂᆞᆫ引律比附ᄒᆞ야處斷ᄒᆞ되死刑에

ᄂᆞᆫ比附홈을不得홈

刑事에在ᄒᆞ야人의所爲가刑法에定ᄒᆞᆫ條文이無ᄒᆞ면如何ᄒᆞᆫ行爲라도此를罰치못홈이原則이로ᄃᆡ刑法大全各條를施行홈에當ᄒᆞ야ᄂᆞᆫ犯罪가條文에照ᄒᆞ야規定이無ᄒᆞᆫ境遇ᄂᆞᆫ此와類似ᄒᆞᆫ他條文을引用ᄒᆞ야其罪狀의輕重을比較ᄒᆞ야刑律을科ᄒᆞᄂᆞ니假令玆에人의財産을刧取ᄒᆞᆯ計로人家에潛入ᄒᆞ야銃을狙ᄒᆞ며弓矢를張ᄒᆞ야威嚇ᄒᆞ고아즉未得財ᄒᆞᆫ者ㅣ有ᄒᆞ다ᄒᆞᆯ진ᄃᆡ刑法大全에ᄂᆞᆫ此에該當ᄒᆞᆫ條文이無ᄒᆞᄂᆞ第五百九十三條第二號(下見)에依ᄒᆞᆫ건ᄃᆡ人家에潛入ᄒᆞ야揮劍橫槍ᄒᆞ고威嚇ᄒᆞᆫ者를罰ᄒᆞᄂᆞᆫ規定이有ᄒᆞᆫ故로今에銃을狙ᄒᆞ며弓矢를張홈과其所爲가不同ᄒᆞᄂᆞ兩者ㅣ類似ᄒᆞᆫ故로此條의懲役律을引用處斷홈과如ᄒᆞᆫ等이是라然이ᄂᆞ死刑에至ᄒᆞ야ᄂᆞᆫ事體甚重ᄒᆞᆫ故로容易히他條를引用치못ᄒᆞᄂᆞ니라

第十二節　未遂罪處斷例　（第三篇第一章中）

第百二十七條　未遂犯은已遂犯의律에一等乃至二等을減홈을得홈

本條ᄂᆞᆫ未遂犯處斷에關ᄒᆞ야規定홈이라、日本刑法上에서ᄂᆞᆫ各章條에特히未遂犯을罰ᄒᆞᆯ事를規定홈이有ᄒᆞᆫ境遇가아니면未遂犯은處罰되지아니ᄒᆞᄂᆞᆫ者ㅣ로ᄃᆡ(上見刑法第四十四條)刑法大全에서ᄂᆞᆫ反是ᄒᆞ야各條의罪ᄂᆞᆫ未遂罪라도總히此를處罰ᄒᆞ되但其刑에對ᄒᆞ야ᄂᆞᆫ已遂罪보다一等或은二等을減ᄒᆞᄂᆞ니라然이ᄂᆞ其減等方法은刑法大全의規定에不依ᄒᆞ고日本刑法에依ᄒᆞᄂᆞ니라(朝鮮刑事令第四十一條第二項末段參照)

參照 未遂罪의意義에關ᄒᆞ야ᄂᆞᆫ刑法第四十三條를參看ᄒᆞ고、又減等方法에關ᄒᆞ야關ᄒᆞ야ᄂᆞᆫ刑法第六十八條를參看ᄒᆞ라

第四百七十三條　人을謀殺ᄒᆞᆫ者ᄂᆞᆫ造意ᄒᆞᆫ者와下手나助力ᄒᆞᆫ者ᄂᆞᆫ幷히絞에處ᄒᆞ되隨行만ᄒᆞ고下手나助力이無ᄒᆞᆫ者ᄂᆞᆫ一等을減홈

本條는謀殺罪에關혼規定이라、謀殺이라홈은豫히謀ᄒ야人을殺홈을云홈이니例如仇讐者를殺ᄒ기爲ᄒ야深思熟慮혼結果某時에某處에來홈을期待ᄒ야銃手를率ᄒ고當處에潛伏ᄒ엿다가此를射殺홈과如혼類가是라造意者라홈은人을殺홀意思를主張ᄒ야出謀發慮혼者를云홈이오下手者라홈은謀殺行爲에直接으로自手를使用ᄒ야人을殺ᄒ는者를云홈이오助力者라홈은單히設謀又는下手에援助를與ᄒ야犯意의實行을容易히ᄒ게혼者를云홈이니此等者는비록自己가人을殺홀事를主張홈이아니라도殺人의豫謀에參入ᄒ야下手又는助力혼以上은共히死刑에處斷홀지라然이나비록下手、助力을行ᄒ나自初로謀殺의意思가無혼者ㅣ될時는故殺罪오(下見)謀殺罪가아니라、又玆에隨行者라홈은謀殺主謀者에게隨伴ᄒ야犯罪實地에往參혼者를云홈이니即殺人의謀에參ᄒ야實地에ᄭ지往ᄒ엿스나袖手傍觀혼等이是라然이나自初로豫謀에不參ᄒ고全然犯罪의意가無ᄒ며且其事를不知ᄒ고偶然히他人과同行ᄒ야犯罪實地에在혼者는犯意가無혼故로本條의罪를不成홀지니라

參照 殺人罪의一般的性質에關ᄒ야는上見刑法第二篇第二十六章을參看ᄒ라

第二節 故殺人律 (右同章中)

第四百七十七條 人을故殺혼者는首從을不分ᄒ고絞에處홈

本條는故殺罪에關혼規定이라、故殺이라홈은故意로써人을殺홈을云홈이니豫謀에出치아니혼總殺人罪를包含홈이라此罪는其首從을區別치아니ᄒ고共히死刑에處ᄒ나니라本罪를成홈에는豫謀치아니ᄒ고卽地에人을殺홀意思가有ᄒ야故히實行혼事를要ᄒ나니人의存在를不知ᄒ고放銃ᄒ야誤中殺人ᄒ거나樹木을斫ᄒ다가誤히人을致死케ᄒ거나爭鬪로毆打ᄒ야意外에致死혼境遇等은人을殺홀意思가無혼故로故殺이라謂ᄒ미不可ᄒ고唯境遇를隨ᄒ야或過失傷害의罪를成홀ᄲ이니라

參照 前條의境遇와同홈

第四百七十八條　强盜나竊盜를行ᄒᆞᆯ時에人을殺ᄒᆞᆫ者는首從을不分ᄒᆞ고幷히絞에處ᄒᆞᆷ

盜罪를犯ᄒᆞᆯ時에人을殺ᄒᆞᆫ者는其謀殺됨과故殺됨을不分ᄒᆞ며又首犯從犯을不問ᄒᆞ고共히死刑에處ᄒᆞᄂᆞ니强盜ᄂᆞ竊盜를行ᄒᆞᆯ時라ᄒᆞᆷ은盜者犯罪의現場을云ᄒᆞᆷ이니即着手로브터實行終局에至ᄒᆞ는間은尙矣어니와盜를終ᄒᆞᆫ後追逃ᄒᆞ는間도亦此에包含ᄒᆞᄂᆞ니라

參照 刑法第二百四十條를參看ᄒᆞ라

第十二節　親屬殺死律　（右同章內）

第四百九十八條　親屬尊長을殺ᄒᆞᆫ者는左開에依ᄒᆞ야處斷ᄒᆞᆷ

一　本章第一節、第二節、第三節、第四節의所爲로祖父母、父母나祖免以上親尊長이나夫나夫의祖父母、父母나祖免以上親尊長을殺ᄒᆞᆫ者는絞에處ᄒᆞᆷ（以下各號는隆熙二年改正時削除）

本條는尊親族을殺ᄒᆞᆫ罪를規定ᄒᆞᆷ이라本章第一節이라ᄒᆞᆷ은謀殺罪、第二節이라ᄒᆞᆷ은故殺罪、第三節이라ᄒᆞᆷ은毆打罪、第四節이라ᄒᆞᆷ은誤殺人罪를云ᄒᆞᆷ이니凡己之父母、祖父母乃至五世(祖免親)祖父母와妻又는妾이夫와夫家의五世以下祖父母에對ᄒᆞ야殺害를加ᄒᆞᆷ은其內情의如何를不問ᄒᆞ고罪惡이莫大ᄒᆞᆫ者인즉此를極刑에處ᄒᆞᄂᆞ니故로謀故殺은尙矣어니와毆打에因ᄒᆞ야偶然히致死되거ᄂᆞ又는誤殺ᄒᆞᆫ境遇라도亦皆本條의刑을不免ᄒᆞᆯ지니라

第十七節　（右同章中）

第五百十六條　强盜나竊盜를行ᄒᆞᆯ時에人을傷ᄒᆞᆫ者는首從을不分ᄒᆞ고幷히絞에處

홈

本條의意義는前揭第四百七十八條의註에依ᄒᆞ야自明ᄒᆞᆫ지니라

第一節　姦人婦女律　（右同篇第十章中）

第五百三十六條　强盜、竊盜를行홀時에婦女를刦姦ᄒᆞᆫ者는旣成、未成을勿論ᄒᆞ고絞에處홈

本條는强竊盜의婦女强姦罪를規定홈이라、强竊盜를行홀時라홈은前述第四百七十八條에照ᄒᆞ야可知ᄒᆞᆯ지오刦姦이라홈은强姦을云홈이라又未成이라홈은未遂와區別홈을要ᄒᆞᄂᆞ니即旣히肉身의交合이有ᄒᆞᆫ後에아죽色情의滿足ᄒᆞᆫ結果를未得ᄒᆞᆫ時를云홈이오未遂라ᄒᆞ면全히아죽交合의實行에不至ᄒᆞᆫ事를云홈이니從ᄒᆞ야旣히交合을遂ᄒᆞᆫ以上은旣成、未成을不問ᄒᆞ고共히死刑에處ᄒᆞᄂᆞ니라

參照 刑法第二十二章及第二百四十條를參看ᄒᆞ라

第二節　强盜律　（右同篇第十二章中）

第五百九十三條　財産을刦取홀計로左開所爲를犯ᄒᆞᆫ者는首從을不分ᄒᆞ고絞에處ᄒᆞ되已行ᄒᆞ고未得財ᄒᆞᆫ者는懲役終身에處홈

一、一人或二人以上이晝夜를不分ᄒᆞ고僻靜處或大道上에나人家에突入ᄒᆞ야拳脚、桿棒이나兵器를使用ᄒᆞᆫ者

二、人家에潛入ᄒᆞ야揮劒及橫槍ᄒᆞ고威嚇ᄒᆞᆫ者

三、徒黨을嘯聚ᄒᆞ야兵杖을持ᄒᆞ고閭巷或市井에攔入ᄒᆞᆫ者

四、藥으로人의精神을昏迷케ᄒᆞᆫ者
五、人家의神主를藏匿ᄒᆞᆫ者
六、墳塚을發掘ᄒᆞ거나山殯을開ᄒᆞ야屍柩를藏匿ᄒᆞᆫ者
七、老幼를誘引或刼取ᄒᆞ야藏匿ᄒᆞᆫ者
八、放火或發塚或破殯ᄒᆞ깃다聲言ᄒᆞ고掛榜或投書ᄒᆞ야恐嚇ᄒᆞᆫ者
九、山殯을毁破ᄒᆞ고衣衾을剝取ᄒᆞᆫ者

本條는强盜罪를規定ᄒᆞᆷ이라、盖前記各條의行爲는普通으로는單히刑法上暴行脅迫罪又는墳墓所干罪略取誘拐罪等各別ᄒᆞᆫ罪를成ᄒᆞᆯ지로되若其犯意가財物을取ᄒᆞᆯ計即盜罪의目的으로此를行ᄒᆞᆫ時는本條에依ᄒᆞ야强盜罪를成立ᄒᆞᄂᆞ니即其首犯從犯을不問ᄒᆞ고皆死刑에處호ᄃᆡ若其物을未得ᄒᆞᆫ者는情狀이稍輕ᄒᆞᆫ故로無期懲役에處ᄒᆞᄂᆞ니라

[參照] 上見刑法第二篇第三十六章을叅看ᄒᆞ라

決鬪罪處罰法

明治二十二年 法律第三十四號 明治四十一年 法律第二十九號로改正 (明治四十五年朝鮮刑事令第一條에依ᄒᆞ야朝鮮에施行됨)

決鬪라ᄒᆞᆷ은個人의是非를平和的正義로解決치아니ᄒᆞ고互相身命을賭ᄒᆞ야暴力으로써勝負를決ᄒᆞ는私鬪를云ᄒᆞᆷ이라○ 法律制度가完備ᄒᆞᆫ今日에善惡邪正을區別ᄒᆞᆷ에國家의公權에訴ᄒᆞ는正當ᄒᆞᆫ方式이有ᄒᆞ거늘此를不爲ᄒᆞ고共히腕力、武器等을執ᄒᆞ야身命을傷害토록格鬪ᄒᆞ야其强弱으로써事의勝負를決코자ᄒᆞᆷ은極히危險ᄒᆞᆫ野蠻行習이라故로此를滅絶ᄒᆞ기爲ᄒᆞ야本法을設ᄒᆞ니라然而玆에決鬪라ᄒᆞᆷ은刑法上所謂傷害罪의爭鬪와는不同ᄒᆞᆷ을注意ᄒᆞᆯ지니爭鬪라ᄒᆞᆷ은一方或雙方이單히一時的憤氣에肆ᄒᆞ야機械的으

로紛議毆打ᄒᆞ야人을傷害ᄒᆞᄂᆞᆫ者요此로써勝負를決ᄒᆞᄂᆞᆫ者ㅣ아니로되決鬪ᄂᆞᆫ兩方이共히其鬪力의雌雄을決ᄒᆞ야係爭事件의勝負를分ᄒᆞᆯ事를約ᄒᆞ고一定ᄒᆞᆫ期日과處所를定ᄒᆞ야証人立會後에互相腕力又ᄂᆞᆫ武器로決死鬪鬪ᄒᆞᄂᆞᆫ行爲를云ᄒᆞᆷ이니라

第一條 決鬪를挑ᄒᆞᆫ者又ᄂᆞᆫ其挑에應ᄒᆞᆫ者ᄂᆞᆫ六月以上二年以下의懲役에處ᄒᆞ고十圓以上百圓以下의罰金을附加ᄒᆞᆷ

決鬪를爲ᄒᆞ자提約ᄒᆞᄂᆞᆫ者及此에應諾ᄒᆞᄂᆞᆫ者ᄂᆞᆫ自己가自爲ᄒᆞᆷ과他人을爲ᄒᆞ야ᄒᆞᆷ을不問ᄒᆞ고아직決鬪에不至ᄒᆞᆯ지라도共히本條에依ᄒᆞ야處斷될지니라

第二條 決鬪를行ᄒᆞᆫ者ᄂᆞᆫ二年以上五年以下의懲役에處ᄒᆞ고二十圓以上二百圓以下의罰金을附加ᄒᆞᆷ

直히決鬪를行ᄒᆞᆫ者ᄂᆞᆫ其勝負如何와既了未了를不問ᄒᆞ고共히本條의重刑을不免ᄒᆞᆯ지니라

第三條 決鬪에依ᄒᆞ야人을殺傷ᄒᆞᆫ者ᄂᆞᆫ刑法各本刑에照ᄒᆞ야處斷ᄒᆞᆷ

決鬪ᄒᆞᆫ結果로人을死에致케ᄒᆞᆫ者ᄂᆞᆫ刑法殺人罪(第二十六章)의各條에照ᄒᆞ야處斷될지니라

第四條 決鬪에立會ᄒᆞ며又ᄂᆞᆫ立會ᄒᆞᆯ事를約ᄒᆞᆫ者ᄂᆞᆫ証人、介添人等何等名義로써ᄒᆞ던지一月以上一年以下의懲役에處ᄒᆞ고五圓以上五十圓以下의罰金을附加ᄒᆞᆷ

情을知ᄒᆞ고決鬪의處所를貸與ᄒᆞ며又ᄂᆞᆫ供用케ᄒᆞᆫ者ᄂᆞᆫ前項의罰을科ᄒᆞᆷ

[第一項]勝負의審判等을爲ᄒᆞ야決鬪場에立會ᄒᆞ거나又ᄂᆞᆫ將立會ᄒᆞᆯ事를約ᄒᆞᆫ者ᄂᆞᆫ其名義의証人으로ᄒᆞ던지介添人으로ᄒᆞᄂᆞᆫ等如何ᄒᆞᆫ者던지皆本項에依ᄒᆞ야處斷ᄒᆞᄂᆞ니라

[第二項]決鬪를爲ᄒᆞᄂᆞᆫ事를知ᄒᆞ고決鬪用의處所를貸與(料金을受ᄒᆞᄂᆞᆫ境遇)ᄒᆞ거나又ᄂᆞᆫ供用(料金을

不受ᄒᆞᄂᆞᆫ境遇) 케ᄒᆞᆫ者ᄂᆞᆫ亦前項과同히處罰될지니라

第五條 決鬪의挑에不應ᄒᆞᆫ故로써人을誹毁ᄒᆞᆫ者ᄂᆞᆫ刑法에照ᄒᆞ야誹毁罪로論홈

決鬪를爲ᄒᆞ자挑載홈에不應ᄒᆞᆫ故로써却懶者又ᄂᆞᆫ卑劣者라ᄒᆞᄂᆞᆫ等으로其人을誹毁ᄒᆞ야名譽를損ᄒᆞᆫ者ᄂᆞᆫ刑法(第三十四章)에照ᄒᆞ야誹毁罪로論斷될지니라

第六條 前數條에記載ᄒᆞᆫ犯罪로刑法에照ᄒᆞ야其重ᄒᆞᆫ者ᄂᆞᆫ從重處斷홈

本法中各條의罪가刑法에比照ᄒᆞ야輕重이互有ᄒᆞᆫ時ᄂᆞᆫ兩法中에就ᄒᆞ야從重處斷ᄒᆞᄂᆞ니라

●有罪破産者處斷制

明治二十三年法律第百一號 明治四十一年法律第二十九號로改正 (明治四十五年朝鮮刑事令第一條에依ᄒᆞ야朝鮮에施行됨)

商法에從ᄒᆞ야破産宣告를受ᄒᆞᆫ者ㅣ有罪破産에係ᄒᆞᆫ時ᄂᆞᆫ左의區別에從ᄒᆞ야處斷홈

一 詐欺破産을爲ᄒᆞᆫ者ᄂᆞᆫ一月以上十五年以下의懲役에處홈

二 過怠破産을爲ᄒᆞᆫ者ᄂᆞᆫ二月以上四年以下의懲役에處홈

本法律은有罪破産者를罰ᄒᆞ기爲ᄒᆞ야設ᄒᆞᆫ單行規定이니破産宣告라홈은商人이支拂을停止ᄒᆞᆫ時에本人又ᄂᆞᆫ債權者의申請에因ᄒᆞ야裁判所에서決定으로써其商人의破産을宣告ᄒᆞᄂᆞᆫ事를云홈이요有罪破産者라홈은右破産宣告를受ᄒᆞᆫ者ㅣ其原因이詐欺又ᄂᆞᆫ過怠에出ᄒᆞᆫ者됨을云홈이니盖商人이事業失敗의結果로破産의宣告를受홈은可憐ᄒᆞᆫ事ㅣ로ᄃᆡ若其內容이惡意로써人을詐欺ᄒᆞᆯ目的에出ᄒᆞ거ᄂᆞ又ᄂᆞᆫ過怠에出ᄒᆞᆫ者ᄂᆞᆫ商界의公安을妨害홈이不少ᄒᆞᆫ故로本法으로써此를罰ᄒᆞᄂᆞ니라

[第一號]詐欺破産을爲ᄒᆞᆫ者라홈은破産法第千五十條의規定에該當ᄒᆞᆫ者를云홈이니今에同條를據ᄒᆞ건

되如左ᄒᆞ니라

破產宣告ᄅᆞᆯ受ᄒᆞᆫ者ㅣ支拂停止又ᄂᆞᆫ破產宣告의前後ᄅᆞᆯ不問ᄒᆞ고履行ᄒᆞᆯ意가無ᄒᆞᆫ義務又ᄂᆞᆫ履行키不能ᄒᆞᆷ을知ᄒᆞᄂᆞᆫ義務ᄅᆞᆯ負担ᄒᆞᆫ時又ᄂᆞᆫ債權者에損害ᄅᆞᆯ被케ᄒᆞᆯ意思로써貸方財產全部或은一部ᄅᆞᆯ藏匿ᄒᆞ고轉匿ᄒᆞ거ᄂᆞ或은脫漏ᄒᆞ고又ᄂᆞᆫ借方現額을過度히揭ᄒᆞ거ᄂᆞ又ᄂᆞᆫ商業帳簿ᄅᆞᆯ毁滅、藏匿或은僞造、變造ᄒᆞᆫ時ᄂᆞᆫ詐欺破產의刑에處ᄒᆞᆷ

第二號 過怠破產을爲ᄒᆞᆫ者라ᄒᆞᆷ은同法第千五十一條에依ᄒᆞᆫ건ᄃᆡ如左ᄒᆞ니라

破產宣告ᄅᆞᆯ受ᄒᆞᆫ債務者가支拂停止又ᄂᆞᆫ破產宣告의前後ᄅᆞᆯ不問ᄒᆞ고左에揭ᄒᆞᆫ行爲ᄅᆞᆯ爲ᄒᆞᆫ時ᄂᆞᆫ過怠破產의刑에處ᄒᆞᆷ

一、一身又ᄂᆞᆫ一家의過分ᄒᆞᆫ費用、博奕、空取引又ᄂᆞᆫ不相應의射利에因ᄒᆞ야貸方財產을甚히減少ᄒᆞ거ᄂᆞ或은債務ᄅᆞᆯ負ᄒᆞᆫ時

二、支拂停止ᄅᆞᆯ延ᄒᆞ기爲ᄒᆞ야損失을生ᄒᆞᄂᆞᆫ取引을爲ᄒᆞ야支拂資料ᄅᆞᆯ調ᄒᆞᆫ時

三、支拂停止ᄅᆞᆯ爲ᄒᆞᆫ後에支拂又ᄂᆞᆫ担保ᄅᆞᆯ爲ᄒᆞ야某債權者에利ᄅᆞᆯ與ᄒᆞ고財團에損害ᄅᆞᆯ加ᄒᆞᆫ時

四、商業帳簿ᄅᆞᆯ秩序업시記載ᄒᆞ거ᄂᆞ藏匿、毁滅ᄒᆞ고又ᄂᆞᆫ全혀記載치아니ᄒᆞᆫ時

五、財產目錄、貸借對照表의作成或은支拂停止屆出의義務ᄅᆞᆯ怠ᄒᆞᆫ時又ᄂᆞᆫ裁判所의許可ᄅᆞᆯ得지아니ᄒᆞ고其住地ᄅᆞᆯ離ᄒᆞᆫ時

參照 本法은破產者以外人에도準用ᄒᆞᄂᆞᆫ事ㅣ有ᄒᆞ니破產法第千五十二條에依ᄒᆞᆫ건ᄃᆡ如左ᄒᆞ니라

前二條의罰則은會社의業務擔當의任이有ᄒᆞᆫ社員或은取締役及淸筭人에此ᄅᆞᆯ適用ᄒᆞ고又ᄂᆞᆫ第千五十條의罰則은破產管財人及有罪行爲ᄅᆞᆯ行ᄒᆞᆯ際에犯者ᄅᆞᆯ助ᄒᆞ거ᄂᆞ又ᄂᆞᆫ有罪行爲ᄅᆞᆯ破產者의利益을爲ᄒᆞ야行ᄒᆞᆫ者에도此ᄅᆞᆯ適用ᄒᆞᆷ

●通貨及証券模造取締法

明治二十八年法律第二十八號 明治四十一年法律第二十九號로改正(明治四十五年朝鮮刑事令第一條에依ᄒᆞ야朝鮮에施行됨)

本法은通貨及証券의模造를取締ᄒᆞ기爲ᄒᆞ야設ᄒᆞᆫ單行規定이라、通貨及証券僞造、變造에關ᄒᆞ야刑法(第二篇第十六章)에規定이有ᄒᆞᆫ바어니와本法에서ᄂᆞᆫ唯其模造를防ᄒᆞ기爲ᄒᆞ야規定ᄒᆞᆫ者ㅣ라模造라ᄒᆞᆷ은模造者ㅣ必此를通貨証券으로ᄒᆞᆯ事를目的ᄒᆞᆷ이아니라도其物體가通貨又ᄂᆞᆫ証券과恰似ᄒᆞ야頗히此等과眩紛ᄒᆞᆫ外觀을有ᄒᆞᆫ物을製造ᄒᆞᆷ을云ᄒᆞᆷ이니右ᄂᆞᆫ비록通貨証券으로ᄒᆞ야不正ᄒᆞᆫ利益을圖ᄒᆞᄂᆞᆫ惡意가有ᄒᆞᆷ이아니로되此等行爲ᄂᆞᆫ世人이往々히通貨証券으로誤認ᄒᆞ기易ᄒᆞᆷ으로브터或은個人의損害를釀ᄒᆞ며又眞正ᄒᆞᆫ通貨証券도世人은此眞假를區別ᄒᆞ기難ᄒᆞᆫ不便을感ᄒᆞ야其信用을妨害ᄒᆞᆷ에至ᄒᆞᄂᆞᆫ事ㅣ不無ᄒᆞᆯ지니故로本法으로써此를取締ᄒᆞᄂᆞ니라然이나本件은特別規定임으로罪刑의一般的意義ᄂᆞᆫ上見刑法規定에從ᄒᆞᆯ事ᄂᆞᆫ勿論이오又本刑의刑名과刑法의刑名이不同ᄒᆞᆫ者ᄂᆞᆫ刑法에從ᄒᆞᆯ지니라

第一條　貨幣、政府發行紙幣、銀行紙幣、兌換銀行券、國債証券及地方債証券에眩紛ᄒᆞᆫ外觀을有ᄒᆞᆫ것을製造ᄒᆞ거나又ᄂᆞᆫ販賣ᄒᆞᆷ을不得ᄒᆞᆷ

本條에揭ᄒᆞᆫ貨幣(金銀銅貨)、紙幣、銀行券、公債証券等을模擬ᄒᆞ야製造ᄒᆞᄂᆞᆫ者와既造品을販賣ᄒᆞᄂᆞᆫ者ᄂᆞᆫ共히次條의罰을不免ᄒᆞᄂᆞ니貨幣證券等說明은上見刑法第二篇第十六章에서詳述ᄒᆞᆫ바ㅣ라

第二條　前條에違犯ᄒᆞᆫ者ᄂᆞᆫ一月以上三年以下의懲役에處ᄒᆞ고五圓以上十圓以下의罰金을附加ᄒᆞᆷ

本條ᄂᆞᆫ前條犯罪者의罰을規定ᄒᆞᆷ이니刑名及附加의意義ᄂᆞᆫ一切刑法第一篇第二章에依ᄒᆞᆯ지니라

第三條　第一條에揭ᄒᆞᆫ物件은刑法에依ᄒᆞ야沒收ᄒᆞᆫ境遇外에何人의所有를不問ᄒᆞ

고警察官이此를破毁ᄒᆞᆯ事

本條ᄂᆞᆫ既히模造出來ᄒᆞᆫ品을消滅케ᄒᆞ기爲ᄒᆞ야設홈이니卽刑法에依ᄒᆞ야犯人이處刑된結果贓物을沒收ᄒᆞᆫ時ᄂᆞᆫ裁判所에서沒收品으로處置ᄒᆞᆯ바어니와아죠沒收되지아니ᄒᆞᆫ境遇에ᄂᆞᆫ警察官吏가此를發見홈에ᄂᆞᆫ其物件이何人의所有에係ᄒᆞ던지不問ᄒᆞ고卽時此를取收破毁ᄒᆞ야更히世에現出되지아니케ᄒᆞᄂᆞ니라

第四條　第一條에揭ᄒᆞᆫ物件에ᄂᆞᆫ明治九年布告第五十七號를適用홈

本條ᄂᆞᆫ模造出來物件의發見을容易히ᄒᆞᄂᆞᆫ規定이니明治九年布告第五十七號ᄂᆞᆫ贋造金銀銅貨紙幣等取扱規則을云홈이라該規則에依ᄒᆞᆫ즉銀行이나爲替方又ᄂᆞᆫ兩替屋(換錢去來爲業者)及官廳에備用된鑑定人等이其業務上으로貨幣等을交換受授ᄒᆞᄂᆞᆫ間에若模造品이有홈을發見ᄒᆞᆫ時ᄂᆞᆫ其原由及住所氏名을問ᄒᆞ야所持主의面前에서此를截斷毁破ᄒᆞᆫ後卽時警察官署에申告홈이可ᄒᆞ며又若眞僞가不明ᄒᆞᆫ疑가有ᄒᆞᆫ品은此를封入ᄒᆞᆫ後警察官署에提出申告홈이可ᄒᆞᆫ事를規定ᄒᆞ니故로銀行及諸般交換、換錢等業者及鑑定人等이前述ᄒᆞᆫ申告를等閑히ᄒᆞ거나又ᄂᆞᆫ申告의義務를違反ᄒᆞᆫ時ᄂᆞᆫ本法第二條에準ᄒᆞ야制裁를受홈이有ᄒᆞᆯ지니라

●外國에서流通ᄒᆞᄂᆞᆫ貨幣、銀行券、証券僞造變造及模造에關ᄒᆞᆫ件　明治三十八年法律第六十六號

明治四十一年法律第二十九號로改正（明治四十五年朝鮮刑事令第一條에依ᄒᆞ야朝鮮에施行됨）

本件은外國에서만流通ᄒᆞᄂᆞᆫ貨幣等의僞造를防ᄒᆞ기爲ᄒᆞ야設ᄒᆞᆫ特別法이니刑法第二篇第十六章에規定ᄒᆞᆫ通貨僞造罪와上述ᄒᆞᆫ通貨及證券模造取締法은共히內國에서流通ᄒᆞᄂᆞᆫ通貨證券等의僞造、變造及模

造行爲를罰ᄒᆞᄂᆞᆫ規定이로ᄃᆡ外國에셔流通ᄒᆞᄂᆞᆫ貨幣라홈은例如舊韓國時代에第一銀行兌換券은日本內國에셔ᄂᆞᆫ流通치못ᄒᆞ고外國된韓國內에셔流通된者이是니此를僞造、變造又ᄂᆞᆫ模造ᄒᆞᄂᆞᆫ者ㅣ有ᄒᆞᆫ時ᄂᆞᆫ本件各條에照ᄒᆞ야處罰ᄒᆞ나니라然而本件各條中에規定이無ᄒᆞᆫ事項은刑法에依據ᄒᆞ야處斷될지니라

第一條　流通ᄒᆞᆯ目的으로써外國에셔만流通ᄒᆞᄂᆞᆫ金銀貨、紙幣、銀行券、帝國官府發行의證券을僞造ᄒᆞ거나又ᄂᆞᆫ變造ᄒᆞᆫ者ᄂᆞᆫ一月以上五年以下의懲役에處홈

金銀貨以外의硬貨를僞造又ᄂᆞᆫ變造ᄒᆞᆫ者ᄂᆞᆫ二年以上五年以下의懲役에處홈

本條ᄂᆞᆫ流通ᄒᆞᆯ目的으로外國에셔만流通되ᄂᆞᆫ通貨證券等을僞造ᄒᆞᆫ者及變造ᄒᆞᆫ者를罰ᄒᆞᄂᆞᆫ規定이라、本條의罪를成홈에ᄂᆞᆫ其目的이流通ᄒᆞᆯ事에出홈을要ᄒᆞ나니流通이라홈은行使의意를云홈이라然而行使、僞造、變造의詳細ᄒᆞᆫ說明은刑法第二編第十六章에旣述ᄒᆞᆫ바ㅣ오又金銀貨以外의硬貨라홈은例如白銅貨赤銅貨等을云홈이라

第二條　流通ᄒᆞᆯ目的으로僞造又ᄂᆞᆫ變造에係ᄒᆞᆫ前條에記載ᄒᆞᆫ物을帝國或은外國에輸入ᄒᆞᆫ者ᄂᆞᆫ前條의例와同홈

本條ᄂᆞᆫ僞造、變造品을輸入ᄒᆞᄂᆞᆫ者를罰ᄒᆞᄂᆞᆫ規定이라、即外國에셔流通ᄒᆞᆯ目的으로僞造、變造ᄒᆞᆫ通貨證券等을外國으로부터內國에輸入ᄒᆞ거나內國으로부터外國에輸出ᄒᆞ거나又ᄂᆞᆫ外國으로부터他國에輸出ᄒᆞᄂᆞᆫ等은總히本條의罪를成홈이라

第三條　情을知ᄒᆞ고僞造又ᄂᆞᆫ變造에係ᄒᆞᆫ第一條에記載ᄒᆞᆫ物을行使ᄒᆞ거나或은流通ᄒᆞᆯ目的으로써授受ᄒᆞᆫ者ᄂᆞᆫ六月以上五年以下의懲役에處홈

收得ᄒᆞᆫ後其僞造又ᄂᆞᆫ變造된事를知ᄒᆞ고行使ᄒᆞ거나或은流通ᄒᆞᆯ目的으로써授付

ᄒᆞᆫ者ᄂᆞᆫ其名價三倍以下의罰金에處홈但二圓以下에降홈을不得홈

本條ᄂᆞᆫ僞造品의知情行使者를罰ᄒᆞᄂᆞᆫ規定이라、卽其僞造又ᄂᆞᆫ變造된事情을知ᄒᆞ면서此를行使ᄒᆞ거나或은將且行使ᄒᆞᆯ目的으로써與授ᄒᆞᆫ者ᄂᆞᆫ本條第一項에該當ᄒᆞᆯ지오又最初에ᄂᆞᆫ偶然히收得ᄒᆞ엿스나其後僞造及變造된事를覺知ᄒᆞ면서此를行使ᄒᆞ거나或은他에交付ᄒᆞᆫ者ᄂᆞᆫ本條第二項에該當ᄒᆞᆯ지니此條에對ᄒᆞᆫ詳解ᄂᆞᆫ刑法第四十八條及百五十二條에照ᄒᆞ야可知ᄒᆞᆯ지니라

第四條　第一條의僞造又ᄂᆞᆫ變造의用에供ᄒᆞ거나或은供ᄒᆞᆯ目的으로써機械或은原料를製造、授受ᄒᆞ거나或은準備ᄒᆞ거나又ᄂᆞᆫ帝國或은外國에輸入ᄒᆞᆫ者ᄂᆞᆫ六月以上五年以下의懲役에處홈

本條ᄂᆞᆫ第一條의犯罪豫備行爲를罰ᄒᆞᄂᆞᆫ規定이니刑法第百五十三條에照ᄒᆞ야可知ᄒᆞᆯ지니라

第五條　販賣ᄒᆞᆯ目的으로써第一條에記載ᄒᆞᆫ物에眩紛ᄒᆞᆫ外觀을有ᄒᆞᆫ物을製造ᄒᆞ거나又ᄂᆞᆫ帝國或은外國에輸入ᄒᆞᆫ者ᄂᆞᆫ二年以下의懲役又ᄂᆞᆫ三百圓以下의罰金에處홈

前項에記載ᄒᆞᆫ物을販賣ᄒᆞᆫ者ᄂᆞᆫ前項의例에同홈

本條ᄂᆞᆫ模造行爲及模造品行使行爲를罰ᄒᆞᄂᆞᆫ規定이니卽스ᄉᆞ로模結를行ᄒᆞᆫ者와既히模造된者를輸出入ᄒᆞᆫ者와既히模造된物을販賣ᄒᆞᆫ者ᄂᆞᆫ總히本條의罪를成홈이라

第六條　前數條에規定ᄒᆞᆫ輕罪를犯ᄒᆞ랴ᄒᆞ야未遂ᄒᆞᆫ者ᄂᆞᆫ未遂犯罪의例에照ᄒᆞ야處斷홈

本件第一條乃至第五條의罪를犯ᄒᆞ라ᄒᆞ야아직未遂ᄒᆞᆫ者도亦處罰ᄒᆞ되但其情狀이稍輕ᄒᆞᆫ故로刑法第四十三條에依ᄒᆞ야多少減輕ᄒᆞᄂᆞᆫ事ㅣ有ᄒᆞᆯ지니라

第七條 削除

第八條 本法에規定ᄒᆞᆫ罪를犯ᄒᆞᆫ者ㅣ僞造又는變造에係ᄒᆞᆫ第一條에記載ᄒᆞᆫ物을아즉行使ᄒᆞ기前又는第五條에記載ᄒᆞᆫ物을아즉授受ᄒᆞ기前에官에自首ᄒᆞᆫ時는主刑을免除ᄒᆞᆷ을得ᄒᆞᆷ

本條는自首免刑에關ᄒᆞᆫ規定이라、卽僞造、變造ᄒᆞᆫ物을行使ᄒᆞ기前에나又는模造ᄒᆞᆫ物을與受ᄒᆞ기前에自首ᄒᆞᆫ者는其主刑을全免ᄒᆞ는事ㅣ有ᄒᆞᆯ지니라自首減輕에關ᄒᆞ야는刑法第四十二條를叅看ᄒᆞ라

第九條 本法에規定ᄒᆞᆫ罪를犯ᄒᆞ고外國에셔確定判決을經ᄒᆞᆫ者라도更히此를處罰ᄒᆞᆷ이無妨ᄒᆞᆷ但犯人이旣히外國에셔言渡ᄒᆞᆫ刑의全部又는一部의執行을受ᄒᆞᆫ時는刑의執行을減免ᄒᆞᆷ을得ᄒᆞᆷ

本條는刑罰適用方法을規定ᄒᆞᆷ이니刑法第五條에照ᄒᆞ야其意가自明ᄒᆞᆯ지니라

第十條 僞造又는變造에係ᄒᆞᆫ第一條에記載ᄒᆞᆫ物及第五條에記載ᄒᆞᆫ物은裁判에依ᄒᆞ야沒收ᄒᆞᆫ境遇外에何人의所有를不問ᄒᆞ고行政의處分으로써此를官沒ᄒᆞᆷ

僞造、變造又는模造로成ᄒᆞᆫ金銀貨及其他硬貨、紙幣、銀行券、政府發行證券等物은刑事裁判에依ᄒᆞ야沒收된時는贓物로處置ᄒᆞ려니와아즉沒收되지아니ᄒᆞᆫ物은其何人의所有던지別로히裁判方法에不依ᄒᆞ고官의處分으로써此를官沒ᄒᆞ야更히世에現出되지안케ᄒᆞ나니官沒에對ᄒᆞᆫ節次는各官廳에셔定ᄒᆞᆫ規則에依ᄒᆞᆯ바오別로說明을不要ᄒᆞᆯ지니라

第十一條 僞造又는變造에係ᄒᆞᆫ第一條에記載ᄒᆞᆫ物及第五條에記載ᄒᆞᆫ物에는明治九年公布第五十七號를準用ᄒᆞᆷ

第一條에記載ᄒᆞᆫ物이라ᄒᆞᆷ은僞造又ᄂᆞᆫ變造ᄒᆞᆫ各種貨幣、紙幣、銀行劵、證劵을云ᄒᆞᆷ이오第五條에記載ᄒᆞᆫ物이라ᄒᆞᆷ은模造ᄒᆞᆫ此等物을云ᄒᆞᆷ이나本罰則의意義ᄂᆞᆫ上現通貨及證劵模造取締法第四條와全部相等ᄒᆞᆫ故로此에類推ᄒᆞᆯ지니라

附　則

本法은發布日로부터施行ᄒᆞᆷ

●爆發物取締罰則

明治十七年太政官布告第三二號　仝四十一年法律第二十九號改正　（明治四十五年朝鮮刑事令第一條에依ᄒᆞ야朝鮮에施行됨）

爆發物은軍用及工業用에必要ᄒᆞᆫ藥品이로ᄃᆡ物의性質이極히危險ᄒᆞ며殊히治安을妨害ᄒᆞ기易ᄒᆞᆫ者인즉其所持使用은此를嚴重取締치아니키不可ᄒᆞᆫ지라故로特히本法을設ᄒᆞ니라

第一條　治安을妨ᄒᆞ거나又ᄂᆞᆫ人의身體、財産을害ᄒᆞ랴ᄒᆞᄂᆞᆫ目的으로써爆發物을使用ᄒᆞᄂᆞᆫ者及人으로ᄒᆞ여곰此를使用케ᄒᆞᄂᆞᆫ者ᄂᆞᆫ死刑에處ᄒᆞᆷ

使用의目的이苟히國家의治安을妨害ᄒᆞ랴ᄒᆞ거나又ᄂᆞᆫ人의身體、財産을損害ᄒᆞ랴ᄒᆞᆷ에出ᄒᆞ야스ᄉᆞ로此를使用ᄒᆞ거나他人으로此를使用케ᄒᆞᆫ者ᄂᆞᆫ其目的을達ᄒᆞᆫ與否를不問ᄒᆞ고共히死刑에處ᄒᆞᆯ지오又其委托을受ᄒᆞ야使用에從事ᄒᆞᆫ者ᄂᆞᆫ情을知ᄒᆞᆫ境遇에限ᄒᆞ야從犯의例로論斷될지니라

第二條　前條의目的으로爆發物을使用ᄒᆞ랴ᄒᆞᄂᆞᆫ際에發覺ᄒᆞᆫ者ᄂᆞᆫ 無期懲役又ᄂᆞᆫ一月以上十五年以下의懲役에處ᄒᆞᆷ

前條에記載ᄒᆞᆷ과同一ᄒᆞᆫ目的으로써現에爆發物을使用ᄒᆞ랴고着手ᄒᆞᆯ際에發覺된者卽使用을未遂ᄒᆞᆫ者ᄂᆞᆫ既히使用ᄒᆞᆫ者보다稍輕ᄒᆞᆫ故로本條의刑으로論斷ᄒᆞᆯ지니라

第三條　第一條의目的으로써爆發物或은其使用에供홀器具를製造、輸入、所持호며又는注文을爲호者는一月以上十五年以下의懲役에處홈

第四條　第一條의罪를犯호라호야脅迫、敎唆、煽動에止호者及共謀에 止호者는一月以上十五年以下의懲役에處홈

右二個條는第一條行爲의豫備所爲를罰호는規定이니即第一條의使用目的으로써爆發物、使用器具等을製造호거나輸入호거나所持호거나又는注文호者와及其使用을爲홀事로人을脅迫호거나敎唆호거나煽動호거나共謀홈에만止호고아즉使用에着手치아니호者는共히重懲役에處호나니라

第五條　第一條에記載호犯罪者를爲호야情을知호고爆發物或은其使用에供홀器具를製造、輸入、販賣、讓與、寄藏홈과及其約束을爲호者는一月以上十五年以下의懲役에處홈

雖自己가使用치아니호나第一條의犯罪者를爲호야其實情을知호면셔爆發物、使用器具等을製造、輸入、販賣、讓與、寄藏(寄托을受호야收藏호는事)等行爲를行호거나又는此等行爲를爲홀事를約束호는者는犯人을幇助호야使用을容易케호는者인으로本條에依호야處罰호나니라

第六條　爆發物을製造、輸入、所持호거나又는注文을爲호者가第一條에記載호犯罪의目的이아님을証明호기不能호時는二年以上五年以下의懲役에處호고二十圓以上二百圓以下의罰金을附加홈

爆發物을製造호거나輸入호거나所持호거나又는製造、輸入을注文호者ㅣ其目的이苟히治安을妨호며人의身體財產을害코자홀時는前揭第三條의罪를成홀지오縱令如斯호目的이아니라홀지라도工業用等

을爲ᄒᆞ야別로히警察官署의許可를得有ᄒᆞᆷ과如히明確히其目的이前揭第一條犯罪企圖에不在ᄒᆞᆫ事實을證明ᄒᆞ기不能ᄒᆞᆫ時卽其目的이不明ᄒᆞᆫ者될時ᄂᆞᆫ亦本條의制裁를不免ᄒᆞᆯ지니是其危害를未然에豫防ᄒᆞ기에必要ᄒᆞᆫ所以니라

第七條　爆發物을發見ᄒᆞᆫ者ᄂᆞᆫ直히警察官吏에告知ᄒᆞᆷ이可ᄒᆞᆷ違者ᄂᆞᆫ五圓以上五十圓以下의罰金에處ᄒᆞᆷ

第八條　本則에記載ᄒᆞᆫ重罪犯이有ᄒᆞᆫ事를認ᄒᆞᄂᆞᆫ時ᄂᆞᆫ直히警察官吏或은危害를被ᄒᆞᆫ人에게告知ᄒᆞᆷ이可ᄒᆞᆷ違者ᄂᆞᆫ六月以上五年以下의一月以上十五年以下의懲役에處ᄒᆞᆷ

爆發物을發見ᄒᆞ거나又ᄂᆞᆫ此에關ᄒᆞᆫ重罪犯이有ᄒᆞᆷ을認知ᄒᆞᆫ者ᄂᆞᆫ必警察官吏에게告知ᄒᆞ며又ᄂᆞᆫ危害를將被ᄒᆞᆯ者에게告知ᄒᆞᆷ을要ᄒᆞᄂᆞ니盖一般犯罪의境遇에ᄂᆞᆫ親告罪를除ᄒᆞᆫ以外에吾人은此를告發ᄒᆞᆷ을得ᄒᆞᄂᆞᆫ權利를有ᄒᆞᄂᆞ本則에在ᄒᆞ야ᄂᆞᆫ必告知치아니치못ᄒᆞᄂᆞᆫ義務를負ᄒᆞᄂᆞᆫ지라故로此義務를履行케아니ᄒᆞᆯ時ᄂᆞᆫ即右二條의罰을不免ᄒᆞᆯ지니라玆에重罪犯이라ᄒᆞᆷ은本則第一條乃至第六條、第八條、第九條의犯罪를云ᄒᆞᆷ이오認知라ᄒᆞᆷ은右等犯罪事實又ᄂᆞᆫ犯罪人의存在를聞見其他方法으로써表面上確實知得ᄒᆞᆫ事를云ᄒᆞᆷ이니라

第九條　本則에記載ᄒᆞᆫ重罪의犯人을藏匿又ᄂᆞᆫ隱避케ᄒᆞ며或은罪証을湮滅ᄒᆞᆫ者ᄂᆞᆫ正犯의刑에一等又ᄂᆞᆫ二等을減ᄒᆞᆷ

前條에揭ᄒᆞᆷ과如ᄒᆞᆫ重罪犯人을藏匿ᄒᆞ거나隱避케ᄒᆞ거나又ᄂᆞᆫ其犯罪의證跡을湮滅ᄒᆞᆫ者ᄂᆞᆫ犯罪를曲庇ᄒᆞ야國家正當ᄒᆞᆫ治理를妨害ᄒᆞᆷ으로써此等은一種從犯으로看做ᄒᆞ야其情狀에依ᄒᆞ야各其原犯人의刑에一

等이ᄂᆞᆫ又ᄂᆞᆫ二等을減ᄒᆞᄂᆞ니盖犯人藏匿及罪證湮滅에關ᄒᆞ야ᄂᆞᆫ刑法上一個獨立ᄒᆞᆫ罪로ᄒᆞ야一般規定이有ᄒᆞᄂᆞ本則의犯罪ᄂᆞᆫ特히其刑을嚴重히ᄒᆞ기爲ᄒᆞ야從犯으로論斷ᄒᆞᆯ事로ᄒᆞ니라然而刑法當該罪의規定中本則에特別規定이無ᄒᆞᆫ部分例如犯人藏匿及罪證湮滅이親族間에在ᄒᆞᆷ으로刑을減免ᄒᆞᄂᆞᆫ等은亦上見刑法의規定에依ᄒᆞᆯ事ᄂᆞᆫ勿論이라

第十條 削除(明治四十一年刑法施行法에依ᄒᆞ야廢止)

第十一條 第一條記載에記載ᄒᆞᆫ犯罪의豫備陰謀를爲ᄒᆞᄂᆞᆫ者가아즉其事를行ᄒᆞ기前에官에自首ᄒᆞ야危害를生ᄒᆞᆷ에至치아니ᄒᆞᆫ時ᄂᆞᆫ本刑을免除ᄒᆞᆷ

本則第一條及第五條의罪를犯ᄒᆞᆯ豫備所爲(前見刑法第七十八條註叅看)를行ᄒᆞᆫ者ᄂᆞᆫ此를罰ᄒᆞ되其結果를生ᄒᆞ기前에自首ᄒᆞᆫ者ᄂᆞᆫ社會의公安에危害를生ᄒᆞᆫ事ㅣ無ᄒᆞᆷ으로其刑을全免ᄒᆞᄂᆞ니라

第十二條 本則에記載ᄒᆞᆫ犯罪ᄂᆞᆫ刑法에照ᄒᆞ야仍히從重處斷ᄒᆞᆷ

本則에規定ᄒᆞᆫ바各種의罪에關ᄒᆞᆫ刑은此를刑法에比照ᄒᆞ야同一事項에輕重이互有ᄒᆞᆫ時ᄂᆞᆫ兩者中에셔刑의重ᄒᆞᆫ者에從ᄒᆞ야處斷ᄒᆞᄂᆞ니라

[叅照] 本則은元來刑法의一般的規定에對ᄒᆞᆫ特別規定인故로本則에規定이無ᄒᆞᆫ事ᄂᆞᆫ總히刑法에依ᄒᆞᆯ지오又前條自首의說明도刑法第一篇第四十二條에說明ᄒᆞᆫ바에照ᄒᆞ야可知ᄒᆞᆯ지니라

●印紙犯處罰法 明治四十三年法律第三十九號

印紙라ᄒᆞᆷ은政府의收入印紙를云ᄒᆞᆷ이니此를僞造、變造ᄒᆞ거나其他不正ᄒᆞᆫ行爲를加ᄒᆞᆷ은彼通貨證券에對ᄒᆞᆫ境遇와其害가殆同ᄒᆞᆫ故로本法으로此를罰ᄒᆞᄂᆞ니라

第一條　行使홀目的으로써帝國政府의發行ᄒᆞᄂᆞᆫ印紙金額을表彰홀印章을僞造、變造ᄒᆞᆫ者ᄂᆞᆫ五年以下의懲役에處홈行使의目的으로써印紙의消印을除去ᄒᆞᆫ者도亦同홈

印紙를僞造、變造ᄒᆞ거나印紙金額을表彰ᄒᆞ기爲ᄒᆞ야捺用홀金額刻入의印章을僞造、變造ᄒᆞᆫ者와旣히使用ᄒᆞ야官廳에셔消印을施ᄒᆞᆫ者를暗히其印跡을除去ᄒᆞᆫ者ᄂᆞᆫ共히本條의罪를成ᄒᆞᄂᆞ니然而其目的이必此를印紙로ᄒᆞ야行使ᄒᆞ라ᄒᆞᆫ故意가有홈을要ᄒᆞᄂᆞᆫ事와僞造、變造의意義ᄂᆞᆫ上見刑法第二篇第十六章에셔旣述ᄒᆞᆫ바ㅣ오又消印은更히再次使用치못ᄒᆞ게ᄒᆞ기爲ᄒᆞ야此를捺施ᄒᆞᆫ者어ᄂᆞᆯ此를消除홈은旣히使用된印紙로아ᄌᆞᆨ使用치아니ᄒᆞᆫ者와如히ᄒᆞ야行使될事를目的홈인故로亦此를罰ᄒᆞᄂᆞ니라

第二條　變造의印紙、印紙金額을表彰홀印章又ᄂᆞᆫ消印을除去ᄒᆞᆫ印紙를使用ᄒᆞ거ᄂᆞ又ᄂᆞᆫ行使의目的으로써人에게交付ᄒᆞ거ᄂᆞ輸入或은移入ᄒᆞᆫ者ᄂᆞᆫ五年以下의懲役에處홈印紙金額을表彰홀印章을不正히使用ᄒᆞᆫ者도亦同홈

前項의未遂罪ᄂᆞᆫ此를罰홈

本條ᄂᆞᆫ旣히僞造、變造로成ᄒᆞᆫ物又ᄂᆞᆫ消印을除去ᄒᆞᆫ物을行使ᄒᆞ며又ᄂᆞᆫ外國으로브터輸入ᄒᆞ거나內國各地로브터輸入ᄒᆞᄂᆞᆫ者와又正當ᄒᆞᆫ印章이라도此를不正히使用ᄒᆞᆫ者等을罰ᄒᆞᄂᆞᆫ規定이니此等犯罪ᄂᆞᆫ其關係가尤重ᄒᆞᆫ故로其罪가아ᄌᆞᆨ遂成치아니ᄒᆞᆫ者라도亦此를罰ᄒᆞᄂᆞ니라

參照　未遂罪處斷에關ᄒᆞ야ᄂᆞᆫ刑法第一篇第八章을參看ᄒᆞ라

第三條　帝國政府의發行ᄒᆞᄂᆞᆫ印紙其他印紙金額을表彰홀証票를再次使用ᄒᆞᆫ者ᄂᆞᆫ五十圓以下의罰金又ᄂᆞᆫ科料에處홈

帝國政府收入印紙及其他印紙의金額을表彰ᄒᆞ기爲ᄒᆞ야成ᄒᆞᆫ証票等은一次에限ᄒᆞ야此를使用ᄒᆞᄂᆞᆫ者오既히一回의用에充ᄒᆞᆫ者를再次使用ᄒᆞᆷ은亦不正히利益을圖ᄒᆞᄂᆞᆫ者ㅣ라前二條ᄂᆞᆫ僞造變造及不正使用을罰ᄒᆞᄂᆞᆫ規定이로ᄃᆡ本條ᄂᆞᆫ眞正ᄒᆞᆫ印紙證票等을消印除去의方法에不依ᄒᆞ고如何ᄒᆞᆫ手段으로ᄒᆞ던지此를再次使用ᄒᆞᆫ者ᄂᆞᆫ本條의罪를成ᄒᆞᆷ이라

第四條　本法은何人을不問ᄒᆞ고帝國外에셔第一條又ᄂᆞᆫ第二條의罪를犯ᄒᆞᆫ者에此를適用ᄒᆞᆷ

前揭第一條及第二條의罪ᄂᆞᆫ日本內에셔犯ᄒᆞᆫ者ᄅᆞᆯ本法으로써處罰ᄒᆞᆯ事ᄂᆞᆫ自明ᄒᆞ거니와日本國外에셔日本人이나又ᄂᆞᆫ外國人이犯ᄒᆞᆫ境遇라도亦此에依ᄒᆞ야處罰ᄒᆞᄂᆞ니라

第五條　僞造의印紙、印紙金額을表彰ᄒᆞᆫ印章又ᄂᆞᆫ消印을除去ᄒᆞᆫ印紙ᄂᆞᆫ裁判에依ᄒᆞ야沒收ᄒᆞᄂᆞᆫ境遇外에何人의所有됨을不問ᄒᆞ고行政處分으로써此를官沒ᄒᆞᆷ

官設에關ᄒᆞᆫ手續은命令으로써此를定ᄒᆞᆷ

本條ᄂᆞᆫ不正沒收에關ᄒᆞᆫ規定이니上見外國流通貨幣等模造에關ᄒᆞᆫ件第十條와其意가相同ᄒᆞᄂᆞ니라

附　則

本法律은公布日브터此를施行ᄒᆞᆷ

附錄

警察犯處罰規則

埋葬醫藥等에關ᄒᆞᆫ件

墓地、火葬場、埋葬及火葬取締規則

同規則施行細則(幷書式)

同規則取扱手續(訓令)

●警察犯處罰規則

明治四十五年三月
朝鮮總督府令第四十號

警察犯이라ᄒᆞᆷ은社會의安寧秩序를紊亂ᄒᆞ고善良風俗을妨害ᄒᆞᄂᆞᆫ所爲中甚히輕微些細ᄒᆞᆫ者를總括ᄒᆞᆫ者ㅣ니蓋犯罪ᄂᆞᆫ刑事訴訟法의所定ᄒᆞᆫ節次로此를公判ᄒᆞ야然後에刑法上一定ᄒᆞᆫ罰을科ᄒᆞᆷ이原則이로ᄃᆡ事의極히微細ᄒᆞ고且簡單ᄒᆞᆫ者로日常에千差萬別의發生되ᄂᆞᆫ犯罪々지此를一々히裁判所에引致ᄒᆞ야嚴密鄭重ᄒᆞᆫ訴訟節次로公判을行ᄒᆞᆷ은殆히無用의煩勞에不堪ᄒᆞᆯ지라故로此等은刑事裁判으로아니ᄒᆞ고各地警察官署(分署及警察事務를取扱ᄒᆞᄂᆞᆫ憲兵隊所를含ᄒᆞᆷ)에서犯罪即決例라ᄒᆞᄂᆞᆫ簡易ᄒᆞᆫ節次로此를訊問即決ᄒᆞ야警察處分으로써便宜處罰케ᄒᆞᆫ事로ᄒᆞ니此ㅣ上述ᄒᆞᆫ刑法以外에特히警察犯이라ᄒᆞ야處罰ᄒᆞᄂᆞᆫ規定이有ᄒᆞᆫ所以라然이나犯罪即決例에依ᄒᆞ야處斷된者ㅣ其即決言渡에不服ᄒᆞᆯ時ᄂᆞᆫ更히(拘留科料에ᄂᆞᆫ六日懲役 罰金에ᄂᆞᆫ五日以內로)地方法院에 正式裁判을請求ᄒᆞᆷ을得ᄒᆞᄂᆞ니라

第一條 左의各號의一에該當ᄒᆞᄂᆞᆫ者ᄂᆞᆫ拘留又ᄂᆞᆫ科料에處ᄒᆞᆷ

本條ᄂᆞᆫ警察犯으로處罰ᄒᆞᆯ犯罪의種類範圍及刑罰을規定ᄒᆞᆫ者ㅣ라、拘留ᄂᆞᆫ一日以上三十日未滿으로拘留場에留置ᄒᆞᄂᆞᆫ刑罰이오科料ᄂᆞᆫ十錢以上二十圓未滿의金錢을徵ᄒᆞᄂᆞᆫ刑罰이니科料를納키不能ᄒᆞᆫ時ᄂᆞᆫ內地人은勞役場留置로朝鮮人은笞刑으로써換刑ᄒᆞᄂᆞᆫ事ㅣ有ᄒᆞᆯ지오(刑法第十八條註叅看)又本規則은刑法에對ᄒᆞᆫ特別規例인故로左揭各號의所爲로事體稍重ᄒᆞ야刑法正條에該當될時ᄂᆞᆫ警察犯으로아니ᄒᆞ고刑法各條에依ᄒᆞ야處斷될지니라、以下各號ᄂᆞᆫ別로히註說을不要ᄒᆞᆯ지라

一 無故히人의居住又ᄂᆞᆫ看守치아니ᄒᆞᄂᆞᆫ邸宅、建物及船舶內에潛伏ᄒᆞᆫ者

二 一定ᄒᆞᆫ住居又ᄂᆞᆫ生業업시諸方으로徘徊ᄒᆞᄂᆞᆫ者

三 密淫賣를ᄒᆞ거나又ᄂᆞᆫ其媒合或은容止를ᄒᆞᆫ者

四 無故히面會를强請ᄒᆞ거나又ᄂᆞᆫ强談、威迫의行爲를ᄒᆞᆫ者

五. 合力寄附를强請ᄒᆞ고强히物品의購買를求ᄒᆞ거ᄂᆞ又ᄂᆞᆫ技藝를演ᄒᆞ며或은勞力을供給ᄒᆞ고報酬를求ᄒᆞᄂᆞᆫ者

六 收利의目的으로써强히物品、入場券等을配付ᄒᆞᆫ者

七 乞丐를ᄒᆞ거나又ᄂᆞᆫᄒᆞ게ᄒᆞᆫ者

八 團體加入을强請ᄒᆞᆫ者

九 濫히市場其他此와類ᄒᆞᆫ場所에當業者의出品或은入場을强請ᄒᆞ거나又ᄂᆞᆫ物品賣買의委托을强請ᄒᆞᆫ者

十 入札의妨害를ᄒᆞ고、共同入札을强請ᄒᆞ며落札人에게對ᄒᆞ야其事業、利益의分配或은金品을强請ᄒᆞ고又ᄂᆞᆫ落札人으로브터無故히此를受ᄒᆞᆫ者

十一 入札者ㅣ通謀ᄒᆞ야競爭入札의趣旨에反ᄒᆞᆯ行爲를ᄒᆞᆫ者

十二 財物을賣買ᄒᆞ거나又ᄂᆞᆫ勞力을需給ᄒᆞᆷ에當ᄒᆞ야不當ᄒᆞᆫ代償을請求ᄒᆞ거나或은相當ᄒᆞᆫ代償을支拂치안코不正ᄒᆞᆫ利를圖ᄒᆞᆫ者

十三 他人의事業或은私事에關ᄒᆞ야新聞紙、雜誌其他의出版物에揭載치아니ᄒᆞ기로約ᄒᆞ며又ᄂᆞᆫ新聞紙、雜誌其他의出版物에虛僞ᄒᆞᆫ事實을揭載ᄒᆞ고或은揭載ᄒᆞᆷ을約ᄒᆞ야金品을受ᄒᆞ거ᄂᆞ其他不正ᄒᆞᆫ利를圖ᄒᆞᆫ者

十四 申請업는新聞紙、雜誌其他의出版物을配付ᄒᆞ야其代料를請求ᄒᆞ거나又는强히其購讀의申請을求ᄒᆞᆫ者

十五 申請업는廣告를ᄒᆞ야其代料를請求ᄒᆞ거나又는强히廣告의申請을求ᄒᆞᆫ者

十六 誇大又는虛僞ᄒᆞᆫ廣告를ᄒᆞ야不正ᄒᆞᆫ利를圖ᄒᆞᆫ者

十七 他人의業務又는其他의行爲에對ᄒᆞ야惡戱又는妨害ᄒᆞᆫ者

十八 無故히他人의金錢取引等에干涉ᄒᆞ고又는濫히訴訟、爭議를勸誘敎唆ᄒᆞ며其他紛擾를惹起케ᄒᆞᆯ만ᄒᆞᆫ行爲를ᄒᆞᆫ者

十九 濫히多衆聚合ᄒᆞ야官公署에請願或은陳情을ᄒᆞᆫ者

二十 不穩ᄒᆞᆫ演說을ᄒᆞ거나又는不穩ᄒᆞᆫ文書、圖畵、詩歌의揭示、頒布、朗讀或은放吟을ᄒᆞᆫ者

二十一 人을誑惑케ᄒᆞᆯ만ᄒᆞᆫ流言浮說又는虛報를ᄒᆞᆫ者

二十二 妄히吉凶禍福을說ᄒᆞ고又祈禱、符呪等을ᄒᆞ며或은守札類를授與ᄒᆞ야人을惑케ᄒᆞᆯ만ᄒᆞᆫ行爲를ᄒᆞᆫ者

二十三 病者에게對ᄒᆞ야禁厭、祈禱、符呪或은精神療法等을施ᄒᆞ거나又는神符、神水等을與ᄒᆞ야醫療를妨ᄒᆞᆫ者

二十四 濫히催眠術을施ᄒᆞᆫ者

二十五　故意로虛僞훈通譯을훈者

二十六　自已又는他人의業務에關ᄒᆞ야官許잇다는詐稱을훈者

二十七　官公職、位記、勳爵、學位、稱號를詐稱ᄒᆞ고又는法令의定훈服飾、徽章을僭用ᄒᆞ며或은此와類似훈것을使用훈者

二十八　官公署에對ᄒᆞ야不實훈申述을ᄒᆞ며或은其義務잇는者로셔無故히申述을肯치아니ᄒᆞ고又는情을知ᄒᆞ면셔不實훈代書를훈者

二十九　本籍、住所、氏名、年齡、身分、職業等을詐稱ᄒᆞ야投宿又는乘船훈者

三十　無故히官公署의召喚에應치아니ᄒᆞ는者

三十一　官公署의榜示ᄒᆞ고或은官公署의指揮에依ᄒᆞ야榜示훈禁條를犯ᄒᆞ고又는其設置에係훈榜標를汚瀆或은撤去훈者

三十二　警察官署에셔特히指示或은命令훈事項에違反훈者

三十三　不正훈目的으로써人을隱匿훈者

三十四　徒弟、職工、婢僕其他勞役者或은被雇者等에對ᄒᆞ야無故히其自由를妨ᄒᆞ거나又는苛酷훈取扱을훈者

三十五　濫히他人의身邊에立塞ᄒᆞ거나又는追隨훈者

三十六　祭事、葬儀、祝儀又ᄂᆞᆫ其行列에對ᄒᆞ야惡戲又ᄂᆞᆫ妨害ᄅᆞᆯᄒᆞᆫ者

三十七　夜一時後、日出前에濫히歌舞音曲其他喧噪ᄒᆞᆫ行爲ᄅᆞᆯᄒᆞ고他人의安眠을妨害ᄒᆞᆫ者

三十八　劇場、寄席其他公衆會同의場所에서會衆에게妨害ᄅᆞᆯᄒᆞᆫ者

三十九　公衆이自由로交通ᄒᆞᆷ을得ᄒᆞᆯ場所에서喧噪ᄒᆞ고、橫臥ᄒᆞ고又ᄂᆞᆫ泥醉ᄒᆞ야徘徊ᄒᆞᆫ者

四十　公衆이自由로交通ᄒᆞᆷ을得ᄒᆞᆯ場所에濫히車馬、舟筏其他의物件을置ᄒᆞ거나又ᄂᆞᆫ交通의妨害될만ᄒᆞᆫ行爲ᄅᆞᆯᄒᆞᆫ者

四十一　公衆이自由로交通ᄒᆞᆷ을得ᄒᆞᆯ場所에서危險의虞가有ᄒᆞᆫ時에點燈其他豫防의裝置ᄅᆞᆯᄒᆞᆷ을怠ᄒᆞᆫ者

四十二　官署의督促을受ᄒᆞ고도崩壞의虞잇ᄂᆞᆫ建造物의修繕又ᄂᆞᆫ顚倒의虞잇ᄂᆞᆫ物件의改積等을怠ᄒᆞᆫ者

四十三　雜沓ᄒᆞᆫ場所에서制止ᄅᆞᆯ肯치아니ᄒᆞ고混雜을增ᄒᆞᄂᆞᆫ行爲ᄅᆞᆯᄒᆞᆫ者

四十四　出入을禁止ᄒᆞᆫ場所에濫히出入ᄒᆞᆫ者

四十五　水火災其他의事變에際ᄒᆞ야制止ᄅᆞᆯ肯치안코其現場에立入ᄒᆞ며或은其場所에서退去치아니ᄒᆞ고又ᄂᆞᆫ官吏에게援助의求ᄅᆞᆯ受ᄒᆞ얏슴에不拘ᄒᆞ고故意

로此에應치아니ᄒᆞᄂᆞᆫ者

四十六　街路에셔夜間燈火업시諸車又ᄂᆞᆫ牛馬ᄅᆞᆯ使用ᄒᆞᆫ者

四十七　許可ᄅᆞᆯ得지안코路傍又ᄂᆞᆫ河岸에露店等을開ᄒᆞᆫ者

四十八　制止ᄅᆞᆯ肯치안코路傍에飲食物其他의商品을陳列ᄒᆞᆫ者

四十九　電線의近傍에셔紙鳶을揚ᄒᆞ고其他電線의障害될만ᄒᆞᆫ行爲ᄅᆞᆯᄒᆞ거나又ᄂᆞᆫᄒᆞ게ᄒᆞᆫ者

五十　石戰其他危險ᄒᆞᆫ遊戲ᄅᆞᆯᄒᆞ고或은ᄒᆞ게ᄒᆞ며又ᄂᆞᆫ街路에셔空氣銃、吹矢의類ᄅᆞᆯ弄ᄒᆞ고或은弄케ᄒᆞᆫ者

五十一　濫히犬其他의獸類ᄅᆞᆯ嗾ᄒᆞ거나又ᄂᆞᆫ驚逸케ᄒᆞᆫ者

五十二　猛獸、狂犬又ᄂᆞᆫ人을咬傷ᄒᆞᄂᆞᆫ癖잇ᄂᆞᆫ獸畜等의繫鎖ᄅᆞᆯ怠ᄒᆞᆫ者

五十三　鬪犬又ᄂᆞᆫ鬪雞케ᄒᆞᆫ者

五十四　公衆의目에觸ᄒᆞᆯ만ᄒᆞᆫ場所에셔牛馬其他의動物을虐待ᄒᆞᆫ者

五十五　危險의虞잇ᄂᆞᆫ精神病者의監護ᄅᆞᆯ怠ᄒᆞ야屋外에徘徊케ᄒᆞᆫ者

五十六　公衆의目에觸ᄒᆞᆯ만ᄒᆞᆫ場所에셔袒裼、裸裎ᄒᆞ고又ᄂᆞᆫ臀部、股部ᄅᆞᆯ露ᄒᆞ고其他醜態ᄅᆞᆯᄒᆞᆫ者

五十七　街路에셔屎尿ᄅᆞᆯ放ᄒᆞ거나又ᄂᆞᆫ放ᄒᆞ게ᄒᆞᆫ者

五十八 他人의身體、物件又는此에害를及할만ᄒᆞᆫ場所에向ᄒᆞ야物件을抛澆ᄒᆞ거나又는放射ᄒᆞᆫ者

五十九 濫히禽獸의死屍又는汚穢物을棄擲ᄒᆞ거나又는其取除를怠ᄒᆞᆫ者

六十 人의飮用에供ᄒᆞ는淨水를汚穢ᄒᆞ고又는其使用을妨ᄒᆞ며或은其水路에障碍를ᄒᆞᆫ者

六十一 河川、溝渠又는下水路의疏通을妨할만ᄒᆞᆫ行爲를ᄒᆞᆫ者

六十二 溝渠、下水路를毁損ᄒᆞ거나又는官署의督促을受ᄒᆞ고其修繕或은浚渫을怠ᄒᆞᆫ者

六十三 官署의督促을受ᄒᆞ고道路의掃除或은撒水를아니ᄒᆞ며又는制止를肯치아니ᄒᆞ고結氷期에道路에撒水ᄒᆞᆫ者

六十四 官署의督促을受ᄒᆞ야煙突의改造、修繕又는掃除를怠ᄒᆞᆫ者

六十五 濫히他人의標燈又는社寺、道路、公園其他公衆用의常燈을消ᄒᆞᆫ者

六十六 神祠、佛堂、禮拜所、墓所、碑表、形像其他此와類ᄒᆞᆫ物을汚瀆ᄒᆞᆫ者

六十七 濫히他人의家屋其他의工作物을汚瀆ᄒᆞ고或은此에貼紙、張札等을ᄒᆞ며又는他人의標札、招牌、賣貸家札其他榜標의類를汚瀆ᄒᆞ고或은撤去ᄒᆞᆫ者

六十八 濫히他人의田野、園囿에서菜果를採摘ᄒᆞ거나又는花卉等을採折ᄒᆞᆫ者

六十九　他人의所有又는占有ᄒᆞᆫ土地를冒ᄒᆞ야工作物을設ᄒᆞ고、軒楹을出ᄒᆞ며牧畜을ᄒᆞ고又는耕作其他現狀에變更을來ᄒᆞᆯ만ᄒᆞᆫ行爲잇는者

七十　電柱、橋梁、揭示塲其他의建造物에濫히牛馬를繫ᄒᆞᆫ者

七十一　橋梁又는堤防을損壞ᄒᆞᆯ虞잇는塲所에舟筏을繫ᄒᆞᆫ者

七十二　濫히他人의繫ᄒᆞᆫ牛馬其他의獸類又는舟筏을解放ᄒᆞᆫ者

七十三　濫히他人의田圃를通行ᄒᆞ거나又는此에牛馬諸車를侵入케ᄒᆞᆫ者

七十四　自己占有의塲所內에老幼、不具又는疾病을爲ᄒᆞ야救助를要ᄒᆞ는者或은人의死屍、死胎잇슴을知ᄒᆞ고速히警察官吏又는其職務를行ᄒᆞ는者에게申告치아니ᄒᆞ는者

前項의死屍、死胎에對ᄒᆞ야警察官吏又는其職務를行ᄒᆞ는者의指揮업시其現塲을變更ᄒᆞᆫ者

七十五　人의死屍或은死胎를隱ᄒᆞ거나又는他物과紛眩ᄒᆞ게擬裝ᄒᆞᆫ者

七十六　許可를得지안코人의死屍或은死胎를解剖ᄒᆞ거나又는其保存을ᄒᆞᆫ者

七十七　一定ᄒᆞᆫ飮食物에他物을混ᄒᆞ야不正ᄒᆞᆫ利를圖ᄒᆞᆫ者

七十八　病斃ᄒᆞᆫ禽獸의肉類又는不熟ᄒᆞᆫ果物、腐敗ᄒᆞᆫ飮食物、其他健康을害ᄒᆞᆯ만ᄒᆞᆫ物을飮食料로ᄒᆞ야營利의用에供ᄒᆞᆫ者

七十九 埋棄ᄒᆞᆫ牛、馬、羊、豚、犬等의死屍를發掘ᄒᆞᆫ者
八十 炮煑、洗滌、剝皮等을要치안코그ᄃᆡ로食用에供ᄒᆞᆯ物에覆蓋를設치아니ᄒᆞ고店頭에陳列ᄒᆞ거나又ᄂᆞᆫ行商ᄒᆞᆫ者
八十一 自己又ᄂᆞᆫ他人의身體에刺文ᄒᆞᆫ者
八十二 家屋其他의建造物或은引火ᄒᆞ기易ᄒᆞᆫ物의近傍又ᄂᆞᆫ山野에셔濫히火를焚ᄒᆞᆫ者
八十三 石灰其他自然發火ᄒᆞᄂᆞᆫ虞잇ᄂᆞᆫ物의取扱을踈忽히ᄒᆞᆫ者
八十四 濫히銃砲의發射를ᄒᆞ거나又ᄂᆞᆫ火藥其他激發ᄒᆞᆯ物을玩ᄒᆞᆫ者
八十五 許可를得지안코煙火를製造ᄒᆞ거나又ᄂᆞᆫ販賣ᄒᆞᆫ者
八十六 許可를得지안코劇場其他의興行場을開ᄒᆞᆫ者
八十七 渡船、橋梁其他의場所에셔定額以上의通行料를請求ᄒᆞ고或은定額의通行料를支拂치안코通行ᄒᆞ며又ᄂᆞᆫ無故히通行을妨ᄒᆞ고或은渡船의求에應치아니ᄒᆞᄂᆞᆫ者

第二條 本令에規定ᄒᆞᆫ違反行爲를敎唆ᄒᆞ거나又ᄂᆞᆫ幇助ᄒᆞᆫ者ᄂᆞᆫ前條에照ᄒᆞ야此를罰홈但情狀에依ᄒᆞ야其刑을免除홈을得홈

本條ᄂᆞᆫ以上各號의正犯에對ᄒᆞᆫ從犯의規定이니、卽敎唆者와幇助者ᄂᆞᆫ第　條의刑에照ᄒᆞ야相當處罰ᄒᆞ

되至若情狀이極히輕少ᄒᆞ야可宥ᄒᆞᆯ者ᄂᆞᆫ全히其刑을免除ᄒᆞᆷ도得ᄒᆞᆷ이라教唆及幇助에關ᄒᆞᆫ詳細說明은見刑法第六十一條、第六十二條의註를叅看ᄒᆞ라

附　則

本令은明治四十五年四月一日브터施行ᄒᆞᆷ

●埋葬醫藥等에關ᄒᆞᆫ件 明治四十五年三月 朝鮮總督府令第四十二號

本件은死體의埋葬(土坎移葬等을含ᄒᆞᆷ)及醫師、產婆、傳染病、爆發藥等에關ᄒᆞᆫ諸輕微ᄒᆞᆫ犯罪를規定ᄒᆞᆫ單行規則이니亦前述ᄒᆞᆫ警察犯에準ᄒᆞ야處斷ᄒᆞᄂᆞᆫ者ㅣ니라

左의各號의一에該當ᄒᆞᄂᆞᆫ者ᄂᆞᆫ三月以下의懲役或은百圓以下의罰金又ᄂᆞᆫ拘留或은科料에處ᄒᆞᆷ

左에記載ᄒᆞᆫ各所爲中一이라도犯觸될時ᄂᆞᆫ其犯罪의輕重에從ᄒᆞ야懲役、罰金又ᄂᆞᆫ拘留、科料等에處ᄒᆞᆯ자니以上各刑에關ᄒᆞ야ᄂᆞᆫ刑法第一篇第二章을叅看ᄒᆞ라

一　死亡의申告를不爲ᄒᆞ고埋葬을ᄒᆞᆫ者

二　開業의醫師、產婆로셔無故히病者、姙婦又ᄂᆞᆫ產婦의招에應치아니ᄒᆞᄂᆞᆫ者

三　傳染病豫防에關ᄒᆞ야公務員의指示命令에從치아니ᄒᆞᄂᆞᆫ者

四　警察官署又ᄂᆞᆫ事務를取扱ᄒᆞᄂᆞᆫ官署의許可를得지아니ᄒᆞ고火藥類其他爆發ᄒᆞᆯ物品을授受、運搬又ᄂᆞᆫ貯藏ᄒᆞᆫ者

附　則

本令은明治四十五年四月一日브터此를施行홈

●墓地、火葬場、埋葬及火葬取締規則 明治四十五年六月 朝鮮總督府令第百二十三號

本規則은社會의安寧과公衆衛生을保ᄒᆞ기爲ᄒᆞ야朝鮮內의墓地와火葬場과埋葬行爲와火葬行爲에對ᄒᆞ야適當ᄒᆞᆫ制限下에셔此를保護監督ᄒᆞᄂᆞᆫ警察行政命令이니凡朝鮮內에在ᄒᆞᆫ者ᄂᆞᆫ朝鮮人되며內地人됨과外國人됨을不分ᄒᆞ고一切此規則의取締를受ᄒᆞᄂᆞᆫ者ㅣ라

本規則施行에關ᄒᆞ야ᄂᆞᆫ此를一時에斷行치아니ᄒᆞ고可及的實地事情에適合케ᄒᆞ기爲ᄒᆞ야自此로先히各地方에共同墓地及其他設備等의準備를行케ᄒᆞ고其設備가充分ᄒᆞᆫ後에本規則을施行ᄒᆞ야도障碍가無ᄒᆞᆫ地方브터漸次實施될터이며且其施行ᄒᆞᄂᆞᆫ地方及期日等은追後告示로써公布가有ᄒᆞᆯ지니라(附則參看)

第一條 墓地의新設、變更又ᄂᆞᆫ廢止ᄂᆞᆫ警務部長(京城에在ᄒᆞ야ᄂᆞᆫ警務總長、以下同)의許可를受홈이可홈

墓地라홈은尸體ᄂᆞ又ᄂᆞᆫ既燒ᄒᆞᆫ遺骨을埋ᄒᆞ야墳墓를設定ᄒᆞᄂᆞᆫ地域을云홈이니本規則에셔ᄂᆞᆫ墓地以外에埋葬홈을不許ᄒᆞ며(下見第十條參看)從ᄒᆞ야墓地를新히設定ᄒᆞ라ᄒᆞ거ᄂᆞ既히設定ᄒᆞᆫ墓地를他地域으로變更ᄒᆞ라ᄒᆞ거ᄂᆞ全히廢止ᄒᆞ라ᄒᆞᆯ時ᄂᆞᆫ京城에셔ᄂᆞᆫ朝鮮總督府警務總長에게京城以外에셔ᄂᆞᆫ各其墓地所在地를管轄ᄒᆞᄂᆞᆫ道의警務部長에게請願ᄒᆞ야許可를受홈을要ᄒᆞᄂᆞ니라

玆에所謂墳墓와墓地의意義ᄂᆞᆫ此를區別홈을要ᄒᆞᄂᆞ니墳墓ᄂᆞᆫ尸體ᄂᆞ遺骨을埋ᄒᆞᆫ塚을云홈이오墓地ᄂᆞᆫ現在又ᄂᆞᆫ將來에入葬ᄒᆞ기爲ᄒᆞ야一定ᄒᆞᆫ地面을劃定ᄒᆞᆫ區域을云홈이니라

參照 本條의許可請願節次及書式은下見施行細則第一條의註를參看ᄒᆞ라

第二條 墓地ᄂᆞᆫ府、郡、面、里、洞其他地方公共團体又ᄂᆞᆫ此에準ᄒᆞᆯ者이아니면新設

홈을不得홈但特別혼事情이有혼時는單獨又는一族或은合族의墓地를許可홈이有홈

府郡面里洞이라홈은地方行政區域에因ᄒᆞᆫ地方行政機關을云홈이오。其他地方公共團體라홈은面里洞等이아니오或은部坊、社等名稱을用혼者와內地人의居留民團과又는此等以外의諸部落等을云홈이오、又此에準혼者라홈은地方公共團體가아니라도此와類似홈으로看做혼者例如寺剎、敎會等이是며、單獨이라홈은一個人을云홈이오、一族이라홈은民籍上에記載된一家族을云홈이오、合族이라홈은同姓同本된族類數戶의聯合을謂홈이라

墓地는此를共同墓地、單獨墓地、一族墓地、合族墓地의四種으로區別홈을得홀지니共同墓地는地方公共團體에셔公費로써此를設定ᄒᆞ고其地方住民으로入葬케ᄒᆞᆫ者요、單獨墓地는單히一個人의死體又는遺骨을埋葬ᄒᆞ기爲ᄒᆞ야私費로設定ᄒᆞᆫ者요、一族墓地는一家族의死體遺骨의埋葬에專用홈을目的ᄒᆞᆫ者오、合族墓地는同姓同本者數戶의專用홈을目的ᄒᆞᆫ者ㅣ라、墓地는原則으로共同墓地가아니면新設홈을不許ᄒᆞ되但實際特別혼事情이有혼時는例外로單獨、一族、合族等墓地의設定도許可홈이有홀지니라

玆에特別혼事情이라홈은全혀事實問題라一槪히斷言키難ᄒᆞ나要컨되一般共同墓地에埋葬ᄒᆞ나何等의障碍가無혼境遇는特別事情이라謂키不可홀지로다(下見細則第一條註及書式叅看)

第三條　墓地를設ᄒᆞᆫ境遇에는左의制限에依홈이可홈

一　道路、鉄道及河川을距홈이十間以上、人家를距홈이六十間以上이될事

二　水源、水流及飮用泉井에關係업는土地가될事

本條는墓地의位置及地勢에對혼制限을規定홈이니是는墓地의淸潔靜肅과一般衛生에對혼安全을保ᄒᆞ

기爲ᄒᆞ야必要ᄒᆞᆫ所以라、右第一號中距離ᄂᆞᆫ總히其最終点으로브터起算ᄒᆞᄂᆞᆫ事를注意ᄒᆞᆯ지며、道路라ᄒᆞᆷ은國道와各道府郡間及面里間을通ᄒᆞᄂᆞᆫ道路를云ᄒᆞᆷ이니故로彼農路、樵路等小經은此에包含치아니ᄒᆞ며、鐵道ᄂᆞᆫ汽車線路、電氣鐵道、輕便鐵道、等諸線路의全幅을云ᄒᆞᆷ이요、河川이라ᄒᆞᆷ은江、河、川湫、溝等常時로流水又ᄂᆞᆫ出水가有ᄒᆞᆫ處를云ᄒᆞᆷ이오、人家라ᄒᆞᆷ은現에人이住居ᄒᆞ거나又ᄂᆞᆫ住居의用에供ᄒᆞᆯ家屋의結搆를云ᄒᆞᆷ이니故로彼倉庫、草幕等은人家가아니라、又第二號中水源이라ᄒᆞᆷ은水道의用에供ᄒᆞᄂᆞᆫ水源地를云ᄒᆞᆷ이오、水流라ᄒᆞᆷ은水源及貯水池의水의流通ᄒᆞᄂᆞᆫ地를云ᄒᆞᆷ이오、飮用井泉이라ᄒᆞᆷ은人의飮料水에用ᄒᆞᄂᆞᆫ井戶와淸泉、藥泉等을云ᄒᆞᆷ이오、關係라ᄒᆞᆷ은地形地勢가此等에接近ᄒᆞ야在ᄒᆞ거나又ᄂᆞᆫ間接으로水의淸濁에影響될만ᄒᆞᆫ境遇를云ᄒᆞᆷ이니凡前記制限에遵치아니ᄒᆞᆫ者ᄂᆞᆫ如何ᄒᆞᆫ境遇라도墓地를設定ᄒᆞᆷ을不許ᄒᆞᆯ지니라

第四條 火葬場의新設、改築又ᄂᆞᆫ增築은警務部長의許可를受ᄒᆞᆷ이可ᄒᆞᆷ火葬場의事業을中止커나又ᄂᆞᆫ廢止코져ᄒᆞᄂᆞᆫ時ᄂᆞᆫ警務部長에게申告ᄒᆞᆷ이可ᄒᆞᆷ

第五條 火葬場을設ᄒᆞᄂᆞᆫ境遇에ᄂᆞᆫ左의制限에依ᄒᆞᆷ이可ᄒᆞᆷ

一 道路、鉄道及河川을距ᄒᆞᆷ이六十間以上、人家、公衆輻湊의處所를距ᄒᆞᆷ이百二十間以上이될事

二 市街及部落에對ᄒᆞ야風上에位치아니ᄒᆞᆫ土地가될事

三 火爐、煙筒을備ᄒᆞ야臭煙을防ᄒᆞᄂᆞᆫ裝置를ᄒᆞᆯ事

四 周圍에高六尺以上의墻塀을設ᄒᆞᆯ事但山林、原野等人家를隔ᄒᆞᄂᆞᆫ處所가될時ᄂᆞᆫ此限에在치아니ᄒᆞᆷ

第六條 火葬場의工事가落成ᄒᆞᆫ時는警察署(警察分署及警察署의事務를取扱ᄒᆞ는官署를包含홈、以下同)에申告ᄒᆞ야檢査를受ᄒᆞ야其認可를受홈이아니면使用홈을不得홈

右三條는火葬場의設置에關ᄒᆞᆫ規定이라火葬이라홈은人의死體를燒火ᄒᆞ는處를云홈이니本令에셔는火葬은必火葬場에셔行홈을要ᄒᆞ며(下見第十條第二項叅看)從ᄒᆞ야火葬場의新設改築은京城에셔는警務總長、各道에셔는警務部長의許可를要ᄒᆞᄂᆞ니라然而火葬場에關ᄒᆞ야는墓地와如ᄒᆞᆫ第二條의規定이無ᄒᆞᆫ故로地方公共團體에셔ᄒᆞ거ᄂᆞ又ᄂᆞᆫ個人營業의目的으로ᄒᆞ거ᄂᆞ又ᄂᆞᆫ合族의共營으로ᄒᆞ거ᄂᆞ皆無妨ᄒᆞᆫ바ㅣ오惟其位置及地勢에關ᄒᆞᆫ制限과火葬用의設備가相當홈을要ᄒᆞ고既히設置許可를受ᄒᆞ야建設工事를畢ᄒᆞᆫ時는警察署에申告ᄒᆞ야其檢査認可를受ᄒᆞᆫ後에使用을開始ᄒᆞ면可ᄒᆞᄂᆞ니라

第七條 新設ᄒᆞᆫ墓地及火葬場의外圍에는植樹를홈이可홈

本條는墓地、火葬場의風致及淸潔上必要ᄒᆞᆫ所以로周圍에樹木을植裁케홈이니別로說明을不要ᄒᆞᆯ지니라

第八條 墓地의管理者는其管理에屬ᄒᆞᆫ墓地의圖面及墓籍을調製홈이可홈

火葬場에는火葬臺帳을備홈이可홈

管理者라홈은本規則에依ᄒᆞ야設置의許可를受ᄒᆞᆫ者又는其承繼者를云홈이오墓籍及火葬臺帳은該墓地內에存在ᄒᆞᆫ墳墓、火葬場에셔火葬ᄒᆞᆫ死體에關ᄒᆞᆫ重要事項을記錄ᄒᆞᆫ이니墓地圖面과共히此를備置ᄒᆞ야其管理事務의用에供ᄒᆞ고且監督의便에資ᄒᆞᄂᆞ니其樣式은下見細則第十四條의註에詳揭홈이라

第九條 墓地及火葬場은常히淸潔을保持ᄒᆞ야損壞ᄒᆞᆫ個所가有ᄒᆞᆫ時는直히修繕홈이可홈

墳墓는死者의親戚、故舊가此에叅拜吊省ᄒᆞᄂᆞ니墓地를甚히不潔히홈은人情에不忍ᄒᆞ며社會의風儀에不美ᄒᆞᆫ지라故로其管埋者는常히此를淸潔히홈을注意ᄒᆞ고若封墳等에毀損이有ᄒᆞᆫ時는隨時修築홈을要ᄒᆞᄂᆞ니라

第十條 死體又는遺骨은墓地以外에埋葬又는改葬홈을不得홈

死體의火葬은火葬場以外에셔홈을不得홈但火葬場의設備업는土地에在ᄒᆞ야는警察署의許可를受ᄒᆞ야此規定에依치아니홈을得홈

本條는墓地、火葬場許可制度의當然ᄒᆞᆫ結果니即本規則에依ᄒᆞ야設置된墓地、火葬場以外에셔는埋葬改葬又는火葬홈을不得ᄒᆞᄂᆞ니라然이나墓地는共同墓地의設置에依ᄒᆞ야相當히收容될지로되火葬場은各地가必有ᄒᆞᆫ者ㅣ아님으로若其設置가無ᄒᆞᆫ地에셔火葬코ᄌᆞᄒᆞᄂᆞᆫ者는警察署의許可를受ᄒᆞ야衛生上及風俗上無害ᄒᆞᆫ處에셔行홈을得ᄒᆞᆯ지니라

第十一條 死體는死後二十四時間을經過홈이아니면埋葬及火葬을홈을不得홈但傳染病者의死體는此限에在치아니홈

第十二條 埋葬、改葬又는火葬코ᄌᆞᄒᆞᄂᆞᆫ者는警察署又는巡査駐在所、憲兵分隊同分遣所、同派遣所、同出張所의認許證을受홈이可홈

第十三條 墓地의管理者又火葬場의經營者는前條의認許證을受領홈이아니면埋葬、改葬又는火葬을ᄒᆞ게홈을不得홈

右三條는死體의埋葬、改葬、火葬에關ᄒᆞᆫ規定이니凡人은瞬息間에는絶命의與否가判明치아니ᄒᆞᆫ事ㅣ多ᄒᆞᆯ뿐아니라人의死亡은往々히犯罪의原因이潛在ᄒᆞᆫ者ㅣ不無ᄒᆞᆫ故로死體는必死後二十四時間(一晝

夜）을經過ᄒᆞᆫ後가아니면此를葬치못ᄒᆞ되但傳染病에因ᄒᆞ야死亡ᄒᆞᆫ者ᄂᆞᆫ即速히葬ᄒᆞᆷ이無妨ᄒᆞ니라

然而凡死體又ᄂᆞᆫ遺骨을埋葬又ᄂᆞᆫ改葬ᄒᆞ거나火葬ᄒᆞᆷ에ᄂᆞᆫ必其葬地所在의警察署、警察分署又ᄂᆞᆫ巡査駐在所、此等이無ᄒᆞ면憲兵分隊、同分遣所、派遣所又ᄂᆞᆫ憲兵派遣所의出張所에申請ᄒᆞ야認許証을受ᄒᆞ야此를墓地管理者ᄂᆞᆫ火葬場經營者의게交付ᄒᆞᆷ을要ᄒᆞ며其管理者等도右認許証을受領ᄒᆞᆫ後가아니면埋葬、改葬、火葬을行케ᄒᆞᆷ을不得ᄒᆞᄂᆞ니라（下見細則第二條註及書式叅看）

第十四條　死體를他에移送코ᄌᆞᄒᆞᄂᆞᆫ者ᄂᆞᆫ警察署의許可를受ᄒᆞᆷ이可ᄒᆞᆷ

人은或은客地에셔死亡ᄒᆞ거나或은親戚故舊의集團地에셔葬式을行ᄒᆞ기爲ᄒᆞ거나或은死亡者의遺言에因ᄒᆞᄂᆞᆫ諸關係로브터死亡ᄒᆞᆫ地에셔其死體를他地方에移送ᄒᆞᄂᆞᆫ境遇가有ᄒᆞᆫ지니此時ᄂᆞᆫ移送코ᄌᆞᄒᆞᄂᆞᆫ者가必其死亡地警察署의許可를受ᄒᆞᆷ을要ᄒᆞᄂᆞ니라（下見細則第三條의註及書式叅看）

第十五條　火葬은日沒後에行ᄒᆞᆷ이可ᄒᆞᆷ但警察官吏又ᄂᆞᆫ其職務를行ᄒᆞᄂᆞᆫ者의認可를得ᄒᆞᆫ時ᄂᆞᆫ此限에在치아니ᄒᆞᆷ

本條ᄂᆞᆫ社會의風儀上火葬은夜間에行ᄒᆞᆯ事를規定ᄒᆞᆷ이라然이나實際無妨ᄒᆞᆷ으로認ᄒᆞ야警察官吏等의認可를得ᄒᆞᆫ時ᄂᆞᆫ日沒後가아니라도可ᄒᆞ니라

第十六條　傳染病者의死體ᄂᆞᆫ特히許可를受ᄒᆞᆫ境遇外에警察署의指定ᄒᆞᆫ墓地가아니면埋葬ᄒᆞᆷ을不得ᄒᆞᆷ其改葬은三年以上을經過ᄒᆞ지아니ᄒᆞᆷ을不得ᄒᆞᆷ

傳染病者의死體ᄂᆞᆫ病毒이公衆衛生에危害를及ᄒᆞᆯ虞가有ᄒᆞᆫ故로警察官吏ᄂᆞᆫ傳染病豫防의手段으로此를特定ᄒᆞᆫ墓地에埋沒케ᄒᆞᄂᆞ니此境遇에ᄂᆞᆫ비록共同、一族又ᄂᆞᆫ合族의墓地가有ᄒᆞᆫ지라도葬主ᄂᆞᆫ必警吏의指定에從ᄒᆞᆷ을要ᄒᆞ되若預히許可를受ᄒᆞ면其所欲의墓地에埋葬ᄒᆞᆷ을得ᄒᆞᆯ지오又傳染病者의死體ᄂᆞᆫ即時行葬ᄒᆞᆷ을不得ᄒᆞ고必其病毒이消盡ᄒᆞᆯ間은假히埋沒ᄒᆞ엿다가滿三年을經過ᄒᆞᆫ後에始乃改葬ᄒᆞᆷ을得ᄒᆞᄂᆞ

니라

第十七條 壙穴의深은棺의頂面과地盤面의間隔을二尺以上으로홈이可홈但遺骨을埋葬ᄒᆞᄂᆞᆫ境遇에ᄂᆞᆫ此限에在치아니홈

本條ᄂᆞᆫ墳墓의安固ᄅᆞᆯ保ᄒᆞ고死體棺槨의露出을防ᄒᆞ기爲ᄒᆞ야規定ᄒᆞᆫ바ㅣ니即壙穴은可及的深鑿ᄒᆞ야棺이地平面下에二尺以上深入홈을要ᄒᆞᄂᆞ니卽棺의高가一尺이면壙穴의深은三尺以上으로홈을謂홈이라然이ᄂᆞ既히火葬ᄒᆞᆫ遺骨을埋葬、改葬ᄒᆞᄂᆞᆫ境遇에ᄂᆞᆫ如斯히深히아니ᄒᆞ야도無妨ᄒᆞ니라

第十八條 警務總長은墓地又ᄂᆞᆫ火葬場이公衆衛生에害가有ᄒᆞ거ᄂᆞ又ᄂᆞᆫ 土地의變狀을因ᄒᆞ야墓地又ᄂᆞᆫ火葬場에不適홈으로認ᄒᆞᄂᆞᆫ時ᄂᆞᆫ其移轉을命홈을得홈

本規則에依ᄒᆞ야設置된墓地、火葬場等이追後에至ᄒᆞ야事實上公衆衛生에有害ᄒᆞ거ᄂᆞ或은地勢가變遷되야前記第三條又ᄂᆞᆫ第五條에抵觸이生홈으로墓地又ᄂᆞᆫ火葬場됨에不適當홈으로認ᄒᆞᆫ時ᄂᆞᆫ警務總長은管理者又ᄂᆞᆫ經營者에對ᄒᆞ야其移轉을命ᄒᆞᄂᆞᆫ事ㅣ有ᄒᆞᆫ지니此境遇에ᄂᆞᆫ既히埋葬된墳墓ᄂᆞᆫ或은依舊存在ᄒᆞ며或은關係者의希望에依ᄒᆞ야新墓地로改葬홈이有ᄒᆞᆫ지니라

第十九條 警務部長은必要로認ᄒᆞᄂᆞᆫ時ᄂᆞᆫ墓地又ᄂᆞᆫ火葬場의改良、 修繕又ᄂᆞᆫ其使用停止ᄅᆞᆯ命홈을得홈

各道의警務部長은必要로認ᄒᆞᆫ時ᄂᆞᆫ墓地又ᄂᆞᆫ火葬場의管理者에對ᄒᆞ야其設備內容의改良又ᄂᆞᆫ損壞의修繕을行ᄒᆞᆯ事ᄅᆞᆯ命ᄒᆞ며或은一定ᄒᆞᆫ期間으로使用을停止ᄒᆞᆯ事ᄅᆞᆯ命ᄒᆞᄂᆞᆫ事ㅣ有ᄒᆞᆫ지니此ᄂᆞᆫ墓地火葬場의保護監督上必要ᄒᆞᆫ所以라

第二十條 管理者의不知ᄒᆞᄂᆞᆫ墳墓가有ᄒᆞᆫ時ᄂᆞᆫ警務部長은一年以上의期間을定ᄒᆞ

야其間期內에申告홀旨를告示홈이可홈

前項의期間內에申告가無혼者는無主墳墓로看做홈

管理者를不知ᄒᆞ는墳墓라홈은本規則施行以後에至ᄒᆞ야墓地內에埋葬혼墳墓로其墓籍上墳墓의主人을不知ᄒᆞ는者를云홈이니盖如斯홈은墓地의管理上不便홀뿐아니라此等은多히暗葬에出혼者일지라故로必其責任者를明히ᄒᆞ기爲ᄒᆞ야警務部長은一年以上되는相當혼期限을定ᄒᆞ야其限內에墓主는其墓籍申告(下見細則第十六條註及書式叅看)를提出홀事로告示ᄒᆞ되若申告가無홀時는此를無主墳墓로看做ᄒᆞ야次條와如히改葬의處置를受홈이有홀지니라

第二十一條　墓地以外에埋葬혼死體又는遺骨은警察署에서改葬을命홈을得홈

前項의境遇에埋葬者를不知ᄒᆞ는時는土地의所有者又는其管理者는警察署의許可를得ᄒᆞ야改葬을홈을得홈

墓地以外에埋葬혼死體、遺骨은本規則上墳墓로認定치아니ᄒᆞᄂᆞ니故로警察署는其埋葬者에對ᄒᆞ야此를適當혼墓地에移ᄒᆞ야改혼葬事를命홈을得ᄒᆞᄂᆞ니라然이나若其埋葬者를不知ᄒᆞ는時는其埋葬土地의所有者ᄂᆞ又는其管理者는自己土地의所有權의保護上必要혼理由로警察官署의認許를受혼後此를他에改葬(下見細則第十二條註及書式叅看)홈을得ᄒᆞᄂᆞ니라

第二十二條　無主墳墓에對ᄒᆞ야는前條의規定을準用홈

無主墳墓라홈은事實上墳墓의主人이無혼者를云홈이니第二十條의申告가無혼墳墓와下見附則第四項의申告를不爲혼墳墓等을包含홈이라此等은即第二十一條와如히改葬의處置를受홀지니라

第二十三條　左의各號의一에該當ᄒᆞ는者는三月以下의懲役又는百圓以下의罰金

에處홈

一 他人의占有地에擅히死體又는遺骨을埋葬、改葬혼者

二 火葬場以外에서葬火을혼者

三 死體又는死體를納혼棺槨을山林、原野其他處所에暴露혼者

四 第十八條、第十九條又는第二十一條第一項의命令에違反혼者

第二十四條 左의各號의一에該當ㅎ는者는拘留又는科料에處홈

一 第一條、第四條、第六條、第八條又는第十條第一項、第十一條乃至第十七條의規定에違反혼者

二 埋葬、火葬、改葬又는死體移送을妨害혼者

三 警察官吏의督促을受ㅎ고墓地又는火葬場의掃除를ㅎ지아니혼者

右二條는本規則의實行을確保ㅎ기爲ㅎ야設혼罰則規定이니盖罪刑의一般法則에關ㅎ야는上見刑法第一篇의規定에依혼事는既說혼바ㅣ라、下에右兩條의各罪를分說ㅎ노라

[重罪] 左記各罪는情狀이稍重혼故로三月以下懲役又는百圓以下의罰金에處ㅎ느니라

1、擅地行葬 墓地가아닌바他人의所有又는占有혼地域內에埋葬又는改葬혼者를云홈이라

2、火葬場外의火葬 本規則에依ㅎ야設置된火葬場以外의地에서火葬을혼者를云홈이라然이나第十條第二項但書에依ㅎ야警察官吏等의許可를受혼時는犯罪를不成홈이라

3、死體、棺槨의暴露 親族又는他人을勿論ㅎ고死體나又는死體가在中혼棺槨을山林、原野에나其他處所에暴露出在케혼者를云홈이라然이나若其行爲가墳墓를發掘ㅎ거나棺槨衣衾等을損壞遺棄ㅎ

야因ᄒᆞ야此를暴露ᄒᆞᆷ에至케ᄒᆞᆫ者된時는其罪가尤重ᄒᆞᆫ故로別로히刑法(第二編第二十四章)上處斷을受ᄒᆞᆯ지니라

4、命令違反　墓地火葬場의移轉命令(第十八條)墓地火葬場의改良(修繕、使用停止命令(第十九條)改葬命令(第二十一條第一項)等을受ᄒᆞ고此를施行치아니ᄒᆞᆫ者를云ᄒᆞᆷ이라

又死亡申告를不爲ᄒᆞ고埋葬ᄒᆞᆫ者는如何ᄒᆞᆯ가是는一方으로民籍法上申告를怠ᄒᆞᆫ뿐아니라一方으로又埋葬許可規定(第十二條)에違反ᄒᆞᆷ이니即前記各罪와同樣의處罰을不免ᄒᆞᆯ지오(上見埋葬醫藥等에關ᄒᆞᆫ件參看) 且其埋葬地가他人의占有인時는前記第一의罪와自己의所有라도墓地아닌處될時는次記第一의罪와併合罪로處分될지며若本規則에依ᄒᆞᆫ墓地될時는其墓地의管理者도(第十三條)亦次記第一의處罰을不免ᄒᆞᆯ지니라

輕罪 左記各罪는情狀이稍輕ᄒᆞᆫ故로拘留又는科料에處ᄒᆞᄂᆞ니라

1、許可申告及管理制限違反　警務部長의許可를受치안코墓地를新設、變更又는廢止ᄒᆞ거나(第一條)火葬場을新設、改築增築ᄒᆞ며、火葬場事業을中止又는廢止申告치아니ᄒᆞ거나(第四條)火葬場의檢查認可를受치아니ᄒᆞ고使用을開始ᄒᆞ거나(第六條)墓地圖面及墓籍을調製치아니ᄒᆞ며、火葬臺帳을備置치아니ᄒᆞ거나(第八條)墓地以外에서埋葬又는火葬ᄒᆞ거나(第十一條)認許証을受치안코埋葬、改葬、火葬ᄒᆞ거나(第十二條)認許証이無ᄒᆞᆫ者를埋葬、改葬、火葬ᄒᆞ게ᄒᆞ거나(第十三條)許可업시死體를他에移送ᄒᆞ거나(第十四條)許可가無ᄒᆞ고日沒前에火葬ᄒᆞ거나(第十五條)傳染病者의死體를擅히埋葬、改葬ᄒᆞ거나(第十六條)死體를納埋ᄒᆞ는壙穴을深히아니ᄒᆞ는(第十七條等)은總히拘留又는科料에處될지니라然而右記墓地以外에서埋葬、改葬ᄒᆞᆫ者ㅣ其地域이若他人의占有에係ᄒᆞᆫ者될時는前記重罪로處斷될지니라

2、葬事妨害　埋葬改葬又는死體移送을妨害ᄒᆞᆫ者를云ᄒᆞᆷ이라然而此를因ᄒᆞ야死體、棺槨을暴露케ᄒᆞᆷ

에至ᄒᆫ時ᄂᆞᆫ亦前記重罪로處斷될지니라

3、墓地、火葬場의掃除怠慢、墓地와火葬場은常히清潔을保持ᄒᆷ을要ᄒᆷ은第九條에規定ᄒᆫ바ㅣ今若警察官吏로브터其不潔物掃除의督促을受ᄒᆞ고도不爲ᄒᆞᄂᆞᆫ者ᄂᆞᆫ卽此處罰을不免ᄒᆯ지니라

附 則

本令을施行ᄒᆯ地域及期日은朝鮮總督이定ᄒᆷ

本令의適用으로ᄒᆞ야곰特히地方實際事情에適合케ᄒᆞ기爲ᄒᆞ야漸次共同墓地의設置準備의完成及其他事情을參互ᄒᆞ야適當ᄒᆫ時期로써此를施行코져ᄒᆷ이니故로從後로何地何地에ᄂᆞᆫ何月何日브터此規則을施行ᄒᆯ事ᄂᆞᆫ別로告示等으로써此를公布될지니從ᄒᆞ야此施行에關ᄒᆫ公布가無ᄒᆫ地方에셔ᄂᆞᆫ本規則에不依ᄒᆯ事ᄂᆞᆫ勿論이며右各條中本令施行日로브터幾個年月日云々이라ᄒᆷ도亦各其施行되ᄂᆞᆫ地方에셔만其施行되기로公布된施行日字로브터起算ᄒᆯ지오且一方으로法令周知를圖ᄒᆞ기爲ᄒᆞ야其施行되ᄂᆞᆫ地方의警察官署ᄂᆞᆫ其管內에對ᄒᆞ야墳墓所在地及屆出期間等을適當ᄒᆫ處所에揭示ᄒᆞᄂᆞᆫ事ㅣ有ᄒᆯ지니라

本令施行際에現存ᄒᆞᄂᆞᆫ共同墓地ᄂᆞᆫ本令에依ᄒᆞ야設置ᄒᆫ者로看做ᄒᆷ但其管理者ᄂᆞᆫ本令施行日부터三月內에圖面을添ᄒᆞ야其所在地、位置及墓籍을申告ᄒᆷ이可ᄒᆷ

前項의申告를ᄒᆞ지아니ᄒᆫ者ᄂᆞᆫ其墓地를廢止ᄒᆫ者로看做ᄒᆷ

從來의共同墓地卽北印又ᄂᆞᆫ兒葬㙜等은其性質이本規則上共同墓地와無異ᄒᆫ故로右等은皆本規則第一條에依ᄒᆞ야設置ᄒᆫ者와同一히認定ᄒᆯ자니故로其管理者(實際ᄂᆞᆫ其所在地面洞長)ᄂᆞᆫ本令施行日브터三個月以內에其墓地의圖面을添付ᄒᆞ야共同墓地墓籍申告(下見施行細則附則註及書式參看)를爲ᄒᆷ이可ᄒᆞ나若此期限內에申告가無ᄒᆞ면共同墓地ᄂᆞᆫ廢止ᄒᆫ者로看做ᄒᆞ야更히本規定上共同墓地의取扱을不受ᄒᆯ지니라

本令施行의際에現存ᄒᆞᄂᆞᆫ共同墓地以外의墳墓ᄂᆞᆫ本에令依ᄒᆞ야設置者으로看做홈
但其管理者ᄂᆞᆫ本令施行日브터一年內에其所在地、位置及墓籍을申告홈이可홈前
項의申告가無ᄒᆞᆫ者ᄂᆞᆫ無主墳墓로看做홈

共同墓地以外의墳墓라홈은即個人山所의塚을云홈이니是等은本規則第二條에揭ᄒᆞᆫ바單獨墓地、一族墓地又ᄂᆞᆫ合族墓地와如ᄒᆞᆫ者ㅣ로ᄃᆡ本令施行以後ᄂᆞᆫ總히此를認定치아니ᄒᆞ고惟其既存ᄒᆞᆫ墳墓ᄂᆞᆫ本令(第十二條)에依ᄒᆞ야埋葬設置된者로認定ᄒᆞ야本規則上所謂墳墓의待遇를受홀지니故로其管理者(實際에山所有者又ᄂᆞᆫ死者의後裔等)ᄂᆞᆫ一年以內(前揭附則第一項施行地域及時期叅看)에墓籍申告를爲홈이可ᄒᆞ니若不然홀時ᄂᆞᆫ無主墳墓로看做ᄒᆞᄂᆞᆫ故로前揭第二十一條、第二十三條와如히掘移를受ᄒᆞᄂᆞᆫ事ㅣ有홀지니라(下見施行細則附則註及書式叅看)

玆에注意를要홀事ㅣ有ᄒᆞ니本項은從來의墳墓의存在를認定ᄒᆞᄂᆞᆫ規定이오其墳墓所在山地를墓地로認定ᄒᆞᄂᆞᆫ者ㅣ아니라故로墓籍申告를爲ᄒᆞᆫ者ᄂᆞᆫ其墳墓만法令上存在로認定되야掘移되ᄂᆞᆫ事ㅣ無홀ᄲᅮᆫ이오本令施行後ᄂᆞᆫ其山地內에入葬홈은不得홀지니即本規則第一條에依ᄒᆞ야一族又ᄂᆞᆫ合族墓地로許可를受홈이아니면更히埋葬改葬等으로墳墓를設홈을不得홀지니라

又墓籍申告ᄂᆞᆫ其申告者와山地所有權與否를不問ᄒᆞᄂᆞ니故로雖國有地又ᄂᆞᆫ他人의所有地에入葬ᄒᆞᆫ者라도其後裔等은成規의手續으로申告를爲ᄒᆞ면可홀지오決코舊時와如히十步五十步等階限의爭으로써掘移를受ᄒᆞᄂᆞᆫ事ㅣ無홀지니라

本令施行際에現存ᄒᆞᄂᆞᆫ火葬場은本令에依ᄒᆞ야設立ᄒᆞᆫ者로看做홈但其經營者ᄂᆞᆫ本
令施行日로브터一月內에其所在地、位置及構造를申告홈이可홈
前項의申告를ᄒᆞ지아니ᄒᆞᆫ者ᄂᆞᆫ其事業을廢止者로看做홈

右는從來所在의火葬場의存在를認定ᄒᆞ는規定이니前述共同墓地認定에關ᄒᆞᆫ바同意니라

第四項에依ᄒᆞ야申告ᄒᆞᆫ墳墓에는其墓에埋葬ᄒᆞᆷ이된者의配偶者의死體에限ᄒᆞ야本令의規定에不拘ᄒᆞ고合葬ᄒᆞᆷ을得ᄒᆞᆷ

前述ᄒᆞᆫ第四項即個人山所의墳墓는墓籍申告를爲ᄒᆞᆫ時는其墳墓의存在를認ᄒᆞ고更히入葬ᄒᆞᆫ事는不得ᄒᆞ되朝鮮의習慣上夫婦는死則同穴의主義로合葬을行ᄒᆞᆷ이人情上不得已ᄒᆞᆫ바ㅣ라故로苟히旣在ᄒᆞᆫ墳墓에其死者의配偶者를合葬ᄒᆞ랴ᄒᆞ는境遇에는此를强禁ᄒᆞ는事ㅣ無ᄒᆞ니라(下見細則中附則註及書式恭看)

● 墓地、火葬場、埋葬及火葬取締規則施行細則 大正元年十一月十九日 朝鮮總督府警務總監部令第五號

本細則은上見規則施行에關ᄒᆞᆫ手續을規定ᄒᆞᆫ者ㅣ니次에各條의意義及手續方法書式等을示ᄒᆞ노라

第一條 墓地、火葬場、埋葬及火葬取締規則(以下規則이라稱ᄒᆞᆷ)第一條에依ᄒᆞ는墓地의新設、變更又는廢止에關ᄒᆞᆫ許可의願書에는左의事項을記載ᄒᆞᆷ이可ᄒᆞᆷ

一 地方共公團体又는此에準ᄒᆞᆫ者에在ᄒᆞ야는代表者의職業、氏名其他에在ᄒᆞ야는請願者의本籍、住所及氏名

二 墓地의位置及面積

三 新設、變更又는廢止의事由

四 新設、變更에在ᄒᆞ야는規則第三條의制限에關ᄒᆞᆫ事項

五 單獨、一族又는合族의墓地를設코ᄌᆞᄒᆞ는境遇에는此를必要로ᄒᆞ는特別의

事情

墓地의新設又는變更의境遇에는前項의願書에墓地의位置、面積、境界及其附近의狀況을記入혼圖面을添付홈이可홈

本條는墓地의新設、變更及廢止에關혼手續을示혼者ㅣ니下에各種墓地에關혼請願書式을揭호노라

○共同墓地新設願

本面(洞)共同墓地新設致度候間御許可成被下度左記事項ヲ具シ此段奉願候也

大正　　年　　月　　日

何郡(府)何面(何洞)

面(洞)長姓名 印

何道警務部長氏名殿

記

一、墓地ノ位置及面積

別紙圖面ノ如シ

二、新設ノ事由

本面(洞)ハ住戶約何戶ヲ有シ從來共同墓地ノ設ケナク墓地、火葬場、埋葬及火葬取締規則實施

ト共ニ之ガ新設ヲ必要トスルニ由ル
와 히此의 을 로 홈에 홈

三、規則第三條ノ制限事項
의

1、何道路、何線鐵道、何江ヲ距ル何間、何里人家ヲ距ル何間
을 홈이 를 홈이

2、水源、水流及飲用井泉ニ關係ナシ
에 가無홈

(別紙圖面)

何道何郡何面何洞何山

面積 何坪

至何洞路

何洞

國有森林

民有森林

民有畑

國有森林

何山

○共同墓地變更願

本面(洞)從來ノ(의)共同墓地(를)今回左記ノ通リ(디로)變更致度(ᄒᆞ깃삽기)候間御許可(를受코ᄌᆞᄒᆞ와)成被下度(玆에)此段奉願候也(ᄒᆞᄋᆞᆸᄂᆞ이다)

大正　年　月　日

何郡(府)何面(洞)

面(洞)長　氏名 印

何道警務部長氏名殿

記

一、變更墓地ノ(의)位置及面積

別紙圖面ノ(과)如シ(홈)

二、變更ノ(의)事由

年來本面(洞)八戶ノ(의)增加ニ依リ(에ᄒᆞ며)且ツ將來ノ(의)發展ヲ見込ミ(을豫量ᄒᆞ야)現在共同墓地ノ(의)面積ヲ增加セムトスル(을ᄒᆞ랴홈에)ニ由ル(홈)

或은

今回墓地ニ接近シテ(에ᄒᆞ야)何道路又ハ(는)何線鐵道開通ノ爲メ、(을因ᄒᆞ야、는)又ハ河川汎濫ノ爲メ(을因ᄒᆞ야)墓地トシテ(로)適當ナラズ(치아니ᄒᆞ고)且ツ管理不便ニ付キ(홈으로)位置ヲ(를)變更セムトスル(ᄒᆞ랴홈에)ニ由ル(홈)

三、規則第三條의制限事項

1、…………

2、…………（上見新設願書所記를叅看하라）

○共同墓地廢止願

一、墓地ノ位置及面積

何郡何面何洞何字員面積何坪

二、廢止ノ事由

地域狹隘ニシテ現在使用ノ餘地ナキニ至リタルニ由ル

或은

「今回何洞ト共同シテ新ニ共同墓地設定ニ付キ」又と「從來ノ墳墓ヲ關係者ニ於テ全部他ニ改葬シ」今後使用ノ必要ナキニ至リタルニ由ル

右ノ通リ本面（洞）共同墓地今後之ヲ廢止致度候間御許可成被下度此段奉願候也

大正　年　月　日

何郡（府）何面（洞）

面（洞）長　氏名　印

何道警務部長氏名殿

○合族墓地新設願

今般合族墓地新設를ᄒᆞ깃ᄉᆞᆸ기致度候間御許可를受코ᄌᆞᄒᆞ와成被下度左記事項을ᄒᆞ야玆에ヲ具シ此段奉願ᄒᆞᄋᆞᆸᄂᆞ이다候也

大正　年　月　日

本籍 ……………

住所 ……………

請願者　氏名　㊞

何道警務部長氏名殿

記

一、墓地ノ의位置及面積

何道何郡(府)何面何洞何字員何山

面積何坪

二、制限事項

1、……

2、……(上見共同墓地新設願의所記를叅看ᄒᆞ라)

三、特別事情

當請願者ニ於テハ本人이右出願墓地ニ에祖先何公ヲ을埋葬シᄒᆞ야爾來同派子孫아祖先ノ의遺訓ニ遵ヒ에ᄒᆞ야同族親睦ノ의誼ヲ를厚ウセンカ히ᄒᆞ기爲メᄒᆞ야凡ソ同族ノ者ハ된는世々爰ニ로此에入葬シテᄒᆞ야歲時ノ의祭典ヲ을共ニシ히ᄒᆞ고且ツ之ガ此管理維持ニ에關

호야　을 호야써 에 호엿슴에 호야는 此를 호야써 의 를
シ特定ノ方法及財産ヲ設ケ以テ今日ニ至リタルニ就ニクハ今後尙之ヲ持續シ以テ祖先ノ遺旨ヲ
허호고 의 를 코ㅈ홈
完ウシ同族ノ便宜ヲ圖ラムトス

（別紙圖面）（上見共同墓地新設願所載를叅考作製ᄒ라）

○單獨墓地新設願
○一族墓地新設願
（上見合族墓地新設願所記를叅考作成ᄒᆯ지라）

○單獨墓地變更願、同廢止願
○一族墓地變更願、同廢止願
○合族墓地變更願、同廢止願
（上見共同墓地變更願、廢止願所記를叅考作成ᄒᆯ지라）

（注意）

1、右揭各願書ᄂᆞᆫ二通을作製ᄒᆞ야其墓地를管轄ᄒᆞᄂᆞᆫ警察署（警察分署、警察事務를取扱ᄒᆞᄂᆞᆫ憲兵隊所等）를經由ᄒᆯ事

2、單獨墓地、一族墓地에셔ᄂᆞᆫ戶主、合族墓地에셔ᄂᆞᆫ門長又ᄂᆞᆫ宗中有司가請願者로ᄒᆯ事

3、上述ᄒᆞᆫ合族墓地新設願의特別事情은單히一例를示홈에不過ᄒᆞᆫ者ㅣ니故로或은貴族된所以로其身分家閥의體面上必要ᄒᆞᆫ事情도有ᄒᆯ지며、或은從來의沿革上又ᄂᆞᆫ宗教의信仰上特히師長의墳墓를單獨으로ᄒᆞᆫ事情도有ᄒᆯ지라、是以로當事者ᄂᆞᆫ實地事情에照ᄒᆞ야單獨墓地를新設홈에關ᄒᆞ며一家族의墓地를新設홈에因ᄒᆞ며又ᄂᆞᆫ合族의墓地를新設홈에關ᄒᆞ야相當ᄒᆞᆫ理由에基ᄒᆞᆫ特別ᄒᆞᆫ事情이有ᄒᆯ時ᄂᆞᆫ此를實際되로具申홈이可ᄒᆞ며其事情의採擇許否ᄂᆞᆫ專히當局官憲의取扱에在ᄒᆯ섇이라、然이나是等은元來共同墓地를原則으로홈에對ᄒᆞᆫ例外規定인故로十分特別ᄒᆞᆫ事情이有홈이아니면容易히許可되자아니ᄒᆯ事를可知ᄒᆯ지니라

第二條 規則第四條第一項에依ᄒᆞᄂᆞᆫ火葬場의新設、改築又ᄂᆞᆫ增築의許可에關ᄒᆞᆫ願書에ᄂᆞᆫ左의事項을記載ᄒᆞᆷ이可ᄒᆞᆷ

一 地方公共團體又ᄂᆞᆫ此에準ᄒᆞᆯ者에在ᄒᆞ야ᄂᆞᆫ代表者의職氏名其他에在ᄒᆞ야ᄂᆞᆫ請願者의本籍、住所及氏名

二 火葬場의位置

三 構造에關ᄒᆞᆫ設計

四 新設에在ᄒᆞ야ᄂᆞᆫ規則第五條의制限에關ᄒᆞᆫ事項

前項의願書에ᄂᆞᆫ火葬場構造의圖面並火葬場의位置及附近의狀況을記入ᄒᆞᆫ圖面을添付ᄒᆞᆷ이可ᄒᆞᆷ

本條ᄂᆞᆫ火葬場을新設ᄒᆞ거나、改築ᄒᆞ거나又ᄂᆞᆫ增築ᄒᆞᆷ에關ᄒᆞᆫ許可請願手續을規定ᄒᆞᆷ이니願書의作製ᄂᆞᆫ大畧前條에셔示ᄒᆞᆷ과如히各其規定事項을無漏히記載ᄒᆞᆷ을要ᄒᆞᆯ지오各個의書式은一一히例示치아니ᄒᆞ노라

第三條 規則第四條第二項의申告ᄂᆞᆫ火葬場事業의中止又ᄂᆞᆫ廢止의時로브터十日前에其事由를具ᄒᆞ야此를爲ᄒᆞᆷ이可ᄒᆞᆷ

火葬場의事業을一時中止ᄒᆞ랴ᄒᆞ거나又ᄂᆞᆫ永爲廢止ᄒᆞ랴ᄒᆞᄂᆞᆫ時ᄂᆞᆫ規則第四條第二項에依ᄒᆞ야警務部長에申告ᄒᆞᆷ이可ᄒᆞ되其申告ᄂᆞᆫ必中止又ᄂᆞᆫ廢止ᄒᆞ랴ᄒᆞᄂᆞᆫ日字보다十日을前期ᄒᆞ야其中止又ᄂᆞᆫ廢止ᄒᆞ랴ᄒᆞᄂᆞᆫ事由와、日字를申告ᄒᆞᆷ을要ᄒᆞᄂᆞ니라

第四條　火葬料ᄂᆞᆫ一定ᄒᆞᆫ額을定ᄒᆞ야警察部長(京城에在ᄒᆞᆫ警務総長以下同홈)의認可를受홈이可홈此를變更코ᄌᆞᄒᆞᄂᆞᆫ時도亦同홈

墓地의使用料를徵收코ᄌᆞᄒᆞᄂᆞᆫ境遇에ᄂᆞᆫ前項의規定을準用홈

第一項 個人營業으로火葬場을設ᄒᆞ거ᄂᆞ又ᄂᆞᆫ公共團體에셔設ᄒᆞ야此에來ᄒᆞ야火葬을托ᄒᆞᄂᆞᆫ境遇에ᄂᆞᆫ相當ᄒᆞᆫ料金을受홈을得ᄒᆞ되料金額을一定치아니ᄒᆞ면弊害가不無ᄒᆞᆯ지니故로火場料ᄂᆞᆫ先必一定ᄒᆞᆫ額을定ᄒᆞ야其管理者又ᄂᆞᆫ經營者가出願ᄒᆞ야警務部長의許可를受홈을要ᄒᆞ며其定額을增減ᄒᆞ랴ᄒᆞᄂᆞᆫ時도亦仝히手續을爲ᄒᆞᆯ지니라

第二項 墓地도其設置管理者가使用者即此에入葬ᄒᆞᄂᆞᆫ者에게墓地使用料金을受홈을得ᄒᆞ되此亦火葬料와如히金額을一定ᄒᆞ야前項과同ᄒᆞᆫ手續을要ᄒᆞᄂᆞ니라

第五條　火葬場의經營者ᄂᆞᆫ正當ᄒᆞᆫ事由가업시火葬의請求를拒홈을得지못홈

第六條　火葬場의經營者又ᄂᆞᆫ其使用人은火葬에關ᄒᆞ야火葬料의定額以外에金錢物品을請求홈을得지못홈

右二條ᄂᆞᆫ火葬場經營者를監督ᄒᆞᄂᆞᆫ規定이니即規則에適合히ᄒᆞ야火葬을來托ᄒᆞᆫ時ᄂᆞᆫ經營者ᄂᆞᆫ無故히此를拒絕홈을不得ᄒᆞ며又火葬에關ᄒᆞ야도火葬料定額이無ᄒᆞ면尙矣오有ᄒᆞᆫ時라도其定額以外에其經營主人又ᄂᆞᆫ使傭人等이來托者又ᄂᆞᆫ遺族等에게金錢、物品等을請求ᄒᆞᄂᆞᆫ行爲가有키不可ᄒᆞ니라

第七條　傳染病者의死體의埋葬又ᄂᆞᆫ火葬에關ᄒᆞ야ᄂᆞᆫ警察官吏又ᄂᆞᆫ其職務를行ᄒᆞᄂᆞᆫ者의指揮에從홈이可홈

傳染病에因ᄒᆞᆫ死者ᄂᆞᆫ警察官憲은其職務上으로傳染病預防方法을施ᄒᆞ야公衆衛生에妨害가無ᄒᆞ도록適

當ᄒᆞᆫ措置를行ᄒᆞᄂᆞ니(上見規則第十六條叅看)故로此를埋葬ᄒᆞ거ᄂᆞ火葬ᄒᆞᄂᆞᆫ時ᄂᆞᆫ警察官憲의措置를受ᄒᆞ기爲ᄒᆞ야其指揮에一從ᄒᆞᆯ지니라

第八條 規則第十二條의規定에依ᄒᆞ야埋葬又ᄂᆞᆫ火葬認許証을受코ᄌᆞᄒᆞᄂᆞᆫ時ᄂᆞᆫ左의事項을具ᄒᆞ야申請ᄒᆞᆷ이可ᄒᆞᆷ

一 死亡者의本籍、住所、氏名、生年月日

二 死亡年月日

三 醫師의死亡診斷書、死体檢案書又ᄂᆞᆫ醫師或은産婆의死産証書或은死胎檢案書

四 埋葬又ᄂᆞᆫ火葬의處所

前項第四號의書類를得ᄒᆞ기不能ᄒᆞᆫ時ᄂᆞᆫ死因된病名又ᄂᆞᆫ變死、胎死等의死因을記載ᄒᆞᆷ이可ᄒᆞᆷ

第一項各號의事項中知키難ᄒᆞᆫ者이有ᄒᆞᆫ時ᄂᆞᆫ其事由를具申ᄒᆞᆷ이可ᄒᆞᆷ

死體ᄂᆞ死胎、遺骨을埋葬ᄒᆞ랴ᄒᆞ거ᄂᆞ死體를火葬ᄒᆞ랴ᄒᆞᄂᆞᆫ時ᄂᆞᆫ所轄警察署의認許証을受ᄒᆞᆷ을要ᄒᆞᄂᆞ니此ㅣ本條에手續을規定ᄒᆞᆷ이라今其書式을例示ᄒᆞ노라

○埋葬認許証下付申請書

一、死亡者 本籍…………

住所…………

氏名 何某

何年月日生

二、死亡年月日　大正何年何月何日何時

三、醫師死亡診斷書(死體檢案書)　別紙ノ如シ와 홈

四、埋葬場所　何地所在何墓地

右埋葬認許証下付相成度此段申請候也를受ᄒᆞ라玆에 홈

大正年　月　日

何道府郡面洞統戶

死亡者ノ長子(又ᄂᆞ戶主云云)의

申請人　何　某　㊞

何警察署長氏名　殿

○死胎埋葬認許証下付申請書

一、死兒ノ父(私生子인時ᄂᆞ母)의　本籍……………

住所……………

氏名　何某

何年月日生

二、死産年月日　大正何年何月何日何時

三、死産証書(死胎檢案書)別紙ノ如シ와 홈

四、埋葬場所　何地所在何某地

右死胎埋葬認許証下付相成度此段申請候也

大正　年　月　日

何道府郡面洞統戶

死胎ノ父(又ᄂᆞᆫ母)ノ父(又ᄂᆞᆫ戶主云云)

申請人　何某　㊞

何警察署氏名　殿

○火葬認許証下付申請書(上見埋葬認許証下付申請書에準ᄒᆞᆷ)

○合葬認許證下付申請書(下見附則註中書式)

(注意)

1、右申請事項第三에記ᄒᆞᆫ(別紙)醫師의死亡診斷書、死體檢案書、醫師又ᄂᆞᆫ產婆의死產證書、死胎檢案書等은法令에依ᄒᆞ야免許된醫師又ᄂᆞᆫ產婆로브터受ᄒᆞ야申請書에添附ᄒᆞᄂᆞᆫ者ㅣ라然而若此等을得ᄒᆞ기不能ᄒᆞᆯ時ᄂᆞᆫ申請書中第三項은左와如히書ᄒᆞᆷ이可ᄒᆞ니라

「三、死因　何病(又ᄂᆞᆫ溺死、凍死或은胎死)」

2、右申請事項中死者의本籍、住所　氏名、生年月日、死亡年月日等을知키不能ᄒᆞᆫ境遇ᄂᆞᆫ「何何事由ニ因リ之ヲ知リ難シ」이라記入ᄒᆞ면可ᄒᆞ니라

3、此申請書ᄂᆞᆫ死亡者의住所地所在의警察署에提出ᄒᆞ되警察分署가有ᄒᆞ면分署며或은巡查駐在所憲兵分派遣所、同出張所等에提出ᄒᆞ야認許証(下見取扱手續訓令第一號樣式)을受ᄒᆞᆫ後에此를墓地火葬場等施行細則

地의管理者又ᄂᆞᆫ火葬場經營者에交付ᄒᆞ고埋葬又ᄂᆞᆫ火葬을行ᄒᆞᄂᆞᆫ者ㅣ라

第九條　規則第十二條의規定에依ᄒᆞ야死體改葬의認許証을受코ᄌᆞᄒᆞᆯ時ᄂᆞᆫ左의事項을具ᄒᆞ야申請ᄒᆞᆷ이可ᄒᆞᆷ

一　死亡者의本籍、住所、氏名及法名이有ᄒᆞᆫ者ᄂᆞᆫ其法名

二　死亡年月日

三　死因(病名又ᄂᆞᆫ變死、胎死等의別)

四　墳墓의位置及改葬先

五　改葬의事由

六　死亡者와申請者의關係

前項各号의事項中知키難ᄒᆞᆫ者이有ᄒᆞᆫ時ᄂᆞᆫ其事由를具申ᄒᆞᆷ이可ᄒᆞᆷ

本條ᄂᆞᆫ旣히埋葬ᄒᆞᆫ死體를其遺族又ᄂᆞᆫ戶主가改葬을爲ᄒᆞ라ᄒᆞᄂᆞᆫ境遇에認許証을受ᄒᆞᄂᆞᆫ手續을規定ᄒᆞᆷ이니下에書式을示ᄒᆞ노라

○改葬認許證下付申請書

一、死亡者　本籍……………
住所……………
氏名　何某(僧侶로셔法名이有ᄒᆞ면何何比丘又ᄂᆞᆫ何何禪師何何尼라書ᄒᆞᆯ事)

二、死亡年月日　何年何月何日

三、死因　何病(溺死、凍死等變死又ᄂᆞᆫ何何)

四、墳墓ノ位置及改葬先

現在墓地　何地

改葬先　何地所在共同墓地

五、改葬ノ事由

右ハ死亡當時假葬ヲ爲シタルモノニ有之今回墳地、火葬場、埋葬及火葬取締規則實施ニ依リ右墳墓所在地カ墓地タルヲ得サルニ至リタルヲ以テ此ノ際何々共同墓地ニ於テ本葬式ヲ營ミ墳墓ノ安全ヲ期モムトス

六、死亡者ト出願者トノ關係　出願者ノ父（母又ハ兄、家族云云）

右改葬認許證下付相成度此段申願候也

大正　年　月　日

何道何府郡何面何洞統戶

何　某　印

何警察署長　氏名　殿

（注意）

1、右申請事項中知키不能き者例如死亡者의本籍、住所、名字、死亡年月日、死亡き原因等이既

히年久ᄒᆞ야可考ᄒᆞᆯ바ㅣ無ᄒᆞᆷ으로出願者가此를知得키難ᄒᆞᆫ時ᄂᆞᆫ其事項의下에「何何事由ニ因リ之ヲ知リ難シ」이라記入ᄒᆞ면可ᄒᆞ니라

2、右示改墓의事由ᄂᆞᆫ一例에不過ᄒᆞ거니와假令土坎을新히共同墓地에서葬禮를行코ᄌᆞᄒᆞᄂᆞᆫ事、墓籍申告를不爲ᄒᆞᆷ으로墳墓의安全을保ᄒᆞ기難ᄒᆞᆫ즉更히安全ᄒᆞᆫ共同墓地에移葬ᄒᆞ라ᄒᆞᄂᆞᆫ事、旣히墓籍申告를爲ᄒᆞᆫ者라도其所在地가人家路傍其他不適當ᄒᆞᆷ으로共同墓地에移葬코ᄌᆞᄒᆞᄂᆞᆫ事、傳染病에因ᄒᆞ야死亡ᄒᆞᆫ故로當時에警察署指定墓地에假埋ᄒᆞ엿다가爾後三個年을經過ᄒᆞᆫ故로共同墓地에서本葬式을爲ᄒᆞ라ᄒᆞᄂᆞᆫ事又ᄂᆞᆫ墓地가移轉된故로從ᄒᆞ야新히設定된共同墓地ᄒᆞ라ᄒᆞᄂᆞᆫ等이니要컨ᄃᆡ新히埋葬ᄒᆞ라ᄒᆞᄂᆞᆫ改葬先은必共同墓地됨을要ᄒᆞ며又傳染病死者ᄂᆞᆫ必其死亡年月日과改葬코ᄌᆞᄒᆞᄂᆞᆫ日을對照ᄒᆞ야滿三年을經過ᄒᆞᆷ을要ᄒᆞᄂᆞ니라

3、申請書의提出及認許證交付에關ᄒᆞ야ᄂᆞᆫ前條注意(3)號所述과仝ᄒᆞ니라

第十條　規則第十四條의許可를受코자ᄒᆞᆯ時ᄂᆞᆫ左의事項을具ᄒᆞ야請願ᄒᆞᆷ이可ᄒᆞᆷ

一　死亡者의本籍、住所、氏名、生年月日
二　死亡의原因及死亡年月日
三　移送先
四　死體의包裝及運搬方法
五　移送의事由
六　死亡者와請願者의關係

前項各号의事項中知키難ᄒᆞᆫ者이有ᄒᆞᆫ時ᄂᆞᆫ其事由ᄅᆞᆯ具申ᄒᆞᆷ이可ᄒᆞᆷ

本條ᄂᆞᆫ死體ᄅᆞᆯ其死亡地警察署管轄以外의地方으로移送ᄒᆞ랴ᄒᆞᄂᆞᆫ者ㅣ許可ᄅᆞᆯ受ᄒᆞᄂᆞᆫ手續을規定ᄒᆞᆷ이라

○死體移送許可願

一、死亡者　本籍……………

住所……………　氏名　何　某

何年何月何日生

二、死亡ノ(의)原因及死亡ノ(의)年月日

何病ニ(에)因リ(ᄒᆞ야)何年何月何日何時死亡(又ハ何月何日溺死、胎死云云)

三、移送先(의)　何道何府郡何面何洞何墓地

四、死體ノ(의)包裝及運搬方法

普通斂襲ノ(의)方法ニ(에)依リ(ᄒᆞ야)衣類及麻布紙各二重ヲ(을)包ミ(ᄒᆞ고)木製棺ニ(에)納メ(ᄒᆞ야)轜車ニ(에)托シテ(ᄒᆞ야)陸路ニテ(로)運送ス(ᄒᆞᆷ)

(又ハ汽車便ニ(에)運送ス(ᄒᆞᆷ))

五、移送ノ(의)事由

旅行中死亡ニ付キ(ᄒᆞ엿슴으로)本籍地ニ於テ(에서)葬式ヲ(을)營マントス(코자ᄒᆞᆷ)

六、死亡者ト出願者トノ關係

出願者ノ父(又ᄂᆞᆫ母、家族云々)

右死體移送許可相成度此段申請候也

大正　年　月　日

何道府郡面洞統戶

出願者　何某　㊞

何警察署長氏名　殿

(注意)

1、右事項中知ヲ不能ᄒᆞᆫ者ㅣ有ᄒᆞ면「何何事由ニ因リ之ヲ知リ難シ」이라記入ᄒᆞ면可ᄒᆞᆯ지니라

2、右揭移送의事由ᄂᆞᆫ一例에不過ᄒᆞᆷ인즉當事者ᄂᆞᆫ各其事實을記ᄒᆞ면可ᄒᆞ니라

3、改葬을ᄒᆞ기爲ᄒᆞ야移送ᄒᆞᄂᆞᆫ境遇에ᄂᆞᆫ前揭改葬認許證을受ᄒᆞᆷ으로足ᄒᆞ고別로히移送許可를不要ᄒᆞᆯ지니라

第十一條　規則第二十條第一項의告示에依ᄒᆞ야墳墓의管理者의爲ᄒᆞᆯ申告에ᄂᆞᆫ死亡者의氏名、死亡年月日、墳墓의位置及本人과死亡者의關係를記載ᄒᆞᆷ이可ᄒᆞᆷ

前項의申告ᄂᆞᆫ墳墓所在地의警察署에此를爲ᄒᆞᆷ이可ᄒᆞᆷ

墳墓의管理者를不知ᄒᆞᄂᆞᆫ境遇에(上見規則第二十條의註)警務部長이其管理者申告의期限을定ᄒᆞ야告示ᄒᆞᆷ에對ᄒᆞ야此의申告를行ᄒᆞᄂᆞᆫ手續을規定ᄒᆞᆷ이라

○墳墓管埋者申告書

一、死亡者ノ氏名(의) 何某

二、死亾年月日 何年何月何日

三、墳墓ノ位置(의) 何道何府郡何面何洞何山地

四、本人ト(과)死亾者トノ(의)關係 親族(又ᄂᆞᆫ家族或은墓直云云)

右申告候也(홈)

大正 年 月 日

何道府郡面洞統戶 何某 ㊞

何警察署長 何某 殿

第十二條 規則第二十一條第二項에依ᄒᆞ야改葬의許可를受코ᄌᆞᄒᆞᆯ時ᄂᆞᆫ墳墓의位置、改葬先及埋葬者의知치못ᄒᆞᆫ事由를具ᄒᆞ고且土地所有에關ᄒᆞᆫ證明書를添付ᄒᆞ야請願홈이可홈

本條ᄂᆞᆫ個人의所有土地內에無主墳墓(墓籍申告管埋者申告가無ᄒᆞᆫ墳墓等)가有ᄒᆞᆷ으로其土地의整理上此를掘移코ᄌᆞᄒᆞᄂᆞᆫ境遇의手續을規定ᄒᆞᆷ이라

○無主墳墓改葬許可願

一、墳墓ノ(의)位置　何道何府郡何面何洞何字員

二、改葬先　何道何府郡何面何洞共同墓地

右ハ(는)埋葬者ヲ(를)知ラザルモノニ(치못ᄒᆞᄂᆞᆫ者인바)有之土地ノ(의)使用上必要ニ付キ(홈으로)改葬致度(코ᄌᆞᄒᆞ와)別紙證明書類相添ヘ(付ᄒᆞ야玆에)此段奉願候也(홈)

大正　年　月　日

何道府郡面洞統戶

土地所有者　何某　㊞

何警察署長　何某　殿

(注意)　別紙證明書ᄂᆞᆫ其土地가自己의所有되ᄂᆞᆫ事의證據書類를云홈이니即所有權又ᄂᆞᆫ買賣贈與에關ᄒᆞᆫ地方官의證明書又ᄂᆞᆫ買賣文劵、山林讓渡許可狀等이是라此를右願書에添付홈을要ᄒᆞᄂᆞ니라

第十三條　規則又ᄂᆞᆫ本令에依ᄒᆞ야警務部長에差出ᄒᆞᆯ書類ᄂᆞᆫ警察署를經由홈이可홈

上見墓地、火葬場、埋葬及火葬取締規則에依ᄒᆞ거나又ᄂᆞᆫ此細則에依ᄒᆞ야道警務部長의게提出ᄒᆞᄂᆞᆫ書類ᄂᆞᆫ總히其管轄警察署、警察分署又ᄂᆞᆫ警察事務를取扱ᄒᆞᄂᆞᆫ憲兵隊所를經由홈을要ᄒᆞᄂᆞ니라

第十四條　墓籍은第一號樣式、火葬臺帳은第二號樣式에依홈이可홈

本條ᄂᆞᆫ規則第八條에依ᄒᆞ야墓地管理者가備置ᄒᆞᆯ墓籍과火葬場經營者가備置ᄒᆞᆯ火葬臺帳의樣式을示홈이니即如左ᄒᆞ니라

第一號樣式　　　　用紙ᄂᆞᆫ美濃紙

番號	火葬年月日	葬主의本籍、住所、身分、氏名	火葬料	備考	死亾年月日及死因	死者의本籍、住所、身分、氏名、生年月日

第二號樣式　　　　用紙ᄂᆞᆫ美濃紙　（注意）番號ᄂᆞᆫ每年改ᄒᆞᆯ事

番號	埋葬年月日	葬主又ᄂᆞᆫ管理人의本籍、住所、身分、氏名	備考	死亾年月日及死因 法名이有ᄒᆞᆫ者ᄂᆞᆫ其法名	死者의本籍、住所、身分、氏名、生年月日
			年月日何所에改葬又ᄂᆞᆫ何所로부터改葬或은火葬ᄒᆞᆫ等의參考事項을記載ᄒᆞᆷ	年月日死亾何病又ᄂᆞᆫ變(胎)死等의別을記載ᄒᆞᆷ	

第十五條　墓地의管理者ᄂᆞᆫ埋葬ᄒᆞᆫ死亡者의親族故舊等의請求가有ᄒᆞᆫ時ᄂᆞᆫ墓地의圖面又ᄂᆞᆫ墓籍을閱覽케ᄒᆞᆷ이可ᄒᆞᆷ

警察官吏又ᄂᆞᆫ其職務을行ᄒᆞᄂᆞᆫ者ᄂᆞᆫ何時든지墓籍及火葬臺帳의檢閱을爲ᄒᆞᆷ을得ᄒᆞᆷ

右ᄂᆞᆫ共同墓地及火葬場의制度上其管理人又ᄂᆞᆫ經營者의當然ᄒᆞᆫ義務를規定ᄒᆞᆷ이니意味ᄂᆞᆫ別로解說을不要ᄒᆞᆯ지니라

第十六條　第四條乃至第七條의規定에違反ᄒᆞᆫ者又ᄂᆞᆫ第十五條에規定ᄒᆞᆫ閱覽又ᄂᆞᆫ檢閱을拒ᄒᆞᆫ者ᄂᆞᆫ拘留又ᄂᆞᆫ科料에處홈

本條ᄂᆞᆫ墓地의管理者、火葬場의經營者等을監督ᄒᆞᄂᆞᆫ規定이니即許可업시火葬料、墓地使用料를徵收ᄒᆞ거나、無故히火葬의請求를拒絕ᄒᆞ거나、火葬料定額以外에金品을請求ᄒᆞ거나、警察官憲의指揮를不從ᄒᆞ고傳染病死者를埋葬、火葬ᄒᆞᄂᆞᆫ等과墓地管理者가墓地圖面又ᄂᆞᆫ墓籍의閱覽又ᄂᆞᆫ檢閱을拒ᄒᆞᆫ者等은其情狀에應ᄒᆞ야拘留又ᄂᆞᆫ科料의刑에處ᄒᆞᄂᆞ니라

附　則

墓地、墓地、火葬場、埋葬及火葬取締規則附則第二項、第四項及第六項의申告書에ᄂᆞᆫ第一條第一項又ᄂᆞᆫ第二條第一項에規定ᄒᆞᆫ事項을記載홈이可홈

右ᄂᆞᆫ本令施行際에現存ᄒᆞᆫ共同墓地、普通山所의墳墓·火葬場等의申告手續을規定홈이라

○共同墓地墓籍申告書

一、共同墓地ノ位置及面積의
何道何府郡何面何洞何山
面積何坪

二、墓籍

番號	埋葬年月日	葬主又ᄂᆞᆫ管理人本籍住所、身分、氏名	備考	死亡年月日及死因	法名有ᄒᆞᆫ者ᄂᆞᆫ其法名	死亡者本籍、住所、身分氏名、生年月日
一	何年何月何日	本籍 何道郡面洞 住所 何道郡面洞 葬主 兩班 何某		何年月日 變死		本籍 何道郡面洞 住所 何道郡面洞 兩班 何某 何年月日生

二	何年何月何日	本籍住所 管理人小民 何某	何年月日自 何地改葬	何年月日 何病死	何禪師	本籍住所 未詳 僧 何道郡面何寺 何某生年月未詳
三						

右本洞從來ノ의共同墓地ニ有之候ニ이오니付別紙圖面相添ヘᄒᆞ야茲에此段申告候也ᄒᆞᆷ

大正　年　月　日

右管理者

何府郡何面何何洞長　何某 印

何道警務部長　何某　殿

(注意)

1、別紙圖面은上述ᄒᆞᆫ第一條註共同墓地新設願書添付圖式에準ᄒᆞ야其所在墳墓를墓籍番號의順序되로記入作成ᄒᆞ야右申告書에添付ᄒᆞᆯ事

2、右申告書는本規則施行後三個月內로提出ᄒᆞᆷ을要ᄒᆞ되必所管警察官署를經由ᄒᆞᆯ事

○墳墓々籍申告書(個人山所의墓籍申告)

一、墳墓ノ所在地、位置 의

何道何府郡何面何洞何山

二、墓籍

番號	埋葬年月日	葬主又管理人本籍住所、身分、氏名	備考	死亡年月日及死因	法名有き者と其法名	死亡者本籍、住所、身分、氏名、生年月日
一	何年何月何日	本籍……何道郡面洞 住所…… 葬主 兩班 何某	何年月日自何地改葬	何年月日何病死		本籍……何道郡面洞 住所…… 兩班何某何年月日生
二	……	……	……	……		……
三	……	……	……	……		……

右墳墓申告候也

大正　年　月　日

何道何府郡何面何洞　統　戶

管理者　何某　㊞

何道警務部長　何某　殿

(注意)

1、右管理者라홈은現在墳墓의守護를爲ᄒᆞᄂᆞᆫ主人이有ᄒᆞ면主人이며無ᄒᆞ면其山所墓直等이此에當ᄒᆞᆯ事

2、右申告書ᄂᆞᆫ本規則施行後一個年內로提出홈을要ᄒᆞ되必所管警察官署를經由ᄒᆞᆯ事

○火葬場申告書(前揭數種書式에準ᄒᆞ되位置、構造를記載홈을要홈)

墓地、火葬場、埋葬及火葬取締規則附則第八項에依ᄒᆞ야合葬을爲코ᄌᆞᄒᆞᆯ時ᄂᆞᆫ第八條의申請書에其墳墓에埋葬된者의氏名、埋葬者와死亡者의親族關係를證ᄒᆞᆷ에足ᄒᆞᆯ書類를添付ᄒᆞᆷ이可ᄒᆞᆷ

右ᄂᆞᆫ本規則에依ᄒᆞ야存在를認定된墳墓에其配偶者를合葬ᄒᆞ랴ᄒᆞᄂᆞᆫ境遇의手續을規定ᄒᆞᆷ이니次에例示ᄒᆞᆷ

〇埋葬認許證下附申請書(合葬의境遇)

一、死亾者 本籍………
住所………
氏名 何 氏
朝鮮開國四百七十二年六月二日生

二、死亾年月日 大正元年九月二十八日下午九時

三、死因 肺病

四、埋葬場所
何道何府郡何面何洞何山所在死亾者之夫李相元ノ(의)墳墓ニ(에)合葬

右合葬致度候ニ付埋葬認許證下付相成度別紙證憑書類相添ヘ此段申請候也
(ᄒᆞ깃ᄉᆞ옵기 / 를受ᄒᆞ랴 / 附玆에 / ᄒᆞᆷ)

大正 年 月 日

何道何府郡何面何洞 統 戶
死亾者長男(又ᄂᆞᆫ戶主云云)
申請人 李萬甲 ㊞

何警察署長　何某　殿

(注意)

1、詳細ᄒᆞᆫ注意ᄂᆞᆫ上見第八條埋葬認許證下付申請書의註를叅看ᄒᆞ라

2、別紙證憑書類라ᄒᆞᆷ은埋葬된者와死亡者의關係가果然夫婦되ᄂᆞᆫ事를證ᄒᆞᆷ에足ᄒᆞᆫ書面을添付ᄒᆞᆷ을要ᄒᆞᄂᆞ니假令民籍謄本(警察官署에就ᄒᆞ야民籍簿를謄出ᄒᆞᆫ者)과如ᄒᆞᆫ者이其一例니라

●墓地、火葬場、埋葬及火葬取締規則取扱手續

右ᄂᆞᆫ大正元年十一月十九日朝鮮總督府警務總監部訓令甲第十一號로써警務總長이各道警務部、警察署、憲兵分隊에對ᄒᆞ야墓地、火葬場、埋葬等取締規則實地施行上適用의方法及處務의方針을訓令ᄒᆞᆫ者ㅣ니右規則의精神及意味를解ᄒᆞᆷ에必要ᄒᆞᆫ지라故로此를譯附ᄒᆞ야參考에資코져ᄒᆞᆷ이라

第一條　警察署(警察分署分警察事務를取扱ᄒᆞᄂᆞᆫ官署를含ᄒᆞᆷ以下同)에서墓地、火葬場、埋葬及火葬取締規則施行細則(以下細則이라稱ᄒᆞᆷ)第一條及第二條의願書를受ᄒᆞᆫ時ᄂᆞᆫ實地에臨檢調査ᄒᆞᆫ後意見을附ᄒᆞ야進達ᄒᆞᆷ이可ᄒᆞᆷ

第二條　警察署에서細則第三條의屆出을受ᄒᆞᆫ時ᄂᆞᆫ其中止、廢止의事由及此에依ᄒᆞ야生ᄒᆞᄂᆞᆫ障碍의有無에就ᄒᆞ야意見을附ᄒᆞ야進達ᄒᆞᆷ이可ᄒᆞᆷ

第三條　傳染病者의死體埋葬又ᄂᆞᆫ火葬에就ᄒᆞ야ᄂᆞᆫ傳染病豫防方法에基ᄒᆞ야相當措置ᄒᆞᆷ이可ᄒᆞᆷ

第四條　警察署에서死因에疑點이有ᄒᆞᆷ으로認ᄒᆞᆯ時ᄂᆞᆫ警察醫又ᄂᆞᆫ其他의醫師로死體를檢案케ᄒᆞᆷ이可ᄒᆞᆷ

第五條　細則第九條의認許又ᄂᆞᆫ第十條의許可를與ᄒᆞᆫ時ᄂᆞᆫ改葬又ᄂᆞᆫ移送地所轄警察署에其旨를通報ᄒᆞᆷ이可ᄒᆞᆷ

第六條　傳染病死體를改葬ᄒᆞ라ᄒᆞᄂᆞᆫ時ᄂᆞᆫ實地에臨檢ᄒᆞ되必要에應ᄒᆞ되消毒方法을施ᄒᆞᆷ이可ᄒᆞᆷ

第七條 墓地、火葬場、埋葬及火葬取締規則(以下規則이라稱홈)第十二條의認許證은第一號様式에據홈이可홈

第八條 警察署에셔傳染病死體를埋葬홀墓地를指定훈時는警務部長에게報告홈이可홈

傳染病死體埋葬을爲호야警察署에셔新히墓地를指定훈時는細則第一條의例에依호야其設置를出願케홈이可홈

第九條 規則第十條에依호야火葬場의設이無훈土地에셔火葬을願出호는者ㅣ有훈時는衛生及風俗上無害훈場所를擇호야此를許可홈이可홈

第十條 警察署에셔墓地、火葬場의移轉又는改良修繕或은使用停止의必要가有홈으로認훈時는事情을詳具호야警務部長에게申報홈이可홈

警務部長이墓地、火葬場의移轉의必要가有홈으로認훈時는其事由及移轉場所를詳具호야警務總長에게申報홈이可홈

第十一條 規則第二十條의規定에依호는告示는公布式에依호는外에其墳墓의所在地及屆出期間을適當훈場所에揭示호야此를爲홈이可홈

第十二條 規則第二十一條에依호야改葬을命호며又는此를許可호는境遇에는傳染病死者가아닌與否를注意호야此를共同墓地에葬케홈이可홈無緣墳墓의改葬에對호야도亦同홈

第十三條 警務部及警察署에는第二號様式의帳簿를備홈이可홈但墓地、火葬場은此를區別호야口座를設홈이可홈

第一號様式 (用紙는半紙半截紙)

番號	死者本籍、現住所氏名、生年月日	交付年月日	交付者住所氏名

死亡의原因及
死亡年月日

死亡의場所

埋(火)葬의場所

契
印

第　號　埋(火)葬認許證

本籍、住所及死者トノ關係의
出願者　何　某

大正　年　月　日付願左記死體埋(火)葬ノ件認許ス但シ頭書ノ時間ヨリ二十四時間ヲ經過シ
タル後施行スヘシ
(의 홈 의 으로브터 을 훈 홀事)

本籍、住所
死亡의原因及死亡年月日時
死者　何　某
年　月　日生

年　月　日
何警察署印

(何警察分署又ハ憲兵分隊、何分遣所、派遣所印又ハ何警察署何
駐在所巡査何某又ハ何憲兵分隊何出張所憲兵上等兵何某印)

傳染病死體의認許證에ᄂᆞᆫ但書ᄅᆞᆯ付記치아니ᄒᆞᆫ者로ᄒᆞᆷ

(注意) 番號ᄂᆞᆫ每年改ᄒᆞᆫ者로ᄒᆞᆷ

死亡의原因에ᄂᆞᆫ病名又ᄂᆞᆫ變死、胎死의別을記入ᄒᆞᆫ者로ᄒᆞᆷ

(用紙ᄂᆞᆫ美濃紙)

第二號樣式

墓地火葬場臺帳

位置	坪數	構造	共同墓地又ᄂᆞᆫ共同經營其他의區別	管理者又ᄂᆞᆫ持主의本籍住所	同氏名

註解刑法全書(終)

大正二年五月十日印刷
大正二年五月十五日發行

（註解刑法全書）
（定價金壹圓）

著作者 京城北部昌城洞五十三統四戶 李覺鍾
發行者 京城北部大安洞三十四統四戶 李鍾楨
印刷者 京城北部磚井洞三十八統一戶 金翼洙
印刷所 京城北部鍾路鉢里洞九統十戶 昌文社
發行所 京城北部大安洞三十四統四戶 光東書局

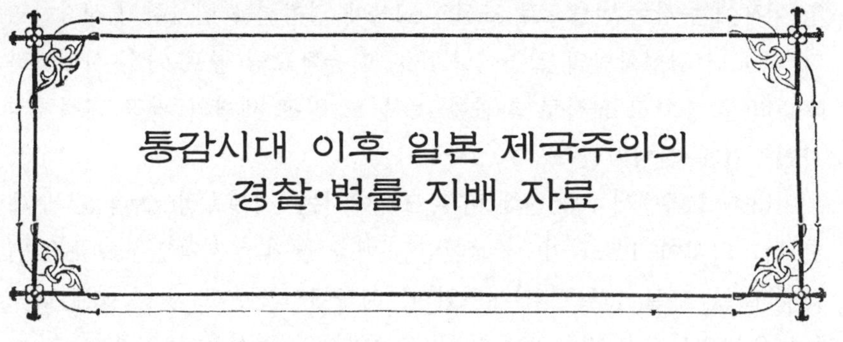

통감시대 이후 일본 제국주의의 경찰·법률 지배 자료

1. 서론

1876년 개항 이후 1910년 일제의 조선 강제 병합에 이르기까지 우리나라의 역사는 격동의 시대이자 위기의 연속이었다. 그 과정에서 '갑신정변', '임오군란', '청일전쟁', '갑오개혁', '을미사변', '러일전쟁', '을사늑약' 등의 정치적인 대 사건들이 이어졌다. 그런데 엄밀히 말하면 이와 같은 사건들은 일본의 제국주의화에 따른 대륙 침략 야욕의 성장 과정과 무관하지 않다.

1890년대부터 일제는 자국의 근대화 과정에서 축적된 자본과 군사력을 기반으로 이른바 '조선 진출'이라는 침략의 야욕을 본격적으로 드러낸 것으로 보인다. 교육적인 면에서도 1891년에는 일어학교 설립을 시작으로 조선인에게 일본어 보급을 시작하였고, 1895년 근대식 학제 도입 이후에는 각종 방법으로 조선의 교육에 영향력을 행사하기 시작하였다. 1896년 경성학당의 설립이나 1899년 중학교령 공포 이후 시데하라[幣原坦]를 중학교 교사로 파견한 것 등도 일본 세력의 확장 과정에서 자연스럽게 진행되었다.

이러한 흐름에서 1900년대 이후 조선에서는 '서세동점(西勢東漸)'에 대한 위기의식이 고조되기 시작하였다. 예를 들어 ≪제국신문≫ 1902년 11월 14일, 15일, 17일에 연재되었던 「서양에서 동으로 벗는 형세」라는 논설은 이 시기 식민주의에 대한 조선인들의 의식을 보여준다.

[서양에서 동으로 벗는 형세]

오대쥬를 통히 비교홀진디 유롭쥬가 가쟝 젹은지라 그 안에 큰 나라이 여섯시오 젹은 나라이 십여국이라 그러나 그 힘이 족히 온 세계를 다 졔어ᄒᆞ야 에쇼 아푸리가 아메리가 오스트렐랴 등 네 쥬에 잇는 모든 나라들은 혹 속디를 만들거나 혹 그 보호를 밧게 만들엇ᄂᆞ니 지금 형편으로 볼진디 온 디구가 다 유롭쥬 사ᄅᆞᆷ의 보호를 밧는다 ᄒᆞ엿도 ᄯᅩᄒᆞᆫ 가하깃도다

ᄌᆞ리로 유롭쥬 사ᄅᆞᆷ들이 그 세력을 이러틋 널니 확쟝화ᄂᆞᆫ 법을 샹고ᄒᆞ건디 그 방침이 ᄒᆞᆫ두가지가 아니로되 기즁 큰 근인을 합홀진디 세 가지에 넘지 안는지라 일은 토민을 몰아닉치는 법이니 유롭인이 아메리가에 들어가 그 본토 야만인종을 몰아닉치듯 ᄒᆞ는 법이오 일은 싸홈 분파ᄒᆞ는 법이니 유롭인들이 아푸리가에 들어가 혹 흑인들의 싸홈 ᄲᅢ아셔 난호듯 홈이오 일은 보호ᄒᆞ는 법이니 유롭인이 에쇼에 이르러 황인죵을 디졉ᄒᆞ듯 홈이니 몬져 약됴를 뎡ᄒᆞ야 잘 보호ᄒᆞ여 쥬다가 농락ᄒᆞ는 슈단을 부려 은근히 차지ᄒᆞ는지라 이 세 가지가 유롭쥬인들의 세력이 온 디구에 퍼지게 ᄒᆞᆫ 큰 법이라 (…중략…)

그러나 힘으로써 남을 항복 밧는 것은 그리스와 로마국이 힝ᄒᆞ든 법이라 젼에는 이런 일을 포학에 갓갑다 ᄒᆞ야 어진 졍ᄉᆞ가 아니라 ᄒᆞ더니 근릐에 이르러는 부강ᄒᆞᆫ 법을 말ᄒᆞ는 쟈ㅣ 말ᄒᆞ기를 강ᄒᆞᆫ 쟈ㅣ 약ᄒᆞᆫ 쟈를 익의는 거시 ᄌᆞ연ᄒᆞᆫ 리치니 나라히 제힘으로 강ᄒᆞ게 만들고 안즐진딘 약ᄒᆞᆫ 나라를 치고 멸ᄒᆞ야도 악ᄒᆞᆫ 거시 아니라 홀지니 이는 내가 져 약ᄒᆞᆫ 쟈를 치지 안어도

지금 세상에 그 약ᄒᆞᆫ 쟈이 남에게 부지ᄒᆞ지 못ᄒᆞᆯ지라 그럼으로 강ᄒᆞᆫ 쟈ㅣ 약ᄒᆞᆫ 쟈를 치는 거시 당연ᄒᆞᆫ 일이라 ᄒᆞ니 문명국 사ᄅᆞᆷ의 의견은 이와 달나셔 말ᄒᆞ기를 우리 사는 대륙에 ᄯᅡ히 업셔셔 살 곳시 부족ᄒᆞᄆᆡ 다른 디방에셔는 바려두는 ᄯᅡ히 만하 심지어 온세계 삼분지이가 다 어둡고 약ᄒᆞ고 포학ᄒᆞᆫ 경부를에 손에 달녀 다 바려둔 거시라 그 연고인즉 세상 사ᄅᆞᆷ들이 다 어리셕어 웃사ᄅᆞᆷ 된 쟈들에 압졔와 헛된 말에 결박을 벗지 못ᄒᆞ야 능히 하날이 ᄂᆡ신 존귀ᄒᆞᆫ 본디위를 찻지 못ᄒᆞᆷ이니 온흔 도가 잇셔 인심을 발달 식여야 되깃고 사ᄅᆞᆷ의 지혜가 부족ᄒᆞ야 능히 ᄉᆡ법을 ᄉᆡᆼ각지 못ᄒᆞ는 고로 하날이 ᄂᆡ신 물건을 ᄏᆡ여 쓰지 못ᄒᆞ며 경(?)의를 로동ᄒᆞᆯ 쥴 모로는 고로 쟝ᄉᆞ를 샹통치 안코 물건을 밧고지 안코 산과 바다를 통치 못ᄒᆞ여 흉년에는 타국 곡식을 옴겨보지 못ᄒᆞ고 평ᄉᆡᆼ에는 나에 업는 물건을 남에 잇는 것과 밧고지 못ᄒᆞ야 다만 ᄯᅡ흘 차지ᄒᆞᆫ 쥬인이라는 헛일홈만 잇슬 ᄲᅮᆫ이오 ᄯᅡ ᄉᆡᆼ긴 본의는 ᄭᆡ닷지 못ᄒᆞ는 고로 이런 악ᄒᆞᆫ 경부에 권리 밋헤 토디가 쇽ᄒᆞᆷ은 온셰샹 사ᄅᆞᆷ들의게 일테로 ᄒᆡ되는 거시라 (…중략…)

이샹에 련일 말ᄒᆞᆫ 바는 다 유롭 쥬 사ᄅᆞᆷ들이 당초에 정치와 교화를 변혁ᄒᆞ야 문명에 이르ᄆᆡ 인종이 번셩ᄒᆞ야 ᄯᅡ히 좁은지라 셰샹에 퍼져 동양에ᄭᆞ지 벗어온 근인과 긔쳑 식민ᄒᆞ는 법의 몃가지를 긔록ᄒᆞᆷ이어니와 ᄯᅩᄒᆞᆫ 법이 잇셔 약ᄒᆞᆫ 나라와 통상 교셥ᄒᆞ다가 그 나라 ᄂᆡ란을 타셔 ᄒᆡᄒᆞ는 법이라 대기 경ᄉᆞ가 확실히 ᄀᆡ화 못된 나라에는 ᄂᆡ란이 ᄌᆞ조 나는 법이오 ᄂᆡ란이 자즘은 리웃 나라에 ᄒᆡ되는 고로 리웃 나라히 항상 간예ᄒᆞ나니 슈ᄇᆡᆨ년 젼에 아라ᄉᆞ와 푸루시아와 오스트리아 삼국이 파란국을 멸ᄒᆞ고 ᄯᅡ을 난호엿스며 칠년 젼에는 미국이 큐바를 위ᄒᆞ야 젼ᄌᆡᆼᄒᆞ고 멘닐라[여송]와 필립빈 셤을 차지ᄒᆞ엿는지라 각국이 ᄌᆞ초로 이런 법을 쓰되 미국은 홀로 불가ᄒᆞ다 ᄒᆞ야 남에 토디를 엿보지 안터니 젼 대통령 ᄆᆡ킨리 씨에 챵론ᄒᆞᆷ을 인연ᄒᆞ야 토디 널니기를 쥬의ᄒᆞ니 이 역 시셰에 ᄉᆞᆯ님이로다

기외에 아라ᄉᆞ는 토디가 아모리 널으나 젹도 북방 극한ᄒᆞᆫ 디방에 잇셔 열지 얼지 안는 항구가 업는 고로 일년에 반년은 군함을 무샹시에 출입ᄒᆞ되 겨을 반년 동안은 졸지에 급ᄒᆞᆫ 일이 잇셔도 쓰지 못ᄒᆞ는지라 겸ᄒᆞ야 삼십여

년 젼에 유롭 각국에 아라ᄉᆞ를 막아 흑히 밧그로 군함을 나지 못ᄒᆞ게 ᄒᆞ엿스ᄆᆡ 이후로는 더욱이 엇지ᄒᆞᆯ 슈 업는 고로 동으로 ᄯᅳᆺ슬 두어 어지 아는 항구 엇는 거시 뎨일 쥬의ᄒᆞ는 바ㅣ러니 일쳔구ᄇᆡᆨ년 동안에 청국 디방에셔 여슌구와 대련만을 엇어 군화 츌입ᄒᆞ는 항구를 만들고 셔ᄇᆡᆨ리아 텰도를 노아 요동으로 ᄡᅢ치는대 텰도를 통ᄒᆞᄆᆡ 이 ᄯᅢ부터 에쇄 동방 륙디와 쳥국과 대한 ᄉᆞ이에 잇는 황히에 아라ᄉᆞ의 셰력이 한량이 업는지라 지금 대한에 와셔 경흥 텰도를 쥬의ᄒᆞ며 마산항을 츙흘녀셔 은밀히 운동ᄒᆞ는 힘이 ᄯᅩ한 젹지 안은 모양이라 대한 관민들은 다 아는지 혹 다 알고 죠쳐ᄒᆞᆯ 방칙이 미리 잇는지 말ᄒᆞ는 사ᄅᆞᆷ도 업고 걱정ᄒᆞ는 모양도 보지 못ᄒᆞ니 엇지 다시 쳥국에 대련만 여슌구가 되지 안을 쥴를 밋으리오 지금 쳥국이 아모리 쇠픽ᄒᆞ고 잔약ᄒᆞ다 ᄒᆞ나 무어스로 보던지 대한에 비ᄒᆞ면 아직도 몃 ᄇᆡ가 나흔지라 대한보다 몃 ᄇᆡ 나흔 쳥국이 그 잔약에 들어 눈을 번이 ᄯᅳ고 버셔나지 못ᄒᆞ거늘 함을며 몃 ᄇᆡ 못ᄒᆞᆫ 대한이 홀로 그 슈단을 면ᄒᆞ기 엇지 용이ᄒᆞ다 ᄒᆞ리오 다만 쳥국보다 낫기를 바라는 것은 토디가 젹고 인민이 만치 아니ᄒᆞ야 과히 다ᄉᆞ리가 어려운 쳐디가 아닌즉 기금이라도 졍부에 사ᄅᆞᆷ만 몃몃 잇셔 쥭기로ᄡᅥ 긔약ᄒᆞ고 젼국을 혁신ᄒᆞ야 보려 ᄒᆞᆯ진ᄃᆡ 쳥국보다 대단히 쉽고 속ᄒᆞᆯ 거시니 그런 후에는 아라ᄉᆞ는 고ᄉᆞᄒᆞ고 셰계 만국이 다 와도 두려울 것도 업깃고 만국에 셰력을 합ᄒᆞᆫ 쟈라도 당초에 엿볼 ᄉᆡᆼ각이 업슬 기시어늘 죵시에 ᄀᆡ명 직칙을 경영ᄒᆞ는 쟈도 업거니와 ᄒᆞ는 일들은 쳥국보다 몃층이 못ᄒᆞᆫ 경ᄉᆞ라 이 조흔 토디 삼쳔리를 젼혀 협잡 탐학 비픽ᄒᆞᆫ 졍치에 부쳐노코 각군에 명령을 ᄉᆞᆺᄉᆞᆺ치 시ᄒᆡᆼᄒᆞ며 각국에 흔단은 날마다 ᄂᆡ여 노흐니 슬푸다 져 경치를 ᄀᆡ명ᄒᆞ야 인민이 날노 늘ᄆᆡ 남의 토디로 옴기는 나라는 엇던 셰상이며 당당ᄒᆞᆫ 태 텬하도 졍치를 잘못ᄒᆞ야 인민이 날로 쇠ᄒᆞ여 가며 권리를 보존ᄒᆞ기 어렵게 되는 나라는 챵ᄎᆞ 엇지ᄒᆞᆯ고 (완)

— ≪제국신문≫, 1902. 11. 14.~17, '논설'

이 논설에서 확인할 수 있듯이, 서세동점기 조선인들의 식민주의에 대한 인식은 '구시대 정치의 폐단'에 대한 안타까움을 느끼는 정도에 머

문 면이 보인다.

일제의 식민주의가 본격화된 것은 러일전쟁 직후로 볼 수 있다. 이들의 식민 정책은 근본적으로 경제 침탈에서 출발하였으며, 그것은 '이민 조례'나 '토지 점유' 형태로 구체화되었다. 예를 들어 1906년 6월에는 '통감부 이민 조례'가 제정되었고(≪대한매일신보≫, 1906. 6. 26), 1908년 3월에는 동양척식주식회사 설립 위원회를 구성하였다. 토지 점유를 위한 측량술을 강조하고 각종 이권을 매개로 친일 단체를 조직하였으며, 경제적 지배와 함께 정치·군사적 지배를 완성하고자 하였다.

2. 식민주의에서 행정과 법률

식민주의에서 주목할 문제 가운데 하나는 정치·경제·군사적 지배를 뒷받침하기 위한 통치 기구 정립과 식민 지배 이데올로기의 확립이다. 흥미로운 점은 제국주의의 식민 지배 과정에는 보편적으로 적용되는 지배 원리가 있다는 것이다. 그 가운데 대표적인 것은 식민 지배의 제1단계로 피지배 민족의 '지배 계급'을 동화시키는 것이다. 이러한 경향은 일본 제국주의도 마찬가지여서, 강제 병합 직후 조선총독부에서 가장 먼저 발포한 법령이 '황실령'과 '조선 귀족령'이었음을 통해서도 증명된다. 정치적으로 황실과 귀족을 복속시키고 경제·문화적 지배 계급을 동화시킨다. 이러한 동화의 과정에서 피지배 민족의 지배 계급으로 하여금 '지배 국가(일본)에 대한 동경'을 갖게 하고, 그들의 정치·경제·문화에 대해 맹목적인 수용 분위기를 조성한다. 그러한 기반이 확립되면 피지배 민족 전체가 제국주의의 위세를 동경하게 되며, 그에 따라 제국주의의 언어와 문화, 정치, 경제 체제에 어느 정도 자발적인 편입을 원하는 세력도 늘어난다. 그것이 식민 지배의 기본 원리인 셈이다.

프랑스의 사회언어학자 루이 장 칼베는 '식민주의와 언어'를 주제로 한 논문(이 논문은 이병혁 편저, 『언어사회학 서설: 이데올로기와 언어』, 까치, 1986.

에 수록되어 있음)에서 식민 침략의 제1단계인 '태동하는 식민주의'의 특징을 다음과 같이 기술한 바 있다.

[태동하는 식민주의]

모든 식민적 침략이 군대와 행정 관료 집단, 뒤이어 상인 집단을 일반적으로 도시에 이식시킴으로써 매우 신속하게 구체화된다는 것은 널리 알려진 사실이다. 그러므로 맨 먼저 언어적 전쟁을 치루게 되는 것도 바로 이 집단들의 주변에서이다.

— 이병혁 편저, 『언어사회학 서설: 이데올로기와 언어』, 까치, 1986, 138쪽

당연한 일이겠지만, 식민주의는 '군대', '행정 관료', '상인'을 매개로 한다. 다만 식민 지배 과정에서 어느 세력이 먼저인가는 동일하지 않다. 어떤 경우는 군사적 점령이 먼저 이루어지는 경우도 있고, 어떤 경우는 상업적 진출이 먼저 이루어지는 경우도 있다. 일제의 경우 강제 개항 당시나 청일전쟁, 러일전쟁 등의 군사적 행동과 함께, 각종 상인 집단의 조선 진출이 동시에 이루어졌고, 조선에 대한 영향력 증대에 따라 행정 관료나 교육 관료가 '고빙(雇聘)' 형식을 빌려 조선에 들어왔다.

식민주의에서 행정과 법률적인 지배는 민중들에게도 많은 영향을 미친다. 갑오개혁 이후 내각기록국에서 『법규유편(法規類編)』(1896)을 펴낸 이후, 통감시대 각종 법률이 쏟아져 나오면서 각종 법률서나 행정 관련 교과서가 만들어진 것도 이와 무관하지 않다. 특히 일본인의 영향을 받은 교과서나 법률서에서는 식민주의의 본질과 그것의 본질을 깨닫지 못한 근대적 지식인들의 한계가 뚜렷이 드러난다. 다음은 통감시대 전후에 발행되었을 것으로 추정되는 『급무삼선』의 서문이다.

[急務三選 序]

凡天下之務ㅣ 皆由於律令ᄒᆞ니 律令은 則因時宜而定規則者也라. 其在民生日用事爲之間에 不可忽焉而取舍之로ᄃᆡ <u>事或隨時而務有緩急ᄒᆞ니 則當務其</u>

急者而取諸律令規則而行可也오 若舍此律令이면 則無以行其急務니 必取其急務上律令ᄒᆞ야 以供民用이 不亦宜乎아. 玆當維新之時ᄒᆞ야 律令이 日有所新頒호ᄃᆡ 自民間으로 不得盡覽朝報라. 故茫昧何等規定之有無ᄒᆞ고 或有編纂印布者ᄒᆞ야 得見其一斑이로ᄃᆡ 示原則而未及載細節者有之ᄒᆞ고 又因部帙之浩煩ᄒᆞ야 難於考閱者亦多라. 所以民病於行新式而不識時務緩急之爲如何ᄒᆞ니 今日民間事爲之若是戛戛이 可不惜哉아. 余於秋初에 周行關西ᄒᆞ야 略識民俗之時情ᄒᆞ고 還尋落第ᄒᆞ야 杜門息交ᄒᆞ고 獨歎相與之無如左伯桃者ᄒᆞ야 未遂遠擧之志터니 一日에 人有責我以枉勞ᄒᆞ고 勸之以謀食이어ᄂᆞᆯ 余怵然謝之曰予誠識時宜者也로다. 吾輩艱食之憂ㅣ 未有甚於此時ᄒᆞ니 切己爲務者ㅣ 謀食是級이나 然顧無爲此而可務者ᄒᆞ니 奈何오. 人曰苟知其急이면 則何務之不可리오. 近日에 多用新書籍ᄒᆞ니 隨意著述ᄒᆞ야 售諸書鋪면 足可爲儒者謀食之方이니라. 余曰 古人이 亦有取文字錢者ᄒᆞ니 是可行乎아. 欲務爲己之急務ᄃᆡ 當先務爲人之急務리라. 向在關西에 認得民間急務ㅣ 無如傳布新定規則ᄒᆞ야 俾無日用事爲上掣碍ᄒᆞᆯ식 乃考諸律令ᄒᆞ야 取其爲急務者ᄒᆞ야 編成一弓ᄒᆞ니 其目이 有三ᄒᆞ니 土地家屋及山林山野所關規則과 國有未墾地利用法也라. 此三者ᄂᆞᆫ 民生 産業之所由出而不解其新法이면 則難保其所有之産業이오 縱欲利用而制産이라도 亦不可得也리니 爲今急務ㅣ舍此而無他ᄒᆞ고 且其細則이纔畢定下ᄒᆞ야 取用完備故로 特選此而名之曰急務三選이라 ᄒᆞ고 尾附認許利息手形三件規例ᄒᆞ야 擧其要便其覽ᄒᆞ노니 得足以供民用而爲急務之必要與否ᄂᆞᆫ 留俟取舍者之何居焉이로ᄃᆡ 抑亦爲己而務急於謀食은 不能自解而一呵也ᄒᆞ노라. 時黃猿南至月旣望復奚子書於堅橋僦舍.

저자의 서문대로 통감시대 전후 각종 법령이 쏟아져 나오면서 이에 대응하지 못하는 서민을 위해 '토지 가옥', '산림 임야', '국유 미간지 이용' 관련 법령을 모아 편찬한 이 책은 관서 지방의 서민들이 겪는 고초를 경험하고 지식인의 입장에서 쓴 책이라고 할 수 있다.

이처럼 당시의 지식인들이 '위인(爲人)'을 위한 '급무' 또는 '출연(怵然)'에서 비롯한 '유자(儒者)'의 도리를 다한다는 입장에서 행정이나 법률 지식을 전파했을지라도, 본질적으로 이 시기 우리나라의 행정·법률에 관한 지식은 일본 제국주의의 식민 지배 정책을 극복하기 위한 지식이라기보다 이에 순응하는 지식 전파에 그친 한계를 벗어나기 어려웠던 것으로 보인다.

3. 『경찰학』과 『주해 형법전서』에 대하여

마쓰이 저, 조성구 역, 『경찰학』(1909, 문화당)은 통감시대 내부 경찰국장 겸 통감부 참여관으로 일했던 마쓰이[松井茂]가 지은 경찰학 교과서이다. 번역자는 당시 내부 서기관이었던 조성구(趙聲九)로 그가 어떤 인물인지는 정확하게 알 수 없다.

이 책은 목차와 '자서'를 포함하여 본문 13장, 총 134쪽으로 이루어져 있다. 본문 구성은 제1장 경찰 법학, 제2장 경찰의 연혁, 제3장 경찰의 분화, 제4장 경찰의 법원, 제5장 경찰의 성질, 제6장 경찰의 정의, 제7장 경찰의 분류, 제8장 경찰권의 기초, 제9장 경찰권의 범위, 제10장 경찰권의 제한, 제11장 경찰과 내무 행정의 관계, 제12장 경찰과 사법의 관계, 제13장 경찰과 군대의 관계로 구성되었다.

이 책은 저자와 역자의 신분에서 알 수 있듯이, 통감시대 경찰·감옥학교, 법률학교용 교과서였다. 이를 뒷받침하는 것이 이 책의 '자서(自序)'이다.

[자서(自序)]

警察의 事ᄅᆞᆯ 豈易言哉아. 余ㅣ 今에 此을 警察法學으로 論究코ᄌᆞ ᄒᆞᆯ시 或은 其輕躁ᄒᆞᆷ을 笑ᄒᆞᄂᆞᆫ 者ㅣ 有ᄒᆞᆫ지라. 盖 警察法學을 獨立ᄒᆞᆫ 一科ᄅᆞᆯ 삼아 此ᄅᆞᆯ 學修ᄒᆞᆯ가 否ᄒᆞᆯ가 ᄒᆞᆷ은 오히려 未決 問題에 屬ᄒᆞ고 余도 此種의 著書ᄅᆞᆯ 接ᄒᆞᆫ 바ㅣ 姑無ᄒᆞᆫ지라. 爾來 公務의 餘暇에 警察 監獄學校, 和佛法律學校等의 講師ᄅᆞᆯ 承ᄒᆞ야 警察法을 擔當ᄒᆞᆷ으로써 研修尋討ᄒᆞ야 再三稿ᄅᆞᆯ 改ᄒᆞ얏

더니 頃日 歐洲 渡航의 途次에 偶然히 閒隙을 得ᄒᆞ야 反覆 閱讀ᄒᆞᆫ 後 스ᄉᆞ로 其不備의 甚ᄒᆞᆷ을 驚ᄒᆞ고 乃卷을 投ᄒᆞ고 長嘆ᄒᆞᆷ을 不已ᄒᆞᆫ지라. 於是乎 船中에 筆을 執ᄒᆞ야 更히 改訂을 加ᄒᆞ야 此에 其 一端을 公眼에 供ᄒᆞᆷ에 至ᄒᆞ니 嗚呼라 警察의 事ᄅᆞᆯ 豈言易哉아. 余ㅣ 此書ᄅᆞᆯ 著ᄒᆞᆷ에 其不備ᄒᆞᆷ이 甚ᄒᆞᆷ은 元來 淺學ᄒᆞᆫ 所致오 且 輕躁의 笑ᄅᆞᆯ 招ᄒᆞᆷ은 豫期ᄒᆞᆫ 바ㅣ로대 오즉 幸히 世에 警察을 學코ᄌᆞ ᄒᆞᄂᆞᆫ 諸士에 對ᄒᆞ야 多少 參考에 資ᄒᆞᄂᆞᆫ 바ㅏ 有ᄒᆞᆷ을 余의 不少ᄒᆞᆫ 光榮이라. 若夫 警察法學의 研究上 重要ᄒᆞᆫ 部分이라. 可稱ᄒᆞᆯ 警察의 命令權 處分權 强制權 等에 就ᄒᆞ야ᄂᆞᆫ 此ᄅᆞᆯ 歸朝ᄒᆞᆫ 後에 期코ᄌᆞ ᄒᆞ노라. 明治 三十四年 六月 歐洲 渡航 途次 松井茂 識

이각종이 지은 『주해 형법전서』(광동서국)는 일제강점 초기인 1913년 5월 15일 경성 광동서국에서 발행한 법률서이다. 이각종은 생몰 연대와 행적을 정확히 알 수는 없으나, 근대 계몽기 개화 사상가 가운데 한 사람이었던 것으로 추정된다. 그는 옥련암이라는 호를 사용했으며, 1908년 『실리 농방신편』, 1911년 『실용 작문법』 등의 교재를 편찬한 바 있다. 일제강점기 그의 행적은 강제 병합과 함께 총독 부속으로 관리 생활을 시작하여 군수직을 거쳐, 1924년 전후에는 보린회 이사, 1926년 총독부 학무국 촉탁, 1937년 대동 민우회 고문 등을 거치면서 친일 활동을 하였다. 특히 1937년의 '황국신민의 서사'를 지은 것으로도 유명한데, 그 이후에도 각종 친일 단체에서 능동적으로 친일 활동을 전개하였다.

『주해 형법전서』는 강점 초기 '조선 형사령(1912. 3, 제령 제11호)' 공포 이후 이에 대한 해설 성격의 저서이다. 책의 성격은 그가 쓴 '서(序)'와 '예언(例言)'을 참고하면 쉽게 알 수 있다.

[서(序)]

刑法은 國家 勸力의 條件이오 個人 生命 財産의 保障이라. 人이 誰가 生命이 無ᄒᆞ며 誰가 財産이 無ᄒᆞ리오마는 國家ㅣ 勸力으로써 保障ᄒᆞᆷ이 아니면 宇宙 茫茫ᄒᆞᄂᆞ 오작 修羅場일 ᄲᅮᆫ이라. 然이ᄂᆞ 吾人은 刑法의 支配下에셔 死

活ᄒᆞ며 刑法의 監護下에셔 衣食ᄒᆞ며 刑法의 制限下에셔 喜怒ᄒᆞᆷ으로 我ㅣ 我의 生命을 有ᄒᆞ며 我의 財産을 有ᄒᆞ야 社會의 福利ᄅᆞᆯ 安享ᄒᆞᄂᆞ니 刑法이 吾人의 生存에 若是히 必要ᄒᆞᆷ은 盖 眞理의 使然ᄒᆞᆫ 者ㅣ로다.

故로 刑法은 國家ㅣ 文明으로 此ᄅᆞᆯ 規定ᄒᆞ고 人民이 此ᄅᆞᆯ 知悉ᄒᆞ야써 綱紀 安寧을 維持ᄒᆞᆷ이 盖古今의 通義라. 然而 我朝鮮에셔ᄂᆞᆫ 從來로 法은 法官의 獨知ᄒᆞᄂᆞᆫ 者오 人民은 此ᄅᆞᆯ 與知ᄒᆞᆯ 바ㅣ 아니라 誤信ᄒᆞ야 因ᄒᆞ야 如何ᄒᆞᆫ 行爲가 如何ᄒᆞᆫ 犯罪에 觸ᄒᆞᄂᆞᆫ 與否와 如何ᄒᆞᆫ 行爲ᄂᆞᆫ 國家ㅣ 何故로 此ᄅᆞᆯ 罰ᄒᆞᄂᆞᆫ 所以ᄅᆞᆯ 不知ᄒᆞ며 動作에 標準을 失ᄒᆞ고 思想에 邪正을 迷ᄒᆞ야 生存에 最大 要件의 存在ᄅᆞᆯ 沒却ᄒᆞᆫ 故로 小則官憲의 手ᄅᆞᆯ 煩勞히 ᄒᆞ고 大則 罪禍에 陷ᄒᆞ야 無悔ᄒᆞ며 危害ᄅᆞᆯ 被ᄒᆞ야 無救ᄒᆞ니 其 因習之弊ᄂᆞᆫ 實로 可憫可怜ᄒᆞᆫ 者 多ᄒᆞ든 바ㅣ라. 今에 朝鮮 刑事令 實施의 結果로 刑事에 關ᄒᆞᆫ 日本의 諸般 法律이 一時에 適用됨에 彼 支離滅裂ᄒᆞᆫ 舊時의 刑律 狀態ᄂᆞᆫ 一毫 掃蕩되야 玆에 綱維가 盡擧ᄒᆞ고 規模가 變改ᄒᆞᆫ지라. 於是乎 朝鮮 人士ᄂᆞᆫ 大히 此 狀勢에 刺激되야 法令 周知의 要가 隨處迸起ᄒᆞᆷ을 見ᄒᆞ니 此ㅣ ᄯᅩᄒᆞᆫ 理勢의 自至ᄒᆞᆫ 바ㅣ로다. (…중략…)

[예언(例言)]

一. 本書ᄂᆞᆫ 朝鮮刑事令 及 此에 因ᄒᆞ야 朝鮮에 現行되ᄂᆞᆫ 刑事上 諸實體法을 網羅ᄒᆞ야 註釋ᄒᆞᆫ 者ㅣ라. 故로 刑事訴訟法 等 節次法은 本書의 範圍 外로 ᄒᆞᆷ이라.

一. 各章의 初頭에 該章에 關ᄒᆞᆫ 國家 立法 理由의 簡單ᄒᆞᆫ 說明을 付ᄒᆞ야 該章에 對ᄒᆞᆫ 法理의 概念을 得케 ᄒᆞᆷ이라. (…중략…)

一. 警察犯 處罰 規則 等은 原則으로 此ᄅᆞᆯ 刑事 實體法의 範圍에 不入ᄒᆞᆷ이 普通이로ᄃᆡ 本書에셔ᄂᆞᆫ 便宜로 此ᄅᆞᆯ 篇末에 收ᄒᆞ야 簡易ᄒᆞᆫ 解釋을 加ᄒᆞᆷ이라.

이상에서 확인할 수 있듯이, 이 책은 형법 안내서일 뿐만 아니라 일제의 경찰 행정의 내용과 이유를 설명하여, 식민 통치의 기반을 넓히는데 사용된 책이라고 할 수 있다.